成都考古学者文库

长江上游先秦考古研究

江章华／著

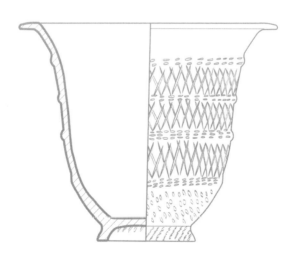

科学出版社
北京

内 容 简 介

本书是成都考古学者文库第一号，收录了江章华先生撰写（含合著）的长江上游先秦考古研究学术论文32篇。内容包括文化、变迁、谱系，墓葬、聚落、社会，器物、符号三部分。作者首先从典型遗址分析入手，建立长江上游先秦考古学文化的时、空框架，进而探讨文化谱系，解释文化变迁的动因。通过聚落、墓葬分析入手，探讨当时的社会。同时包括对一些典型器的产地、起源、传播、发展演变以及巴蜀符号的变迁及其性质的研究。

本书可供从事中国考古学、历史学研究的学者参考。

图书在版编目(CIP)数据

长江上游先秦考古研究/江章华著. —北京：科学出版社，2022.12
（成都考古学者文库）
ISBN 978-7-03-074093-9

Ⅰ.①长… Ⅱ.①江… Ⅲ.①长江流域–上游–考古–先秦时代–文集
Ⅳ.① K872.5-53

中国版本图书馆 CIP 数据核字（2022）第 231334 号

责任编辑：柴丽丽 / 责任校对：王晓茜
责任印制：肖 兴 / 封面设计：张 放

科学出版社 出版
北京东黄城根北街 16 号
邮政编码：100717
http://www.sciencep.com

北京汇瑞嘉合文化发展有限公司 印刷
科学出版社发行 各地新华书店经销
*
2022 年 12 月第 一 版 开本：787×1092 1/16
2022 年 12 月第一次印刷 印张：29 1/4
字数：700 000
定价：298.00 元
（如有印装质量问题，我社负责调换）

序

　　1986 年我从四川大学历史系考古专业毕业分配到成都市博物馆考古队，一道分配到考古队的还有同班同学蒋成。当时成都市博物馆考古队没几个人，专业出身的仅有徐鹏章、翁善良、罗伟先、王毅等。我到考古队后有近 10 年的时间，考古队没有团体考古领队资质，基本上就是对基建中发现的文物做一些简单的清理，还需要与建设单位多次谈判，甚至就是把施工中挖出的文物捡回来而已。

　　那是刚到考古队不久，一天早上，翁善良先生到我们临时居所叫蒋成去十二桥遗址参与发掘，当时蒋成因感冒正发烧，于是翁先生就改叫我去。正是这一阴差阳错改变了我后来的研究方向，其实我念大学期间对秦汉考古更感兴趣。十二桥遗址是在1985 年基建施工中发现的，发掘领队单位是四川省文物考古研究所。我去工地的时候，I 区的发掘工作已基本结束，主要参与的是 II 区的发掘。刚开始我对成都地区先秦文化十分陌生，由于十二桥遗址与三星堆遗址关系密切，发掘队经常去三星堆遗址工作站学习。每次我就带个本子，在工作站的标本室画陶器，加深记忆。在十二桥遗址发掘整理就好几年，当时要求每件器物都要做卡片，这项工作基本落在了我与周科华（我同班同学，分到四川省文物考古研究所）的身上，我画了很多图，因此对十二桥遗址的陶器特别熟。20 世纪八九十年代，四川考古界还是习惯于将三星堆、十二桥、水观音、抚琴小区等遗址商周时期的文化遗存统归入"早期蜀文化"。由于十二桥遗址发掘时，上部地层已被基建破坏，发掘的主要是十二桥文化偏早的地层，其中包含一组三星堆文化因素的陶器，加之当时有 2 个 ^{14}C 测年数据落在三星堆文化的年代范围，因此很长时间没有弄清十二桥遗址与三星堆遗址的年代与文化关系。我自己也没弄明白，是后来对相关材料的梳理与熟悉，以及新一村地点的发掘，才意识到这个问题，所以撰写了《成都十二桥遗址的文化性质及分期研究》。

　　1992 年我们考古队从成都市博物馆分出来，成立了成都市文物考古工作队，考古队员很快增加了不少。1995 年国家文物局终于批了我们的团体考古领队资质，当时还着实有点兴奋，以为从此可以大展拳脚。记得就是当年 9 月的一天中午，王毅跟我说，下午我们去一趟新津龙马古城（宝墩古城）。新津龙马古城是早已有的线索，只是不确定其年代，一般认为比较晚。当天下午一起去的还有四川大学的马继贤、黄伟、卢丁。我是第一次到遗址现场，发现遗址（内城）东边、北边地面城墙比较明显，也发现城墙上有汉代砖室墓，说明城墙当早于汉代。当年 12 月我与卢丁便带队对宝墩遗址进行调查、试掘。当时我想我们首先要解决的问题是城墙的年代与夯筑方法，其次是遗址的年代与文化特征。首先我们就选择保存比较好的北墙东北段位置开一条长探沟解剖城墙。然后开始在城内进行钻探，了解城内文化层堆积情况。大约第 5 天，依据钻探情况我们选择了遗址区内文化层堆积比较好的地点布一个探方进行试掘。由于埋藏浅，当天下午就进入了新石器时代文化层，出土 1 件石斧和少量陶片。而城墙解剖处也基本清理完了晚期地层，露出清晰的人工堆筑的不同土色现象，尤其可喜的是在墙内侧发现一文化层叠压于墙脚上，该文化层出土不少陶片，特征与城内探方新石器文化层出土陶片相同。很明显陶器特征与我们熟知的三星堆文化、十二桥文化区别很大，在我的印象中，三星堆遗址一期有这样的特征。因此我很自信地判断该遗址是早于三星堆文化，属新石器时代，而且还有城。当天晚上我便将这一发现兴奋地电告了王毅，我们调查队的人员当晚也因高兴喝了不少酒。正是由于宝墩遗址的发现，我们开始怀疑原来我们知道的都江堰芒城、郫县古城、温江鱼凫城等很可能均属新石器时代。之后的两年对这些遗址的调查试掘证实了这一点。最初的调查目的，首先是要确认这些遗址的年代、城墙与遗址的年代关系，并尽快建立该文化的分期与陶器编年。所以我们的工作方法基本上都是解剖城墙和选择文化层堆积好的地点进行发掘。当时发现郫县古城和温江鱼凫城的陶器特征与宝墩古城有一些差异，参与鱼凫城遗址发掘的部分学者倾向于可能是不同的两个文化类型。我当时坚信成都平原是一个不太广大的地理区域，同一时期的文化当具有非常一致的特征，如果有差异，应该是时间上的问题。可以明显地看出宝墩遗址与郫县古城、鱼凫城区别明显，而芒城介于其间，而宝墩上层的陶器与芒城接近，可以推知，芒城是晚于宝墩，郫县古城和鱼凫城又晚于芒城，同时发现郫县古城、鱼凫城少部分偏晚地层单位的陶器变化明显，将其分出单独作为一期，于是就将这一文化分为四期，并建议将这一文化命名为"宝墩文化"。我当然知道三星堆遗址早有这一阶段遗存的发现，但发表的材料少，长期认识不清，甚至很长时间学界许多人并未将其明确地从三星堆文化中分出来。为了避免混乱，我只是单纯地认为用"宝墩文化"的命名比"三星堆一期文化"更好。

20 世纪八九十年代，四川盆地先秦考古学文化体系没有建立起来，学界还是习惯于将三星堆、十二桥等东周以前的考古学文化统称为"早期蜀文化"。我当时觉得，还是应该以考古学文化命名的惯例，首先建立四川盆地先秦考古学文化序列。正好 1995 年我发掘了新一村遗址，然后宝墩文化确立，1998 年，我认为从宝墩文化、三星堆文化、十二桥文化至东周的上汪家拐遗存这一文化发展演变脉络已基本清晰，尽管中间的西周、春秋等阶段材料还十分薄弱，而战国时期又主要是墓葬，缺乏遗址材料，还是勉强撰写了《成都平原先秦文化初论》一文。

1997 年年底，我与蒋成去巫山看望我们单位在锁龙遗址的发掘人员，当时重庆市博物馆考古队的邹后曦、柳春明等正好也要去几个工地检查，就一道去了巫山。之后我们索性就跟随邹后曦他们沿江而上，看了奉节老关庙、忠县中坝、忠县哨棚嘴等几处重要遗址。我被这些遗址的材料所吸引，当时我有一种强烈的意识，觉得峡江地区是解释四川盆地先秦考古学文化变迁动因的关键，也是理解巴蜀文化区的形成以及巴蜀地区与中原、长江中下游文化关系的关键区域。做四川盆地先秦考古研究，不研究峡江地区，有些问题会看不明白。随后的几年，几乎每年我都要去峡江地区几处重要考古遗址走一圈。感谢邹后曦、柳春明、袁东山、白九江、孙智彬等许多先生对我的特别照顾，给我提供了许多方便。孙华知道我对峡江地区感兴趣，将北京大学2001年哨棚嘴遗址1000平方米的发掘任务交给我去挖（当年参与发掘的有唐飞、颜劲松、陈学志等）。同时我开始梳理峡江地区已发表的材料，但这些遗址都是逐年发掘，逐年发表。因此，关于峡江地区的新石器时代文化的认识，便有了《川东长江沿岸史前文化初论》《再论川东长江沿岸的史前文化》《关于哨棚嘴文化的几个问题》，不断修正认识。其间我发现三星堆文化向十二桥文化的转变，与鄂西地区香炉石文化人群的西迁有关，我认为这一人群很可能就是早期的巴人。于是我便梳理了鄂西地区商周时期考古学文化材料，写成了《试论鄂西地区商周时期考古学文化的变迁——兼谈早期巴文化》，这一认识后来进一步体现在《渝东地区商周时期考古学文化研究》一文。有一段时间，四川盆地先秦考古学文化变迁及其动因也因此成为我关注的重点。至今难以忘怀在三峡聆听俞伟超先生的教诲、与众师友畅饮的那些欢乐时光。

2000年，成都市文物考古研究所对岷江上游的茂县营盘山遗址进行了第一次科学发掘，之前这个区域只有调查材料，其新石器时代文化面貌一直都不清楚。当时营盘山遗址的发掘者以及学界的部分学者认为以营盘山遗址为代表的岷江上游新石器文化遗存，是一种新发现的以具有自身特色的本土文化因素为主体成分，同时吸收了多种外来文化因素的地方文化类型。建议将此类遗存命名为"营盘山遗存"或"营盘山文化"。但我个人觉得其主体陶器群具有马家窑文化特征。最重要的是我感觉宝墩文化很可能是源于川西高原以营盘山为代表的新石器文化，只是中间有不小的缺环，峡江地区的哨棚嘴文化与之也有渊源关系。所以当时写了《岷江上游新石器时代遗存新发现的几点思考》。2009年发现了什邡桂圆桥遗址，近年又发现了广汉联合村、新都礼拜村、大邑高山遗址下层等遗存，基本证实了这一推测。

随着成都平原先秦考古学文化序列的逐步建立与完善，我开始将关注重点转移到聚落与社会层面。1999年，我与颜劲松在发掘郫县清江村遗址时就曾讨论如何在成都平原开展区域聚落考古调查。2005～2010年，成都文物考古研究所与北京大学考古文博学院、台湾大学人类学系、美国圣路易斯华盛顿大学艺术史与考古系、哈佛大学人类学系联合围绕郫县古城遗址进行了大范围的聚落考古调查。调查的目的是研究这一区域的史前聚落模式，进而了解该地区新石器时代至汉代长时段的文化变迁和社会复杂化进程。调查采取了拉网式地表调查、地下钻探、地球物理勘探和地貌调查相结合的方式。这是在成都平原进行区域聚落系统调查的首次尝试。实践证明这种多层次、多学科交互的区域考古调查方法在成都平原的聚落考古研究中是行之有效的。那几年我们的调查均是在冬天进行，成都冬日的郊野异常阴冷，有时遇到下小雨甚至小雪也继续干，陶片分析主要由我负责。特别痛心的是我们调查队至今已有三位青年才俊（陈伯桢、洪玲玉、何锟宇）先后去世。后来我们又重点选择在新津宝墩、大邑高山和温江红桥村等典型遗址实践聚落考古的方法。基本做法就是对所在区域采取区域大范围的地面调查，遗址区的系统钻探，选择遗址的重要区域进行重点发掘，并辅以环境考古、植物考古、动物考古、体质人类学等多学科综合研究。尤其是宝墩遗址的考古工作从 2009 年重启以来，一直至今仍在进行，并纳入了"中华文明探源"工程的子课题。具体工作主要是成都文物考古研究院的周志清、杨占风、刘祥宇等年轻人在做，宝墩遗址现场负责人主要是何锟宇，锟宇机敏过人，好学进取，可惜英年早逝。其他一些配合基建的遗址发掘，我们也要求贯彻聚落考古的思路。聚落考古与社会层面的研究相对于文化层面的研究，对田野考古的要求更高，见效更慢。而成都平原先秦聚落遗址后期破坏比较严重，保存状况普遍不佳，给这一工作带来很大的难度。因此至今虽然有些收获，但总的进展还是有限。《成都平原先秦聚落变迁分析》《四川盆地史前文化的变迁、整合与复杂社会的出现》《战国时期古蜀社会的变迁——从墓葬分析入手》等几篇文章便是我思考聚落与社会的一点粗浅认识。

金沙遗址当然是我绕不开的重大学术课题，最初我只能在《金沙遗址的初步分析》一文中，依据简报发表的材料分析遗址的年代、分期、文化性质及聚落变迁等基本问题。《金沙遗址：祭祀区发掘报告》今年很快要出版，因审稿原因先阅读了报告，我发现我原来依据的材料，在某些方面的认识是错误的，并且我对祭祀区的年代与性质也有了一些新的认识，因此撰写了《金沙"祭祀区"的年代与性质》一文。

2004 年，四川省文物考古研究院组织专家去西攀高速路的考古发掘现场考察，我也去了。当时他们发掘了西昌洼垱、德昌阿荣大石墓和德昌王家田遗址。随后凉山彝族自治州博物馆的刘弘、唐亮又带我们看了安宁河流域过去调查发掘出土的文物标本。我感觉这个区域的古代文化比较复杂，对理解环境、人群移动、资源开发、贸易与文化变迁、社会复杂化进程模式具有启发意义。而且该区域处在从中国西北至西南人群迁移的走廊地带，牵扯面比较广，对解释整个中国西北至西南这一广大区域的人群移动与文化变迁意义重大。我特别迷恋安宁河谷冬日明媚的阳光，感觉在这个区域做考古是不错的体验。加之我们与凉山彝族自治州博物馆刘弘、唐亮等长期的友情，于是我们两家决定合作在安宁河流域开展考古调查与研究工作。目的首先是建立该区域的文化序列，继而解释其文化变迁及动因，然后获取环境、资源方面的信息，结合聚落分布解释古代社会复杂化进程及其背景。没想到这一工作一做就将近 20 年，最初几年我亲自参与，后来由于行政工作的原因，就主要由周志清负责。2004～2005 年我们发掘了横栏山、咪咪啷、营盘山、马鞍山等遗址。于是我重新梳理了安宁河流域过去发掘的考古材料，结合新发掘的遗址，对安宁河流域古代文化的面貌与发展变迁及其与周邻地区的互动关系有了一些认识，便写成了《安宁河流域考古学文化试析》。依据大兴横栏山遗址和经久马鞍山遗址的材料，提出了"横栏山文化"的命名，年代推定在距今 4500～3800 年。经过分析发现，礼州遗址的文化并不单纯，过去学界长期将其作为一种新石器时代文化看待，其实该遗址至少包含三类考古学文化遗存，其年代从新石器时代延续至商周时期，其中最早的应该属于"横栏山文化"遗存。我依据陶器群将大石墓分为早、晚两类，后来发掘的棲木沟遗址，发现了晚期大石墓遗存、早期大石墓遗存、横栏山文化遗存依次叠压的层位关系，这为几类考古学文化遗存的早晚关系找到了科学的层位依据。在写《安宁河流域考古学文化试析》一文时，大洋堆阶段的遗存不多，认识并不十分清楚。2010 年发掘了冕宁高坡遗址和赵家湾遗址，发现其陶器群面貌独特，部分陶器在大洋堆遗址的中、下层有发现。可以确认高坡遗址、赵家湾遗址与大洋堆遗址中、下层当属同一性质的考古学文化，我们暂将其命名为"高坡遗存"，于是才撰写了《试论高坡遗存》。高坡遗址和赵家湾遗址的发掘，不仅确认了安宁河流域这一阶段的考古学文化，我们还发现"高坡遗存"与贵州的"鸡公山文化"和滇东北昭鲁盆地的鲁甸"野石山遗存"存在密切的关系。过去学界对"野石山遗存"与"鸡公山文化"的关系有不同的认识。我们初步认为，"高坡遗存""野石山遗存""鸡公山文化"处在大致相当的一个时期，约当商代至西周，"高坡遗存"和"鸡公山文化"代表了两个不同的文化区，而"野石山遗存"正好处在这两个文化区之间，因此其文化因素最为复杂，既有"高坡遗存"的因素，也有"鸡公山文化"因素。安宁河流域和盐源盆地的古代文化牵涉到滇西地区，因此又不得不关注滇西地区的考古材料。

我从事考古工作 30 余年，本书收录我撰写的考古研究文章 32 篇，有些是与其他人合作，大部分都是发表过的，有 2 篇尚未发表。所有文章都按当时发表的内容未作改动，读者可以发现我对一些问题的认识过程。考古就是这样，随着新材料的不断发现和自身认知水平的不断提高，许多问题必须不断修正，这个过程也是认识不断提高与丰富的过程。感觉人的一生并不太长，突然发现自己已是快退休之人。在考古这个领域，总结起来就做了这么一丁点事，还不一定正确。本来想做的事很多，但想做的事未必都能做，有些不想做的事却必须去做。如果我做的这丁点事能成为这个领域前进道路上的一块铺路之石，也就没有白做。

江章华

2022 年 7 月于成都

目　录

一、文化、变迁、谱系

二、墓葬、聚落、社会

三、器物、符号

一、文化、变迁、谱系

成都平原早期城址及其考古学文化初论

　　成都平原位于四川盆地西部，西面是龙门山、邛崃山，东面是龙泉山，面积约9500平方千米；地势西北高、东南低，海拔400～750米，坡降为3‰～4‰；为岷江、湔江、石亭江、绵远河等河流出山口冲积的扇形地连接而成。平原地区河网结构成辐射状，从扇顶向周围辐散成许多分支，至金堂、新津又合汇入沱江、岷江。平原周围分布着小片丘陵。气候属亚热带湿润气候区，热量丰富，雨量充沛，四季分明，自然条件十分优越，适宜于人类的生存繁衍。成都平原相对独立的地理环境造就了这一区域的先秦古文化有其自身的特点及发展演进序列。三星堆、十二桥等遗址的发现，基本可以建立起这一区域商周时期的文化序列与编年，但商周以前的原始文化虽然有三星堆遗址第一期遗存的发现，终究因为遗物太少，认识得不够清楚与深刻。1995年以来，成都平原相继发现了新津宝墩、都江堰芒城村、崇州双河村和紫竹村、郫县古城村和温江鱼凫村六座早期城址（图一），并进行了不同程度的勘探与发掘，基本证实了这些城址是早于三星堆文化（不含三星堆遗址第一期）的早期城址。对这批早期城址群的文化内涵也有了较为清楚的认识，它们的时代早晚虽略有差异，但其文化的总体面貌基本一致。它们有一组贯穿始终而又区别于其他考古学文化的器物群，当属同一考古学文化遗存。这些早期城址中以新津宝墩遗址的面积最大，文化内涵最丰富，最具有代表性。因此，我们认为将这一考古学文化命名为"宝墩文化"较为合适。本文拟对上述早期城址群及其考古学文化作初步探讨，以求正于学界。

一、城址概况

1. 新津宝墩遗址

　　宝墩遗址位于新津县城西北约5千米的龙马乡宝墩村（图二），当地老百姓俗称"龙马古城"，传说为三国时期诸葛亮七擒孟获的"孟获城"。遗址东北距西河约4千米，西南约500米有铁溪河由西北流向东南。遗址区地面见明显的人工修筑城墙，平面呈长方形，东北—西南向，方向约45°。以东北墙、东南墙北段、西北墙的北段保存较完整；东南墙南段残存蚂蝗墩一段；西北墙南段残存李埂子，断断续续，较低矮，尚能看出；西南墙尚存一定高度，称"余埂子"；西南墙与西北墙的拐角保存较好，夯

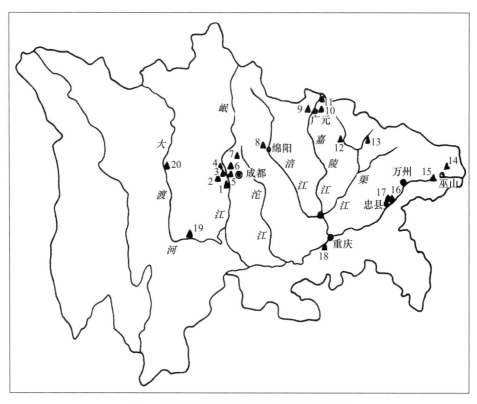

图一　四川盆地新石器时代遗址分布示意图

1. 新津宝墩　2. 崇州紫竹村　3. 崇州双河村　4. 都江堰芒城村　5. 温江鱼凫村　6. 郫县古城村　7. 广汉三星堆
8. 绵阳边堆山　9. 广元张家坡　10. 广元邓家坪　11. 广元中子铺　12. 巴中月亮岩　13. 通江擂鼓寨
14. 巫山魏家梁子　15. 奉节老关庙　16. 忠县哨棚嘴　17. 忠县中坝　18. 江津王爷庙
19. 汉源狮子山　20. 丹巴罕额依

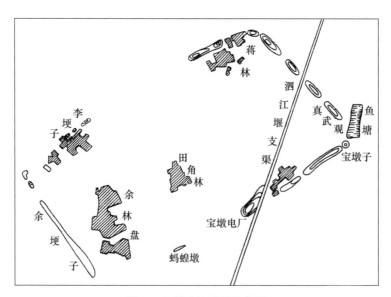

图二　宝墩遗址平面示意图

土清晰可见，其上建一座现代砖瓦窑。按城墙计算，该遗址长约 1000、宽约 600 米，整个城址面积约 60 万平方米。城墙宽窄不一，最宽处约 25 米左右，最高处约 5 米。1995年由成都市文物考古工作队和四川联合大学考古教研室等单位对该遗址进行了钻探、试掘，并对真武观段城墙（东北墙的东段）进行了解剖发掘[①]。1996 年 9～12 月，中日联合考古调查队又对该遗址进行了两次发掘，并对蚂蝗墩段城墙（东南墙的南段）进行了解剖发掘[②]。发现房基、灰坑、墓葬，出土了大量的陶片、石器。该遗址可分为两期 3 段（以 1996 年 11～12 月发掘的资料为代表）：第 I 段包括Ⅲ区第 7 层和第 6 层下的灰坑（以H5 和 H16 为代表）及Ⅳ区的第 6、7 层；第 II 段包括Ⅲ区的第 6 层和Ⅳ区的第 5 层；第Ⅲ段包括Ⅲ区的第 5 层和Ⅳ区的第 4 层。第 II 段无论从陶质、陶色，还是器形来看，都与第 I 段比较接近，而与第Ⅲ段有较大的差别，因此，我们将第 I、II 段归并为早期；第Ⅲ段为晚期。Ⅲ区的第 8、9 层从陶质、陶色、纹饰看与早期有所差异，但其所出的器物与第 I 段的基本一致；加之考虑到其出土遗物较少，面貌不甚清楚，故暂归入第 I 段。

　　两次城墙的解剖发掘表明，城墙的构筑方法为斜坡堆筑。其中，真武观段城墙保存较好，揭露出的墙体现存顶宽 7.3～8.8、底宽 29～31、高 4 米。墙体建在高出当时周围地面约 3 米的台地边缘，系用黏土筑成，堆筑得较紧密。墙体无垮塌和二次增补的迹象，可能为一次性筑成。两次解剖城墙都在墙体之下和墙体之上发现有宝墩时期的文化层，这为我们推断城墙的年代提供了依据。两个地点的墙体之下的文化层皆属遗址的第 I 段，而墙体之上的文化层都属遗址的第 II 段，因此城墙的修筑年代应是在第 I 段末或第 II 段初，使用年代应是在第 II、Ⅲ段。

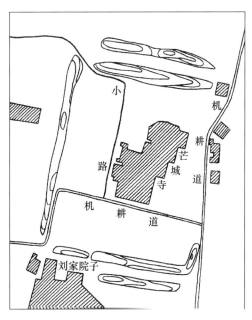

图三　芒城遗址平面示意图

2. 都江堰芒城村遗址

　　芒城村遗址位于都江堰市南约 12 千米的青城乡芒城村（图三），当地老百姓俗称"芒城子"，传说为明末张献忠于匆忙中修建的"忙城"。该遗址地处成都平原西部边缘，西距青城山支脉药王山山体 2.5 千米，东距泊江河 1.4 千米，城址平面呈长方形，方

---

　　① 成都市文物考古工作队、四川联合大学考古教研室、新津县文管所：《四川新津县宝墩遗址调查与试掘》，《考古》1997 年第 1 期。

　　② 中日联合考古调查队：《四川新津县宝墩遗址 1996 年发掘简报》，《考古》1998 年第 1 期。

向 10°，平行于泊江河。城址分内外城垣，内圈保存较好，内圈南北长 300、东西宽约 240 米，城垣现存宽 5～20、高 1～3 米；外圈城垣保存较差，北垣残长 180、南垣残长 130 米，城垣现存宽 5～15、高 1～2 米。内外城垣相距约 15～20 米，其间地势低洼，似为城壕。整个遗址面积约 10 万平方米。1996 年 11 月和 1997 年 3 月前后，成都市文物考古工作队、都江堰市文物局对该遗址进行了两次试掘，发现房屋基槽，出土了大量的陶片和石器[①]。该遗址堆积较为单纯，出土的陶器中泥质陶约占 60%，夹砂陶约占 40%。泥质陶中灰黄陶又占了绝大部分，约占整个陶片总数的 35%。器类与宝墩遗址的相一致，器形上有所变化；石器不论是器类还是器形都与宝墩遗址的相近，应属同一考古学文化的范畴。

3. 郫县古城村遗址

古城村遗址位于郫县县城北约 9 千米的三道堰镇古城村，处于成都平原的腹心地带（图四）。当地老百姓有传说为三国时期诸葛亮养马的"养马城"。遗址北约 3.2 千米处为青白江（蒲阳河），南距柏条河 2.5 千米。城垣呈长方形，长约 637、宽约 487 米，总面积约 31 万平方米。城垣走向与河流方向一致，呈西北—东南向。该城址是诸城址中城垣保存最为完整的一处，除东南垣北端有一宽约 10 米的缺口外，四垣相连几无间断，城垣地表现存宽 10～30、高 1～4 米。该城 20 世纪五六十年代即已发现，但推测其年代为汉代或汉代以前。1996 年，成都市文物考古工作队、郫县博物馆对该遗址进行了试掘[②]，1997 年秋再次对该遗址进行较大规模的发掘[③]。两次发掘面积共约 1600 平方米，发现灰坑、房址、墓葬，其中房址 8 座、墓葬 1 座。该遗址可分为早、中、晚三段。早段以 1996 年发掘的 T1～T3 第 10～12 层和 T4、T5 的第 14 层为代表；中段以 1996 年 T1～T3 第 9 层和 T4、T5 第 11～13 层为代表；晚段以 1996 年 T1～T3 第 8A 层和 T4、T5 第 10 层为代表。

经对西南城垣中段进行解剖，证实城墙的构筑方式仍为斜坡堆筑。揭露出墙体现存顶宽 7.1、底宽 20、高 3 米。整个墙体分两次筑成，第一次修筑的墙体现存顶宽 1.9、底宽 10、高 2.4 米，墙体下叠压较早的文化层，说明在建城前该遗址就已有聚落存在；在墙内侧发现文化层和灰坑（H14、H15）叠压和打破第一次修筑的墙体，其中 H14 出土了大量的陶片，有绳纹花边罐、敞口圈足尊、盘口圈足尊和喇叭口高领罐等，这些遗物属该遗址的早段。第二次筑墙是在第一次的基础上增筑，在城内侧发现两层属该

---

① 成都市文物考古工作队、都江堰市文物局：《四川都江堰市芒城遗址调查与试掘》，《考古》1999 年第 7 期。

② 成都市文物考古工作队、郫县博物馆：《四川省郫县古城遗址调查与试掘》，《文物》1999 年第 1 期。

③ 成都市文物考古研究所、郫县博物馆：《四川郫县古城遗址 1997 年发掘简报》，《文物》2001 年第 3 期。

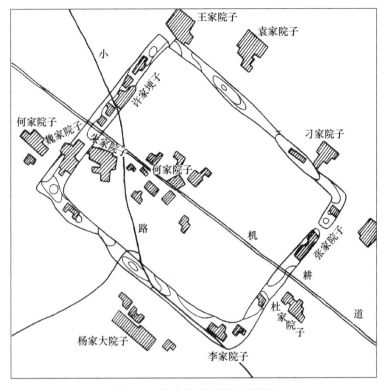

图四　郫县古城遗址平面示意图

遗址中段的文化层叠压在墙脚之上，推测第二次筑墙的时间是在遗址的中段偏早阶段。墙体的最中心部分为河卵石和河沙堆筑，为了使之堆筑到一定高度，在城内侧一面向下挖了深约 40 厘米，从而形成一道坎，以防止河卵石和河沙的向下滑动。再在其上堆土，土质沙性较大，较疏松；然后是内外侧斜坡堆筑。

4. 温江鱼凫村遗址

　　鱼凫村遗址位于温江县城北约 5 千米的万春镇鱼凫村，地处成都平原的腹心地带（图五）。当地老百姓的传说是古蜀王——鱼凫王的都邑所在地，习称"鱼凫城"。20 世纪 60 年代以后，考古人员曾多次对该遗址进行调查，基本上认为属汉代或汉代以后的城址。1996 年春，成都市文物考古工作队重新对该遗址进行调查，在南城垣中部水沟墙体残壁采集到泥质灰陶片及夹砂陶片，初步推测当为早期遗存；同年 10～12 月，成都市文物考古工作队等单位又对该遗址进行了详细的调查、钻探和试掘[①]。结果表明，该城址的城垣呈不规则的多边形，是六座城址中保存最差的一座，但残存的最完整最长的南城垣走向与遗址南面约 1.6 千米的江安河的流向相一致，呈西北—东南向。南垣

---

　　① 成都市文物考古工作队、四川联合大学历史系考古教研室、温江县文管所：《四川省温江县鱼凫村遗址调查与试掘》，《文物》1998 年第 12 期。

现存长 480、宽 10~20、高 0.5~1 米；西垣南段残长约 350、宽 10~15、高 0.5~1.5 米，北段已被破坏；西北垣西段残长 370、高 1~2 米，东段地表已不存；东南垣残长 150、宽 10~30、高 0.5~3 米；东北垣地表已无痕迹，但经钻探予以确认。经复原，土垣周长约 2100 米，城址面积约 32 万平方米。从地表看，尚未发现护城壕的迹象，在城的北部有一由西向东宽约 20 米的洼地，应为一古河道，河道的形成年代与城的关系尚不十分清楚。该遗址可分为两期 3 段：第 I 段以 1996 年发掘的 H18、H28 为代表；第 II 段以 H15、H10 为代表；第 III 段以 H73 和 T9 第 4、5 层代表。第 II 段与第 I 段联系较紧密，一脉相承，而与第 III 段差别较大，其间可能有缺环。我们将第 I 段和第 II 段归并为早期；第 III 段为晚期。

在东南垣进行的墙体解剖表明，墙体顶宽 18~19、底宽 28~29、残高 3.7 米。筑墙的方式仍为斜坡堆筑，在墙体中部为平地堆土夯筑；内侧墙体使用土质紧密的黏土；外侧墙体的土质较疏松，但夹有较多的河卵石，有加固的作用。对照遗址的地层，遗址第 I 段早于城墙的修建，第 II 段大致是城墙的使用年代，第 III 段除陶器器类发生了较大的变化外，其地层又叠压在城墙之上，此时城墙有可能已经废弃。

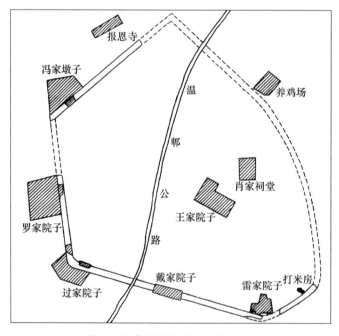

图五　鱼凫城遗址平面示意图

5. 崇州双河村遗址

双河村遗址位于崇州市区北约 16 千米上元乡芒城村双河场（图六），当地俗称"下芒城"。遗址西距味江约 500 米。地表城垣现存北、东、南三面，分内外两圈，西垣已被河流冲毁。东垣内圈保存较好，长约 450、宽约 20~30、高 3~5 米，北垣和南垣内圈残长均约 200、宽 15～30、高 2～3 米；外圈保存较差，断断续续保存残宽 3～10、高 0.5～2 米，内外圈之间的壕沟宽 12～15 米，现存城垣范围的遗址面积 10 余万平方米。1997 年 3 月，成都市文物考古工作队对该遗址进行了试掘[①]。发现人工柱洞 14 个，柱洞内有的有础石，平面大致呈十字形，面积超过 60 平方米，与挖沟槽埋柱的木骨泥墙式房屋有较大的差别。该遗址地层堆积较薄，遗物较单纯，陶器变化较小；较有特色的是一件三孔石钺和呈透明状的燧石质石片石器。

6. 崇州紫竹村遗址

紫竹村遗址位于崇州市区西南约 2.5 千米处的隆兴镇紫竹村（图一）。该遗址是在 1997 年秋由成都市文物考古工作队调查时发现的。遗址东距西河约 2 千米，地表保存的城垣平面呈方形，分内外垣，内垣边长约 400 余米，城

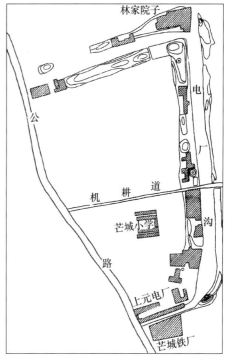

图六　双河古城遗址平面示意图

垣宽 5～25、高 1～2 米；外垣多被破坏，部分地段尚存宽 3～10、高 1～2 米的墙体；内外垣相距 10～15 米，城址面积约 20 万平方米。该遗址尚未正式发掘，但采集的陶片与宝墩遗址的相似[②]。

二、城 址 特 点

成都平原迄今已发现六座早期城址，除紫竹村遗址外，其余各遗址均做过不同程度的试掘，宝墩和古城村遗址还进行过较大规模的发掘，并且宝墩、古城村和鱼凫村遗址的城墙还进行过解剖发掘，使我们对上述城址的特点有了一些初步的认识。

1. 城墙布局比较规整

这六座城址中除鱼凫村遗址的城墙不太规则外，其他五座城址均呈方形或长方形。四面的城垣较直，拐角处为圆弧形。从城的布局来看，这六座城址可分为三种类型：第一种是方形或接近方形，且有双重城垣，内外垣间相距 10～20 米，有芒城村、双河村、紫竹村三座城址；第二种是长方形，有宝墩和古城村两座城址；第三种是不规则

①　成都市文物考古工作队：《四川崇州市双河史前城址试掘简报》，《考古》2002 年第 11 期。

②　调查资料现存成都市文物考古工作队。

形，有鱼凫村古城。第一种城址均分布在平原边缘近山地带；后两种城址均分布在平原的腹心地带或河流的下游地区。

2. 城址的布局受地理环境的制约

这六座城址均建在平原冲积扇河流间的相对高地上，其中鱼凫村、古城村两座城址位于成都平原的腹心地带，面积较大，都在 30 万平方米以上；宝墩古城位于河流的下游地区，面积约 60 万平方米；而芒城村、双河村、紫竹村三座城址均在河流上游近山地带，城址的面积都较小，为 10 万～20 万平方米。

前面我们已经提到，成都平原是由岷江、湔江、石亭江、绵远河出山口后形成的冲积扇连接而成，地势是西北高、东南低。平原上河流众多，呈辐射状分布，由于平原地势低平，自古以来，河流不断改道，但是在平原内部形成的一些平行于河流的垄岗状台地没有多大变化。这些分支河流有两种流向：一是河流上游近山地带多为南北向，形成的台地也多为南北向；二是下游或腹心地带的河流多为西北—东南向，形成的台地也多为西北—东南向。目前成都平原所发现的早期城址都与各自的河流和台地方向相一致，如宝墩、鱼凫村、古城村三座城址都位于平原的腹心地带或河流的下游地区，方向均为西北—东南向；而芒城村、双河村、紫竹村三座城址都位于平原近山地带或河流的上游地区，方向均为近南北走向。城址与河流、台地的方向一致的最大特点就是利于防洪，增强了城址的抗洪能力。这种因应水势和台地利于防洪的特点一直是数千年来成都平原城市规划的基本思想，如广汉三星堆古城走向与鸭子河的流向相同，两千多年后唐代末期修筑的成都罗城的城墙走势也顺应河流和台地的走向。

3. 城墙的构筑方式为斜坡堆筑

宝墩、鱼凫村、古城村三座城址的城墙经过解剖发掘揭露出的墙体底宽 20～31、顶宽 7～19、高 3～4 米。由此可以看出，城墙的底部大大宽于城墙的顶部，整个城墙的断面犹如一个梯形，这与现在所看到的城墙的地面保存状况相一致。

这三座城址的城墙解剖发掘表明，城墙的修筑方法均为平地起建斜坡堆筑，即边堆土，边拍打或夯打，每次堆筑一大层。拍打又分水平和斜面拍打两种。水平拍打用于各小夯层；斜面拍打施于各小夯层堆筑至一定高度后形成的坡状堆积斜面，此斜面即各大层层面。各大层层面倾斜度（坡度）由中心向两边逐渐增大。修筑城墙首先是在墙的中部平地堆土夯筑，中心部位一般都只堆筑四五个大层。当墙体堆筑到一定高度，再往上堆筑便不容易了，于是就从城墙的内外两侧进行斜坡堆筑。从发掘的情况看，城内侧斜坡堆筑的层次较多，且堆筑的坡度较缓；城外侧堆筑的层次较少，坡度较陡。城墙堆筑的紧密程度与该遗址区的黏土发育有关，如宝墩和鱼凫村两座城址由于该区域的黏土发育较好，城墙堆筑得较紧密，河卵石用得较少；尤其是 1995 年发掘的宝墩古城真武观段城墙夯筑得相当紧密，夯面发现用板状夯具拍打的痕迹，一般长多在 50、宽 10 厘米左右；夯面还发现沙和草木灰，以防止泥土粘连夯具。而古城村遗址由于当地的黏土发育不好，于是就大量采用河卵石来加固城墙，夯筑痕迹亦不甚清楚。在堆筑墙体中心部分时，用料是河卵石和河沙，为了不让其垮塌并使之堆筑到一定高度，还特意在城内侧面挖一深约 40 厘米的高坎来阻挡河卵石的下滑；城墙的表层大量采用河卵石，尤其是城内侧全部采用河卵石夹杂少量沙性土来堆筑，且堆筑得相当紧密，以防止城墙因日晒雨淋而垮塌。

4. 城址的中心部位发现有大规模的建筑遗存

在经过较大面积发掘的宝墩和古城村遗址中，在城址的中部都发现了大规模的建筑遗存。1997 年在古城村遗址的中部发现一座面积达 550 平方米的大型礼仪性建筑，其方向与城墙的方向基本一致；且其周围也发现较多的建筑遗存。1996 年在宝墩遗址的中部（鼓墩子）也发现房屋基槽和大量的柱洞，这些建筑遗存是建在一高出当时周围地面约 1 米、面积约 3000 平方米的台地上；有迹象表明，鼓墩子台地上的建筑遗存可能是一组规模较大的建筑群。

此外，所有这些城址的文化堆积较薄，城址的年代跨度不长，其中的兴废原因值得探讨。

三、宝墩文化的特征及初步分期

这六个遗址除紫竹村遗址未发掘外，其余各遗址都经过试掘或发掘，这为我们更深入研究这些遗址间的相互关系和进行文化分期提供了有利的条件。

1. 宝墩文化总体特征

（1）生活用具

生活用具主要是陶器。陶器的制作方法是泥条盘筑加慢轮修整，很多陶器内壁可见泥条盘筑的痕迹。圈足和器底均为二次黏接，许多圈足黏接处的内外壁有加固的戳痕。夹砂陶器底多为外接，形成器壁线近底处外折似假圈足。此外，有些夹砂陶器物的口沿也有明显的黏接痕迹；泥质陶壶的颈部也见有二次黏接的情况。陶系分夹砂陶和泥质陶两种，夹砂陶多掺白色石英砂，有粗、细之分，以细者居多，有灰陶、外褐内灰陶和褐陶；泥质陶以灰白陶、灰黄陶和黑皮陶为主。其中泥质灰白陶的火候一般较高，也有火候较低、表面呈粉末状者；灰黄陶的火候较低，但大多施黑色陶衣，出土时多脱落。宝墩遗址的陶器制作得最为精细，敞口圈足尊和盘口圈足尊的内壁上半部多磨光，出土时黝黑发亮；其上的划纹、戳压纹、附加泥条戳印纹等和喇叭口高领罐上水波划纹制作得尤为精美。其后的陶器及其上的纹饰制作得越来越粗率。

从纹饰来看，宝墩文化是愈早愈发达，纹饰种类也多，制作得也很精美；愈晚愈不发达，纹饰种类较少，制作也显粗糙。夹砂陶以绳纹为主；泥质陶以划纹、戳压纹、附加泥条戳印纹和施黑衣为主。绳纹装饰部位有唇部、沿面、颈腹部和器底，其唇部、沿面和器底装饰的绳纹颇具特色；纹样有竖向、斜向、交错和网状等。划纹多水波纹和平行线纹及由平行线纹组成的几何形纹，多施于泥质陶器的颈腹部。戳压纹的纹样主要有坑点纹、长条纹、新月形纹、圆圈纹和指甲纹等，多施于颈腹部。唇部压印呈锯齿状的喇叭口高领罐和壶很有特色。附加泥条戳印纹多见于腹部。黑衣主要施于灰黄陶和陶质较软的灰白陶。

宝墩文化的器类盛行平底器和圈足器，不见圜底器和三足器。器形多宽沿、大翻口的风格；流行器物口沿或唇部压印绳纹或作锯齿花边口。典型器物有绳纹花边罐、敞口圈足尊、盘口圈足尊、喇叭口高领罐、宽沿平底尊、壶、宽沿盆和浅盘豆等，它们是贯穿这一文化始终的器物群。另有少量的卷沿罐、筒形罐、深腹罐、窄沿罐、窄沿盆、曲沿罐、折腹钵、矮领圆肩罐、敛口罐、敛口瓮等。

（2）生产工具

生产工具主要是石器。石器多为通体磨制，偏于小型化，以斧、锛、凿为主，另有少量的刀、铲、钺、镞和矛等。斧的数量最多，有长方形和梯形两种，长度多在6～10厘米，其中梯形石斧很有特色。锛比斧小，磨制比斧精细，形制较单一，直刃、弧顶，整个平面形状呈梯形。凿磨制得最为精细且规整，石质也较好，个别似玉质，有扁平长条形、圭形和刃口内凹的窄长形等，还有一端为圭形、另一端为直刃的双端刃形。铲和刀均有穿孔，系双面钻孔，但发现极少且残。石刀为横长方形，上下均有刃。石镞为扁平菱形，磨制也较精细。另外，还发现数量较少的纺轮和网坠等陶质生产工具。

（3）建筑遗存

目前除紫竹村遗址外，其他经过试掘和发掘的遗址中都发现了建筑遗存。大体可分为两类：第一类为挖沟槽埋木柱的木骨泥墙式建筑；第二类是没有基槽，只有柱洞。

第一类木骨泥墙式建筑可分为大、小两种类型。小型房基的面积大多在10～50平方米。其建筑方法为先挖基槽，基槽宽10～30、深20～30厘米，基槽内有密集的小柱洞。在宝墩遗址Ⅲ H5中发现大量的红烧土块，土块的一面常有棍状痕迹。据此我们推测房屋的构造方式可能为"木骨泥墙"式，并经火烘烤。古城村F6保存较好，长8.3、宽5.6米，面积约46平方米。有门道和灶坑，门道开在北墙的西侧。大型建筑基址仅有古城村F5一座。F5位于古城村遗址的中部，平面呈长方形，方向为西北—东南向，与城墙的方向基本一致，长约50、宽约11米，面积约550平方米。该房址西部在汉代遭到较大程度的破坏，尽管如此，建筑的规模和总体轮廓还是比较清楚的。建筑方法是先挖一大型基坑，在基坑周围埋设木柱，铺设卵石，形成以卵石加固的柱基础。卵石直径以4～6厘米者居多；卵石面宽0.9～1米，现存厚度10～28厘米；卵石基础中的柱洞排列整齐，直径20～30、间距70～120厘米。基坑内的垫土中有意掺入红烧土，起防潮的作用。从墙体倒塌位置发现较多竹炭痕迹推测，该房屋的墙体仍为木柱夹竹编笆，内外抹草拌泥而形成的木骨泥墙。房内柱洞，仅在房屋的东南端中部发现一直径约 65 厘米近圆形的卵石堆积，推测可能为柱坑底部的础石，但未发现其他类似的础石。该房址未发现隔墙遗迹，但在屋内发现 5 处长方形呈台状有规律的卵石堆积，这五个台子横列于房址的中部，由东南往西北依次排列，分别编为 1～5 号台，台子间的距离在 3 米左右。1～3 号台保存较好，还尚存一两层卵石堆积，卵石较大，直径一般为 10～30 厘米。1 号台形状接近方形，东西长约 3.4、南北宽约 3 米；2、3 号台大小基本一致，东西长约 5、南北宽约 2.7 米；4、5 号台基在汉代已被破坏，卵石不存，但基槽痕迹尚存。4、5 号台基的形状都接近方形，大小差不多，其中 4 号台东西长约 3、南北宽约 2.5 米；5 号台东西长约 2.75、南北宽约 2.35 米。每个台子的周围都挖小基槽，槽内埋设密集圆竹，圆竹已炭化，但清晰可辨。基槽宽 10～13、深 15～19 厘米，可能起护壁的作用。推测是先埋设圆竹作护壁再填卵石，护壁外抹泥，从而形成台子。根据该建筑基址附近地层堆积比较纯净，出土的生活遗物极少，也未发现一般的生活附属设施的特点，初步推测当不是一般的居址，而可能是大型的礼仪性建筑，是举行重要仪式活动的场所。不过关于其性质和具体的用途还有待于将来对其周围进行发掘，发现更多的相关遗存才能最后确认。关于该建筑基址的时代，根据其开口于第 6 层下、打破第 7 层的层位关系来看，当建于该遗址的早段末期，废弃于遗址的中段[①]。

第二类房屋建筑形式在双河村遗址中有发现，共发现了 14 个柱洞，柱洞内有的有础石，平面大致呈十字形，面积超过 60 平方米，没有发现基槽的痕迹。此外，在宝墩遗址的鼓墩子地点也发现这种房屋的建筑形式。这种房屋的建筑方式与木骨泥墙式建筑有着较为明显的差别。

从整个宝墩文化所发现的房址来看，第一种木骨泥墙式建筑是房屋建筑形式的主流；第二种建筑形式目前还不多见。

（4）墓葬

在宝墩和古城村遗址中都有发现。这些墓葬均为长方形竖穴土坑墓，墓坑较浅；均无随葬品。头向不一，宝墩遗址有人骨架的两座墓葬，一座向西，另一座向南[②]；而古城村遗址发现的一座墓葬，头向东北[③]。墓葬分成人墓和小孩墓，两者的差别表现为墓坑的大小，前者墓坑较大，后者墓坑较小。宝墩发现的成人墓葬的填土有夯实的现象。

总之，宝墩文化时期的居民过着定居的农业生活，兼有采集渔猎。宝墩文化居民不仅能建筑中小型的房屋，而且还能修建像古城村 F5 这样的大型礼仪性建筑；更为重要的是当时的人们已开始修筑高大城垣，像宝墩遗址这样周长达 3200 米、宽 8～31 米

① 成都市文物考古研究所、郫县博物馆：《四川郫县古城遗址 1997 年发掘简报》，《文物》2001年第 3 期。

② 中日联合考古调查队：《四川新津县宝墩遗址 1996 年发掘简报》，《考古》1998 年第 1 期。

③ 成都市文物考古研究所、郫县博物馆：《四川郫县古城遗址 1997 年发掘简报》，《文物》2001年第 3 期。

以上、高度超过 4 米，土方量初步推算为 25 万立方米以上的大型城垣建筑当需要相当的人力和物力才能建成。这就是说当时的定居农业生活已达到相当高的水平。宝墩文化的陶器以泥条盘筑加慢轮修整为主，其中的敞口圈足尊、盘口圈足尊和喇叭口高领罐等器物及其上纹饰制作得相当精细，喇叭口高领罐的火候较高，叩之有清脆之声。说明其陶器制作技术达到一定的水平。石器多通体磨光，其中的石锛、凿和钺制作得相当精致，石钺上有双面钻孔，说明其石器制作技术也达到相当高的水平。

2. 宝墩文化的初步分期及各期特征

（1）宝墩文化的初步分期

宝墩文化的分期以新发现的宝墩、芒城村、古城村和鱼凫村遗址 1996 年发掘的材料为依据。就目前发掘所获得的资料来看，这四个遗址间都有不同程度的差异，而这种差异很明显不属地域原因，而是时间上的早晚造成的。因为这几个遗址均处于成都平原不太大的范围内，最远的距离也不过 30 多千米，近的仅 10 多千米。而相比之下，与宝墩遗址相距更远的三星堆遗址的第一期，其较多的泥质灰白陶和发达的纹饰等特点却与宝墩遗址很相近。这种情况足以说明宝墩遗址和其他几个遗址间的相互差异是基于时间上的原因。而且像成都平原这样一个相对独立的地理环境，同一时期的文化应该具有相当的统一性。

前面我们将宝墩遗址分成了两期 3 段，其晚期的文化面貌与芒城村遗址比较接近，应为同一阶段的文化遗存；古城村遗址分为早、中、晚三段，鱼凫村遗址的早期和晚期分别与古城村的早段和晚段比较接近。至于芒城村与古城村早段间的关系，目前还没有明确的层位依据，只有依据这一文化发展的总趋势加以推定，好在该文化的发展演进脉络还是比较清楚的。从宝墩到芒城村遗址，泥质陶器的陶质有变软的趋势，首先表现在陶质较软的泥质灰黄陶的数量逐渐增多，在芒城村遗址中成为最主要的陶系；灰白陶烧制的火候也有降低的趋势，宝墩第Ⅰ段泥质灰白陶的火候相当高，叩之有清脆声，而其第Ⅲ段和芒城村遗址中则出现了较多的表面呈粉末状的灰白陶，且泥质灰白陶的数量逐渐减少。在夹砂陶中，夹砂灰陶的数量减少，而褐陶和外褐内灰陶的数量增多。从纹饰的角度看，泥质陶中的纹饰不仅数量减少，而且制作也越来越简单粗率。在古城遗址的早段，泥质灰白陶的数量进一步减少，其陶质都较软，灰黄陶仍占主要地位；夹砂外褐内灰陶成为夹砂陶中最主要的陶系，夹砂褐陶占有一定比例。到了古城遗址的中、晚段，夹砂褐陶成为夹砂陶中的主要陶系，而外褐内灰陶的数量有所下降，但仍占一定比例。在器类和器形上也可看出早晚变化的趋势。并且在郫县古城村遗址 1997 年发掘的 F5 的垫土中发现喇叭口高领罐的残片，其卷沿较甚，颈部饰水波划纹的特点与宝墩遗址的晚期和芒城村遗址的同类器一致。依据晚期遗址出早期遗物，而早期遗址不出晚期遗物的原则，亦可推断古城村遗址所代表的时期应晚于芒城村遗址和宝墩遗址的晚期。而古城村遗址中、晚段和鱼凫村遗址晚段已出现三星堆文化的因素，依此也只能将其放在该文化的偏晚阶段。由此，我们将宝墩文化分成了四期 6 段（表一）。

第一期：以宝墩遗址的早期为代表。可分早、晚两段，分别以宝墩遗址的第 I 段和第 II 段为代表。

第二期：以芒城村遗址和宝墩遗址的晚期为代表。

第三期：以古城村遗址的早、中段和鱼凫村遗址的早期为代表。可分为早、晚两段，早段以古城村遗址的早段和鱼凫村遗址的早期为代表；晚段以古城村遗址的中段为代表。

第四期：以鱼凫村遗址的晚期和古城村遗址的晚段为代表。

表一　宝墩文化分期表

		宝墩		芒城村	双河村	古城村	鱼凫村		三星堆一期
第一期	早段	早期	I段						√
	晚段		II段						√
第二期		晚期	III段	√					√
第三期	早段				√	早段	早期	I、II段	月亮湾
	晚段					中段			
第四期						晚段	晚期	III段	

（2）宝墩文化各期的特征

第一期：泥质陶的数量多于夹砂陶，约占陶片总数的 65%，夹砂陶仅占 35%。泥质陶中以灰白陶和灰黄陶为主，分别约占陶片总数的 37% 和 25%。夹砂陶中夹砂灰陶占绝大多数，约占陶片总数的 30%。夹砂陶基本上都有绳纹装饰；泥质陶的纹饰比例达 19%，以戳压纹、划纹、附加泥条戳印纹和施黑衣的较多，其他纹饰数量极少。主要器类有各式绳纹花边罐、敞口圈足尊、盘口圈足尊、喇叭口高领罐和宽沿平底尊等，还有一定数量的宽沿盆、壶和卷沿罐等，另有数量极少的缸、宽沿高领器、浅盘豆和筒形罐等。早段和晚段的差别主要表现在以下几方面：从陶质陶色看，早段泥质陶略多于夹砂陶，约占总数的 60%；到了晚段泥质陶数量明显增加，所占比例达 70%。早段泥质灰黄陶所占比例不高，约占陶片总数的 20%；而晚段则增加到 32%，与灰白陶所占的比例相当。从纹饰看，早段的纹饰较发达，泥质陶的纹饰比例达 23%；而晚段的比例下降，仅占 14%。晚段的圈足上少见绳纹和戳压纹装饰，方形镂孔减少，圆形镂孔增多。在陶器制作上，早段陶器普遍制作较精细，晚段明显变粗糙；纹饰制作早段也较晚段精美。在器类上，早、晚段变化不大，晚段不见早段的宽沿高领器，而新出现了浅盘豆和筒形罐。在器形上，早、晚段变化较为明显，总的趋势是沿由宽变窄、由不卷或微卷到甚卷，圈足由矮变高。例如，晚段的绳纹花边罐口沿变窄，喇叭口高领罐和宽沿平底尊的口沿外卷较甚，锯齿花边喇叭口高领罐的数量减少，新出现了外叠唇的喇叭口高领罐（图七）。

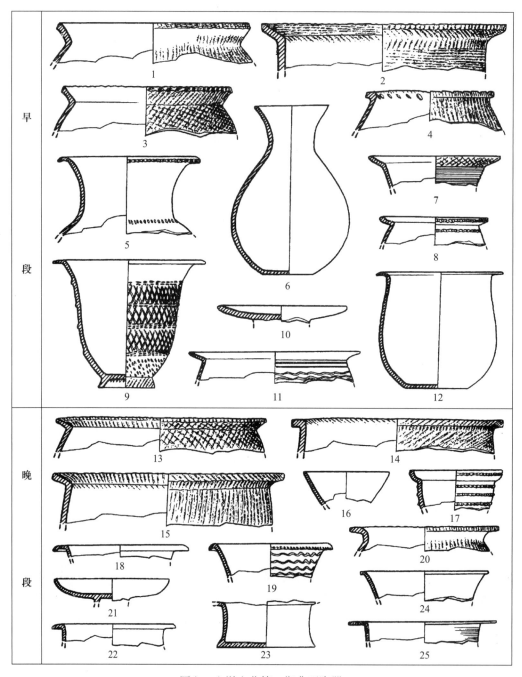

图七　宝墩文化第一期典型陶器

1～4、13～15、20. 绳纹花边罐（T2229⑦：17、T2029⑦：129、T2030⑦：147、H15：2、T2129⑥：40、
T2129⑥：21、T2030⑥：27、T1830⑥：59）　5、19、24. 喇叭口高领罐（T1929⑦：44、T2129⑥：15、
T2129⑥：39）　6、16. 壶（T1929⑦：2、T1930⑥：25）　7、8、17. 盘口圈足尊（T2129⑦：76、T1929⑦：85、
T1830⑥：87）　9、18. 敞口圈足尊（T1929⑦：128、T1930⑥：62）　10、21. 豆（H5：59、T1830⑥：40）
11、25. 宽沿盆（T2030⑦：69、T1930⑥：6）　12、22. 宽沿平底尊（H16：57、T2129⑥：14）
23. 筒形罐（T1830⑥：42）（均出自宝墩遗址Ⅲ区）

第二期：这一时期泥质陶所占的比例有所下降，但仍多于夹砂陶，泥质陶占60%，夹砂陶占40%。泥质陶中灰白陶的比例下降，约占陶片总数的19%；而灰黄陶成为最主要的陶系，约占陶片总数的35%。夹砂陶中夹砂灰陶的比例下降，外褐内灰陶和褐陶的比例增加，三者的比例相当。泥质陶中素面陶增多，有纹饰的陶片仅占10%，主要是划纹，次为戳压纹，其他纹饰极少，划纹中多平行线纹及由平行线组合成的几何形纹，极少见第一期中较发达的水波划纹。夹砂陶中素面陶增多，有纹饰的陶片仅占30%，其中主要是绳纹。主要器类与第一期差不多，新出现有深腹平底罐，比较明显的变化是各种器物的型式减少，如绳纹花边罐主要是斜侈沿型，喇叭口高领罐主要是外叠唇型，锯齿口型极少见。此外，盘口圈足尊出现了两种情况，一种是器身变得矮胖，另一种是器身变得瘦高；宽沿平底尊出现直腹的型式；宽沿盆出现有宽沿平折敛口型；壶的最大径由腹部移至肩部，浅盘带柄豆和盆的数量增多（图八）。

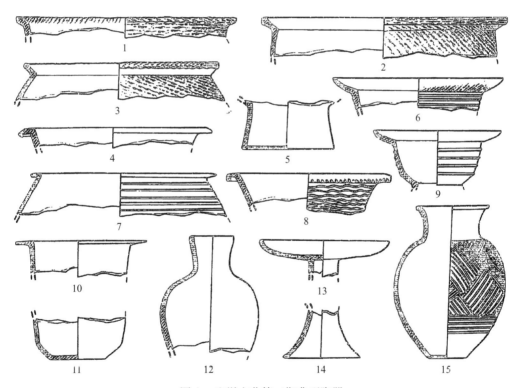

图八　宝墩文化第二期典型陶器

1～3. 绳纹花边罐（芒H4：13、芒T6④：22、芒H1：41）　4. 敞口圈足尊（芒H11：15）　5. 筒形罐
（芒G4：176）　6、9. 盘口圈足尊（宝Ⅲ T2629⑤：11、芒H4：9）　7. 宽沿盆（芒G4：165）
8、15. 喇叭口高领罐（宝Ⅲ T2129⑤：1、芒G4：265）　10、11. 宽沿平底尊（芒G4：215、
芒H5：1）　12. 壶（芒T7④：41）　13. 豆（芒H4：1）　14. 豆圈足（芒H1：6）

（6、8. 出自宝墩遗址，余皆出自芒城村遗址）

第三期：夹砂陶数量增加，约占总数的45%，泥质陶的比例进一步下降，约占

55%。泥质陶中灰白陶的比例继续减少，以橙衣灰陶和黑衣陶为主。夹砂陶中灰陶的比例下降，外褐内灰陶和褐陶的数量增加，成为夹砂陶中的主要陶系。纹饰所占比例与第二期相比有所回升，泥质陶中的纹饰比例约达 20%，主要是平行线划纹，次为平行线交叉划纹，其他纹饰极少，第一、二期中发达的戳压纹和附加泥条戳印纹很少见到；夹砂陶的纹饰比例约达 55%，主要是绳纹和平行线划纹。主要器类与第二期基本相同，新出现了窄沿罐、曲沿罐、折腹钵、窄沿盆等。这一时期除斜侈沿型绳纹花边罐、外叠唇型喇叭口高领罐、敞口圈足尊等与第二期相比没有太大的变化外，其他器形都或多或少有所变化：第二期中出现的极少量的瘦高型盘口圈足尊、直腹型宽沿平底尊在第三期中很典型；前两期中的锯齿花边喇叭口高领罐、矮胖型的盘口圈足尊在第三期中消失了；宽沿盆和壶的数量减少。早、晚段的差异主要表现在以下几方面：从陶质陶色看，早段的夹砂陶以外褐内灰陶为主，褐陶次之；晚段则恰好相反，并且夹砂陶的数量较早段明显增多。早段泥质陶中的灰白陶占有一定比例，褐陶较少；晚段泥质褐陶的比例增加，灰白陶的比例明显下降。从纹饰来看，早段和晚段的纹饰种类基本相同，但早段的纹饰较晚段要发达一些。在器形上，第三期中新出现的器物都是到晚段才出现的（图九）。

　　第四期：这一时期与第三期相比，有了较大的变化。夹砂陶的数量有了较大的增加，超过了泥质陶的数量而成为陶器的主要部分。夹砂褐陶成为最主要的陶系，其他夹砂陶的数量很少；泥质陶中以灰陶、灰黄陶和黑皮陶为主。纹饰所占的比例进一步下降，纹饰种类也减少。泥质陶绝大部分为素面，第三期中发达的平行线划纹也很少见到；夹砂陶以绳纹为主。绳纹花边罐、敞口圈足尊、盘口圈足尊、喇叭口高领罐、宽沿平底尊、壶等前几期中极为典型的器物在该期中极少见到，沿袭了第三期晚段的窄沿罐、曲沿罐、窄沿盆、曲腹钵等，新出现了矮领圆肩罐、敛口瓮、敛口罐、折腹钵等，圈足变得更高更直（图一〇）。

3. 三星堆遗址第一期的分析

　　三星堆遗址位于广汉市区西约 10 千米处，面积达 12 平方千米。该遗址先后经过多次发掘，出土了大量的陶、石器，其中遗址的第一期与第二期以后的文化面貌区别较大，我们所说的三星堆文化是指孙华划分的该遗址第二期遗存[①]。属于三星堆遗址第一期的遗存有 1980～1981 年三星堆第 6、8 层[②]（以下简称 1980 年第 6、8 层）、1984 年

　　① 孙华：《试论广汉三星堆遗址的分期》，《南方民族考古》（第五辑），四川科学技术出版社，1993 年；王毅、张擎：《三星堆文化研究》，《四川文物》1999 年第 3 期。

　　② 四川省文物管理委员会、四川省博物馆、广汉县文化馆：《广汉三星堆遗址》，《考古学报》1987 年第 2 期。

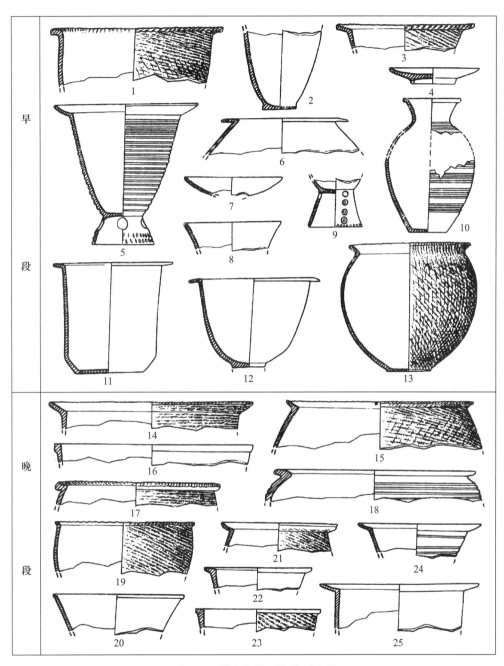

图九 宝墩文化第三期典型陶器

1、3、13~15. 绳纹花边罐（鱼 H5②：111、古 T3⑪：78、古 H14：1、古 T5⑬：92、古 H3：1） 2. 深腹罐
（鱼 H15②：85） 4. 圈足盘（鱼 H36：5） 5、21、24. 盘口圈足尊（古 H22：36、古 H10：11、古 T5⑬：102）
6. 宽沿盆（鱼 H71②：74） 7. 豆盘（鱼 H48⑤：106） 8. 壶（古 H9：69） 9. 圈足（鱼 T5④：22） 10、
20. 喇叭口高领罐（古 H14：3、古 T4⑫：97） 11、25. 宽沿平底尊（古 H22：35、古 T4⑬：142） 12. 敞口
圈足尊（鱼 H15②：34） 16、23. 窄沿盆（古 T2⑨：49、古 T5⑫：31） 17. 曲沿罐（古 T5⑬：94）
18. 敛口罐（古 T5⑬：129） 19. 窄沿罐（古 T4⑪：87） 22. 钵（古 T3⑨：29）
（1、2、4、6、7、9、12. 出自鱼凫村遗址，余皆出自古城村遗址）

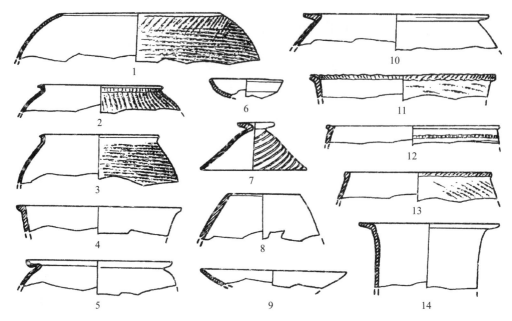

图一〇　宝墩文化第四期典型陶器

1. 敛口瓮（鱼H73④：80）　2、3. 矮领圆肩罐（鱼H73③：154、鱼H73④：172）　4. 窄沿盆（古T3⑧a：4）
5. 曲沿罐（鱼T9⑤：83）　6. 折腹钵（鱼T9⑤：78）　7. 器盖（鱼H73④：190）　8. 敛口罐（鱼H73③：122）
9. 豆盘（鱼H73④：88）　10. 宽沿盆（古T4⑩：19）　11. 绳纹花边罐（古T2⑧a：27）　12、13. 窄沿罐
（古T2⑧a：26、古T2⑧a：19）　14. 宽沿平底尊（古T1⑧a：1）

（1～3、5～9. 出自鱼凫村遗址，余皆出自古城村遗址）

西泉坎第4层、1986年发掘的Ⅲ H19和第13～16层[①]及1963年月亮湾第3层[②]。

　　1980年第6、8层的泥质陶器占了绝大部分，约占陶片总数的86%，其中泥质灰陶又占了大多数，约占陶片总数的65%以上；此外，还有少部分的夹砂褐陶。"纹饰主要为平行线划纹，有的在平行线划纹上再竖戳成齿状。镂孔、锥刺纹和水波纹较少见。""陶器种类极为单调，仅见表褐里黑的镂孔圈足豆、翻口高领广肩细泥灰陶罐（应为喇叭口高领罐——笔者注）、灰陶盆、侈口深腹缸。"[③]这与泥质灰白陶发达、划纹和戳压纹流行、喇叭口高领罐极为盛行的宝墩文化第一期的特点比较接近，两者的时代应大体相当。

　　1984年西泉坎第4层盛行宽沿器，还有个别的喇叭口形器和器盖（陈文中的高圈

　　① 陈显丹：《广汉三星堆遗址发掘概况、初步分期——兼论"早蜀文化"的特征及其发展》，《南方民族考古》（第二辑），四川科学技术出版社，1990年。

　　② 马继贤：《广汉月亮湾遗址发掘追记》，《南方民族考古》（第五辑），四川科学技术出版社，1993年。

　　③ 四川省文物管理委员会、四川省博物馆、广汉县文化馆：《广汉三星堆遗址》，《考古学报》1987年第2期。

足盘）等。其中的器盖与芒城村遗址的同类器很相近。其时代可能与宝墩文化第一、二期相当。

1986 年发掘的Ⅲ H19 出土的绳纹花边罐和镂孔圈足豆与鱼凫村遗址第Ⅱ段的同类器接近，时代应相当，大致相当于宝墩文化第三期早段。第 13～16 层与 1984 年西泉坎第 4 层一样，亦盛行宽沿器。

1963 年月亮湾第 3 层"以泥质灰陶为主，约占该层陶片总数的 46.9%，泥质红陶占 20.9%，夹砂红陶和灰陶分别为 18.4% 和 13.8%"[①]。有纹饰的陶片约占 44%，以绳纹为主，次为弦纹、划纹、篦纹、镂孔等，还有新月形纹和戳印连点纹等。代表性的器物有折沿小平底鼓腹罐、宽沿平底尊、斜壁瓢形器、镂孔深腹圈足豆、浅腹圈足盘、敛口钵等，其中的宽沿平底尊、圈足盘和敛口钵等与宝墩文化第三期早段的同类器相一致。但是从该层的陶质陶色来看，又与宝墩文化第一期的特点接近。或许月亮湾第 3 层还可以再分。

从以上的分析可以看出，三星堆遗址第一期应属宝墩文化的范畴，涵盖了宝墩文化第一至三期，年代跨度较长。

4. 宝墩文化的年代推断

关于该文化的年代，我们主要依据文化因素的对比和 [14]C 测年数据来加以确定。

第一，宝墩遗址中有两个 [14]C 测年数据，其测年均在距今 4500 年（经树轮校正，下同）左右，该遗址的年代上限当在距今 4500 年左右。

第二，三星堆遗址第一期有三个 [14]C 测年数据。与宝墩文化第一期相当的 1980 年 AaT1 灰坑中的 ZK0973 标本，[14]C 测年为距今（4500±150）年。属于宝墩文化的 1986 年Ⅲ T1416 第 14 层的两个炭标本（BK86046 和 ZK2104），其测年分别为距今（4665±135）和（4615±135）年[②]。

第三，在边堆山遗址中有两个 [14]C 测年数据：标本 ZK2349，采自 T214 第 4 层中，测年为距今（4020±260）年；标本 ZK2346，采自 T204 第 5 层中，测年为距今（4505±270）年。其中 T214 第 4 层所出的器物，尤其是绳纹花边罐和宽沿平底尊与宝墩文化第三期的基本相同，时代应相当，因此其测年当为宝墩文化第三期的年代。

第四，宝墩文化第一、二期中的筒形罐和川东地区巫山魏家梁子遗址早期的同类器极为相似；而魏家梁子遗址早期的Ⅰ式深腹罐（T3 ⑤：38）与陕西武功浒西庄和赵家

---

① 马继贤：《广汉月亮湾遗址发掘追记》，《南方民族考古》（第五辑），四川科学技术出版社，1993 年。

② 中国社会科学院考古研究所：《中国考古学中碳十四年代数据集（1965～1991 年）》，文物出版社，1992 年。下面的 [14]C 年代未加以说明的，都引自该书。

来遗址庙底沟第二期文化遗存中的大口深腹罐[1]很相近（图一一），时代应相当，而后两者的绝对年代为距今 4700～4400 年左右[2]。这与《四川巫山县魏家梁子遗址的发掘》作者推测的魏家梁子遗址早期的年代为距今 4700～4300 年差不多[3]。

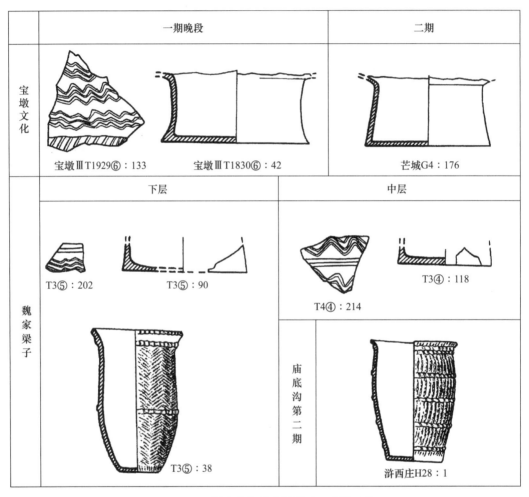

图一一　宝墩文化与魏家梁子遗址陶器比较

第五，宝墩文化的第四期正好与三星堆文化相衔接，而三星堆文化的年代上限与

---

① 中国社会科学院考古研究所：《武功发掘报告——浒西庄与赵家来遗址》，文物出版社，1988 年。

② 中国社会科学院考古研究所：《武功发掘报告——浒西庄与赵家来遗址》，文物出版社，1988 年。

③ 中国社会科学院考古研究所长江三峡考古工作队：《四川巫山县魏家梁子遗址的发掘》，《考古》1996 年第 8 期；吴耀利、丛德新：《试论魏家梁子文化》，《考古》1996 年第 8 期。

二里头文化第四期相当，其绝对年代大体在距今 3700 年左右[1]，也就是说宝墩文化年代的下限在距今 3700 年左右。

依据以上的分析，可以将宝墩文化大的绝对年代初步推定在距今 4500～3700 年。

四、与周邻文化和遗址的关系

1. 与边堆山遗址的关系

边堆山遗址位于绵阳市区西约 7 千米处。1988 年对该遗址做了调查，1989 年又对该遗址进行了大规模的钻探和发掘。发掘者认为该遗址"石器小型化……磨制为主，也较多使用打制石器……大量的长方形或梯形的斧……锛和凿的数量也较多，而且形式多样……陶器可分为夹粗砂灰褐陶系和泥质灰陶系两大类，前者最多。还有少量黑皮陶、泥质红陶等。纹饰以绳纹、堆纹为常见，另有划纹、弦纹，其中许多锥点几何形纹很有特点。唇沿施绳纹或齿状花边装饰，特点突出。器形多罐、缸、壶、盘、碗等平底器，圈足器有豆"[2]。从这些特点看，边堆山遗址的文化面貌与宝墩文化有较多的相似之处。但是该遗址的内涵较复杂，一方面是该遗址泥质陶多灰黄陶和灰白陶，表面多呈粉末状，喇叭口高领罐比较流行，还有部分绳纹花边罐和宽沿平底尊等与宝墩文化相近；另一方面是该遗址中有一种敞口折沿、颈部饰附加泥条堆纹的夹砂陶罐，这种陶罐是哨棚嘴文化第一期二段中的典型器物[3]。同时，我们也注意到该遗址没有发现宝墩文化的盘口圈足尊等典型器物；同时，在采集的陶片中有一种有花边或无花边的敛口罐在宝墩文化中还未发现过，倒是在川北地区的新石器时代文化遗存[4]和通江擂鼓寨遗址[5]中存在，而且器形很相近。

① 王毅、张擎：《三星堆文化研究》，《四川文物》1999 年第 3 期。

② 中国社会科学院考古研究所四川工作队：《四川绵阳市边堆山新石器时代遗址调查简报》，《考古》1990 年第 4 期。

③ 王鑫：《忠县眢井沟遗址群哨棚嘴遗址分析——兼论川东地区的新石器文化及早期青铜文化》，《四川考古论文集》，文物出版社，1996 年；江章华、王毅：《川东长江沿岸史前文化初论》，《四川文物》1998 年第 2 期。

④ 王仁湘、叶茂林：《四川盆地北缘新石器时代考古新收获》，《三星堆与巴蜀文化》，巴蜀书社，1993 年；中国社会科学院考古研究所四川工作队、四川省广元市文物管理所：《四川广元市张家坡新石器时代遗址的调查与试掘》，《考古》1991 年第 9 期。

⑤ 四川省文物考古研究所、通江县文物管理所：《通江县擂鼓寨遗址试掘报告》，《四川考古报告集》，文物出版社，1998 年；雷雨、陈德安：《巴中月亮岩和通江擂鼓寨遗址调查简报》，《四川文物》1991 年第 6 期。

2. 与川北地区新石器时代遗存的关系

川北地区是指四川盆地北部以嘉陵江上游流域为主的地区，主要包括广元地区。王仁湘和叶茂林先生在《四川盆地北缘新石器时代考古新收获》[①]一文中对该地区的新石器时代文化做了概括和总结，并将各遗存年代序列排定如下：中子铺细石器遗存（距今约 7000～6000 年）、张家坡遗址和中子铺晚期遗存（距今约 6000～5500 年）、邓家坪遗址（距今约 5500～4700 年）[②]。其中"邓家坪遗址的文化遗存可能分为两期。遗址下层以泥质灰陶等细泥陶居多，夹砂陶较少，上层则是泥质灰陶比例减少，夹砂陶系占了绝大多数。在器形、纹饰等方面也有小异，但差别不显著，总的说共性较强。该遗存总体特征是，以夹砂的灰褐陶为主，泥质灰陶总量较少，还有少量的黑皮陶和个别泥质红陶，纹饰以绳纹和堆纹最普遍，另有划纹、锥刺纹等，流行口沿和唇部施绳纹或花边波纹作风，陶器可辨器形的有深腹罐、鼓腹罐、钵、碗、器盖等。石器多趋小型化"[③]。从上面的叙述可以看出，邓家坪遗址中绳纹和堆纹发达，还有划纹和锥刺纹，流行口沿和唇部施绳纹或花边作风，尤其是下层中泥质灰陶在整个陶系中居于主导地位；石器小型化，以斧、锛、凿为主，这些特点都与宝墩文化相近。但是邓家坪遗址在器类和器形上与宝墩文化完全不同，两者似乎属不同的文化。比邓家坪遗址早一个阶段的张家坡遗址以灰褐陶为主；纹饰简单，以绳纹和堆纹及划纹为基本形式，口沿外施附加堆纹较有特点；开始有个别口唇呈波状的做法；以平底器为主，有个别圈足器（豆）；罐、盆较多；石器有圭形石凿等。从这些特点来看，张家坡遗址与宝墩文化也有着一定的联系，但两者的器类和器形完全不同，区别是明显的。邓家坪和张家坡遗址一方面与宝墩文化有一些相似的特征，另一方面在器类和器形上又有着巨大的差别，这既有地域上原因，但更主要的可能是时间上的差异造成的。邓家坪遗址的[14]C 测年数据表明，邓家坪遗址年代为距今 5500～4700 年，比宝墩文化早一阶段；张家坡遗址又较邓家坪遗址早一阶段，这似乎说明以张家坡和邓家坪遗址为代表的两种文化遗存或许就是宝墩文化的来源，但目前这种关系还不十分清楚。

3. 与哨棚嘴文化的关系

目前在川东长江沿岸地区发现的属哨棚嘴文化的遗址较多，有忠县哨棚嘴和

---

① 王仁湘、叶茂林：《四川盆地北缘新石器时代考古新收获》，《三星堆与巴蜀文化》，巴蜀书社，1993 年。

② 邓家坪遗址有 4 个 [14]C 数据：T8 第 6 层为距今（5225±180）年；T2 第 5 层为距今（4760±160）年；T1 第 3 层为距今（4640±150）年；T8 第 3 层为距今（4175±180）年。除第 4 个标本偏晚外，其余标本的年代约在距今 4700～5500 年。

③ 王仁湘、叶茂林：《四川盆地北缘新石器时代考古新收获》，《三星堆与巴蜀文化》，巴蜀书社，1993 年。

中坝遗址 [①]、奉节老关庙 [②]、巫山魏家梁子 [③]、江津王爷庙 [④] 等。我们暂将哨棚嘴文化分为两期 5 段，其相对年代大致在仰韶文化后期至龙山文化这一阶段，绝对年代约在距今 5000～4000 年 [⑤]。陶器以夹砂褐陶、泥质灰陶和黑皮陶为主；纹饰有绳纹、方格纹、附加堆纹、划纹、戳压纹等；以折沿罐、侈沿深腹罐、花边罐、盘口器、喇叭口高领罐、盆、钵和筒形罐等为代表。这与川西的宝墩文化有着显著的差别，属不同的文化。但是二者之间也有许多相似之处，如二者都盛行平底器和圈足器，圜底器极少见，不见三足器；陶器的制法都为泥条盘筑加慢轮修整，夹砂陶多掺石英砂；器物的唇部喜作花边；纹饰都流行绳纹、堆纹、划纹、戳压纹等。在器形上，宝墩文化第一、二期中的筒形罐在哨棚嘴文化晚期的魏家梁子遗址中多见；宝墩文化中极为发达的喇叭口高领罐和水波纹在魏家梁子遗址中有少量存在（图一一）。宝墩文化与长江中游地区、关中地区的同时期文化相比，文化内涵迥异，而与哨棚嘴文化相比，二者虽然存在着较大的差别，但同时又有着较多的联系和相似之处，应属一个大文化区系中的两个小的区域文化。

4. 与通江擂鼓寨和巴中月亮岩遗址的关系

通江擂鼓寨 [⑥] 和巴中月亮岩遗址 [⑦] 位于川东北渠江流域上游地区。两个遗址都经过调查，文化面貌相近，其中擂鼓寨遗址经过试掘，发掘面积为 75 平方米，这里仅以该遗址为例加以说明。《通江县擂鼓寨遗址试掘报告》将该遗址分为两期 3 段，其中早期有一个 [14]C 测年数据，年代为距今（4995±159）年。从笔者的分析来看，擂鼓寨遗址与巫山魏家梁子的面貌接近，时代相当，其 [14]C 测年数据偏早。该遗址中泥质陶以灰陶和橙黄陶为主；纹饰以划纹最为发达；流行将器物口沿部做成水波纹样或锯齿状；部分器物器底与器身分制，接若多为地包天，这些特点都与宝墩文化相似。部分器物与宝墩文化的同类器相近（图一二）。不过，擂鼓寨遗址在总体上还是属于哨棚嘴文化的范畴。

① 王鑫：《忠县㽏井沟遗址群哨棚嘴遗址分析——兼论川东地区的新石器文化及早期青铜文化》，《四川考古论文集》，文物出版社，1996 年。

② 吉林大学考古学系、四川省文物考古研究所：《奉节县老关庙遗址第三次发掘》，《四川考古报告集》，文物出版社，1998 年；赵宾福、王兽戌：《老关庙下层文化初论》，《四川考古论文集》，文物出版社，1996 年。

③ 中国社会科学院考古研究所长江三峡考古工作队：《四川巫山县魏家梁子遗址的发掘》，《考古》1996 年第 8 期。

④ 重庆市博物馆：《重庆市长江河段新石器时代遗址调查与试掘》，《考古》1992 年第 12 期。

⑤ 江章华、王毅：《川东长江沿岸史前文化初论》，《四川文物》1998 年第 2 期。

⑥ 四川省文物考古研究所、通江县文物管理所：《通江县擂鼓寨遗址试掘报告》，《四川考古报告集》，文物出版社，1998 年。

⑦ 雷雨、陈德安：《巴中月亮岩和通江擂鼓寨遗址调查简报》，《四川文物》1991 年第 6 期。

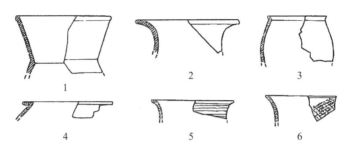

图一二　攂鼓寨遗址部分器物图

1、2. 喇叭口高领罐（T0302 ⑥：1、T0302 ⑨：23）　3. 折沿鼓腹罐（T0101 ⑨：22）　4. 宽沿盆
（T0402 ⑨：15）　5、6. 敞口圈足尊（T0101 ⑨：11、T0101 ⑧：8）

5. 与汉源狮子山遗址的关系

　　狮子山遗址位于大渡河下游的汉源县大树乡西南 200 米处的海拔约 900 米的山坡上。该遗址曾经过两次调查和一次发掘[①]，发掘的材料尚未发表，文化面貌不甚清晰。就目前材料看，该遗址的陶系"以夹砂陶为主，约占 70%，泥质红陶和灰陶不足30%；纹饰有绳纹、划纹、方格纹等，附加堆纹也很发达，有波浪形、圆饼形、燕尾形等多种样式。另外，还发现十多片红底黑彩的彩陶片……器形有高领罐、大口花边罐、盆、钵、碗、甑、陶球、纺轮等"。"磨制石器有斧、锛、凿、箭镞……另发现有几百件细石器。"[②] 从这些叙述看，该遗址与宝墩文化有着较为密切的联系，如两者的纹饰都盛行绳纹、划纹、附加堆纹等；器形上两者都以高领罐、大口花边罐、盆等为典型器；石器都以斧、锛、凿为主。该遗址中还发现木骨泥墙建筑，但是只发现柱洞和柱础，未发现墙基槽；另有窝棚式建筑的存在，这又与宝墩文化不同。尤其是该遗址中发现大量的细石器，在器形和制作技术上都与川北地区的细石器极为相似；十多片彩陶的发现足以说明该遗址与川西高原的同时期遗存有着较密切的关系。传播途径"是沿着与四川盆地交界的川西高原东部地区进行，未进入四川盆地腹部"[③]。其 [14]C 测年数据为距今 4500～4000 年[④]。因此，我们认为狮子山遗址在总体上可能属于宝墩文化的范畴，只不过，由于地理位置和环境的原因，受到川西高原和川北丘陵地区同时期

　　① 刘磐石、魏达议：《四川省汉源县大树公社狮子山发现新石器时代遗址》，《文物》1974 年第5 期；中国社会科学院考古研究所四川工作队：《四川汉源县大树乡两处古遗址调查》，《考古》1991 年第 5 期；马继贤：《汉源县狮子山新石器时代遗址》，《中国考古学年鉴·1991》，文物出版社，1992 年。

　　② 马继贤：《汉源县狮子山新石器时代遗址》，《中国考古学年鉴·1991》，文物出版社，1992 年。

　　③ 张强禄：《试论白龙江流域新石器文化与川西、川北新石器文化的关系》，《四川大学考古专业创建三十五周年纪念文集》，四川大学出版社，1998 年。

　　④ 中国社会科学院考古研究所实验室：《放射性碳素测定年代报告（一九）》，《考古》1992 年第 7 期。

文化的强烈影响，地域性特点较为浓厚。我们的分析是否正确还有待于发掘材料的全面公布。

五、宝墩文化与三星堆文化的关系

前面我们已经指出宝墩文化的后续文化是三星堆文化，两者紧密相连。具体地说，在宝墩文化第三期晚段之时，夹砂陶的数量增多，超过了泥质陶而占据了主要地位；在夹砂陶中，外褐内灰陶剧减，褐陶增多，成为主要的陶系。纹饰中划纹发达，但极少见水波纹；在器形上，绳纹花边罐已很少见，新出现有窄沿罐、曲沿罐、窄沿盆、钵等。由此可以看出，宝墩文化的典型因素，如大量的泥质陶（以灰白陶和灰黄陶为代表），发达的纹饰（划纹、戳压纹、附加堆纹等），以绳纹花边罐、敞口圈足尊、盘口圈足尊、喇叭口高领罐、宽沿平底尊、壶、宽沿盆等为代表的典型器物群，正在日趋减少；而一种新的文化因素，以窄沿罐、曲沿罐、窄沿盆、钵为代表，正在孕育和发展之中，宝墩文化正在经历着一种变化。到了宝墩文化第四期之时，宝墩文化的典型因素更是日落西山。夹砂陶的数量继续增加，褐陶成为最主要的陶系，约占陶片总数的近一半；素面陶增加，有纹饰的陶片所占比例不超过30%；在器形上，绳纹花边罐、盘口圈足尊、喇叭口高领罐、宽沿平底尊、壶等极为少见，沿袭了第三期晚段的窄沿罐、曲沿罐、窄沿盆、钵，新出现敛口瓮、敛口罐、矮领圆肩罐、折腹钵等。到了三星堆文化之时，夹砂陶更是占据了绝对的主导地位，约占陶片总数的72%，夹砂褐陶是最主要陶系，约占总数的45%；素面陶猛增，纹饰所占比例急剧下降，仅占18%；其代表性的器形小平底罐、深腹罐、矮圈足豆、杯形纽器盖等都与宝墩文化的矮领圆肩罐、折沿深腹罐、镂孔圈足器有着继承和发展关系。三星堆文化盛行的小平底风格与宝墩文化流行小平底器有着直接的联系。由此我们看见了一个宝墩文化的典型因素日趋消失，三星堆文化典型因素逐渐孕育、形成和发展的过程。也就是说，宝墩文化的发展去向是三星堆文化，这在地层学上也能得到证明，在三星堆遗址中多次发现三星堆文化的早期遗存叠压在宝墩文化层之上。

六、结　语

目前，成都平原城址群的发掘工作才刚刚开始，对于各城址内的情况还不十分清楚；并且还没有发现同时期的其他相关遗址。因此，要分析各城址的性质及其相互关系，还为时过早；但是在郫县古城村遗址1997年的发掘中，在城址内的中心部位发现了一座面积达550平方米的长方形建筑基址，该基址内横向排列有较为规整的用卵石砌成的5个长方形台子，并且该基址与城垣的方向一致，我们推测可能是大型的礼仪性建筑，是举行重要仪式活动的场所。在宝墩遗址1996年鼓墩子的解剖发掘中，发现鼓墩子在宝墩文化时期就是一个明显高于四周的台子，其上有密集的建筑遗存，且鼓墩子恰好位于宝墩遗址的中心。这似乎说明成都平原城址群各城址内有着相当的内涵等待着我们去揭示和了解。三星堆遗址所揭示出的巨大城垣和高度发达的青铜文化显示其早已进入文明社会，苏秉琦先生认为其已处于文明社会发展进程中的方国时期[①]，并且早在成都平原早期城址群发现以前就高瞻远瞩地看到"四川有自己的治水时代——古国时代"[②]。那么我们今天发现的比三星堆文化早一阶段的成都平原早期城址群则无疑验证了苏先生的远见卓识。

成都平原早期城址的筑城方法为斜坡堆筑法，这与长江中游地区的筑城方法相同，而同时期黄河中下游地区的早期城址已经普遍采用版筑法和堆筑法相结合的方法来夯筑城垣[③]。这说明成都平原早期城址的筑城方法带有一定的原始性和自身特点。

苏秉琦先生早在1987年考察三星堆遗址时，就已经指出"成都与广汉有时间跨度相同的阶段，约从五千年到三千年，上下可以串起来，成系统，有特征"。"巴蜀文化自成体系，特征不只是表面的，而是内在的特征。"[④]后来又提出"四川古文化是中国古文化的中心之一"[⑤]。宝墩文化的发现则为苏先生的这一看法提供了有力的佐证。近年来由于修建三峡大坝，三峡地区的考古工作取得了辉煌的成果，特别是新近已公布了部分材料的哨棚嘴遗址[⑥]尤为重要。哨棚嘴文化与成都平原的宝墩文化大体同时或略早，而哨棚嘴遗址第二、三期文化遗存则分别属于成都平原地区的三星堆文化和十二桥文化的范畴。川东地区的战国时期文化遗存与川西地区则基本上完全相同。由此，我们看到了一个四川盆地的西部和东部的先秦文化序列和发展脉络，在距今约5000~3700年两地还分属两支文化；到了三星堆文化之时，两地的文化面貌基本趋同。史书中记载的"蜀"和"巴"便有了考古学上的较为明显的证据。现在我们不妨这么说，从三星堆文化到战国时期的遗存，在川西地区是"蜀"人的考古学遗存，而川东地区的可能是"巴"人的考古学遗存。蜀和巴的考古学遗存属同一考古学文化，这与两地居民的密切交往是分不开的，所以，史书上的记载往往是"巴蜀"连称。以前学者常把四

① 四川省文物考古研究所编：《四川考古论文集·序》(苏秉琦)，文物出版社，1996年。
② 四川省文物考古研究所编：《四川考古论文集·序》(苏秉琦)，文物出版社，1996年。
③ 张学海：《浅说中国早期城的发现》，《长江中游史前文化暨第二届亚洲文明学术讨论会论文集》，岳麓书社，1996年。
④ 苏秉琦：《西南地区考古——在四川广汉三星堆遗址考古座谈会上的讲话》，《华人·龙的传人·中国人——考古寻根记》，辽宁大学出版社，1994年。
⑤ 四川省文物考古研究所编：《四川考古论文集·序》(苏秉琦)，文物出版社，1996年。
⑥ 王鑫：《忠县瓦井沟遗址群哨棚嘴遗址分析——兼论川东地区的新石器文化及早期青铜文化》，《四川考古论文集》，文物出版社，1996年。

川盆地商周阶段的考古学文化遗存笼统地称为"巴蜀文化"也是有一定道理的。那么，早于三星堆文化的宝墩文化和哨棚嘴文化则可能是蜀文化和巴文化的直接渊源。

（与王毅、张擎合作，原载宿白主编：《苏秉琦与当代中国考古学》，
科学出版社，2001 年，第 699～721 页）

宝墩文化四期遗存分析

　　1995～1996 年在成都平原发现了新津宝墩遗址、都江堰芒城遗址、郫县古城遗址和温江鱼凫城遗址，我们曾将这类遗址为代表的考古学文化命名为"宝墩文化"，并将其分为四期[①]。其中第四期文化遗存只发现于郫县古城遗址和鱼凫城遗址的晚期，地层单位较少，出土陶器也不是十分丰富。由于这些地层单位出土陶器特征较为明显，尤其是其中的敛口瓮、矮领圆肩罐为第三期遗存所不见，因此我们将其分为第四期。正是由于这一阶段的遗物太少，后来对其文化归属的问题在学界出现了不同的看法。有学者将其命名为"鱼凫村文化"，理由是：这一阶段的陶器可分为 A、B、C 三组，其中 A 组属宝墩文化因素，C 组属三星堆文化因素，而 B 组既不属宝墩文化因素，也不属三星堆文化因素，属这一阶段特有的陶器群，该组陶器是以鱼凫村遗址第三期遗存为代表的一种新发现和确认的考古学文化遗存[②]。也有学者主张将这一阶段遗存归入三星堆文化[③]。随着近年考古新材料的不断增多，许多遗址发现了类似特征的遗存。因此笔者想重新梳理这些材料，就这一阶段遗存的文化特征及其文化归属问题作进一步的确认。

一、宝墩文化四期遗存特征的确认

　　要确认这一阶段遗存的特征，最好的办法就是抓住那些单纯属宝墩文化第四期、不含有宝墩文化其他阶段遗存的遗址，通过这些遗址归纳其文化特征，这样其共时关系相对比较可靠，避免晚期地层出早期遗物的因素。目前符合这一条件的遗址有以下几处。

1. 成都十街坊遗址

　　1998 年底至 1999 年 4 月发掘，该遗址文化层共分 6 层，其中第 4～6 层为宝墩文

---

① 江章华、王毅、张擎：《成都平原早期城址及其考古学文化初论》，《苏秉琦与当代中国考古学》，科学出版社，2001 年。

② 李明斌：《再论温江鱼凫村遗址第三期文化遗存的性质》，《华夏考古》2011 年第 1 期。

③ 王毅、张擎：《三星堆文化研究》，《四川文物》1999 年第 3 期；在私下讨论中，部分学者也有此观点。

化堆积，堆积厚度约 60 厘米，第 4 层和第 6 层下发现有灰坑和墓葬 [①]。报告发表的遗物较少，其中第 4～6 层分别有两三件陶器，发表陶器的灰坑有 H5、H8、H11 和 H15，除 H11 介绍了层位关系，即叠压于第 5 层下，其余灰坑均没有介绍层位关系，报告称叠压于第 6 层下的遗迹很少，推测可能多为第 5 层下的灰坑。第 6 层有 2 件矮领圆肩罐，属宝墩文化第四期的典型陶器，因此当属第四期。那么第 6 层以上的单位当不会出第四期的年代范围，因此该遗址可判定为单纯的宝墩文化第四期的遗存。

该遗址陶器以夹砂陶为主，夹砂陶中又以褐陶为主，少量灰陶，褐陶以灰褐陶为主，红褐陶、黄褐陶次之。器表多饰绳纹，分为单向和双向交错等。多饰于口沿、肩、腹部。圈足上多见镂孔装饰。另外还有少量凹弦纹、附加堆纹、划纹、凸棱纹等。泥质陶中以灰黑陶为主，少量泥质褐陶和灰陶。多素面，部分器物表面施黑色陶衣，只有少量的弦纹、镂孔、附加堆纹等。该遗址的典型陶器有折沿花边口鼓腹罐、折沿深腹罐、卷沿罐、矮领圆肩罐、折沿鼓肩罐、敞口深腹缸、宽沿平底尊、敞口圈足尊、盘口圈足尊、高圈足浅盘豆、曲腹豆等。

出土石工具主要是小型的磨制石器，有斧、锛、凿等。

该遗址发现墓葬 19 座，均为竖穴土坑墓。墓葬成排分布，排列有序，多为西北—东南向，头朝西北。墓坑狭窄，仅能容身。墓壁较直，墓坑四角多呈圆弧形，部分墓坑较深，墓坑较浅的推测当是晚期破坏所致。葬式多为仰身直肢。有的墓葬无随葬品，部分墓葬随葬骨质饰物。

2. 金沙遗址干道黄忠A线地点

2001 年底至 2002 年初发掘，该地点文化层划分为 6 层，其中第 6 层和第 6 层下的灰坑为宝墩文化遗存，分布面积约 500 平方米，堆积厚 5～10 厘米 [②]。发表有遗物的第 6 层下灰坑有 H505、H506、H508、H509 和 H512，这些单位出土的陶器特征与宝墩文化第三期的陶器区别明显，均出有数量较多的宝墩文化第四期的典型陶器矮领圆肩罐，其中 H508 和 H509 还见宝墩文化第四期的典型陶器敛口瓮。因此，可以判断这些灰坑均为宝墩文化第四期的遗存。那么第 6 层当不会早于宝墩文化第四期，该层也出土了相同风格的矮领圆肩罐和敛口瓮，其他陶器风格也与该层下的灰坑出土的陶器特征相近，因此其时代应相去不远，也属宝墩文化第四期遗存。由此可以判定该遗址点的宝墩文化遗存属于单纯的宝墩文化第四期遗存。

该遗址宝墩文化第四期遗存的特点是：陶器以夹砂陶为主，其次是泥质陶。夹砂

---

① 成都市文物考古研究所：《成都市南郊十街坊遗址年度发掘纪要》，《成都考古发现》（1999），科学出版社，2001 年。

② 成都市文物考古研究所：《2001 年金沙遗址干道黄忠 A 线地点发掘简报》，《成都考古发现》（2003），科学出版社，2005 年。

陶以灰褐陶为主，次为红褐陶和黄褐陶。泥质陶以黄褐陶为主，另有一定数量的黑皮陶和灰白陶。纹饰以绳纹最常见，另有少量戳印纹、划纹、附加堆纹、凸棱纹等，主要见于夹砂陶，泥质陶多素面。该遗址的典型陶器有折沿花边口鼓腹罐、折沿深腹罐、卷沿罐、矮领圆肩罐、敛口瓮、敞口深腹缸、宽沿平底尊、敞口圈足尊、浅盘豆等。其陶器特征与十街坊遗址基本一致。

3. 化成村遗址

1999年发掘，该遗址地层共分6层，其中第4~6层及第4层和第5层下的灰坑、墓葬、房址为宝墩文化遗存，其上直接叠压的地层为汉代地层。大量遗物主要出在第4、5层，报告发表的遗物全部出自这两层[①]。该遗址第4层见宝墩文化第四期的典型陶器矮领圆肩罐，其他陶器如折沿花边口鼓腹罐、折沿深腹罐、敞口深腹缸、宽沿平底尊、敞口圈足尊、盘口圈足尊、折沿鼓肩罐等与十街坊遗址和金沙遗址干道黄忠A线地点的同类器相近，而与宝墩文化第三期的同类器区别明显。因此也可以判定该遗址为宝墩文化第四期的遗存。

该遗址文化特征是陶器中夹砂陶多于泥质陶。夹砂陶以褐陶居多，灰陶较少。泥质陶有灰陶、褐陶和黑皮陶。纹饰以绳纹为主，其他有弦纹、划纹、戳印纹、凹凸弦纹等。典型陶器有矮领圆肩罐、折沿花边口鼓腹罐、折沿深腹罐、敞口深腹缸、宽沿平底尊、敞口圈足尊、盘口圈足尊、折沿鼓肩罐、高领罐、盆、钵、器盖等。

出土石工具主要是磨制的小型石器，有斧、锛、凿等。

该遗址发现墓葬16座，均为竖穴土坑墓，墓坑均显得狭窄而深，仅能容身，部分墓坑有生土二层台。未发现葬具，葬式有仰身直肢和侧身屈肢。多无随葬品，少量墓葬随葬石工具，报告报道的M10随葬1件石斧。发现房址3座，为竹骨泥墙式的单体方形建筑，发现了建筑的墙基槽，发表的F1内还发现火塘，推测位于房门口。

依据上述遗址，我们可以将宝墩文化第四期遗存的特征作以下归纳。

（1）陶器以夹砂陶为主，其次是泥质陶。夹砂陶以褐陶为主，少量灰陶，褐陶以灰褐陶居多，少量红褐陶和黄褐陶。泥质陶有灰褐、红褐、黑皮陶、灰白陶等（关于陶质陶色，各报告表述不一）。夹砂陶器表多饰绳纹，分为单向和双向交错等。多饰于口沿、肩、腹部。镂孔多见于圈足上。还有少量戳印纹、凹弦纹、附加堆纹、划纹、凸棱纹等。泥质陶多素面，只有少量的弦纹、镂孔、附加堆纹等。典型陶器有敛口瓮、矮领圆肩罐、折沿花边口鼓腹罐、折沿深腹罐、敞口深腹缸、宽沿平底尊、敞口圈足尊、盘口圈足尊、折沿鼓肩罐、高领罐、盆、钵、高圈足浅盘豆、曲腹豆、器盖等（图一）。

---

① 成都市文物考古研究所：《成都市西郊化成村遗址1999年度发掘报告》，《成都考古发现》（1999），科学出版社，2001年。

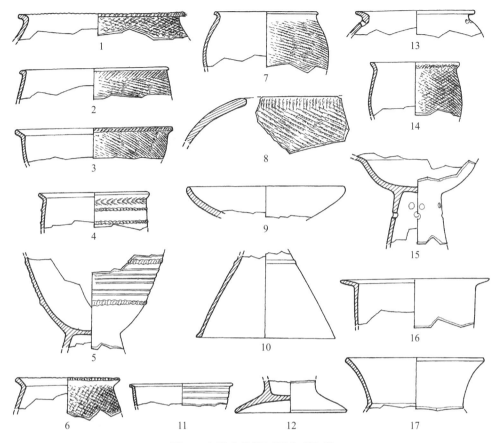

图一　宝墩文化第四期典型陶器

1. 折沿花边口鼓腹罐（H15∶21）　2. 敞口深腹缸（H8∶6）　3、11. 盆（T1304⑤∶22、T1103④∶1）
4、5. 圈足尊（H5∶5、T22④∶3）　6. 折沿深腹罐（T19⑤∶4）　7. 圆肩罐（T109⑥∶13）　8. 敛口瓮
（T4555⑥∶4）　9. 浅盘豆（T4654⑥∶2）　10. 豆圈足（H8∶15）　12. 器盖（T1103⑤∶29）
13. 折沿鼓腹罐（H5∶7）　14. 侈口深腹罐（T30④∶1）　15. 曲腹豆（T2④∶3）　16. 宽沿平底尊
（H11∶11）　17. 高领罐（T1404⑤∶16）
（1、2、4～7、10、13～16. 十街坊遗址出土，3、11、12、17. 化成村遗址出土，8、9. 金沙遗址
干道黄忠 A 线地点出土）

（2）生产工具主要是磨制的小型石器，有斧、锛、凿等。

（3）房屋主要是有墙基槽的竹骨泥墙式方形建筑。

（4）墓葬盛行墓坑狭窄、墓坑较深、仅能容身的竖穴土坑墓，葬式多仰身直肢葬，也有侧身屈肢葬，不见葬具，多无随葬器，少部分随葬有石工具和骨质饰物。

我们原分的宝墩文化第四期遗存包括郫县古城遗址 1996 年发掘的 T1～T3 第 8A 层和 T4、T5 第 10 层，即郫县古城遗址的晚段，鱼凫城遗址 1996 年发掘的 H73 和 T9 的第 4、5 层，即鱼凫城遗址的晚期。当时地层单位少，出土陶器也不十分丰富，但所见的陶器有敛口瓮、矮领圆肩罐、高领罐、折沿鼓肩罐、钵、浅盘豆、器盖等均与我们上面归纳的宝墩第四期文化陶器特征相一致。

二、对其他遗址宝墩文化四期遗存的甄别

依据上述归纳的宝墩第四期文化的特征，尤其是陶器群的特征，可以对其他遗址发现的宝墩文化第四期遗存做出较为明确的甄别。通过对比分析，近年发现有宝墩文化第四期遗存的遗址还有如下。

1. 中海国际社区1号地点

2004年8~10月发掘，整个遗址现存面积12600平方米，宝墩文化遗址的面积不清。该地点文化层划分为6层，其中第4层及第4层下的灰坑时代在战国时期，第5层及第5层下的灰坑为宝墩文化遗存[①]。

宝墩文化遗存可分为2段：第5层下的H27、H28、H30、H33、H34、H35、H36、H37、H40、H41、H42、H43、H44、H45等为第1段，上述单位出土陶器风格与宝墩第四期文化区别明显，而与郫县古城、鱼凫城遗址宝墩文化第三期的陶器相近，因此，当为宝墩文化第三期的遗存。第5层下的H46和第5层为第2段，上述单位出土了宝墩文化第四期的典型陶器敛口瓮、矮领圆肩罐、折沿花边口鼓腹罐、折沿深腹罐、敞口深腹缸、宽沿平底尊、敞口圈足尊、盘口圈足尊、折沿鼓肩罐、高领罐、盆、浅盘豆、器盖等。因此当为宝墩文化第四期遗存。但是第5层也有宝墩文化第三期风格的陶器，如沿较宽的折沿花边口鼓腹罐、折沿深腹罐等，该地层应包含部分宝墩文化第三期的陶器，属晚期地层出早期遗物的因素。

2. 高新西区汇利包装厂遗址

2007年10月~2008年1月发掘，遗址包含宝墩文化和十二桥文化遗存，现存面积4000平方米，宝墩文化遗址的面积不清。该遗址地层划分为6层，其中第6层和叠压于第6层下的灰坑、墓葬为宝墩文化遗存[②]。第6层下H4出土的矮领圆肩罐和敛口瓮为宝墩文化第四期的典型陶器，因此当为宝墩文化第四期的遗存。其余灰坑H6、H7、H11、H12出土的折沿花边口鼓腹罐、折沿深腹罐、宽沿平底尊、敞口圈足尊、折沿鼓肩罐、高领罐等与上面我们归纳的宝墩文化第四期的陶器也相近，因此也可归入宝墩文化第四期。那么第6层也只能属宝墩文化第四期，其中出土较多宝墩文化第四期的典型陶器矮领圆肩罐。该遗址发现的4座墓葬均为墓坑狭窄的竖穴土坑墓，不见葬具，仰身直肢葬。

---

① 成都文物考古研究所：《成都市中海国际社区古遗址发掘简报》，《成都考古发现》（2005），科学出版社，2007年。

② 成都文物考古研究所：《成都高新西区汇利包装厂古遗址发掘简报》，《成都考古发现》（2009），科学出版社，2011年。

3. 青白江三星村遗址

2004 年 4～5 月发掘，该遗址地层划分为 5 层，其中第 5 层及第 4 层下的 H10 为宝墩文化时期，第 5 层下的单位没有遗物，也应该属宝墩文化时期。第 3、4 层和第 4 层下的大部分灰坑为三星堆文化遗存[①]。第 5 层和 H10 出土的折沿花边口鼓腹罐、折沿深腹罐为宝墩文化第三期的特征，应为宝墩文化第三期的遗存。而第 4 层下的 H1、H2、H6，第 4 层，第 3 层下的 H5，以及第 3 层出土的陶器明显可分为 2 组，其中第 1 组以敛口瓮、矮领圆肩罐为代表，其他还包括折沿花边口鼓腹罐、折沿深腹罐、高领罐、盆、宽沿平底尊、敞口圈足尊、曲腹豆等，均为宝墩文化第四期的典型陶器，不过部分单位有些陶器也具有宝墩文化第三期的特征。第 2 组主要有小平底罐、高柄豆、圈足盘、器盖等，为三星堆文化的典型陶器。这些单位的年代应当在三星堆文化时期，破坏了宝墩文化第四期的堆积。

4. 郫县曹家祠遗址

2011 年 8～10 月发掘，遗址现存面积约 11736 平方米，包含宝墩文化和十二桥文化两个阶段的遗存。该遗址地层划分为 7 层，其中第 5 层、第 7 层及其下叠压的单位为宝墩文化遗存，第 4 层及第 4 层下的灰坑为十二桥文化遗存，第 6 层为间歇层[②]。宝墩文化遗存明显可分为 2 段，第 1 段的单位有第 7 层下的 H4、H5、H6 和 M1，第 2 段的单位有第 7 层下的 H3、第 7 层和第 5 层。第 1 段陶器主要有折沿花边口鼓腹罐、折沿深腹罐、高领罐等，其中的折沿花边口鼓腹罐、折沿深腹罐的口沿明显比第四期的宽，与郫县古城和鱼凫城遗址宝墩文化第三期的同类陶器形制相近，应为宝墩文化第三期的遗存。第 2 段主要陶器有矮领圆肩罐、敛口瓮、折沿花边口鼓腹罐、折沿深腹罐、敞口深腹罐、高领罐、宽沿平底尊、盆等，均为宝墩文化第四期的典型陶器，该段应为宝墩文化第四期遗存。

5. 温江永福村遗址

2011 年 3～5 月发掘，遗址面积约 4000 平方米，包含宝墩文化和十二桥文化两个阶段的遗存。该遗址地层划分为 6 层，其中第 4 层为十二桥文化遗存，第 4 层以下的单位为宝墩文化遗存[③]。宝墩文化遗存可分为区别明显的 2 段，第 1 段包括的单位有第 6 层下的遗迹、第 6 层和第 5 层下的 H1、H2，第 2 段包括的单位有 TN1E1 第 5 层。第 1 段出土的主要陶器有折沿花边口鼓腹罐、折沿深腹罐、高领罐、敞口深腹缸、宽

① 成都文物考古研究所、青白江文物保护管理所：《成都市青白江区三星村遗址试掘简报》，《成都考古发现》（2004），科学出版社，2006 年。

② 成都文物考古研究所、郫县望丛祠博物馆：《郫县曹家祠遗址先秦文化遗存试掘简报》，《成都考古发现》（2010），科学出版社，2012 年。

③ 成都文物考古研究所、温江区文物保护管理所：《温江永福村三组遗址先秦时期文化遗存试掘简报》，《成都考古发现》（2010），科学出版社，2012 年。

沿平底尊、敞口圈足尊等，这些陶器均有宝墩文化第三期的特征，与郫县古城、鱼凫城遗址及郫县曹家祠遗址等宝墩文化第三期的陶器特征相近，为宝墩文化第三期的遗存。第2段出土的主要陶器有敛口瓮、矮领圆肩罐、器圈足等，为宝墩文化第四期的典型风格，为宝墩文化第四期遗存。

6. 新都新繁镇太平村遗址

2011年3月发掘，遗址面积约6000平方米。该遗址地层划分为9层，其中第7层及以下的单位为十二桥文化时期的堆积[①]。在该遗址十二桥文化的地层单位中普遍出土不同数量的宝墩文化陶器，主要有敛口瓮、矮领圆肩罐、折沿花边口鼓腹罐、高领罐、宽沿平底尊等，这些陶器均为宝墩文化第四期的特征。

三、文化属性的讨论

从上述遗址的分析可以很明显地发现，我们原分的宝墩文化第四期遗存的特征鲜明，陶器风格与第三期有明显的区别。但是这种区别仅是同一考古学文化发展阶段的区别，并非不同考古学文化的区别。首先其陶器装饰手法与风格乃是宝墩文化陶器装饰的基本传统。重要的是其陶器群没有发生根本性改变，如折沿花边口鼓腹罐、折沿深腹罐、敞口深腹缸等是宝墩文化第一期以来的常见器物，这几类陶器总的演变趋势是口沿由宽变窄，第四期的器壁明显变薄。宝墩文化第四期的典型陶器矮领圆肩罐很可能是从第一期的侈口溜肩罐发展演变而来，其沿也是从宽变窄。第四期的典型陶器敛口瓮，从目前资料来看，至少从第三期开始就已出现，这种器形很可能是从折沿花边口鼓腹罐衍生出来的，口沿从宽变窄，再到口沿消失。在1997年发掘的郫县古城遗址出土的一件F型绳纹花边口罐（Ⅳ T0307⑥∶6），该陶罐有一窄沿[②]，相似的器形也见于置信金沙园一期宝墩文化第三期的地层单位中[③]。这种罐向后发展可能沿就逐渐消失，演变为1996年发掘的郫县古城遗址出土的敛口瓮（T3⑫∶111），其口下还有一道下凹的痕迹[④]，同样的器形也见于金沙遗址强毅汽车贸易公司地点的H2中，该灰坑属宝

---

①　成都文物考古研究所、新都区文物管理所：《成都市新都区新繁镇太平村遗址发掘简报》，《成都考古发现》（2010），科学出版社，2012年。

②　成都市文物考古研究所、郫县博物馆：《四川省郫县古城遗址1997年发掘简报》，《文物》2001年第3期。

③　成都市文物考古研究所：《成都金沙遗址"置信金沙园一期"地点发掘简报》，《成都考古发现》（2002），科学出版社，2004年。

④　成都市文物考古研究所、四川大学历史系考古教研室、早稻田大学长江流域文化研究所：《宝墩遗址——新津宝墩遗址发掘和研究》，有限会社阿普（ARP），2000年，图70-2。

墩文化第三期遗存①。宝墩文化第四期的敛口瓮应该就是从 1996 年发掘的郫县古城遗址出土的敛口瓮直接发展而来。宝墩文化第四期中的绳纹折沿斜腹盆，目前看至少在宝墩文化第三期就已经有这种器形。宝墩文化第四期常见的高领罐、宽沿平底尊、盘口圈足尊、浅盘豆、泥质陶的折沿鼓肩罐等均可追溯到宝墩文化第一期。曲腹豆目前至少可追溯到宝墩文化第二期（图二～图五）。总之很明显，构成宝墩文化第四期的核心陶器群均是宝墩文化贯穿始终的主体陶器群。其变化主要是在器物形态与风格上的变化，并非是影响考古学文化性质上的主体器物群的变化。如果要将其作为一个新的考古学文化，必须是有一组不见于其他考古学文化的特有器物群，这些新的器物群足以改变整个文化的面貌，宝墩第四期遗存明显不符合这个条件。主张将其命名为"鱼凫村文化"的主要依据就是认为其中有一组陶器既不属于宝墩文化，也不属于三星堆文化。我们仔细分析这些陶器，可以发现有些陶器明显属宝墩文化的典型陶器，除了我们前面已叙述过的以外，其他如曲沿罐有些在宝墩文化第三期中常见，有些可能属盘口类器物，类似风格的陶器在第一期就开始有；折沿敛口罐是第一期以来一直都有的器形；带附加堆纹的窄沿罐很可能是从第一期带附加堆纹的盘口圈足尊演变而来的。

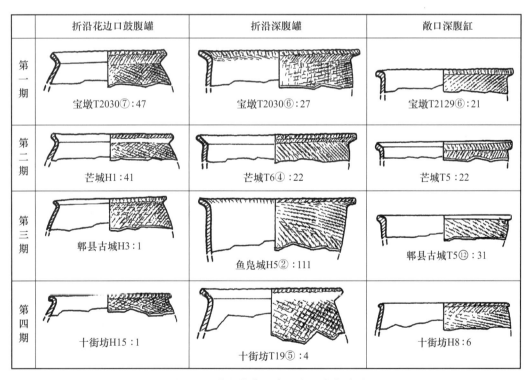

	折沿花边口鼓腹罐	折沿深腹罐	敞口深腹缸
第一期	宝墩T2030⑦：47	宝墩T2030⑥：27	宝墩T2129⑥：21
第二期	芒城H1：41	芒城T6④：22	芒城T5：22
第三期	郫县古城H3：1	鱼凫城H5②：111	郫县古城T5⑫：31
第四期	十街坊H15：1	十街坊T19⑤：4	十街坊H8：6

图二　宝墩文化典型陶器发展演变关系

① 成都文物考古研究所：《金沙遗址强毅汽车贸易有限公司地点发掘简报》，《成都考古发现》（2007），科学出版社，2009 年。

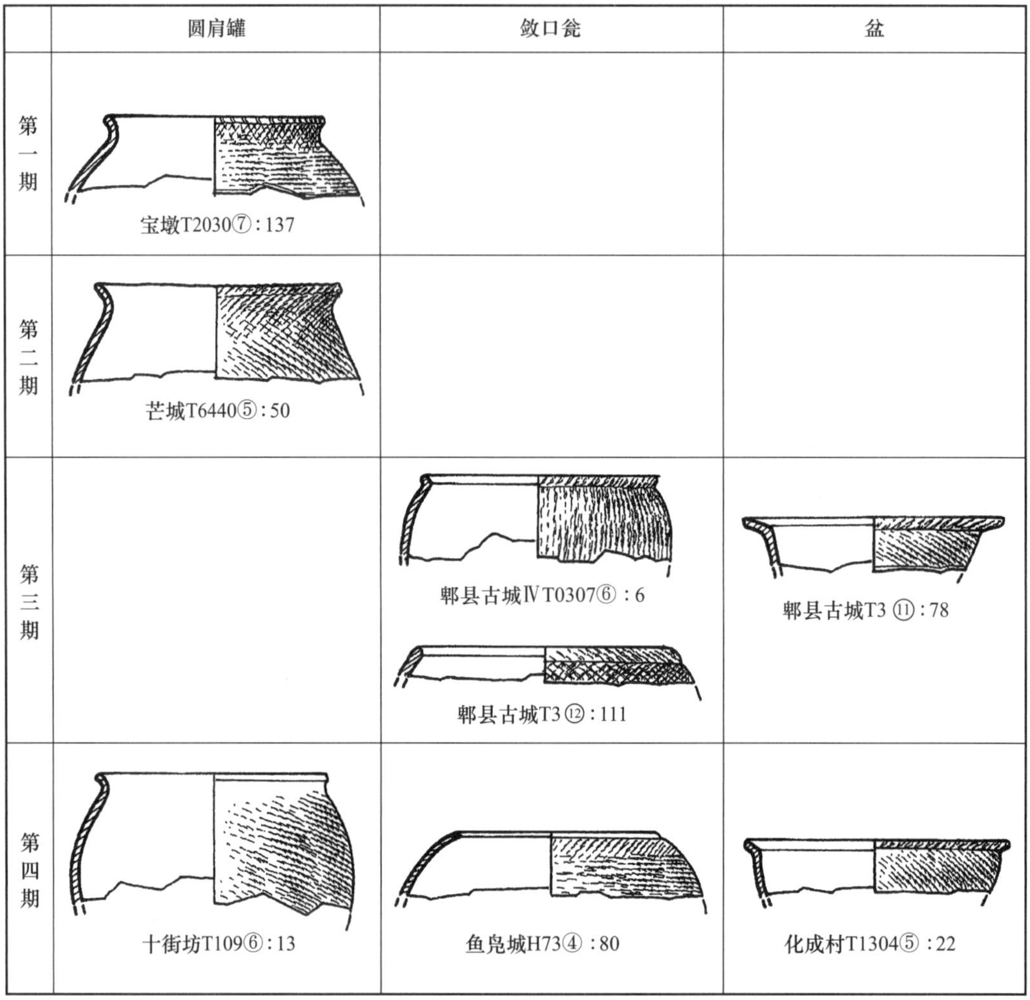

	圆肩罐	敛口瓮	盆
第一期	宝墩T2030⑦：137		
第二期	芒城T6440⑤：50		
第三期		郫县古城ⅣT0307⑥：6 郫县古城T3⑫：111	郫县古城T3⑪：78
第四期	十街坊T109⑥：13	鱼凫城H73④：80	化成村T1304⑤：22

图三　宝墩文化典型陶器发展演变关系

有些器物不够典型，甚至器形难以确认，如敛口罐的器形不一定靠得住，绘图时其放置的角度难以把握，而其中的钵类器有些可能是浅盘豆，杯类器物也是器形简单，在宝墩文化其他期段也找得到近似的器形，这些陶器最好不要作为判定文化属性的主要依据。

另外从其他文化现象看，这一阶段发现的房址均为有墙基槽的竹骨泥墙式方形建筑，是沿袭宝墩文化第一期以来的基本形式。生产工具以磨制的小型石器斧、锛、凿为主，以及盛行墓坑狭窄、较深，仅能容身的竖穴土坑墓，葬式多仰身直肢，不见葬具，多无随葬品等特点，也是宝墩文化第一期以来的传统。

总之，该阶段的文化还继承与保存着宝墩文化的传统与典型特征。

有学者将这一阶段归入三星堆文化也是不妥的，因为三星堆文化的高柄豆、盉、小平底罐、鸟头柄勺、圈足盘等典型陶器在此时均没有出现。相反在三星堆遗址三星

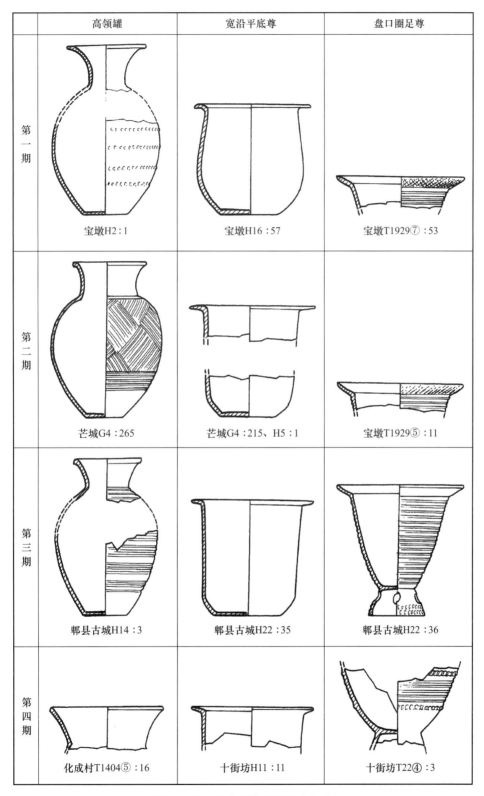

图四　宝墩文化典型陶器发展演变关系

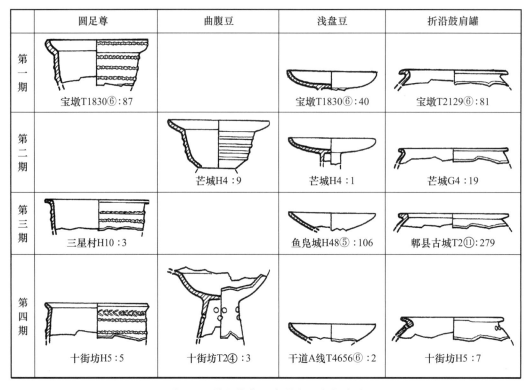

	圆足尊	曲腹豆	浅盘豆	折沿鼓肩罐
第一期	宝墩T1830⑥:87		宝墩T1830⑥:40	宝墩T2129⑥:81
第二期		芒城H4:9	芒城H4:1	芒城G4:19
第三期	三星村H10:3		鱼凫城H48⑤:106	郫县古城T2⑪:279
第四期	十街坊H5:5	十街坊T2④:3	干道A线T4656⑥:2	十街坊H5:7

图五　宝墩文化典型陶器发展演变关系

堆文化阶段的地层单位中还出土了宝墩文化的陶器，如 1980～1981 年发掘的第 3 层出土的深腹罐（DaT1 ②：55）[①]。

综上所述，我们原分的宝墩文化第四期遗存，其文化性质是没有问题的。

［原载成都文物考古研究所：《成都考古研究》（二），科学出版社，

2013 年，第 69～79 页］

---

① 四川省文物管理委员会、四川省博物馆、广汉县文化馆：《广汉三星堆遗址》，《考古学报》1987 年第 2 期。

成都十二桥遗址的文化性质及分期研究

20 世纪 80 年代以来，随着成都市大规模城市建设的展开，成都地下的古文化遗存不断被发现，尤其是商周时期文化遗存的发现。先后经正式考古发掘的地点有方池街、抚琴小区、岷山饭店、十二桥、指挥街等。但大多不见正式资料发表，造成研究薄弱，缺乏系统性认识。在上述发掘点中以十二桥遗址揭露面积最大，文化堆积最厚，延续时间最长，出土遗物最丰富，最具代表性，是这类遗存中最为典型的遗址，发表资料也最多，于是对它的分析研究就显得尤为重要。笔者拟对十二桥遗址的性质和分期作一个初步研究，以期达到对成都地区这一时期的古文化面貌及发展演进过程有一个初步的认识，不当之处请学界同仁指正。

十二桥遗址位于成都十二桥西侧，东边紧邻西郊河，北靠十二桥路，南倚文化公园，西靠省干休所，总面积约 3 万平方米。最早是 1985 年 12 月，成都市干道指挥部修建自来水公司、煤气公司的办公综合楼地下室时发现。紧接着进行了两次发掘，分别编为 I、II 区，共揭露面积 1800 平方米 [①]。1995 年 2~3 月，成都市文物考古工作队又在紧邻西郊河的新一村配合基建进行了一次发掘，揭露面积 396 平方米，该处西距 I 区约 100 米 [②]。

I、II 区发掘共划分 13 个层位，第 10~13 层为商周时期文化堆积。需要说明的是，I 区正式发掘前挖地下室已将上部堆积破坏，正式清理的只有第 12、13 层，第 10、11 层是通过 II 区发掘弥补上的。II 区第 10、11 层堆积较薄，出土遗物相对较第 12、13 层少。新一村汉代地层以下有 6 个层位，关系为：M1 →第 5 层→第 6 层→第 7 层→第 8 层→第 9 层（箭头代表叠压或打破）。其中第 9 层仅一个探方有局部堆积，且不出遗物，第 5 层也基本不出遗物，属间歇层，M1 不在本文讨论之列，故有效地层单位只有第 6~8 层。

---

① 四川省文物管理委员会、四川省文物考古研究所、成都市博物馆：《成都十二桥商代建筑遗址第一期发掘简报》，《文物》1987 年第 12 期；四川省文物考古研究院、成都文物考古研究所：《成都十二桥》，文物出版社，2009 年。

② 成都市文物考古研究所：《成都十二桥遗址新一村发掘简报》，《成都考古发现》（2002），科学出版社，2004 年。

一、上下层文化的划分

该遗址出土遗物有陶器、石器、骨器、铜器。以陶器数量最多，本文主要从陶器入手来研究其文化属性和期段的划分。在仔细分析陶器类别、型式后发现，该遗址以下列陶器最有代表性：小平底罐、高柄豆、尖底杯、瓶、壶、罐、尖底盏、盆、鸟头柄勺、盉、器盖、高领罐、尖底罐、喇叭口罐、瓮、绳纹罐、釜、罐形豆、盆形豆等，它们约占整个出土陶器的80%，因此我们将其作为该遗址的典型陶器。但是其中的罐形豆、盆形豆虽然出土数量多，延续时间也较长，但保存情况很差，大多是圈足，其早晚变化规律多不明显。另外高领罐、鸟头柄勺、盉等保存也较差，无法进行类型学排比。上述五类器客观上不具备分期意义，故在分期时仅作为辅助材料。根据上述典型陶器的共存组合关系和早晚数量上的消长情况可将其分成甲、乙两组：

甲组：小平底罐，高柄豆，尖底杯，瓶，壶，A、B、D、E 型罐，A、B、C 型尖底盏，A、B 型盆，鸟头柄勺，盉，纽作"8"和"🐍"形的器盖，高领罐。

乙组：喇叭口罐，尖底罐，C、E 型罐，瓮，绳纹罐，釜，B、C 型尖底盏，C型盆。

我们发现Ⅰ、Ⅱ区与新一村出土陶器区别较大，Ⅰ、Ⅱ区主要出甲组陶器，新一村主要出乙组陶器。在Ⅰ、Ⅱ区中甲组陶器约占整个出土陶器的66.7%，而乙组陶器仅占8%。在新一村中，甲组陶器已基本不见，仅出土少量的高柄豆豆柄，泥质尖底杯仅几件，极有可能是晚期地层出早期遗物的缘故，而乙组陶器剧增，占整个出土陶器的62.3%。有学者曾根据十二桥遗址文化面貌与三星堆文化有较大的差别，而将以十二桥遗址为代表的这类遗存命名为"十二桥文化"[①]。笔者通过比较研究对此观点深表赞同，理由是：十二桥文化虽然是从三星堆文化脱胎发展而来（如高柄豆、小平底罐、鸟头柄勺、瓶、壶等均是三星堆文化的典型器），但其器物群已发生大的变异。如A、B、C、D、E 型罐，A、B、C 型盆，纽呈"8""🐍"形的器盖，喇叭口罐，尖底罐，瓮，釜等在三星堆文化中均不见，尖底盏、尖底杯虽然在三星堆遗址晚期已开始出现，但为数较少，不是其主要器物，而在十二桥遗址成了主要的器物之一。在这种器物基本组合已发生大的变异情况下应以不同的考古学文化命名来界定。而十二桥遗址Ⅰ、Ⅱ区与新一村之间器物群上大的变异也应是时代早晚的关系，这完全可以通过器物类型排比和文化发展逻辑推定，即Ⅰ、Ⅱ区应早于新一村。不应是地域的关系，因为两处相距较近，无疑属同一遗址的不同发展阶段。鉴于此，笔者建议将Ⅰ、Ⅱ区第10～13层陶器

---

① 孙华：《试论广汉三星堆遗址的分期》，《南方民族考古》（第五辑），四川科学技术出版社，1993 年。

为代表的文化遗存命名为"十二桥下层文化"，新一村第6～8层陶器为代表的文化遗存命名为"十二桥上层文化"。

二、下层文化的分期

（一）期段的划分

首先我们依据层位关系再根据器物形态的变异程度将典型陶器由早到晚进行型式划分。

高柄豆　数量多，保存差，我们将圈足和豆盘分别进行型式划分。其中有一种豆盘底部有孔与柄相通者，常称灯形器，外形与高柄豆没区别，也归入该类。

圈足　分三式。

Ⅰ式：足壁外弧（图一，1）。

Ⅱ式：足壁内弧（图一，2）。

Ⅲ式：圈足呈覆钵形，柄肥大（图一，3）。

以Ⅰ、Ⅱ式最多，Ⅲ式较少。

豆盘　分三型。

A型　杯形。分二式。

Ⅰ式：杯身矮胖（图一，4）。

Ⅱ式：杯身瘦高（图一，5）。

B型　盘形。分三式。

Ⅰ式：敞口，弧腹，浅盘（图一，6）。

Ⅱ式：外折平沿，折腹，盘稍深（图一，7）。

Ⅲ式：直口，折腹，盘深（图一，8）。

C型　保存差，柄与盘间有一呈杯形部位，其上有镂孔，盘底也有镂孔与下相通（图一，9～11）。

小平底罐　分三式。

Ⅰ式：圆肩，腹深，肩径大于口径（图一，12）。

Ⅱ式：圆折肩，腹稍浅，肩径大于口径（图一，13）。

Ⅲ式：圆折肩，器小腹浅，肩径与口径相若（图一，14）。

尖底杯　分二型。

A型　细泥质，斜直领，折腹。分二式。

Ⅰ式：领短，腹折处靠上（图一，15）。

Ⅱ式：领长，腹折处靠下（图一，16）。

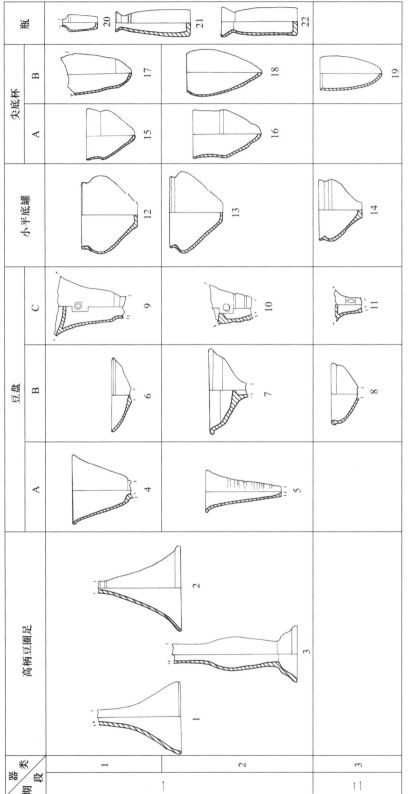

图一　下层文化陶器分期

1. I式高柄豆圈足（IT17⑬：6）　2. II式高柄豆圈足　3. III式高柄豆圈足（IT22⑬：17）　4. A型I式豆盘（IT16⑫：38）　5. A型II式豆盘（IT22⑬：18）
6. B型I式豆盘（IT11⑬：15）　7. B型II式豆盘（IT15⑫：43）　8. B型III式豆盘（IT50①：9）　9～11. C型豆盘（IT7⑫：36，IIT50①：31）
12. I式小平底罐（IT2⑬：55）　13. II式小平底罐（IT16⑫：35）　14. III式小平底罐（IIT54①：28）　15. A型I式尖底杯（IIT49⑬：14）　16. A型II式尖底杯（IT49⑬）
17. B型I式尖底杯（IT2⑬：5）　18. B型II式尖底杯（IT30⑫：3）　19. B型III式尖底杯（IIT30②：1）　20. I式瓶
（IIT50⑫：5）　21. II式瓶（IT19⑬：14）　22. III式瓶（IIT38⑫：79）

B型　分三式。

I式：近底处有转折（图一，17）。

II式：敛口，弧腹，下腹急收，呈角状（图一，18）。

III式：口微敛，弧腹，下腹缓收，呈弹头状（图一，19）。

瓶　分三式。

I式：肩径大于底径（图一，20）。

II式：肩径小于底径（图一，21）。

III式：肩径略小于底径（图一，22）。

壶　分三式。

I式：敛口，沿外有两个对称鼻耳（图二，1）。

II式：直口，沿下有两个对称鼻耳（图二，2）。

III式：直口，沿下有两个对称鼻耳，耳比II式靠下（图二，3）。

罐　分五型。

A型　波浪形花边口罐，器表饰绳纹。分二式。

I式：颈部极短（图二，4）。

II式：颈部较I式稍长（图二，5）。

B型　数量较多，敛口，圆肩，斜直腹，肩部饰绳纹，早晚变化不大（图二，6、7）。

C型　敛口，侈沿，圆折肩，早晚变化不大（图二，8～10）。

D型　肩部饰绳纹。分二式。

I式：溜肩，无颈（图二，11）。

II式：广肩，短颈（图二，12、13）。

E型　敛口，侈沿，广肩，肩多饰重菱纹。数量较少，分二式。

I式：沿斜直，斜肩（图二，14）。

II式：沿外翻，圆肩（图二，15、16）。

尖底罐　粗短颈。分三式。

I式·侈口，斜直领，圆肩，弧腹（图三，1）。

II式：侈口，斜直领，折肩，曲腹（图三，2）。

III式：敛口，曲领，折肩，斜直腹（图三，3）。

喇叭口罐　有A型。分三式。

I式：侈口，斜直领，圆折腹，底内凹（图三，4）。

II式：侈口，斜直高领，折腹，底内凹（图三，5）。

III式：器腹扁矮，腹下垂，下腹略内弧（图三，6、7）。

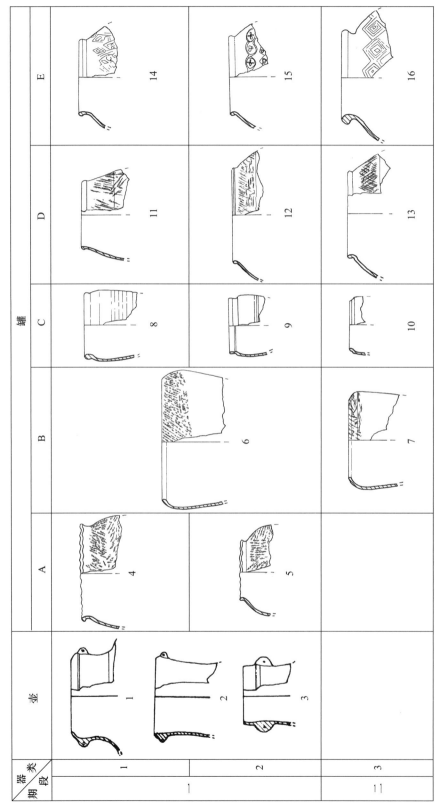

图二　下层文化陶器分期

1. I式壶（ⅠT23⑬：29）　2. Ⅱ式壶（ⅡT29⑬：92）　3. Ⅲ式壶（ⅠT16⑫：85）　4. A型Ⅰ式罐（ⅡT35⑬：32）　5. A型Ⅱ式罐（ⅠT16⑫：99）　6、7. B型罐（ⅡT50⑬：62，ⅠT24⑪：20）　8～10. C型罐（ⅠT1⑬：44，ⅠT23⑫：35，ⅡT29⑪：52）　11. D型Ⅰ式罐（ⅠT9⑬：11）　12、13. D型Ⅱ式罐（ⅠT8⑫：66，ⅠT23⑩：54）　14. E型Ⅰ式罐（ⅠT22⑬：34）　15、16. E型Ⅱ式罐（ⅠT15⑫：72，ⅠT23⑩：48）

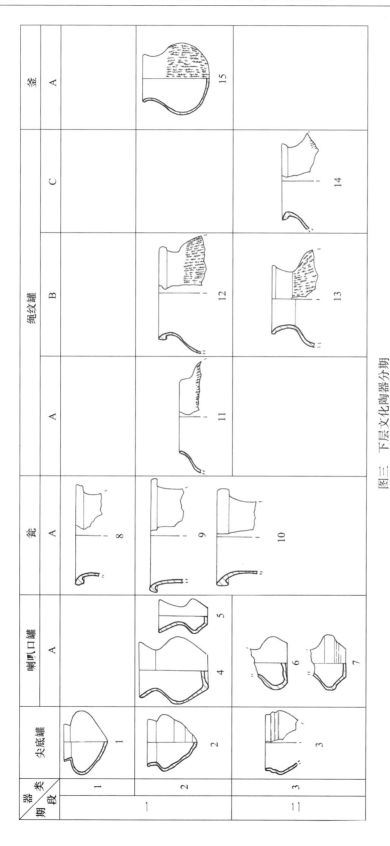

图三　下层文化陶器分期

1. I 式尖底罐（ⅡT50⑬：14）　2. Ⅲ式尖底罐（ⅡT30⑫：5）　3. Ⅲ式尖底罐（ⅡT43⑪：111）　4. A 型 I 式喇叭口罐（ⅠT15⑫：64）　5. A 型Ⅱ式喇叭口罐（ⅠT16⑫：58）
6、7. A 型Ⅲ式喇叭口罐（ⅡT30①：26，ⅠT16⑪：14）　8. A 型 I 式瓮（ⅠT3⑬：19）　9. A 型Ⅱ式瓮（ⅠT13⑫：4）　10. A 型Ⅲ式瓮（ⅠT11⑫：24）　11. A 型 I 式绳纹罐（ⅡT15⑫：65）
（ⅠT12⑫：24）　12. B 型 I 式绳纹罐（ⅠT11⑫：22）　13. B 型Ⅱ式绳纹罐（ⅠT24⑪：21）　14. C 型 I 式绳纹罐（ⅡT51⑪：17）　15. A 型 I 式釜（ⅠT15⑫：65）

瓮　有 A 型。仅存口部，外翻沿，唇下垂。分三式。

I 式：沿上有一近平的沿面，唇下垂部较小（图三，8）。

II 式：唇与器壁夹角较大（图三，9）。

III 式：唇与器壁夹角较小（图三，10）。

绳纹罐　数量较少，分三型。

A 型

I 式：敛口，短颈（图三，11）。

B 型　侈口，束颈，唇外翻。分二式。

I 式：唇微下垂，领部稍短（图三，12）。

II 式：领部较长（图三，13）。

C 型

I 式：外折沿，束颈，颈部较短（图三，14）。

釜　有 A 型。

I 式：仅 1 件，侈口，圆唇，束颈，扁球腹，饰细绳纹（图三，15）。

尖底盏　分三型。

A 型　分五式。

I 式：敞口，外折沿，弧腹较深（图四，1）。

II 式：器形较小，敞口，束颈，折肩（图四，2）。

III 式：器形较大，束颈，圆折肩，腹较深（图四，3）。

IV 式：器形较小，敞口，沿外卷，弧腹较浅（图四，4）。

V 式：敞口，弧腹，浅盘（图四，5）。

B 型　分二式。

I 式：口微敛，弧腹较深（图四，6）。

II 式：敛口较甚，肩圆润，弧腹较深（图四，7、8）。

C 型　分三式。

I 式：直口，折腹较深（图四，9）。

II 式：敞口，折腹较 I 式浅（图四，10）。

III 式：敞口，折腹，下腹略内弧，腹更浅（图四，11）。

盆　分三型。

A 型　分二式。

I 式：数量在该型中最多，直口，沿外和器表饰绳纹（图四，12）。

II 式：数量较少，侈口，束颈，弧腹，沿外及沿面饰绳纹（图四，13）。

B 型　分三式。

I 式：外折平沿，斜直腹（图四，14）。

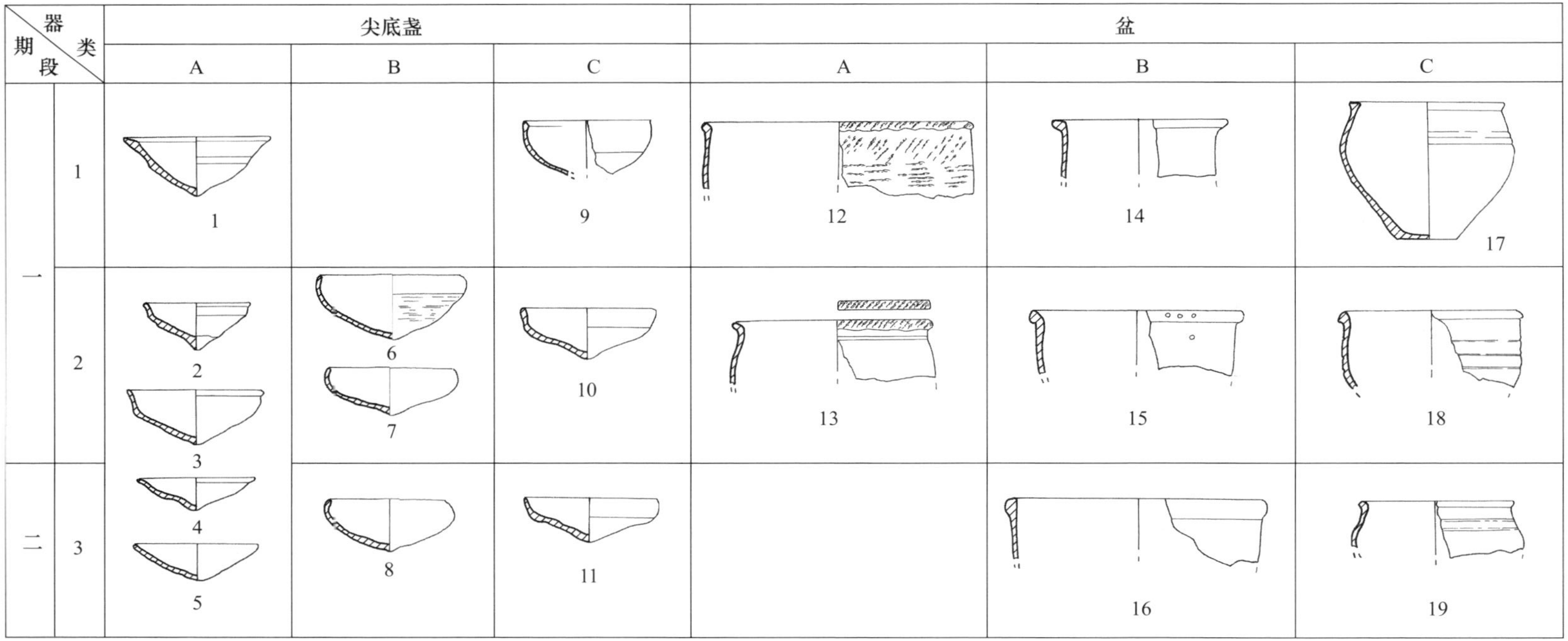

图四　下层文化陶器分期

1. A 型 I 式尖底盏（I T2⑬：4）　2. A 型 II 式尖底盏（I T12⑫：3）　3. A 型 III 式尖底盏（I T1⑫：21）　4. A 型 IV 式尖底盏（I T23⑫：22）　5. A 型 V 式尖底盏（I T20⑫：6）
6. B 型 I 式尖底盏（I T16⑫：34）　7、8. B 型 II 式尖底盏（I T18⑫：3、II T43⑩：8）　9. C 型 I 式尖底盏（I T11⑬：52）　10. C 型 II 式尖底盏（II T39⑫：30）
11. C 型 III 式尖底盏（I T40①：17）　12. A 型 I 式盆（I T7⑬：127）　13. A 型 II 式盆（I T8⑫：50）　14. B 型 I 式盆（II T53⑬：72）　15. B 型 II 式盆
（I T20⑫：22）　16. B 型 III 式盆（II T43⑩：96）　17. C 型 I 式盆（I T6⑬：11）　18. C 型 II 式盆（I T16⑫：138）　19. C 型 III 式盆（II T43⑩：103）

Ⅱ式：沿外翻，唇微下垂，弧腹（图四，15）。

Ⅲ式：敞口，唇外翻，斜腹（图四，16）。

C 型　分三式。

Ⅰ式：敛口，外折平沿，上腹外鼓（图四，17）。

Ⅱ式：外翻沿，中腹微外鼓（图四，18）。

Ⅲ式：外翻沿，上腹外鼓（图四，19）。

上述型式划分是按可靠的层位关系进行的，反映的是客观的变化逻辑。实际当中，一种新的式别出现后，原有的式别并不会马上消失。犹如一个文化中新的器物出现后，原有的器物并不会马上消失一样，不全是晚期地层出早期遗物的因素，因此式别间常有交叉共存的现象。我们将各型式陶器共存组合关系排一个表（表一），从表一中我们可以看出，第 12、13 层比较接近，第 10、11 层比较接近，而第 10、11 层与第 12、13 层区别较大。因此我们将第 12、13 层归为第一期，第 10、11 层归为第二期。其中第一期的第 12 与 13 层还有一些差别，又将其分成 2 段。第 10、11 层基本上没多大差距，加之这一期资料薄弱，就目前资料不再细分。这样我们就将十二桥下层文化分成两期 3 段。

（二）各期特征

第一期陶质以夹砂褐陶为主，约占 63.4%，其次是夹砂灰陶，约占 31%，泥质灰陶约占 5.3%，少量泥质褐陶。大多器表呈灰黑色，部分陶色不一、褐黑相杂，小平底罐器表多烟炱。纹饰多素面，只有少量绳纹、重菱纹、鸟纹、弦纹和附加堆纹，泥质陶多施黑色陶衣。制法以轮制为主，也有部分手制，泥条盘筑的（尖底盏、小平底罐）器内多留明显的痕迹，手制的也多经慢轮修整。第一期早晚陶质陶色、制法、纹饰区别不大。这一期陶器种类较多，是十二桥下层文化最为繁盛的时期，既有从三星堆文化承袭下来的各式高柄豆、小平底罐、瓶、壶、鸟头柄勺、盉，另外还有各式尖底杯、各型罐、尖底罐、各式尖底盏、各型盆，以及大量纽呈"8""co"形的器盖和大量纺轮等。这一时期石器多盘状器，另外还有磨制的斧、凿、锛、璜，石工具都较小型化。这一时期还多卜甲，均为腹甲，不见背甲。骨器中多笄、锥，少量针、镞。第一期 1、2 段有一些小的差异，第 2 段除出土第 1 段的典型器物外，还新出现了喇叭口罐，A、B 型绳纹罐，陶釜和 B 型尖底盏。某些器物的形态与第 1 段相比也发生了明显的变化。如小平底罐肩开始从圆肩变为折肩，腹变浅，A 型尖底杯腹部转折下移，颈部变高，B 型尖底杯下腹部从有折棱向无折棱变化，D 型Ⅰ式溜肩罐也消失，尖底盏腹开始变浅，A 型盆从直口变为外翻，从饰绳纹到素面，B、C 型盆从外折平沿变为斜侈或外翻等。

第二期与第一期相比变化较大。这一时期陶质以夹砂灰陶为主，约占 70%，夹砂褐陶约占 27%，少量泥质灰陶。有纹饰的很少，仅见绳纹、弦纹和重菱纹。制法以轮

表一　下层文化典型陶器共存关系表

| 器类武别＼单位 | 高柄豆 | | | | 小平底罐 | 尖底杯 | | 瓶 | 壶 | 罐 | | | | | 尖底罐 | 喇叭口罐 | 瓮 | 绳纹罐 | | | 釜 | 尖底盏 | | | 盆 | | |
	圈足	盘A	盘B	盘C		A	B			A	B	C	D	E		A	A	A	B	C	A	A	B	C	A	B	C
⑩	ⅠⅡⅢ	ⅠⅡ		∨	Ⅲ	Ⅱ	ⅡⅢ					∨	Ⅲ	Ⅲ	Ⅲ	Ⅲ						Ⅱ	Ⅱ	Ⅲ		Ⅲ	Ⅲ
⑪		ⅠⅡⅢ	Ⅲ	∨	Ⅲ	Ⅱ	Ⅱ					∨	Ⅱ	Ⅱ		Ⅲ	Ⅲ			Ⅰ	Ⅰ			Ⅲ		ⅡⅢ	
⑫	ⅠⅡ	ⅠⅡⅢ	Ⅱ	∨	ⅠⅡⅢ	Ⅱ	Ⅰ	Ⅲ	ⅡⅢ	ⅡⅢ		∨	Ⅱ	Ⅱ	Ⅰ	ⅠⅡ	ⅠⅡⅢ	Ⅰ	Ⅱ	Ⅰ	Ⅰ	ⅡⅢⅣⅤ	ⅠⅡ	ⅠⅡ	ⅡⅢ	Ⅱ	Ⅱ
⑬		ⅠⅡⅢ	ⅠⅡⅢ	∨	ⅠⅡ	Ⅰ	Ⅰ	ⅠⅡ	ⅠⅡⅢ	ⅠⅡⅢ		∨	ⅠⅡ	Ⅰ	Ⅰ	Ⅰ	Ⅰ	Ⅰ				Ⅰ	ⅠⅡ	Ⅰ	ⅠⅡⅢ	Ⅰ	Ⅰ

制为主，仍有少量泥条盘筑（主要是尖底盏）。这一时期器物种类大大减少，呈现出衰落的景象。高柄豆、瓶、壶、A 型波浪花边口罐、A 型尖底杯、A 型尖底盏、A 型盆、盉、鸟头柄勺、纽呈"8""♋"形的器盖在此时已基本消失。小平底罐也明显减少，且器形变得较小，口径增大几与肩同，B 型尖底杯仍有一定数量，都变得很圆润呈弹头状，喇叭口罐器身变扁矮，腹下垂，尖底盏中既有敛口圆润的 B 型，又有折腹的 C 型，以 B 型最多。总的来说，B 型Ⅲ式尖底杯，B 型、C 型、D 型Ⅱ式、E 型Ⅲ式罐，A 型Ⅲ式喇叭口罐，B 型Ⅱ式、C 型Ⅲ式尖底盏成为这一时期最主要的器形，开始出现 C 型绳纹罐。石器仍有少量盘状器，石工具很少见，卜甲仍然存在。

（三）各期年代推断

1. 第一期的年代

　　十二桥遗址有 2 个碳测数据，均为第一期 1 段的标本，分别为距今（3520±80）、（3680±80）年[①]。与三星堆遗址第二期的碳测数据相近，明显与客观实际不符，肯定偏早，因此我们将其排开不顾，完全依据器物的类比来推断其大致年代范围。第一期 1 段出土的 A 型Ⅰ式尖底盏与三星堆一号坑出土的尖底盏[②]相同，这种尖底盏在以后再也不见。笔者在参观三星堆器物坑出土遗物时，特别留意坑中所出陶器。除 A 型Ⅰ式尖底盏外，还有高领罐、器座，均与十二桥下层文化第一期的相同。值得注意的是还出土与十二桥下层文化第一期 A 型Ⅳ式相同的尖底盏，此外似乎不见更晚的陶器。因此我们有理由认为十二桥下层文化第一期的年代应与三星堆器物坑相去不远。三星堆器物坑的年代，发掘简报将一号坑定在殷墟第一期，主要依据坑中所出铜器与殷墟第一期相同。孙华先生也认为三星堆一号坑的铜器器形和花纹，特别是纹饰中的"羽状雷纹""云雷纹"组成的饕餮纹、连珠纹都与殷墟第一期的非常相像，时代相当于殷墟第一期。笔者也曾赞同这种观点。笔者曾认为二号坑[③]的年代在殷墟第二期前后。首先二号坑出土的部分玉器与殷墟第二期的相同，其铜器造型也与殷墟第二期的相近。如 A 型玉戈与妇好墓的Ⅰ式玉戈相同、玉环与妇好墓的Ⅱ式瑗相同，三羊三鸟尊在造型上与安阳小屯北属殷墟第二期的 M18 出土的尊接近，这种尊到殷墟第三期就极少见了。根据陈公柔、张长寿对商周铜器兽面纹的断代研究[④]，三星堆二号坑铜尊和罍上的兽面纹

　　① 中国社会科学院考古研究所实验室：《放射性碳素测定年代报告（一四）》，《考古》1987 年第 7 期。

　　② 四川省文物管理委员会、四川省文物考古研究所、四川省广汉县文化局：《广汉三星堆遗址一号祭祀坑发掘简报》，《文物》1987 年第 10 期。

　　③ 四川省文物管理委员会、四川省文物考古研究所、广汉市文化局、文管所：《广汉三星堆遗址二号祭祀坑发掘简报》，《文物》1989 年第 5 期。

　　④ 陈公柔、张长寿：《殷周青铜容器上兽面纹的断代研究》，《考古学报》1990 年第 2 期。

属连体兽面纹，八鸟四羊尊腹部的兽面纹双角作云纹状，巨眼凸睛，张口，两侧二躯干三折，尾向下卷，雷纹衬地，是殷墟第二期常见的风格。该尊圈足上的兽面纹也属这种风格，唯角部稍显特殊。三鸟三羊尊（K2②：127）腹部的兽面纹较特殊，兽面的双角作匕字形，两侧的躯干三折，尾部上卷，在陈、张的研究文中不见此式兽面纹，但其总体风格仍与殷墟第二期的接近。二号坑出土的铜罍腹部的兽面纹接近于陈、张文中划分的Ⅲ10式，但其口是横贯的，较为少见。根据以上分析，我们发现二号坑铜器纹饰虽然带有一些地方性特征，但其风格基本来源于殷商文化，时代与殷墟第二期大体相当。但坑的下埋年代不会早于上述铜器的年代，而与坑中陶器应相去不远，这是容易理解的，也就是说出土与坑中相同陶器的十二桥下层文化第一期的年代不会早于殷墟第一、二期。我们再看，十二桥下层文化第一期开始出现的云雷纹、重菱纹与陕西武功郑家坡①中、晚期出现的云雷纹、重菱纹和变形重菱纹有许多相似之处。有人研究认为，郑家坡中期和殷墟第三、四期相当，郑家坡晚期可能相当于殷墟第四期至西周初年②。郑家坡早期与殷墟第一、二期相当，不见重菱纹。壹家堡出现重菱纹的第四期年代在殷墟第四期③，这种重菱纹一直延续到西周，如张家坡遗址④。该期2段出土的B型Ⅱ式尖底盏，敛口较甚、弧腹，与茹家庄遗址出土的尖底盏相同。有人根据其与先周陶鬲共存推测茹家庄遗址的时代当在殷墟第四期左右⑤。根据以上分析，我们可将十二桥下层文化第一期的年代范围定在殷墟第三期至殷末周初，即1段相当于殷墟第三期，2段相当于殷墟第四期到周初。

2. 第二期的年代

由于第二期出土的器物数量与第一期相比较少，可资比较的遗物更少，但其小平底罐，尖底杯，B、C、D、E型罐，尖底罐，喇叭口罐均是从第一期紧接发展而来，仍出土B型Ⅱ式尖底盏，其时代应基本衔接。所出的B型Ⅱ式绳纹罐与弤国墓地⑥西周早期的某些绳纹罐有相似之处。这一时期仍有重菱纹，且与张家坡西周时期的重菱纹一致。因此我们将这一时期的年代范围定在西周前期。

---

① 宝鸡市考古工作队：《陕西武功郑家坡先周遗址发掘简报》，《文物》1984年第7期。

② 饭岛武次著，徐天进、苏哲译：《先周文化陶器研究——试论周原出土陶器的性质》，《考古学研究》（一），文物出版社，1992年。

③ 北京大学考古系商周组：《陕西扶风县壹家堡遗址1986年度发掘报告》，《考古学研究》（二），北京大学出版社，1994年。

④ 中国科学院考古研究所：《沣西发掘报告：1955—1957年陕西长安县沣西乡考古发掘资料》，文物出版社，1962年。

⑤ 孙华：《试论广汉三星堆遗址的分期》，《南方民族考古》（第五辑），四川科学技术出版社，1993年。

⑥ 卢连成、胡智生：《宝鸡弤国墓地》，文物出版社，1988年。

三、上层文化的分期

（一）期段的划分

上层文化有新一村第6～8层三个地层单位，这一时期的典型陶器有：喇叭口罐、尖底盏、尖底罐、釜、绳纹罐、C型罐、E型罐、瓮、C型盆。我们仍然依据地层的早晚关系和器物形态的变异程度对典型陶器进行型式划分，为了清楚地反映上、下层文化的关系，上层文化的型尽量与下层文化相应的型吻合，式别紧接下层文化编排。

喇叭口罐　有A、B二型。

A型　数量较多，与下层文化的不同，器形略变大，下层文化的腹多圆折，这一时期的依其领部、腹部变化可分六式。

Ⅳ式：领较矮，肩外凸，最大径在肩部，腹径与高相若或腹径大于器高（图五，1）。

Ⅴ式：领部增高，溜肩，最大径在腹部，器高与腹径相若（图五，2）。

Ⅵ式：领部更高，腹下垂，最大径下移，器高大于腹径（图五，3）。

Ⅶ式：器形较小，斜直领较高，腹下垂，扁矮（图五，4）。

Ⅷ式：口呈盘口状，领部特高，腹下垂，扁矮，器高大于腹径（图五，5）。

Ⅸ式：领部特高，颈部较细，腹下垂，扁矮，器高大于腹径（图五，6）。

B型　盘口，扁球腹，器形较小（图五，7）。

尖底盏　数量较多，均从下层文化的尖底盏演变而来，有B、C二型。

B型　分四式。

Ⅲ式：口微敛，圆折肩，弧腹较深（图五，8）。

Ⅳ式：敛口，圆肩，弧腹稍深（图五，9）。

Ⅴ式：敞口，圆折肩，弧腹较浅（图五，10）。

Ⅵ式：敞口，弧腹更浅（图五，11）。

C型　分二式。

Ⅳ式：敞口，折肩，波浪形腹（图五，12）。

Ⅴ式：敛口，折肩，波浪形腹（图五，13）。

尖底罐　从下层文化发展而来，依其口部、颈部、腹部的变化可分四式。

Ⅳ式：扁球腹（图五，14）。

Ⅴ式：腹较Ⅳ式更扁（图五，15）。

Ⅵ式：盘口，束颈，腹更扁矮（图五，16）。

Ⅶ式：直口，细颈，腹扁矮（图五，17）。

釜　依其领部特征分二型。

A型　从下层文化发展而来，领部较高，依其口部、颈部、腹部的变化分二式。

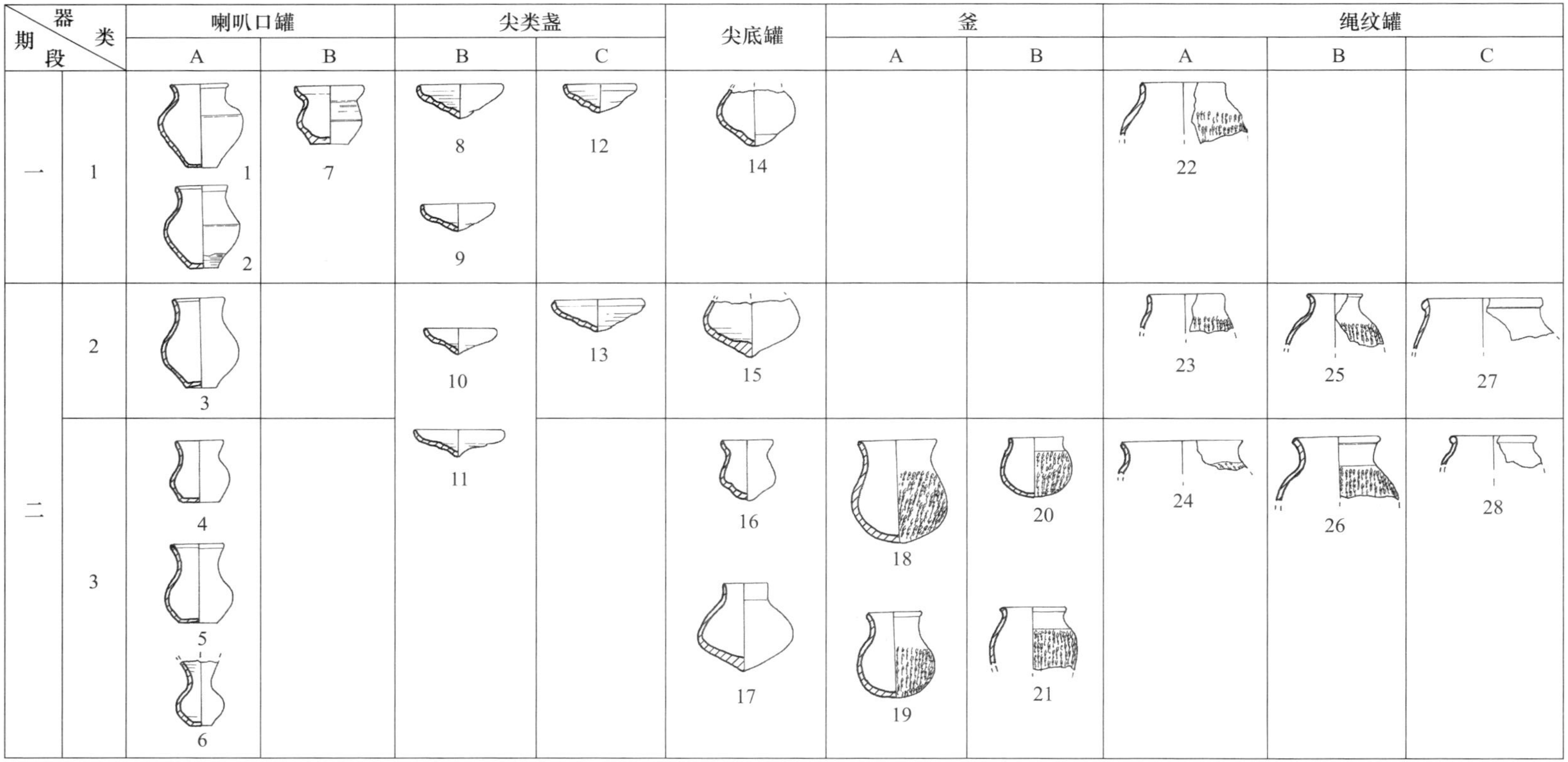

图五　上层文化陶器分期

1. A 型Ⅳ式喇叭口罐（Tc1 ⑧：17）　2. A 型Ⅴ式喇叭口罐（Ta1 ⑧：14）　3. A 型Ⅵ式喇叭口罐（Tc3 ⑦：9）　4. A 型Ⅷ式喇叭口罐（Td4 ⑥：17）　5. A 型Ⅷ式喇叭口罐（Td4 ⑥：41）　6. A 型Ⅸ式喇叭口罐（Td4 ⑥：14）　7. B 型喇叭口罐（Ta2 ⑧：13）　8. B 型Ⅲ式尖底盏（Ta2 ⑧：15）　9. B 型Ⅳ式尖底盏（Ta1 ⑧：12）　10. B 型Ⅴ式尖底盏（Td4 ⑥：28）　11. B 型Ⅵ式尖底盏（Td4 ⑥：40）　12. C 型Ⅳ式尖底盏（Ta1 ⑧：17）　13. C 型Ⅴ式尖底盏（Ta4 ⑦：17）　14. Ⅳ式尖底盏（Tc1 ⑧：9）　15. Ⅴ式尖底罐（Tc3 ⑦：10）　16. Ⅵ式尖底罐（Td4 ⑥：40）　17. Ⅷ式尖底罐（Td4 ⑥：39）　18. A 型Ⅱ式釜（Td4 ⑥：29）　19. A 型Ⅲ式釜（Td4 ⑥：37）　20. B 型Ⅱ式釜（Td4 ⑥：25）　21. B 型Ⅳ式釜（Td4 ⑥：46）　22. A 型Ⅱ式绳纹罐（Tc1 ⑧：23）　23. A 型Ⅲ式绳纹罐（Tc3 ⑦：58）　24. A 型Ⅳ式绳纹罐（Td4 ⑥：56）　25. B 型Ⅲ式绳纹罐（Ta4 ⑦：24）　26. B 型Ⅳ式绳纹罐（Td4 ⑥：55）　27. C 型Ⅰ式绳纹罐（Tc3 ⑦：53）　28. C 型Ⅲ式绳纹罐（Ta4 ⑥：29）

Ⅱ式：侈口，束颈，扁球腹，颈部较粗（图五，18）。

Ⅲ式：侈口，外翻沿，束颈，球形腹，颈部稍细（图五，19）。

B 型　是上层文化新出现的器形，领部较矮，依其口部特征可分二式。

Ⅰ式：侈口，颈微束，球形腹（图五，20）。

Ⅱ式：侈口，外翻沿，束颈，球形腹（图五，21）。

绳纹罐　数量较多，分 A、B、C 三型，均从下层文化相应的型发展而来。

A 型　侈口，圆唇，束颈，短颈不明显，溜肩，依其颈部变化可分三式。

Ⅱ式：颈部略内束（图五，22）。

Ⅲ式：颈部略长且内束甚于Ⅰ式（图五，23）。

Ⅳ式：颈内束较甚（图五，24）。

B 型　侈口，束颈，沿外卷或外翻，溜肩，颈部较长且很明显，依其口部、颈部的变化分二式。

Ⅲ式：沿外卷，颈稍短（图五，25）。

Ⅳ式：沿外翻，颈稍长（图五，26）。

C 型　口微侈，沿外翻，束颈，颈粗短。分二式。

Ⅱ式：器形较小，广肩（图五，27）。

Ⅲ式：器形较小，溜肩（图五，28）。

罐　分二型，分别从下层文化的 C、E 型发展而来。

C 型　均残存口沿，器形与下层文化相比没多大变化，敛口，圆唇，肩略外鼓（图六，1、2）。

E 型　敛口，广肩，依其口部及颈部特征分三式。

Ⅲ式：有极短的颈部，肩部大多饰重菱形（图六，3）。

Ⅳ式：没有颈，多为素面（图六，4）。

Ⅴ式：没有颈，沿面内侧下凹，肩部饰重菱形（图六，5）。

瓮　数量较多，其主要特征是侈口，束颈，高领，沿外折或外翻，唇下垂，依其器形大小及口沿的不同分为三型。

A 型　数量最多，从下层文化的瓮发展而来，该型器形较大，口沿外折（外翻）部分较大，唇下垂部分较长。分二式。

Ⅳ式：沿与器壁夹角较大（图六，6）。

Ⅴ式：沿与器壁夹角较小（图六，7）。

B 型　在该类器物中此型最小，沿外折（外翻）部分较小。分三式。

Ⅰ式：唇下垂部较突出（图六，8）。

Ⅱ式：口外侈较甚，呈喇叭状，唇微下垂（图六，9）。

Ⅲ式：与Ⅰ式接近，唯唇下垂部不如Ⅰ式突出（图六，10）。

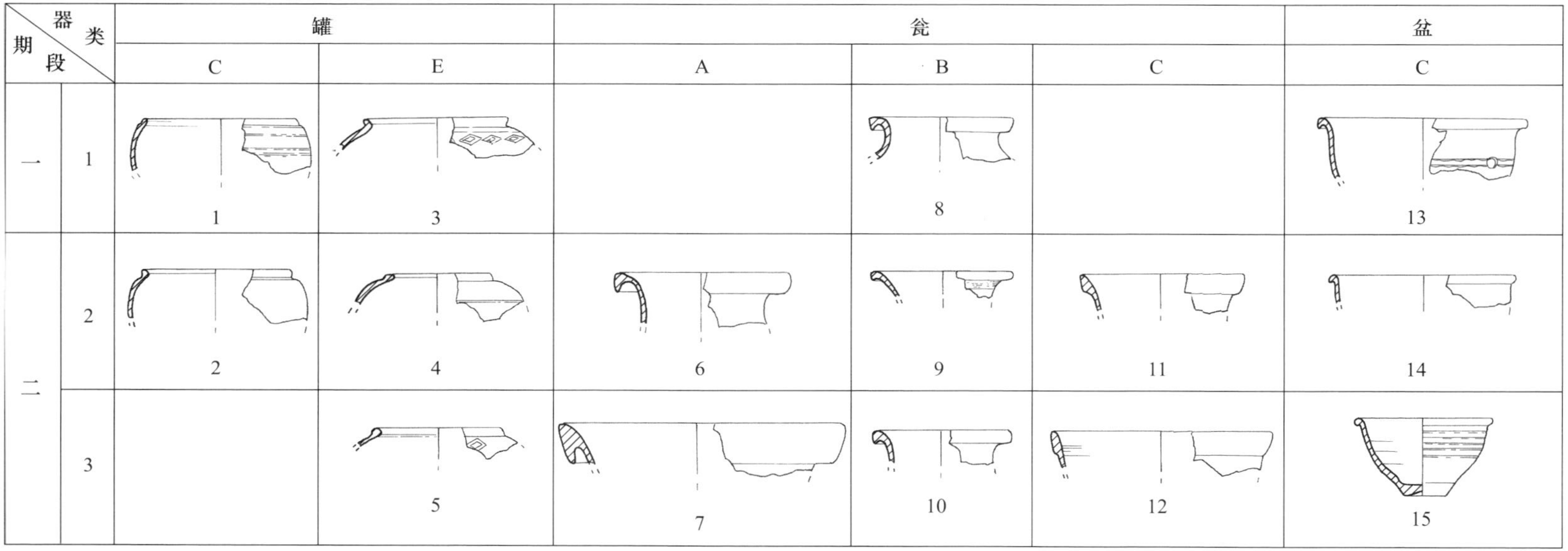

图六　上层文化陶器分期

1、2. C 型罐（Ta2⑧∶23、Tc3⑦∶50）　3. E 型Ⅲ式罐（Ta2⑧∶40）　4. E 型Ⅳ式罐（Tc3⑦∶55）　5. E 型Ⅴ式罐（Td4⑥∶66）　6. A 型Ⅳ式瓮（Tc3⑦∶61）
7. A 型Ⅴ式瓮（Ta4⑥∶36）　8. B 型Ⅰ式瓮（Tc1⑧∶34）　9. B 型Ⅲ式瓮（Tc3⑦∶59）　10. B 型Ⅲ式瓮（Tc3⑥∶60）　11. C 型Ⅰ式瓮（Tc3⑦∶62）
12. C 型Ⅱ式瓮（Ta4⑥∶37）　13. C 型Ⅳ式盆（Ta2⑧∶32）　14. C 型Ⅳ式盆（Tc3⑦∶67）　15. C 型Ⅵ式盆（Td4⑥∶45）

C 型　该型口沿外翻，唇下垂部分紧贴器壁且较短或无下垂部分。分二式。

Ⅰ式：唇下垂较短（图六，11）。

Ⅱ式：唇不下垂（图六，12）。

盆　从下层文化 C 型盆发展而来。分三式。

Ⅳ式：侈口，圆唇，沿外卷，唇微下垂，上腹微鼓（图六，13）。

Ⅴ式：敞口，圆唇，沿外卷，唇微下垂，斜腹（图六，14）。

Ⅵ式：敞口，圆唇，沿外翻，斜腹（图六，15）。

上述典型陶器各型式共存组合关系可参见表二，从表二中我们可以看出，第 8 层与第 6、7 层区别明显，而第 6、7 层相对较为接近。因此我们将第 8 层作为第一期，第 6、7 层作为第二期，而第二期中的第 6、7 层之间仍有一些变化，可以分成 2 段。这样我们将上层文化分成了两期 3 段。

（二）各期特征

第一期陶质以夹砂灰陶为主，其次是夹砂褐陶和夹砂褐皮灰心陶，少量泥质灰陶和泥质褐陶。以素面陶为主，几乎占整个陶片的 90% 以上，纹饰以绳纹为主，其次是弦纹、重菱纹，少量乳钉、网格纹和附加堆纹。制法以轮制为主，尖底盏仍为泥条盘筑加慢轮修整。这一时期陶器种类不多，有 A 型Ⅳ、Ⅴ式喇叭口罐，B 型喇叭口罐，B 型Ⅲ、Ⅳ式和 C 型Ⅳ式尖底盏，未发现陶釜，绳纹罐数量较少，仅有 A 型Ⅱ式，罐有 C 型和 E 型Ⅲ式，瓮也较少，仅有 B 型Ⅰ式，盆有 C 型Ⅳ式。其他有少量陶纺轮、石盘状器、骨笄、卜甲和鹿角器。

第二期陶质以夹砂褐陶为主，其次是夹砂灰陶和夹砂褐皮灰心陶，少量泥质灰陶，不见泥质褐陶。仍以素面陶为主，在整个陶片中仍占 90% 以上，纹饰以绳纹为主，并较第一期有所增加，其次是重菱纹，少量弦纹、乳钉、篮纹和划纹。除尖底盏为泥条盘筑外，仍以轮制为主。这一时期是上层文化最繁盛的时期，无论器物种类还是数量都比第一期多，尤其是釜、绳纹罐、各式瓮和 E 型罐数量特别多，仍有少量陶纺轮、卜甲、鹿角器等。第二期中的第 2、3 段又有些变化，第 2 段有 A 型Ⅵ式、A 型Ⅶ式、A 型Ⅷ式喇叭罐，B 型Ⅴ式、C 型Ⅴ式尖底盏，Ⅴ式尖底罐，A 型Ⅲ式、B 型Ⅲ式、B 型Ⅳ式、C 型Ⅱ式绳纹罐，C 型、E 型Ⅲ式、E 型Ⅳ式罐，A 型Ⅳ式、B 型Ⅱ式、C 型Ⅰ式瓮，C 型Ⅴ式盆。第 3 段不仅出土与第 2 段相同的器形，还新出现一些器物型式：喇叭口罐新出 A 型Ⅸ式，尖底盏新出 B 型Ⅵ式，釜大量出在该段，绳纹罐新出 A 型Ⅳ式，B 型沿袭Ⅳ式，C 型新出现Ⅲ式，C 型罐绝迹，E 型罐新出现Ⅴ式，瓮中的 B 型新出现Ⅲ式，A、C 型除沿用前段的外，分别新出现Ⅴ式和Ⅱ式，出现 C 型Ⅵ式盆。

表二　上层文化典型陶器共存关系表

器类／式别／单位	喇叭口罐		尖底盏		尖底罐	釜		绳纹罐			罐		瓮			盆
	A	B	B	C		A	B	A	B	C	C	E	A	B	C	C
⑥	Ⅵ Ⅶ Ⅷ Ⅸ		Ⅴ Ⅵ		Ⅴ Ⅵ Ⅶ	Ⅱ Ⅲ	Ⅰ Ⅱ	Ⅳ	Ⅳ	Ⅱ Ⅲ		Ⅳ Ⅴ	Ⅳ Ⅴ	Ⅲ	Ⅱ Ⅲ	Ⅵ
⑦	Ⅵ Ⅶ Ⅷ		Ⅴ	Ⅴ	Ⅴ			Ⅲ	Ⅲ Ⅳ	Ⅱ	Ⅴ	Ⅲ Ⅳ	Ⅳ	Ⅱ	Ⅰ	Ⅴ
⑧	Ⅳ Ⅴ	Ⅴ	Ⅲ Ⅳ	Ⅳ	Ⅳ			Ⅱ	Ⅲ Ⅳ		Ⅴ	Ⅲ	Ⅳ	Ⅰ		Ⅳ

（三）各期年代推断

前面我们已推断了下层文化的年代，而上层文化从陶器排比中的变化逻辑看，明显是从下层文化脱胎发展而来。上层文化第一期与下层文化第二期的同类器器形能基本衔接，则其时代也应基本衔接。加之上层文化第二期第3段的地层之上叠压着一个间歇层第5层，而有一座战国中期的土坑墓打破第5层，这样其下限至少不晚于战国，且其间有较大的空缺。从器物群来看，第二期的陶器与成都地区战国陶器区别甚大，也充分说明这一点。这样上层文化的上下限均能确定，其年代范围便确立在了西周后期至春秋。鉴于此，我们将上层文化第一期定在西周后期，第二期定在春秋前期，第2段为春秋前期偏早阶段，第3段为春秋前期偏晚阶段。

四、结　语

前面我们讲到，十二桥下层文化直接脱胎于三星堆文化，这是毋庸置疑的，十二桥下层文化的许多文化因素是从三星堆文化继承发展而来。有人将三星堆遗址的年代定在新石器时代晚期到商末周初，并将遗址分成四期[1]。但从其陶器分期表看，第三期与第四期界限不明显，从陶器种类到型式变化都不大，唯第四期出土尖底器。在地层单位归期上可能有些不合理，已有人注意到了该问题，并将三星堆遗址重新分成了三期6段，第一期与第二期以后的文化面貌差距较大，容易区分，除开第一期后，将出尖底器和不出尖底器的地层单位分开。出尖底器的单位归为第三期，不出尖底器的单位归为第二期，将第二期遗存命名为"三星堆文化"，将第三期划入"十二桥文化"的范畴[2]。从目前资料看，后者较前者合理。从第三期的尖底盏、尖底杯、盂（主要是1982年发掘的Ⅰ区第3层所出）来看，与十二桥下层文化第一期接近，其时代也应基本接近，这样十二桥下层文化就间接叠压在三星堆文化之上。通过对十二桥上、下层文化的器物类型学排比，很明显十二桥上层文化又直接脱胎于十二桥下层文化。在下层文化中已孕育着上层文化的因素，上层文化中的部分陶器均是从下层文化赓续发展而来。较为明显的如尖底盏是从深腹向浅腹发展，上层文化第一期的尖底盏明显比下层文化第二期的腹浅。尖底罐最大径是从上往下移，颈部从粗变细，下层文化的尖底罐最大径均在肩部，颈粗，上层文化的尖底罐最大径逐渐下移到下腹部，颈部变细。A型陶釜是从下层文化的粗短颈向上层文化的细长颈发展。A型绳纹罐是从下层文化的

---

[1]　四川省文物管理委员会、四川省博物馆、广汉县文化馆：《广汉三星堆遗址》，《考古学报》1987年第2期；陈显丹：《广汉三星堆遗址发掘概况、初步分期——兼论"早蜀文化"的特征及其发展》，《南方民族考古》（第二辑），四川科学技术出版社，1990年。

[2]　孙华：《试论广汉三星堆遗址的分期》，《南方民族考古》（第五辑），四川科学技术出版社，1993年。

短直颈、鼓肩向上层文化的束颈、溜肩发展。C型盆是从下层文化的鼓腹逐渐向上层文化的斜腹发展。E型罐是从下层文化的短颈到上层文化逐渐变为无颈等。其他由于完整器少，规律不是很明显。上层文化与下层文化相比，下层文化的器物种类繁多，而上层文化器物种类剧减，变得简单化。在下层文化中居于次要地位的乙组器物到上层文化则居于主导地位，而下层文化中居于主导地位的甲组器物在上层文化中已基本消失，同时在上层文化中又出现一些新器形。下层文化还承袭了许多三星堆文化的因素，而上层文化与三星堆文化相比已相去甚远。

我们通过对十二桥这一典型遗址的分析研究，初步建立起了成都地区商代晚期到春秋前期的陶器编年及文化演进序列。但是遗址的分期远不能代替文化的分期，因此这一序列有待将来新资料的发表不断地充实完善。

由于四川先秦文化的序列未能真正建立起来，在许多问题的认识上出现许多争论。长期以来，学界多将战国以前的文化统称"早期蜀文化"，实际上是不科学的，这种命名忽视了各文化间的差异性，而将早晚不同的文化混同起来，更不能清楚地把握这一区域文化的发展演进过程。笔者认为宜将这一区域文化根据不同遗存的同一性与变异程度，以考古学文化命名的惯例进行各自的文化命名，然后弄清其相互间的关系及其发展演变脉络，亦即建立起这一区域文化的发展序列。这样才有可能对这一区域文化有较为客观的认识，也才能进行其他问题的探讨。目前基本上可以建立起从三星堆文化（指三星堆遗址的主体文化）—十二桥下层文化—十二桥上层文化这样一个文化发展序列。十二桥上层文化与战国尚有一段空缺，需要进一步做工作，目前能看出的是战国时期的陶釜、尖底盏明显是从十二桥上层文化发展而来。三星堆文化是怎样发展起来的，目前也不清楚，三星堆遗址第一期遗物太少，与三星堆文化区别较大。绵阳边堆山遗址[①]与三星堆第一期有许多共同之处，但遗址不够典型，面貌不太清楚。值得一提的是，1995年底，成都市文物考古工作队在新津县龙马乡宝墩村调查发现的宝墩遗址[②]面积大、文化面貌清楚，是川西平原有别于三星堆文化的一种新的考古学文化遗存。某些文化因素与三星堆第一期和绵阳边堆山接近，并有夯筑城墙，我们推测其年代上限可到中原龙山时期。随着将来田野工作的不断开展，这一时期的文化面貌会逐渐明晰。

（原载四川大学考古学专业编：《四川大学考古专业创建三十五周年纪念文集》，

四川大学出版社，1998年，第146~164页）

---

① 中国社会科学院考古研究所四川工作队：《四川绵阳市边堆山新石器时代遗址调查简报》，《考古》1990年第4期。

② 成都市文物考古工作队、四川联合大学考古教研室、新津县文管所：《四川新津县宝墩遗址调查与试掘》，《考古》1997年第1期。

成都平原先秦文化初论

　　成都平原是四川盆地西部的冲积、洪积平原，其东南有连绵起伏的龙泉山脉，西北为高耸入云的龙门山、邛崃山脉，其东北和西南均为山地丘陵，整个平原呈东北—西南向的狭长形，地势由西北向东南倾斜，海拔 400～750 米，形成一个相对独立的地理区域。这里气候温暖湿润，适于人类的生存繁衍，因此很早就有人类在此活动，留下了许多动人而古老的历史传说。从考古学的角度建立该区域文化的发展序列，并进而结合文献建构古蜀历史是必要的。值得庆幸的是，近年来成都平原一系列考古新发现使得这一研究成为可能。本文试图对这一区域先秦时期的古文化遗址进行梳理，旨在引起学界的广泛重视，并希望对推动这一区域考古工作的发展有所裨益。

一、典型遗址的分析与文化阶段的划分

　　在成都平原发现的先秦古遗址中，广汉三星堆遗址[①]最为重要，它不仅发现最早，面积大，资料丰富，更重要的是该遗址发现了早、中、晚连续发展的三种考古学文化遗存的地层关系。最下层文化的突出特征是以泥质灰白陶为主，占 65% 以上；纹饰发达，占 42%～45%，有绳纹、弦纹、划纹（平行线纹和水波纹）、戳印纹，还有附加堆纹、镂孔、几何形纹等；器形有镂孔圈足豆、宽沿平底尊、喇叭口高领罐、绳纹花边罐等，属该遗址分期中的第一期。紧接其上的中层文化是三星堆遗址的主体文化，也是该遗址文化最繁荣的时期，与下层文化区别较大。泥质陶骤然减少，以大量的夹砂褐陶为主，器形以盉、高柄豆、小平底罐、圈足盘、鬲形器、壶、瓿、鸟头把勺、瓶、器盖等构成这一时期最重要的器物群。上层文化又发生了大的变化，出现大量的尖底器，有尖底杯和尖底盏等。上述三种不同的考古学文化的年代关系在三星堆遗址中有明确的层位证据，并且应分别命名。中层的主体文化命名为"三星堆文化"。下层文化曾因其与绵阳边堆山文化面貌接近而命名为"边堆山文化"[②]，对该区域考古学文化的研究起了巨大的推动作用，

　　① 四川省文物管理委员会、四川省博物馆、广汉县文化馆：《广汉三星堆遗址》，《考古学报》1987 年第 2 期。

　　② 孙华：《试论广汉三星堆遗址的分期》，《南方民族考古》（第五辑），四川科学技术出版社，1993 年。

但边堆山遗址不够典型，发表的仅是调查资料[①]，以它命名不够科学。1995～1996年，在成都平原相继发现了新津宝墩[②]、都江堰芒城[③]、郫县古城[④]和温江鱼凫村遗址[⑤]，这些遗址的文化面貌均与三星堆遗址下层文化接近，属同一考古学文化遗存，因此我们以典型遗址——宝墩遗址，把这一文化命名为"宝墩文化"。以尖底器为代表的上层文化的典型遗址首推成都十二桥遗址[⑥]。该遗址文化内涵丰富，陶质以夹砂陶为主，器形有尖底杯、尖底盏、尖底罐和承袭三星堆文化的一些因素，如高柄豆、小平底罐、盉、鸟头把勺等，与三星堆文化紧密衔接，其后的发展也比较清楚，我们可以将这一文化命名为"十二桥文化"。紧接十二桥文化之后的则是该区域战国时期遗存，这一阶段发掘的遗址不多，目前只有上汪家拐遗址下层[⑦]和青羊宫遗址[⑧]，此外多为墓葬材料，我们暂时将这一阶段的文化称为"上汪家拐遗存"。参考[14]C测年数据，宝墩文化上限可早到距今4500年，相当于中原龙山文化时期，是成都平原目前能追溯的最早古文化。这样我们可以将成都平原从相当于中原龙山时期到战国末期的先秦文化划分成为接继发展的四大文化阶段，即宝墩文化—三星堆文化—十二桥文化—上汪家拐遗存。

二、各阶段文化分期与特征

（一）宝墩文化

宝墩文化遗存早在20世纪60年代发掘广汉月亮湾时已有发现，但资料至1993年

---

① 中国社会科学院考古研究所四川工作队：《四川绵阳市边堆山新石器时代遗址调查简报》，《考古）1990年第4期。

② 成都市文物考古工作队、四川联合大学考古教研室、新津县文管所：《四川新津县宝墩遗址调查与试掘》，《考古）1997年第1期；中日联合考古调查队：《四川新津宝墩遗址1996年发掘简报》，《考古》1998年第1期。

③ 成都市文物考古工作队、都江堰市文物局：《四川省都江堰市芒城遗址调查与试掘》，《考古》1999年第7期。

④ 成都市文物考古工作队、郫县博物馆：《四川省郫县古城遗址调查与试掘》，《文物》1999年第1期。

⑤ 成都市文物考古工作队、四川联合大学历史系考古教研室、温江县文管所：《四川省温江县鱼凫村遗址调查与试掘》，《文物》1998年第12期。

⑥ 四川省文物管理委员会、四川省文物考古研究所、成都市博物馆：《成都十二桥商代建筑遗址第一期发掘简报》，《文物》1987年第12期；成都市文物考古研究所：《成都十二桥遗址新一村发掘简报》，《成都考古发现》（2002），科学出版社，2004年。

⑦ 成都市文物考古工作队、四川大学历史系：《成都市上汪家拐遗址发掘报告》，《南方民族考古》（第五辑），四川科学技术出版社，1993年。

⑧ 四川省博物馆：《成都青羊宫遗址试掘简报》，《考古》1959年第8期。

才发表^①。1980～1981 年四川省文物管理委员会等单位发掘三星堆遗址时也注意到了当时发掘的第 6、8 层文化内涵与上层区别较大，将其划归该遗址分期中的第一期。由于当时遗物太少，对其面貌认识不够清楚，在文化定性时也未能将其明确划分出来，统归入三星堆文化。绵阳边堆山遗址也发现了类似的古文化遗存，但能见到的材料仅是 1988 年中国社会科学院考古研究所四川队的一个调查简报。囿于材料，学界对这一阶段的文化始终没有一个较为清晰的概念。1995～1996 年，成都平原相继发现宝墩、芒城、郫县古城和鱼凫村遗址，面积较大，并都进行了一定程度的发掘，文化整体面貌与三星堆下层和边堆山比较一致，从而使我们对成都平原这一阶段的文化特征和发展脉络有了一个初步的认识。这一文化的分布应以成都平原为中心，其影响也波及平原周邻的一些地区。这一时期的人们过着农业定居生活，兼有采集渔猎，发现的小型建筑为木骨泥墙的地面方形房屋，墙体经火烘烤。并已修建夯筑城垣，城垣平面多呈不规则的长方形，仅鱼凫村古城为不规则多边形。城垣的构筑方法基本为堆筑，平地起建，呈斜坡堆积形式，夯筑的方法为拍打。发现的生产工具主要是石器，以斧、锛、凿为主，少量刀、铲、镞和矛，均通体磨制，形体偏于小型化。斧为上窄下宽的长条形，弧顶，弧刃；锛比斧小，磨制精细，形体单一，弧顶，直刃，刃部明显宽于顶部；凿磨制精细而规整，石质较佳，有似玉者，形体有扁平长条形、圭形、刃口内凹的窄长条形及一端为圭形、另一端为直刃的双端刃形；铲和刀均穿孔，但发现很少且残；刀为横长方形，上下均有刃；石镞为扁平菱形。总的来说，石工具多偏于手工工具。陶制生产工具有纺轮和网坠。陶器制作以手制加慢轮修整为主，圈足和器底均为二次黏接，夹砂陶器的器底多为外接，形成器壁近底处外折似假圈足。陶质分夹砂和泥质两种，夹砂陶多掺白色石英砂，有粗细之分，以细者居多，陶色分灰、褐和外褐内灰；泥质陶分灰白、灰黄、褐、灰等，还有一定数量的黑衣陶。夹砂陶的装饰以绳纹为主，泥质陶以戳印纹、附加堆纹、划纹和弦纹为主。划纹中多水波纹和平行线纹，也有平行线组合成的几何形纹，水波纹多见于领部，平行线纹多见于腹部；戳印纹多为坑点或长条痕，多见于肩、腹部；附加泥条戳印纹多见于腹部。器形多宽沿、大翻口风格，主要是小平底器和圈足器，不见三足器和圜底器。绳纹花边罐、敞口圈足尊、盘口圈足尊、喇叭口高领罐、壶、宽沿平底尊、宽沿盆等是贯穿这一文化始终的代表性器物群。少量深腹罐、曲沿罐、矮领圆肩罐、窄沿盆、敛口瓮、窄沿罐、钵、浅盘豆、筒形器等分别出现在该文化的不同阶段。

对该文化的分期只能以宝墩、芒城、郫县古城和鱼凫村遗址 1996 年的发掘材料为依据，就目前掌握的材料看，几个遗址文化面貌由于时代早晚不同而造成不同程度的

---

① 马继贤：《广汉月亮湾遗址发掘追记》，《南方民族考古》（第五辑），四川科学技术出版社，1993 年。

差异。宝墩遗址属一个时期，鱼凫村和郫县古城的文化面貌接近，芒城的文化面貌正好介于二者之间。关于这几个遗址年代的早晚关系没有明确的层位依据，只有依靠文化的发展趋势加以推定。关于这个问题已有专文讨论[①]，由此可确立宝墩→芒城→郫县古城、鱼凫村遗址的早晚关系。其中，宝墩可作为该文化的第一期，依据其上下层的变化，可分早、晚两段。芒城的文化面貌单纯，无法再分段，可作为该文化的第二期。鱼凫村遗址可分早、中、晚三段。郫县古城可分早、晚两段，其中鱼凫村早段与郫县古城早段一致，郫县古城晚段出现的曲沿罐、窄沿盆与鱼凫村晚段接近，但尚未出现鱼凫村晚段的矮领圆肩罐、敛口瓮、器盖等三星堆文化因素，故其时代应早于鱼凫村晚段而晚于鱼凫村中段。总之，鱼凫村早、中段与郫县古城整体文化面貌较为一致，可以作为该文化的第三期。鱼凫村晚段与前两段区别较大，可作为该文化的第四期。这样就将宝墩文化分成了四期7段。

第一期早段：以宝墩遗址早段为代表。泥质陶的数量多于夹砂陶，泥质陶以灰白陶为主，次为灰黄陶；夹砂陶以灰陶为主。纹饰以绳纹为主，次为戳印纹、划纹和附加泥条戳印纹等，少量凹弦纹、凸弦纹、瓦棱纹和细线纹。划纹中多水波纹和平行线纹。器物种类较多，制作较好，以绳纹花边罐、敞口圈足尊、盘口圈足尊、喇叭口高领罐、宽沿平底尊、宽沿盆、壶等为基本组合。其中绳纹花边罐数量最多，型式多样；喇叭口高领罐多唇部戳压呈锯齿状者。这一时期的圈足低矮、多绳纹和戳印纹装饰；镂孔中方形镂孔多见（图一）。

第一期晚段：以宝墩遗址晚段为代表。泥质陶多于夹砂陶。泥质陶中的灰黄陶明显增多，与灰白陶的数量相当。夹砂陶仍以灰陶为主。与前一阶段相比，陶器制作没有那么精细，纹饰的比例降低，种类减少，仍以绳纹为主，次为戳印纹、压划纹和附加泥条戳印纹，少量凹凸弦纹、瓦棱纹、细线纹等。圈足上的方形镂孔减少，多圆形镂孔。该段的器物类别基本沿袭前一阶段，但绳纹花边罐的口沿变窄，喇叭口高领罐的口沿多卷，锯齿喇叭口高领罐的数量减少，外叠唇的喇叭口高领罐、浅盘豆在这一时期开始出现，还见个别的筒形器（图二）。

第二期：以芒城遗址为代表。泥质陶的数量下降，但仍多于夹砂陶。陶器的火候降低，陶质变软。灰黄陶成为泥质陶的主要陶系，灰白陶的数量大大减少，退居次要地位；夹砂陶分灰、褐和外褐内灰三种，所占比例接近。纹饰已远不如第一期发达，仍以绳纹为主，次为划纹和戳印纹，少量的附加堆纹、凹凸弦纹等。划纹中多平行线纹或平行线组合成的几何形纹，极少见水波纹。器物种类明显减少，比较明显的变化是绳纹花边罐型式单一，主要是斜侈沿型；喇叭口高领罐主要是外叠唇型，锯齿口型

---

① 江章华、颜劲松、李明斌：《成都平原的早期古城址群——宝墩文化初论》,《中华文化论坛》1997年第4期。

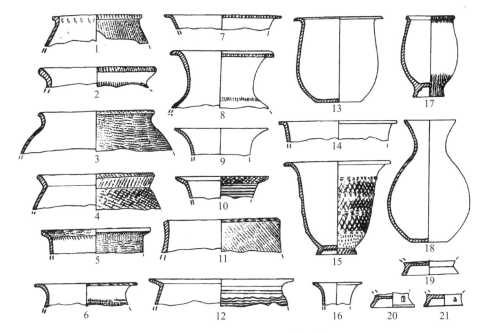

图一　宝墩文化第一期早段典型陶器

1～6. 绳纹花边罐（H15：2、Ⅲ T1929⑦：43、Ⅲ T2030⑦：137、Ⅲ T2030⑦：47、Ⅲ T2029⑦：129、
Ⅲ T1929⑦：82）　7～9. 喇叭口高领罐（Ⅲ T2030⑦：94、Ⅲ T1929⑦：44、Ⅲ T2029⑦：80）　10. 盘口圈
足尊（Ⅲ T1929⑦：53）　11. 缸（Ⅲ T2229⑦：19）　12. 盆（Ⅲ T2030⑦：65）　13. 宽沿平底尊（H16：57）
14、15. 敞口圈足尊（Ⅲ T2030⑦：118、Ⅲ T1929⑦：128）　16、18. 壶（Ⅲ T1929⑦：46、Ⅲ T1929⑦：2）
17. 圈足罐（H16：1）　19～21. 圈足（H16：55、Ⅲ T1930⑦：151、Ⅲ T2029⑦：152）

（均为宝墩遗址出土）

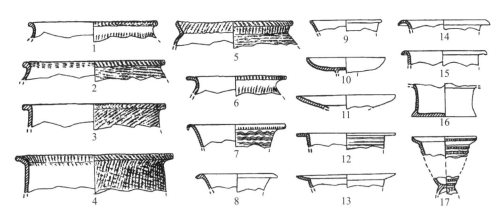

图二　宝墩文化第一期晚段典型陶器

1～6. 绳纹花边罐（Ⅲ T1929⑥：29、Ⅲ T2130⑥：38、Ⅲ T2129⑥：31、Ⅲ T2030⑥：27、Ⅲ T1929⑥：35、
Ⅲ T1830⑥：59）　7～9. 喇叭口高领罐（Ⅲ T2129⑤：1、Ⅲ T1830⑥：1、Ⅲ T2129⑥：16）　10、11. 浅盘豆
（Ⅲ T1830⑥：40、Ⅲ T2130⑥：25）　12、13. 盆（Ⅲ T1930⑥：6、Ⅲ T2129⑥：15）　14. 敞口圈足尊
（Ⅲ T1930⑥：62）　15. 宽沿平底尊（Ⅲ T2129⑥：14）　16. 筒形器（Ⅲ T1830⑥：42）　17. 盘口圈足尊

（Ⅲ T1830⑥：115）

（均为宝墩遗址出土）

极少见；盘口圈足尊器身变矮，圈足加高；出现细高领壶；浅盘带柄豆和盆增多。其他还见少量的卷沿罐、筒形器和器盖等（图三）。

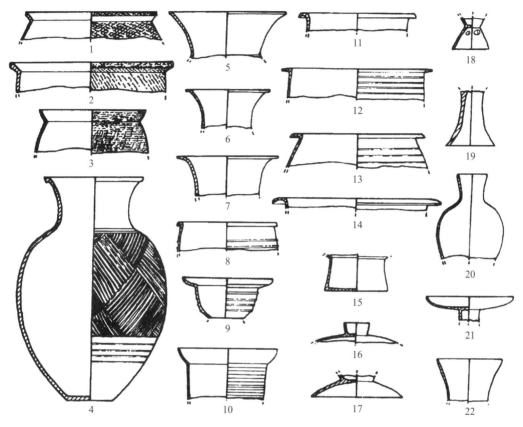

图三　宝墩文化第二期典型陶器

1～3.绳纹花边罐（H1∶41、T6④∶22、H7∶4）　4～7.喇叭口高领罐（G4∶265、H8∶5、G4∶179、G4∶65）
8.卷沿罐（T5④∶25）　9、10.盘口圈足尊（H4∶9、G4∶156）　11.宽沿平底尊（T1⑤∶13）　12～14.盆
（G4∶50、G4∶165、G4∶117）　15.筒形器（G4∶176）　16、17.器盖（G4∶201、T3③∶75）
18.圈足（H5∶5）　19、21.浅盘豆（G4∶213、H4∶1）　20、22.壶（T7④∶41、T8⑤∶46）
（均为芒城遗址出土）

　　第三期早段：以鱼凫村早段和郫县古城早段为代表。泥质陶进一步减少，夹砂陶明显增多，两者比例相当。夹砂陶以外褐内灰陶和褐陶为主，夹砂灰陶的数量大大减少；泥质陶中灰白陶的数量剧减，以泥质褐陶和黑衣陶为主。纹饰不发达，泥质陶多素面，夹砂陶多绳纹；此外还见少量的附加泥条戳印纹、划纹、凹凸弦纹、戳印纹，圈足上多镂孔装饰。这一时期的绳纹花边罐主要是沿袭第二期的斜侈沿型，喇叭口高领罐主要是外叠唇型，敞口圈足尊、宽沿平底尊仍然存在，壶、盘口圈足尊和浅盘豆少见。新出现口沿根部较厚的折沿罐（图四）。

　　第三期中段：以鱼凫村中段为代表。陶系仍以夹砂外褐内灰和褐陶为主，其次是

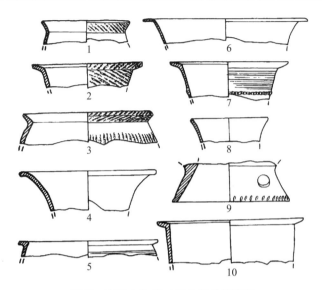

图四　宝墩文化第三期早段典型陶器

1～3. 绳纹花边罐（H18①：15、T3⑪：78、H9：6）　4. 喇叭口罐（H71：73）　5. 折沿罐（T3⑪：85）

6、7. 敞口圈足尊（H28①：29、H9：45）　8. 壶（H9：69）　9. 圈足（H18②：44）　10. 宽沿平底尊（H9：33）

（1、4、6、9.鱼凫村遗址出土，余为郫县古城遗址出土）

泥质灰陶和黑衣陶，少量泥质褐陶。泥质陶仍然多素面，夹砂陶多绳纹；此外见附加泥条压印纹、戳印纹、划纹、瓦棱纹、凹凸弦纹等。划纹主要是平行线纹；戳印纹有新月形、圆圈纹等。这一时期的绳纹花边罐多见外折厚方唇型，斜侈沿型开始消失；敞口圈足尊、宽沿平底尊、喇叭口高领罐、壶等仍然存在，但壶和喇叭口高领罐的数量极少。敞口圈足尊器身变矮胖，圈足变高直，镂孔增大。新出现深腹罐，其中的小平底似假圈足，底部饰旋转绳纹很有特色（图五）。

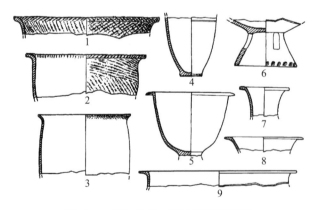

图五　宝墩文化第三期中段典型陶器

1、2. 绳纹花边罐（T5⑤：174、H15②：111）　3、4. 深腹罐（H15②：86、H15②：85）　5. 敞口圈足尊

（H15②：34）　6. 圈足（H15②：47）　7. 壶（H15②：129）　8、9. 宽沿平底尊（T9⑥：27、H15①：160）

（均为鱼凫村遗址出土）

第三期晚段：以郫县古城晚段为代表。夹砂陶的数量大增，占据了主导地位。夹砂陶中的褐陶剧增，外褐内灰陶剧减，少量的黑陶。泥质陶以灰陶为主，次为褐陶，少量黑衣陶。泥质陶仍以素面为主，夹砂陶以绳纹为主；此外还见平行线、弧线、交叉、网状等划纹，偶见水波划纹；戳印纹有新月形纹、三角形坑点纹等；其他有少量附加堆纹和凹凸弦纹。绳纹花边罐已很少见。新出现曲沿罐、窄沿罐、钵等；敞口圈足尊、宽沿平底尊和喇叭口高领罐仍然存在。敞口圈足尊的器身变矮，腹壁斜直，圈足增高（图六）。

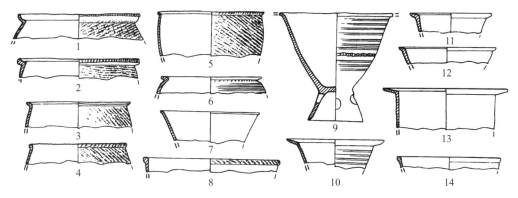

图六　宝墩文化第三期晚段典型陶器

1、2. 曲沿罐（H10：10、T5⑬：94）　3～5. 窄沿罐（T5⑫：41、T2⑧a：19、T4⑪：87）　6. 敛口罐（T5⑬：129）　7. 喇叭口高领罐（T4⑫：97）　8、14. 窄沿盆（T5⑫：15、T2⑨：49）　9、10. 敞口圈足尊（H10：1、T5⑬：102）　11、12. 钵（T3⑨：29、T4⑬：164）　13. 宽沿平底尊（T4⑬：143）

（均为郫县古城遗址出土）

第四期：以鱼凫村晚段为代表。这一时期与前几期相比有较大的变化，陶质以夹砂褐陶为主，泥质陶有灰陶、褐陶和黑衣陶。泥质陶仍多素面，夹砂陶以绳纹为主；少量的戳印纹、划纹、凹凸弦纹等。绳纹花边罐、壶和喇叭口高领罐极少见，沿袭了第三期晚段的曲沿罐、窄沿盆。新出现敛口瓮、矮领圆肩罐、折腹钵、器盖等，圈足更高直（图七）。

关于该文化的年代上限有以下几个 [14]C 测年数据可以参考：①宝墩遗址北城垣真武观段城墙内的炭标本测定年代为距今（4405±95）年[1]，与炭标本共存的遗物为第一期早段。②1980年发掘的三星堆Ⅲ区第6、8层的炭标本，这两层的文化内涵前面已述及与宝墩文化第一期的一致，测定年代为距今（4500±150）年[2]。③1986年发掘的三星堆Ⅲ区 T1416 的炭标本测定年代为距今（4665±135）～4615 年[3]。

① 国际日本文化研究中心利用加速器质谱仪测定。

② 四川省文物管理委员会、四川省博物馆、广汉县文化馆：《广汉三星堆遗址》，《考古学报》1987 年第 2 期。

③ 北京大学考古系碳十四实验室：《碳十四年代测定报告（八）》，《文物》1989 年第 11 期；中国社会科学院考古研究所实验室：《放射性碳素测定年代报告（十四）》，《考古》1987 年第 7 期。

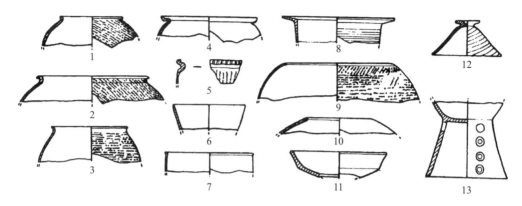

图七　宝墩文化第四期典型陶器

1~3. 矮领圆肩罐（H73②：150、H73②：151、H73④：172）　4、5. 曲沿罐（T9⑤：83、H73①：29）
6. 壶（H73④：198）　7. 窄沿盆（H73③：125）　8. 宽沿盆（T5④：88）　9、10. 敛口瓮（H73④：150、
H73④：193）　11. 钵（T9⑤：78）　12. 器盖（H73④：190）　13. 圈足（T5④：22）
（均为鱼凫村遗址出土）

依据以上 ¹⁴C 测年数据，我们可以将该文化的年代上限推定在距今 4500 年左右。关于其年代下限，根据该文化末期正好与三星堆文化衔接的情况分析，三星堆文化的年代上限正好是宝墩文化的下限，而三星堆文化的年代上限有众多的 ¹⁴C 年代数据，一般认为在距今 3700 年左右，可以作为宝墩文化的下限。这样，宝墩文化的年代范围可以大致推定在距今 4500~3700 年，前后发展约 800 年。

（二）三星堆文化

在成都平原发掘的这一阶段的古遗址主要是广汉三星堆，另外新都桂林乡遗址的上层也属于这一阶段的遗存[①]。广汉三星堆遗址从 20 世纪 30 年代首次发掘以来，前后经过多次较大规模的发掘，对这一文化已经有了比较清楚的认识。这一时期的房屋建筑有圆形、方形、长方形等，以长方形居多，墙基多挖基槽。槽宽 17~30、深 20~50厘米，在沟底掘小沟或柱洞，洞径一般为 14~30、间距 60~110 厘米，沟底小槽宽5~10 厘米。推测于柱间立小木（竹）棍，再于坑内填土埋实，小棍上编缀竹、木条等物，然后两面涂抹草拌泥而成"木骨泥墙"，并经火烘烤。发现的生产工具多为通体磨制的小型石器，有平面呈梯形的斧、锛，长条形的凿，半月形的弧背刀等，以及少量的杵、锥、矛，还见纺轮。石质多系片岩、页岩和板岩。石纺轮通常利用石璧钻下的石心再穿孔加工而成，穿孔有琢钻和管钻两种方法。陶质生产工具有纺轮和网坠。陶

①　成都市文物考古工作队、新都县文物管理所：《四川新都县桂林乡商代遗址发掘简报》，《文物》1997 年第 3 期。

器以夹砂陶为主,比例为 80% 以上。夹砂褐陶是最主要的陶系,次为夹砂橙黄陶和夹砂灰陶;泥质陶较少,有灰陶、褐陶和橙黄陶。纹饰不发达,常见的有绳纹、弦纹、压印纹、附加堆纹、划纹、几何形纹、方格纹、戳印纹、圆圈纹、F 形纹、人字纹等,器物圈足上见镂孔装饰。主要器类有小平底罐、高柄豆、盉、鸟头把勺、壶、瓶、觚、圈足盘、鬲形器、器盖等。三星堆文化已进入青铜时代。20 世纪 30 年代以来,在三星堆遗址不断发现玉石礼器,尤其是两个埋藏坑的发现[1],出土大量的铜、金、玉、石等质料的礼器、神器等,以及规模巨大的城垣,都显示出这一时期已进入文明社会,并且三星堆遗址就是当时的政治、经济、文化中心。

对三星堆文化进行分期,目前主要有三批材料,一是 1963 年发掘的月亮湾,二是 1980、1981 年发掘的三星堆Ⅲ区,三是 1986 年发掘的三星堆Ⅰ~Ⅲ区材料。前两批材料有简报发表,第三批材料见于陈显丹《广汉三星堆遗址发掘概况、初步分期——兼论"早蜀文化"的特征及其发展》一文[2]。有代表性的地层单位有 1980、1981 年Ⅲ区的第 2 层→第 3 层→第 4 层;1986 年的第 8A 层→第 8B 层→第 8C 层→第 9 层→第 10 层→第 11 层→第 12 层(箭头代表叠压或打破)。依据这些地层单位文化面貌的同一与变异程度可将该文化分成三期。

第一期:以 1986 年发掘的第 11、12 层和 1980 年Ⅲ区的第 3、4 层为代表。这一时期以夹砂陶为主,约占 70%,泥质陶仅占 30% 左右。夹砂陶以褐陶为主,次为橙黄陶;泥质陶主要是灰陶和橙黄陶。纹饰不发达,仅占 17% 左右,以绳纹为主,次为划纹、弦纹、网纹、篦纹等。主要器形有小平底罐、敞口深腹平底器、绳纹花边深腹罐、高柄豆、细颈壶、瓶、盉、鬲形器、鸟头把勺、圈足盘、器盖等。这一时期的小平底罐多为圆肩深腹,肩径明显大于口径,与宝墩文化第四期的矮领圆肩罐一脉相承;高柄豆的豆柄多为柱形;瓶有圈足瓶和平底瓶,圈足瓶为直口,口径小于颈径,平底瓶的腹为直腹;陶壶较少,仅有细长颈壶;盉的器身瘦高;鸟头把勺的鸟喙部长而简单;器盖有平顶无纽和有圈纽两种,以平顶无纽的最有特色(图八)。

第二期:以 1986 年发掘的第 9 层、1980 年Ⅲ区的第 2 层和月亮湾第 2 层为代表。该期泥质陶的比例下降,夹砂陶增多,为 80% 以上。仍以夹砂褐陶为主,次为橙黄陶;泥质陶中的橙黄陶很少见。素面陶增多,纹饰仅占 8% 左右。这一时期的器形除

① 四川省文物管理委员会、四川省文物考古研究所、四川省广汉县文化局:《广汉三星堆遗址一号祭祀坑发掘简报》,《文物》1987 年第 10 期;四川省文物管理委员会、四川省文物考古研究所、广汉市文化局、文管所:《广汉三星堆遗址二号祭祀坑发掘简报》,《文物》1989 年第 5 期。

② 陈显丹:《广汉三星堆遗址发掘概况、初步分期——兼论"早蜀文化"的特征及其发展》,《南方民族考古》(第二辑),四川科学技术出版社,1990 年。

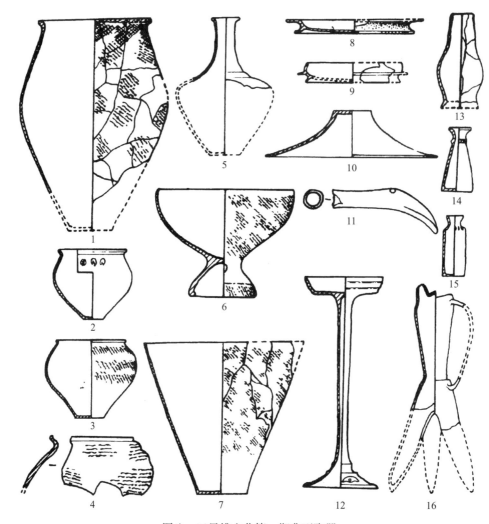

图八　三星堆文化第一期典型陶器

1. 深腹罐（80Ⅲ CaT1 ③：55）　2～4. 小平底罐（80Ⅲ AaT4 ③：63、80Ⅲ DaT2 ④：15、80Ⅲ DaT2 ④：4）

5. 细颈壶（80Ⅲ DaT2 ④：56）　6. 豆（80Ⅲ DaT2 ③：34）　7. 敞口深腹器（80Ⅲ DaT2 ④：44）

8、9. 圈足盘（80Ⅲ DcT1 ③：2、80Ⅲ DaT2 ③：3）　10. 器盖（80Ⅲ DaT1 ③：8）　11. 鸟头把勺

（86Ⅲ T1617⑫：6）　12. 高柄豆（80Ⅲ BaT1 ③：36）　13～15. 瓶（80Ⅲ DaT2 ④：50、

86Ⅲ T1517⑫：46、86Ⅲ T1617⑫：92）　16. 盉（80Ⅲ DaT1 ③：42）

（均为三星堆遗址出土）

沿袭第一期的小平底罐、高柄豆、瓶、盉、鬲形器、鸟头把勺、圈足盘外，新出现有喇叭口高领、凸肩小平底壶，长颈壶、圈足带耳长颈壶、瓿等，不见第一期的敞口平底器、绳纹花边罐、平顶无纽器盖等。一些器物的形态也发生了变化，如小平底罐的腹部开始变浅，圈足瓶的口变侈、颈微束、口径大于肩径，平底瓶已从第一期的直腹变为弧腹，鸟头把勺的喙部变短而制作更细致，出现竹节状豆柄（图九）。

　　第三期：以1986年发掘的第8A、8B、8C层为代表。夹砂陶继续增多，泥质陶

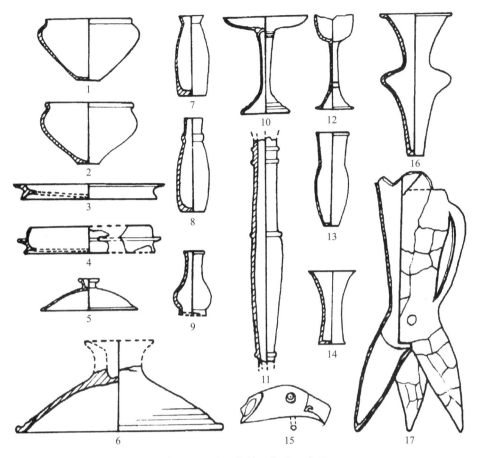

图九 三星堆文化第二期典型陶器

1、2. 小平底罐（86 Ⅲ T1516⑨：61、86 Ⅲ T1415⑨：104） 3、4. 圈足盘（80 Ⅲ DaT1②：11、
80 Ⅲ DcT1②：4） 5、6. 器盖（86 Ⅲ T1517⑨：77、80 Ⅲ DaT1②：40） 7~9. 瓶（86 Ⅲ T1416⑨：81、
86 Ⅲ T1516⑨：111、86 Ⅲ T1313⑨：16） 10~12. 高柄豆（86 Ⅲ T1517⑨：22、80BaT1②：36、
86 Ⅲ T1414⑨：22） 13、16. 壶（86 Ⅲ T1515⑨：43、86 Ⅲ T1414⑨：4） 14. 觚（86 Ⅲ T1415⑨：138）
15. 鸟头把勺（86 Ⅲ T1515⑨：159） 17. 盉（80 Ⅲ CbT6②：41）

（均为三星堆遗址出土）

进一步减少。夹砂褐陶仍然是最主要的陶系，并有增多的趋势。纹饰很少，以绳纹为
主。该期基本延续第二期的器物群，没有什么大的变化。从器物形态看，这一时期的
小平底罐的腹部更浅，肩变为圆折，肩径与口径接近；盉器身变矮胖；觚的口变大，
并出现器身近底处外鼓的新器形，个别出现鬶；器盖多小圈纽，盖腹变浅；豆柄多样，
尤其是竹节状豆柄发达；壶的颈有变高直的趋势；鸟头把勺的柄部装饰精细而繁缛
（图一〇）。

关于三星堆文化的年代，前面我们已述及三星堆文化的上限与宝墩文化衔接，结
合 ¹⁴C 测年数据推定在距今 3700 年左右，即上限跨到二里头文化的第四期。一些器物
的类比也可证明其大致不误，如三星堆文化中的盉、觚明显是受二里头文化的影响，

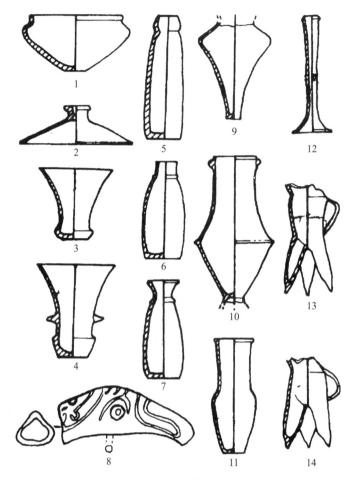

图一〇　三星堆文化第三期典型陶器

1. 小平底罐（86 Ⅲ T1416 ⑧ b：19） 2. 器盖（86 Ⅲ T1313 ⑧ c：9） 3、4. 觚（86 Ⅲ T1414 ⑧ b：69、
86 Ⅲ T1415 ⑧ a：34） 5～7. 瓶（86 Ⅲ T1415 ⑧ a：33、86 Ⅲ T1515 ⑧ b：44、86 Ⅲ T1516 ⑧ a：138）
8. 鸟头把勺（86 Ⅲ T1517 ⑧ a：139） 9～11. 壶（86 Ⅲ T1517 ⑧ b：100、86 Ⅲ T1516 ⑧ b：126、
86 Ⅲ T1415 ⑧ a：157） 12. 高柄豆（86 Ⅲ T1415 ⑧ a：105）
13、14. 盉（86 Ⅲ T1414 ⑧ b：55、86 Ⅲ T1516 ⑧ b：102）
（均为三星堆遗址出土）

这种影响是从长江中游辗转传入成都平原的。二里头文化的南侵，在长江中游的鄂西
地区表现非常突出，如湖北荆南寺遗址的夏至早商遗存[①]、宜昌中堡岛遗址的夏商文化
遗存[②]、秭归朝天嘴遗址的夏商文化遗存[③]等出土大量的二里头文化遗物，有深腹盆、三

① 荆州地区博物馆、北京大学考古系：《湖北江陵荆南寺遗址第一、二次发掘简报》，《考古》
1989 年第 8 期。
② 湖北省宜昌地区博物馆、四川大学历史系：《宜昌中堡岛新石器时代遗址》，《考古学报》
1987 年第 1 期。
③ 国家文物局三峡考古队：《湖北秭归朝天嘴遗址发掘简报》，《文物》1989 年第 2 期。

角形扁足鼎、圆腹罐、大口尊、鬶、刻槽盆、盉等。与之共存的还有小平底罐、高柄豆、鸟头把勺、器盖等三星堆文化常见器物。三星堆文化第一期的高柄豆圈足上所见的臣字纹在荆南寺的一件罍上就有，而这种臣字纹最早见于二里头文化第二期的一件小口尊的肩部，这不可能是巧合，应是文化间的传播所致，它反映出这一时期三地间的文化交流是非常频繁的，这为我们推定三星堆文化的年代提供了依据。荆南寺遗址中出土与三星堆文化类似的高柄豆、器盖，年代在二里冈上层偏早阶段，其高柄豆为竹节状柄，是三星堆文化第二期的特征，因此，三星堆文化第一期应早于二里冈上层。中堡岛遗址的上层与高柄豆、鸟头把勺共存的二里头文化遗物有敞口圆腹罐、长袋形盉足、S形纹等可早至二里头文化第四期。根据 ^{14}C 测年结合器物类比，将三星堆文化的年代上限推定在二里头文化第四期比较合适。至于三星堆文化的下限，由于其陶器地方性特征很强，无法与其他地区已知年代的器物进行类比，不过十二桥文化是紧接三星堆文化发展而来的，而十二桥文化的上限能确定在殷墟第三期左右（下面在十二桥文化中将有详论），那么三星堆文化的年代可大致推定在二里头文化第四期至殷墟第二期。

（三）十二桥文化

属这一阶段的遗址经发掘的有成都市十二桥、指挥街[1]、方池街[2]、岷山饭店[3]、抚琴小区[4]、羊子山土台下堆积[5]、新繁水观音[6] 等。资料正式发表的有十二桥、指挥街、新繁水观音和羊子山土台下堆积等。其中以十二桥遗址最典型，延续时间最长，公布的材料最多。这一时期的房屋建筑仅有十二桥的木构建筑，小型房屋为打密集木桩，桩上绑扎圆木呈网状，其上铺木板作为居住面，使居住面相对抬高，避免了潮湿。这种房屋的墙体仍为柱间编竹形成竹编墙，内外抹泥，屋顶盖草。墙体和屋顶都发现完整者，故其做法非常清楚。除小型房屋外还发现大型的地梁基础，地梁上有立柱的圆形和方形卯孔，可能是大型带廊庑的宫殿式建筑。石质生产工具仍然以通体磨制的小型斧、锛、凿为主。斧和锛平面均呈梯形，凿有圭形和扁平长条形，还有少量的璜等装饰品。另外存在大量的不知用途的石盘状器。骨器很多，有笄、针、锥、镞等，均磨制，以

① 四川大学博物馆、成都市博物馆：《成都指挥街周代遗址发掘报告》，《南方民族考古》（第一辑），四川大学出版社，1987 年。

② 成都市博物馆考古队、成都市文物考古研究所：《成都方池街古遗址发掘报告》，《考古学报》2003 年第 2 期。

③ 资料未发表，现存成都市文物考古工作队。

④ 资料未发表，现存成都市文物考古工作队。

⑤ 四川省文物管理委员会：《成都羊子山土台遗址清理报告》，《考古学报》1957 年第 4 期。

⑥ 四川省博物馆：《四川新凡县水观音遗址试掘简报》，《考古》1959 年第 8 期。

笄、针、镞磨制最为精细，骨器中还发现大量的有使用痕迹的鹿角器。铜器发现细长条形的凿和有方锥状的铤、带脊、两翼倒刺的镞及最原始的柳叶形剑。卜甲的多见是这一时期比较突出的特征，明显是受中原商周文化的影响。一般多龟腹甲，有圆钻无凿和圆钻方凿并存的两种。陶质生产工具中纺轮数量较多，网坠较少。这一时期的陶器以夹砂陶为主，泥质陶极少。夹砂陶分褐、灰和褐皮灰心陶；泥质陶以灰陶为主，少量褐陶。素面陶占绝大多数，纹饰少见，主要以绳纹为主，少量的重菱纹、鸟纹、弦纹、附加堆纹和圆圈纹等，镂孔见于圈足上。器类有高柄豆、小平底罐、盉、鸟头把勺、尖底杯、尖底罐、尖底盏、壶、瓶、盆、高领罐、波浪花边口罐、盆形豆、罐形豆、瓮、敛口罐、喇叭口罐、釜、绳纹罐、纽呈8字形和三花瓣形的器盖等。

对十二桥文化进行分期的主要依据是十二桥遗址和新繁水观音遗址。十二桥遗址1985～1986年经过两次发掘（Ⅰ、Ⅱ区），加之1995年发掘的新一村，前后共发掘了三次。新一村出土的遗物明显晚于Ⅰ、Ⅱ区。且其间的文化面貌区别较大，笔者曾就此而将之划分为上、下层文化加以区分[①]，在此作为十二桥文化的两期处理，但其间的巨大变化是不容忽视的。Ⅰ、Ⅱ区典型的地层单位是第10层→第11层→第12层→第13层，新一村是第6层→第7层→第8层；新繁水观音地层单位为晚期墓（M2、M8）→第3层→早期墓（M4、M5）；指挥街的地层明显为再生堆积，最早的地层出土战国遗物，已有人注意到了该问题[②]，不能作为分期依据。根据十二桥各地层单位文化面貌的同一与变异程度，结合新繁水观音遗址，可将该文化分成两期4段。

第一期早段：以十二桥Ⅰ、Ⅱ区的第12、13层，新繁水观音的早期墓和第3层及羊子山土台下的堆积为代表，三星堆遗址1982年发掘的第3层也属这一时期。陶质以夹砂褐陶为主，其次是夹砂灰陶，少量的泥质灰陶和褐陶。器表大多呈灰黑色，部分陶色不一，褐黑相杂。器物多素面，只有少量的绳纹、重菱纹、鸟纹、弦纹和附加堆纹。这一时期的陶器种类丰富，有小平底罐、高柄豆、瓶、壶、鸟头把勺、盉、尖底杯、尖底盏、高领罐、波浪口花边罐、肩部饰绳纹的敛口瓮、肩部饰重菱纹的广肩罐、盆、纽作8字形和三花瓣状的器盖等，尖底罐和喇叭口罐数量较少，绳纹罐和釜偶见。高柄豆分杯形、盘形和假腹三种；尖底杯多折腹，也有弧腹者；陶壶均带耳；尖底盏的形制多样，其中外折沿或卷沿弧腹者为这一阶段独有，这一时期的尖底盏腹较深；盆的形式也较多，其中沿外拍印绳纹的盆较独特；陶盉多器身矮胖、袋足瘦高外撇、有实足跟（图一一）。

①　江章华：《成都十二桥遗址的文化性质及分期研究》，《四川大学考古专业创建三十五周年纪念文集》，四川大学出版社，1998年。

②　孙华：《试论广汉三星堆遗址的分期》，《南方民族考古》（第五辑），四川科学技术出版社，1993年。

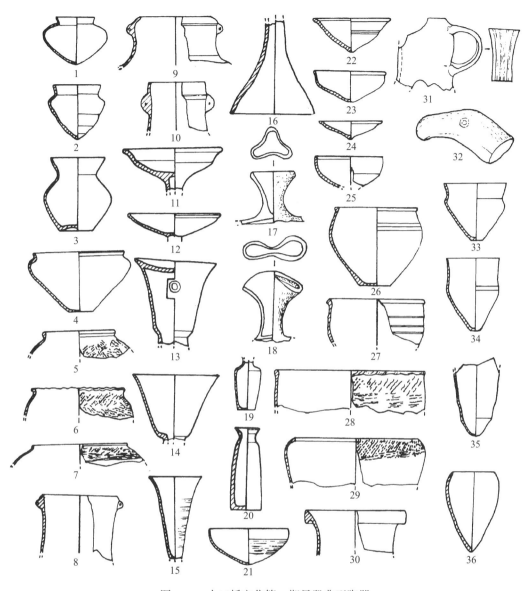

图一一 十二桥文化第一期早段典型陶器

1、2. 尖底罐（Ⅱ T50⑬：14、Ⅱ T30⑫：5） 3. 喇叭口罐（Ⅰ T5⑫：64） 4. 小平底罐（Ⅰ T16⑫：35） 5. 敛口
广肩罐（Ⅰ T22⑬：34） 6. 波浪花边口罐（Ⅱ T35⑬：32） 7. 罐（Ⅰ T8⑫：66） 8～10. 壶（Ⅰ T29⑬：92、
Ⅰ T23⑬：29、Ⅰ T16⑫：85） 11～16. 高柄豆（Ⅰ T15⑫：43、Ⅰ T11⑬：15、Ⅱ T50⑬：29、Ⅰ T22⑬：18、
Ⅰ T16⑫：49、Ⅰ T17⑬：6） 17、18. 盖纽（Ⅰ T16⑫：4、Ⅰ T15⑬：34） 19、20. 瓶（Ⅰ T22⑬：22、Ⅰ T19⑬：14）
21～25. 尖底盏（Ⅰ T16⑫：34、Ⅰ T2⑬：4、Ⅰ T1⑫：21、Ⅰ T23⑫：22、Ⅰ T11⑬：52） 26～28. 盆（Ⅰ T6⑬：11、
Ⅰ T16⑫：138、Ⅰ T7⑬：127） 29. 敛口瓮（Ⅱ T50⑬：62） 30. 瓮（Ⅰ T11⑫：24） 31. 盂（Ⅰ T2⑬：7）
32. 鸟头把勺（Ⅰ T3⑬：7） 33～36. 尖底杯（Ⅱ T49⑬：14、Ⅱ T50⑫：5、Ⅱ T2⑬：1、Ⅱ T30⑫：3）

（均为十二桥遗址出土）

第一期晚段：以十二桥Ⅰ、Ⅱ区的第10、11层和新繁水观音的晚期墓为代表。这一时期的陶质以夹砂灰陶为主，夹砂褐陶减少，少量泥质灰陶。纹饰更少，仅见绳纹、

弦纹和重菱纹。器物种类大大减少，早段常见的高柄豆、瓶、壶、波浪花边口罐、折腹的尖底杯、折沿或卷沿的尖底盏、沿外折印绳纹的盆、盉、鸟头把勺、纽呈8字形或三花瓣状的器盖在此时已基本消失。这一时期的器类有小平底罐、肩部饰绳纹的敛口瓮、肩部饰重菱纹的敛口广肩罐、盆等，绳纹罐和釜仍然少见。其中的小平底罐明显减少，且器形变小，腹变浅，口径增大与肩同；尖底盏多敛口、弧腹圆润者，折腹的也有；尖底杯多弧腹圆润呈弹头状（图一二）。

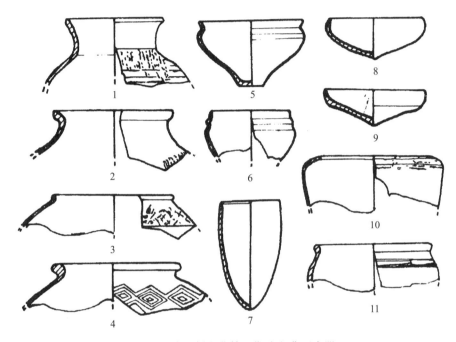

图一二　十二桥文化第一期晚段典型陶器

1、2. 绳纹罐（ⅠT24⑪：11、ⅡT51⑩：17）　3. 罐（ⅠT23⑩：54）　4. 敛口广肩罐（ⅠT23⑩：48）

5. 小平底罐（ⅡT54⑪：28）　6. 尖底罐（ⅡT43⑩：111）　7. 尖底杯（ⅡT50⑪：2）　8、9. 尖底盏

（ⅡT43⑩：8、ⅡT40⑪：17）　10. 敛口瓮（ⅠT24⑪：20）　11. 盆（ⅡT43⑩：103）

（均为十二桥遗址出土）

第二期早段：以新一村第8层为代表。陶质以夹砂灰陶为主，次为褐陶和褐皮灰心陶，少量的泥质灰陶和褐陶。素面陶占80%以上，纹饰极少，以绳纹为主，其次是弦纹和重菱纹，少量的乳钉、网格纹和附加堆纹。这一阶段的代表性陶器有喇叭口罐、尖底盏、尖底罐、瓮、敛口广肩罐、有乳钉装饰的盆等，绳纹罐和釜少见。这一时期的喇叭口罐，颈短，身高，最大径靠肩部；原腹部圆润的尖底盏变为肩圆折，腹变浅；原折腹形的尖底盏变为折肩浅腹，整个尖底盏的器形较大；尖底罐腹下垂、低矮；绳纹罐仅见短颈溜肩的一种（图一三）。

第二期晚段：以新一村的第6、7层为代表。夹砂褐陶又增多，成为最主要的陶系，其次是夹砂灰陶和褐皮灰心陶，少量泥质灰陶，不见泥质褐陶。素面陶仍占90%以

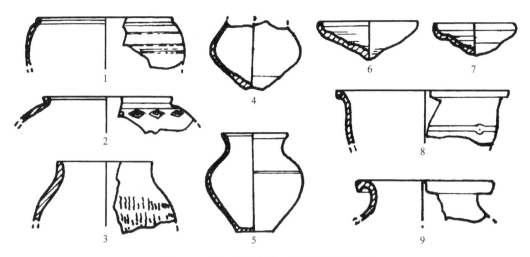

图一三　十二桥文化第二期早段典型陶器

1. 罐（Ta2⑧：33）　2. 敛口广肩罐（Ta2⑧：40）　3. 绳纹罐（Tc1⑧：23）　4. 尖底罐（Tc1⑧：9）

5. 喇叭口罐（Tc1⑧：17）　6、7. 尖底盏（Ta2⑧：15、Ta1⑧：17）

8. 盆（Ta2⑧：32）　9. 瓮（Tc1⑧：34）

（均为新一村遗址出土）

上，纹饰以绳纹为主，并较上一阶段有所增加，次为重菱纹，少量弦纹、乳钉、篮纹和划纹。这一阶段的陶器种类较前一阶段有所增加，尤其是釜、绳纹罐、瓮和敛口广肩罐的数量较多，另外，喇叭口罐、尖底罐、尖底盏、盆等仍然存在。陶釜分为高领扁球腹、矮领扁球腹两种，后一种在前一阶段中不见。绳纹罐分侈口圆唇短颈、敛口叠唇短颈和侈口束颈高领三种形式。瓮均为外叠唇，高领，分三种型式，第一种唇下垂，器形较小；第二种唇下垂较甚，器形较大；第三种唇不下垂，器形很大。以前两种为主。喇叭口罐的领变高，腹变为低矮下垂。尖底盏的腹部明显变浅。尖底罐变为细颈，扁垂腹，呈陀螺状（图一四）。

　　关于十二桥文化的年代，我们可以通过与中原文化相同或相似的文化因素加以推定。第一期早段的折沿或卷沿弧腹尖底盏、筒形器座与三星堆一号坑出土的相同，这种尖底盏以后再也不见。笔者在参观三星堆器物坑时，特别留意坑中所出的陶器，除尖底盏和器座外，还有与十二桥文化第一期早段相同的高领罐。因此我们有理由认为，十二桥文化第一期早段的年代与三星堆器物坑相去不远。三星堆一号坑的年代，《广汉三星堆遗址一号祭祀坑发掘简报》将其定在殷墟第一期，主要依据坑中所出土的铜容器与殷墟第一期的相同或相似[1]。孙华也认为一号坑的铜器器形和花纹，特别是纹饰中

---

　　① 四川省文物管理委员会、四川省文物考古研究所、四川省广汉县文化局：《广汉三星堆遗址一号祭祀坑发掘简报》，《文物》1987 年第 10 期。

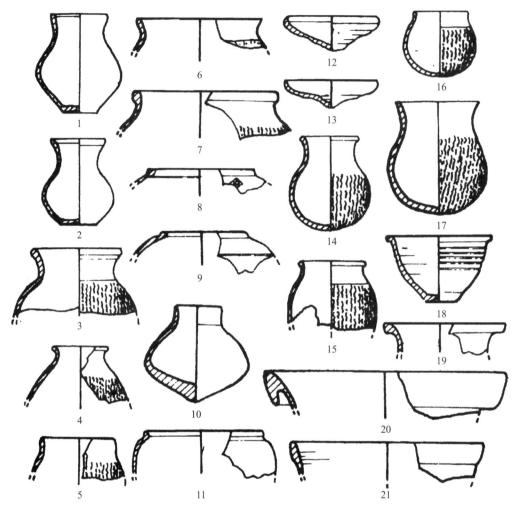

图一四　十二桥文化第二期晚段典型陶器

1、2. 喇叭口罐（Tc3⑦：9、Td4⑥：41）　3～7. 绳纹罐（Td4⑥：55、Ta4⑦：24、Tc3⑦：58、Td4⑥：56、

Tc3⑦：53）　8、9. 敛口广肩罐（Td4⑥：66、Tc3⑦：55）　10. 尖底罐（Td4⑥：39）　11. 罐（Tc3⑦：50）

12、13. 尖底盏（Ta4⑦：17、Td4⑥：40）　14～17. 釜（Td4⑥：37、Td4⑥：46、Td4⑥：25、Td4⑥：29）

18. 盆（Td4⑥：45）　19～21. 瓮（Tc3⑥：59、Ta4⑥：36、Ta4⑥：37）

（均为新一村遗址出土）

的羽状雷纹、云雷纹组成的饕餮纹、连珠纹，与殷墟第一期的非常相似[1]。笔者曾认为
二号坑的时代在殷墟第二期前后。首先二号坑出土的部分玉器与殷墟第二期的基本相
同，其铜器造型也与殷墟第二期的相近，如三羊三鸟尊在造型上与安阳小屯北属殷墟

①　孙华：《试论广汉三星堆遗址的分期》，《南方民族考古》（第五辑），四川科学技术出版社，
1993 年。

第二期的 M18[①] 出土的尊接近，这种尊到殷墟第三期就极少见了。根据陈公柔、张长寿对商周铜器兽面纹的断代研究[②]，三星堆二号坑铜尊和罍上的兽面纹属连体兽面纹；八鸟四羊尊腹部的兽面纹双角作云纹状，巨眼凸睛，张口，两侧二躯干三折，尾向下卷，雷纹衬地，是殷墟第二期常见的风格。该尊圈足上的兽面纹也属这种风格，唯角部稍显特殊。三鸟三羊尊（K2②：127）腹部的兽面纹较特殊，兽面的双角作匕字形，两侧的躯干三折，尾部上卷，这在殷商文化中几乎不见，但其总体风格仍与殷墟第二期的接近。二号坑所见铜罍腹部的兽面纹接近于陈、张文中划分的Ⅲ10 式，但其口是横贯的，较为少见。根据以上分析，我们发现二号坑铜器纹样虽然带一些地方性特征，但其风格基本来源于殷商文化，时代与殷墟第二期大体相当。坑的下埋年代不会早于上述铜器的年代，而应与坑中陶器相去不远，这是容易理解的，也就是说出土与坑中相同陶器的十二桥文化第一期早段的年代不会早于殷墟第一、二期。我们再看，十二桥文化第一期早段开始出现的云雷纹、重菱纹与陕西武功郑家坡[③]中、晚期出现的云雷纹、重菱纹和变形重菱纹比较一致，学者认为，郑家坡中期和殷墟第三、四期相当，郑家坡晚期可能相当于殷墟第四期至西周初年[④]。郑家坡早期与殷墟第一、二期相当，不见重菱纹。壹家堡出现重菱纹的第四期年代在殷墟第四期[⑤]，这种重菱纹一直延续到西周，如张家坡遗址[⑥]。十二桥文化第一期早段所见的敛口较甚、圆弧腹的尖底盏与茹家庄遗址[⑦]的尖底盏相同，茹家庄遗址的尖底盏，学者根据其与先周陶鬲共存，推测其年代当在殷墟第四期左右[⑧]。据以上分析，我们可以将十二桥文化第一期早段的年代推定在殷墟第三期至殷末周初。第一期晚段是从早段紧密发展而来，仍见重菱纹，与张家坡西周时期的一致，这一阶段可定在西周前期。第二期文化之上有一间歇层（第 5 层），并有一战国中期土坑墓打破该层，这样，其下限当不会晚于战国中期，且其间有较大的空缺。第二期陶器与成都地区战国墓陶器区别较大，也充分说明了这一点，因

　　① 　中国社会科学院考古研究所安阳工作队：《安阳小屯村北的两座殷代墓》，《考古学报》1981 年第 4 期。

　　② 　陈公柔、张长寿：《殷周青铜容器上兽面纹的断代研究》，《考古学报》1990 年第 2 期。

　　③ 　宝鸡市考古工作队：《陕西武功郑家坡先周遗址发掘简报》，《文物》1984 年第 7 期。

　　④ 　饭岛武次著，徐天进、苏哲译：《先周文化陶器研究——试论周原出土陶器的性质》，《考古学研究》（一），文物出版社，1992 年。

　　⑤ 　北京大学考古系商周组：《陕西扶风县壹家堡遗址 1986 年度发掘报告》，《考古学研究》（二），北京大学出版社，1994 年。

　　⑥ 　中国科学院考古研究所：《沣西发掘报告：1955—1957 年陕西长安县沣西乡考古发掘资料》，文物出版社，1962 年。

　　⑦ 　卢连成、胡智生：《宝鸡㔷国墓地》，文物出版社，1988 年。

　　⑧ 　孙华：《试论广汉三星堆遗址的分期》，《南方民族考古》（第五辑），四川科学技术出版社，1993 年。

此，第二期的年代范围便可定在西周后期至春秋前期，即早段约当西周后期，晚段约
当春秋前期。

（四）上汪家拐遗存

上汪家拐遗存是这一区域的战国文化遗存，发现的主要是一些零星的墓葬，关于
这一时期的墓葬论述较多，本文从略。目前发掘的遗址只有成都市区上汪家拐遗址下
层和青羊宫遗址。上汪家拐遗址属先秦文化堆积的地层单位有第 4B 层及开口于第 4B
层下的 H6、H7、H8 和被灰坑打破的第 5 层，其中 H6 打破 H8。依据上述的地层单位
可将其分为三期：第一期包括第 5 层、H8；第二期以 H6 为代表；第三期以第 4B 层为
代表。青羊宫遗址与第三期相当。

第一期：以夹砂陶为主，陶色分灰褐、红褐、黑褐等。纹饰主要是绳纹。器形有圜
底釜、圜底钵、鼎、中柄豆、尖底盏、盆、高领罐等。其中，尖底盏和绳纹圜底釜与成
都中医学院战国早期土坑墓[①]所见的相同，时代应相当。这一时期发现的墓葬基本为狭
长方形竖穴土坑墓，出土的陶器有釜、尖底盏等；铜容器有尖底盒、鼎、壶、敦、匜、
鍪、甗等；兵器有戈、矛、剑、钺；手工工具有斧、斤、凿、刀、锯、锄等（图一五）。

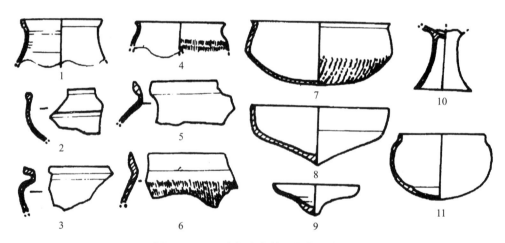

图一五　上汪家拐遗存第一期典型陶器

1. 高领罐（T2⑤∶121） 2、3、11. 圜底钵（T11⑤∶55、T11⑤∶51、H8∶1） 4～7. 釜（T2⑤∶110、
T2⑤∶100、T2⑤∶102、M1∶1） 8、9. 尖底盏（M1∶3、H8∶6） 10. 中柄豆（H8∶11）
（7、8. 中医学院战国土坑墓出土，余为上汪家拐遗址出土）

第二期：以泥质灰褐陶和泥质黑褐陶为主，纹饰极少见。典型陶器有矮圈足短柄
浅盘豆、矮圈足深腹碗形豆、平顶无纽盖、罐等。其碗形豆和短柄浅盘豆与新一村战

① 成都市博物馆考古队：《成都中医学院战国土坑墓》，《文物》1992 年第 1 期。

国中期土坑墓[①]、新都马家公社战国中期木椁墓[②]的同类器物相同,因此该期的年代相当于战国中期。这一时期的墓葬发现不多,有狭长方形竖穴土坑墓和木椁墓。出土的陶器有绳纹圜底釜、浅盘短柄豆、浅盘中柄豆、碗形豆、钵、罐等;铜容器以新都马家公社大型木椁墓出土较多,有鼎、豆、壶、盘、匜、甑、鍪、罍、缶、瓿等;铜兵器有戈、矛、剑、钺等;手工工具有斧、斤、凿、锯、锄等;另外还有编钟、巴蜀印章、带钩等。这一时期楚文化的遗物增多(图一六)。

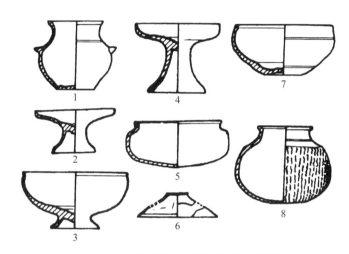

图一六　上汪家拐遗存第二期典型陶器

1. 罐(M1∶86) 2~4. 豆(M1∶28、M1∶30、H6∶1) 5. 圜底钵(M1∶32) 6. 器盖(H6∶50)

7. 平底钵(M1∶83) 8. 釜(M1∶79)

(4、6.上汪家拐遗址出土,余为新一村战国土坑墓出土)

第三期:以泥质灰褐的绳纹陶居多,另有较多的泥质灰陶和较多的夹砂黑褐陶片。代表性的陶器有釜、圜底钵、瓮、罐、盆、矮圈足浅盘豆、中柄碗形豆、折腹钵、釜形鼎等,其中的中柄碗形豆与犍为战国墓[③]所见一致,圜底钵、矮圈足浅盘豆、釜形鼎、瓮等均与大邑五龙战国晚期墓[④]出土的相近。上述的矮圈足浅盘豆、瓮、釜形鼎、折腹钵等在成都地区下限可到西汉初年,因此这一时期的年代当在战国晚期至西汉初年。该期所发现的墓葬中狭长方形竖穴土坑墓减少,船棺墓增多,还发现一定数量的土坑木板墓。出土的陶器有釜、平底钵、圜底钵、釜形鼎、瓮、矮圈足浅盘豆;铜容器有鍪、釜甑、钫等,铜兵器有戈、矛、剑、钺、弩机等;手工工具有斧、斤、凿、锄、锯等(图一七)。

①　成都市文物考古研究所:《成都十二桥遗址新一村发掘简报》,《成都考古发现》(2002),科学出版社,2004 年。

②　四川省博物馆、新都县文物管理所:《四川新都战国木椁墓》,《文物》1981 年第 6 期。

③　四川省文物管理委员会:《四川犍为县巴蜀墓发掘简报》,《考古与文物》1984 年第 3 期。

④　四川省文管会、大邑县文化馆:《四川大邑五龙战国巴蜀墓葬》,《文物》1985 年第 5 期。

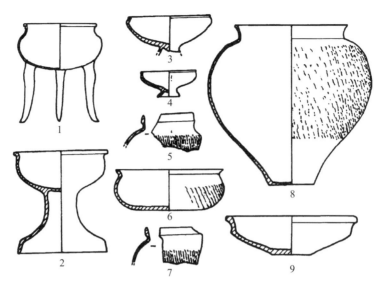

图一七　上汪家拐遗存第三期典型陶器

1. 釜形鼎（2层）　2~4. 豆（3层、T11④B：50、T11④B：3）　5~7. 釜（T11④B：67、2层、
T11④B：63）　8. 瓮（M3：14）　9. 折腹钵（2层）

（1、2、6、9. 青羊宫遗址出土，8. 大邑五龙战国墓出土，余为上汪家拐遗址出土）

三、早晚文化的演进特征

　　成都平原先秦文化目前能追溯最早的就是宝墩文化，属新石器时代晚期。自三星堆文化开始进入青铜时代，延续到战国晚期，秦灭巴蜀以后至汉初逐渐被中原文化所融合，前后发展 2000 年以上。其间各个时期虽然不同程度地受到外来文化的影响，但其浓厚的地方特征始终是该区域文化发展的主流。早晚文化间的承袭特点比较明显：首先表现在某些文化传统延续不断，如房屋建筑、生产工具及陶器的一些造型风格等。在宝墩文化时期，房屋建筑就采取挖墙基槽，埋密集小圆木（圆竹），内外抹泥，作木骨泥墙的形式，并经火烘烤。到三星堆文化时期，这一基本做法仍然没变，只是可能柱间有编缀竹木棍条的做法，内外抹泥，仍经火烘烤。十二桥文化时期的木构建筑，保存完整的墙体和屋顶，其墙体为竹编墙，屋顶盖草。总之，木骨泥墙、竹编、屋顶盖草等是这一区域房屋建筑的基本形式，其中可能也因小环境的差异而有所变化。生产工具多偏重于手工工具，趋于小型化，以斧、锛、凿为主。梯形的斧、锛、条形和圭形凿一直是该区域最基本的石工具组合，从早到晚都没什么大的变化。到战国时期的墓葬中出土的青铜工具仍然属手工工具，并且较之前更发达，不仅有斧、斤、凿，还有锯、锄等。手工工具的多见反映出这一生产活动是非常重要的，其一估计可能与该区域的自然环境和经济类型有关。例如，建房多用竹木，加工竹木构件则需要使用上述工具。其二是该区域的农业生产工具可能多用骨、木质，这些工具不易保存，因

此很难发现。十二桥遗址发现大量的鹿角器，当为翻土工具。南方稻作农业，骨、木质生产工具比笨重的石器更为适用，加工木质工具也需要手工工具。上述两点或许是手工工具多见的根本原因。在陶器的造型上，多平底器和圈足器，其中的平底器多为小平底，这种风格从宝墩文化一直到战国时期都是如此；圈足器中喇叭状圈足的风格从宝墩文化到战国时期也没有多大的变化。此外，三足器（盉）、尖底器、圜底器在不同时期出现。从三星堆文化开始出现的三足器一直延续至十二桥文化第一期早段；尖底器是从十二桥文化第一期开始出现的，其中尖底盏一直沿用到战国时期；圜底器（釜）是从十二桥文化第一期开始出现，第二期晚段开始增多，到战国时期成为最主要的陶器之一。

成都平原四个阶段的文化承袭发展的特点，还表现在上一阶段文化中即孕育着下一阶段的文化因素，下一阶段文化都不同程度地承袭了上一阶段文化的一些特点，同时出现新的文化因素。当然对传统因素的承袭，各个阶段的情况不尽相同。三星堆文化就明显地烙上了宝墩文化的印痕，除上述房屋的建筑形式和筑城方法、石质工具外，其他如在宝墩文化第四期出现的矮领圆肩罐，实际上就是三星堆文化很有代表性的小平底罐的前身；三星堆文化中的深腹罐和小圈纽器盖在宝墩文化第四期（鱼凫村遗址）中就已经出现；三星堆文化中的镂孔圈足豆与宝墩文化中的镂孔圈足器也应有一定的关系。不过三星堆文化的最终形成，与中原二里头文化和长江中游同时期文化的强烈影响有关。

十二桥文化则完全是从三星堆文化中脱胎发展而来。十二桥文化第一期承袭了大量的三星堆文化因素，如盉、鸟头把勺、壶、瓶、小平底罐、高柄豆等。只因这一阶段大量出现尖底杯、尖底罐、尖底盏，才使得其与三星堆文化相区别，同时出现大量的喇叭口罐、盆、敛口瓮、波浪花边口罐等也是三星堆文化中不见的新器形。尖底杯则成了十二桥文化第一期所特有的器物。到了十二桥文化第二期，原从三星堆文化继承来的一套器物都消失了，代之以新的面貌。这一时期与三星堆文化相比，文化面貌区别较大，基本不见三星堆文化因素的遗物，同时又继承了第一期新出现的喇叭口罐、尖底盏、尖底罐、瓮、釜、盆等，而且大量出现绳纹罐，釜和瓮的数量增多。不过，这一阶段的陶器种类远不如三星堆文化和十二桥文化第一期丰富。

上汪家拐遗存与十二桥文化之间尚有一段空白，但与十二桥文化的继承关系却是很明显的。如这一阶段的陶釜分高领扁球腹形和大口浅腹形，这两型釜在十二桥文化的第二期就已基本定型，尖底盏和罐也是从十二桥文化的尖底盏和喇叭口罐发展来的，这一阶段的陶器类别又进一步减少。

本文根据各个时期文化内涵的同一与变异程度，对成都平原龙山时期至汉初的古文化，用"文化、期、段"进行了不同层次的划分，并对各个阶段的文化特征和早晚关系及演进特点进行了初步的分析，目的是建立这一区域先秦古文化的年代序列。至于该区域文化与周邻文化的关系等其他问题，限于篇幅，留待以后对各个阶段文化作更细致的研究时探讨。由于材料和水平的局限，文中存在的缺陷或不当之处，敬请学界同仁指正。

（与王毅、张擎合作，原载《考古学报》2002 年第 1 期）

试论成都平原春秋时期考古学文化

  成都平原春秋时期的考古学文化遗存发现不多，对这一阶段考古学文化的认识也一直不清楚，进而影响了对这一时期考古学遗存的甄别与判断。对成都平原春秋时期考古学文化的认识关系到蜀文化研究的一些重要学术问题，如十二桥文化的下限、十二桥文化之后古蜀社会与文化的变迁、蜀文化和楚文化发生联系的时间与方式等。近年少部分遗址发现了一类面貌独特的遗存，与已知的十二桥文化和战国时期文化遗存均有区别，应该属于春秋时期的遗存。下面就这类遗存做初步分析，并就相关问题进行讨论。

一、成都平原的典型春秋时期遗存

  由于春秋时期考古遗存发现很少，对其特征没有太多认识。我们主要是基于对西周和战国时期考古学文化特征的认识，识别与西周、战国遗存明显有别的一类遗存，它们明显是从西周时期文化承袭发展而来，战国时期的文化与之有明显的继承关系。成都平原商代晚期至西周晚期的十二桥文化遗存和战国时期的墓葬发现很多，面貌也较清楚。

  十二桥遗址新一村地点第 8 层[①] 和金沙遗址第四期遗存[②] 出土的陶器中，尖底盏多为敞口，圆折肩；饰重菱纹的敛口广肩罐和簋形器较多；喇叭口罐领部偏低。墓葬以土坑墓为主，船棺葬较少。可以确定属于面貌清楚的十二桥文化晚期遗存，年代推测大致在西周晚期。

  战国早期墓葬中年代明确的较多，比如成都百花潭中学十号墓[③]，成都中医学院土

---

  ① 成都市文物考古研究所：《成都十二桥遗址新一村发掘简报》，《成都考古发现》（2002），科学出版社，2004 年。

  ② 江章华：《金沙遗址的初步分析》，《文物》2010 年第 2 期。

  ③ 四川省博物馆：《成都百花潭中学十号墓发掘记》，《文物》1976 年第 3 期。

坑墓[①]，文庙西街 M1[②]，石人小区 M8、M9[③]，金沙遗址星河路西延线 M2705[④]，什邡城关 M25、M74B[⑤] 等。什邡城关 M25、金沙遗址星河路西延线 M2705 出土了有楚文化特征的陶尊缶。这种陶器在楚墓中从战国早期开始出现，如当阳赵家湖[⑥] 与江陵雨台山楚墓[⑦]。百花潭中学十号墓出土了战国早期有中原地区风格的青铜壶，以及有楚式青铜器风格的壶和鼎。成都中医学院土坑墓出土了有战国早期楚式风格的铜敦。结合其他遗物，可以断定成都平原的这批墓葬是典型的战国早期墓葬。出土遗物除了上述年代明确的有外来文化风格的器物，还有这一时期比较典型的本地器物，如小口高领釜、大口浅腹釜、小而浅的尖底盏、小口高领罐等陶器，鍪、尖底盒等青铜容器和戈、矛、剑、钺等青铜兵器。

基于对西周时期和战国时期文化特征的认识，可区分出春秋时期的遗存。它们与西周和战国时期遗存明显不同，从文化演变趋势上看又明显是承袭发展自西周遗存，战国时期遗存则与之有明显的继承关系。目前可确认的春秋时期遗存主要有以下几处。

（一）十二桥遗址新一村地点

1995 年，十二桥遗址新一村地点（下文简称"新一村"）发掘了 396 平方米。发掘区位于十二桥遗址 I 发掘区东约 100 米，东临西郊河。该地点地层分为 9 层，其中第 4～9 层为先秦时期堆积。第 4 层及其下的 M1 为战国时期堆积；第 5 层出土遗物较少，时代不明。第 5 层下的 H7 及第 6～9 层为战国时期以前的文化层；第 9 层基本未见文化遗物。该地点第 5 层以下出土陶器的特征与十二桥遗址 I、II 发掘区出土的区别明显，基本不见商代晚期至西周早、中期常见的细泥质陶尖底杯，仅见于第 8 层的 2 件可能是晚期地层中的早期遗物。该地点出土较多唇沿下垂的外叠唇瓮、簋形器、绳纹罐、釜、盘口形喇叭口罐、尖底盏、尖底罐等陶器，特征也与之前不同。因此发掘报告认为该地点第 5 层以下的文化遗存当晚于 I、II 发掘区，即年代晚于西周早、中期。又由

①　成都市博物馆考古队：《成都中医学院战国土坑墓》，《文物》1992 年第 1 期。

②　成都市文物考古研究所：《成都市文庙西街战国墓葬发掘简报》，《成都考古发现》（2003），科学出版社，2005 年。

③　成都市文物考古研究所、成都市文物考古工作队：《成都西郊石人小区战国土坑墓发掘简报》，《文物》2002 年第 4 期。

④　成都文物考古研究所：《金沙遗址星河路西延线地点发掘简报》，《成都考古发现》（2008），科学出版社，2010 年。

⑤　四川省文物考古研究院、德阳市文物考古研究所、什邡市博物馆：《什邡城关战国秦汉墓地》，文物出版社，2006 年。

⑥　湖北省宜昌地区博物馆、北京大学考古系：《当阳赵家湖楚墓》，文物出版社，1992 年，第 104 页。

⑦　湖北省荆州地区博物馆：《江陵雨台山楚墓》，文物出版社，1984 年，第 65 页。

于出土陶器与战国时期的区别明显,且其上叠压 1 座战国墓,所以新一村这批遗存当不晚至战国,可以推定其年代在西周晚期至春秋。根据成都平原后来发掘的较多商周遗址,尤其是金沙遗址的材料,细泥质陶尖底杯主要流行至西周中期,证实了这一推断基本正确。除了尖底杯,新一村第 8 层的主要陶器群还是从西周早、中期的十二桥文化承袭而来。金沙遗址这一阶段的遗存也比较丰富,与之前文化的承袭关系比较清楚,年代基本可以推定在西周晚期[①]。因此,新一村 H7 和第 6、7 层当属春秋时期遗存。

（二）金沙遗址黄河墓地

2002～2003 年,金沙遗址黄河地点发掘了 12600 平方米。该地点的地层分为 4 层,第 2 层未出土遗物,第 2 层下的遗迹及第 3、4 层为商周时期堆积,发掘区大部分区域缺失第 3 层。遗迹有灰坑 321 个、灰沟 1 条、墓葬 170 座。目前只发表了第 2 层下的 16 座墓葬[②],其中 6 座打破第 4 层,10 座直接打破生土。发掘简报未发表第 4 层出土的遗物。16 座墓均为长方形竖穴土坑墓,其中 7 座的葬具判断为船棺,9 座未发现葬具。船棺与战国时期的相比,还显得比较原始。多是在墓底发现一层黑褐色棺木朽痕,圜底,中间微凹,两侧壁呈弧形,两端上翘,呈独木舟形。少数墓葬人骨保存较差,多为一次葬,葬式为单人仰身直肢葬。M350、M577、M580、M592、M600、M651 等出土了时代特征较明显的陶尖底盏、仿铜盏、高领盘口罐、釜和青铜戈、矛、剑等丰富遗物。其中,仿铜陶盏明显仿自楚式青铜盏。楚墓出土的青铜盏主要流行于春秋中晚期,战国时期被青铜敦替代[③],但楚墓中没有这种仿铜陶盏,推测是春秋中晚期楚式青铜盏流入了蜀地,后由本地仿制的。由于大量战国时期墓葬均未发现仿铜陶盏,推测这几座墓葬年代当在春秋时期。陶高领盘口罐不见于成都平原的战国墓葬,而可能与新一村第 6、7 层出土的同类器有关。陶尖底盏也与西周和战国时期的同类器大小、形制有别。青铜兵器与战国时期的相比,形制特征也明显偏早。因此,M350、M577、M580、M592、M600、M651 的年代当在春秋时期。M549 出土战国早期常见的陶大口浅腹釜,M535 出土战国早期常见的直腰式铜钺和陶尖底盏,它们出土的其他铜兵器也明显晚于上述春秋时期墓葬出土的兵器,这两座墓年代明显属战国早期[④]。其余出土遗物太少的墓葬年代较难判断。

① 江章华:《金沙遗址的初步分析》,《文物》2010 年第 2 期。

② 成都文物考古研究所:《成都市金沙遗址"黄河"地点墓葬发掘简报》,《成都考古发现》(2012),科学出版社,2014 年。

③ 彭裕商:《东周青铜盆、盏、敦研究》,《考古学报》2008 年第 2 期;刘彬徽:《楚系青铜器研究》,湖北教育出版社,1995 年,第 152～167 页。

④ 江章华、张擎:《巴蜀墓葬的分区与分期初论》,《四川文物》1999 年第 3 期。

（三）金沙遗址星河路西延线地点

2008 年，金沙遗址星河路西延线地点发掘了 800 平方米。该地点地层分为 8 层，其中第 8 层为宝墩文化堆积，第 4 层下的遗迹至第 7 层为商周时期遗存。遗迹有灰坑 29 个、灰沟 1 条、窑 1 座、墓葬 48 座。第 4 层下发现 24 座墓葬，包括船棺墓 4 座、不见葬具的土坑墓 20 座，其中 4 座船棺墓和 5 座土坑墓的材料已经发表①。土坑墓 M2705、M2710、M2720 的年代可明确判断为战国时期。其中，M2705、M2710 出土有战国早期特征的陶大口浅腹釜、小口高领釜，M2705 出土有战国早期特征的陶尊缶，因此这两座墓葬年代当在战国早期。M2720、M2705 出土的陶小口高领釜形制略有区别，根据这种釜的演变规律，前者年代略晚②，M2720 当晚于 M2705、M2710。船棺墓 M2725 被土坑墓 M2710 打破，因此 M2725 当早于 M2710。而 M2725 出土遗物较为丰富，陶器有尖底盏、器盖，青铜器有戈、矛、剑等。陶尖底盏与金沙遗址黄河墓地 M580、M592 和 M600 出土的比较接近。陶器盖与新一村 H7 出土的比较相近。这种陶器盖一直流行至战国时期，形制变化规律为捉手逐渐变小，盖腹逐渐变浅。星河路 M2725 和新一村 H7 出土的陶器盖捉手较大，盖腹较深，与战国时期的区别明显，如什邡城关战国早期偏晚的 M74B 等墓出土的陶器盖捉手较小，盖腹较浅③。M2725 出土的青铜兵器与战国时期的也明显有别，因此该墓的年代当在春秋时期。船棺墓 M2711、M2712、M2722 出土的青铜剑、戈、矛与 M2725 出土的形制相近，因此这三座墓的年代可判断为春秋时期。M2725、M2722 属同坑并穴合葬墓，M2712 为同穴合葬墓，M2711 为单人葬。4 座墓均为仰身直肢葬，双手多交于胸前。葬具腐朽严重，与黄河墓地一样，基本只能辨别朽痕。3 座双人合葬墓均为男女合葬，M2722、M2712 中的兵器均放在男性一侧，M2725 中男女均随葬兵器。除了 M2712，其余 3 座墓内均发现大量鹿骨，应该是随葬了带骨鹿肉。2 座同坑并穴合葬墓随葬磨石。M2725 东室中男性一侧有一具殉人，两位墓主和殉人的骨骼上发现朱砂。

（四）金沙遗址人防地点

2002 年，金沙遗址人防地点发掘了 1700 平方米。该地点地层分为 6 层，第 3 层下的灰坑、墓葬及第 4～6 层为商周时期遗存。第 3 层下发现 14 座竖穴土坑墓，有三组并排葬，每组 2 座，包括 M268、M269，M272、M273，M276、M277。M275 葬具

---

①　成都文物考古研究所：《金沙遗址星河路西延线地点发掘简报》，《成都考古发现》（2008），科学出版社，2010 年。

②　江章华、张擎：《巴蜀墓葬的分区与分期初论》，《四川文物》1999 年第 3 期。

③　四川省文物考古研究院、德阳市文物考古研究所、什邡市博物馆：《什邡城关战国秦汉墓地》，文物出版社，2006 年，第 194 页。

可判断为船棺，其余墓葬的葬具不明。5 座墓出土随葬器物，M271 随葬青铜矛、剑各 1 件，M280 随葬青铜剑 3 件，M268、M270、M276 各随葬青铜剑 1 件[①]。该地点的墓葬未出土陶器，推测有些青铜剑可能是明器，墓葬年代判定比较困难。这批墓葬与战国墓区别明显，M270、M271、M280 出土青铜剑的茎上两穿居于正中，这种剑一般年代下限不会晚于战国早期，因此墓葬的年代可能在春秋时期[②]。该墓地出土的青铜剑长度均在 30 厘米以内，这是早期青铜剑的特征。至战国早期，带鞘双剑可能为特殊身份的象征物而长期保持早期形态，变化不大，其他剑的长度一般超过 30 厘米。比如黄河墓地战国早期墓 M549 出土的剑长 31.2 厘米，M535 出土的剑长 30.9 厘米；星河路西延线战国早期墓 M2732 出土的一柄剑长 32.3 厘米，M2720 出土的两柄剑分别长 35.5、42.8 厘米；什邡城关 M25 出土的三柄剑分别长 31.2、32、36.8 厘米。因此，出土遗物稍多的 M270、M271、M280 的年代可判定在春秋时期，其余墓葬的年代无法准确判断。

（五）金沙遗址国际花园地点

2004 年，金沙遗址国际花园地点发掘了 7000 平方米。该地点地层分为 6 层，第 4 层下的船棺及第 5A、5B、6 层为商周时期遗存。第 4 层下的 14 座船棺葬均打破第 5A 层，与第 5A 层下打破第 5B 层的 47 座土坑墓区别很大，后者多为长方形竖穴土坑墓，少量为狭长形土坑墓。14 座船棺墓中 7 座为同坑并穴双棺合葬墓，7 座为单人葬，个别墓葬有生土二层台。墓底均发现一层黑色的棺木朽痕，底部呈弧形，两侧壁亦呈弧形，两端上翘，从形状推测葬具为船棺。有一次葬和二次葬，葬式以仰身直肢葬居多，个别为俯身葬。随葬品的组合比较复杂，1～8 件不等。7 座单棺墓中，M949 无随葬品；M848、M946 只随葬 1 件磨石；M918、M944 随葬陶纺轮和磨石各 1 件；M850 随葬磨石、铜圆牌饰、铜兵器和工具型小型铜明器；M940 随葬磨石，陶纺轮，铜戈、剑、圆牌饰、小型兵器和工具型小型明器，玉锛。双棺合葬墓中各棺的随葬器物与单棺墓基本一致，M841、M947 的两棺各随葬 1 件磨石；M948 的两棺各随葬 1 件纺轮；有的一棺有随葬品（磨石或铜剑、戈）；M916、M917 则是一棺无随葬品，但陶器为两棺共有；M943 两棺都随葬铜兵器、磨石和工具型小型明器[③]。第 5A 层出土的陶器比较单一，主要有敛口广肩罐、簋形器和盆，与新一村第 8 层出土的同类器比较一致。第 5A 层的年代大约在西周晚期，那么船棺墓当不早于西周晚期；依据 M916、M940、M943 等墓出土的青铜戈、剑，特别是茎上两穿居于正中的青铜剑，推测其年代下限不

① 成都市文物考古研究所：《金沙村遗址人防地点发掘简报》，《成都考古发现》（2003），科学出版社，2005 年。

② 江章华：《金沙遗址的初步分析》，《文物》2010 年第 2 期。

③ 成都文物考古研究所：《金沙遗址国际花园地点发掘简报》，《成都考古发现》（2004），科学出版社，2006 年。

晚于战国早期。这批墓葬与战国时期的船棺墓区别明显，尤其未出土常见的战国时期遗物，因此这批墓葬年代可推定在春秋时期[①]。这批墓葬出土的青铜剑也与人防地点一样，有早期特征，长度均小于 30 厘米。

（六）郫县清江村遗址

1999 年，郫县清江村遗址的两个发掘点共发掘了 150 平方米，春秋时期遗存发现于第二发掘点。该地点的地层堆积分为 12 层，第 5~12 层为商、西周至春秋时期的堆积[②]。其中第 5 层出土遗物很少，陶器主要有唇沿下垂的外叠唇瓮、绳纹罐、尖底盏等，特征与新一村第 6 层出土的同类器相近，因此该层遗存可以判断为春秋时期遗存。

（七）电子科技大学清水河校区行政大楼商周遗址

2006 年，电子科技大学清水河校区行政大楼地点发掘一处商周时期遗址，发掘面积 752 平方米。遗址的地层堆积分为 5 层，其中第 3~5 层为商周时期遗存[③]。该遗址出土陶器的类型比较简单，也没有明显的早晚变化，反映出遗址的年代跨度不大。陶器主要有簋形器、敛口广肩罐、唇沿下垂的外叠唇瓮、尖底盏等，特征与新一村第 7 层出土的比较接近，可以判断为春秋时期遗存。

二、分期与特征

上述遗存中，对建立成都平原春秋时期考古学文化分期比较重要的有三处。一是新一村遗址，这里出土了丰富的陶器，且与西周时期的文化承袭关系明显，并有明确的层位关系。二是金沙遗址黄河墓地 M350、M577、M580、M592、M600、M651 等，这些墓葬出土了时代特征较明显的陶尖底盏、仿铜盏、高领盘口罐、釜和青铜戈、矛、剑等丰富遗物，尤其是陶仿铜盏时代比较明确，而根据陶尖底盏、高领盘口罐、釜等，可以与新一村遗址建立年代关系，根据青铜兵器，可以与其他只出兵器的墓葬建立年代关系。三是金沙遗址星河路西延线 M2725，该墓出土了丰富的遗物，其中根据陶尖底盏、器盖，可以与其他遗址建立年代关系，而根据青铜兵器，可与只出兵器的墓葬建立年代关系。

上述三处遗存的后两处特征比较接近，年代应该相近，可称为黄河墓地组。而新

---

① 江章华：《金沙遗址的初步分析》，《文物》2010 年第 2 期。

② 成都市文物考古研究所、郫县博物馆：《四川省郫县清江村遗址调查发掘收获》，《成都考古发现》（1999），科学出版社，2001 年。

③ 成都文物考古研究所：《成都电子科技大学清水河校区行政大楼地点商周遗址发掘简报》，《成都考古发现》（2006），科学出版社，2008 年。

一村遗址第 6、7 层和 H7 年代紧密衔接，文化也是一脉相承，可称为新一村组。要建立新一村组与黄河墓地组的年代关系，只有依靠两组共有的陶器。其中，高领盘口罐、尖底盏、釜形制均有区别，显然不属同一时期，但确定它们的早晚关系并没有层位依据。釜出土较少，该阶段的变化规律并不十分清楚，高领盘口罐的变化趋势过去也不清楚。尖底盏器形简单，制作标准化程度较低，同一单位出土的形制也不完全一致，单靠比较尖底盏的形态，尤其是用线图比较，很容易出现错误。不过经过对这些尖底盏的观察分析，我们发现了比较明显的变化规律，尖底盏流行至战国早期，从新一村第 7 层至战国早期，器形明显从大变小，器腹从深变浅（表一）。为了清楚地反映器形的变化规律，我们将战国早期有代表性的什邡城关 M25 和战国早期偏晚的商业街船棺 4 号棺出土的尖底盏[①] 也纳入统计。新一村第 7 层出土的尖底盏口径多为 15～16 厘米，器高为 5.4～6 厘米。新一村第 6 层出土的 11 件尖底盏中，3 件口径超过 15 厘米，7 件为 12～14.4 厘米；3 件器高 5～6 厘米，其余多为 4.4～4.8 厘米。较大的 3 件可能是晚期地层内的早期遗物。黄河墓地组的尖底盏更小，口径多为 12 厘米左右，器高多为 4.2 厘米左右。战国早期的尖底盏中，什邡城关 M25 出土的口径多为 11 厘米左右，器高多在 4 厘米以下；商业街船棺 4 号棺出土的口径多为 10 厘米左右，器高在 3.5 厘米以下。从尖底盏的变化规律可以推知新一村组当早于黄河墓地组。这一推论从另外两个方面也可得到佐证。一是从陶器群的变化来看，新一村第 6、7 层与西周晚期的新一村第 8 层、金沙遗址第四期遗存有紧密的继承关系，而黄河墓地组的出土陶器与西周遗存区别较大；二是黄河墓地组出土的陶仿铜盏不会早于春秋中晚期，因为楚式铜盏主要流行于春秋中晚期。

因此，成都平原春秋时期的考古学文化遗存可分为两期，即新一村组为第一期，黄河墓地组为第二期。其中，新一村第 7 层与第 6 层、H7 可划分为第一期的早段和晚段。黄河墓地 M580、M592、M600 不见陶大口高领盘口罐，所出陶仿铜盏形态比较接近；M350、M577 出土相同形制的陶大口高领盘口罐，所出的陶仿铜盏也比较接近，与 M580、M592、M600 等墓出土的陶仿铜盏有区别。陶大口高领盘口罐的特征较晚，战国早期的罗家坝 M33 就出土相同风格的高领盘口罐（发掘报告称为喇叭口罐）[②]。因此推测黄河墓地 M580、M592、M600 等当早于 M350、M577 等，两者可分为第一期的早段和晚段。各期段特征归纳如下。

---

① 成都文物考古研究所：《成都商业街船棺葬》，文物出版社，2009 年，第 98、99 页。
② 四川省文物考古研究院、达州市文物管理所、宣汉县文物管理所：《宣汉罗家坝》，文物出版社，2015 年，第 135 页。

表一 尖底盏尺寸统计表

（单位：厘米）

出土单位		器物号	口径	器高	出土单位		器物号	口径	器高
新一村遗址	第7层	T303⑦：26	16	5.6	金沙遗址	黄河墓地 M580	M580：4	13.4	4.2
		T101⑦：32	15.2	5.6			M580：2	12.2	4.2
		T303⑦：35	15	5.4			M580：1	12.4	4.2
		T104⑦：17	15.6	5.4		星河路西延线 M2725	M2725东：17	14	4.5
		T303⑦：15	14.6	5.4			M2725东：18	13	4.5
	第6层	T404⑥：39	15.4	6			M2725东：20	13	4.3
		T404⑥：48	16	5.8			M2725东：15	11.8	4.2
		T404⑥：49	12	5		黄河墓地 M350	M350：4	12.8	3.4
		T404⑥：40	15.2	4.4	什邡城关遗址	M25	M25：17	12	4.4
		T104⑥：8	14.4	4.6			M25：4	11.8	4
		T104⑥：9	14.4	4.8			M25：23	12.2	4.2
		T404⑥：9	9	3.9			M25：2	12.8	3.9
		T404⑥：21	12	4.6			M25：12	11.4	3.4
		T104⑥：15	12.8	4.6			M25：9	10.2	3.9
		T404⑥：15	12	4.5			M25：16	11.6	3.8
		T404⑥：28	12.6	4.5			M25：10	10.6	2.2
	H7	H7：1	12	4.4	商业街船棺	4号棺	4号棺：1	9.8	3
金沙遗址	黄河墓地 M600	M600：2	13.2	4.1			4号棺：2	10.5	3.5
		M600：3	12.8	4.2			4号棺：3	10.3	3
		M600：4	12.9	4.3			4号棺：4	10	3.1
	黄河墓地 M592	M592：6	12.2	4.2			4号棺：5	10.2	3
		M592：8	13.2	4.2			4号棺：6	10.4	2.9
		M592：9	12.8	4			4号棺：7	10.2	3.2
							4号棺：8	10.3	2.8

第一期早段：陶器以夹砂褐陶为主，其次是夹砂灰陶和夹砂褐皮灰心陶。以素面陶为主，纹饰以绳纹为主，有少量重菱纹和弦纹。典型器物有敛口广肩罐、敛口鼓肩罐、外叠唇瓮、簋形器、绳纹罐、釜、喇叭口罐、高领盘口罐、尖底盏、尖底罐、盆、钵、器盖等。大部分是从西周晚期继承而来，形态有所变化。敛口广肩罐比西周晚期明显减少，簋形器也有所减少。唇沿较厚大而下垂的外叠唇瓮、绳纹罐、高领盘口罐基本上是此时出现的（图一）。电子科技大学清水河校区行政大楼地点因出土的簋形器、敛口广肩罐、外叠唇瓮、尖底盏等与该段的同类陶器相近，因此可归入该段遗存。

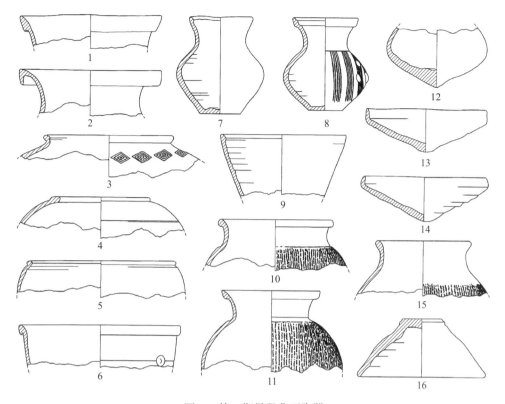

图一　第一期早段典型陶器

1、2. 外叠唇瓮（T303 ⑦：62、T303 ⑦：61）　3、4. 敛口广肩罐（T104 ⑦：32、T303 ⑦：55）　5. 敛口鼓肩罐
（T104 ⑦：28）　6. 盆（T303 ⑦：66）　7. 喇叭口罐（T303 ⑦：9）　8. 高领盘口罐（T303 ⑦：19）　9. 簋形器
（T303 ⑦：42）　10、11. 绳纹罐（T303 ⑦：72、T303 ⑦：40）　12. 尖底罐（T303 ⑦：10）　13、14. 尖底盏
（T303 ⑦：26、T104 ⑦：17）　15. 釜（T303 ⑦：41）　16. 器盖（T303 ⑦：22）

（均为新一村遗址出土）

　　第一期晚段：陶器的陶质、陶色、纹饰及主要器类与早段接近。只是敛口广肩罐
基本消失，外叠唇瓮和绳纹罐明显增多，出现一定数量的釜。小口、直领、腹下垂的
尖底罐特征比较突出（图二）。郫县清江村遗址第 5 层因出土的外叠唇瓮、绳纹罐、尖
底盏等与该段的同类陶器相近，可归入该段遗存。

　　第二期早段：目前发现的遗迹主要是墓葬，包括无葬具土坑墓和船棺墓，多为一
次葬，葬式多为单人仰身直肢葬。陶器主要有尖底盏、仿铜盏，铜器主要戈、矛、剑
等兵器，还有斤、刀等工具。黄河墓地 M651 因出土的陶仿铜盏与该段的同类器相同，
可归入该段遗存（图三）。

　　第二期晚段：目前发现的遗迹主要也是墓葬，整体特征与早段相近，出现了较多
同坑并穴合葬墓。陶器有高领盘口罐、仿铜盏、尖底盏、器盖、釜、瓶、侈口罐等。
铜器主要是兵器，有戈、矛、剑等，还有带鞘双剑。星河路西延线 M2711、M2712、
M2722 因出土的兵器与该段的同类器相同，可归入该段遗存。星河路西延线 M2725 出

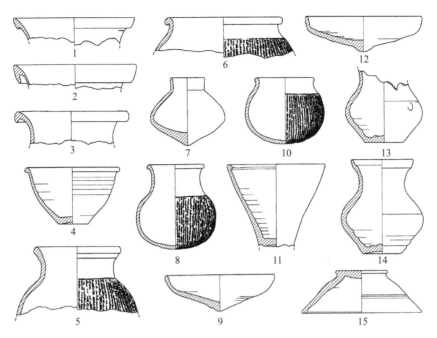

图二　第一期晚段典型陶器

1~3. 外叠唇瓮（T404⑥：30、T104⑥：35、T404⑥：69）　4. 盆（T404⑥：45）　5、6. 绳纹罐（T404⑥：55、
T404⑥：64）　7. 尖底罐（T404⑥：39）　8、10. 釜（T404⑥：37、T404⑥：25）　9、12. 尖底盏（T104⑥：8、
T404⑥：40）　11. 簋形器（T104⑥：13）　13、14. 高领盘口罐（T404⑥：35、T404⑥：41）　15. 器盖（H7：2）
（均为新一村遗址出土）

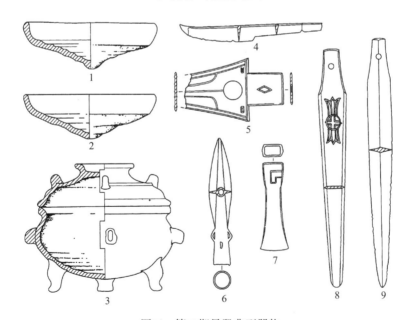

图三　第二期早段典型器物

1、2. 陶尖底盏（M580：1、M580：4）　3. 陶仿铜盏（M580：3）　4. 铜削（M592：2）　5. 铜戈
（M592：3）　6. 铜矛（M651：2）　7. 铜斤（M592：4）　8、9. 铜剑（M592：1、M651：1）
（均为黄河墓地出土）

土的陶器盖形制特征晚于新一村 H7 出土的同类器，而其出土的青铜兵器特征似乎已接近战国早期，因此可归入第二期晚段（图四）。

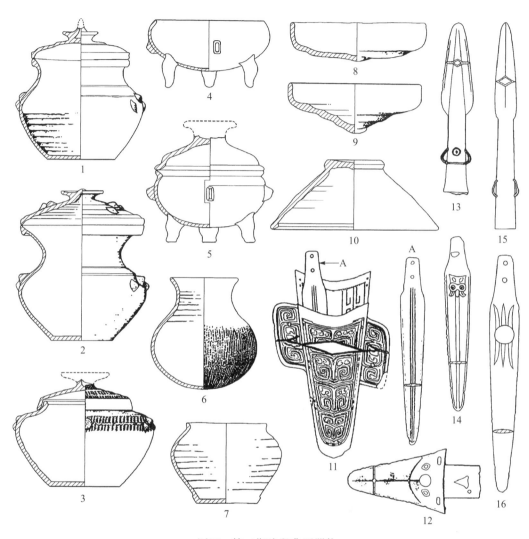

图四　第二期晚段典型器物

1. 陶喇叭口罐（M577：2）2. 陶高领盘口罐（M577：1）3. 陶瓶（M577：4）4、5. 陶仿铜盏（M350：6、M577：5）6. 陶釜（M350：9）7. 陶侈口罐（M350：7）8、9. 陶尖底盏（M350：4、M2725 东：15）10. 陶器盖（M2725 西：16）11. 铜带鞘双剑（M2725 东：13）12. 铜戈（M2725 东：28）13、15. 铜矛（M2725 西：1、M350：1）14、16. 铜剑（M2725 东：17、M2725 东：34）（1～8、13. 为黄河墓地出土，其余为星河路西延线墓葬出土）

第二期遗存出土陶仿铜盏，因楚式铜盏流行于春秋中晚期，依此可断定该期遗存当在春秋中晚期。第二期晚段出土的陶大口高领盘口罐与罗家坝 M33 出土的陶盘口罐十分相近，发掘报告推定后者的年代在春秋晚期至战国早期。该墓出土不少春秋晚期的楚式铜器，如鼎、缶（M33：198）、簋等，但也有不少铜器有战国早期风格，如属楚式铜器的甒、浴缶、敦①和属三晋两周地区铜器的豆②等。战国早期陶大口高领盘口罐已很少发现，但年代下限可到此时，M33 的年代也应在战国早期。因此，第二期遗存晚段年代应该在春秋晚期至战国初年。第二期遗存早段的年代可推定在春秋中期。第一期遗存是继承西周晚期文化而来，年代当在春秋早期，早段在春秋早期偏早，晚段在春秋早期偏晚。

两期遗存的较大差异可能是遗存的不同性质决定的。目前发现的第一期遗存主要是文化层堆积，第二期主要是墓葬。墓葬出土的陶器种类有限，不能代表该时段的整体陶器群，第一期的部分陶器在第二期可能还存在。虽然新一村未见青铜器，但第二期遗存墓葬中的部分青铜兵器可能已在第一期遗存中存在。新繁水观音遗址的晚期墓就出土了戈、矛、钺等铜兵器③，从同出的陶器判断其时代可到西周早中期。类似风格的铜兵器在竹园沟墓地西周早中期墓葬已普遍存在，如竹园沟四号墓、七号墓、十三号墓等出土了茎上两穿居于正中的柳叶形剑、长骹柳叶形矛、三角援戈，与前述第二期遗存的铜兵器形制已较接近；竹园沟十四号墓、十九号墓和茹家庄一号墓还出土了带鞘剑④。推测竹园沟墓地和前述第二期遗存有发展传承关系，但中间存在较大缺环。船棺在西周晚期就见于金沙遗址，春秋早期可能继续存在。金沙遗址人防地点和国际花园地点春秋墓葬出土的主要是铜兵器，不见陶器，其中的三角援戈、矛、柳叶形剑等在这一时期形制变化不明显，年代很难准确判定，这两个地点的遗存暂不归入前述两期。不过国际花园地点多船棺、流行同坑并穴合葬、普遍随葬磨石的现象与星河路西延线船棺墓近似。人防地点多见无葬具土坑墓，少见船棺。推测人防地点墓葬早于国际花园地点墓葬。

三、相关问题探讨

就目前的材料看，春秋时期成都平原的考古学文化是从十二桥文化继承发展来的。比如尖底盏、尖底罐、喇叭口罐、簋形器、盆等陶器是十二桥文化已存在的器类，但这一时期新出现了外叠唇瓮、盘口罐、绳纹罐、釜等具有春秋时期特征的陶器。在墓葬形制方面，十二桥文化多为不见葬具的单人葬土坑墓，基本不见两人并列埋葬的现象；少部分墓随葬少量陶器，多数墓葬无随葬品，船棺葬到西周晚期才出现。而春秋时期船棺葬比较流行，出现较多双人并列埋葬和同坑并穴合葬墓；随葬品也较为普遍，尤其是普遍随葬兵器，戈、矛、剑等战国时期巴蜀地区的典型青铜兵器已很常见。这

---

① 刘彬徽：《楚系青铜器研究》，湖北教育出版社，1995 年，第 142、167、209 页。

② 朱凤瀚：《古代中国青铜器》，南开大学出版社，1995 年，第 183 页。

③ 四川省博物馆：《四川新凡县水观音遗址试掘简报》，《考古》1959 年第 8 期。

④ 卢连成、胡智生：《宝鸡强国墓地》，文物出版社，1988 年，第 74、115、162、203、213、313 页。

些变化可能反映古蜀社会在西周晚期开始转型，在族群间战争频发的时代，春秋时期古蜀社会的形态与观念已明显变化，从原来的神权政治转变到世俗军政王权政治[①]。因此，十二桥文化的年代下限应推定在西周晚期、春秋之前。

成都平原春秋时期遗存中的青铜戈、矛、剑与弜国墓地的同类器风格十分相近，它们之间应该有继承关系。而茹家庄遗址出土了十二桥文化西周早期的陶尖底盏、尖底罐，墓葬中也出土陶尖底罐，因此在西周早期，十二桥文化与弜国文化可能就存在亲缘关系。更值得注意的是，弜国墓地常见的代表性陶器绳纹罐也见于新一村地点。如果说春秋时期的古蜀文化与弜国文化有某些继承关系，那么这中间有一个不小的时间缺环，有待将来的考古工作解决。

关于楚文化因素何时、以何种方式进入蜀地，黄河墓地出土的陶仿铜盏提供了重要的信息。茂县牟托一号石棺墓出土的楚式铜器子母口鼎（K3∶1）和铜盏（M1、K1、K2）均具有春秋中期的特征[②]。因此，楚文化因素进入蜀地的时间当在春秋中期前后。春秋时期，楚文化遗存在鄂西地区逐渐增多，春秋中期前后占绝对优势[③]。楚文化进入渝东峡江地区的巫山、奉节地区也是在春秋早、中期之际，春秋中期以后楚文化完全占据这一区域，此后奉节与云阳之间一直是巴、楚势力的分界线[④]。由此推测，楚文化因素进入蜀地的时间上限可能不早于春秋中期。蜀地发现的楚文化因素遗物基本是青铜器，茂县牟托一号石棺墓和战国时期蜀地墓葬出土的楚式青铜器基本为礼器，有鼎、敦、尊缶、壶、豆、浴缶、簠、甗等，只有少量兵器。最典型的是新都马家公社木椁墓[⑤]，成都文庙西街 M1、百花潭中学十号墓、石人小区 M8 和 M9、中医学院土坑墓、绵竹船棺墓[⑥]、什邡城关 M74B 等也出土了楚式青铜礼器。据此推测，蜀与楚的文化交流主要局限于社会上层，蜀与楚两地的统治阶层可能形成了政治同盟关系。蜀地统治阶层通过贸易或被赐予的方式获得了一些楚国的青铜礼器，并进行了仿铸，分配给各级贵族，作为控制社会的手段之一。春秋中晚期应有不少楚式青铜器输入了蜀地，将来的考古工作中可能会有所发现。

（与周丽合作，原载《考古》2020 年第 2 期）

① 江章华：《金沙遗址的初步分析》，《文物》2010 年第 2 期。

② 茂县羌族博物馆、成都文物考古研究所、阿坝藏族羌族自治州文物管理所：《茂县牟托一号石棺墓》，文物出版社，2012 年，第 30、67、80、88 页。

③ 江章华：《试论鄂西地区商周时期考古学文化的变迁——兼谈早期巴文化》，《考古》2004 年第 11 期。

④ 江章华：《渝东地区商周时期考古学文化研究》，《考古学报》2007 年第 4 期。

⑤ 四川省博物馆、新都县文物管理所：《四川新都战国木椁墓》，《文物》1981 年第 6 期。

⑥ 四川省博物馆：《四川绵竹县船棺墓》，《文物》1987 年第 10 期。

岷江上游新石器时代遗存新发现的几点思考

　　岷江上游新石器时代遗存，过去只有一些调查材料，发现了不少石器和陶片的采集点。这些采集点有30余处，遍及整个岷江流域，包括其支流杂谷脑河，北起松潘中部，南达汶川县中部，西至茂县西部和理县中部。著名的如汶川姜维城遗址、阿尔遗址，理县箭山寨遗址等。曾有学者根据这些调查材料对岷江上游的新石器文化做了初步研究，将岷江上游新石器文化分成阿尔、姜维城、箭山寨三个类型。并认为阿尔类型为土著的早期文化，中期的姜维城类型是西北马家窑文化的一支南下与土著的阿尔类型融合形成，箭山寨类型则是继承姜维城类型发展起来的晚期文化[①]。但是这种仅仅根据调查采集到的少量陶片和石器所做的文化属性与年代判断在考古研究上往往有很大的偏差，甚至与实际情况完全不相符。因此在没有对遗址做正式发掘以前，对岷江上游新石器文化面貌始终都没有一个比较清楚的认识，只隐约感到这一区域的新石器文化与甘青地区的马家窑文化有联系。

　　2000年，成都市文物考古研究所为配合《四川省文物地图集》的编写工作，在岷江上游地区开展了全面、详细的考古调查。调查范围遍及岷江上游干流和其主要支流黑水河、杂谷脑河两岸的河谷地带。发现了茂县营盘山、松潘东裕村、汶川高坎、理县猛古村、黑水官纳若等53处有文化堆积层的新石器时代遗址和茂县壳壳寨、汶川布兰、理县四南村、黑水泽盖村等29处新石器时代遗物采集点[②]。更重要的是对茂县营盘山遗址进行了试掘，揭露面积200平方米，出土大量陶片和石器[③]。这样岷江上游新石器文化遗存第一次有了科学发掘的资料。该遗址面积较大，有近10万平方米，遗存十分丰富，因此十分典型。紧接着2002年成都市文物考古研究所对该遗址又进行了更大规模的发掘，获得了更为丰富的文化遗物，这为正确认识岷江上游新石器文化提供了科学的资料。笔者通过对这些资料的观察，有几点想法谈出来供学界同仁参考。

---

　　①　徐学书：《岷江上游新石器时代文化的初步研究》，《考古》1995年第5期。

　　②　蒋成、陈剑：《岷江上游考古新发现述析》，《中华文化论坛》2001年第3期。

　　③　成都市文物考古研究所、阿坝藏族羌族自治州文管所、茂县博物馆：《四川茂县营盘山遗址试掘报告》，《成都考古发现》（2000），科学出版社，2002年。

一、营盘山新石器文化遗存的性质

从营盘山遗址出土的陶器和石器看，其总体特征与甘青地区的马家窑文化（指马家窑文化马家窑类型，以下同）基本相同，也就是带有强烈马家窑文化的共性特征，主要表现在以下几个方面。

（1）营盘山遗址陶器制法与马家窑文化陶器的制法相一致，均主要采用泥条盘筑和捏塑法，小口细长颈的壶、瓶等，多是口颈、肩腹分段盘筑成后，再进行黏接，陶坯多进行过抹、压、磨、刮削等修整，留下了清晰的修整痕迹[①]。

（2）营盘山遗址出土的彩陶风格为典型的马家窑文化风格，彩陶陶色为红褐色、橙黄色，少量灰褐色，黑彩。图案有草卉纹、粗细线条纹、水波纹、变体鸟纹、弧边三角纹、圆点纹、草叶纹、网格纹、弧线圆圈纹、卷叶纹、涡旋纹、杏圆纹、蛙纹等，盆、钵类还发现内彩[②]。马家窑文化的彩陶陶色有砖红和橙黄，彩绘主要是黑彩，也有黑白或黑红两彩兼施的。花纹结构以多条弧线、弧边三角、圆点等为母题组成宽面几何形图案，常见的有垂幛纹、菱格网纹、连续涡纹、花瓣纹等，有的花纹很像植物的叶子与花朵。彩绘既饰在器物的外表，又饰在器物的内壁。口沿上也有彩绘，多由斜线、三角、方格、圆点等组成一周窄带纹。同时还有蛙纹、鱼纹、鸟纹等动物形饰，鸟纹多为变体鸟纹[③]。从上述可以看出，如果排除因各自叙述方式不同外，其基本特征是一致的。

（3）营盘山遗址出土的夹砂陶器多夹粗大的片岩颗粒和白色石英砂颗粒，陶胎较厚。纹饰以绳纹和附加堆纹较多，绳纹多斜行和交错的菱格纹，口沿多绳压花边装饰和锯齿波浪口，附加堆纹比较有特征的是口沿下一圈作裙边装饰及腹部几周作箍带状，除绳纹外，泥饼装饰也富有特色。上述特征与马家窑文化相一致，如甘肃东乡林家遗址报告说"夹砂陶内掺石英岩颗粒和云母片等，胎粗质坚"。"粗陶纹饰比较简单，以斜行交错方格绳纹为主，斜行或横行的较少。深腹罐等，肩以下施平行泥条堆纹，口

---

① 成都市文物考古研究所、阿坝藏族羌族自治州文管所、茂县博物馆：《四川茂县营盘山遗址试掘报告》，《成都考古发现》（2000），科学出版社，2002 年；谢端琚：《马家窑文化类型及其相关问题》，《考古与文物》1985 年第 1 期。

② 成都市文物考古研究所、阿坝藏族羌族自治州文管所、茂县博物馆：《四川茂县营盘山遗址试掘报告》，《成都考古发现》（2000），科学出版社，2002 年。

③ 成都市文物考古研究所、阿坝藏族羌族自治州文管所、茂县博物馆：《四川茂县营盘山遗址试掘报告》，《成都考古发现》（2000），科学出版社，2002 年；谢端琚：《马家窑文化类型及其相关问题》，《考古与文物》1985 年第 1 期；张学正、张朋川、郭德勇：《谈马家窑、半山、马厂类型的分期和相互关系》，《中国考古学会第一次年会论文集》，文物出版社，1980 年。

沿外用手指压成窝齿状,肩部也有压印的各种窝状绳纹,并贴圆泥饼"[①]。天水师赵村和西山坪[②] 等遗址的马家窑文化遗存也是这种特征。

（4）从器物群来看,马家窑文化比较典型的器物群彩陶有罐、瓶、壶、盆、钵等,泥质陶常见盆、钵、瓶等,夹砂陶多见敛口深腹罐、侈口束颈深腹罐等。这些共同因素无论是营盘山还是陇西的东乡林家,陇东的天水师赵村、白龙江流域的大李家坪[③] 遗址等都是基本相同的,都有马家窑文化的共性特征。我们可以比较几件稍微完整的陶器,如营盘山出土的1件彩陶缸（H8：1）的器形与天水师赵村属马家窑文化的第5期所见的1件彩陶缸（T213③：103）相同,其腹部所饰的连续涡纹和肩部的花卉纹为马家窑文化所常见,相同形制的缸也见于大李家坪、兰州西坡岘[④]、东乡林家等遗址。营盘山出土的彩陶盆H8：2与甘肃东乡林家H23：24的形制相同,均有水波纹装饰,一个是内彩,另一个是外彩,这种彩陶盆为马家窑文化典型的器物,凡马家窑文化遗址都有。营盘山出土的彩陶瓶也是典型的马家窑文化陶器,如营盘山所见的H12：5就与甘肃东乡林家出土的彩陶瓶F21：5形制一致,其领部所饰线带纹和腹部的垂幛纹也是马家窑文化的常见纹饰（图一）。营盘山遗址出土的泥质陶器中高领类器物没有完整器,但从其口领特征可以推知与马家窑文化的平底瓶或壶罐类器物是一种器物。根据甘青地区从庙底沟类型到马家窑文化之间的文化发展关系的研究表明,庙底沟类型多见重唇口尖底瓶,到石岭下类型演变成平口尖底瓶,到马家窑类型尖底瓶基本不见了,被平底瓶代替了[⑤]。营盘山基本不见尖底瓶,与马家窑文化的情况相一致。如果将营盘山遗址出土的夹砂陶器口沿与东乡林家的做一比较（图二）,可以看出其器类和形制也相近。

通过上面的比较我们可以看出,营盘山新石器文化遗存与甘青地区马家窑文化的特征基本一致,因此其文化属性当为"马家窑文化"。营盘山与甘青地区马家窑文化相比,除了它们有马家窑文化共有的特征外,也有细小的差异。张强禄先生根据马家窑文化不同区域呈现出的地方特征将马家窑文化分成了五个小文化区：①以兰州盆地为中心的陇西平原,②天水—武山渭河源头地区,③宁夏南部山区清水河流域,④青海

①　甘肃省文物工作队、临夏回族自治州文化局、东乡族自治县文化馆：《甘肃东乡林家遗址发掘报告》,《考古学集刊》（4）,中国社会科学出版社,1984年。

②　中国社会科学院考古研究所：《师赵村与西山坪》,中国大百科全书出版社,1999年。

③　北京大学考古学系、甘肃省文物考古研究所：《甘肃武都县大李家坪新石器时代遗址发掘报告》,《考古学集刊》（13）,中国大百科全书出版社,2000年。

④　甘肃省博物馆：《甘肃兰州西坡岘遗址发掘简报》,《考古》1960年第9期。

⑤　张学正、张朋川、郭德勇：《谈马家窑、半山、马厂类型的分期和相互关系》,《中国考古学会第一次年会论文集》,文物出版社,1980年。

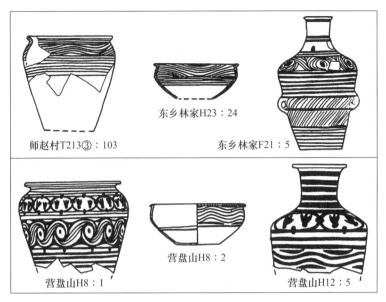

图一　营盘山与马家窑文化彩陶的比较

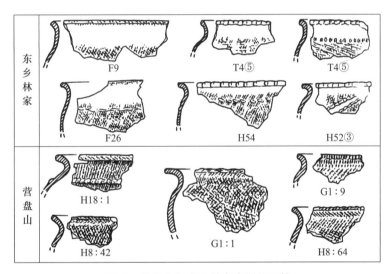

图二　营盘山与东乡林家陶器的比较

东部和武威地区，⑤甘南高原[①]。五个区中宁夏南部山区清水河流域与青海东部和武威地区两个区的文化面貌与其他三个区区别较大，与营盘山遗址的文化特征也相去甚远。营盘山遗址的文化面貌与其余三个区除了都有马家窑文化的共性特征以外，都存在不同程度的差异。陇西平原我们以东乡林家为代表，天水以师赵村为代表。张强禄先生是以白龙江上游的掌坪遗址作为甘南高原的代表，将白龙江下游的大李家坪遗址第三期遗存归入仰韶晚期遗存。但掌坪遗址属调查材料，资料太少，实际上大李家坪遗址

①　张强禄：《马家窑文化与仰韶文化的关系》，《考古》2002 年第 1 期。

第三期遗存除了有一些地方特征外，也具有强烈的马家窑文化的共性特征。因此，笔者在此将其作为马家窑文化在白龙江流域的代表性遗址。将上述各区典型遗址的马家窑文化遗存与营盘山作一比较：在陶系方面，营盘山遗址与东乡林家和天水师赵村第五期遗存区别较大，东乡林家遗址和天水师赵村第五期遗存泥质陶中灰色较少，而营盘山泥质灰陶有一定数量，还有磨光黑皮陶；东乡林家的夹砂陶以红褐为主，灰褐较少，师赵村第五期的夹砂陶主要是红陶，基本不见灰陶，而营盘山遗址的夹砂陶中灰陶、黑陶和黑褐陶占相当大的比例。在陶系方面，营盘山遗址与白龙江流域的大李家坪第三期遗存最为相近，大李家坪遗址第三期遗存泥质陶以灰色为主，橙黄次之，夹砂陶以红褐为主，灰色次之。从绳纹风格来看，营盘山遗址与东乡林家遗址有所区别，与师赵村第五期遗存和大李家坪第三期遗存相近。营盘山遗址的绳纹以斜行为主，其次是交错，少量横行，天水师赵村第五期遗存也是斜行较多、交错较少，大李家坪第三期遗存也是以斜行为主，其次是交错，而东乡林家的绳纹是以斜行交错方格为主，斜行或横行较少。从器类来看，营盘山与三个区都有小的差异，如东乡林家发现陶甑，而营盘山目前没有发现，营盘山出土数量较多的喇叭口高领罐，而东乡林家几乎不见，师赵村第五期遗存中所见的折腹盆、盘、碟、尊等不见于营盘山，师赵村第五期遗存多喇叭口尖底瓶，而营盘山多喇叭口平底瓶，大李家坪第三期遗存中多浅重唇口尖底瓶，而营盘山几乎不见。另外，营盘山有少量圈足器，而甘青地区不见圈足器。营盘山遗址发现大量细石器，而甘青地区马家窑文化中发现的细石器很少。上述差异除地域上的原因外，可能也有时代早晚的因素，需要作更深入细致的分析。

总的来说，差异不是主要的，这种小的差异只是同一考古学文化在不同区域呈现出的差异，达不到不同文化间的差异程度，最多能达到同一考古学文化的不同区域类型的程度，而且甘青地区的马家窑文化也存在区域差异，因此应将岷江上游地区类似于营盘山的新石器文化遗存归入"马家窑文化"，岷江上游应属马家窑文化的分布区。

二、宝墩文化与岷江上游新石器文化的关系

关于宝墩文化的来源问题，由于在成都平原目前还没有发现早于宝墩文化的遗存，而成都平原周邻地区的考古工作开展也很少，因此目前要弄清这个问题很困难。笔者曾将宝墩文化与嘉陵江流域的广元中子铺、张家坡、邓家坪，涪江流域的绵阳边堆山新石器遗存作比较，认为上述新石器文化遗存年代越晚就越与宝墩文化相近，推测可能是宝墩文化的来源①。但上述遗址发掘的规模较小，发表的资料不丰富，其遗址本身的面貌就不十分清楚，因此这种关系也只是隐隐约约的感觉，并不十分明确，而岷江

---

① 江章华、李明斌：《古国寻踪——三星堆文化的兴起及其影响》，巴蜀书社，2002 年。

上游地区以前没有材料，更不好说。营盘山遗址的发掘为我们提供了可资比较的材料，就目前资料看，营盘山新石器文化遗存与宝墩文化区别是很明显的，但也能看出一些相似的特征，主要表现在以下几点。

（1）陶器制作主要为泥条盘筑和手制，高领器的颈、肩、腹黏接，在器内留有明显的黏接痕，夹砂陶器的器底为地包天二次套接，宝墩文化与营盘山马家窑文化遗存的这些做法是一致的。

（2）夹砂陶器绳纹中的交错菱格风格，夹砂陶器的器底多有绳纹装饰，口沿多绳压花边装饰和波浪口，这也是二者的共同特征。宝墩文化中偏早阶段所见的泥质陶罐腹部先拍绳纹然后再慢轮弦抹出数道弦纹的做法在营盘山很常见，宝墩文化偏早阶段所见的带瓦棱纹的黑皮陶在营盘山遗址中也有发现。

（3）都盛行小平底器，还有圈足器，没有圜底器。宝墩文化中的高领罐与营盘山的高领罐应该有关系，宝墩文化的夹砂陶的花边口沿罐与营盘山的花边口沿罐也应有关系。

（4）宝墩文化偏早阶段的圈足风格与营盘山遗址出土的圈足非常接近（图三）。

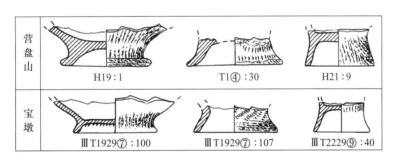

图三　宝墩文化与营盘山圈足器的比较

从上述几点分析，宝墩文化很可能与岷江上游的马家窑文化有关系。从目前情况看，宝墩文化与马家窑文化之间还有较大的时间距离，马家窑文化远远早于宝墩文化，因此这种关系还十分模糊，如果将来的工作能将这个空缺补上，这种关系将更为清楚明白。

三、哨棚嘴文化的来源问题

笔者曾通过哨棚嘴文化与嘉陵江流域新石器文化的比较，发现它们有许多共同的特征。尤其是哨棚嘴文化的早期阶段，如夹砂陶口沿流行饰绳纹或花边波浪风格，纹饰以绳纹和堆纹较普遍，口沿下流行附加堆纹的裙边装饰，泥质黑皮陶风格等，认为哨棚嘴文化很大可能源于川东北的原始文化。哨棚嘴文化与宝墩文化某些因素可能有着共源关系，因此形成了宝墩文化与哨棚嘴文化的一些相似因素[①]。凡是熟悉川东地区

---

① 江章华：《再论川东长江沿岸的史前文化》，《四川文物》2002 年第 5 期。

哨棚嘴文化的人，看了营盘山遗址新石器文化遗存的陶器，都会感觉到其间有某些相似因素。如瓦棱纹的黑皮陶、菱格绳纹、夹砂陶器多深腹和箍带纹风格等。哨棚嘴遗址的下层出土小口高领饰绳纹的泥质罐与营盘山的高领罐比较相近，哨棚嘴遗址 T411 第 9 层还出土马家窑文化风格的陶钵 [①]。如果说哨棚嘴文化与马家窑文化有联系的话，那么很可能是通过白龙江、嘉陵江流域发生的。

白龙江发源于甘南藏族自治州迭部县的郎木寺，流经甘南藏族自治州和武都地区的迭部、舟曲、武都、文县等，在四川昭化汇入嘉陵江。1974 年甘肃省长江流域规划办公室第二期考古训练班对这一流域进行了一次调查，发现仰韶文化庙底沟类型、马家窑类型、齐家文化、寺洼文化安国类型等遗址，其中马家窑文化遗址比较多，从上游到中游及支流北峪河和白水江流域都有 [②]。1987～1988 年，甘肃省考古部门又调查了白龙江流域的大李家坪、寺背坪、任家坪、后村东坪等遗址，发现庙底沟类型、石岭下类型、马家窑类型和寺洼文化等遗存 [③]。1995 年春，北京大学考古学系、甘肃省文物考古研究所等单位对武都县境内的古文化遗存进行了重点复查，并选择了北峪河流域的大李家坪遗址进行了发掘，获得了一批较为丰富的资料，前面述及大李家坪第三期遗存即为马家窑文化遗存。白龙江流域的古文化完全有可能影响到嘉陵江流域，嘉陵江流域的广元中子铺、张家坡和邓家坪遗址，曾在 1989～1991 年由中国社会科学院考古研究所进行过小规模的发掘。中子铺遗址的早期遗存为细石器遗存，可能为一细石器制造场，先后出土和采集到 1 万多件各类细石器标本。晚期遗存为磨制石器与陶器共存，陶片以夹砂褐陶和灰褐陶居多，有的夹粗砂颗粒，有的为夹云母的砂质，有少量泥质红陶，色近似橙红。表饰以绳纹为主，个别饰划纹和指甲印状的连续戳印纹，灰褐陶多附加堆纹，见若干方唇上饰绳纹以及齿状或绞索状花边装饰。张家坡遗址发现砾石加工的小型石器，不见细石器，陶器有夹砂和泥质，手制，主要呈灰褐色，纹饰以绳纹和堆纹及划纹为基本形式，其中绳纹使用最广泛，口沿外饰附加堆纹较有特点，个别口唇呈波状。邓家坪遗址以夹砂的灰褐陶为主，泥质灰陶较少，还有少量的黑皮陶和个别泥质红陶，纹饰以绳纹和堆纹较普遍，另有划纹、锥刺纹等，流行在口沿和唇部饰绳纹或花边波纹的作风，与张家坡一样，都有许多裙边口沿。发掘者根据 ^{14}C 测年将中子铺早期细石器遗存推定在距今 7000～6000 年，张家坡和中子铺晚期遗

① 北京大学考古文博院三峡考古队、重庆市三峡库区田野考古培训班、忠县文物管理所：《忠县眘井沟遗址群哨棚嘴遗址发掘简报》，《重庆库区考古报告集》(1997 卷)，科学出版社，2001 年。

② 长江流域规划办公室考古队甘肃分队：《白龙江流域考古调查简报》，《文物资料丛刊》(2)，文物出版社，1978 年。

③ 赵雪野、司有为：《甘肃白龙江流域古文化遗址调查简报》，《考古与文物》1993 年第 4 期。

存推定在距今 6000～5500 年，邓家坪距今 5500～5000 年①。除邓家坪遗址外，都早于马家窑文化，由于所做的工作太少，这些年代并不一定完全可靠。上述遗址最引人注意的是陶器流行绳纹和附加堆纹，流行口沿饰绳纹、波浪花边和裙边装饰，黑皮陶特征等，这些均与包括岷江上游在内的马家窑文化的部分特征相似。加之中子铺大量细石器和营盘山大量细石器的存在，这些共性，很容易使人相信嘉陵江流域的古文化与甘青和岷江上游的马家窑文化有联系。果真如此的话，这种联系很可能是通过白龙江流域发生的。嘉陵江流域可能早在距今 7000 年左右就存在一支原始文化，这支文化在以后的发展过程中与白龙江流域和甘青地区的马家窑文化甚至更早就有联系。我曾经说川东长江沿岸的哨棚嘴文化可能是源于川东北嘉陵江流域的原始文化，那么哨棚嘴文化中有些因素与马家窑文化相似就比较好理解，因此我们看到营盘山新石器文化遗存有与哨棚嘴文化相似的因素。

四、结　语

　　仅靠营盘山遗址第一、二次发掘要建立岷江上游的新石器文化体系是不可能的。目前的资料主要集中在马家窑文化阶段，从 2000 年营盘山遗址发掘的资料看，个别彩陶似可早到石岭下类型时期。如彩陶片 H8：4、H8：17 的彩绘风格与石岭下的风格相近，2002 年在茂县波西村试掘，还发现仰韶文化庙底沟类型风格特征的彩陶和重唇口尖底瓶等少量遗物。因此推测，岷江上游应该有比马家窑文化更早的新石器文化遗存，仅目前的情况反映，至少可到庙底沟时期。如果是这样话，那么岷江上游至少在庙底沟时期开始就与甘肃地区的洮河、大夏河、湟水、大通河、庄浪河和白龙江诸流域的古文化几乎是同步发展的。另外，在岷江上游地区尚未发现明显晚于马家窑文化的遗存，如半山、马厂等类型。也就说马家窑文化以后的新石器文化面貌还不清楚，是否还是与甘肃地区一样沿着同样的路子发展，或是发生了分化，如果能对更晚的遗址进行调查和发掘将是非常重要的工作，也是最终解决岷江上游新石器文化与成都平原古文化关系的最关键的一环。

　　嘉陵江流域的考古工作也开展得太少，其新石器文化面貌不清楚，是否在距今约 7000 年就存在一支以细石器为特征的原始文化，从目前资料看，这种可能性较大。那么往后的发展如何，又与白龙江流域的古文化发生着怎样的关系，有交流是可以肯定的，但要说得比较清楚需要做大量工作。川东长江沿岸的新石器文化很大部分可能是源于嘉陵江流域的原始文化，哨棚嘴文化中发现的与马家窑文化相似的因素当是通过白龙江与嘉陵江流域交流的结果。

----

① 王仁湘、叶茂林：《四川盆地北缘新石器时代考古新收获》，《三星堆与巴蜀文化》，巴蜀书社，1993 年。

　　至此宝墩文化与哨棚嘴文化某些因素的共源关系似乎有了一个初步的解释，一个是通过岷江流域，另一个是通过白龙江和嘉陵江流域共同源于马家窑文化或者与马家窑文化有联系（川东长江沿岸的新石器文化与嘉陵江流域发生联系估计会更早）。由于它们后来因不同的发展空间逐渐发生了分化，形成了不同的文化面貌。

　　上述仅是就营盘山新发现的几点思考，希望能对推动四川及重庆地区新石器时代考古工作的进一步开展起到一定的作用，正是本文的目的，将来的考古工作如果证明我今天的想法是如何之幼稚和错误，那正是我们工作取得了进步的体现。

（原载《四川文物》2004 年第 3 期）

再论川东长江沿岸的史前文化

笔者曾对川东长江沿岸的史前文化进行过初步的分析[①]。近年随着考古工作的不断深入以及新资料的发表，过去的认识有必要进行修正，因此笔者想就川东长江沿岸的史前文化再谈一点阶段性的看法。目前这一区域发现的最早的史前遗存是丰都玉溪遗址的类似于"城背溪文化"的一种遗存。接下来还发现"大溪文化"和"屈家岭文化"遗存，除巫山的大溪遗址以外，其他遗址仅发现少量这类遗存。之后在这一区域发展起来一种地方性特征较强的考古学文化——哨棚嘴文化，分布遍及整个峡江和峡西地区，已有大量这类遗存出土。本文所分析的史前文化对象为哨棚嘴文化。

一、文 化 分 期

首先由分析典型遗址入手，现今能看到的材料以忠县瓦井沟遗址群最为丰富，尤以哨棚嘴和中坝（羊子岩）遗址典型，因此首先分析这两处遗址。

哨棚嘴文化最典型的陶器有敞口深腹缸、折沿深腹罐、盘口罐，这三种器物具有分期意义。其中折沿深腹罐有四种基本形制：①沿宽下弧略呈盘状，称盘口形。②沿端上折，称微折口形。③沿窄而上折，称折口形。④直口，沿外作裙边装饰的裙边口形。敞口深腹缸也有四种基本的形制：①沿外侈，下内收，称侈口形。②沿略直，下内收，称微直口形。③直口形。④粗花边，尖底的粗花边口形。在以下的分析中这三种陶器的形制是分组、判断诸地层单位的共时关系最重要的依据。

1. 哨棚嘴遗址

该遗址属忠县瓦井沟遗址群中最重要的遗址之一，位于长江西北岸瓦井沟口的右（南）侧的三角形台地上。已经过多次发掘，材料比较丰富，笔者分析所依据的有1994年和1997年发掘的两批材料[②]，以1997年的为主。哨棚嘴遗址1997年发掘的史前遗存

① 江章华、王毅：《川东长江沿岸史前文化初论》，《四川文物》1998年第2期。

② 王鑫：《忠县瓦井沟遗址群哨棚嘴遗址分析——兼论川东地区的新石器文化及早期青铜文化》，《四川考古论文集》，文物出版社，1996年；北京大学考古文博院三峡考古队、重庆市三峡库区田野考古培训班、忠县文物管理所：《忠县瓦井沟遗址群哨棚嘴遗址发掘简报》，《重庆库区考古报告集》（1997卷），科学出版社，2001年。

以下述探方最为丰富。

T411：第6、7、9层，可分为两组，第6层和第7层接近，以第6层最丰富，简称T411⑥组。第9层与第6、7层区别大，为一组，简称T411⑨组。

T403：第10、11层，可分为两组，其中第11层所见的敞口深腹缸一种为侈口形，接近于T411⑥组的缸，另一种为微直口形，在中坝遗址H283中有与哨棚嘴T411⑥组相同形态的微折口形的折沿深腹罐共存的情况，因此可归入T411⑥组。第10层所见的折沿深腹罐为折口形、敞口深腹缸为直口形，与T411⑨、⑥组有别，并大量出现盘口罐，可作为一组，简称T403⑩组。

依据上述可建立起三组最主要的早晚关系：T411⑨组→T411⑥组→T403⑩组（箭头代表早于关系），其他探方出土陶器均不超出这三组的范围。

T331：出土陶器主要是第8、10层，其中第8层有微折口形深腹罐，可归入T411⑥组。第10层从层位看当早于T411⑥组，有喇叭口高领罐、宽沿深腹罐，三组均不见，报告归入了早期也许有根据，因此归入T411⑨组。

T311：出土陶器主要是第9、10层，第10层有宽沿深腹罐，第9层有喇叭口高领罐等，与T331的第10层所见同类器相近，因此可归入T411⑨组。

T121：出土陶器的有第7层，所见的折沿深腹罐为微折口形，因此归入T411⑥组。

T431：出土陶器的第8层有直口形敞口深腹缸，归入T403⑩组。

T321：第8层所见的敞口深腹缸为微直口形，归入T411⑥组。

H57：所见的敞口深腹缸为直口形，归入T403⑩组。

T421：第8层出土盘口罐，归入T403⑩组。

上述关系如表一所示。

表一　哨棚嘴遗址1997年发掘地层单位分组

	T411	T403	T331	T311	T121	T431	T321	H57	T421
T411⑨组	9		10	9、10					
T411⑥组	6、7	11	8		7		8		
T403⑩组		10				8		√	8

2. 中坝遗址

该遗址也经过多次发掘，笔者目前所见到的有1998年发掘的IB区的部分材料[①]，比较典型、出土遗物丰富的有H283、H297、H292、H318等，其他的还有H309、H308、H314、H281、H291。这些单位有几组层位关系较为重要，如下。

----

① 孙智彬：《中坝遗址新石器时代遗存初论》，《四川文物》2003年第3期。

（1）⑫→H283→生土。

（2）⑪→H297→⑫。

（3）H308→H309→⑪。

（4）H318→H308。

（5）H292→H297（箭头代表叠压或打破）。

依据上述可以得出几个典型单位直接或间接的层位关系：H318 → H308 → H292 → H297 → H283。

在这一关系中 H283 的年代最早，往前依次相对较晚。从这些单位出土的陶器群看，H283 与 H297 区别较大，H297 与 H292 区别亦较大，H318 和 H308 与 H292 比较接近，归入 H292 组，这样早晚关系又可略为：H283 → H297 → H292 组（箭头代表早于）。

3. 分期

在根据哨棚嘴和中坝两个典型遗址的层位和共时关系进行分组的基础上，再来对比两个遗址各组间的对应关系。中坝遗址 H283 出土的折沿深腹罐为微折口形，敞口深腹缸有侈口形和微直口形，接近于哨棚嘴 T411⑥组。中坝 H297 出土盘口罐，敞口深腹缸为直口形，接近于哨棚嘴 T403⑩组。中坝 H292 组出土的折沿深腹罐沿外有附加的裙边装饰，敞口深腹缸唇部的波浪花边较深、较粗，出现了尖底，与哨棚嘴和中坝前述的各组有较大的差异，是目前所见最晚的一组陶器。这样根据哨棚嘴和中坝两个遗址的材料可将这一文化分为四期，分期情况列为表二。

表二　哨棚嘴文化典型遗址地层单位分期

	第一期	第二期	第三期	第四期
哨棚嘴	T411⑨组	T411⑥组	T403⑩组	
中坝		H283	H297	H292 组

二、各期特征及其他相关遗址的分析

第一期：陶系为夹砂陶略多于泥质陶，夹砂陶以夹砂褐陶为主，其中又以红褐陶和黄褐陶为主，灰褐陶较少，夹砂灰陶以黑灰陶为主，少量青灰陶。泥质陶以红褐陶为主，次为青灰陶，再次为黑灰陶，少量黑皮陶。纹饰较发达，其中绳压菱格纹数量最多，基本为小菱格，次为细绳纹，再次为箍带纹和弦纹，还有少量的线纹、水波纹、折线纹、瓦纹等。代表性陶器有折沿深腹罐、敞口深腹缸、长颈罐、宽沿深腹罐、钵等。以缸的数量最多，约占44%，其次是折沿深腹罐，约占35%，此时的折沿深腹罐沿宽而下弧，呈盘口形，敞口深腹缸为侈口形，平底较大（图一）。

第二期：夹砂陶剧增，仍以夹砂褐陶为主，其中以红褐陶和黄褐陶的数量较多，其次是灰褐陶，夹砂灰陶仅占 10% 左右。泥质陶较少，其中以红褐陶为主，其次是青灰

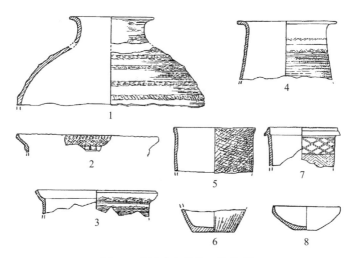

图一　哨棚嘴文化第一期陶器

1. 长颈罐（97T311⑨：6）　2、3. 折沿深腹罐（97T411⑨：15、97T411⑨：20）　4、7. 宽沿深腹罐
（97T311⑩：7、97T411⑨：24）　5、6. 敞口深腹缸（97T411⑨：25、97T411⑨：26）　8. 钵（97T411⑨：19）
（均为哨棚嘴遗址出土）

陶，黄褐陶、黑灰陶、黑皮陶数量很少。纹饰仍然很发达，以绳压菱格纹数量最多，主要是大菱格纹，小菱格纹极少，其次是粗绳纹，再次是箍带纹，另有少量的细绳纹、折线纹、戳印纹等。代表性陶器有折沿深腹罐、敞口深腹缸、钵、盆等。此时缸的数量增多，并多为上直下内收的微直口形，底部较第一期变小，折沿深腹罐多变为微折口形，少见长颈罐（图二）。

第三期：夹砂陶与第二期相若，其中依次为黄褐、红褐、灰褐陶，夹砂灰陶较少。泥质陶分红褐陶和黑皮陶。此期有纹饰的陶片减少，素面陶增加，其中数量最多的是粗绳纹，次为大菱格纹，细绳纹、小菱格纹、箍带纹、水波纹、瓦纹等数量极少。代表性陶器有折沿深腹罐、敞口深腹缸、圈足盘、盘口罐、豆、钵等。其中折沿深腹罐变成了折口形，敞口深腹罐变成了直口形，底部进一步变小（图三）。

第四期：陶器仍以夹砂褐陶数量最多，夹砂灰陶和泥质陶较少。纹饰仍然很发达，其中以绳纹为主，少量的弦纹、划纹和附加堆纹，箍带纹、菱格纹等已基本消失。代表性陶器有敞口深腹缸、裙边口的罐、圈足盘、盆、钵、器盖等。最有特征的是缸变成了直口、粗花边、尖底的形制，折沿深腹罐变成了沿外作裙边装饰的裙边口形（图四）。

依据上述的分期和各期的特征，再来审视川东地区其他遗址这一阶段的古文化遗存的性质及年代，就比较容易。

（1）老关庙遗址：该遗址位于奉节县境内，地处三峡西口的长江北岸，总面积约4000平方米。前后经过了1993、1994、1995年三次发掘，其中以第三次发掘收获最丰，目前能见到的资料也主要是第三次发掘的第4层。该层陶器的特点是夹砂陶占

图二 哨棚嘴文化第二期陶器

1. 钵（97T411⑥：9） 2、6. 敞口深腹缸（97T321⑧、H283：1） 3、4. 折沿深腹罐（H283：2、
97T121⑦：5） 5. 敞口罐（97T411⑥：10）

（1、2、4、5. 哨棚嘴遗址出土，3、6. 中坝遗址出土）

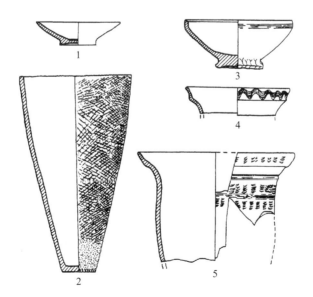

图三 哨棚嘴文化第三期陶器

1、3. 钵（97T421⑧：30、H297：4） 2. 敞口深腹缸（97H57：5） 4、5. 盘口罐（97T403⑩：13、H297：25）

（1、2、4. 哨棚嘴遗址出土，3、5. 中坝遗址出土）

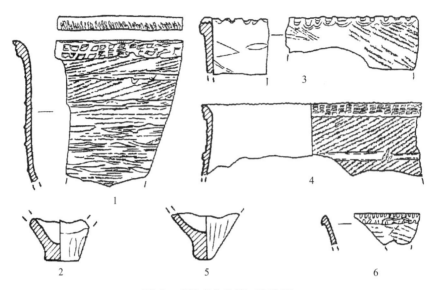

图四　哨棚嘴文化第四期陶器

1、4、6. 折沿深腹罐（H292：26、H292：23、H292：35）　2、3、5. 敞口深腹缸

（H292：68、H292：41、H292：69）

（均为中坝遗址出土）

99.3%，陶色以红褐居多，黑褐和灰色次之。除少量的素面陶外，绝大多数有纹饰，其中绳纹最多，约占94.5%，其他纹饰如网格纹、斜线三角纹、人字纹、弦纹、戳印纹、附加堆纹等，数量很少，约占2%。绳纹一般较深，分横向、斜向和交错等[①]。其特征接近于前面分的第四期，从器形看，有裙边口的罐，敞口缸为粗花边、直口、尖底，也是第四期的特征，因此老关庙遗址第4层应属哨棚嘴文化第四期。

（2）魏家梁子遗址：该遗址位于巫山县大宁河下游左岸的二级台地上，南距巫山县城约7.5千米，是一处小型的山地聚落遗址，面积约1500平方米。1994年中国社会科学院考古研究所长江三峡考古工作队对该遗址进了正式发掘，共揭露面积150平方米，发现的史前文化堆积层有第3~5层，这三层文化一脉相承，时间上紧密衔接[②]。由于该遗址处在紧靠长江中游的石家河文化分布区，因此其文化因素十分复杂，其中的石家河文化因素十分明显。如陶器中的方格纹、篮纹均不是哨棚嘴文化的特征，而是石家河文化的特征。器物中的高领广肩罐、圈足盘、杯等也是石家河文化的典型器。而哨棚嘴文化的典型器在此很少发现，其中仅深腹罐、侈口罐、钵及纹饰中的水波纹等与哨棚嘴文化的特征有些相似。究其原因，经仔细比较发现，魏家梁子的第5层所

① 吉林大学考古学系、四川省文物考古研究所：《奉节县老关庙遗址第三次发掘》，《四川考古报告集》，文物出版社，1998年。

② 中国社会科学院考古研究所长江三峡考古工作队：《四川巫山县魏家梁子遗址的发掘》，《考古》1996年第8期。

见的深腹罐、瓶口罐、钵等与老关庙遗址的同类器相近，但未见老关庙遗址的裙边口罐和敞口深腹缸等典型器，推测时代当略晚于老关庙，即略晚于前面分的哨棚嘴文化第四期，第3、4层就更晚。这样看来魏家梁子的文化面貌与哨棚嘴文化区别较大有地域上的原因，也有时间上的原因。魏家梁子所见的广肩罐和圈足盘均是石家河文化晚期的特征，因此其年代上限不会超过石家河文化的晚期。

三、年 代 推 断

目前还没有一组碳测数据作为参考，不过该文化在地域上东与长江中游文化区相邻近，它们之间发生过不同形式的接触与交流。而且就目前考古资料所反映的情况看，在哨棚嘴文化之前，城背溪文化、大溪文化和屈家岭文化曾到达或影响到了这一区域。如丰都玉溪遗址发现了一组类似于城背溪文化的陶器，哨棚嘴遗址的下层发现屈家岭文化的彩陶壶等。正是由于这种分布和接触的交互关系，因此在许多遗址都发现了哨棚嘴文化与长江中游不同时期的新石器文化遗存共存于同一遗址，在层位上有早晚关系（如大溪遗址发现哨棚嘴文化的地层叠压在大溪文化地层之上），以及与长江中游同时期文化遗存共存于同一地层单位的情况，这为我们推断哨棚嘴文化的年代提供了依据。

首先我们来分析哨棚嘴文化的年代上限，在哨棚嘴遗址曾于哨棚嘴文化第一期的地层之中出土过1件屈家岭文化晚期的彩陶壶，其形态与京山屈家岭遗址的Ⅱ式壶接近，由此可以推断哨棚嘴文化的年代上限当晚于屈家岭文化的年代。另据1995年发掘的湖北秭归庙坪遗址H2出土1件长颈罐（H2：8）[①]，其形态与哨棚嘴文化第一期的长颈罐接近。庙坪遗址的报告作者将该遗址的新石器遗存分为早、晚两期，H2与H1分在一起，为晚期。将H1、H2分在同期，相信它们在陶器特征上一定有很多相近的地方，而在H1中出土石家河文化中比较常见的缸（H1：31），该陶缸腹最大径在下腹部，在《肖家屋脊》[②]报告中属石家河文化早期前段的特征。按张绪球先生对石家河文化的分期，此种形制的缸亦在石家河文化的早期[③]。那么与之同时的长颈罐年代亦当在石家河文化的早期。依据上述则可将哨棚嘴文化的第一期年代推定在石家河文化的早期应该说不会有大的问题，绝对年代的上限据肖家屋脊的 ^{14}C 测年约在距今4600年。

能推断哨棚嘴文化的年代下限最理想的一个遗址是1985～1986年发掘的湖北宜昌

---

① 湖北省文物考古研究所三峡考古队：《湖北秭归县庙坪遗址1995年试掘简报》，《三峡考古之发现》（二），湖北科学技术出版社，2000年。

② 石家河考古队（湖北省荆州博物馆、湖北省文物考古研究所、北京大学考古学系）：《肖家屋脊》，文物出版社，1999年。

③ 张绪球：《石家河文化的分期分布和类型》，《考古学报》1991年第4期。

白庙遗址 [①]。此次发掘的白庙遗址第 3～7 层均出土新石器文化陶器，从第 6 层开始出现哨棚嘴文化因素的陶器盘口罐，以第 4、5 层出土数量最多，第 6 层主要以石家河文化因素的陶器为主，有圈足盘、碗、豆、甑和广肩罐，第 4、5 层哨棚嘴文化因素的盘口罐数量明显增多，石家河文化因素的陶器有罐形鼎、圈足盘、广肩罐等。从第 4～6 层出土的石家河文化陶器看，没有太大的变化，因此时间跨度不大，其广肩罐、圈足盘、碗、高圈足豆、罐形鼎等均是石家河文化晚期的典型陶器。类似的器形还见于宜都石板巷子 [②]、当阳季家湖第三期 [③]、均县乱石滩 [④] 等。这一类的遗存由于表现出与典型的石家河文化的差异较大，因此也有学者主张用一个新的文化来命名，故有"后石家河文化""白庙文化""乱石滩文化""石板巷子文化"等命名，绝对年代据 ^{14}C 测定约在距今 4000～3800 年 [⑤]。而与上述遗存共存的盘口罐应是哨棚嘴文化的典型陶器，主要出在哨棚嘴文化的第三期，中坝遗址属哨棚嘴文化第三期的 H297 出过 1 件比较完整的盘口罐，其形制与白庙遗址第 4 层出土的 1 件就非常相近。由此可以推断哨棚嘴文化第三期的年代大约与石家河文化的晚期相当，或者说与石板巷子文化的年代相当。那么哨棚嘴文化第四期就晚于石家河文化的晚期，即哨棚嘴文化的年代下限当晚于距今 3800 年。

四、相 关 问 题

目前川东长江沿岸发现最早的史前遗存是丰都玉溪遗址发现的类似于城背溪文化的遗存，接下来有少量大溪文化和屈家岭文化遗存的遗物。但目前发现的资料并不丰富，这一区域在哨棚嘴文化以前是否属于上述三种考古学文化的分布范围，抑或是文化交流所致，还不能骤下断言。大约到了距今 4600 年，才兴起了哨棚嘴文化，而哨棚嘴文化与上述三种考古学文化相比有很强的个性，之间没有任何继承的迹象，也就是说不可能直接从大溪文化、屈家岭文化发展而来。那么这样就提出了一个新的问题，哨棚嘴文化的源头何在？值得注意的是，几乎在同一时间，成都平原也出现一支以宝

① 湖北省文物考古研究所：《1985～1986 年宜昌白庙遗址发掘简报》，《江汉考古》1996 年第 3 期。

② 宜都考古发掘队：《湖北宜都石板巷子新石器时代遗址》，《考古》1985 年第 11 期。

③ 湖北省博物馆：《当阳季家湖楚城遗址》，《文物》1980 年第 10 期。

④ 中国社会科学院考古研究所长江工作队：《湖北均县乱石滩遗址发掘报告》，《考古》1986 年第 7 期。

⑤ 杨权喜：《关于鄂西六处新石器时代晚期遗存的探讨》，《考古》2001 年第 5 期。

墩遗址为代表的宝墩文化①。宝墩文化与哨棚嘴文化有一些相似之处，如两者都盛行小平底器，不见三足器和圜底器，器口喜作花边装饰。而目前宝墩文化的源头也不清楚，无论是宝墩文化，还是哨棚嘴文化，其直接源头不可能在四川盆地以外的区域去寻找。川西高原的新石器文化与甘青地区较为密切，目前也看不出作为直接源头的可能性。那么川东北地区的嘉陵江等流域的情况又如何，中国社会科学院考古研究所曾在嘉陵江和涪江流域做过一些工作，发掘的遗址有广元中子铺、张家坡、邓家坪及绵阳边堆山②，四川省文物考古研究所也发掘了通江擂鼓寨和巴中月亮岩遗址③。张家坡遗址年代距今约6000～5500年，陶器以褐陶为主，纹饰简单，以绳纹、堆纹和划纹为基本形式，口沿外施加堆纹较有特点，有个别口唇作波状。以平底器为主，个别圈足器，不见圜底器和三足器。邓家坪遗址年代距今约5500～5000年，以夹砂灰褐陶为主，泥质灰陶较少，还有少量的黑皮陶和个别泥质红陶。纹饰以绳纹和堆纹普遍，另有划纹、锥刺纹等，流行口沿和唇部饰绳纹或花边波浪作风。陶器可辨器形的有深腹罐、鼓腹罐、钵、碗、器盖等。石器趋于小型化，以斧、锛、凿为主。从上述两个遗址可以看出，张家坡口沿外施加堆纹的做法正是哨棚嘴文化的特征，口沿的花边装饰从较早的张家坡个别口唇作波状到稍晚的邓家坪流行口沿和唇部饰绳纹或花边波浪作风，也就是年代越晚与宝墩文化和哨棚嘴文化越接近。再来看更晚的边堆山遗址，边堆山遗址年代距今约5000～4500年，该遗址正式发表的有1988年的调查材料④，1989年的发掘材料尚未发表，仅见于个别学者的论文⑤，笔者曾参观过该遗址的发掘和出土遗物，其文化特征是陶器中泥质陶和夹砂陶几乎各半，泥质陶分灰白陶、灰黄陶和褐陶，夹砂陶分褐陶、红褐陶和灰陶。纹饰多绳纹，另有附加堆纹、锥刺纹、弦纹、划纹等，唇沿饰绳纹和齿状花边装饰特征突出。器形分平底器和圈足器。该遗址部分特征与宝墩文化相近，如陶器中灰白陶和灰黄陶特征，器形中的喇叭口高领罐、绳纹花边口罐、敞口圈足尊等，其唇沿饰绳纹和齿状装饰是宝墩文化和哨棚嘴文化所共有的特征。该

---

① 江章华、颜劲松、李明斌：《成都平原的早期城址群——宝墩文化初论》，《中华文化论坛》1997年第4期；江章华、王毅、张擎：《成都平原早期城址及其考古学文化初论》，《苏秉琦与当代中国考古学》，科学出版社，2001年。

② 王仁湘、叶茂林：《四川盆地北缘新石器时代考古新收获》，《三星堆与巴蜀文化》，巴蜀书社，1993年。

③ 雷雨、陈德安：《巴中月亮岩和通江擂鼓寨遗址调查简报》，《四川文物》1991年第6期；四川省文物考古研究所、通江县文物管理所：《通江县擂鼓寨遗址试掘报告》，《四川考古报告集》，文物出版社，1998年。

④ 中国社会科学院考古研究所四川工作队：《四川绵阳市边堆山新石器时代遗址调查简报》，《考古》1990年第4期。

⑤ 何志国：《绵阳边堆山文化初论》，《四川文物》1993年第6期。

遗址还有一种典型的陶器，作敞口或折沿，沿下附裙边装饰，这种风格的器物在宝墩文化中绝不见，而是哨棚嘴文化的作风，其间应该有某种联系。我们再看位于川东北渠江流域上游的通江擂鼓寨和巴中月亮岩遗址，两个遗址曾经过调查。其中擂鼓寨遗址进行过试掘，该遗址也有一个突出的特征，就是流行将器口沿做成水波纹样或齿状。到此我们可以比较清楚地看出无论是成都平原的宝墩文化还是川东峡江地区的哨棚嘴文化在很大程度上与川东北的原始文化有联系，在年代上川东北的原始文化相对较早，因此可以推测，哨棚嘴文化和宝墩文化可能与川东北地区更早的原始文化有渊源关系。尽管目前材料还太少，证据并不十分充分，至少应该引起我们的注意。如此看来哨棚嘴文化和宝墩文化的某些因素可能有着共源关系，在它们后来的发展中，由于不同的生存环境和发展空间，以及与不同的文化作用产生了很大程度的差异，这是完全可能的。以上仅是笔者就现有的资料所做的推测，这需要将来考古工作的证实，笔者觉得川东北地区的考古工作很重要，应引起足够的重视。

哨棚嘴文化最初兴起在峡西地区，即万州与丰都之间，中心很可能在忠县一带。后来势力逐渐向东发展，大约在哨棚嘴文化的第三期到达鄂西地区与石家河文化接触，如白庙遗址就有很突出的表现。同时石家河文化也影响了峡江地区，在瞿塘峡以东至鄂西地区，形成了一个石家河文化与哨棚嘴文化的过渡地带，在这一地带的遗址既包含石家河文化的因素，也有哨棚嘴文化的因素，在巫山魏家梁子和巫山锁龙遗址均发现石家河文化因素和哨棚嘴文化因素共存的情况。

在石家河文化衰落不久，哨棚嘴文化也很快随之衰落，有意思的是与此基本同时，成都平原的宝墩文化也相继衰落。于是川东峡江地区和成都平原的古文化都发生了突变，伴随而来的是中原二里头文化的渗透。这种突变，很难用文化传播和影响来解释，在二里头文化的渗透过程中，伴随而来的可能是民族的迁徙与征服过程。这一路线由鄂西地区沿长江西进。成都平原正是在这一外力的作用下诞生了三星堆文化，川东峡江地区亦成为三星堆文化的分布范围，初期阶段东边甚至到达了鄂西地区。自此以后川东峡江地区与成都平原的文化基本同步发展，并不断整合，形成了一个地域辽阔的三星堆文化—十二桥文化—战国巴蜀青铜文化承继发展的文化区。

附记：文中线图由曾霄绘制。

（原载《四川文物》2002 年第 5 期）

关于哨棚嘴文化的几个问题

　　渝东地区发现的新石器文化遗存主要有两类：一类是丰都玉溪遗址发现的以圜底器和圈足器为代表，与长江中游的城背溪文化比较接近，尤其是与巴东楠木园最为相近的一类遗存[①]。另一类主要发现于忠县哨棚嘴、中坝，丰都玉溪坪，万州苏和坪等遗址，陶器以折沿深腹罐、盘口深腹罐、敞口深腹罐和高领瓮等为特征的一类遗存。第一类遗存目前发现点不多，而第二类遗存在渝东地区分布较广，延续时间也较长，是渝东地区有代表性的新石器文化遗存。关于第二类新石器文化遗存的分期与年代、文化性质与命名及文化渊源等，学界有不同的意见。笔者也曾撰文认同"哨棚嘴文化"的命名，并对其年代、分期和文化渊源发表过意见[②]。但后来又有新的材料发表，尤其是哨棚嘴遗址 1999 年发掘的材料已超出笔者原来分期的范围。因此笔者想就此再谈一点个人的看法，就教于学界。

一、关于分期与年代的问题

　　从目前资料看，哨棚嘴遗址和中坝遗址地层堆积丰富，年代跨度长，出土遗物最为丰富，具有典型性与代表性。笔者曾主要依据哨棚嘴遗址 1997 年发掘材料[③] 和中坝遗址 1998 年发掘的 I B 区部分材料[④] 将哨棚嘴文化分为四期，即哨棚嘴遗址 1997 年发掘的 T411 第 9 层、T331 第 10 层及 T311 第 9、10 层为第一期；哨棚嘴遗址 1997 年发掘的 T411 第 6、7 层及 T403 第 11 层、T331 第 8 层、T121 第 7 层、T321 第 8 层和中坝遗址 1998 年发掘 I B 区的 H283 为第二期；哨棚嘴遗址 1997 年发掘的 T403 第 10 层、T421 和 T431 第 8 层、H57 和中坝遗址 1998 年发掘 I B 区的 H297 为第三期；中坝

---

　　① 　邹后曦、袁东山：《重庆峡江地区的新石器文化》，《重庆·2001 三峡文物保护学术研讨会论文集》，科学出版社，2003 年。

　　② 　江章华：《再论川东长江沿岸的史前文化》，《四川文物》2002 年第 5 期。

　　③ 　北京大学考古文博院三峡考古队、重庆市三峡库区田野考古培训班、忠县文物管理所：《忠县瓾井沟遗址群哨棚嘴遗址发掘简报》，《重庆库区考古报告集》（1997 卷），科学出版社，2001 年。

　　④ 　孙智彬：《中坝遗址新石器时代遗存初论》，《四川文物》2003 年第 3 期。

遗址 1998 年发掘的ⅠB区 H292 为第四期，奉节老关庙遗址[①]也归入第四期[②]。

　　1999 年发掘的哨棚嘴遗址，《忠县哨棚嘴遗址发掘报告》（以下简称"99 报告"）将其新石器文化遗存分为三期，其中第一、二期分别分为早、晚 2 段，第三期分为早、中、晚 3 段[③]。将 99 报告所分的各期与笔者所分的四期陶器比较，其中 99 报告所分的第三期晚段出土数量较多的高领盘口罐，与笔者所分的第三期相一致，属同期遗存。99 报告所分的第三期中段出土的敞口深腹罐（99 报告中的花边口直口筒形罐）、折沿深腹罐（99 报告中的花边口折沿斜腹罐）等与笔者分的第二期同类器相一致，当属同期遗存。99 报告分的第三期早段中的 T103 第 23 层出土陶器与其他地层单位的陶器有所区别，层位上早于其他单位，所出的卷沿盆、折腹盆在其他单位都没有，花边口折沿深腹罐形制也与其他单位有所区别，也不见其他单位较多见的敞口深腹罐。而折腹盆见于第一期晚段，二者的口沿部分有所区别。卷沿盆和花边口折沿深腹罐与笔者所分的第一期的同类器相近，当属同期遗存。99 报告所分的第三期早段的其余单位与第三期中段的陶器特征十分相近，因此可归在同一期。99 报告所分的第一、二期均早于笔者原分的四期遗存，其中第一期的早段与晚段区别较大，早段目前主要见双唇口的高领瓮，晚段陶器种类较多，高领瓮为平唇口，笔者建议将早、晚段作为期来处理。依据上面的分析，我们可以将哨棚嘴文化归并为七期（表一），其他遗址基本不出这七期的范围。

表一　哨棚嘴文化分期表

	第一期	第二期	第三期	第四期	第五期	第六期	第七期
笔者原分期				第一期	第二期	第三期	第四期
哨棚嘴 1999 报告	第一期早段	第一期晚段	第二期	第三期早段 T103 第 23 层	第三期早段 T103 第 23 层以外单位、第三期中段	第三期晚段	
中坝遗址 1998 年发掘						T0406、T0407 第 20～22 层	T0406、T0407 第 11～19 层

　　①　吉林大学考古学系、四川省文物考古研究所：《奉节县老关庙遗址第三次发掘》，《四川考古报告集》，文物出版社，1998 年。

　　②　江章华：《再论川东长江沿岸的史前文化》，《四川文物》2002 年第 5 期。

　　③　北京大学考古学研究中心、北京大学考古文博学院三峡考古队、重庆市忠县文物管理所：《忠县哨棚嘴遗址发掘报告》，《重庆库区考古报告集》（1999 卷），科学出版社，2006 年。

续表

	第一期	第二期	第三期	第四期	第五期	第六期	第七期
中坝遗址 1999 年发掘							√
大溪遗址	哨棚嘴 第一期	哨棚嘴 第二期					老关庙遗存
苏和坪			1999 年第 9、10 层, 2000 年第 6、7 层	2000 年第 5 层、F2			
玉溪坪				第一段	第二、三段		
涪溪口			1998 北区 南第 6 层、中区第 7 层，1999 中区第 7 层	1998 中区第 6 层，1999 中区第 6 层			
杜家院子		第 8 层		第 6、7 层		第 5 层	

　　1998 年发掘的中坝遗址，简报发表的新石器文化遗物主要出自 T0406，少量出自 T0407。从出土的陶器特征看，明显可分为上、下两个文化层，上文化层包括第 11~19 层，下文化层包括第 20~22 层[①]。上下文化层有比较明显的区别，如花边敞口深腹罐（报告中的缸），上层花边比下层粗，下层的多饰绳压菱格纹，上层多饰粗疏绳纹；尖底缸基本出在上层，下层不见；折沿深腹罐主要出在下层，而上层少见，且风格也不同；高领盘口罐下层数量多，上层数量少，而且下层的盘口普遍比上层的盘口要深；沿外贴泥条花边的贴边罐基本出在上层，下层几乎不见；高领瓮下层数量多，上层数量少。下层陶器中的高领盘口罐、花边敞口深腹罐、折沿深腹罐和钵等主要陶器均与前面分的第六期同类器相近，因此归入第六期。从其高领盘口罐的盘口特征看，有些偏晚的特征，推测应属第六期偏晚。上层中的花边敞口深腹罐、贴边罐、尖底缸、钵和豆等均属第七期的典型特征，因此当属第七期。

　　1999 年发掘的中坝遗址，简报介绍的新石器文化遗物主要是 AT0201 和 DT0202 两个探方的。其中 AT0201 的第 76 层有 1 件陶器，H598、H601 有 1 件陶器，H605 有 2 件陶器，大量遗物出自 DT0202 中的灰坑，包括该探方第 53A 层下的 H633，第 56A

---

　　① 　四川省文物考古研究所、重庆市文物局三峡办、忠县文物保护管理所：《忠县中坝遗址Ⅱ区发掘简报》，《重庆库区考古报告集》（1998 卷），科学出版社，2003 年。

层下的 H634，第 62B 层下的 H635、H636、H637，第 63 层下的 H638，第 65A 层下的
H639、H640、H641、H642 等。另外还有 H643、H644 两个灰坑的探方和层位不明 [①]。
尽管遗迹单位较多，层位相距也比较远，但从上述各地层单位出土的陶器特征看，都
比较一致。最常见的陶器就是花边较粗的敞口深腹罐（缸），另外还有沿外贴附加泥
条花边的贴边罐、盘、钵、豆等，见尖底和柱状底，上述特征与老关庙遗存极为相近，
当归入第七期。另外，H643 和 H644 虽然见高领盘口罐，但其他陶器均与老关庙接近，
并且其盘口也较 1998 年发掘的中坝遗址 H297 和哨棚嘴遗址属第六期的地层单位出土
的高领盘口罐的盘口浅，因此也归入第七期。

　　2000 年发掘的大溪遗址，在大溪文化第四期地层中出土哨棚嘴文化遗物，其上还
叠压哨棚嘴文化的地层。报告根据各地层单位陶器的差异程度，将其分为哨棚嘴文化
和老关庙文化遗存，其中将与大溪文化第四期共存的遗物归为哨棚嘴文化第一期，将
大溪文化与老关庙文化之间的地层单位归为哨棚嘴文化第二期，老关庙文化主要是
Ⅰ T0503 第 10A、10B 两层 [②]。报告中的哨棚嘴第一期遗存有双唇口高领瓮、平唇口高领
瓮、饰绳纹的盆、卷沿罐和敛口弧腹钵等，其中的双唇口高领瓮属我们前面分期中的
第一期特征，因此当属哨棚嘴文化第一期。报告中的哨棚嘴第二期遗存出土遗物不多，
有花边口卷沿鼓腹罐、卷沿深腹罐、钵等，器物形态都不够典型，归期较为困难，其
卷沿鼓腹罐、钵等较为接近于前面分期中的第二期，因此暂归入第二期。报告中分的
老关庙文化遗存主要有花边敞口深腹罐（或尖底缸）、敛口卷沿罐、盆、钵和豆等，与
老关庙遗址的陶器特征相近，属前面分期中的第七期特征。

　　万州苏和坪遗址 1999 年和 2000 年发掘发现哨棚嘴文化遗存。1999 年的发掘，哨
棚嘴文化遗存主要出在Ⅱ区 T206 的第 9、10 层，遗物较少，陶器也不够典型 [③]。第 9 层
有上腹饰瓦棱纹的敛口折腹钵，第 10 层出有折沿盆，与第三期出土的同类器相近，因
此可归入第三期。2000 年的发掘，哨棚嘴文化遗存主要有Ⅱ区的第 5～7 层及第 5 层下
的 F2 [④]，其中第 6 层有第三期特征的折沿盆，第 7 层有第三期特征的上腹饰瓦棱纹的敛
口折腹钵，因此第 6、7 层当属第三期的遗存。第 5 层和 F2 陶器特征比较相近，时间
相距不会太远。第 5 层和 F2 所见的折沿深腹罐（报告中的 Ab、Ac 型缸）与哨棚嘴遗

　　① 四川省文物考古研究所、北京大学考古文博学院、美国 UCLA 大学等：《忠县中坝遗址 1999
年度发掘简报》，《重庆库区考古报告集》（2000 卷），科学出版社，2007 年。

　　② 重庆市文物考古所、重庆市文物局、巫山县文物管理所：《巫山大溪遗址勘探发掘简报》，
《重庆库区考古报告集》（2000 卷），科学出版社，2007 年。

　　③ 重庆市博物馆、万州区文管所：《万州苏和坪遗址发掘报告》，《重庆库区考古报告集》（1999
卷），科学出版社，2006 年。

　　④ 重庆市文物考古所、重庆市文物局、重庆市万州区博物馆：《万州苏和坪遗址第二次发掘报
告》，《重庆库区考古报告集》（2000 卷），科学出版社，2007 年。

址出土的属第三期的折沿深腹罐（报告称瘦腹罐）相比，下腹内收较急、底部稍小，有所区别，晚于第三期。F2 出土的敞口深腹罐（报告中的 B 型缸）与第四期的同类器相近，第 5 层出土的敛口钵与 1997 年发掘属第四期的哨棚嘴遗址 T411 第 9 层出土的钵相近，因此可将 F2 和第 5 层划归第四期。

2001 年重庆市文物考古所发掘的丰都玉溪坪遗址，目前报告尚未发表，发掘者将该遗址的新石器文化遗存分为三段[①]。第一段陶器主要有盘口深腹罐、折沿深腹罐、卷沿罐、高领瓮和敛口钵等，其中的盘口深腹罐、折沿深腹罐和卷沿罐均与第四期的同类器相近，因此属第四期遗存。第二段陶器主要有折沿深腹罐、盘口深腹罐、高领瓮、敛口钵等，其中的盘口深腹罐与哨棚嘴遗址出土的属第五期的盘口深腹罐相近，高领瓮腹部肥胖，也与哨棚嘴遗址出土的属第五期的高领瓮相近，因此该段当属第五期遗存。第三段陶器主要有小卷沿鼓腹罐、敞口罐、高领瓮、折腹钵和敛口钵等，由于陶器太碎，又不够典型，不好比较，不过其中不见第六期常见的高领盘口罐和花边口敞口深腹罐，推测不会晚至第六期，因此暂归入第五期。

万州涪溪口遗址 1998～2000 年做了三次发掘，其中第一、二次发掘发现的新石器文化遗存相对比较丰富。尤其是第二次（1999 年）在遗址的中部区段发掘，出土较为丰富的陶器，新石器文化遗存主要有 3 个单位，即第 6、7 层和打破第 6 层的 H3[②]。第 7 层出土典型陶器有折沿深腹罐、高领瓮、敛口钵、上腹饰瓦棱纹的敛口折腹钵、折沿盆、卷沿鼓腹罐等。其中，折沿深腹罐、领部饰凸棱纹的高领瓮、敛口钵、上腹饰瓦棱纹的敛口折腹钵、折沿盆和腹部饰瓦棱纹的卷沿罐等均是第三期的特征，因此可归入第三期。第 6 层出土器类主要有敞口深腹罐、高领瓮、敛口钵、上腹饰瓦棱纹的敛口折腹钵、折沿盆和宽沿直腹尊等，部分器物与第 7 层的同类器有差异，高领瓮领部无凸棱，折沿盆沿变窄而卷，有第四期特征的敞口深腹罐，因此考虑到与第 7 层的差异，将其归入第四期。H3 出土遗物太少，又不够典型，不好归期。1998 年在遗址的北、中、南三个区段均进行了发掘，新石器文化遗存主要发现于中部和北部区段，尤其是北区南部探方和中区探方出土遗物较为丰富[③]。北区南部探方新石器文化遗存主要发现于第 6 层，出土的主要陶器有折沿深腹罐、高领瓮、敛口钵、上腹饰瓦棱纹的敛口折腹钵、折沿盆和卷沿鼓腹罐等，与 1999 年发掘的第 7 层特征一致，可归入第三期。北部、东部探方新石器文化遗存发现于第 6、7 层，但出土遗物太少，器物不够典

①　邹后曦、袁东山：《重庆峡江地区的新石器文化》，《重庆·2001 三峡文物保护学术研讨会论文集》，科学出版社，2003 年。

②　福建省考古队、重庆万州区文物保管所：《万州涪溪口遗址发掘报告》，《重庆库区考古报告集》（1998 卷），科学出版社，2003 年。

③　福建省博物馆考古队、万州区文物管理所：《万州涪溪口遗址发掘报告》，《重庆库区考古报告集》（1997 卷），科学出版社，2001 年。

型，不好归期。中部探方新石器文化遗存发现于第 6、7 两层，其中第 7 层有折沿深腹罐、敛口钵和上腹饰瓦棱纹的敛口折腹钵等，与 1999 年发掘的第 7 层同类器相近，可归入第三期。第 6 层主要有宽沿直腹尊（报告中的折沿罐）、折沿深腹罐和敞口盆等，其中的宽沿直腹尊与 1999 年发掘的第 6 层出土的同类器相近，因此将该层归入第四期。综上，万州涪溪口遗址的新石器文化遗存主要属哨棚嘴文化第三、四期。2000 年第三次发掘，出土遗物较少，也不出前两次的范围 [①]。

2002 年发掘的忠县杜家院子遗址，发掘时将遗址分为三个区，新石器文化遗存发现于一区，有第 5～9 层及第 5 层下的 H2 和第 6 层下的 H3。报告报道的遗物主要出自第 5～9 层，其中第 9 层只见 1 件石锛，陶器见于第 5～8 层 [②]。从各地层陶器特征看，第 6、7 层比较接近，而第 8 层与第 6、7 层，第 6、7 层与第 5 层区别较大。第 8 层主要出土卷沿鼓腹罐、敛口钵和高领瓮等，其中卷沿鼓腹罐主要见于属第二期的哨棚嘴遗址，敛口钵肩部圆润，属第二期特征，领部有凸棱纹的高领瓮在第三期比较常见，但不排除第二期已出现，综合考虑，将该层归入第二期。第 6、7 层代表性陶器有高领瓮、腹饰瓦棱纹的卷沿深腹罐、腹饰瓦棱纹的卷沿鼓腹罐、敛口钵和敞口深腹罐等。其中的敞口深腹罐、腹饰瓦棱纹的卷沿深腹罐等均是第四期的典型特征，但其中也有部分陶器有第三期的特征，如领饰瓦棱纹的高领瓮和腹饰瓦棱纹的卷沿鼓腹罐，由于不见第三期多见的饰瓦棱纹的敛口折腹钵、折沿盆等，因此综合考虑将其归入第四期。第 5 层陶器有高领盘口罐、花边敞口深腹罐、卷沿罐、敛口钵和高领瓮等，其中的高领盘口罐、花边敞口深腹罐明显属第六期的特征，因此当归入第六期。

依据上面的分期，可以对哨棚嘴文化各期特征作如下归纳。

第一期：发现遗址不多，出土遗物较少。陶器质地在哨棚嘴和大溪遗址略有不同，可以看出，陶器分泥质和夹砂，夹砂陶以红褐、灰褐陶为主，泥质陶多黑陶，部分灰黑和灰褐陶。纹饰以绳压细菱格纹为主，少量附加堆纹和戳印纹，部分素面陶。可辨器形很少，主要有双唇口高领瓮、卷沿深腹罐、饰绳纹的盆、弧腹钵和卷沿罐等（图一）。

第二期：陶器以夹砂陶为主，少量泥质陶。夹砂陶以红褐陶为主，其次是灰褐、灰和红陶。泥质陶有灰、黑、灰褐和红陶。纹饰流行绳压斜向小菱格纹，多数器物上菱格纹与戳印纹和箍带纹搭配，另有少量细绳纹、戳印太阳纹，部分罐为花边口。器形以卷沿花边口鼓腹罐数量较多，另外还有平口高领瓮、卷沿深腹罐、敛口钵、折腹盆和卷沿罐等（图二）。

①　福建省考古队、重庆万州区文保所：《万州涪溪口遗址第三期发掘报告》，《重庆库区考古报告集》（1999 卷），科学出版社，2006 年。

②　成都文物考古研究所、重庆市文物局、忠县文物管理所：《忠县杜家院子遗址发掘简报》，《重庆库区考古报告集》（2001 卷），科学出版社，2007 年。

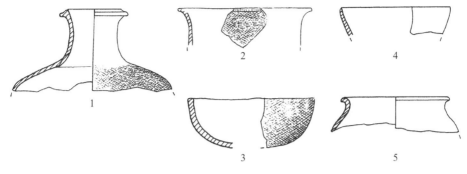

图一   第一期陶器

1. 双唇口高领瓮（H89：2） 2. 卷沿深腹罐（ⅠT0502⑮：98） 3. 盆（ⅠT0604⑥：46） 4. 钵
（ⅠT0402㉔：205） 5. 卷沿罐（ⅠT0402㉔：204）
（1. 1999 年哨棚嘴遗址，2～5. 2000 年大溪遗址）

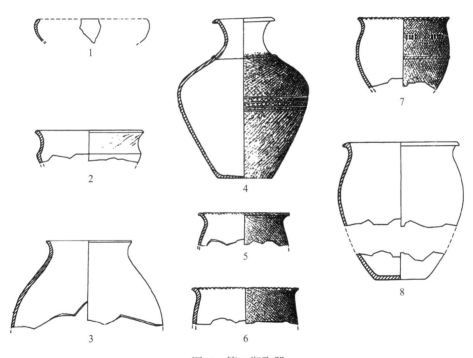

图二   第二期陶器

1. 敛口钵（T312⑯B·4） 2. 折腹盆（T322⑲：1） 3、8. 卷沿罐（Ⅱ97：6、T312⑯D：2） 4. 平口高领瓮
（T312⑯B：1） 5、6. 卷沿深腹罐（T322⑲：2、T333㉓：12） 7. 花边口鼓腹罐（T322⑲：4）
（均为 1999 年哨棚嘴遗址出土）

第三期：陶器仍是夹砂陶占绝大多数，泥质陶较少。夹砂陶中以红褐陶和红陶较
多，灰褐陶和灰陶次之，另有少量灰黑陶和黑褐陶。泥质陶中主要为灰陶和磨光灰陶，
少量磨光黑陶、磨光红褐陶和红陶。纹饰较多，素面陶较少，纹饰以绳压小菱格多见，
少量中菱格纹，多数器物均是菱格纹、戳印纹和箍带纹搭配，其次是斜向细绳纹，另

有少量的凹弦纹、凸弦纹和粗绳纹。典型陶器有折沿深腹罐、腹部饰瓦棱纹的卷沿鼓腹罐、敛口钵、上腹饰瓦棱纹的敛口折腹钵和折沿盆等（图三）。

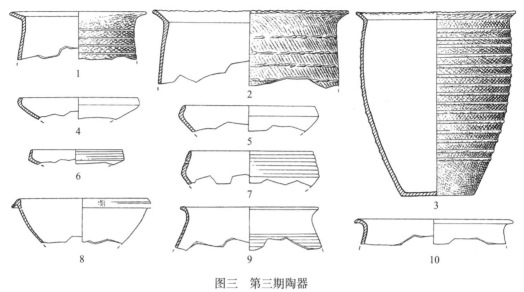

图三　第三期陶器

1～3. 折沿深腹罐（T312⑪：2、T332⑮：8、T312⑪：1）　4、5. 敛口钵（T332⑮：3、T322⑫：1）

6、7. 敛口折腹钵（T332⑭：3、H87：1）　8. 折沿盆（T332⑮：4）　9. 卷沿鼓腹罐（T332⑭：1）

10. 卷沿罐（T332⑮：7）

（均为1999年哨棚嘴遗址出土）

第四期：陶器中夹砂陶多于泥质陶，夹砂陶以褐陶为主，其中又以红褐陶和黄褐陶为主，灰褐陶较少。夹砂灰陶以黑灰陶为主，少量青灰陶。泥质陶以红褐陶为主，次为青灰陶，再次为黑灰陶，少量黑皮陶。纹饰较发达，其中绳压菱格纹数量最多，基本为小菱格，次为细绳纹，再次为箍带纹和弦纹，还有少量的线纹、水波纹、折线纹和瓦纹等。代表性陶器有折沿深腹罐、盘口深腹罐、敞口深腹罐、平口高领瓮、肩饰瓦棱纹的卷沿深腹罐和钵等（图四）。

第五期：仍以夹砂褐陶为主，其中以红褐陶和黄褐陶的数量较多，其次是灰褐陶，灰陶较少。泥质陶较少，其中以红褐陶为主，其次是青灰陶，黄褐、黑灰、黑皮陶数量很少。纹饰仍然很发达，以绳压菱格纹数量最多，主要是大菱格纹，小菱格纹极少，其次是粗绳纹，再次是箍带纹，另有少量的细绳纹、折线纹、戳印纹等。代表性陶器有折沿深腹罐、敞口深腹罐、盘口深腹罐、平口高领瓮、锯齿花边口高领罐、钵和盆等（图五）。

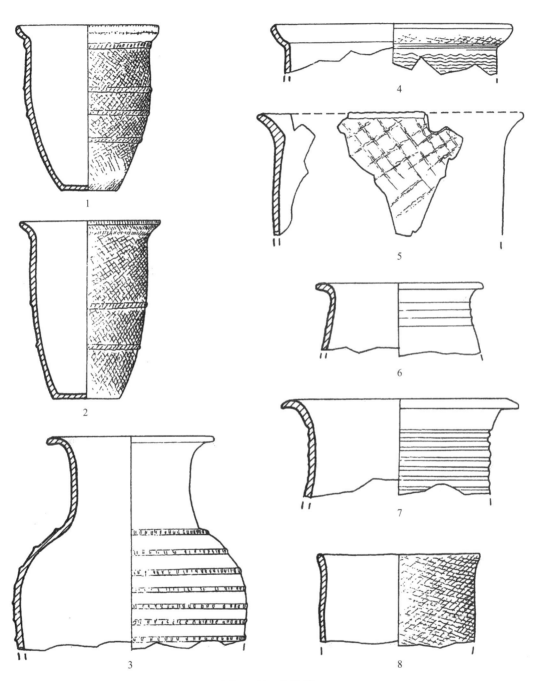

图四 第四期陶器

1、4. 盘口深腹罐（G33：10、T411⑨：20） 2、5. 折沿深腹罐（G33：9、T103㉓：4） 3. 平口高领瓮
（G33：25） 6、7. 卷沿深腹罐（G33：21、T103㉓：2） 8. 敞口深腹罐（T411⑨）
（1~3、6. 玉溪坪，4、8. 1997年哨棚嘴，5、7. 1999年哨棚嘴）

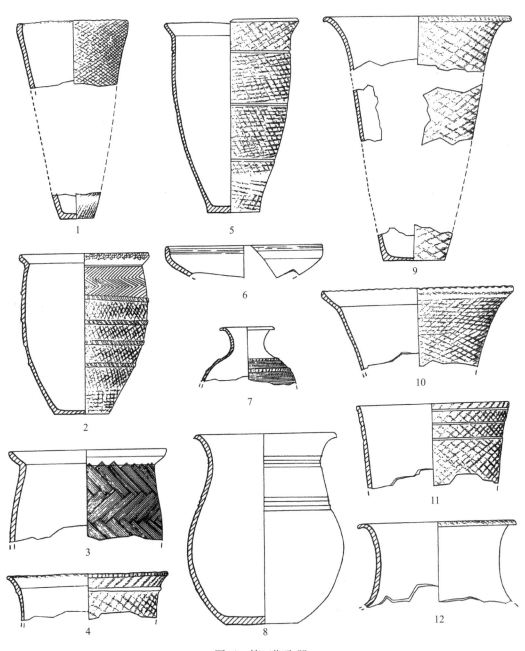

图五 第五期陶器

1、9、11. 敞口深腹罐（T321⑧、T103㉑：3、T103㉑：2） 2. 盘口深腹罐（H283：2） 3. 盘口罐
（T103㉑：1） 4、5、10. 折沿深腹罐（T103⑲：2、H283：1、T112㉔：2） 6. 钵（H283：10）
7. 平口高领瓮（Y2：1） 8. 卷沿罐（H283：3） 12. 花边口高领罐（T103⑲：14）
（1. 1997年哨棚嘴，2、5、6、8. 中坝遗址，3、4、9～12. 1999年哨棚嘴，7. 玉溪坪）

第六期：夹砂陶与第五期相若，其中依次为黄褐、红褐、灰褐陶，灰陶较少。泥质陶分红褐和黑皮陶。此期有纹饰的陶片减少，素面陶有所增加，其中数量最多的是粗绳纹，次为大菱格纹，细绳纹、小菱格纹、箍带纹、水波纹和瓦纹等数量极少。代表性陶器有折沿深腹罐、敞口深腹罐、圈足盘、高领盘口罐、豆、盆和钵等（图六）。

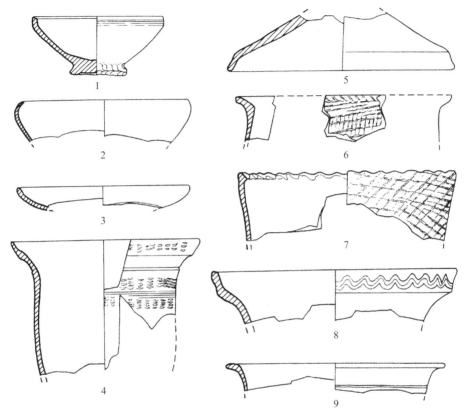

图六　第六期陶器

1～3. 钵（H297：4、T403⑩：18、T403⑩：17）　4、8. 高领盘口罐（H297：25、T112⑧：7）　5. 器盖
（T112⑧：2）　6. 折沿深腹罐（T115㉑：4）　7. 敞口深腹罐（T112⑩：4）　9. 折沿盆（T113⑭：5）
（1、4. 中坝遗址，2、3. 1997年哨棚嘴，5～9. 1999年哨棚嘴）

第十期：陶器仍以夹砂褐陶数量最多，夹砂灰陶和泥质陶较少。纹饰仍然很发达，其中以绳纹为主，少量的弦纹、划纹和附加堆纹，箍带纹、菱格纹等已基本消失。代表性陶器有敞口深腹罐、贴边罐、尖底缸、圈足盘、盆、钵和器盖等，多柱状底和尖底（图七）。

有几类陶器早晚形态变化十分明显。

折沿深腹罐：第一、二期为卷沿（卷沿深腹罐），到第三期变成外折宽沿，外折角度较大，第四期变为略向上，外折角度变小，第五、六期外折角度进一步变小，成为斜上外侈，第七期可能变为沿外作裙边装饰的贴边罐。纹饰第一至三期多细菱格纹，到

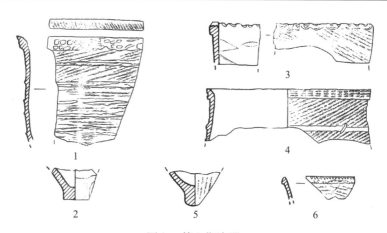

图七　第七期陶器

1、4、6. 贴边罐（H292：26、H292：23、H292：35）　2、5. 尖底缸（H292：68、H292：69）

3. 敞口深腹罐（H292：41）

（均为中坝遗址出土）

第四期出现粗菱格纹，第五期后多粗菱格纹，绳纹由细逐渐变粗。第三、四期多箍带纹。

敞口深腹罐：主要从第四期出现，第四期为沿外侈，腹较浅，第五期变为口略直，少量沿外卷，腹明显变深，第六、七期基本为直口，斜直深腹。绳纹和绳压菱格纹与折沿深腹罐的演变趋势基本一致。

高领瓮：由第一期的双唇口到第二期变为平口，腹部由第一、二期的广肩、肥胖，到第三期以后变为溜肩、瘦高。纹饰由第一、二期的绳压细菱格纹至第三期以后变为箍带纹。

器底：夹砂陶深腹罐类的器底由大逐渐变小，到第七期变为柱状底并演变为尖底。

关于哨棚嘴文化的年代，笔者曾将其推定在距今4600～3800年左右，约当石家河文化的年代范围，目前看这一年代只涵盖了第四至七期的年代。据新的材料分析，上述推断仍然没有大的问题。首先第三期所见的上腹饰瓦棱纹的敛口折腹钵、折沿盆均见于屈家岭文化遗存中，其中，敛口折腹钵与1985～1986年发掘的中堡岛遗址属屈家岭文化遗存第四期出土的I型Ⅲ式钵相近，折沿盆与中堡岛第四期遗存中的G型Ⅲ式盆相近[1]。由此推断第三期的年代当在屈家岭文化的年代范围内，尤其是1999年发掘的哨棚嘴遗址属第三期的地层中出土1件屈家岭文化彩陶壶（T322⑪：4），该壶与京山屈家岭晚期第二段的Ⅲ式壶相近[2]，因此可以推断第三期的年代当在屈家岭文化偏晚的时期。这与第四期属石家河文化的早期在时间上是紧密衔接的，与其陶器特征紧密衔

① 国家文物局三峡考古队：《朝天嘴与中堡岛》，文物出版社，2001年。

② 中国科学院考古研究所：《京山屈家岭》，科学出版社，1965年。

接是相吻合的。更为重要的是 1985～1986 年发掘的中堡岛遗址的第四期地层单位中，发现哨棚嘴文化第二期的卷沿鼓腹罐、折沿深腹罐、平口高领瓮和太阳纹陶片。中堡岛第四期属屈家岭文化遗存，因此哨棚嘴文化第二期的年代也当在屈家岭文化时期。2000 年发掘的巫山大溪遗址中的大溪文化第四期发现哨棚嘴文化第一期的陶器与大溪文化末期陶器共存的现象。依据上述情况综合考虑，我们可以将哨棚嘴文化的年代上限大致推定在大溪文化的末期，约距今 5000 年。

二、关于文化命名的问题

关于该文化的命名，随着三峡库区考古发掘工作的推进，新的材料不断出土，学界先后提出了不同的意见，至今尚无统一的认识。最初发掘者多是按各自所发掘的遗址材料提出了不同的文化命名，王鑫将 1993、1994 年发掘的哨棚嘴遗址新石器文化遗存作为该遗址的第一期文化，并认为哨棚嘴第一期是存在于瞀井河流域有一定时间和分布范围的一支新考古学文化类型，建议暂将其命名为"哨棚嘴一期类型"[1]。赵宾福先生根据奉节老关庙遗址下层发现的新石器遗存，尤其是 1994 年第三次发掘的材料，建议将这类遗存定名为"老关庙文化"或"老关庙下层文化"。并认为该类遗存主要分布在东起奉节、西至丰都的长江沿岸，在整个瞿塘峡以西具有一定的代表性[2]。孙华先生在哨棚嘴遗址 1997 年的发掘简报中，将哨棚嘴遗址 1997 年发掘的新石器时代遗存划分为 3 个阶段（相当于第四～六期），认为 1993 年和 1994 年发掘材料相当于本次发掘所分的第 2、3 段，而老关庙当排在第 3 段之后，并与哨棚嘴第 3 段有一定的时间距离。孙华先生认为鉴于哨棚嘴遗址第一期遗存具有不同于湖北西部和四川成都平原新石器文化的独立特征，建议将位于峡江地区中心的哨棚嘴遗址作为该地区龙山时代及其以前新石器文化的代表，命名为"哨棚嘴文化"[3]。1999 年，孙智彬先生依据中坝遗址 1998 年的发掘材料（相当于第五～七期），又提出了"中坝文化"的命名[4]。孟华平先生依据中坝遗址 1998 年发掘的 H283、H297、H292 和哨棚嘴遗址 1997 年的发掘材料，认为年代相当于宝墩文化的中期阶段，该类遗存与宝墩文化大同小异，可将该群

① 王鑫：《忠县瞀井沟遗址群哨棚嘴遗址分析——兼论川东地区的新石器文化及早期青铜文化》，《四川考古论文集》，文物出版社，1996 年。

② 赵宾福、王鲁茂：《老关庙下层文化初论》，《四川考古论文集》，文物出版社，1996 年；吉林大学考古学系、四川省文物考古研究所：《奉节县老关庙遗址第三次发掘》，《四川考古报告集》，文物出版社，1998 年。

③ 北京大学考古文博院三峡考古队、重庆市三峡库区田野考古培训班、忠县文物管理所：《忠县瞀井沟遗址群哨棚嘴遗址发掘简报》，《重庆库区考古报告集》（1997 卷），科学出版社，2001 年。

④ 孙智彬：《忠县中坝遗址多学科综合研究的实践与探索》，《中国考古学会第十次年会论文集》，文物出版社，2008 年。

遗存归入宝墩文化系统。但该类遗存也有自己的特点，所以，根据考古学文化命名的一般原则，将该类遗存称为宝墩文化哨棚嘴类型①。后来由于更早的材料逐渐出土，如哨棚嘴遗址的下层、玉溪坪遗址和大溪遗址的新发现，有学者又开始提出将早、晚遗存分开命名的建议，如孙华先生在1997年哨棚嘴遗址发掘简报的结语注释中，又提出了将四川盆地盆东岭谷地区的新石器文化的发展序列排列为：相当于前仰韶时期的"玉溪文化"，相当于仰韶时代晚期到龙山时代早期的"哨棚嘴文化"，相当于龙山时代中晚期的"羊子岩文化"（即中坝文化）②。2001年，邹后曦、袁东山先生提出将1997年发掘的哨棚嘴遗址第一期第2、3段以及老关庙、魏家梁子等重庆峡江其他龙山时期遗存命名为"哨棚嘴文化"，将1997年发掘的哨棚嘴遗址第一期第1段、1999年哨棚嘴发掘的早期遗存，以及时代和文化面貌基本相同的玉溪上层、大溪第四期B组（即与大溪文化末期共存的哨棚嘴文化因素）、苏和坪和玉溪坪等遗存命名为"玉溪坪文化"③。樊力先生在哨棚嘴遗址1999年的发掘报告中，将该年发掘的哨棚嘴遗址新石器文化遗存分为三期，认为1994年和1997年发掘的哨棚嘴遗址新石器遗存相当第三期，这种看法无疑是正确的。樊力先生提出了将哨棚嘴三期遗存分别命名为"哨棚嘴一期文化""哨棚嘴二期文化""哨棚嘴三期文化"。但同时认为哨棚嘴第一、二、三期新石器文化遗存彼此间虽有一定的差异，但承袭关系明显，传统一脉相承，当为一个与周边地区文化系统相异的自成体系的独立的文化系统。并认为所谓的"老关庙下层文化"实际晚于哨棚嘴第三期文化（这无疑也是正确的），不属于新石器文化范畴④。2000年大溪遗址的发掘者也明显将早晚阶段遗存分别命名，将上层与老关庙相近的文化遗存归入"老关庙文化"，将叠压于"老关庙文化"之下的地层单位及与大溪文化第四期共存的遗物（相当于第一、二期）归入"哨棚嘴文化"⑤。

可以看出，对该文化的认识是随着发掘工作的逐步推进，资料的不断丰富，有一个逐渐清晰与深入的过程，尽管出现了不同的看法，这也是一个正常的认识过程。笔者认为，前面所分的第一至七期的考古文化遗存是一脉相承的，中间并未出现突变，

① 孟华平：《三峡地区"新石器时代晚期"诸遗存分析》，《2003三峡文物保护与考古学研究学术研讨会论文集》，科学出版社，2003年。

② 北京大学考古文博院三峡考古队、重庆市三峡库区田野考古培训班、忠县文物管理所：《忠县鸷井沟遗址群哨棚嘴遗址发掘简报》，《重庆库区考古报告集》（1997卷），科学出版社，2001年。

③ 邹后曦、袁东山：《重庆峡江地区的新石器文化》，《重庆·2001三峡文物保护学术研讨会论文集》，科学出版社，2003年。

④ 北京大学考古学研究中心、北京大学考古文博学院三峡考古队、重庆市忠县文物管理所：《忠县哨棚嘴遗址发掘报告》，《重庆库区考古报告集》（1999卷），科学出版社，2006年。

⑤ 重庆市文物考古所、重庆市文物局、巫山县文物管理所：《巫山大溪遗址勘探发掘简报》，《重庆库区考古报告集》（2000卷），科学出版社，2007年。

甚至比较大的变化情况。尽管在不同的阶段出现新的文化因素，以及某些陶器在某些阶段消失的情况，但这些变化并未达到影响整体文化性质的程度。因此，应是同一性质的考古学文化，中间的变化只是同一文化早晚发展阶段的变化，不宜将其早晚划开，以不同的考古学文化命名，否则从中间任何一处划开都存在不合理的地方。至于用哪个遗址来命名这一文化并不重要，如果按照考古学文化命名的惯例，笔者还是觉得"哨棚嘴文化"的命名较为合适。因为哨棚嘴遗址是目前发现的众多遗址中发现时间早，年代跨度长，出土遗物最典型、最丰富的遗址，因此也最具代表性。

三、关于文化渊源的问题

哨棚嘴文化与长江中游的大溪文化、屈家岭文化区别太大，明显不属于同一文化系统。尽管丰都玉溪遗址发现可早到城背溪文化时期的遗存，但哨棚嘴文化却与之没有多大关系。笔者曾推测该文化可能是源于甘肃地区的新石器文化（主要是马家窑文化马家窑类型）。主要依据是将哨棚嘴文化与茂县营盘山新石器文化相比较，二者有许多共同特征。而营盘山遗址主体遗存与马家窑文化十分相近，尤其是与白龙江流域的大李家坪第三期遗存最为接近[1]。现在看来，哨棚嘴文化源于甘肃地区的新石器文化可能性很大，随着茂县营盘山遗址发掘资料的增多，二者相似特征更为明显。例如，夹砂陶器纹饰盛行绳纹、绳压菱格纹、器口作花边、附加堆纹和箍带纹，泥质陶中的磨光黑陶和瓦棱纹等。器形当中的折沿深腹罐、敞口深腹罐、卷沿鼓腹罐、双唇口高领瓮、平口高领瓮、敛口钵、折沿盆和折腹盆等，都表现出非常相近的特征，只是哨棚嘴文化中不见彩陶。

近年的考古发现表明，大约在距今 5000～4000 年，四川盆地的新石器文化均有不同程度的共性特征。例如，大渡河流域的汉源地区[2]，涪江流域的下关子[3]、边堆山[4]和大水洞[5]等遗址，上述遗址的新石器文化遗存均与营盘山的主体遗存具有较多的相似特

① 江章华：《岷江上游新石器时代遗存新发现的几点思考》，《四川文物》2004 年第 3 期。

② 大渡河中游考古队：《四川汉源县 2001 年度的调查与试掘》，《成都考古发现》（2001），科学出版社，2003 年；四川省文物考古研究院、雅安市文物管理所、汉源县文物管理所：《四川汉源县麦坪新石器时代遗址 2007 年的发掘》，《考古》2008 年第 7 期；四川省文物考古研究院、雅安市文物管理所、石棉县文物管理所：《四川石棉县三星遗址发掘简报》，《四川文物》2008 年第 6 期。

③ 成都文物考古研究所、阿坝藏族羌族自治州文物管理所、茂县羌族博物馆：《四川茂县下关子遗址试掘简报》，《四川文物》2008 年第 2 期。

④ 中国社会科学院考古研究所四川工作队：《四川绵阳市边堆山新石器时代遗址调查简报》，《考古》1990 年第 4 期。

⑤ 四川省文物考古研究院、绵阳市博物馆、江油市文物管理所：《四川江油市大水洞新石器时代遗址发掘简报》，《四川文物》2006 年第 6 期。

征。似乎在距今 5000～4000 年，有一次从西北向四川盆地，甚至更南地区的文化播迁过程。随着时间和空间的推移，逐渐演变而发生变异，这是一个非常值得注意的现象。像下关子、边堆山、大水洞遗址陶器的主要特征是：夹砂陶纹饰多绳压菱格纹、附加堆纹式的箍带纹、戳印纹，泥质陶中的瓦棱纹、器口喜作花边，器形中的平口高领瓮、敞口深腹罐、钵和盆等均与哨棚嘴文化的十分相近。具体来讲，下关子遗址出土的腹部饰箍带纹的高领瓮、花边敞口深腹罐与哨棚嘴文化第四、五期的同类器相近。江油大水洞遗址出土的花边敞口深腹罐的绳纹稀疏，菱格纹较粗，与哨棚嘴文化第五、六期的相近。这些遗址目前发掘面积有限，出土遗物太少，其文化归属还难以确定。嘉陵江流域很值得注意，应该有比较早的与哨棚嘴文化类似的遗存，我们期待在这一区域的发现。

目前能明确为哨棚嘴文化的遗址主要发现在渝东地区的长江干流及其附近地区，但是可以推测，这一文化的分布当远远超出这一范围，尤其是四川盆地东部地区。至少可以推测，四川盆地东部地区距今 5000～4000 年的新石器文化当与哨棚嘴文化有较多的共性特征。哨棚嘴文化在其发展过程中，与长江中游的文化有过不同程度的接触与交流。根据目前的材料看，在第一期阶段，即大溪文化的末期，哨棚嘴文化与大溪文化有接触，但仅限于大溪文化分布的最西端。在屈家岭文化时期，哨棚嘴文化与屈家岭文化有过更深入的接触与交流，在哨棚嘴文化的第三期出现屈家岭文化的遗物，而在宜昌中堡岛遗址的屈家岭文化遗存中也发现哨棚嘴文化的遗物。石家河文化阶段表现比较突出的是在石家河文化的晚期，此时在哨棚嘴文化中出现了典型的石家河文化陶器，如圈足盘、豆等，在中坝遗址和老关庙遗址均有发现。而鄂西地区的石家河文化遗址中也发现比较多的哨棚嘴文化陶器，如高领盘口罐等，最突出的是宜昌白庙遗址[①]。此时，在峡江地区，形成了一个石家河文化与哨棚嘴文化的过渡地带，这一地带的遗址既包含石家河文化的因素，也有哨棚嘴文化的因素。

（原载中国考古学会编：《中国考古学会第十三次年会论文集》，

文物出版社，2011 年，第 73～88 页）

---

①　湖北省文物考古研究所：《1985～1986 年宜昌白庙遗址发掘简报》，《江汉考古》1996 年第 3 期。

试论鄂西地区商周时期考古学文化的变迁
——兼谈早期巴文化

　　鄂西地区是沟通长江中游和长江上游的文化通道，许多文化因素曾在此交汇。新石器时代，城背溪文化、大溪文化、屈家岭文化、石家河文化先后在此承继发展；商周时期，几种文化势力在此角逐，此消彼长。笔者试图通过对文化因素和年代的梳理来揭示商周时期鄂西地区古文化发展变迁的过程，并希望能够从中获得一些有益的历史信息。

一、典型遗址与文化分期

　　鄂西地区是文化交流传播的走廊，同时期的周邻地区文化都对其产生过不同程度的影响。鉴于本文研究的目的，分析时主要关注的是占主导地位的考古学文化，在文化分期时也主要根据陶器群的变化来划分大的文化阶段，对各文化阶段不作更细致的分期。目前所见材料比较典型的遗址有宜昌路家河[①]、三斗坪[②]、杨家嘴[③]、中堡岛[④]，秭归朝天嘴[⑤]、长府沱[⑥]，巴东黎家沱[⑦]，清江香炉石[⑧]等遗址，其中宜昌路家河遗址年代跨度大，层位关系清楚。而其他遗址大多年代跨度不大，只涵盖某一阶段的文化遗存。因此，我们首先从分析宜昌路家河遗址入手。

　　1984 年发掘的宜昌路家河遗址有以下几组典型的层位关系：T3 ② B→③，T4 ⑤→⑥→⑦→⑧→⑨→⑩，T5 ②→③→④→⑤，T7 ④→⑤，T8 ③→④→⑤，T9H3→⑥→ H4→⑦，T10 ③→④ A→④ B→⑤（箭头代表叠压或打破关系）。

---

　　①　长江水利委员会：《宜昌路家河》，科学出版社，2002 年。

　　②　湖北省文物考古研究所：《1985—1986 年三峡坝区三斗坪遗址发掘简报》，《江汉考古》1999 年第 2 期。

　　③　三峡考古队第三小组：《湖北宜昌杨家嘴遗址发掘》，《江汉考古》1994 年第 1 期。

　　④　湖北省宜昌地区博物馆、四川大学历史系：《宜昌中堡岛新石器时代遗址》，《考古学报》1987 年第 1 期；国家文物局三峡考古队：《朝天嘴与中堡岛》，文物出版社，2001 年。

　　⑤　国家文物局三峡考古队：《朝天嘴与中堡岛》，文物出版社，2001 年。

　　⑥　宜昌市博物馆：《三峡库区长府沱遗址试掘简报》，《江汉考古》1995 年第 4 期。

　　⑦　山东大学考古系：《湖北省巴东县黎家沱遗址发掘报告》，《三峡考古之发现》（二），湖北科学技术出版社，2000 年。

　　⑧　湖北省清江隔河岩考古队：《湖北清江香炉石遗址的发掘》，《文物》1995 年第 9 期。

依据上述层位关系及诸地层单位陶器群的比较，可将其分成四组。

第一组：只有 T8 第 5 层。所出陶器主要有小平底罐、高柄豆、深腹罐、圆腹罐、花边口罐等。该组地层单位少，遗物不甚丰富，文化面貌不是十分典型。而其中的绳纹花边口罐可能是峡江地区新石器时代遗物，属晚期地层出早期遗物。

第二组：包括 T3 第 3 层、T4 第 8～10 层、T5 第 2～5 层、T7 第 5 层、T8 第 4 层、T9 第 7 层和 T10 第 4B、5 层。陶器主要有釜、尖底杯、豆、灯座形器、缸、高领罐等。属该组的地层单位较多，还有 T1、T2 的第 3、4 层和 T6 第 5 层。出土遗物很丰富，是该遗址商周时期的主体遗存。

第三组：包括 T3 第 2B 层，T4 第 5、6 层，T7 第 4 层，T9 第 6 层、H4 和 T10 第 4A 层。陶器主要有鼎、鬲、罐、豆等，其中以粗红陶鼎最具代表性。该组地层单位出土遗物不丰富，陶器也较碎，文化面貌不太清晰。

第四组：包括 H3 和 T10 第 3 层。陶器主要有鬲、盆、豆、罐、盂等。属该组的地层单位较少，出土遗物不丰富。

上述四组有层位关系为依据，其早晚关系为：第一组→第二组→第三组→第四组（箭头代表早于关系）。依据路家河四组地层单位的陶器群的特征，可将鄂西地区商周时期的诸遗址地层单位纳入其中。

1979 年发掘的中堡岛遗址第 3A、3B 层，出土陶器有圆腹罐、瓮、缸、高柄豆、鸟头把勺、盂等。1985～1986 年发掘的中区商时期遗存，以第 5、6 层最有代表性，所出陶器以小平底罐、高柄豆、鬶、器盖为主，还有少量缸、釜、绳纹罐等。从其陶器群看，当属路家河第一组，并比路家河第一组的陶器更典型、更具有代表性。

1985～1986 年发掘的朝天嘴遗址 B 区第 6 层，出土陶器主要有小平底罐、高柄豆、器盖、鬶、盂、罐等，当属路家河第一组。

宜都毛家套遗址[①] 出土高柄豆、小平底罐、盂，红花套遗址[②] 出土小平底罐、高柄豆等，均属路家河第一组。

1985～1986 年发掘的三斗坪遗址，其商周时期文化遗存主要是第 4A、4C 层，第 4B 层出土遗物较少。第 4C 层出土陶器以釜、尖底杯、豆为主，还有少量小平底罐，当归入路家河第二组；第 4A 层所出陶器主要有釜、尖底杯、豆、缸，具有典型的路家河第二组的特征。

1985 年发掘的杨家嘴遗址，均为商周时期的文化遗存，地层单位有第 3～5 层。第 4 层出土遗物最丰富，陶器以釜、豆、尖底杯为主，还有少量器盖和罐等。具有典型的路家河第二组的特征。

---

① 林春：《宜昌地区长江沿岸夏商时期的一支新文化类型》，《江汉考古》1984 年第 2 期。

② 林春：《宜昌地区长江沿岸夏商时期的一支新文化类型》，《江汉考古》1984 年第 2 期。

1997 年发掘的秭归长府沱遗址，均为商周时期遗存，主要的地层单位是第 6 层和第 6 层下的灰坑。以第 6 层和 H9 出土遗物较丰富，G3 也出土少量陶器。其中 G3 出土盉足和鬲，遗物太少，文化面貌不清，不便归组。第 6 层和 H9 所出陶器主要有釜、豆、尖底杯、罐等，具有路家河第二组的特征。

1997 年发掘的巴东黎家沱遗址，报告将其商周时期的文化遗存分为早、晚两期。早期有 T0405、T0404、T0407 等探方的第 4C 层和 H1，晚期有 T0405 第 4A、4B 层和 T0407 第 4A 层。早期所出陶器主要有釜、罐、豆、尖底杯等，具有路家河第二组的特征。晚期与早期的文化面貌差别较大，所出陶器主要有鬲、鼎、罐、豆、钵等，具有路家河第四组的特征。

1988 年和 1989 年发掘的清江香炉石遗址第 4～6 层文化面貌一致，陶器以釜、罐、豆、钵、尖底杯为主，属路家河第二组。第 3 层与第 4 层以下的文化区别较大，看不出有任何继承关系。陶器有鬲、盆、豆、罐、瓮等，应属路家河第四组。

秭归柳林溪 T3 第 3 层属再生堆积，其地层年代应为东周时期[1]。所出大部分陶器为楚文化陶器，但其中的釜形鼎和鼎足具有路家河第三组的特征。宜昌小溪口遗址[2]T5 第 5、6 层和 T1 第 3、4 层出土的釜形鼎也当归入路家河第三组。

此外，发现第四组遗存的遗址还有秭归官庄坪[3]、柳林溪、曲溪口[4]，宜昌白庙[5]、朱其沱[6]等遗址（表一）。

表一　鄂西地区商周时期典型遗址地层单位分组表

分组 遗址	第一组	第二组	第三组	第四组
路家河	T8 第 5 层	T3 第 3 层、T4 第 8～10 层、T5 第 2～5 层、T7 第 5 层、T8 第 4 层、T9 第 7 层和 T10 第 4B、5 层	T3 第 2B 层、T4 第 5、6 层，T7 第 4 层，T9 第 6 层，H4 和 T10 第 4A 层	H3、T10 第 3 层
中堡岛	第 3A、3B、5、6 层			
朝天嘴	B 区第 6 层			

---

[1]　湖北省博物馆江陵考古工作站：《一九八一年湖北省秭归县柳林溪遗址的发掘》，《考古与文物》1986 年第 6 期。

[2]　湖北省文物考古研究所：《宜昌县小溪口遗址发掘简报》，《江汉考古》1994 年第 1 期。

[3]　湖北省博物馆：《秭归官庄坪遗址试掘简报》，《江汉考古》1984 年第 3 期。

[4]　宜昌市博物馆：《三峡库区秭归曲溪口遗址发掘简报》，《江汉考古》1999 年第 2 期。

[5]　三峡考古队：《湖北宜昌白庙遗址 1993 年发掘简报》，《江汉考古》1994 年第 1 期。

[6]　三峡考古队：《宜昌朱其沱遗址发掘简报》，《江汉考古》1994 年第 1 期。

分组 遗址	第一组	第二组	第三组	第四组
毛家套	√			
红花套	√			
三斗坪		第4A、4C层		
杨家嘴		第3~5层		
长府沱		第6层、H9		
黎家沱		T0405、T0404、T0407 第4C层、H1		T0405第4A、4B层， T0407第4A层
香炉石		第4~6层		第3层
柳林溪			T3第3层部分陶器	
小溪口			T5第5、6层，T1第3、 4层部分陶器	

我们将上述四组地层单位作为四期，代表鄂西地区商周时期前后发展变迁的四期文化。

二、各期年代与文化因素

商周时期的鄂西地区前后主要存在过如下四类占主导地位的考古学文化遗存。

A类：以小平底罐、高柄豆、盉、器盖、鸟头把勺为核心的器物群（图一），该类文化具有成都平原典型的三星堆文化[①]特征。虽然盉为二里头文化的典型器，但在三星堆文化中常见，已成为三星堆文化的有机组成部分，因此也归入三星堆文化的范畴。

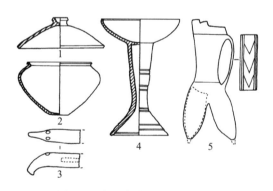

图一　A类遗存陶器（第一期）

1. 器盖（中堡岛 T0703⑥：186）　2. 小平底罐（中堡岛 T0702⑤：15）　3. 鸟头勺把（中堡岛 T5③B：2）

4. 高柄豆（中堡岛 T0405⑤：27）　5. 盉（毛家套）

①　四川省文物管理委员会、四川省博物馆、广汉县文化馆：《广汉三星堆遗址》，《考古学报》1987年第2期。

B 类：以釜、尖底杯、豆、灯座形器、缸为核心的器物群（图二），尤以釜的大量存在为其突出特征。该类文化普遍分布在鄂西地区，为本地土著文化，与周邻地区文化区别明显。关于这一文化的命名，笔者认为目前发现的遗址当中以清江香炉石遗址文化面貌最单纯、最有代表性，因此用香炉石遗址来命名这一文化即"香炉石文化"[①]是合理的。

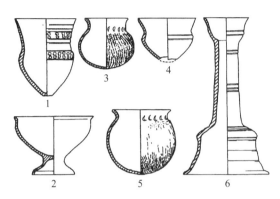

图二   B类遗存陶器（第二期）

1、4. 尖底杯（路家河 T5⑤：43、路家河 T7⑤：15）   2. 豆（路家河 T5③B：1）   3、5. 釜（路家河 T5③B：5、路家河 T5④：9）   6. 灯座形器（路家河 T3③：1）

C 类：以鼎、罐为核心的器物群（图三）。由于该类遗存发现较少，文化面貌不够清楚。《宜昌路家河》作者认为主要属周梁玉桥类型文化遗存，其中最具特征的釜形鼎可能是从 B 类遗存中的釜演变而来。

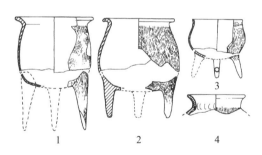

图三   C类遗存陶器（第三期）

1～3. 鼎（路家河 H4：1、柳林溪 T3③：2、小溪口采：22）   4. 罐（路家河 H4：2）

D 类：以鬲、盆、豆、罐、盂为核心的器物群（图四），为典型的楚文化遗存。

①   湖北省清江隔河岩考古队：《湖北清江香炉石遗址的发掘》，《文物》1995 年第 9 期。

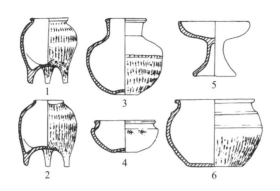

图四　D类遗存陶器（第四期）

1、2. 鬲（柳林溪 H1：2、H1：3）　3. 罐（柳林溪 T2③：5）　4. 盂（柳林溪 T2③：1）

5. 豆（柳林溪 H1：5）　6. 盆（柳林溪 H1：7）

　　除上述四类主要的文化遗存外，对鄂西地区产生过影响的文化还有二里头文化，如陶盂、绳纹圆腹罐、深腹罐等，主要存在于第一期的偏早阶段（如中堡岛遗址第6、7层）。第二期还有少量商文化因素的陶器，如秭归长府沱遗址 G3 所出的鬲，H9 所见的假腹豆等。还有少量陶器如路家河遗址所见的罍（T1③：3）、部分豆、高领罐等与湖南石门皂市商代遗存[①]的同类器相似，主要也存在于第二期。但这些陶器都很少，不占主导地位。

　　第一期以 A 类文化因素为主，只有少量 B 类文化因素的釜，如中堡岛遗址第5、7层和 H17 所出的釜。第二期以 B 类文化因素为主，只在其初期阶段残存少量 A 类因素的陶器，如三斗坪第 4C 层和路家河 T9 第7层出土的小平底罐，路家河 T8 第5层出土的小平底罐和盂。第三期主要是 C 类文化因素。第四期则主要是 D 类文化因素。

　　关于各期的年代，我们主要依据各类文化因素本身的年代、包含已知年代的文化因素的陶器，以及土著因素的陶器与周邻地区其他已知年代的文化共存关系来加以推断。

　　第一期主要是三星堆文化，其年代当不出三星堆文化的年代范围。三星堆文化的年代约相当于二里头文化第四期至殷墟第二期[②]。第一期陶器的总体风格与三星堆文化第一、二期的接近，年代应差不多。另外，中堡岛遗址第7层出土的尖圜底深腹罐和侈口深腹罐与二里头文化第四期的深腹罐[③]相近。有研究者将荆南寺遗址分为六期，其中第一至三期见有小平底罐，而第一、二期的小平底罐与鄂西商周文化第一期的接近。荆南寺遗址第一、二期的年代相当于二里头文化第四期，即二里冈下层偏早至偏晚阶

　　① 湖南省文物考古研究所：《湖南石门皂市商代遗存》，《考古学报》1992 年第 2 期。

　　② 江章华、王毅、张擎：《成都平原先秦文化初论》，《考古学报》2002 年第 1 期。

　　③ 中国社会科学院考古研究所：《二里头陶器集粹》，中国社会科学出版社，1995 年；河南省文化局文物工作队：《郑州二里冈》，科学出版社，1959 年。

段①。中堡岛遗址第 6 层所出 1 件高柄杯（T108 ⑥：5）与荆南寺遗址第二期的 1 件高柄杯（T48 ④ D：17）相近。因此，可将第一期的年代推定为约当二里冈下层时期。

第二期出土的缸在盘龙城遗址② 和荆南寺遗址中也大量发现。路家河遗址 T7 第 5 层属第二期偏早的地层，还有少量三星堆文化因素。而其中所见的缸与盘龙城遗址第五期的缸相近，年代在二里冈上层一期偏晚。路家河遗址 T4 第 8 层和 T3 第 3 层所出的缸与盘龙城遗址第六期的缸相近，年代在二里冈上层二期偏早。路家河遗址 H1 和 T5 第 5 层所出的缸为长尖底形，是这类缸偏晚的形制，与盘龙城遗址第七期的缸相比，尖底更长，接近于荆南寺遗址第六期的缸，年代当晚于盘龙城遗址第七期。盘龙城第七期的年代在二里冈上层二期偏晚，荆南寺遗址第六期的年代有人推定为殷墟第一期。综合以上分析，可将第二期的年代推定为约当二里冈上层至殷墟第一期。

第三期材料太少，文化面貌不够清楚，目前找不到更多的对比材料。不过第四期的面貌比较清楚，为典型的楚文化。典型楚文化形成的年代上限大约在西周晚期。官庄坪遗址的楚文化遗存有鬲、盆、豆、盂、罐等，大量出在第 6 层。该遗址发掘报告认为，遗址主要堆积的时代大体上早到西周晚期，晚到东周时期。白庙遗址发掘报告认为，T41 ③：2 鬲的形态似乎比官庄坪 T1 ⑥：11 鬲的形态还要原始，这对探索楚文化的起源具有特殊意义。朱其沱楚文化遗存的年代为春秋中期，柳林溪的楚文化遗存可早到春秋早、中期，黎家沱遗址出土的有典型楚文化特征的细柄豆、楚式鬲具有春秋时期器物的特征。总之，西周晚期鄂西地区楚文化遗存发现不多，并大多与 C 类因素共存，到春秋时期楚文化遗存增多，春秋中期前后占绝对优势。那么，第三期的年代当不出殷墟第二期至西周晚期的范围。

从上述四期文化的变迁可以得出这样一个认识：三星堆文化盛行于二里冈下层时期，到二里冈上层时已很微弱，只是在偏早阶段残存少量陶器；土著的香炉石文化在二里冈下层时期开始孕育，至二里冈上层时期发展壮大，直到殷墟文化第一期；殷墟第一期以后香炉石文化突然消失，鄂西地区处于一个相对低落的时期，代之而来的第三期遗存非常稀少，直到西周晚期以后楚文化逐渐占据这个地区。

上述认识告诉我们，三星堆文化的分布范围曾一度到达了鄂西地区，但势力很弱。三星堆文化的形成与二里头文化的影响有较大的关系，并且二里头文化的入川路线是经鄂西地区沿江西进，三星堆文化中还保留了部分二里头文化的因素。在二里头文化之后，强大的商文化就接踵而至，江陵以东的江汉平原地区成了商王朝直接统治的地区，"汉东商文化不但分布面积大，遗址密集，而且文化面貌典型。黄陂盘龙城既有与

---

① 何驽：《荆南寺遗址夏商时期遗存分析》，《考古学研究》（二），北京大学出版社，1994 年。

② 湖北省文物考古研究所：《盘龙城：一九六三年——九九四年考古发掘报告》，文物出版社，2001 年。

中原类似的城垣、宫殿和墓葬，又有系统而占优势的商式铜器、陶器和玉器，明显是商王朝统治的重要据点"。"汉东所有的商代遗址都普遍出土以'商式鬲'为代表的陶器群，表明商文化已深入到当时汉东人们的日常生活中。"①但是商王朝的势力并没到达鄂西地区，商文化对鄂西地区的影响十分微弱，甚至可以说基本没产生影响。在这种情况下，三星堆文化和商文化在此均没有较强的势力，这就给土著文化以较大的发展空间。因此，以釜、罐、豆、尖底杯为特征的香炉石文化发展壮大起来，并逐渐将三星堆文化挤出了鄂西地区。但是不知何故，正当香炉石文化的鼎盛时期，却在殷墟第一期以后突然消失在鄂西地区。

三、香炉石文化的去向及相关问题

香炉石文化在鄂西地区消失后，在四川盆地找到了其踪迹。由三星堆文化发展而来的十二桥文化有一最大的特点，就是出现了大量的尖底杯，也有圜底釜。属十二桥文化早期的十二桥遗址第 12、13 层出土的尖底杯和釜②与香炉石文化的尖底杯和釜完全一致，而尖底器和圜底器在此之前不是四川盆地的文化传统，显系外来因素，这在川东地区（主要是现在的渝东地区）表现最为明显。忠县哨棚嘴遗址从商代晚期就开始出现圜底釜和尖底杯③，西周至春秋时期出土数量最多；万州塘房坪遗址西周遗存最大的特点就是存在大量的圜底釜，还有尖底杯、豆等④；忠县中坝遗址战国遗存⑤和瓦渣地遗址出土的陶器中大部分为圜底釜，与香炉石遗址情况十分相近。"香炉石遗址的中心区，在出土遗物较多的 209 平方米面积里出土的近 4000 件各种陶质生活用具中，就有陶釜近 3000 件。"⑥可以说川东地区从商代晚期至战国时期的文化一脉相承，最大的特点就是大量圜底釜的存在，其文化直接源于香炉石文化。另一个值得注意的现象是，香炉石遗址出土了大量的卜甲、卜骨。三星堆文化中至今未发现占卜遗物，但是在十二桥文化中出土了大量卜甲。上述情况显示，香炉石文化向西迁入四川盆地在考

---

① 杨权喜：《湖北商文化与商朝南土》，《中国商文化国际学术讨论会论文集》，中国大百科全书出版社，1998 年。

② 四川省文物管理委员会、四川省文物考古研究所、成都市博物馆：《成都十二桥商代建筑遗址第一期发掘简报》，《文物》1987 年第 12 期。

③ 北京大学考古文博学院三峡考古队、成都市文物考古研究所、重庆市忠县文物管理所：《重庆市忠县哨棚嘴遗址商周时期遗存 2001 年发掘报告》，《成都考古发现》(2001)，科学出版社，2003 年。

④ 陕西省考古研究所、万州区文物管理所：《万州塘房坪遗址发掘报告》，《重庆库区考古报告集》(1997 卷)，科学出版社，2001 年。

⑤ 四川省文物考古研究所、忠县文物保护管理所：《忠县中坝遗址发掘报告》，《重庆库区考古报告集》(1997 卷)，科学出版社，2001 年。

⑥ 王善才：《香炉石遗址与香炉石文化》，《四川文物》2001 年第 2 期。

古上有明显证据。十二桥文化的年代上限为殷墟第三期，与香炉石文化在鄂西地区消失于约当殷墟第二期，在时间上也是吻合的。正是香炉石文化的西迁，对三星堆文化造成了强有力的冲击，使得三星堆文化发生了比较大的变异，并可能成为十二桥文化形成的一个很重要的动因。

如果说春秋战国时期川东长江沿岸的考古学文化为巴文化的话，那么香炉石文化就可能是早期的巴文化，香炉石文化的主人可能是早期的巴人。据童恩正先生考证，巴人最早活动在清江流域，后来才自东而西进入川东地区[1]，这与香炉石文化迁徙的路线是一致的。如果上述推论不误的话，那么或许可以认为早期巴人在鄂西地区主要活动在夏代末期至商代中晚期之际，商代晚期迁入四川盆地，其主体占据了川东地区，而且其中有一支可能进入成都平原，与三星堆古蜀发生过冲突，并最终与当地居民融合在一起。

（原载《考古》2004 年第 11 期）

---

① 童恩正：《古代的巴蜀》，重庆出版社，1998 年。

川东长江沿岸商周时期考古学文化变迁的初步分析

　　川东长江沿岸与鄂西地区是联系长江中游、上游的文化走廊。在这一走廊中上演着文化传播、民族迁徙与文化的融合，不同考古学文化势力在此角逐，此消彼长。这些历史史实都会在古代遗存中明显体现出来，商周时期表现尤为突出。通过对考古遗存的准确分析，把握各考古学文化在时空上的变迁规律，可以发现有价值的历史信息，对探讨巴、蜀、楚的关系等学术问题具有重要的意义。笔者仅就现有的材料对有关问题作尝试性的探讨。

一、各类考古学文化遗存的发现

（一）三星堆文化遗存

　　三星堆文化是指以成都平原三星堆遗址为代表的考古学文化，陶器以小平底罐、高柄豆、盉、鸟头把勺、圈足盘、瓶等为代表。由于三星堆文化中存在着中原二里头文化的因素，因此在下面的分析中凡是与三星堆文化共存的二里头文化因素均归入三星堆文化。目前发现有三星堆文化遗存的有万州中坝子[①]和哨棚嘴遗址[②]。

　　万州中坝子遗址的第4层有瓮、鬲、圆腹罐、深腹罐、高柄豆、鸟头勺柄等，其中的高柄豆和鸟头勺柄为三星堆文化的典型陶器，其形态为三星堆文化第二期的特征。H4出土器盖、高柄豆和深腹罐等，其中的器盖、高柄豆为三星堆文化第二期的典型

---

　　① 西北大学考古队、万州区文物管理所：《万州中坝子遗址发掘报告》，《重庆库区考古报告集》（1997卷），科学出版社，2001年。

　　② 王鑫：《忠县瓦井沟遗址群哨棚嘴遗址分析——兼论川东地区的新石器文化及早期青铜文化》，《四川考古论文集》，文物出版社，1996年；北京大学考古文博院三峡考古队、重庆市三峡库区田野考古培训班、忠县文物管理所：《忠县瓦井沟遗址群哨棚嘴遗址发掘简报》，《重庆库区考古报告集》（1997卷），科学出版社，2001年；北京大学考古文博学院三峡考古队、成都市文物考古研究所、重庆市忠县文物管理所：《重庆市忠县哨棚嘴遗址商周时期遗存2001年发掘报告》，《成都考古发现》（2001），科学出版社，2003年。

器^①，因此第 4 层和 H4 的年代当在三星堆文化的第二期，约商代早期。M7 墓坑长 2.1、宽 0.85、残深 0.3 米，未见葬具痕，为仰身直肢葬，双手于下腹相交，头向东南，方向 125°，为一中年男性。该墓共有 6 件随葬品，其中石器 3 件，斧、锛、凿各 1 件，3 件陶器均为小平底罐，形态特征为圆折肩，斜直腹，腹相对较浅，接近于三星堆文化第三期的特征^②，因此可将该墓的年代推定在三星堆文化的第三期，约商代中晚期。

　　哨棚嘴遗址 1993T1 第 8、9、12 层，1997T404 第 12 层，H61，T401 第 12 层，2001T1～T4 第 9、10、12、13 层，陶器群为敛口罐、小平底罐、高柄豆、高领罐、花边口罐、盆、器盖、圈足器等。该组陶器中的 A 型敛口罐、小平底罐、高柄豆、A 型器盖等是三星堆文化的典型陶器。而高领罐、花边口罐在十二桥文化的初期阶段也存在，其中的小平底罐、A 型器盖均是三星堆文化末期的特征，高柄豆为瘦高杯形，这在三星堆文化第二期以前均不见，大量出现是在十二桥文化的初期，竹节状柄出现也是在三星堆文化第二期以后^③。考虑到此时还未见十二桥文化的典型陶器尖底器等，可将其年代推定在三星堆文化的第三期，约商代中期，下限可到商代晚期偏早阶段。从上述分析看，其文化特征与三星堆文化基本一致，如 A 型敛口罐、小平底罐、高柄豆、鸟头柄勺、A 型器盖等，均是三星堆文化的典型陶器，因此可归入三星堆文化的范畴。

（二）十二桥文化川东类型遗存

　　十二桥文化是指以成都平原十二桥遗址为代表的考古学文化，陶器以尖底杯、尖底盏、尖底罐、圈足罐、簋形器、喇叭口罐、高领罐、盆、瓮等为代表。十二桥文化的形成与鄂西香炉石文化的西迁有关^④。川东峡江地区的十二桥文化与香炉石文化接近的因素更多，尤其是越靠近鄂西地区、年代偏早的遗址，有大量圜底器的存在，也就是说川东峡江地区与成都平原的十二桥文化存在一些差异，像这类情况都归入十二桥文化川东类型。川东长江沿岸战国时期的遗存，明显是从前面的十二桥文化川东类型继承发展而来，因此也暂归入这一类。目前发现十二桥文化川东类型遗存的遗址有忠

---

① 江章华、王毅、张擎：《成都平原先秦文化初论》，《考古学报》2002 年第 1 期。
② 江章华、王毅、张擎：《成都平原先秦文化初论》，《考古学报》2002 年第 1 期。
③ 江章华、王毅、张擎：《成都平原先秦文化初论》，《考古学报》2002 年第 1 期。
④ 江章华：《试论鄂西地区商周时期考古学文化的变迁——兼谈早期巴文化》，《考古》2004 年第 11 期。

县哨棚嘴、云阳李家坝 ①、万州塘房坪 ②、奉节新铺 ③、巫山双堰塘 ④、万州中坝子、万州麻柳沱 ⑤、忠县中坝 ⑥ 等遗址。

　　哨棚嘴遗址十二桥文化川东类型遗存发表的材料可分为 4 组：第 1 组有 2001T1～T4 第 6 层，陶器群为敛口罐、花边口圜底罐、小平底罐、高领罐、高柄豆、溜肩罐、器盖、小平底钵、尖底盏、羊角杯、花边口圜底罐、圈足器等。该组陶器中既残存三星堆文化的典型器如小平底罐、高柄豆等，又有十二桥文化的典型器如尖底盏、尖底杯、高领罐、圈足器等，这与十二桥文化的初期情况较为一致。该组所见的陶器类型与形态特征均与十二桥文化初期相一致，如小平底罐、花边口罐、高领罐、瘦高纽的 A 型器盖、瘦高杯形的高柄豆等在十二桥文化的初期大量存在 ⑦，与三星堆文化有着明显的差异，年代与十二桥文化初期相当，约商代末期。第 2 组有 1993T1H8，1997T403 第 6 层，T402 第 5、6 层，T404 第 10 层。目前能见到的材料陶器主要有羊角杯、尖底杯、尖底罐等，实际还应有其他器形，只是现今发掘的材料太少的缘故。该组所见到的典型陶器是呈弹头状的尖底杯，这种形制的尖底杯大量出现是在十二桥文化的第一期晚段 ⑧，如十二桥遗址的第 10、11 层和黄忠村遗址，其形态与十二桥文化初期的尖底杯相差较大，再晚又基本消失不见。因此该组陶器的年代当在十二桥文化的第一期晚段，约西周前期。第 3 组有 1993T1 第 5 层、1997T431 第 5 层。这一段的材料目前也较少，陶器有尖底盏、羊角杯、高领罐、釜等。该组所见的尖底盏为敛口，圆折肩，斜直腹，同样形制的尖底盏见于成都新一村第 8 层，陶釜形制也基本同于新一村第 8 层 ⑨。因此该组陶器年代可推定在约当西周后期。第 4 组有 1997T401 第 3 层、

　　①　四川大学历史文化学院考古系、云阳县文物管理所：《云阳李家坝遗址发掘报告》，《重庆库区考古报告集》（1997 卷），科学出版社，2001 年。

　　②　陕西省考古研究所、万州区文物管理所：《万州塘房坪遗址发掘报告》，《重庆库区考古报告集》（1997 卷），科学出版社，2001 年。

　　③　吉林大学考古学系、奉节县白帝城文物管理所：《奉节新铺遗址发掘报告》，《重庆库区考古报告集》（1997 卷），科学出版社，2001 年。

　　④　中国社会科学院考古研究所长江三峡工作队、巫山县文物管理所：《巫山双堰塘遗址发掘报告》，《重庆库区考古报告集》（1997 卷），科学出版社，2001 年。

　　⑤　上海大学文物考古研究中心、万州区文物管理所：《万州麻柳沱遗址发掘报告》，《重庆库区考古报告集》（1997 卷），科学出版社，2001 年。

　　⑥　四川省文物考古研究所、忠县文物保护管理所：《忠县中坝遗址发掘报告》，《重庆库区考古报告集》（1997 卷），科学出版社，2001 年。

　　⑦　江章华、王毅、张擎：《成都平原先秦文化初论》，《考古学报》2002 年第 1 期。

　　⑧　江章华、王毅、张擎：《成都平原先秦文化初论》，《考古学报》2002 年第 1 期。

　　⑨　江章华：《成都十二桥遗址的文化性质及分期研究》，《四川大学考古专业创建三十五周年纪念文集》，四川大学出版社，1998 年。

T403 第 4 层、T402 第 4 层、H34。目前所知的典型陶器有喇叭口罐、瓮、花边口圜底罐、高领罐等。该组所见的喇叭口罐形制与成都新一村第 7 层出土的喇叭口罐相同，瓮与成都新一村第 6 层出土的瓮相同。新一村第 6、7 层属十二桥文化的第二期晚段[①]，因此该组陶器的年代也应在十二桥文化的第二期晚段，约当春秋。上述各组地层单位，其文化一脉相承，以细泥陶的尖底杯、夹砂陶的羊角杯、尖底盏、尖底罐、高领罐、喇叭口罐、瓮、圜底罐、釜、器盖、圈足器等为基本的陶器组合，为十二桥文化川东类型的特征，年代从商代末期至春秋。

云阳李家坝遗址 I 区的第 25、26 层和开口于第 25 层下打破第 26 层的 M12 为商周遗存。报告在描述第 26 层时说该层出土罐、尖底杯、三足器等，发表的陶器中能明确器形的有尖底杯、花边口罐、器耳等；描述第 25 层时说出土豆、罐、钵、尖底杯、三足器等，发表的陶器能明确器形的有小平底罐、高领罐、圜底钵、花边口罐、盆和盖纽等；M12 出土的陶器有细柄豆和小平底罐。上述单位出土的陶器均为十二桥文化川东类型的遗物，第 26 层所见的尖底杯具有十二桥文化第一期早段的特征，第 25 层所见的小平底罐、高领罐、盖纽也见于十二桥文化第一期早段，因此 I 区的第 25、26 层和 M12 的年代当不出商代晚期的范围。II 区的第 4 层下发现大量战国时期的墓葬，第 5、6 层为商周时期的遗存。报告在描述第 5 层时说出土罐、花边口罐、豆、尖底杯、小平底罐、器盖、器座、网坠等，发表的陶器有尖底盏、尖底杯、圜底罐、花边口罐、小平底罐等，均为十二桥文化川东类型的陶器。尖底盏、尖底杯为十二桥文化第一期晚段[②]的特征，即西周早期的特征，因此该层的年代当在西周早期。描述第 6 层时说出土罐、花边口罐、尖底杯、小平底罐、器座等，发表的陶器仅见器圈足，从地层描述的器物群来分析，年代当不出商代晚期的范围。综合以上分析看，李家坝遗址 1997～1998 年所发掘出土的商周遗存性质为十二桥文化川东类型，年代在商代晚期至西周早期。

奉节新铺遗址的下层陶器以绳纹圜底罐、细泥陶尖底杯和高领罐为主，有少量的盆、钵、瓮等，为十二桥文化川东类型遗存，与香炉石文化十分相近，香炉石文化西迁至四川盆地的时间是在商代晚期，从其尖底杯与十二桥文化第一期早段相近来看，其年代当在商代晚期。上层有少量的花边口圜底罐等，与鬲、盆、豆、罐等楚文化因素的器物共存，年代约在西周晚期至春秋中期之间。

万州塘房坪遗址于 1998 年 3 月 8 日～5 月 15 日由陕西省考古研究所三峡考古队进

---

① 江章华、王毅、张擎：《成都平原先秦文化初论》，《考古学报》2002 年第 1 期；江章华：《成都十二桥遗址的文化性质及分期研究》，《四川大学考古专业创建三十五周年纪念文集》，四川大学出版社，1998 年。

② 江章华、王毅、张擎：《成都平原先秦文化初论》，《考古学报》2002 年第 1 期。

行第一次发掘，共揭露面积 400 平方米，分为东、西两个区。报告发表的陶器基本为灰坑所出，并集中在西区的 H1、H5、H7、H8、H9、H17、H19，东区的 H15、H16。西区的层位关系为：H5→③→H14→H8→H9→H18→H19；③→H1、H7→④（箭头代表叠压或打破）。东区的 H15、H16 均开口于第 2 层下。综观各地层单位的陶器，无论是器形还是器物群都变化不太大，其年代跨度不会太长，属同一考古学文化，代表陶器有尖底杯、尖底盏、尖底罐、喇叭口罐、圈足器（圈足罐、簋形器）、盆、瓮、圜底钵、平底钵、豆柄、带孔筒形器、圜底罐、花边口圜底罐等，为十二桥文化川东类型最典型的特征，因此其文化属性为十二桥文化川东类型。最早的单位 H19 出土陶器较少，而且无完整器，推断年代比较困难，接下来的 H9 见尖底杯（H9：6）、尖圜底的钵（H9：10），均为西周早期的形制，在成都十二桥遗址的第 10、11 层[①]和黄忠村遗址[②]西周早期的地层中发现较多，依此可推断 H9 的年代当在西周早期。H8 打破 H9，出土喇叭口罐（H8：31）、尖底盏（H8：21、H8：24）、敛口罐（H8：16、可能有圈足）等，均与成都新一村第 8 层所出的西周后期同类器物相近，因此 H8 的年代可断在西周后期。H1 所见的瓮（H1：54）、喇叭口罐（H1：3）也与成都新一村第 8 层所出的西周后期器物相近，因此 H1 的年代也在西周后期。其他地层单位的陶器基本上与上述单位一致，其年代也不会超出上述单位的年代范围，那么万州塘房坪遗址 1998 年发掘的商周遗存，其年代当在西周时期。

巫山双堰塘遗址南、北两区出土的陶器基本相同，为同一时期的遗存。其陶器可分为 A、B 两组，A 组陶器有花边口圜底罐、圜底罐、簋、羊角杯、尖底盏、盆等；B 组陶器有鬲、盆、豆等。A 组陶器为十二桥文化川东类型的典型陶器，与鄂西地区香炉石文化有密切的关系；B 组陶器为楚文化因素的遗物。由于该遗址缺少完整陶器，给年代的判定带来一定的困难，只有通过一些典型陶器的有无和个别陶器的比较来推断其大致年代。首先该遗址 A 组陶器中不见十二桥文化典型陶器细泥陶尖底杯，这种尖底杯从香炉石文化中出现，后传至四川盆地，成为十二桥文化的典型器[③]。其流行的下限年代在西周前期，到西周晚期就基本消失，在四川盆地商代晚期至西周前期的遗址中均有发现，由此可以推断该遗址的年代上限不会超过西周前期。I、II 式缸（T111②：013、T340④：039）实际应是簋形器的口沿，这种陶器在成都平原的新一村、金沙遗址中有完整器，其形制与新一村第 8 层的相近，为西周后期的特征。南区

①　四川省文物管理委员会、四川省文物考古研究所、成都市博物馆：《成都十二桥商代建筑遗址第一期发掘简报》，《文物》1987 年第 12 期。

②　成都市文物考古研究所：《成都市黄忠村遗址 1999 年度发掘的主要收获》，《成都考古发现》（1999），科学出版社，2001 年。

③　江章华：《试论鄂西地区商周时期考古学文化的变迁——兼谈早期巴文化》，《考古》2004 年第 11 期。

所见的 1 件盆（T113③：9，报告中的Ⅲ式瓮）也与成都新一村遗址属西周后期的第 8 层出土的盆相近①。该遗址所见的鬲和豆无完整器，从鬲足和豆盘分析，为楚文化中春秋时期的风格，下限不会晚于春秋中期。综合分析，该遗址的年代范围可大致推定在西周晚期至春秋中期，主体当早于巫山跳石遗址的年代，其文化为十二桥文化川东类型与楚文化共存，以十二桥文化川东类型的遗存为主。

万州中坝子遗址第 3 层陶器较碎，能辨器形的有花边口罐、圜底罐、鬲足和豆圈足等。其中花边口罐和圜底罐为十二桥文化川东类型的陶器，鬲足和豆圈足为楚文化因素的陶器。该层的豆圈足低矮，与当阳赵家湖 A 型I式豆相近，鬲足与当阳赵家湖乙类二期 3 段的鬲相近②，据此可推断该层的年代大约在春秋早期晚段。十二桥文化川东类型与楚文化两种因素共存，与巫山双堰塘和新铺上层的情况接近，因此年代也大致相当。

万州麻柳沱遗址 BT7 第 3 层出土陶器较多，有花边口圜底罐、圜底罐、大口浅腹釜、尖底盏、豆圈足、钵、器盖等。从其中釜的形制看，为巴蜀墓葬中战国中期或略晚的特征，尖底盏腹很浅，也是最晚的形制，在成都平原战国墓葬中不会早于战国早期③。花边口圜底罐的形制也发生了较大的变化，推测该层的年代当在战国中期偏晚时期。打破第 3 层的 H15 出土的陶器群与第 3 层基本相同，花边口圜底罐在形制上也与第 3 层的接近，尖底盏也是浅腹的形制。该灰坑还出土 1 件甗形器（H15：2），这种甗形器与云阳李家坝 M43 中出土的 1 件有些相似，李家坝 M43 的年代报告断在战国中期后段④，因此 H15 的年代与第 3 层的年代相去不远，当在战国中期偏晚。H4 也见 1 件与 H15：2 形制相近的甗形器，年代当与 H15 相近。H13 被 H4 打破，从所出的花边口圜底罐和尖底盏的形制看，年代也早不了多少。BT1 的第 5、6 层出土花边口圜底罐、圜底罐、圜底钵等，其中的花边口圜底罐与 BT7 所出的形制略有不同，为小口束颈，而 BT7 各单位的花边口圜底罐多为大口，BT1 第 5 层出土的圜底钵（报告中的盆）与成都市上汪家拐遗址第 5 层出土的相近⑤，为战国早期的形制，与江陵九店第二期（战国早期）楚墓所见的盂也相近⑥，因此 BT1 的第 5、6 层年代在战国早期。BT6 的第 3～5 层所见陶器与 BT7 各单位的相类，而且第 4 层也见甗形器，年代也大致在战国中期偏晚。综上所述，万州麻柳沱遗址 1998 年发掘的材料年代在战国早期至战国中期，其陶

① 江章华、王毅、张擎：《成都平原先秦文化初论》，《考古学报》2002 年第 1 期。

② 湖北省宜昌地区博物馆、北京大学考古系：《当阳赵家湖楚墓》，文物出版社，1992 年。

③ 江章华、张擎：《巴蜀墓葬的分区与分期初论》，《四川文物》1999 年第 3 期。

④ 四川大学历史文化学院考古系、云阳县文物管理所：《云阳李家坝东周墓地发掘报告》，《重庆库区考古报告集》（1997 卷），科学出版社，2001 年。

⑤ 江章华、王毅、张擎：《成都平原先秦文化初论》，《考古学报》2002 年第 1 期。

⑥ 湖北省文物考古研究所：《江陵九店东周墓》，科学出版社，1995 年。

器群基本从十二桥文化川东类型继承发展而来。花边口圜底罐、圜底罐、尖底盏、釜等是最主要的陶器，甗形器可能是受到楚文化影响后出现的新器形。但与前期相比，此时的陶器种类明显减少，像万州塘房坪遗址西周时期常见的尖底杯、尖底罐、圈足罐、簋形器、瓮、盆等均已基本消失。

忠县中坝遗址 1997 年发掘出土的陶器除花边口圜底罐和尖底盏外，其他很少见完整器，因此要判断各地层单位的年代比较困难，只好依据个别年代比较清楚的典型器来推断其大致年代范围。AT0601 第 18～23 层、M29、M14、M19、M22、M31 等所见的花边口圜底罐形制与万州麻柳沱战国中期偏晚的 BT7 第 3 层的花边口圜底罐相同，年代应相近。DT0503 第 18 层所见的花边口圜底罐（DT0503⑱：12）与上述单位的不同，从颈微束变为无颈，该层见子母口浅腹的豆（DT0503⑱：14），这种豆普遍见于战国晚期的巴蜀墓葬中，最晚可到西汉①，因此推测该层的年代可能在战国晚期。DT0703 第 17 层也出土形制相近的花边口圜底罐，年代应相近。M23 出土的折腹盆（M23：1）是巴蜀墓葬中战国晚期至秦才出现的②。DT0702 第 18 层所见的钵（DT0702⑱：5）与什邡城关战国晚期墓出土的 1 件（M49：4）相近③，该层的年代当在战国晚期。依据上述分析，1997 年中坝遗址发掘的东周遗存年代大约在战国中期偏晚至战国晚期，下限也许可到秦。其文化面貌与万州麻柳沱相近，陶器有花边口圜底罐、圜底罐、尖底盏、釜、盆、钵、豆、罐、瓮等，多为十二桥文化川东类型继承发展来的器形，基本不见楚文化因素的遗物。

（三）楚文化遗存

楚文化是指以鬲、盆、豆、罐、盂为代表的文化遗存，目前发现的有巫山双堰塘、巫山跳石④、奉节新铺、万州中坝子等遗址。

前面已叙述到双堰塘、奉节新铺的上层和万州中坝子的第 3 层为十二桥文化川东类型与楚文化因素共存。

巫山跳石遗址于 1997 年 11 月 22 日～1998 年 1 月 10 日由南京博物院三峡考古队为配合三峡库区建设进行抢救性发掘，共发掘面积 1116 平方米。此次发掘将遗址分成 A、B、C 三个区，其中以 A 区发掘探方比较集中，面积最大，出土遗物最丰富。而 A 区出土遗物最丰富最有代表性的单位是第 6 层和开口于第 6 层下的 G1、H5、H6。上

---

① 江章华、张擎：《巴蜀墓葬的分区与分期初论》，《四川文物》1999 年第 3 期。

② 江章华、张擎：《巴蜀墓葬的分区与分期初论》，《四川文物》1999 年第 3 期。

③ 四川省文物考古研究所、什邡市文管所：《什邡市城关战国秦汉墓葬发掘》，《四川考古报告集》，文物出版社，1998 年。

④ 南京博物院考古研究所、巫山县文物管理所：《巫山跳石遗址发掘报告》，《重庆库区考古报告集》（1997 卷），科学出版社，2001 年。

述单位基本能代表该遗址商周时期已知的文化内涵与时间跨度，因此我们重点分析这些地层单位。出土的陶器有鬲、盆、豆、罐、缸、钵、碗、壶等，基本为楚文化因素的遗物，尤以鬲、盆、豆、罐、壶最具代表性。G1所见的鬲为柱状足、高领、圆肩下内收，与当阳赵家湖[①]丙类三期4、5段楚墓出土的鬲相近，豆的风格也与当阳赵家湖甲类三期4、5段楚墓出土的豆相近，因此G1的年代与当阳赵家湖三期4、5段楚墓的年代相当，约在春秋中期。H5、H6出土的陶器相对少一些，从鬲的形制看与G1的基本相同，年代应相近。第6层出土陶器较多，但几无完整器，其鬲和豆的形制均与G1的一致，因此年代也相近。那么巫山跳石遗址此次发掘出土遗存的年代约在春秋中期前后，基本为楚文化遗存。

二、文化的变迁

笔者曾分析了鄂西地区商周时期考古学文化的变迁，发现三星堆文化的分布范围最初到达了鄂西地区，年代大约在二里冈下层至二里冈上层时期，最盛是在二里冈下层时期，但势力很弱。而商文化的势力基本在汉东地区，并未控制鄂西地区，这样给土著势力以较大的发展空间。作为土著文化的"香炉石文化"在二里冈下层时期开始孕育，到二里冈上层至殷墟第一期左右达到鼎盛时期。当香炉石文化发展起来后，逐渐将三星堆文化挤出了鄂西地区。大约在殷墟第二期左右，香炉石文化又在鄂西地区消失，西迁到了四川盆地与三星堆文化融合形成了十二桥文化。而鄂西地区大约在西周晚期成了楚文化的势力范围，各遗址无一例外的是叠压在香炉石文化地层之上的均为楚文化遗存，之间有时间缺环[②]。

从上述各类考古学文化遗存的发现与分布情况可以得出如下几方面的认识。

（1）三星堆文化遗存在川东长江沿岸不十分丰富，目前发现的遗址只有万州中坝子和忠县哨棚嘴遗址。万州中坝子发现三星堆文化第二、三期的遗存，忠县哨棚嘴发现三星堆文化第三期的遗存，从上述发现来看与成都平原三星堆文化面貌基本一致。再往东在鄂西地区的宜昌中堡岛、秭归朝天嘴、宜昌路家河等遗址发现三星堆文化第一期的遗存。由此，一方面可以看出三星堆文化的分布范围最初东边可达鄂西地区，包括整个川东长江沿岸；另一方面也可以看出三星堆文化最发达的中心区是在成都平原，而川东长江沿岸已处于边缘地区，文化并不发达，也未发现比较高等级的聚落。

（2）十二桥文化川东类型遗存较之三星堆文化遗存明显增多，从巫山到忠县的整个长江沿岸都发现，出土遗物十分丰富，而且发现规模较大的遗址群，如瀼井沟遗址

①　湖北省宜昌地区博物馆、北京大学考古系：《当阳赵家湖楚墓》，文物出版社，1992年。

②　江章华：《试论鄂西地区商周时期考古学文化的变迁——兼谈早期巴文化》，《考古》2004年第11期。

群，川东地区当是这一文化的主要分布地区。十二桥文化川东类型还较多保留了香炉石文化的特征，尤其是初期阶段最为明显，大量圜底器的存在是十二桥文化川东类型区别于成都平原十二桥文化最鲜明的特征。该文化从商代晚期至战国一脉相承，中间虽然也有不同程度的变化，但是其一脉相承的迹象是非常清楚的，如花边口圜底罐、圜底釜（罐）等从早到晚都是最主要的陶器，尖底盏和瓮到战国时期也还存在。

（3）西周晚期至春秋，楚文化势力有一个逐步向西推进的过程。前面我们说到西周晚期楚文化已到达鄂西地区，大约在西周晚期至春秋中期以前，楚文化开始推进到了巫山、奉节，最远到了万州中坝子一带。此时这些地区的遗址还是楚文化和十二桥文化川东类型两种因素共存，如巫山双堰塘以十二桥文化川东类型因素为主，其次是楚文化因素。奉节新铺的上层以楚文化因素为主，次为十二桥文化川东类型。万州中坝子遗址的第3层也是十二桥文化川东类型与楚文化因素共存。而上述地区在西周晚期以前还是十二桥文化川东类型的分布范围，基本不见其他文化因素的遗物，如奉节新铺的下层，云阳李家坝遗址Ⅰ区的第25、26层和M12，Ⅱ区的第5、6层等均是单纯的十二桥文化川东类型的遗物。到了春秋中期前后，巫山地区已成了楚文化的势力范围，如春秋中期前后的巫山跳石遗址基本上是楚文化遗存。目前云阳至万州中坝子一带未发现这一阶段的遗存，从万州中坝子遗址的第3层已出现楚文化因素来看，此时楚文化的势力很可能也推进到了这一地区，不过这有待将来更多新的考古发现来证实。在楚文化向西推进到万州地区时，明显受到了强大的阻力，因此中坝子以西的地区基本不见楚文化遗存。属于战国早期至中期的万州麻柳沱遗址出土陶器基本是从十二桥文化川东类型继承发展而来，不见楚文化因素的遗物，忠县哨棚嘴遗址从西周至春秋的地层中不见楚文化遗物，忠县中坝遗址战国地层中也基本不见楚文化遗物。到战国时期，巴文化的势力又有向东扩张的迹象，至少云阳一带属巴文化的范围。云阳李家坝发现的战国早期至战国晚期前段的墓葬，虽然包含了楚文化和越文化的因素，但总的文化面貌还是以巴文化的因素占主导，墓葬的文化性质当为巴文化。中坝子发现的属战国中期的M3也是典型的巴文化墓葬。云阳以东的奉节、巫山尚不见战国时期的材料，情况如何还无从知晓，有待将来的考古发现。

三、结　语

文献记载商周时期活动在四川盆地的有巴、蜀两个古国，如何从考古学上来探讨巴文化与蜀文化的起源、发展及它们之间所发生的种种关系，是四川盆地考古的重大课题。通过川东、川西两个区域古文化的发展演变脉络的梳理，以及二者之间的文化比较和互相交流融合的过程，是揭示上述问题的重要途径。

川西地区商周时期古文化从三星堆文化到十二桥文化再发展成战国青铜文化，川东地区从三星堆文化到十二桥文化川东类型再发展成战国青铜文化。三星堆文化的中心在成都平原，应是蜀的文化，那么四川盆地在三星堆文化时期均为蜀文化的势力范围。十二桥文化川东类型是从鄂西香炉石文化发展而来，与成都平原的十二桥文化区别是比较明显的。前面我们已做了比较，川东地区的战国青铜文化是从十二桥文化川东类型直接发展而成，从十二桥文化川东类型到战国青铜文化当是巴的文化，那么香炉石文化当是早期的巴文化，也就是说巴文化最初当起源于鄂西地区。随着巴文化的逐渐发展壮大，蜀文化被逐渐挤出了鄂西地区。到商代晚期随着香炉石文化的西迁，从三星堆文化的势力范围内挤占了川东地区这一块，并且与三星堆文化发生了冲突与融合，结果造成了三星堆文化的变化，在成都平原形成了十二桥文化。而香炉石文化在川东地区也逐渐演变成了十二桥文化川东类型。随后两个区域的文化在发展过程中不断整合。而到西周晚期至春秋中期，楚的势力逐渐向西扩张，巴的势力又被迫向西退却，楚的势力到达万州中坝子一带时受到了明显的阻力，万州至云阳一带成了巴楚势力拉锯式角逐的重要区域，一直到战国时期。在这一冲突与碰撞的过程中，水平相对较高的楚文化对巴蜀文化产生了比较大的影响，这是就目前的考古材料所得出的基本认识。

关于巴与楚的关系，《左传》中能见到一些记载：（昭公十三年）"初（楚）共王无冢适（嫡），有宠子五人而无适立焉。……乃与巴姬密埋璧于太室之庭。"（桓公九年）："巴子使韩服告于楚，请与邓好。楚子使道朔将巴客以聘于邓，邓之南鄙鄾人攻而夺之币，杀道朔及巴行人。"（庄公十八年及十九年）"（楚）文王即位，与巴人伐申而惊其师，巴人判楚，伐那处，取之，遂门于楚……楚子御之，大败于津。"（文公十六年）"庸人率群蛮以叛楚，……秦人、巴人从楚师，群蛮从楚子，遂灭庸。"（哀公十八年）"巴人伐楚围鄾……（楚）败巴师于鄾。"上述文献记载说明巴在"春秋时已沦为楚国附庸，它要与邓为好，还要得到宗主国的同意和介绍，楚伐申伐庸，它都有出兵的义务"[①]。但同时也有叛楚的时候，而巴与楚的战争负多胜少，因此以退避为主。从考古信息反映出来的是楚的势力逐渐向西推进，这与文献中反映的巴楚关系能相互补充印证。

关于巴、楚关系这一问题，目前限于材料，线索还不是十分清晰，将来考古材料增多后，可作更细致的分析。

（与颜劲松合作，原载湖北省文物事业管理局、湖北省三峡工程移民局编：

《2003 三峡文物保护与考古学研究学术研讨会论文集》，科学出版社，

2003 年，第 211～218 页）

---

① 徐中舒：《论巴蜀文化》，四川人民出版社，1982 年。

渝东地区商周时期考古学文化研究

渝东地区是长江中上游的文化孔道，也是四川盆地的重要区域。对该地商周时期考古学文化的分析与研究对解决四川盆地的一些重大考古学问题至关重要，如四川盆地商周时期考古学文化的变迁与动因、巴文化与蜀文化、巴蜀文化区的形成与整合过程、巴与楚的关系等。随着三峡库区考古工作的开展，发现大量商周时期的考古遗存。本文意在对考古材料梳理的基础上，揭示该区域各考古学文化的时空变化，对一些问题提出初步看法。

渝东地区商周时期各遗址，以奉节与云阳之间为界，以东和以西地区文化面貌有明显差异。为便于分析，我们将云阳李家坝（含李家坝）以西作为西区，以东为东区，分别加以讨论。

一、西区的文化分期与性质分析

（一）西区典型遗址及其层位关系

（1）涪陵镇安遗址：1999 年发掘 T0604 的⑤→H7→⑥、⑤→H8→⑦（箭头代表叠压或打破关系，以下同），T0502 的⑤→G1→⑥，T0602 的⑤→⑥，T0407 的⑤→H6→⑥。其他还有 T0503、T0603 的第 6 层，T0209 的第 4 层等[①]。

（2）忠县哨棚嘴遗址：1993 年发掘 T1 的⑤、H8→⑧→⑨→……⑫[②]；1997 年发掘 T401 的③→……⑫，T402 的④→⑤→⑥，T403 的④→⑤→⑥，T404 的⑦→……⑩→……⑫→H61，T431 的第 5 层，T421 的 H34[③]；2001 年发掘 T1～T4 的⑥→……

① 北京市文物研究所三峡考古队、重庆市涪陵区博物馆：《涪陵镇安遗址发掘报告》，《重庆库区考古报告集》（1998 卷），科学出版社，2003 年。

② 王鑫：《忠县瓦井沟遗址群哨棚嘴遗址分析——兼论川东地区的新石器文化及早期青铜文化》，《四川考古论文集》，文物出版社，1996 年。

③ 北京大学考古文博学院三峡考古队、重庆市三峡库区田野考古培训班、忠县文物管理所：《忠县瓦井沟遗址群哨棚嘴遗址发掘简报》，《重庆库区考古报告集》（1997 卷），科学出版社，2001 年。

⑨→⑩→……⑫→⑬（省略的地层单位基本不出遗物）[1]。

（3）忠县瓦渣地遗址：1997 年发掘 T311 的第 10 层，T322 和 T332 的第 8 层[2]。

（4）忠县中坝遗址：1997 年发掘 I A 区 T0601 的 ⑰→⑱→⑲→⑳→㉑→㉒→㉓，I D 区 T0601 的 ⑰→M11→⑱→⑲→⑳→㉑→M28，I D 区 T0602 的 ⑰→⑱→⑲→⑳→㉑，I D 区 T0503 的 ⑰→⑱→⑲→⑳，I D 区 T0702 的 ⑱→⑲→⑳，I D 区 T0703 的 ⑰→⑱→⑲ 和 I D 区的 M29[3]；1998 年发掘 II 区 T0509 的 ⑧→⑨，II 区 T0301 的 ⑫A→⑫B→⑫C[4]；2000 年发掘 I D 区 T0604 的第 32 层[5]。

（5）忠县邓家沱遗址：2001 年发掘 IV 区 T1309 的第 5A 层，T1207 的第 5 层，H35、H42、H50、H52。各地层单位均没有直接的层位关系[6]。

（6）万州中坝子遗址：1998 年发掘 II 区 T0804 的 M7→④、T0702 的 H4→④[7]。

（7）万州塘房坪遗址：1998 年的发掘发现丰富的商周时期文化遗存[8]。1999 年第二次发掘，发现的商周时期堆积远不如第一次发掘丰富，出土遗物亦较少[9]。第一次发掘，简报发表了大量陶器。这些陶器主要出自西区的 H1、H5、H7～H9、H17、H19，东区的 H15、H16，其中知道层位关系的有西区 T10 的 ③→H8→H9→H19，T15 的 H5→③→H1、③→H7。张天恩先生在《万州塘房坪夏代文化遗存简析》一文中，介绍了三组关系：T7 的 ③→H14→H8→H1→H7→H17；T10 的

① 北京大学考古文博学院三峡考古队、成都市文物考古研究所、重庆市忠县文物管理所：《重庆市忠县哨棚嘴遗址商周时期遗存 2001 年发掘报告》，《成都考古发现》（2001），科学出版社，2003 年。

② 北京大学考古学系三峡考古队、忠县文物保护管理所：《忠县瓦渣地遗址发掘简报》，《重庆库区考古报告集》（1998 卷），科学出版社，2003 年。

③ 四川省文物考古研究所、忠县文物保护管理所：《忠县中坝遗址发掘报告》，《重庆库区考古报告集》（1997 卷），科学出版社，2001 年。

④ 四川省文物考古研究所、重庆市文物局三峡办、忠县文物保护管理所：《忠县中坝遗址 II 区发掘简报》，《重庆库区考古报告集》（1998 卷），科学出版社，2003 年。

⑤ 孙智彬：《中坝遗址夏商陶器初论》，《2003 三峡文物保护与考古学研究学术研讨会论文集》，科学出版社，2003 年。

⑥ 李锋：《忠县邓家沱遗址西周时期文化遗存的初步分析》，《重庆·2001 三峡文物保护学术研讨会论文集》，科学出版社，2003 年。

⑦ 西北大学考古队、万州区文物管理所：《万州中坝子遗址发掘报告》，《重庆库区考古报告集》（1997 卷），科学出版社，2001 年。

⑧ 陕西省考古研究所、万州区文物管理所：《万州塘房坪遗址发掘报告》，《重庆库区考古报告集》（1997 卷），科学出版社，2001 年。

⑨ 重庆市文化局三峡办、陕西省考古研究所三峡考古队：《万州塘坊坪遗址发掘报告》，《重庆库区考古报告集》（1998 卷），科学出版社，2003 年。

③→ H14 → H8 → H9 → H18 → H19；T8 的②→ H31 → H21 → H23 →③→ H33[①]。但张先生文章中所使用的陶器标本主要还是出自简报发表过的地层单位中。

（8）万州麻柳沱遗址：1998 年发掘 B 区 T1 的④→⑤→⑥，T2 的 F1，T6 的H4 → H13 →③→④→⑤，T7 的 H15 →③、H16 →③[②]；1999 年发掘 A1 小区 T1～T3的②→ H8 →③→④→⑤、H9 →③[③]。

（9）云阳李家坝遗址：1997 年发掘的ⅠB 区的㉓→㉔→㉕→ M12 →㉖（无探方号者，为全区统一划分地层，下同），H33 → H38，㉔A → Y2，还有 G4、G6、H16、H18、H30、H32 等层位关系不明，其中 H16、H30、H33、H38 只发表了 1 件陶器。ⅡB 区的⑤→⑥[④]；1998 年发掘ⅠB 区的⑮→⑯→⑰→⑱→⑲、⑮→ H48 →⑱，ⅠD 区的⑥→⑦→⑧→⑨→⑩→⑪、⑨→ H33 → F6，H28 → H33，H55 → H33，ⅡB 区的⑤→⑥→⑦→⑧→⑨、⑥→ H1 →⑧。还有Ⅱ区的 H4、H30 层位不明[⑤]。

（二）典型陶器的类型学分析

部分陶器年代跨度短，如鸟头勺柄、鬶、盉、钵、矮圈足豆、甗、花边口缸、尖底缸等，还有部分陶器多残破，如小平底罐、高柄豆、高领罐、簋形器等，以及个别陶器如羊角杯早晚形态没有明显变化，不具有类型学分析的意义。能够进行类型学分析的陶器主要有以下器物。

敛口罐　根据器形大小、口沿和肩部特征，可分三型。

A 型　器形较大，无沿，斜腹。肩部或口外饰绳纹。据肩部的变化，可分二式。

Ⅰ式：口微敛，圆肩。中坝子ⅡT0703 ④：92，夹砂灰陶。肩饰交错绳纹。口径 46厘米（图一，2）。

Ⅱ式：口较Ⅰ式敛收更甚，圆折肩。哨棚嘴 01T1⑬：218，夹砂灰陶。口外饰绳纹。口径 30 厘米（图一，9）。

---

①　张天恩、刘呆运：《万州塘坊坪遗址夏代文化遗存简析》，《重庆·2001 三峡文物保护学术研讨会论文集》，科学出版社，2003 年。

②　上海大学文物考古研究中心、万州区文物管理所：《万州麻柳沱遗址发掘报告》，《重庆库区考古报告集》（1997 卷），科学出版社，2001 年。

③　重庆市博物馆、万州区文管所、复旦大学文博系：《万州麻柳沱遗址发掘报告》，《重庆库区考古报告集》（1998 卷），科学出版社，2003 年。

④　四川大学历史文化学院考古系、云阳县文物管理所：《云阳李家坝遗址发掘报告》，《重庆库区考古报告集》（1997 卷），科学出版社，2001 年。

⑤　四川大学历史文化学院考古系、云阳县文物管理所：《云阳李家坝遗址发掘报告》，《重庆库区考古报告集》（1998 卷），科学出版社，2003 年。

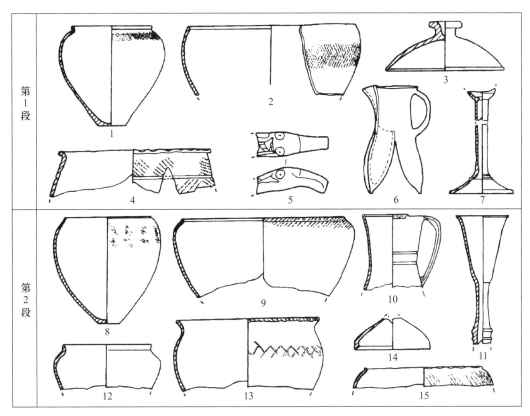

图一　西区第一期1、2段陶器

1. B 型 I 式敛口罐（H4：4）　2. A 型 I 式敛口罐（Ⅱ T0703 ④：92）　3. A 型 I 式器盖（H4：3）　4. I 式波浪口罐
（Ⅱ T0803 ④：175）　5. 鸟头勺柄（Ⅱ T0704 ④：110）　6. 鬶（Ⅱ T0704 ④：81）7、11. 高柄豆
（Ⅱ T0803 ④：149、01T2 ⑩：36）　8. B 型 Ⅱ 式敛口罐（93T1 ⑧：5）　9. A 型 Ⅱ 式敛口罐
（01T1 ⑬：218）　10. 盉（93T1 ⑫：7）　12. 小平底罐（97H61：22）　13. A 型 I 式盆
（01T2 ⑨：1）　14. D 型器盖（01T2 ⑩：35）　15. Ⅱ 式波浪口罐（01T1 ⑫：146）
（1、3. 中坝子 2 组，2、4～7. 中坝子 1 组，8～15. 哨棚嘴 1 组）

B 型　器形较 A 型小，敛口，有外侈短沿。依口部与肩部特征，可分二式。

I 式：沿稍长，鼓肩，下腹内收。中坝子 H4：4，夹砂灰陶。肩饰交错细绳纹。口径 20.4、底径 8、高 26 厘米（图一，1）。

Ⅱ 式：沿较短，溜肩，下腹弧内收。哨棚嘴 93T1 ⑧：5，夹砂红褐陶。肩饰成组绳纹（图一，8）。哨棚嘴 01T1 ⑥：72，夹砂褐陶。肩饰成组绳纹。口径 24 厘米（图二，2）。

C 型　敛口，短沿。素面。据成都平原类似器分析，可能为圈足罐。依肩变化，分二式。

I 式：肩较鼓。镇安 H8：52，夹砂红褐陶。口径 32 厘米（图二，1）。

Ⅱ 式：溜肩。塘房坪 H9：4，夹砂灰陶。腹有轮制旋痕和乳突装饰。口径 18 厘米

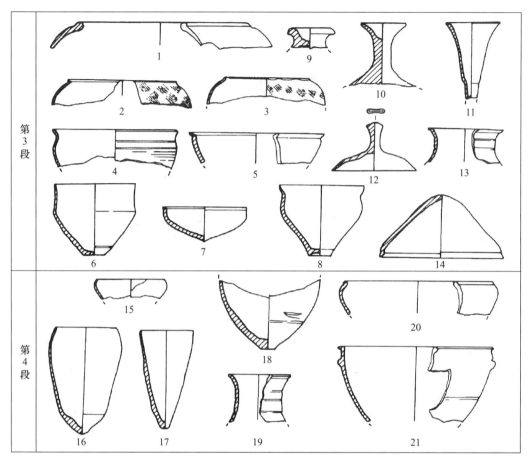

图二　西区第二期3、4段陶器

1. C型I式敛口罐（H8∶52） 2. B型II式敛口罐（01T1⑥∶72） 3. II式波浪口罐（01T1⑥∶73） 4. A型II式盆
（01T1⑥∶48） 5. A型III式盆（H8∶53） 6. I式尖底杯（H8∶6） 7. I式尖底盏（01T1⑥∶227） 8. 小平底罐
（H8∶38） 9. A型II式器盖（01T1⑥∶93） 10. B型器盖（H8∶11） 11. 灯形器（01T1⑥∶96） 12. C型器盖
（H8∶4） 13、19. 高领罐（H8∶30、G1∶14） 14. D型器盖（01T1⑥∶90） 15. II式尖底盏（T0503⑥∶5）
16. III式尖底杯（G1∶11） 17. 羊角杯（97T403⑥∶4） 18. II式尖底杯（G1∶12）
20、21. A型IV式盆（G1∶5、T0503⑥∶1）
（1、5、6、8、10、12、13. 镇安1组，2~4、7、9、11、14. 哨棚嘴2组，15、16、18~21. 镇安2组，
17. 哨棚嘴3组）

（图三，6）。塘房坪 H8∶16，夹砂灰陶。腹有轮制旋痕。口径 16 厘米（图三，11）。

波浪口罐　口沿做成波浪花边形。依肩部的变化，可分二式。

I式：溜肩。中坝子II T0803④∶175，夹砂灰陶。肩饰一道凹弦纹，颈以下饰成组的斜绳纹。口径 20 厘米（图一，4）。

II式：鼓肩，肩或饰绳纹，或素面。哨棚嘴 01T1⑫∶146，夹砂灰陶。肩饰成组绳纹。口径 22 厘米（图一，15）。哨棚嘴 01T1⑥∶73，夹砂褐陶。肩饰成组绳纹。口径 18 厘米（图二，3）。

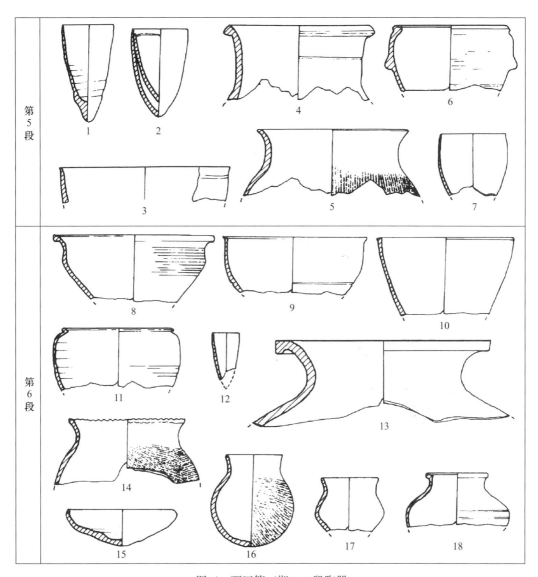

图三　西区第三期5、6段陶器

1、2、12. 羊角杯（97T402⑤：9、97T404⑩：3、T311⑩：5）　3、10. 簋形器（H19：4、H8：11）　4. 高领罐
（H50：1）　5、16. A型I式平口圜底罐（Ⅳ T1309⑤A：8、H8：13）　6、11. C型Ⅱ式敛口罐（H9：4、H8：16）
7. Ⅳ式尖底杯（H9：9）　8. B型I式盆（H8：38）　9. A型Ⅴ式盆（H8：32）　13. A型I式瓮（H1：54）
14. A型I式花边口圜底罐（H8：37）　15. Ⅲ式尖底盏（H8：21）　17. 尖底罐（H8：20）
18. I式喇叭口罐（H1：3）
（1、2. 哨棚嘴第4组，3、6、7. 塘房坪第1组，4、5. 邓家沱第2组，8～11、13～18. 塘房坪第2组，
12. 瓦渣地第1组）

瓮　高领，喇叭口。依口沿的差异，可分二型。

A型　唇缘下垂。可分二式。

I式：唇缘略下垂。塘房坪H1：54，夹砂褐陶。口径32.6厘米（图三，13）。

Ⅱ式：唇缘宽大，下垂较甚。哨棚嘴 97T403 ④：8，夹砂灰褐陶。口径 33 厘米（图四，9）。

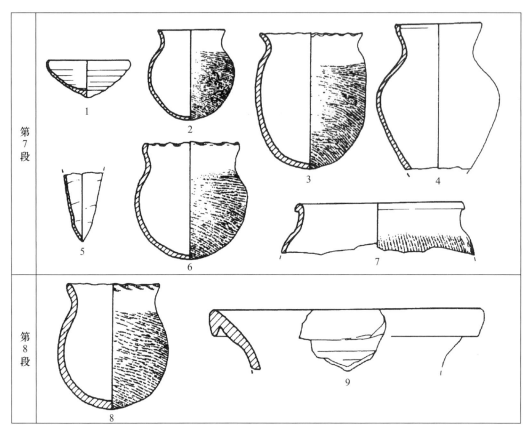

图四　西区第三期7、8段陶器

1. Ⅳ式尖底盏（T322 ⑧：17）　2. A 型Ⅰ式平口圜底罐（T322 ⑧：72）　3. A 型Ⅱ式花边口圜底罐（T322 ⑧：14）　4. Ⅱ式喇叭口罐（97T401 ③：19）　5. 羊角杯（97T431 ⑤：9）　6、8. A 型Ⅲ式花边口圜底罐（97T401 ③：4、H34：20）　7. B 型Ⅰ式平口圜底罐（97T404 ⑦：4）　9. A 型Ⅱ式瓮（97T403 ④：8）

（1～3. 瓦渣地第 2 组，4～7. 哨棚嘴第 5 组，8、9. 哨棚嘴第 6 组）

B 型　唇缘不下垂。可分二式。

Ⅰ式：略带外叠唇。中坝 DT0601 ⑲：10，泥质褐陶。领饰波浪纹和纵向暗纹。口径 24.8 厘米（图五，5）。

Ⅱ式：大敞口，宽大外叠唇。中坝 DT0503 ⑱：32，夹砂灰黑陶。沿外饰弦纹，颈有按捺竖条纹。口径 38.4 厘米（图五，18）。

喇叭口罐　依肩部与领部的变化，可分二式。

Ⅰ式：领部较低，鼓肩。塘房坪 H1：3，夹砂褐陶。浅盘口。肩有两道凹弦纹。口径 9.6 厘米（图三，18）。

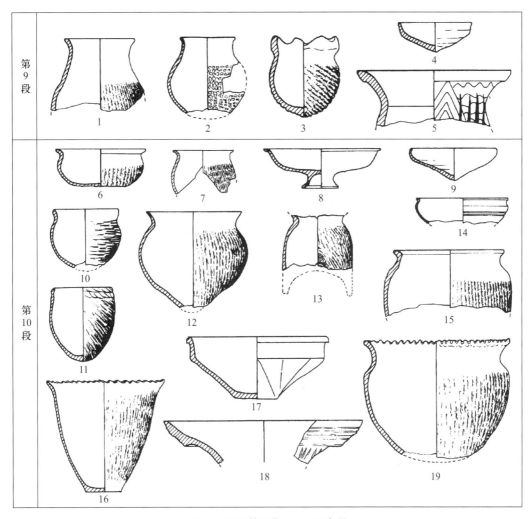

图五　西区第三期9、10段陶器

1、2. A 型Ⅱ式平口圜底罐（DT0601⑳：10、M29：10）　3. A 型Ⅳ式花边口圜底罐（M29：3）　4、9. Ⅴ式尖底盏
（DT0601⑳：2、H15：15）　5. B 型Ⅰ式瓮（DT0601⑲：10）　6. C 型平口圜底罐（BT7③：27）　7. A 型Ⅲ式平口
圜底罐（DT0503⑱：37）　8. 矮圈足豆（BT7③：24）　10. A 型Ⅴ式花边口圜底罐（H9：1）　11. A 型Ⅵ式花边
口圜底罐（AT1④：20）　12. 尖底缸（AT3 扩④：19）　13. 甗（AT2 扩④：6）　14. 钵（BT1⑤：14）
15. B 型Ⅱ式平口圜底罐（DT0602⑱：9）　16. 花边口缸（AT1 扩④：2）　17. B 型Ⅱ式盆（M23：1）
18. B 型Ⅱ式瓮（DT0503⑱：32）　19. B 型花边口圜底罐（Ⅱ15：76）
（1～5. 中坝第4组，7、15、17、18. 中坝第5组，余为麻柳沱第2组）

Ⅱ式：领较高，溜肩。哨棚嘴97T401③：19，夹砂灰黑陶。口径10.4厘米（图
四，4）。

盆　依腹部的变化，可分二型。

A 型　弧腹。可分五式。

Ⅰ式：侈口，束颈，鼓腹。哨棚嘴01T2⑨：1，夹砂灰陶。唇部压成齿状，腹饰阴

线连续波折纹。口径 30 厘米（图一，13）。

Ⅱ式：侈口，束颈，上腹微鼓。哨棚嘴 01T1 ⑥：48，泥质灰陶。肩饰两道凹弦纹。口径 28 厘米（图二，4）。

Ⅲ式：敞口，折沿，斜腹。镇安 H8：53，泥质黑陶。素面。口径 28.8 厘米（图二，5）。

Ⅳ式：口微敛，斜腹。镇安 G1：5，泥质灰陶。素面。口径 42 厘米（图二，20）。镇安 T0503 ⑥：1，夹砂灰褐陶。肩有錾耳，下腹有一道凹弦纹。口径 29.4 厘米（图二，21）。

Ⅴ式：敞口，斜腹。塘房坪 H8：32，夹砂褐陶。下腹有一道凹弦纹（图三，9）。

B 型　折腹。可分二式。

Ⅰ式：器身稍瘦高。塘房坪 H8：38，夹砂灰陶。腹有轮制旋痕。口径 24 厘米（图三，8）。

Ⅱ式：器身较Ⅰ式低矮。中坝 M23：1，夹砂黑陶。口径 21.6、高 8.8 厘米（图五，17）。

尖底杯　依腹部与底部的变化，可分四式。

Ⅰ式：上腹直，中腹折而下内收，小底。镇安 H8：6，泥质陶。口、颈部呈青灰，以下呈黑灰色。近底部有一道凹弦纹。口径 11.6、底径 3、高 9.6 厘米（图二，6）。

Ⅱ式：弧腹，小底。镇安 G1：12，夹砂黄褐陶。近底部有一道凹弦纹和六道划痕。底径 1.8、残高 6.2 厘米（图二，18）。

Ⅲ式：敛口，中腹略内收，近底处内折，尖底。镇安 G1：11，泥质灰陶。上半部灰色，下半部呈黑灰色。口径 8.8、高 13.9 厘米（图二，16）。

Ⅳ式：弧腹，呈子弹头状，器身较前各式低矮。塘房坪 H9：9，泥质灰陶。薄胎。口径 9.5 厘米（图三，7）。

尖底盏　依口沿及腹部的变化，可分五式。

Ⅰ式：敞口，平沿，弧腹较深。哨棚嘴 01T1 ⑥：227，夹砂褐陶。口径 16、高 6 厘米（图二，7）。

Ⅱ式：敛口，圆唇，鼓肩，弧腹较深。镇安 T0503 ⑥：5，泥质灰陶。口径 10 厘米（图二，15）。

Ⅲ式：敛口，圆唇，圆折肩，腹较Ⅱ式稍浅。塘房坪 H8：21，夹砂褐陶。口径 16、高 4.6 厘米（图三，15）。

Ⅳ式：敛口，圆唇，折肩，器形稍大。瓦渣地 T322 ⑧：17，夹砂灰黑陶。口径 21、高 10 厘米（图四，1）。

Ⅴ式：敞口，圆唇，折肩，腹较浅。中坝 DT0601⑳：2，夹砂红陶。口径 12、高 4.4 厘米（图五，4）。麻柳沱 H15：15，夹砂灰陶。口径 10.8、高 3.8 厘米（图五，9）。

平口圜底罐（釜）　平口，圜底。腹饰绳纹。该器在同一地层单位也有小的差异，与制作的随意性有关，而且在相当长的时期变化并不明显。主要依据领部和腹部的不同，可分三型。

A型　小口，高领。依领部的变化，可分三式。

Ⅰ式：口微侈，领稍低。邓家沱ⅣT1309⑤A：8，夹砂褐陶（图三，5）。塘房坪H8：13，夹砂褐陶。口径10.6、腹径15.6、高16.8厘米（图三，16）。瓦渣地T322⑧：72，夹砂褐陶（图四，2）。

Ⅱ式：侈口，领部较高。中坝DT0601⑳：10，夹砂红陶。口径10.4厘米（图五，1）。中坝M29：10，夹砂灰褐陶。口径8.4厘米（图五，2）。

Ⅲ式：侈口较甚，短颈。中坝DT0503⑱：37，夹砂红褐陶。口径10.4厘米（图五，7）。

B型　矮领有沿型。依领部和沿部的变化，可分二式。

Ⅰ式：直口，外折沿，领稍高。哨棚嘴97T404⑦：4，夹砂灰陶。口径20厘米（图四，7）。

Ⅱ式：敛口，外折沿，短颈。中坝DT0602⑱：9，夹砂黑褐陶。口径8.4厘米（图五，15）。

C型　大口浅腹型。侈口，束颈，圜底近平。麻柳沱BT7③：27，夹砂褐陶。口径13、高5.2厘米（图五，6）。

花边口圜底罐（釜）　数量较多，口呈波浪形花边，圜底，腹部饰绳纹。同一地层单位也有许多小的差异，因此不宜作过细的划分。主要依据口部大小，可分二型。

A型　小口，高领。主要依领部、腹部与口部花边的风格，可分六式。

Ⅰ式：喇叭状侈口，领较高。口部花边较细密。塘房坪H8：37，夹砂褐陶。口径22厘米（图三，14）。

Ⅱ式：侈口，束颈，领较高。花边较Ⅰ式粗。瓦渣地T322⑧：14，夹砂褐陶（图四，3）。

Ⅲ式：器形变小。花边更粗大，绳纹渐粗。哨棚嘴97T401③：4，夹砂红陶。口径11.6厘米（图四，6）。哨棚嘴H34：20，夹砂红褐陶。口径11厘米（图四，8）。

Ⅳ式：器形更小，颈变短而微束。花边特别粗大，绳纹变粗。中坝M29：3，夹砂红褐陶。口径9.8、高12厘米（图五，3）。

Ⅴ式：侈口，颈微束，尖圜底，器形较小。绳纹较粗，花边较浅。麻柳沱H9：1，夹砂红褐陶。口径15.1厘米（图五，10）。

Ⅵ式：直口，尖底。绳纹很粗，花边几乎消失。麻柳沱AT1④：20，夹砂红褐陶。口径9.8厘米（图五，11）。

B型　数量较少，大口，束颈，腹稍浅。花边较粗。麻柳沱H15：76，夹砂红褐陶。口径 16 厘米（图五，19）。

器盖　依据纽部和底部的不同，可分四型。

A 型　喇叭状纽。可分二式。

Ⅰ式：纽稍细高。中坝子 H4：3，夹砂灰陶。素面。口径 16.6、纽径 4.7 厘米（图一，3）。

Ⅱ式：纽稍粗矮。哨棚嘴 01T1 ⑥：93，夹砂灰陶。纽径 6.4、纽高 2.4 厘米（图二，9）。

B 型　细高纽。镇安 H8：11，泥质黄褐陶。纽径 4.2、纽高 5.8 厘米（图二，10）。

C 型　细高纽与 B 型同，唯纽口捏成 "8" 字形。镇安 H8：4，泥质灰黑陶。覆钵状。口径 11.8、高 6.2 厘米（图二，12）。

D 型　倒尖底钵状，子母口。哨棚嘴 01T2⑩：35，夹砂褐陶。口径 14 厘米（图一，14）。哨棚嘴 01T1 ⑥：90，夹砂褐陶。口径 16、高 6 厘米（图二，14）。

（三）各遗址诸地层单位的文化特征与分组

依据各遗址诸地层单位的层位关系和典型陶器的形态特征，参照器物群的变化，对各遗址诸地层单位进行如下分组。

（1）镇安遗址。较常见的陶器有小平底罐、高领罐、敛口罐、平口圜底罐（釜）、盆、尖底杯、羊角杯、尖底盏、器盖、花边口圜底罐等。根据各地层单位陶器的变化可分三组。

第 1 组：包括 T0502 的第 6 层和 H8，主要以 H8 为代表。典型陶器有小平底罐、Ⅰ式尖底杯、高领罐、C 型Ⅰ式敛口罐、A 型Ⅱ式和 A 型Ⅲ式盆、B 型和 C 型器盖等。

第 2 组：包括 T0503、T0603 的第 6 层和 G1 等。典型陶器有高领罐、Ⅱ式和Ⅲ式尖底杯、A 型Ⅳ式盆、Ⅱ式尖底盏等。

第 3 组：包括 T0502、T0602 的第 5 层，T0209 的第 4 层和 H6 等。典型陶器有 A 型Ⅰ式平口圜底罐、A 型Ⅰ式花边口圜底罐、Ⅲ式尖底盏、Ⅳ式尖底杯、羊角杯等。

根据层位关系，第 1 组早于第 2 组，第 2 组早于第 3 组。

（2）哨棚嘴遗址。典型陶器有敛口罐、小平底罐、波浪口罐、盆、高柄豆、盉、高领罐、喇叭口罐、瓮、尖底杯、羊角杯、尖底盏、平口圜底罐、花边口圜底罐、器盖等。可分六组。

第 1 组：包括 93T1 的第 8、9、12 层，97T401 的第 12 层，97T404 的第 12 层和 H61，2001T1～T4 的第 9～13 层。典型陶器有 A 型Ⅱ式和 B 型Ⅱ式敛口罐、Ⅱ式波浪口罐、小平底罐、盉、高柄豆、A 型Ⅰ式盆、高领罐、D 型器盖等。

第 2 组：包括 2001T1～T4 的第 6 层。典型陶器有 B 型Ⅱ式敛口罐、Ⅱ式波浪口罐、小平底罐、A 型Ⅱ式盆、高柄豆、高领罐、A 型Ⅱ式与 B 型和 D 型器盖、Ⅰ式尖底盏、羊角杯等。

第 3 组：包括有 93T1H8，97T403 的第 6 层。出土陶器较少，典型的有Ⅲ式尖底杯、羊角杯等。

第 4 组：包括 97T402 的第 5、6 层，97T404 的第 10 层。出土陶器较少，主要见有羊角杯。

第 5 组：包括 93T1 的第 5 层、97T401 的第 3 层、97T404 的第 7 层、97T431 的第 5 层。出土陶器较丰富，有高领罐、Ⅳ式尖底盏、Ⅱ式喇叭口罐、羊角杯、A 型Ⅰ式和 B 型Ⅰ式平口圜底罐、A 型Ⅲ式花边口圜底罐等。

第 6 组：包括 97T402 的第 4 层、97T403 的第 4 层、97T421 的 H34。主要陶器有 A 型Ⅲ式花边口圜底罐、A 型Ⅱ式瓮等。

关于各组年代，2001 年发现第 2 组地层叠压在第 1 组地层单位之上，因此第 1 组当早于第 2 组。第 3 组地层，1993 年发掘的 H8 叠压在第 1 组地层之上，但没有直接叠压第 2 组地层。从第 1、2 组陶器的变化可以看出，第 2 组还出土第 1 组所见的部分陶器，而第 3 组已不见，因此可推知第 3 组当晚于第 2 组。第 4 组也没有与第 3 组发生直接的层位关系。从两组羊角杯相近看，年代可能很接近。而且 T402、T403 相邻，地层不会有太大的出入。T403 的第 6 层出土第 3 组的陶器，T402 的第 5、6 层出土第 4 组的陶器。由此也可推知，第 4 组与第 3 组的年代相距不远，或略晚于第 3 组。第 5 组 T404 的第 7 层叠压在第 4 组的第 10 层之上，而且该组出有第 5 组以后大量流行的花边口圜底罐。因此第 5 组当晚于第 4 组。第 6 组有直接叠压第 4 组地层的层位关系，没有直接叠压第 5 组的层位关系。从该组大量流行花边口圜底罐，出现数量较多的之前少见的大翻沿、唇下垂的 A 型Ⅱ式瓮的情况分析，第 6 组当晚于第 5 组。

（3）瓦渣地遗址。发掘简报将其分成了两段，合理的分法应将其分为二组。

第 1 组：T311 的第 10 层。典型器有羊角杯、A 型Ⅰ式平口圜底罐、A 型Ⅰ式花边口圜底罐等。

第 2 组：T322 和 T332 的第 8 层。典型陶器有Ⅳ式尖底盏、Ⅳ式尖底杯、羊角杯、A 型Ⅰ式平口圜底罐、A 型Ⅱ式花边口圜底罐等。

两组的陶器变化不大，主要反映在器物形态上的差异，时代应紧密衔接。

（4）中坝遗址。该遗址商周时期遗存所见陶器与哨棚嘴遗址基本一致，唯尖底小杯、篼形器、折腹盆、钵、豆等在哨棚嘴遗址基本不见，花边口圜底罐形制也有更多的变化。依据陶器群及典型器物的形态特征，可将该遗址诸地层单位分为五组（因陶片太碎、太少，面貌不清楚的地层单位暂不归组）。

第 1 组：2000 年Ⅰ DT0604 的第 32 层。该组地层有哨棚嘴遗址第 1 组的 A 型Ⅱ式和 B 型Ⅱ式敛口罐、小平底罐、鬶、盉、高领罐、Ⅱ式波浪口罐、高柄豆等，另外还有带耳罐、壶等。

第 2 组：包括 98 Ⅱ T0509 的第 8、9 层。典型陶器有 B 型Ⅱ式敛口罐、Ⅱ式波浪口罐、高柄豆、小平底罐、羊角杯、尖底小杯、高领罐、A 型Ⅰ式器盖、篦形器圈足等。

第 3 组：包括 98 Ⅱ T0301 的第 12A、12B、12C 层。典型陶器有 B 型Ⅱ式敛口罐、Ⅱ式波浪口罐、羊角杯、高领罐、A 型Ⅲ式花边口圜底罐。

第 4 组：包括 97 Ⅰ AT0601 的第 17～23 层，97 Ⅰ DT0601 的第 18～20 层和 M28，97 Ⅰ DT0703 的第 18、19 层和 M29 等单位。典型陶器有 A 型Ⅱ式平口圜底罐、A 型Ⅳ式花边口圜底罐、Ⅴ式尖底盏、B 型Ⅰ式瓮等。

第 5 组：包括 97 Ⅰ DT0601 的第 17 层和 M11，97 Ⅰ DT0503 和Ⅰ DT0602 的第 17、18 层，97 Ⅰ DT0703 的第 17 层等。典型陶器有 A 型Ⅲ式与 B 型Ⅱ式和 C 型平口圜底罐、A 型Ⅵ式花边口圜底罐、Ⅴ式尖底盏、B 型Ⅱ式盆、B 型Ⅱ式瓮、钵等。

上述 5 组的年代关系，孙智彬先生将 2000 年Ⅰ DT0604 的第 32 层推定为夏代，将 1998 年Ⅱ T0301 的第 12A、12B、12C 层，Ⅱ T0509 的第 8、9 层推定为商代[①]。很显然，在层位上 2000 年Ⅰ DT0604 的第 32 层要早于 1998 年Ⅱ T0301 的第 12A、12B、12C 层和Ⅱ T0509 的第 8、9 层。1997 年发掘的诸地层陶器群比较一致，报告定为东周地层。从陶器特征看明显晚于 1998 年发掘的诸地层单位。也就是说第 1 组早于第 2、3 组，第 2、3 组早于第 4、5 组，至于第 2、3 组的早晚，从第 3 组有花边口圜底罐，而第 2 组没有，参照哨棚嘴遗址可推定第 3 组晚于第 2 组。第 5 组的地层均叠压在第 4 组地层之上，第 5 组当晚于第 4 组。从陶器变化程度看，第 1、2 组之间及第 4、5 组之间连接较紧密。而第 3 组所见的敛口罐、波浪口罐、羊角杯、高领罐等均与第 2 组接近。但该组有形制较晚的 A 型Ⅲ式花边口圜底罐，参照其他遗址情况判断，不应与前述陶器共存。推测该组地层为晚期次生堆积，其形成年代当与第 4 组接近。第 4 组与第 2 组之间区别较大，有较大的时间缺环。

（5）邓家沱遗址。发掘者将该遗址分为二期 3 段：H42、H52 作为第一期 1 段，H35、H50、ⅣT1309 的第 5A 层作为第一期 2 段，ⅣT1207 的第 5 层为第二期 3 段。但无论从器物群还是从陶器形态特征看，第一期 2 段的ⅣT1309 的第 5A 层更接近于第一期 1 段的 H42，而第一期 1 段的 H52 更接近于第一期 2 段的 H35 与 H50。因此调整为以下三组。

第 1 组：包括 H42、ⅣT1309 的第 5A 层。典型陶器以小平底罐、高柄豆、高领罐、D 型器盖、羊角杯为主，少量 A 型Ⅰ式平口圜底罐等。

第 2 组：包括 H35、H50、H52。典型陶器有高领罐、A 型Ⅰ式平口圜底罐、羊角杯等。

---

①　孙智彬：《中坝遗址夏商陶器初论》，《2003 三峡文物保护与考古学研究学术研讨会论文集》，科学出版社，2003 年。

第3组：ⅣT1207的第5层。典型陶器有高领罐、羊角杯、A型Ⅰ式平口圜底罐、A型Ⅰ式花边口圜底罐等。

（6）中坝子遗址。该遗址M7随葬磨制的斧、锛、凿各1件，3件小平底罐。H4出土A型Ⅰ式器盖、B型Ⅰ式敛口罐和灯形器。第4层出土鬶、高柄豆、鸟头勺柄、A型Ⅰ式敛口罐、Ⅰ式波浪口罐等。根据上述地层单位的陶器群看，第4层与M7和H4有区别，作为该遗址的第1组。H4出土的A型Ⅰ式器盖和高柄豆与M7出土的小平底罐曾在三星堆遗址1986年发掘的第9层中共存，据此将其归并为一组，作为该遗址的第2组。依据层位关系，第1组早于第2组。

（7）塘房坪遗址。典型陶器有尖底杯、羊角杯、尖底盏、尖底罐、喇叭口罐、盆、敛口罐、瓮、钵、平口圜底罐、花边口圜底罐、篦形器等。遗址分为二组。

第1组：包括H9、H19。典型陶器有Ⅳ式尖底杯、C型Ⅱ式敛口罐、圜底钵、篦形器、A型Ⅰ式平口圜底罐等。

第2组：包括H1、H5、H7、H8、H15～H17。典型陶器有Ⅲ式尖底盏、尖底罐、Ⅰ式喇叭口罐、A型Ⅴ式盆、圜底钵、平底钵、篦形器、A型Ⅰ式瓮、A型Ⅰ式平口圜底罐、A型Ⅰ式花边口圜底罐、筒形器等。

第1、2组之间陶器一脉相承，连接紧密。

（8）麻柳沱遗址。出土陶器与其他遗址相比，风格有些特殊，部分器物为其他遗址所不见。典型的陶器有敛口罐、尖底杯、高柄豆、圜底钵、尖底盏、花边口圜底罐、平口圜底罐、甗、尖底缸、花边口平底缸、盆、豆等。根据上述典型陶器的共存关系看，1999年发掘的A1小区的第5层与其他地层单位区别较大，除此之外的各地层单位都比较接近，基本上都是Ⅴ式尖底盏、A型Ⅳ式与A型Ⅴ式和A型Ⅵ式花边口圜底罐、B型Ⅱ式和C型平口圜底罐、甗等交互共存。由此可将麻柳沱遗址各地层单位分成二组。

第1组：99A1区第5层。代表陶器有B型Ⅱ式敛口罐、高柄豆、Ⅲ式尖底杯、深腹圜底钵等。

第2组：包括98BT1的第4～6层，BT2的F1，BT6的H4、H13和第3～5层，BT7的H15、H16和第3层。99A1小区的第2～4层和H8、H9等。典型陶器有Ⅴ式尖底盏、浅腹圜底钵、A型Ⅳ式与A型Ⅴ式和A型Ⅵ式花边口圜底罐、A型Ⅲ式与B型Ⅱ式和C型平口圜底罐、甗、尖底缸、花边口平底罐、豆等。

上述两组器物区别太大，中间有较大的时间缺环。

（9）李家坝遗址。陶器较碎，完整器极少。从器物群看，有两个时段的遗存，区别明显。

第一个时段有1997年发掘ⅠB区的第25、26层，ⅡB区的第5、6层，1998年发掘ⅡB区的诸地层单位。出土陶器主要有尖底杯、尖底小杯、尖底盏、高柄豆、小平底罐、高领罐、高领壶、敛口罐、篦形器、喇叭口罐、瓮、花边口圜底罐、器盖等。地层单位可分二组。

第1组：包括97ⅠB区的第26层和M12，98ⅡB区的第7~9层等。典型陶器有Ⅰ式尖底杯、B型Ⅱ式和C型敛口罐、高领罐、小平底罐、A型Ⅰ式花边口圜底罐、篦形器、高柄豆、B型器盖等。

第2组：包括97ⅠB区的第25层、ⅡB区的第5层，98ⅡB区的第6层、H1、H4、H30等。典型陶器有高领罐、A型Ⅰ式瓮、高领壶、Ⅲ式尖底杯、Ⅲ式尖底盏、尖底小杯等。

另外，1997年发掘的ⅡB区第6层只有2件圈足器，1998年发掘的ⅡB区的第5层只有1件残陶器，特征不突出，因此不好归并。

第二个时段有1997年发掘ⅠB区的第23层、第24A层、G4、G6、Y2、H16、H18、H30、H32、H33、H38等，1998年发掘ⅠB区的第15层和H48，ⅠD区的第6~10层、H28、H33、H55、F6等单位。出土陶器较碎，许多单位陶器数量较少，有些灰坑仅1件陶器。分组时只能抓住出土陶器较多的单位，结合特征比较突出的鼎、豆、盂、甗等器物进行。1998年发掘ⅠB区的第15层和H48出土陶器最为丰富，因此最典型。这两个单位陶器特征有所差别，如第15层出土的盂领部内收较短，而H48出土的盂领部内收较长。第15层的豆柄普遍较高，盘较浅，而H48的豆柄普遍较低，盘较深。第15层的甗的领部也比H48甗的领部低。因此我们可将这两个单位各作为一组，其余地层单位均不出这两组的范围。该时段所分两组作为该遗址的第3、4组。

第3组：以98ⅠB区的H48为代表。其他包括97ⅠB区的G6和第24A层，98ⅠD区的第9层、F6等。该组陶器有A、B两群：A群陶器主要有A型Ⅳ式花边口圜底罐、Ⅴ式尖底盏等。B群陶器主要有甗、盂、豆、甑、鼎、罐等。以B群陶器为主，A群陶器较少。

第4组：以98ⅠB区的第15层为代表。其他包括97ⅠB区的H18、H33、G4等。该组陶器主要有甗、盂、豆、甑、鼎、罐等，为第3组的B群陶器，基本不见A群陶器。

其余地层单位特征不明显的暂不归组。

（四）文化分期、性质与年代

首先依据诸遗址各组地层单位典型陶器的特征及其共存关系，可以将渝东西区商周时期考古学文化归并为以下11段。

第1段：包括中坝子第1、2组。中坝子第1组的陶器有A型Ⅰ式敛口罐、Ⅰ式波浪口罐、浅腹罐、高柄豆、鸟头勺柄、鬶等，与其他遗址各组地层单位的陶器区别十分明显。该组地层单位是目前所见年代最早的，作为第1段的代表。中坝子第2组所见有 A 型 I 式器盖、B 型 I 式敛口罐、高柄豆等。除 A 型 I 式器盖与中坝第 1 组的相近外，其他陶器均不见于其他遗址诸地层单位。因此时代应早于其他遗址的诸地层单位。参照 A 型 I 式器盖和第 1 组的鸟头勺柄在三星堆 1986 年发掘的第 9 层[①]中有共存关系，推测与第 1 组年代相距不远，因此归入第 1 段（图一）。

第 2 段：包括哨棚嘴第 1 组、中坝第 1 组。均出 A 型 II 式敛口罐、B 型 II 式敛口罐、II 式波浪口罐、小平底罐和高领罐等。另外，哨棚嘴第 1 组还见 A 型 I 式盆、盉、高柄豆、D 型器盖。中坝第 1 组还见有 A 型 I 式器盖和带耳罐等。均不见尖底器和圜底罐，与其他各组有所区别（图一）。

第 3 段：包括有镇安第 1 组、哨棚嘴第 2 组、中坝第 2 组、邓家沱第 1 组。镇安第 1 组与哨棚嘴第 2 组均见 B 型器盖、A 型 II 式盆和形制相近的高领罐，而且镇安第 1 组的 I 式尖底杯与哨棚嘴第 2 组的 I 式尖底盏在成都十二桥遗址的第 12 层共存[②]，因此上述两组应基本同时。中坝第 2 组见 B 型 II 式敛口罐和 II 式波浪口罐，与哨棚嘴第 2 组相同，因此也归入该段。邓家沱第 1 组见与哨棚嘴第 2 组相近的 D 型器盖、羊角杯、高柄豆和高领罐等，因此归入该段。该段的典型陶器有 B 型 II 式和 C 型 I 式敛口罐、II 式波浪口罐、A 型 II 式和 A 型 III 式盆、I 式尖底杯、I 式尖底盏、A 型 II 式与 B 型、C 型和 D 型器盖、小平底罐、高领罐、高柄豆等（图二）。

另外中坝第 3 组见 B 型 II 式敛口罐和 II 式波浪口罐，但该组见大量 A 型 III 式花边口圜底罐，与其他遗址各组地层单位区别太大。推测该组地层单位的共存关系靠不住，有可能是晚期次生堆积。李家坝第 1 组也见与此组同时的 I 式小底杯、B 型 II 式敛口罐、B 型器盖等，但该组地层单位也见有花边口圜底罐，与其他遗址的共存关系不符。花边口圜底罐的出现不会早于平口圜底罐。推测该组地层单位也有可能是晚期次生堆积。

第 4 段：包括镇安第 2 组、哨棚嘴第 3 组。以镇安第 2 组最有代表性，出土 A 型 IV 式盆、II 式和 III 式尖底杯、II 式尖底盏、高领罐等。哨棚嘴第 3 组主要有 III 式尖底杯和羊角杯（图二）。

第 5 段：包括邓家沱第 2 组、哨棚嘴第 4 组、塘房坪第 1 组。邓家沱第 2 组保留 D 型器盖、高领罐、羊角杯等，新出 A 型 I 式平口圜底罐，未出现花边口圜底罐。邓家沱第 3 组始见花边口圜底罐。哨棚嘴第 4 组只见羊角杯，与邓家沱第 2 组相近，之后的第 5 组始见花边口圜底罐。塘房坪第 1 组也开始出现 A 型 I 式平口圜底罐，没有花边口圜底罐，与邓家沱的情况相同，因此也归入该段。该段代表性陶器有羊角杯、高领

① 陈显丹：《广汉三星堆遗址发掘概况、初步分期——兼论"早蜀文化"的特征及其发展》，《南方民族考古》（第二辑），四川科学技术出版社，1990 年。

② 四川省文物管理委员会、四川省文物考古研究所、成都市博物馆：《成都十二桥商代建筑遗址第一期发掘简报》，《文物》1987 年第 12 期。

罐、簋形器、C 型Ⅱ式敛口罐、A 型Ⅰ式平口圜底罐、Ⅳ式尖底杯等（图三）。

第 6 段：以塘房坪第 2 组为代表，其他包括镇安第 3 组、瓦渣地第 1 组、邓家沱第 3 组。以塘房坪第 2 组的共存关系最理想。典型陶器有 A 型Ⅰ式平口圜底罐、A 型Ⅰ式花边口圜底罐、A 型Ⅰ式瓮、C 型Ⅱ式敛口罐、Ⅰ式喇叭口罐、A 型Ⅴ式和 B 型Ⅰ式盆、Ⅲ式尖底盏，其他还有簋形器、圜底钵、筒形器、尖底罐等（图三）。

第 7 段：以哨棚嘴第 5 组和瓦渣地第 2 组为代表。A 型Ⅰ式平口圜底罐和羊角杯仍然存在，新出现 B 型Ⅰ式平口圜底罐、A 型Ⅱ式和Ⅲ式花边口圜底罐、Ⅳ式尖底盏、Ⅱ式喇叭口罐等（图四）。

第 8 段：以哨棚嘴第 6 组为代表。该时段目前资料较少，主要有 A 型Ⅱ式瓮、A 型Ⅲ式花边口圜底罐等（图四）。

第 9 段：以中坝第 4 组为代表。代表性陶器有 A 型Ⅱ式平口圜底罐、A 型Ⅳ式花边口圜底罐、Ⅴ式尖底盏、B 型Ⅰ式瓮等（图五）。

第 10 段：以麻柳沱第 2 组和中坝第 5 组为代表。代表性陶器有 A 型Ⅲ式、B 型Ⅱ式、C 型平口圜底罐、A 型Ⅳ式、A 型Ⅴ式、A 型Ⅵ式、B 型花边口圜底罐、Ⅴ式尖底盏、尖底缸、花边口缸、矮圈足豆、瓶、B 型Ⅱ式瓮、平底钵、B 型Ⅱ式盆等。另外，李家坝第 3 组出有Ⅴ式尖底盏、瓶，与麻柳沱第 2 组的相近，应属该时间段。但李家坝第 3 组出土鬲、盂、鼎、带柄豆等与麻柳沱和中坝区别明显，与东区有联系（图五）。

第 11 段：以李家坝第 4 组为代表。该组文化面貌与西区其他遗址区别较大，与东区有联系。主要有豆、盆、盂、罐等。

为了更清楚地反映诸遗址各组地层单位的年代对应关系，以及诸遗址各组地层单位之间年代衔接与缺环的情况，将上述分段情况列为表一。

表一　诸遗址考古学文化分段对应表

分组遗址	第 1 段	第 2 段	第 3 段	第 4 段	第 5 段	第 6 段	第 7 段	第 8 段	第 9 段	第 10 段	第 11 段
中坝子	第 1、2 组										
哨棚嘴		第 1 组	第 2 组	第 3 组	第 4 组		第 5 组	第 6 组			
中坝		第 1 组	第 2 组						第 4 组	第 5 组	
镇安			第 1 组	第 2 组		第 3 组					
邓家沱			第 1 组		第 2 组	第 3 组					
塘房坪				第 1 组	第 2 组						
瓦渣地						第 1 组	第 2 组				
麻柳沱				第 1 组						第 2 组	

续表

分组＼遗址	第1段	第2段	第3段	第4段	第5段	第6段	第7段	第8段	第9段	第10段	第11段
李家坝			第1组部分陶器			第2组				第3组	第4组

从表一可以清楚地看出，各遗址年代靠前的地层单位相对依次靠前，没有混乱的情况，因此上述分段反映的是从第1段到第11段的依次早晚关系。

为了更清楚地反映部分典型陶器在时间上的变化，我们将其共存关系列为表二。

表二　典型陶器共存关系

器形＼分段	敛口罐			波浪口罐	盆		瓮		喇叭口罐	尖底杯	尖底盏	平口圜底罐			花边口圜底罐
	A	B	C		A	B	A	B				A	B	C	A
第1段	I	I		I											
第2段	II	II		II	I										
第3段		II	I	II	II、III					I	I				
第4段					IV					II、III	II				
第5段			II							IV		I			
第6段			II		V	I	I		I	IV	III	I			I
第7段									II	IV	IV	I	I		II、III
第8段							II								III
第9段								I			V		II		IV
第10段						II	II				V	III	II	√	IV、V、VI

从表二可以看出，第1、2段陶器群比较接近，可作为第一期文化。第3段虽然仍保留第1、2段的小平底罐、高柄豆、B型II式敛口罐、II式波浪口罐等，但出现了新因素的陶器，有I式尖底杯、I式尖底盏等，因此我们将其与前面分开。到第4段，第3段保留的第1、2段因素的那些陶器已基本消失。但其主要陶器II式和III式尖底杯、II式尖底盏、高领罐、A型IV式盆等均是从第3段继承发展而来，与第5段区别相对更大。第5段明显的变化是开始出现圜底器。因此将第3、4段合并为第二期文化。从第5段到第10段的文化面貌一脉相承，大量圜底罐的存在是其贯穿始终的主要特征，其他还有尖底盏、瓮、羊角杯等也基本上一直存在。因此我们将第5～10段作为第三期文化。这样就将渝东西区商周时期考古学文化分为三期10段。至于第11段由于只存在于李家坝遗址，因此不纳入统一的文化分期当中。

　　第一期文化与成都平原的三星堆文化面貌较为接近，如 A 型敛口罐、高柄豆、盉、鸟头柄勺、小平底罐、A 型器盖等均是三星堆文化典型的陶器，仅呈现同一考古学文化内的小区域差异，因此该期的文化属性当属三星堆文化。第 1 段所见的 A 型 I 式器盖与三星堆 1986 年发掘的第 9 层出土的器盖相近。鸟头柄勺的鸟头风格与三星堆 1986 年发掘的第 8A 层出土的鸟头相近。高柄豆与 1980 年三星堆发掘的第 2 层出土部分高柄豆相近 [①]。按三星堆文化三期分法，三星堆 1980 年发掘的第 2 层和 1986 年发掘的第 9 层属三星堆文化第二期。1986 年发掘的第 8 层属三星堆文化第三期 [②]。因此可以推断第一期 1 段的年代约当三星堆文化的第二、三期之际。第 2 段从陶器变化看，是从第 1 段直接发展而来。其所见的小平底罐为三星堆文化末期的特征。高柄豆大量见于三星堆文化末期与十二桥文化的初期阶段。此时尚未出现成都十二桥文化典型陶器尖底器。因此推断其时代当在三星堆文化的末期。三星堆文化的年代按笔者的研究约当二里头文化的第四期至殷墟文化第二期左右 [③]。据此推测第一期文化的年代约当殷墟文化第一、二期左右。这仅是目前渝东西区发表的材料情况，推测该区域应该还存在更早时期的三星堆文化遗存。

　　第二期文化与成都平原的十二桥文化十分相近。十二桥文化的陶器群以尖底杯、尖底盏、尖底罐、喇叭口罐、圈足罐、簸形器、高领罐、盆、瓮、敛口罐、釜（平口圜底罐）等为代表。第二期文化所见的尖底杯、尖底盏、C 型敛口罐、A 型与 B 型和 C 型器盖、高领罐、盆等均是十二桥文化的典型陶器。因此其文化属性可归入十二桥文化。能反映地方特征的 D 型器盖、B 型敛口罐、羊角杯等在成都平原基本不见。第二期 3 段的情况与十二桥文化初期阶段的情况十分相近，即残存大量三星堆文化的因素，如小平底罐、鸟头柄勺等，但出现了十二桥文化典型的尖底器等，成都十二桥遗址的第 12、13 层及金沙遗址的初期均是这种情况。考虑到考古学文化的变化当滞后于政治与社会的变化，我们将这一时期划归十二桥文化阶段。第 3 段所见的 I 式尖底盏、I 式尖底杯、A 型与 B 型和 C 型器盖等与成都十二桥遗址第 12、13 层出土的十分相近 [④]，年代应相当，约当商代晚期。第 4 段已不见三星堆文化因素的陶器，这与成都十二桥遗址的第 10、11 层及金沙村遗址黄忠村地点 [⑤] 的情况相近。其所见的 II 式和 III

　　① 四川省文物管理委员会、四川省博物馆、广汉县文化馆：《广汉三星堆遗址》，《考古学报》1987 年第 2 期。

　　② 江章华、王毅、张擎：《成都平原先秦文化初论》，《考古学报》2002 年第 1 期。

　　③ 江章华、王毅、张擎：《成都平原先秦文化初论》，《考古学报》2002 年第 1 期。

　　④ 四川省文物管理委员会、四川省文物考古研究所、成都市博物馆：《成都十二桥商代建筑遗址第一期发掘简报》，《文物》1987 年第 12 期。

　　⑤ 成都市文物考古研究所：《成都市黄忠村遗址 1999 年度发掘的主要收获》，《成都考古发现》（1999），科学出版社，2001 年。

式尖底杯、Ⅱ式尖底盏与黄忠村 H158 等单位出土的同类器相近，A 型Ⅳ式盆与黄忠村 H128 出土的圈足盆相近。黄忠村 H158、H128 等主体遗址属十二桥文化二期或十二桥文化第一期晚段，时代约当西周早期。因此渝东西区的第二期 4 段的年代也当在西周早期左右。

第三期文化是紧接第二期文化发展而来，其间的变化不如第一期与第二期之间的变化那么大。第三期与第二期相比，最大的变化是出现大量圜底器。其他主要陶器均是从第二期直接承袭发展而来，如羊角杯、C 型敛口罐、高领罐、盆、尖底盏等，此外应该还有其他陶器。由于第二期遗存目前在渝东地区发现还不十分丰富，陶器群还不够完善，这种承袭关系还反映得不够明显。第二、三期文化的变迁情况大体与成都平原相似，如成都新一村与十二桥原发掘的Ⅰ、Ⅱ区相比，也出现了一定数量的圜底器，数量没有渝东地区这么大，也没有花边口圜底罐。但其主要的陶器群仍是承袭十二桥文化的陶器群。因此我们将其归入十二桥文化的范畴[①]。第三期 5～10 段之间也是一脉相承，如圜底罐始终都是文化中的主流因素。其他像 C 型敛口罐、簋形器、尖底盏、喇叭口罐、羊角杯、瓮、盆等都是前后承袭变迁，一脉相承，没有突变的情况发生。但是第三期与成都平原同一时期的文化的差异要比第二期与成都平原同时期文化的差异大，这主要表现在大量圜底罐的出现。因此我们将其与第二期分开单独作为一期，目的就是突出这一变化的情况。

第三期 6～8 段的许多陶器与成都新一村的同类陶器十分接近。例如，第 6 段的 C 型Ⅱ式敛口罐、Ⅲ式尖底盏、A 型Ⅰ式瓮、Ⅰ式喇叭口罐、尖底罐、簋形器等均与新一村第 8 层出土的同类器相近。第 7 段所见的Ⅱ式喇叭口罐和Ⅳ式尖底盏在新一村第 7 层能找到相近的器形。第 8 段所见的 A 型Ⅱ式瓮与新一村第 6、7 层所见同类瓮相同。因此我们可以推断第三期 6～8 段的年代应与成都新一村的年代相当。我们曾将新一村第 8 层年代推定在西周晚期，第 7 层的年代约当春秋早期，第 6 层的年代约当春秋中期。参照成都新一村的情况，我们可将第三期 5～8 段的年代作如下推定：第 5 段约当西周中期，第 6 段约当西周晚期，第 7 段约当春秋早期，第 8 段约当春秋中、晚期左右。

第三期 9 段与 8 段相比，好像陶器的变化稍微大了一点，感觉中间还有小的缺环。第 9 段目前所见陶器还比较少，其中的 A 型Ⅱ式平口圜底罐、Ⅴ式尖底盏与成都平原战国早期墓葬出土的同类器相近[②]。第 10 段能比较的陶器较多。属该段的中坝第 5 组见子母口浅腹豆（DT0503⑱：14），这种豆普遍见于战国晚期的巴蜀墓葬中，与什邡城

① 成都市文物考古研究所：《成都十二桥遗址新一村发掘简报》，《成都考古发现》（2002），科学出版社，2004 年。

② 江章华、张擎：《巴蜀墓葬的分区与分期初论》，《四川文物》1999 年第 3 期。

关战国晚期的 M19 出土的豆相近[①]。该种形制的豆最晚可到西汉。麻柳沱第 2 组出土的矮圈足豆（BT7③：24）也是战国晚期墓中常见的豆，与冬笋坝 M50 出土的豆相同[②]。C 型平口圜底罐（釜）也在战国晚期墓葬中常见，与冬笋坝 M50 和什邡 M14 出土的相近。中坝 M23 出土的折腹盆（M23：1）是巴蜀墓葬中战国晚期至秦才出现的，与荥经同心村秦代 M15 出土的折腹盆相近[③]。中坝 5 组所见的钵（DT0702⑱：5）与什邡城关战国晚期墓出土的 1 件钵（M49：4）相近。根据上述比较，可以推定第 10 段的年代当在战国晚期，第 9 段约当战国早、中期。

二、东区的文化分期与性质分析

（一）东区典型遗址及其层位关系

（1）奉节新铺遗址：1997 年发掘 T329 的③→⑤→⑥→⑦，T301 的⑤→⑥→⑦，T311、T321 的第 5 层；1998 年发掘 T342 的③→④→⑤，T346 的③→④，T339 和 T340 的第 4 层，T343 的③→④→⑥，T337、T345 的第 3 层[④]。

（2）巫山双堰塘遗址：1997、1998 年发掘北区第 4 层，南区 T110～T113 组第 2 层[⑤]；1999 年发掘北区 T324、T328、T339 第 4A、5 层，第 4B 层出土遗物较少，南区 T702 第 2 层[⑥]。

（3）巫山蓝家寨遗址：1999 年发掘 T21～T23 的 H2 →③→ G4[⑦]。

（4）巫山跳石遗址：1997、1998 年发掘 A 区第 6 层和叠压于第 6 层下的 G1、H6、H5[⑧]；1999 年发掘 B 区 BT8 的⑥→ H28，BT10 第 6 层，BT7 第 5 层下的 H22，其中

---

①　四川省文物考古研究所、什邡市文管所：《什邡市城关战国秦汉墓葬发掘》，《四川考古报告集》，文物出版社，1998 年。

②　四川省博物馆：《四川船棺葬发掘报告》，文物出版社，1960 年。

③　四川省文物考古研究所、荥经严道古城博物馆：《荥经同心村巴蜀船棺葬发掘报告》，《四川考古报告集》，文物出版社，1998 年。

④　吉林大学考古学系、奉节县白帝城文物管理所：《奉节新铺遗址发掘报告》，《重庆库区考古报告集》（1997 卷），科学出版社，2001 年。

⑤　中国社会科学院考古研究所长江三峡工作队、巫山县文物管理所：《巫山双堰塘遗址发掘报告》，《重庆库区考古报告集》（1997 卷），科学出版社，2001 年。

⑥　中国社会科学院考古研究所长江三峡工作队、巫山县文物管理所：《巫山双堰塘遗址发掘报告》，《重庆库区考古报告集》（1998 卷），科学出版社，2003 年。

⑦　重庆市博物馆、湖南益阳市文物工作队、重庆巫山县文物管理所：《巫山蓝家寨遗址发掘报告》，《重庆库区考古报告集》（1998 卷），科学出版社，2003 年。

⑧　南京博物院考古研究所、巫山县文物管理所：《巫山跳石遗址发掘报告》，《重庆库区考古报告集》（1997 卷），科学出版社，2001 年。

H28 又划分为 5 个文化堆积层 [①]。

（二）各遗址诸地层单位文化特征与分组

（1）新铺遗址：该遗址商周遗存主要集中在两个时期，即报告分的上、下层，文化面貌区别较大，而各地层单位和特征比较一致，因此我们将该遗址分成二组。

第 1 组：主要有 97T329 的第 5~7 层，T301 的第 6、7 层；98T342 的第 4、5层，T346 的第 3、4 层，T339 和 T340 的第 4 层，T343 的第 3、4、6 层。其余地层出土遗物较少。该组地层陶器主要有尖底杯、高柄豆、高领壶、高领罐、平口圜底罐等。

第 2 组：主要有 97T329 的第 3 层，T301、T311、T321 的第 5 层。98T337、T342、T345 的第 3 层等。陶器有两群：A 群有平口圜底罐、花边口圜底罐，另外还有盘、钵等。B 群有鬲、盆、豆、罐等。

第 1、2 组之间区别较大，有较大时间缺环。

（2）巫山双堰塘遗址：从双堰塘两次发掘的情况看，商周遗存堆积简单，早晚间文化特征变化不大，有可能是晚期破坏所致。从陶器特征看，有两组共存的陶器。

第 1 组：花边口圜底罐、平口圜底罐、尖底杯、羊角杯、尖底盏、篦形器、高领罐等，其中以花边口圜底罐、平口圜底罐的数量最多，其他器物较少。

第 2 组：鬲、盆、豆等，其中鬲、豆数量较多，盆的数量相对较少。

（3）蓝家寨遗址：该遗址 G4 出土的陶器最丰富，有鬲、盂、豆、罐。第 3 层没完整器，从鬲口沿和豆柄看，与 G4 的接近，因此将 G4 和第 3 层归为该遗址的第 1 组；H2 所见的鬲和豆与 G4 的略有差异，作为该遗址的第 2 组。第 1、2 组陶器差异不是太大，时间应衔接紧密。

（4）巫山跳石遗址：1999 年发掘的 BT10 第 6 层出土陶器有尖底罐、高领罐、敛口罐、瓮、平口圜底罐、器盖等，为偏早阶段（商代）的遗物，与 H28 的第 1~4 层陶器区别较大。BT8 第 6 层所见的敛口罐、平口圜底罐等与 BT10 第 6 层的相近。尖底缸也是商代遗物，与 H28 第 5 层的尖底缸相近，明显早于 H28 的第 1~4 层年代。但BT8 第 6 层出土鬲、壶等东周时期陶器，很可能该地层还可划分。而 H28 的开口有问题，推测第 6 层当分成第 6、7 两层，H28 开口于第 6 层下，打破第 7 层，那些偏早的遗物当出自探方的第 7 层。

依据两次发掘各地层单位陶器的比较，可将该遗址商周时期陶器分成两组。

第 1 组：包括 1999 年发掘的 H28 第 5 层，BT10 第 6 层及 BT8 第 6 层出土的早期

① 南京博物院考古研究所、重庆市文化局、巫山县文物管理所：《巫山跳石遗址第二次发掘报告》，《重庆库区考古报告集》（1998 卷），科学出版社，2003 年。

（或第 7 层）遗物。该组陶器有尖底缸、敛口罐、高领罐、瓮、平口圜底罐、尖底罐等。

第 2 组：包括 1997、1998 年发掘 A 区第 6 层和叠压于第 6 层下的 G1、H5、H6，1999 年发掘 H22 和 H28 的第 1~4 层。陶器区别不大，时间跨度不长。第一次发掘出土的鬲、豆、罐等形制基本一致，第二次发掘的 H28 第 4 层的豆与第一次发掘的 G1 的接近，H28 第 3 层出土的鬲、豆均与 G1 的相近，H28 第 1 层的罐与 G1 的罐也相近。该组典型陶器有鬲、盆、豆、罐等。

（三）文化因素与年代分析

东区的材料目前还不是很丰富，就发表的材料看，该区的陶器明显可分为甲、乙、丙三群。

（1）甲群陶器：以尖底杯、平口圜底罐、高领壶、尖底缸为代表（图六）。属该群的有奉节新铺第 1 组和巫山跳石第 1 组。该群陶器与西区文化相比，可与第二期文化相联系。尖底杯与西区有所区别，与鄂西地区香炉石文化的尖底杯相近；平口圜底罐也与西区最早的同类器有所区别，而大量发现于香炉石文化。更重要的是其中的高领壶在西区根本不见。该群陶器的文化特征更接近鄂西地区以清江香炉石[1]、宜昌路家河[2]、宜昌杨家嘴[3]、秭归长府沱[4]等为代表的香炉石文化。

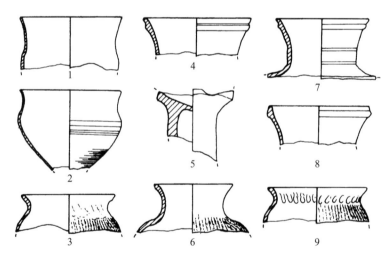

图六　东区甲群陶器（新铺第1组）

1、2. 尖底杯（T329⑤：24、T329⑤：25） 3、6、9. 平口圜底罐（T343③：6、T339④：11、T341④：3）

4、7、8. 高领壶（T342④：8、T346④：3、T345③：9） 5. 豆（T342⑤：8）

① 湖北省清江隔河岩考古队：《湖北清江香炉石遗址的发掘》，《文物》1995 年第 9 期。

② 长江水利委员会：《宜昌路家河》，科学出版社，2002 年。

③ 三峡考古队第三小组：《湖北宜昌杨家嘴遗址发掘》，《江汉考古》1994 年第 1 期。

④ 宜昌市博物馆：《三峡库区长府沱遗址试掘简报》，《江汉考古》1995 年第 4 期。

　　与新铺第1组所见形制相近的尖底杯在路家河遗址也有出土，而高领壶在鄂西地区出土也不十分普遍，与新铺第1组最接近的高领壶在秭归长府沱的H9有发现，由此我们可以推断，新铺第1组的年代可能与秭归长府沱H9的年代接近。秭归长府沱H9出土假腹豆和尖底缸，尖底缸的形制接近于荆南寺遗址第四、五期[1]和盘龙城遗址第五期的尖底缸[2]，为二里冈上层偏早的特征。假腹豆与盘龙城遗址第七期的假腹豆相近，为二里冈上层偏晚的特征。因此H9的年代当在二里冈上层时期。那么奉节新铺第1组的年代可能也在二里冈上层时期。

　　与跳石第1组所见的形制相近的尖底杯见于路家河T7第5层（T7⑤：31）。路家河T7第5层出土的尖底缸与跳石第1组的尖底缸也接近。同样形制的尖底缸也见于盘龙城第五、六期，时代约当二里冈上层时期。推测巫山跳石第1组的年代也差不多在这个时期。

　　（2）乙群陶器：有尖底杯、平口圜底罐、花边口圜底罐、簋形器、羊角杯等（图七）。以巫山双堰塘第1组陶器为代表，其特征与西区的第二、三期文化十分相近，应属同一性质的考古学文化。

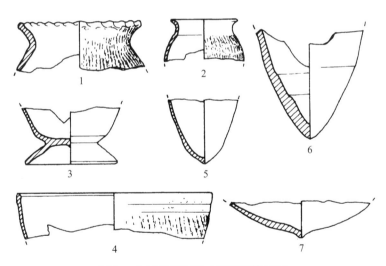

图七　东区乙群陶器（双堰塘第1组）

1. 花边口圜底罐（T365④：021）　2. 平口圜底罐（T111②：06）　3、4. 簋形器（T340④：09、T340④：039）　5. 尖底杯（T328④A：7）　6. 羊角杯（T375④：023）　7. 尖底盏（T110②：023）

　　双堰塘第1组所见的尖底杯与西区第二期5段的Ⅳ式尖底杯相近，为西周中期的形制。簋形器（报告中的Ⅰ、Ⅱ式缸）在成都平原的新一村、金沙村遗址中有完整器，

　　① 何驽：《荆南寺遗址夏商时期遗存分析》，《考古学研究》（二），北京大学出版社，1994年。

　　② 湖北省文物考古研究所：《盘龙城：一九六三年——一九九四年考古发掘报告》，文物出版社，2001年。

形制与新一村第 8 层的相近，为西周晚期特征。南区所见的 1 件盆（T113③：9，报告中的Ⅲ式瓮）也与成都新一村遗址属西周晚期的第 8 层出土的盆相近。花边口圜底罐应是西区发展起来的一种典型陶器。其开始出现主要是在西周晚期，流行于春秋战国时期。而该群所见的花边口圜底罐不是最早的形制，与西区第 7、8 段的 A 型Ⅱ式、A 型Ⅲ式花边口圜底罐相近，为春秋早、中期的形制。双堰塘遗址与乙群陶器共存的有鬲、盂、豆等楚文化遗物（即双堰塘 B 组陶器）。典型楚文化形成的年代上限大约在西周晚期，而鄂西地区西周晚期的楚文化遗存发现不多，到春秋时期才增多，春秋中期前后占绝对优势①，所以渝东东区楚文化的出现当早不过鄂西地区。具体来看，该组的盂、豆与当阳赵家湖楚墓第三期（春秋中期）的盂和豆较为接近②。鬲没有完整器，不好比较，不过鬲大量出现，其年代上限应不出西周晚期。综合分析，乙群陶器的年代范围可大致推定在西周中期至春秋早、中期之际。而双堰塘出乙群陶器的地层形成年代当在春秋早、中期之际。

（3）丙群陶器：以鬲、盂、豆、罐为代表（图八）。属该群的有双堰塘第 2 组、跳石第 2 组、蓝家寨第 1 组和第 2 组、新铺第 2 组的 B 群。丙群陶器为典型的楚文化遗物。

双堰塘第 2 组陶器的年代可能在春秋早、中期之际。跳石第 2 组 G1 所见的鬲为柱状足，高领，圆肩下收，与赵家湖丙类三期四、五段墓的 D 型Ⅰ、Ⅱ式鬲相近。豆的风格也与赵家湖甲类三期四、五段墓的豆相近。因此 G1 的年代与赵家湖三期四、五段楚墓的年代相当，约在春秋中期。跳石第 2 组 H28 第 3 层的盖豆与雨台山第二期 M24 盖豆相近。报告推定雨台山第二期的年代在春秋晚期③，那么跳石遗址丙群陶器的年代可以推定在春秋中期至晚期。蓝家寨第 1 组的鬲为折沿、连裆、横长方体，比跳石的鬲要晚，与赵家湖丙类四期六段墓出土的 D 型Ⅳ式鬲相近。长颈罐与赵家湖丙类三期五段墓出土的 D 型Ⅱ式罐相近。盂、豆均与赵家湖丙类四期六段墓出土的同类器接近。据此可以推断蓝家寨第 1 组的年代与赵家湖四期六段楚墓的年代相当，约当春秋晚期早段前后。蓝家寨第 2 组出土的鬲和豆与第 1 组的形制差异不大，时代应相距不远，可以推定在春秋晚期晚段左右。综合上述分析，丙群楚文化陶器在渝东东区目前所见的材料其年代约在春秋早、中期之际至春秋晚期，目前还没见到更晚材料的发表。

① 江章华：《试论鄂西地区商周时期考古学文化的变迁——兼谈早期巴文化》，《考古》2004 年第 11 期。

② 湖北省宜昌地区博物馆、北京大学考古系：《当阳赵家湖楚墓》，文物出版社，1992 年。

③ 湖北省荆州地区博物馆：《江陵雨台山楚墓》，文物出版社，1984 年。

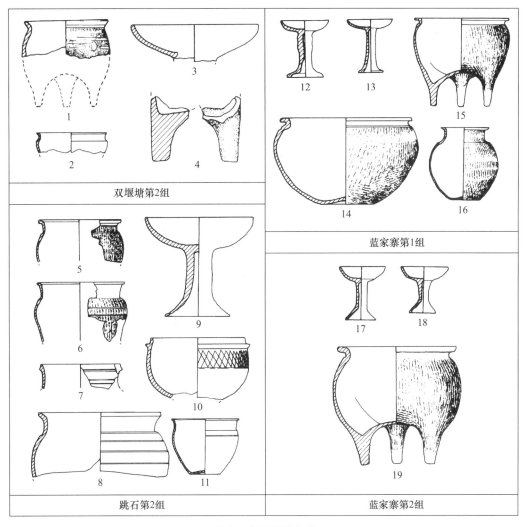

双堰塘第2组

蓝家寨第1组

跳石第2组

蓝家寨第2组

图八　东区丙群陶器

1、4～6、15、19. 鬲（T112②:05、T326④:04、G1:2、G1:3、G4:7、H2:1）　2、14. 盂（T342④:018、G4:14）3、9、10、12、13、17、18. 豆（T365④:019、H28②:2、H28③:4、G4:18、G4:19、H2:3、H2:2）　7. 壶（G1:15）　8. 罐（G1:16）　11. 盆（G1:6）　16. 长颈罐（G4:12）

三、关于文化变迁与互动的几点认识

通过分析，我们对渝东地区商周时期考古学文化在时空上的变化有了一个基本的把握，从中可对文化的变迁与互动关系形成如下几点初步认识。

第一，渝东西区商周时期考古学文化大体可以分为两个大的阶段。第一期文化为第一阶段，第二、三期文化为第二阶段。第一阶段的文化为三星堆文化，与成都平原的三星堆文化基本一致。此时文化不够繁荣，发现的遗存不多；第二阶段当中的第二期文化，在商代晚期至西周早期与成都平原十二桥文化的同阶段文化面貌相一致。从第三期文化开始，即西周中期以后，出现大量圜底器，尤其是大量花边口圜底罐的出现，使得这一时期的文化与成都平原的同时期文化呈现出一定的差异。除了花边口圜底罐，其他因素与成都平原同时期文化是基本一致的。成都平原在西周中、晚期开始也出现一定数量的平口圜底罐（釜），但量没渝东地区大，绝不见花边口圜底罐。渝东西区的古文化在第二阶段尤其是第三期显得较为繁盛与发达。

第二，渝东西区考古学文化从史前到商周有过两次变化的高潮时期。第一次是哨棚嘴文化到三星堆文化的变迁。其整体文化面貌发生了根本性的变化，可以说是一次突变。这次变化牵涉到整个四川盆地。发生这种突变的根本原因是外来文化的侵入，表现比较明显的是中原二里头文化，其次可能还包括长江中下游的文化因素。笔者在三星堆遗址未发表的材料中见到过石家河因素的陶器和良渚文化因素的遗物，甚至到成都金沙村遗址还继承了良渚因素的玉琮。第二次变化是三星堆文化向十二桥文化的变迁，其陶器群发生了根本性的变化。这次变化的根本原因是鄂西地区以清江香炉石、宜昌路家河等遗址为代表的香炉石文化的西迁。笔者曾在分析鄂西地区商周时期考古学文化变迁时发现，香炉石文化在鄂西地区于二里冈下层时期开始孕育，至二里冈上层时期发展壮大，直到殷墟文化第一期。殷墟第一期以后，香炉石文化在鄂西地区突然消失。与此同时在四川盆地发现了其踪迹[①]。渝东西区第二阶段第二、三期文化及成都平原十二桥文化的许多因素明显是从香炉石文化继承而来，如尖底杯、尖底罐、圜底器、圈足盆、豆、占卜习俗等。正是由于香炉石文化的西迁，才使四川盆地的三星堆文化与香炉石文化融合形成十二桥文化。进入第二阶段，即商代晚期至战国，包括渝东西区在内的整个四川盆地的考古学文化再没受到过像前两次那样来自外来文化的冲击（虽然与周邻文化也有过不同程度的交流）。由于巴、蜀、楚的势力格局逐渐形成，这一格局的打破要到秦灭巴、蜀之后，其间再未发生过大的人群移动现象，考古学文化进入了一个相对稳定的发展时期，文化变迁呈现出一种渐变演进的过程，以至于我们作文化阶段的划分，竟不知从何处划断。

第三，据文献记载可知，春秋战国时期活动在渝东三峡地区的为古代巴人，那么渝东三峡地区的一脉相承的第二、三期文化当为巴文化，其前身香炉石文化当为早期巴文化。如果说三星堆文化为蜀文化，那么在三星堆文化阶段，四川盆地均属蜀文化的分布范围，东边曾达鄂西地区。当巴人壮大后，逐渐将三星堆文化挤出了鄂西地区，并有向西推进之势。巫山跳石第 1 组和奉节新铺下层反映出在二里冈上层时期曾西达这一区域。此时以三星堆文化和香炉石文化分别代表的蜀文化与巴文化，面貌完全不同。当商代晚期巴人西迁至四川盆地后，巴文化与蜀文化便很快融合，并同步发展。

---

① 江章华：《试论鄂西地区商周时期考古学文化的变迁——兼谈早期巴文化》，《考古》2004 年第 11 期。

"巴蜀文化"区的形成时间应在香炉石文化西迁后的商代晚期。

第四，巴文化中最引人注目的特征是大量圜底罐的存在，从香炉石文化到渝东西区第三期文化都非常突出。成都平原的十二桥文化虽然从西周中、晚期也出现一定数量的平口圜底罐（釜），但数量远不如渝东地区，而且绝不见花边口圜底罐。这也是渝东西区第三期以后巴文化与蜀文化最显著的区别所在。除花边口圜底罐外，其他文化因素与成都平原同时期文化基本一致。考虑到这种同一性与差异程度，可以将渝东三峡地区西区的第二、三期文化命名为"十二桥文化渝东类型"。许多研究者都认为，大量圜底罐为专业性生产用器，即盐业生产用器。无论是文献记载还是考古材料，都显示盐业生产是巴人的传统产业。但值得注意的是，渝东西区的第二期基本不见圜底罐，大量出现是在第三期，即西周中期以后。看来巴人从鄂西举族西迁后，已大伤元气。到一个新的生存环境中，还需要一个适应和对资源的认识开发过程，无条件马上恢复其传统的盐业生产。到了西周中期才又慢慢恢复发展其传统的盐业生产，并重新壮大起来，这从考古学文化的繁荣程度也清楚地反映出来。

第五，关于巴、楚关系问题。从渝东东区的情况可以看出，楚文化一经壮大，便向西推进。春秋早、中期之际的巫山双堰塘和奉节新铺的上层还是巴文化与楚文化因素共存，说明此时楚在此的势力还不是很强。到春秋中期以后，巫山跳石和蓝家寨遗址反映出楚文化已完全占据了这一区域，巴的势力已退出了这一地区。于是奉节与云阳之间成了巴、楚争夺的分界线，云阳李家坝一带成了巴人与楚交锋的前沿。从李家坝第4组基本为楚文化遗物分析，战国末期楚有可能曾一度占领这一地区，甚至可能曾深入到巴的腹心地区。不过巴和楚很快被强秦所灭。

第六，通过对渝东地区商周时期考古学文化的变迁与互动关系的研究，可以得出这样一个认识，四川盆地古代文化发生大的变化与演进的高潮时期，往往与人群的移动有关。而文化系统内部的创新及与周邻文化之间的相互交流、影响不会引起考古学文化在短时期内的巨大变异，而呈现出一种渐进的变迁过程。

（原载《考古学报》2007 年第 4 期）

四川盆地先秦考古学文化的变迁
及其动因的初步考察

    四川盆地发现的先秦考古学文化遗存目前主要集中在成都平原和渝东地区。这两个区域的文化从史前到商周有一个逐渐趋同发展的过程，并且在其发展过程中，除了文化系统自身的渐进发展外，还有过几次变迁的高潮时期。本文想就其中两次大的变迁及其动因作初步分析。

一、从史前文化到三星堆文化的变迁

    成都平原目前能追溯到最早的史前文化是距今约4500～3700年的宝墩文化。它以发达的农业为基础，其聚落已出现了分化。既有几千平方米的小型村落，如成都十街坊遗址约3000平方米，也有面积广大的建夯土城墙的中心聚落。最大的宝墩遗址达60万平方米，最小的都江堰芒城遗址也有10多万平方米。这些城墙高耸的中心聚落拥有一个象征神权的祭祀中心，郫县古城中心地区面积有550多平方米的大房子正是聚落中心的公共建筑，而一般小型村落是没有这种大型建筑的，与中心聚落相比则可能处于从属的地位。宝墩文化的生产工具以小型的手工工具为主，常见斧、锛、凿，当时人们已熟练地掌握了石器的切割和钻孔技术。宝墩文化的陶器质地分夹砂陶和泥质陶，泥质陶的数量较多，并多于夹砂陶，夹砂陶多掺白色石英砂，有粗细之分，以细者居多，陶色分灰、褐、外褐内灰等。泥质陶分灰白、灰黄、褐陶和一定数量的黑衣灰陶、黑衣褐陶。夹砂陶装饰以绳纹为主，其次是戳印纹、附加堆纹，少量的划纹和弦纹。绳纹的装饰部位有沿面、唇部、颈部、底及整个器身，纹样有斜向、交错和网状等。某些器物的口沿压成波浪形。戳印纹有坑点、新月、圆圈等。夹砂陶器圈足上多镂孔装饰。泥质陶以划纹、戳印纹、附加泥条戳印纹和黑色陶衣为主，少量细线纹、瓦棱纹和弦纹。划纹中多水波纹和平行线纹，水波纹多见于颈部、腹部少见。戳印纹多为坑点或长条痕，见于唇部、肩部、腹部，唇部戳成锯齿状。陶器造型喜作宽沿大翻口的风格。器物类别有平底器和圈足器，不见三足器和圜底器。代表性陶器有绳纹花边口罐、敞口圈足尊、盘口圈足尊、喇叭口高领罐、壶、宽沿平底尊、宽沿盆等①。

渝东地区因配合三峡工程，近年在长江沿岸所做的考古发掘较多。已发现的最早的新石器时代文化是丰都玉溪坪发现的类似于湖北城背溪文化的遗存。在忠县哨棚嘴遗址的下层还出土过屈家岭文化偏晚的陶器。但是在城背溪文化至屈家岭文化时期，这一区域是否属这些文化的分布范围，还不十分清楚。不过大约在距今 4600 年，在这一区域兴起一支地方性特征较强的新石器文化，那就是"哨棚嘴文化"。已发现这一文化遗存的遗址很多，比较有代表性的有忠县哨棚嘴②、中坝③，奉节老关庙④，丰都玉溪坪⑤，巫山大溪遗址⑥的上层等。因此对这一文化的特征已比较清楚，其年代下限大约在距今 3700 年，可以看出与宝墩文化基本同时。目前在渝东长江沿岸发现的哨棚嘴文化的聚落均为小型的村落，遗址中大量鱼骨的出土，表明捕捞业在经济生活中占有十分重要的地位。其陶器的质地以夹砂陶为主，泥质陶较少。夹砂陶又以夹砂褐陶为主，夹砂灰陶较少，夹砂褐陶分红褐、黄褐和灰褐陶。泥质陶分红褐、青灰、黑灰和黑皮陶。纹饰有绳压菱格纹、绳纹、箍带纹、线纹、水波纹、折线纹、瓦纹等，以菱格纹和绳纹较常见，纹饰变化最明显的趋势是菱格纹从细变粗，最后被绳纹代替。陶器风格为多敞口深腹器，器形一般都较大，夹砂陶器口沿多绳压花边装饰，口沿根部和沿外多附加堆纹形成的裙边装饰。器物类别主要是平底器，偏晚阶段出现圈足器，不见三足器和圜底器。代表性陶器有折沿深腹罐、敞口深腹缸、盘口罐、豆、钵、盆等，以折沿深腹罐、敞口深腹缸、盘口罐的数量较多，最具代表性。

由上述可以看出，宝墩文化和哨棚嘴文化有很大的差异，反映在陶器上，宝墩文化是泥质陶数量较多，哨棚嘴文化是夹砂陶较多，宝墩文化的泥质灰白陶在哨棚嘴文化中根本不见；纹饰方面，宝墩文化以绳纹为主，而哨棚嘴文化菱格纹发达，宝墩文化中泥质陶上的划纹和戳印纹在哨棚嘴文化中很少见，而哨棚嘴文化中的箍带纹和裙边装饰绝不见于宝墩文化；从器物造型来看，宝墩文化多宽沿大翻口风格，器类较丰

① 江章华、王毅、张擎：《成都平原早期城址及其考古学文化初论》，《苏秉琦与当代中国考古学》，科学出版社，2001 年。

② 王鑫：《忠县瓷井沟遗址群哨棚嘴遗址分析——兼论川东地区的新石器文化及早期青铜文化》，《四川考古论文集》，文物出版社，1996 年。

③ 孙智彬：《中坝遗址新石器时代遗存初论》，《四川文物》2003 年第 3 期。

④ 吉林大学考古学系、四川省文物考古研究所：《奉节老关庙遗址第三次发掘》，《四川考古报告集》，文物出版社，1998 年。

⑤ 重庆市文化遗产研究院、丰都县文物管理所：《重庆市丰都县玉溪坪遗址 2002 年发掘简报》，《南方民族考古》（第十一辑），科学出版社，2015 年；邹后曦、袁东山：《重庆峡江地区的新石器文化》，《重庆·2001 三峡文物保护学术研讨会论文集》，科学出版社，2003 年。

⑥ 重庆市文物考古研究所、重庆市文物局、巫山县文物管理所：《巫山大溪遗址勘探发掘简报》，《重庆库区考古报告集》（2000 卷），科学出版社，2007 年。

富，哨棚嘴文化多敞口深腹的风格，而器类相对较少，其整个器物群有非常大的差异。因此完全分属两个不同的考古学文化。

值得注意的是，哨棚嘴文化最初兴起于峡西地区，其中心可能在万州至丰都一带。大约在第二期时强大起来，有向东扩张的势头，大约在第三期（哨棚嘴文化据目前材料可分为四期）到达了鄂西地区。白庙遗址就见典型的哨棚嘴文化的陶器，在瞿塘峡以东至鄂西一带出现了一个哨棚嘴文化与石家河文化的过渡地带，在这一地区发现的这一时期的古文化既有哨棚嘴文化的因素，也有石家河文化的因素，代表性的遗址如巫山锁龙[①]、魏家梁子[②]、秭归白庙遗址[③]等。正当两支文化接触、交流不久，石家河文化因某种原因走向衰落，随着石家河文化的衰落，哨棚嘴文化于是也好景不长，不仅如此，成都平原的宝墩文化也紧随其后，纷纷衰落。伴随而来的是中原二里头文化从鄂西沿长江西进渗透，在整个路线上都留下了二里头文化坚实的足迹，如二里头文化的典型陶器鬶、盉、圆腹罐等发现在宜昌中堡岛遗址的上层[④]、宜昌毛溪套[⑤]、秭归朝天嘴[⑥]等遗址中。最初发生大约在二里头文化的第三期，正是在强大的外力作用下，渝东长江沿岸和成都平原的古文化都发生了突变。这种突变，很难用文化传播和影响来解释。在二里头文化的渗透过程中，可能伴随而来的是民族的迁徙与征服过程。在成都平原随着变化则诞生了一支新的考古学文化——三星堆文化，而渝东地区考古学文化基本失去了自身的特色，被纳入了三星堆文化的分布范围。从此整个四川盆地便形成了一个统一的考古学文化区，以后两个区域的文化基本同步发展，并不断趋同。

二、从三星堆文化到十二桥文化的变迁

三星堆文化年代大约从二里头文化第四期至殷墟文化第二期，前后可分为三期。陶器基本的特征是：陶质以夹砂为主，夹砂褐陶是最主要的陶系，次为夹砂橙黄陶和夹砂灰陶。泥质陶较少，有灰陶、褐陶和橙黄陶。纹饰不发达，常见的有绳纹、弦纹、压印纹、附加堆纹、划纹、几何纹、方格纹、戳印纹、圆圈纹、"F"形纹、人字纹等，

---

①　成都市文物考古工作队、巫山县文物管理所：《巫山锁龙遗址发掘简报》，《重庆库区考古报告集》（1997 卷），科学出版社，2001 年。

②　中国社会科学院考古研究所长江三峡考古队：《四川巫山县魏家梁子遗址的发掘》，《考古》1996 年第 8 期。

③　湖北省文物考古研究所：《1985～1986 年宜昌白庙遗址发掘简报》，《江汉考古》1996 年第 3 期。

④　湖北省宜昌地区博物馆、四川大学历史系：《宜昌中堡岛新石器时代遗址》，《考古学报》1987 年第 1 期。

⑤　林春：《宜昌地区长江沿岸夏商时期的一支新文化类型》，《江汉考古》1984 年第 2 期。

⑥　国家文物局三峡考古队：《湖北秭归朝天嘴遗址发掘简报》，《文物》1989 年第 2 期。

器物圈足上见镂孔装饰。代表性陶器有小平底罐、高柄豆、盉、鸟头柄勺、壶、瓶、瓿、圈足盘、鬲形器、器盖等①。

渝东长江沿岸发现的这一阶段遗存的遗址已很多，其中见到材料的万州中坝子遗址的第4层出土瓮、鬶、圆腹罐、高柄豆、鸟头柄勺②等，其中的高柄豆和鸟头柄勺为三星堆文化第二期的特征；H4出土有器盖、高柄豆和深腹罐，其中的器盖、高柄豆也为三星堆文化第二期的特征，因此中坝子遗址第4层和H4年代相当于三星堆文化第二期。2001年发掘的哨棚嘴遗址的第9、10、12、13层文化面貌比较一致，陶器以夹砂褐陶为主，其次是夹砂灰陶，少量的泥质陶。有纹饰陶片较少，其中以绳纹为主，极少量的弦纹、方格纹、戳印纹等。器类有敛口罐、高领罐、小平底罐，少量的高柄豆、盆、花边口罐、喇叭状纽器盖和倒尖底钵状器盖等③。从高柄豆和小平底罐的风格看，此期约在三星堆文化的第三期。1993年发掘的哨棚嘴遗址的第8、9、11~13层，见花边口罐、敛口罐、高柄豆、鬶等④，特征与2001年发掘的属三星堆文化第三期的遗存相近。相当于三星堆文化第一期的遗存发现在鄂西地区，如1979年发掘的中堡岛遗址第3层，出土鸟头勺柄、圆腹罐和袋形盉足⑤。毛溪套出土三星堆文化第一期特征的盉，与之共存的有小平底罐、高柄豆等⑥。在鄂西地区发现的三星堆文化遗存还有1985年发掘的秭归朝天嘴第6层，出土小平底罐、器盖、高柄豆、盉、圆腹罐⑦，为三星堆文化第一期的特征。1985~1986年发掘的中堡岛遗址中区的第6层出土鬶、小平底罐、敛口罐、器盖等⑧，也是三星堆文化第一期的特征。从上述内容中我们可以归纳出渝东长江沿岸这一阶段文化的基本特征是：陶质以夹砂褐陶为主，纹饰以绳纹为主，少量的弦纹、方格、戳印纹等。代表性陶器有小平底罐、高柄豆、鸟头柄勺、敛口罐、高领罐、花边口罐、鬶、盉、圆腹罐、器盖等。由此可以清楚地看出渝东长江沿岸这一时期的文化与三星堆文化基本一致，总体上来看将其归入三星堆文化的范畴应该不存在问题。

---

① 江章华：《成都平原青铜文化考古的新进展》，《长江流域青铜文化研究》，科学出版社，2002年。

② 西北大学考古队、万州区文物管理所：《万州中坝子遗址发掘报告》，《重庆库区考古报告集》（1997卷），科学出版社，2001年。

③ 北京大学考古文博学院三峡考古队、成都市文物考古研究所、重庆市忠县文物管理所：《重庆市忠县哨棚嘴遗址商周时期遗存2001年发掘报告》，《成都考古发现》（2001），科学出版社，2003年。

④ 王鑫：《忠县㙟井沟遗址群哨棚嘴遗址分析——兼论川东地区新石器文化及早期青铜文化》，《四川考古论文集》，文物出版社，1996年。

⑤ 湖北省宜昌地区博物馆、四川大学历史系：《宜昌中堡岛新石器时代遗址》，《考古学报》1987年第1期。

⑥ 林春：《宜昌地区长江沿岸夏商时期的一支新文化类型》，《江汉考古》1984年第2期。

⑦ 国家文物局三峡考古队：《湖北秭归朝天嘴遗址发掘简报》，《文物》1989年第2期。

⑧ 国家文物局三峡考古队：《湖北宜昌中堡岛遗址发掘简报》，《文物》1989年第2期。

但仔细比较它们之间也有一些小的差异，这表现在成都平原三星堆文化中常见的瓶、壶，以及具有特征的鬲形器不见于渝东地区，而渝东地区数量较多的敛口罐在成都平原很少见，尤其是肩部饰成组绳纹的敛口罐；渝东地区常见的绳纹圆腹罐和倒尖底钵状、口为双唇的器盖也不见于成都平原。不过这种差异相对还是较小的，有些差异可能是文化水平高低所决定的，如成都平原的陶器制作明显要规范精致一些，而渝东地区的陶器制作就不那么规范和精致。

十二桥文化年代大约从殷墟文化第三期至春秋时期，也可分为前后发展的三期。其陶器基本特征是：以夹砂陶为主，泥质陶较少。夹砂陶分褐、灰和褐皮灰心陶。泥质陶以灰陶为主，少量褐陶。纹饰少见，主要以绳纹为主，少量的重菱纹、鸟纹、弦纹、附加堆纹和圆圈纹。代表性陶器有尖底杯、尖底盏、尖底罐、高领罐、圈足罐、圈足盆、簋形器、喇叭口罐、瓮、釜、绳纹罐等。在一期阶段尚残存一些三星堆文化的因素。

渝东地区的十二桥文化阶段的遗存能见到的有 1993 年发掘的哨棚嘴遗址的第 5 层和 H8。其陶器以夹砂陶为主，陶色主要有红、灰、褐、黑等。纹饰以素面为主，其次有细绳纹、弦纹、方格纹。主要器物有尖底杯、羊角杯、器盖、高领罐、釜等。其特征接近于十二桥文化的第二期。2001 年发掘的哨棚嘴遗址第 6 层，陶器以夹砂褐陶为主，其他依次为黑皮陶、夹砂灰陶、泥质灰陶、泥质褐陶。有纹饰的陶片很少，有绳纹、线纹、方格纹、弦纹、戳印纹等。代表性陶器有敛口罐、花边口罐、高领罐、小平底罐、斜肩罐、盆、高柄豆、羊角杯、尖底盏、小平底钵、花边口圜底罐、器盖、圈足等。其特征与十二桥文化第一期相近，处在三星堆文化与十二桥文化的过渡时期，三星堆文化与十二桥文化因素共存。在 1997 年发掘的哨棚嘴遗址四区的第 3、4 层和 H34 发现相当于十二桥文化第三期的遗存，出土喇叭口罐、花边口圜底罐、外叠唇沿下垂的瓮等[①]。

十二桥文化不同于三星堆文化最突出的特征就是尖底器和圜底器的出现，尤其是尖底杯和圜底釜（罐）的出现，这些因素的陶器来源于何处？让我们来看一下鄂西地区商周时期考古学文化的变迁情况。

在鄂西地区先后出现的主要有四类考古学文化因素的遗存：甲类：三星堆文化因素，代表性陶器有圆腹罐、小平底罐、高柄豆、鸟头把勺、鬶、盉等，其中部分因素与二里头文化有关。乙类：商文化因素，代表性陶器有鼎、鬲、深腹罐、豆、缸、尊、盆等。丙类：土著文化因素（香炉石文化），代表性陶器有圜底的釜、罐、豆、钵、尖底杯等。丁类：楚文化因素，代表性陶器有楚式鼎、鬲、细柄豆等。通过对各类因素

---

① 北京大学考古文博院三峡考古队、重庆市三峡库区田野考古培训班、忠县文物管理所：《忠县瓦井沟遗址群哨棚嘴遗址发掘简报》，《重庆库区考古报告集》（1997 卷），科学出版社，2001 年。

陶器在各遗址中年代的分析（表一），可以看出这样一个现象：甲类文化因素出现在二里冈下层至二里冈上层时期，最盛是在二里冈下层时期，到二里冈上层时已很微弱，只是残存少量一些陶器与丙类因素共存。乙类文化因素主要出在江陵荆南寺遗址，时代在二里冈下层偏晚至二里冈上层，往西的各遗址仅见个别陶器，而且主要集中在二里冈上层时期。丙类文化因素出现最早可到二里冈下层时期，下限可能延至殷墟文化第二期，最盛是在二里冈上层至殷墟文化第一期。丁类文化因素出现是在西周晚期以后，不与前面三种因素共存。

表一　鄂西地区商周时期典型遗址文化因素与年代

遗址	因素	出土陶器	年代
荆南寺①	甲	小平底罐、高柄豆	二里冈下层偏早～二里冈上层偏早
	乙	甗、鬲、爵、鼎、斝、豆、盆	二里冈下层偏晚～二里冈上层
	丙	釜、尖底杯	二里冈下层偏晚～二里冈上层
	丁	鬲、盆、豆、罐	西周晚期
三斗坪②	甲	小平底罐、高柄豆、器盖	二里冈下层偏晚
	丙	釜、钵、罐、尖底杯	二里冈下层偏晚～殷墟第一期
杨家嘴③	甲	器盖	二里冈上层
	丙	釜、罐、豆、钵、尖底杯	二里冈上层～殷墟第二期
中堡岛④	甲	圆腹罐、高柄豆、鸟头把勺、盉	二里冈下层
朝天嘴⑤	甲	小平底罐、高柄豆、器盖、鬶、盉	二里冈下层
长府沱⑥	甲	盉（鬶）足、高柄豆	二里冈上层
	乙	鬲、假腹豆、缸	二里冈上层
	丙	釜、罐、尖底杯	二里冈上层～殷墟第一期

　　①　荆州地区博物馆、北京大学考古系：《湖北荆南寺遗址第一、二次发掘》，《考古》1989年第8期。
　　②　湖北省文物考古研究所：《1985～1986年三峡坝区三斗坪遗址发掘简报》，《三峡考古之发现》（二），湖北科学技术出版社，2000年。
　　③　三峡考古队第三小组：《湖北宜昌杨家嘴遗址发掘》，《三峡考古之发现》，湖北科学技术出版社，1998年。
　　④　湖北省宜昌地区博物馆、四川大学历史系：《宜昌中堡岛新石器时代遗址》，《考古学报》1987年第1期；国家文物局三峡考古队：《湖北宜昌中堡岛遗址发掘简报》，《文物》1989年第2期。
　　⑤　国家文物局三峡考古队：《湖北秭归朝天嘴遗址发掘简报》，《文物》1989年第2期。
　　⑥　宜昌市博物馆：《三峡库区秭归长府沱商代遗址发掘》，《三峡考古之发现》（二），湖北科学技术出版社，2000年。

续表

遗址	因素	出土陶器	年代
黎家沱[①]	丙	釜、罐、豆、尖底杯	二里冈下层偏晚
	丁	鼎、鬲、罐、豆、钵	春秋
香炉石[②]	丙	釜、罐、豆、钵、尖底杯	二里冈下层～殷墟第一期
	丁	鬲、盆、豆、罐	西周偏晚
毛家套[③]	甲	高柄豆、小平底罐、盉	二里冈下层
红花套[④]	甲	小平底罐、高柄豆	二里冈下层～二里冈上层
路家河[⑤]	甲	高柄豆、鸟头把勺	二里冈上层
	丙	釜、尖底杯	二里冈上层
鲢鱼山[⑥]	甲	圈足盘	二里冈上层
	丙	釜	二里冈上层

　　上述现象告诉我们，三星堆文化的分布范围曾一度到达了鄂西地区，但势力很弱，三星堆文化的形成本身与二里头文化的影响有较大的关系，并且二里头文化的入川路线是从鄂西地区沿江西上进入四川盆地，三星堆文化中还保留了大量二里头文化因素。二里头文化在长江中游仅是短暂的停留，很快强大的商文化就接踵而至，江陵以东的江汉平原地区成了商王朝直接统治的地区，"汉东商文化不但分布面积大，遗址密集，而且文化面貌典型。黄陂盘龙城既有与中原类似的城垣、宫殿和墓葬，又有系统而占优势的商式铜器、陶器和玉器，明显是商王朝统治的重要据点。""汉东所有的商代遗址都普遍出土以'商式鬲'为代表的陶器群，表明商文化已深入到当时汉东人们的日常生活中。"[⑦]但是商王朝的势力并没到达江陵以西的鄂西地区，商文化对鄂西地区的影响十分微弱，甚至可以说基本没产生影响。正是这样一种情况，即三星堆文化和商文化在此均没有较强的势力，给了土著文化以较大的发展空间，因此以釜、罐、豆、钵、尖底杯为特征的土著文化发展壮大起来，并逐渐将三星堆文化挤出了鄂西地区。其中心在秭归以东的宜昌和清江流域，该文化最大的特点就是圜底器盛行，应是源于当地

　　① 山东大学考古系：《湖北省巴东县黎家沱遗址发掘报告》，《三峡考古之发现》（二），湖北科学技术出版社，2000 年。

　　② 湖北省清江隔河岩考古队：《湖北清江香炉石遗址的发掘》，《文物》1995 年第 9 期。

　　③ 林春：《宜昌地区长江沿岸夏商时期的一支新文化类型》，《江汉考古》1984 年第 2 期。

　　④ 林春：《宜昌地区长江沿岸夏商时期的一支新文化类型》，《江汉考古》1984 年第 2 期。

　　⑤ 林春：《宜昌地区长江沿岸夏商时期的一支新文化类型》，《江汉考古》1984 年第 2 期。

　　⑥ 林春：《宜昌地区长江沿岸夏商时期的一支新文化类型》，《江汉考古》1984 年第 2 期。

　　⑦ 杨权喜：《湖北商文化与商朝南土》，《中国商文化国际学术讨论会论文集》，中国大百科全书出版社，1998 年。

的土著原始文化。该区域从城背溪文化以来，圜底器便是一个传统。关于这一文化的命名，笔者认为目前发现的遗址当中以清江香炉石遗址文化面积最纯，最有代表性，其他遗址相对不那么单纯，因此用香炉石遗址来命名这一文化即"香炉石文化"是合理的。香炉石文化在鄂西地区发展时间也并不太长，目前资料显示，还没有发现晚于殷墟第二期的材料。楚文化到达这一区域的时间就目前资料看约在西周晚期以后，它们之间有一较大的缺环，两种文化因素不共存的情况也证明了这种时间缺环的存在。也就是说香炉石文化在商代末期便在鄂西地区消失了，代之而起占领这一区域是发达的楚文化，像巴东雷家坪①、秭归玉种地②、沙湾③、曲溪口④等遗址均发现了楚文化遗存。

　　香炉石文化在鄂西地区的消失，可能是迫于外来的压力。那么这种压力最大的可能就是楚，因为香炉石文化消失后紧接着的就是楚文化。在遗址中反映出来的就是楚文化因素的地层直接叠压在香炉石文化的地层之上，之间并无其他文化的地层，至于它们之间的空缺是如何造成的还是值得研究的问题。随着楚的势力的增强，造成香炉石文化的族群被迫迁徙，其迁徙的方向很自然地会沿着清江和长江这样的天然的通道进行，那么向西的可能性最大。在四川盆地我们正好找到了其踪迹，脱胎于三星堆文化发展而来的十二桥文化有一最大的特点，就是出现了大量尖底器，并且也有圜底釜，属十二桥文化早期的十二桥遗址的第12、13层出土的尖底杯和釜⑤与香炉石文化的尖底杯和釜完全一致。而尖底器和圜底器在此之前不是四川盆地的文化传统，显系外来因素。渝东地区表现最为明显，忠县哨棚嘴遗址从商代晚期就开始出现圜底罐和尖底杯⑥，西周至春秋时期出土数量最多。忠县中坝遗址和瓦渣地遗址出土的陶器中大部分属圜底罐，与香炉石遗址情况十分相近。"如香炉石遗址的中心区，在出土遗物较多的209平方米面积里出土的近4000件各种陶质生活用具中，就有陶釜近3000件"⑦。另一个值得注意的现象是，香炉石遗址中出土大量的卜甲、卜骨，三星堆文化中至今

　　①　吉林大学考古学系、国家文物局湖北省三峡考古工作站：《湖北巴东雷家坪遗址发掘简报》，《三峡考古之发现》（二），湖北科学技术出版社，2000年。

　　②　湖北省宜昌市博物馆：《三峡库区秭归县玉种地遗址发掘简报》，《三峡考古之发现》（二），湖北科学技术出版社，2000年。

　　③　湖北省宜昌市博物馆：《三峡库区秭归县玉种地遗址发掘简报》，《三峡考古之发现》（二），湖北科学技术出版社，2000年。

　　④　湖北省宜昌市博物馆：《三峡库区秭归县玉种地遗址发掘简报》，《三峡考古之发现》（二），湖北科学技术出版社，2000年。

　　⑤　四川省文物管理委员会、四川省文物考古研究所、成都市博物馆：《成都十二桥商代建筑遗址第一期发掘简报》，《文物》1987年第12期。

　　⑥　北京大学考古文博学院三峡考古队、成都市文物考古研究所、重庆市忠县文物管理所：《重庆市忠县哨棚嘴遗址商周时期遗存2001年发掘报告》，《成都考古发现》（2001），科学出版社，2003年。

　　⑦　王善才：《香炉石遗址与香炉石文化》，《四川文物》2001年第2期。

未发现占卜遗物，但是在十二桥文化中出土大量卜甲。上述情况显示，香炉石文化向西迁入四川盆地这一事实在考古上有明显证据，十二桥文化的年代上限在殷墟第三期，与香炉石文化在鄂西地区消失于约当殷墟第二期，在时间上也是吻合的。正是香炉石文化的西迁，对三星堆文化造成了强有力的冲击，使得三星堆文化发生了比较大的变异，十二桥文化于是形成，这可能是其中很重要的一个动因。

参照文献记载，香炉石文化的主人可能与廪君之巴有关，《后汉书·南蛮西南夷列传》："巴郡南郡蛮，本有五姓：巴氏、樊氏、瞫氏、相氏、郑氏。皆出于武落钟离山。其山有赤黑二穴，巴氏之子生于赤穴，四姓之子皆生黑穴。未有君长，俱事鬼神，乃共掷剑于石穴，约能中者，奉以为君。巴氏子务相乃独中之，众皆叹。又令各乘土船，约能浮者，当以为君。余姓悉沉，惟务相独浮。因共立之，是为廪君。乃乘土船，从夷水至盐阳。盐水有神女，谓廪君曰：'此地广大，鱼盐所出，愿留共居。'廪君不许。盐神暮辄来取宿，旦即化为虫，与诸虫群飞，掩蔽日光，天地晦冥。积十余日，廪君伺其便，因射杀之，天乃开明。廪君于是君乎夷城，四姓皆臣之。廪君死，魂魄世为白虎。巴氏以虎饮人血，遂以人祠焉。"[1] 武落钟离山又名难留山，在今长阳县境内，《太平寰宇记》卷一百四十七记载《长阳县》："武落山一名难留山，在县西北七十八里，本廪君所出处也。"[2] 夷水即清江，《水经注》卷三十七讲道："夷水，即佷山清江也。水色清照十丈，分沙石。蜀人见其澄清，因名清江也。昔廪君浮土舟于夷水，据捍关而王巴。"[3] 据童恩正先生考证，廪君的迁徙是自东而西进入渝东[4]，这与香炉石文化迁徙的路线是一致的。但廪君并非仅仅活动在清江流域，从考古学文化反映出其活动范围也包括西陵峡至江陵一带的长江沿岸，向西迁徙的路线可能也包括长江在内。如果上述推论不误的话，廪君之巴在鄂西地区主要活动在夏代末期至商代中晚期之际，商代晚期迁入四川盆地，并最终与当地居民调适融合在一起。

三、结　语

从四川盆地先秦时期考古文化的两次大的变迁高潮来看，其动因均是来自文化系统的外部，而且非文化间的一般交流与影响所致，属于民族的迁徙与融合的形式。这种变化与文化系统内部的创新和发展程度是不同的。由于外部民族的迁入，不仅使文化面貌发生了改变，也对政治格局造成了强有力的冲击。伴随着二里头文化而来的民族迁入，不仅带来了中原先进的青铜冶铸技术，也带来了中原政治管理模式，宝墩文

① （宋）范晔：《后汉书》卷八十六《南蛮西南夷列传》，中华书局，1982 年。
② （宋）乐史：《太平寰宇记》卷一百四十七《长阳县》，中华书局，2000 年。
③ （北魏）郦道元：《水经注》，巴蜀书社，1985 年。
④ 童恩正：《古代的巴蜀》，重庆出版社，1998 年。

化的衰落，诞生了三星堆文明。香炉石文化的民族迁入，与三星堆文化的统治者也发生了矛盾，斗争的结果使得三星堆王朝灭亡，政治中心也发生了转移，三星堆都城从此成为废墟。文献中记载的古蜀历史上有几次王朝更替，开明取代杜宇就是经过了激烈的斗争。考古信息所反映的或许与某历史事件有关，值得研究。

另一个现象也是不可忽视的，那就是外来文化并未完全替代土著文化，而是与土著文化调适融合，因此始终保留了原有的一些土著文化传统。

（与颜劲松合作，原载重庆市文物局、重庆市移民局：《重庆·2001 三峡文物保护学术研讨会论文集》，科学出版社，2003 年，第 76～82 页）

从考古材料看四川盆地在中华文明
形成与发展过程中的地位

一

四川西部的川西高原，历来是古代民族迁徙比较频繁的走廊，是联系黄河上游与长江上游的文化孔道。四川盆地的古文化与这一走廊有比较深的联系。

成都平原早在新石器时代的宝墩文化时期可能就与岷江上游有联系。近年在岷江上游发掘的茂县营盘山遗址，其主体文化与甘青地区的马家窑文化（马家窑类型）十分相近[①]。我们将宝墩文化与营盘山新石器遗存比较，发现了一些相似的特征：陶器制作均主要为泥条盘筑和手制，高领器的颈、肩、腹黏接，在器内有明显的黏接痕，夹砂陶器的器底为地包天二次套接；夹砂陶器绳纹中的交错菱格风格，夹砂陶器的器底多有绳纹装饰，口沿多绳压花边装饰和波浪口，这些都是二者的共同特征。宝墩文化偏早阶段所见的泥质陶罐腹部先拍绳纹然后再慢轮弦抹出数道弦纹的做法在营盘山很常见。宝墩文化偏早阶段所见的带瓦棱纹的黑皮陶在营盘山遗址中也有发现；都盛行小平底器，还有圈足器，没有圜底器；宝墩文化中的高领罐与营盘山的高领罐应该有关系；宝墩文化的夹砂陶花边口沿罐与营盘山的花边口沿罐也应有关系；宝墩文化偏早阶段的圈足风格与营盘山遗址出土的圈足非常接近。宝墩文化与营盘山新石器文化之间还有较大的时间距离，营盘山遗址与马家窑文化相近的文化遗存年代经 ^{14}C 测定约在距今 5100 年，大大早于宝墩文化，因此这种关系还不十分清楚[②]。不过，在茂县调查的沙乌都遗址采集到的陶片就与宝墩文化十分相近，这种遗存与营盘山新石器时代遗存是什么关系还有待进一步做工作方能弄清。如果宝墩文化确实与营盘山新石器文化有某种渊源关系的话，那么成都平原很早就与黄河上游的古代文化有联系。

---

① 蒋成、陈剑：《岷江上游考古新发现述析》，《中华文化论坛》2001 年第 3 期；成都市文物考古研究所、阿坝藏族羌族自治州文管所、茂县博物馆：《四川茂县营盘山遗址试掘报告》，《成都考古发现》（2000），科学出版社，2002 年。

② 江章华：《岷江上游新石器时代遗存新发现的几点思考》，《四川文物》2004 年第 3 期。

　　岷江上游目前发掘的考古材料除新石器时代遗存，晚的就是石棺墓，这中间有比较大的空缺。岷江上游的石棺墓与甘肃地区的寺洼文化有联系，尤其是从偏早阶段的陶器特征看，与寺洼文化的陶器有较多相似特征。石棺墓出土的遗物当中有较多巴蜀文化因素的器物。撮箕山①和营盘山发掘的偏早的石棺墓中都有尖底罐，其特征与成都新一村②春秋时期的尖底罐相近。营盘山偏早的石棺墓中还有圈足簋形器，与十二桥文化的同类型器也十分相近。属战国晚期的茂县牟托一号石棺墓③中出土了大量巴蜀式的兵器，有戈、矛、剑等，其中的铜鸟形饰与三星堆和金沙遗址出土的铜鸟十分相似，牟托一号石棺墓出土的铜罍在巴蜀地区也有出土。战国晚期至西汉时期的石棺墓中出土较多巴蜀式的陶器，如釜、豆、瓮等，而战国晚期的蜀墓中也曾发现过典型的双耳罐④。由于目前岷江上游考古工作还做得不是很多，缺环太大，成都平原通过这一走廊与周邻文化发生的关系有相当长的时间段还不清楚，相信这中间曾发生过有趣的文化与民族互动，有待新的考古发掘去揭示。

二

　　通过嘉陵江流域与周邻文化发生交流，首先是从三峡地区的史前文化反映出来的。三峡发现的最早的史前文化遗存是丰都玉溪下层遗存，其文化特征是以泥片贴筑的圜底和圈足陶器为代表，与巴东楠木园新石器时代遗存十分相近，总体特征应属城背溪文化⑤。之后在渝东三峡地区发现最为丰富的是以丰都玉溪坪，万州苏和坪，忠县哨棚嘴、杜家院子、中坝，奉节老关庙遗址新石器时代遗存为代表的文化遗存，陶器以敞口深腹缸、折沿深腹罐、盘口罐、喇叭高领罐为代表，夹砂陶器盛行绳压菱格纹、箍带纹和花边装饰。笔者曾依据哨棚嘴、中坝、老关庙遗址的材料将这一文化分为四

---

　　①　徐学书：《岷江上游石棺葬文化综述》，《四川大学考古专业创建三十五周年纪念文集》，四川大学出版社，1998 年。

　　②　成都市文物考古研究所：《成都十二桥遗址新一村发掘简报》，《成都考古发现》（2002），科学出版社，2004 年。

　　③　茂县羌族博物馆、阿坝藏族羌族自治州文物管理所：《四川茂县牟托一号石棺墓及陪葬坑清理简报》，《文物》1994 年第 3 期。

　　④　20 世纪 80 年代在成都青羊小区发掘的一座大型土坑墓中出土了几件双耳罐，资料现存成都文物考古研究院。

　　⑤　邹后曦、袁东山：《重庆峡江地区的新石器文化》，《重庆·2001 三峡文物保护学术研讨会论文集》，科学出版社，2003 年。

期，年代大约距今 4600～3700 年[1]。后来又新发现了丰都玉溪坪、万州苏和坪[2]、忠县杜家院子[3]遗址，部分遗存应早于笔者原分的四期。笔者认为，虽然这类遗存前后有一定的变化，但总体还是一脉相承，当属同一性质的考古学文化，笔者曾将其称为"哨棚嘴文化"。这类遗存与玉溪下层遗存相比，区别太大，可以肯定之间没有任何承袭关系。看来城背溪文化曾一度到达过渝东三峡地区，但势力不够强大，当势力更强大的哨棚嘴文化到来后，将城背溪文化挤了出去。那么，哨棚嘴文化自然就不是渝东三峡地区土生土长的文化，从其偏早阶段的陶器特征看，与甘南地区的古代文化有联系。最初注意到这个问题，是发现哨棚嘴文化与岷江上游的营盘山新石器遗存的陶器有许多相近的因素，这些相近的因素似乎又不太可能是通过成都平原发生的，自然注意到了嘉陵江流域。嘉陵江上游进入甘南境内有白龙江和西汉水两条支流，在白龙江流域就发现了大量从仰韶文化到马家窑文化阶段的遗存，而白龙江流域的大李家坪遗址的第三期遗存与营盘山新石器时代遗存最为相近。在哨棚嘴文化中可以找到许多来自甘南地区的文化因素，如玉溪坪发现的双唇口陶壶、杜家院子出土的带耳灰陶盆、哨棚嘴遗址出土的红陶钵、玉溪坪和哨棚嘴出土的喇叭口高领罐都是甘青地区仰韶文化晚期至马家窑文化的典型器。最有代表性、数量最多的敞口深腹罐、折沿深腹罐与大李家坪[4]的同类陶器十分相近。值得注意的是，宜昌中堡岛[5]遗址 H284 出土的 D 型 I 式大口罐和 B 型 I 式高领罐与同时期其他陶器区别太大，明显为外来文化因素，而与渝东地区玉溪坪和苏和坪出土的同类陶器相近，也与白龙江流域大李家坪第三期遗存中的同类陶器相近。上述这些遗址相似特征的出现很可能是通过嘉陵江流域发生的，将来嘉陵江流域的考古发掘工作能进一步揭示这种关系。

新石器时代之后，四川盆地通过嘉陵江这一孔道与其他区域文化的互动情况，目前的考古材料没有明显的体现。据了解，在甘南的部分地区发现出土巴蜀文化遗物的墓葬，但年代都比较晚，可能在战国晚期至秦或汉初。由于材料没有发表，详细情况不清楚。至于陕南地区与四川盆地的文化联系，年代主要从商代晚期开始的，其通道可能不一定是嘉陵江。陕南地区的汉水流域发现大量商代晚期至西周时期与十二桥文化

① 江章华：《再论川东长江沿岸的史前文化》，《四川文物》2002 年第 5 期。

② 邹后曦、袁东山：《重庆峡江地区的新石器文化》，《重庆·2001 三峡文物保护学术研讨会论文集》，科学出版社，2003 年。

③ 成都市文物考古研究所、重庆市忠县文物管理所：《重庆忠县杜家院子遗址 2001 年度发掘简报》，《成都考古发现》（2001），科学出版社，2003 年。

④ 北京大学考古学系、甘肃省文物考古研究所：《甘肃武都县大李家坪新石器时代遗址发掘报告》，《考古学集刊》（13），中国大百科全书出版社，2000 年。

⑤ 国家文物局三峡考古队：《朝天嘴与中堡岛》，文物出版社，2001 年。

特征相近的遗存，如紫阳白马石[1]、城固宝山遗址[2]等，这类遗存应该与巴文化有比较深的关系，甚至可能就是巴人中的一支文化遗存。之所以与成都平原的十二桥文化十分相近，是因为此时的巴、蜀文化已基本趋同。到西周时期，蜀文化的影响已到了宝鸡地区，表现最为明显的是学界都普遍注意到的弦国墓地[3]，弦国文化有比较浓厚的巴蜀文化色彩，这从该墓地出土的陶尖底盏、尖底罐、簋形器，青铜柳叶形剑、戈、鸟、鸭头形饰等器物比较明显地体现出来。

三

三峡地区是先秦时期四川盆地与长江中下游和中原地区文化交流与互动的主要孔道，四川盆地每一次大的历史震荡与文化变迁均与这一孔道发生的文化互动与民族迁徙有关。

长江中下游的文化信息早在新石器时代的末期就通过这一孔道进入四川盆地，考古材料反映出这当中首先有石家河文化。笔者曾在参观三星堆遗址未发表的陶器时，发现了 1 件饰方格纹的高领罐，为石家河文化的陶器。后来又在三星堆仁胜村墓地[4]和成都市苏坡乡金沙村三组的置信金沙园一期地点[5]发现石家河文化的陶器。三星堆仁胜村 M10 出土 1 件黑皮陶钟形圈足豆，置信金沙园一期地点 H636 也出土 1 件黑皮陶钟形圈足豆，在置信金沙园一期地点还出土一定数量的圈足盘，上述陶器风格与肖家屋脊[6]属石家河文化晚期的同类陶器相近，当属石家河文化因素的典型陶器。从三星堆仁胜村 M10 出土的钟形圈足豆和器盖与置信金沙园一期地点出土的钟形圈足豆和器盖相近来看，时代应大体相当。而置信金沙园的新石器时代遗存的年代跨度不大，整个陶器群的风格与我们分的宝墩文化第三期的特征相一致，因此这些石家河因素的陶器年代在宝墩文化第三期，与石家河文化晚期的年代是相吻合的。石家河因素的陶器不仅出现在宝墩文化中，笔者在忠县中坝遗址哨棚嘴文化遗存中也看到不少石家河文化偏晚阶段的圈足盘等陶器。从上述情况可以看出，石家河文化在其偏晚阶段，对四川盆地的文化产生过影响，只不过这种影响是以何种方式

---

① 陕西考古研究所、陕西省安康水电站库区考古队：《陕南考古报告集》，三秦出版社，1994 年。

② 西北大学文博学院：《城固宝山——1998 年发掘报告》，文物出版社，2002 年。

③ 卢连成、胡智生：《宝鸡弦国墓地》，文物出版社，1988 年。

④ 四川省文物考古研究所三星堆遗址工作站：《四川广汉三星堆遗址仁胜村土坑墓》，《考古》2004 年第 10 期。

⑤ 成都市文物考古研究所：《成都金沙遗址"置信金沙园一期"地点发掘简报》，《成都考古发现》（2002），科学出版社，2004 年。

⑥ 石家河考古队（湖北省荆州博物馆、湖北省文物考古研究所、北京大学考古学系）：《肖家屋脊》，文物出版社，1999 年。

实现的，目前的材料还不十分清楚。同时哨棚嘴文化也向东发展，在鄂西地区与石家河文化有接触，对这一地区的文化面貌影响较大。1995 年发掘的湖北秭归庙坪遗址 H2 出土 1 件长颈罐（H2：8），其形态与哨棚嘴文化早期的长颈罐接近[①]。1985～1986 年发掘的湖北宜昌白庙遗址[②]，其新石器文化遗存明显为哨棚嘴文化与石家河文化因素共存，从此次发掘的第 6 层开始出现哨棚嘴文化因素的陶器，以第 4、5 层出土数量较多。第 6 层主要以石家河文化因素的陶器为主，第 4、5 层哨棚嘴文化因素的陶器数量明显增多。从第 4～6 层出土的石家河文化陶器看，没有太大的变化，时间跨度不大，年代约当石家河文化晚期。

良渚文化的某些因素很早也进入了成都平原，三星堆仁胜村 M5 出土了 3 件玉锥形器，为典型的良渚文化玉器。表明良渚文化的影响大约在宝墩文化第三期左右已深入四川盆地的腹心地区。不仅如此，古蜀文化在相当长的时期还继承着良渚文化的某些观念与文化传统，这从金沙遗址发现的良渚文化风格的十节青玉琮[③]体现出来。该玉琮总体风格接近于江苏武进寺墩[④]、吴县草鞋山[⑤]出土的多节玉琮，为良渚玉琮偏晚的风格。该器器表有较多的不规则划痕及油沁的痕迹，人面纹的羽冠阴线、眼睛和鼻部的微雕也变得较为模糊，这些现象应是该器曾经被长期使用的结果。因此有理由推测该玉琮的制作年代当大大早于金沙村遗址的年代，可能与良渚文化晚期的年代相近。但仔细比较金沙村十节青玉琮与良渚的玉琮也存在一些差异，首先是在玉的色泽上，良渚的玉材多为鸡骨白，至今没见过像金沙村玉琮这样的玉质者；再从工艺来看，良渚玉琮中间的孔均为对钻，中间未经过细致的打磨，留有明显的接茬。金沙村青玉琮中间的孔两头大，中间小，也应是对钻而成，但经过细致打磨，没有明显的接茬。古蜀文化保留了良渚文化的某些传统，从金沙村遗址出土的另一件四节玉琮（2001CQJC：1）也体现出来。该件玉琮和金沙村遗址出土的其他玉器玉质基本相同，从器表上看，其分节分槽的做法与良渚风格的十节玉琮相类似，但器物上下宽度基本相同，整器方正而厚重，四隅的每个凸面上阴刻出的九条平行直线纹，线纹平直、流畅，几乎不见毛刺，制作技艺非常娴熟流畅。从这种玉琮分节及刻纹的做法看，明显

① 湖北省文物考古研究所三峡考古队：《湖北秭归县庙坪遗址 1995 年试掘简报》，《三峡考古之发现》（二），湖北科学技术出版社，2000 年。

② 湖北省文物考古研究所：《1985～1986 年宜昌白庙遗址发掘简报》，《江汉考古》1996 年第 3 期。

③ 成都市文物考古研究所：《成都金沙遗址Ⅰ区"梅苑"东北部地点发掘一期简报》，《成都考古发现》（2002），科学出版社，2004 年。

④ 南京博物院：《1982 年江苏常州武进寺墩遗址的发掘》，《考古》1984 年第 2 期。

⑤ 南京博物院：《苏州吴县草鞋山良渚文化墓葬》，《东方文明之光——良渚文化发现 60 周年纪念文集（1936—1996）》，海南国际新闻出版中心，1996 年。

是良渚多节玉琮的简化形式，结合其工艺特征看，其制作年代与金沙村大多数玉器相当。金沙村遗址出土了相当数量的玉琮，表明玉琮在金沙村时期的礼制系统中仍占有极其特殊的地位。

　　紧接着石家河文化和良渚文化，中原二里头文化进入四川盆地，明显也是从三峡这个通道来的。大约在二里头文化第三期之时，二里头文化从鄂西沿长江西进，在鄂西和三峡地区都发现了二里头文化的遗存，如二里头文化的典型陶器鬶、盉、圆腹罐等发现在荆南寺、中堡岛遗址的上层、毛溪套、秭归朝天嘴等遗址中。二里头文化的南迁与西进，一定有其重大的历史背景，而四川盆地正是在这一大的历史背景下，其考古学文化发生了大的变异，原来的宝墩文化和哨棚嘴文化都衰落，在这一文化的大激荡中诞生了三星堆文化，这一变化不仅是文化间的交流与影响所能达到的程度，应与人群的迁徙与融合有关①。参与这一大激荡的可能就有上述的石家河文化、良渚文化、土著文化和二里头文化。而二里头文化明显占了绝对的主导地位，因此在三星堆文化当中，有典型的二里头文化遗物，如今已知的有陶盉、铜牌饰、牙璋等，而且多反映在社会的上层文化中。尤其值得一提的是牙璋，牙璋出土的地域很广，据笔者观察，牙璋的传播路线有两条：一条是东线，从中原地区到湖北、湖南、福建、两广再到越南；另一条是西线，从中原到鄂西、四川盆地再到越南。东线发生的时间比较早，可能在龙山时期，因此东线发现的牙璋多保留了早期的一些形态特征。西线发生在二里头文化时期，因此三星堆出土的斜凹弧首的牙璋与二里头的最为接近，而没有那种早期形态的牙璋。东线虽然时间早，但并未得到弘扬与发展，出土数量相当稀少，推测在这些区域的礼制系统中并未占有十分重要的地位。相反，西线的四川盆地却得到进一步弘扬与发展，成为古蜀文化礼制系统中非常重要的礼仪用器，并在此保留其传统有相当长的时间，从金沙遗址出土大量牙璋看，至少到西周时期都还很发达。越南既受到东线的影响，也受到西线的影响，因此两种传统的璋均有发现②。二里头文化的某些特征在古蜀文化中保留了相当长的时间，金沙遗址发现的商代晚期至西周时期的遗物当中，还发现明显带有二里头文化特征的器物，如分段刃的大孔玉钺、梯形小孔玉钺、穿孔的石刀等。

　　三星堆文化时期仍然通过长江三峡这一孔道与外界发生着频繁的文化交流，这从三星堆两个器物坑出土的青铜容器比较清楚地反映出来。三星堆器物坑出土的青铜容器明显与长江中下游青铜器风格最为接近，如三星堆一号坑出土的龙虎尊（K1：158、

---

　　① 江章华：《四川盆地先秦考古学文化的变迁及其动因的初步考察》，《重庆·2001 三峡文物保护学术研讨会论文集》，科学出版社，2003 年。

　　② 江章华：《牙璋传播的东西两线说》，《玉魂国魄——中国古代玉器与传统文化学术讨论会论文集（三）》，北京燕山出版社，2008 年。

K1∶258）与 1957 年在安徽阜南月儿河捞起的龙虎尊颇为相近，仔细对比可以看出，三星堆龙虎尊明显是模仿月儿河出土的同类龙虎尊而略显粗率，说明当时的三星堆王朝拥有这种尊的原件，否则无从模仿。在湖北江陵八姑台、四川巫山大昌、湖南华容、湖北枣阳新店等地均发现与三星堆器物坑出土的风格特征十分相近的铜尊。三星堆器物坑出土的铜罍与湖北沙市近郊和湖南岳阳鲂鱼山出土的铜罍风格如出一辙[①]。

　　三星堆文化向十二桥文化的变迁又与发生在鄂西和三峡地区的民族移动有直接的关系。笔者通过对鄂西与三峡地区商周时期考古学文化的研究发现，在三星堆文化时期，四川盆地均为三星堆文化（蜀）的分布范围。此时以宜昌路家河、清江香炉石为代表的香炉石文化在鄂西地区逐渐发展壮大起来，这一支文化可能就是早期的巴文化。而大约在商代晚期，香炉石文化突然消失于鄂西地区，整体西迁[②]，与此同时在四川盆地发现大量这一类遗存，考古材料反映出香炉石文化与三星堆文化有一个冲突、调适与融合的过程。在目前我们分的十二桥文化早期阶段正是三星堆文化因素与香炉石文化因素共存的一个时期，经过一个时期的调适融合，最后巴与蜀的文化基本趋同，从此以后整个四川盆地的文化基本同步发展。只不过巴人因盐业生产，巴文化中存在大量圜底罐和羊角杯，蜀文化中圜底罐较少，而是作为炊器釜使用，没有羊角杯。西周晚期以后，在长江中游楚文化逐渐形成，并迅速向西扩张，巴人向西退却，春秋中期左右楚文化已过夔门，峡江地区成了楚的势力范围，在云阳与万州之间形成了明显的巴文化与楚文化的分界线。从此以后，楚与巴、蜀的势力格局就没有发生大的变化，直到秦灭巴蜀。这种势力格局阻断了三峡这个孔道，这个孔道从此就再没发生过大的人群移动的现象，因此四川盆地的考古学文化就再也没有发生过像宝墩文化到三星堆文化和三星堆文化到十二桥文化那样的变迁高潮，进入了缓慢渐进的发展时期。想再进一步做考古学文化阶段的划分时，却不知道从何处划断。目前就十二桥文化的下限划在何处，还是一个难以解决的问题，笔者在研究渝东地区商周时期考古学文化时，就很难做出考古学文化阶段划分的判断[③]。

　　虽然十二桥文化以后，四川盆地的考古学文化没有发生过变化的高潮时期，但也并非孤立发展，仍然与中原文化和楚文化有比较深的联系。当时的巴蜀上层仰慕中原和先进的楚文化，在战国时期的古蜀文化墓葬中，出土中原风格的青铜器，如百花潭中学十号墓[④]出土的铜鼎、水陆攻战纹铜壶均是中原风格的器物；1987 年在成都市白

　　① 江章华、李明斌：《古国寻踪——三星堆文化的兴起及其影响》，巴蜀书社，2002 年。
　　② 江章华：《试论鄂西地区商周时期考古学文化的变迁——兼谈早期巴文化》，《考古》2004 年第 11 期。
　　③ 江章华：《渝东地区商周时期考古学文化研究》，《考古学报》2007 年第 4 期。
　　④ 四川省博物馆：《成都百花潭中学十号墓发掘记》，《文物》1976 年第 3 期。

果林小区出土的狩猎纹铜壶[①]也是中原地区战国早期铜壶的形制，其狩猎纹图案大量发现在河南等地战国时期的铜器上。相似的狩猎纹铜壶在河南辉县琉璃阁[②]，洛阳西工M131[③]等都有出土；1986年成都京川饭店战国早期墓出土的1件兽纹铜镜[④]与山西长治分水岭M53所出的1件兽纹铜镜[⑤]，在形制、大小、纹饰风格上均相同。1976年绵竹船棺墓出土1件镶嵌龙纹青铜豆[⑥]，这种形制的豆主要出于中原地区，该豆与河北新乐中同村出土的铜豆有些相近[⑦]。绵竹船棺墓还出土1件镶嵌龙纹的方壶，也是中原青铜器的风格。商业街战国早期的大型船棺墓出土的漆器纹饰也多仿中原青铜器纹饰，其漆器上的蟠螭纹和龙纹是模仿春秋晚期至战国早期中原青铜器上的纹饰[⑧]。巴蜀文化中的楚文化因素，这是早已被学界所广泛注意到的现象，这些遗物也多为青铜器，常见的有鼎、敦、壶、簠、缶、瓿等，在一些大墓和中小型墓中均有发现，以大型墓中出土数量较多。宣汉罗家坝战国早期墓M33中就出土了大量楚文化风格的青铜器[⑨]，新都马家公社战国中期大墓也出土相当数量的楚文化风格的青铜器[⑩]。楚文化进入四川盆地当然是从三峡这一孔道，至于中原文化是经哪个孔道发生的还不是很清楚，推测三峡这一孔道的可能性较大，因为巴、蜀北与秦也有接触，但战国晚期之前很少有秦文化因素的遗物发现。

从上面的简单分析可以看出，四川盆地由于所处的特殊地理位置，在整个中华文明的形成与发展过程中扮演了非常独特的角色，可以概况为以下几点。

（1）考古材料显示，很可能从新石器时代开始，四川盆地的文化就与黄河上游的文化有密切联系。

（2）四川盆地的古代文化在先秦时期的整个发展历程中，都与中原和长江中下游保持着密切的联系，不断有中原和长江中下游的文化因素融入进来。而在中原和长江中下游早已消失的某些文化因素，在四川盆地却传承相当长的时间。可以说，巴蜀文化是中华文化的多种因素不断汇聚与融合的结果，是中华文明的有机组成部分。

---

① 罗开玉、周尔太：《成都白果林小区四号船棺》，《成都文物》1990 年第 3 期。

② 郭宝钧：《山彪镇与琉璃阁》，科学出版社，1959 年。

③ 蔡运章、梁晓景、张长森：《洛阳西工 131 号战国墓》，《文物》1994 年第 7 期。

④ 成都市博物馆考古队：《成都京川饭店战国墓》，《文物》1989 年第 2 期。

⑤ 山西省文物管理委员会、山西省考古研究所：《山西长治分水岭战国墓第二次发掘》，《考古》1964 年第 3 期。

⑥ 四川省博物馆：《四川绵竹县船棺墓》，《文物》1987 年第 10 期。

⑦ 河北省文物研究所：《河北新乐中同村发现战国墓》，《文物》1985 年第 6 期。

⑧ 江章华、颜劲松：《成都商业街船棺出土漆器及相关问题探讨》，《四川文物》2003 年第 6 期。

⑨ 四川省文物考古研究院、达州市文物管理所、宣汉县文物管理所：《宣汉罗家坝》，文物出版社，2015 年。

⑩ 四川省博物馆、新都县文物管理所：《四川新都战国木椁墓》，《文物》1981 年第 6 期。

（3）四川盆地每一次文化变迁高潮的动因都与外来人群的迁入有关，而造成这种人群的移动与迁徙可能都与中原地区的重大社会震荡密切相关。秦灭巴蜀，又一次大的外来移民，四川盆地的古代文化最后完全融入汉文化之中。

（4）四川盆地的古代文化对周邻地区，尤其是西南地区，产生了一定的辐射与影响作用。

（原载《中华文化论坛》2005 年第 4 期）

环境、生业、人群移动与社会、文化的变迁
——以成都平原为例

　　成都平原从距今大约 5000 年至商周时期，考古学文化曾经历过几次变化的高潮时期，社会也经历了较为复杂的变迁过程。其社会、文化变迁的动因非常复杂，从考古学分析来看，至少包括环境及适应环境出现的生业形态的转变、适应国际环境的变化出现的社会调适转型、人群移动等因素。如何来理解和解释古代文化变迁与社会复杂化进程中的动因问题，从成都平原一个区域案例中可以得到一些启发。

　　目前的考古材料显示，成都平原的古代人群最初是从岷江上游逐步迁徙下来的，这些迁徙下来的人群他们主要种植小米，这是岷江上游人群的传统农业。最初进入成都平原时，他们主要活动在平原西北至西南靠近山地相对较高的边缘地带，人口少，聚落小，如什邡桂圆桥遗址。而平原腹心地区多河流、沼泽，不适宜小米的种植。桂圆桥遗址是 2009 年四川省文物考古研究院在什邡桂圆桥发现的，遗址位于成都平原西北边缘，靠近龙门山地带 [①]。该遗址发现了距今约 5000 年的新石器文化遗存，该文化的特征与岷江上游以茂县营盘山为代表的新石器文化十分相近。而营盘山遗址新石器文化与中国西北地区的马家窑文化（马家窑类型）相比较，从陶器的制法、装饰方法与风格、彩陶风格、器物类型，包括生业形态、生产工具都体现出非常近似的特征。岷江上游应该是马家窑文化分布区，在岷江上游分布着较多这类文化性质的遗址，汶川姜维城遗址就发现同样性质的文化遗存 [②]。在岷江上游干流和其主要支流黑水河、杂谷脑河两岸的河谷地带，已发现了 50 余处有文化堆积层的新石器时代遗址和 30 余处新石器时代遗物采集点。

　　大约到了距今 4500 年前后，长江中游的水稻种植技术传入成都平原，这时期的人们开始平整田地，修建灌溉设施，种植水稻。由于生业形态的转变，成都平原的考古学文化也随之发生了变异，形成了宝墩文化。仍然看得出宝墩文化与营盘山新石器文化和什邡桂圆桥遗存有许多相似的特征，如陶器制作均主要为泥条盘筑和手制，高领

---

① 四川省文物考古研究院、德阳市博物馆、什邡市博物馆：《四川什邡桂圆桥新石器时代遗址发掘简报》，《文物》2013 年第 9 期。

② 四川省文物考古研究所、阿坝州文物管理所、汶川县文化体育局：《四川汶川县姜维城新石器时代遗址发掘简报》，《考古》2006 年第 11 期。

器的颈、肩、腹黏接，在器内有明显的黏接痕，夹砂陶器的器底为地包天二次套接；夹砂陶器绳纹中的交错菱格风格；夹砂陶器的器底多有绳纹装饰，口沿多绳压花边装饰和波浪口，这些都是二者的共同特征。宝墩文化偏早阶段所见的泥质陶罐腹部先拍绳纹然后再慢轮弦抹出数道弦纹的做法在营盘山很常见。宝墩文化偏早阶段所见的带瓦棱纹的黑皮陶在营盘山遗址中也有发现；都盛行小平底器，还有圈足器；宝墩文化中的高领罐与营盘山的高领罐应该有关系；宝墩文化的夹砂陶花边口沿罐与营盘山的花边口沿罐也应有关系；宝墩文化偏早阶段的圈足风格与营盘山遗址出土的圈足非常接近[①]。宝墩文化之中已出现明显属长江中游的文化因素，宝墩遗址就发现石家河文化风格的陶器。宝墩文化的筑城方式与同时期长江中游的十分相近。

宝墩时期的人们主要以种植水稻为主，也种植少量的粟，可能也食用一些野生的豆类，如野豌豆、野赤豆[②]等。随着对成都平原多水环境的适应，人群逐步向平原腹心地区移动。到了宝墩文化的中晚期，成都平原的腹心地区出现了大量密集的聚落，在温江、郫县、新都等地发现的宝墩文化遗址基本属宝墩文化中晚期。由于水稻的种植、食物的保障，带来了人口的增长，聚落不断增多、规模逐渐扩大。又由于改土造田、修建灌溉设施，需要较高的组织化，促使社会向更复杂化方向演进。聚落也逐渐出现分化，逐步出现大型中心聚落。宝墩时期的成都平原分布着许多大大小小的聚落，最大的宝墩聚落可达 276 万平方米。这些大型的聚落都有夯筑城墙和壕沟环绕，其他小型聚落一般只有几千平方米。这些大大小小的聚落有规律地分布在成都平原，考古调查显示，小型村落紧紧围绕大型聚落分布。距离有夯土墙的大型聚落约 5 千米的范围内，小型村落明显比较密集，而之外明显较稀疏。从当时的村落规模大小不同来看，聚落已开始有所分化，那些在血缘纽带中居于主导地位的聚落发展成中心聚落，其他小的聚落相对处于从属地位。在中心聚落的中心有一所大房子，是宝墩人举行仪式活动和集会的场所，郫县古城遗址中心发现的面积约 550 平方米的大型建筑便是这种性质的房屋[③]。宝墩文化的这种遗存状况表明，这时期的成都平原的社会发展状况已经不再是一种简单社会，一套基于原始宗教的政治管理机制已经在形成过程中，四川盆地的早期文明已经露出了它的绚丽的曙光。

三星堆文化与宝墩文化相比是一种突变，应该不是宝墩文化自身发展的结果。大约在二里头文化第三期左右，二里头文化从鄂西沿长江西进，在鄂西和三峡地区都发现了二里头文化的遗存。于是长江中游的石家河文化走向衰落，随着石家河文化的衰

① 江章华：《岷江上游新石器时代遗存新发现的几点思考》，《四川文物》2004 年第 3 期。

② 姜铭、玳玉、张倩等：《新津宝墩遗址 2009 年度考古试掘浮选结果分析简报》，《成都考古发现》（2009），科学出版社，2011 年。

③ 成都市文物考古研究所、郫县博物馆：《四川省郫县古城遗址 1997 年发掘简报》，《文物》2001 年第 3 期。

落，四川盆地东部的哨棚嘴文化和成都平原的宝墩文化也紧随其后，纷纷衰落。二里头文化的南迁与西进，一定有其重大的历史背景，而四川盆地正是在这一大的历史背景下，其考古学文化发生了大的突变。这一变化不仅是文化间的交流与影响所能达到的程度，应与人群的迁徙与融合有关。在三星堆文化当中，存在典型的二里头文化遗物，如今已知的有陶盉、铜牌饰、牙璋等，而且多反映在社会的上层文化中。二里头文化的某些特征在古蜀文化中保留了相当长的时间，在金沙遗址商代晚期至西周时期的遗物当中，还发现明显带二里头文化特征的器物，如牙璋、分段刃的大孔玉钺、梯形小孔玉钺、穿孔的石刀等。三星堆文化当中的冶金术和玉文化体系均非土著传统。当然三星堆文化的某些因素来源可能比较复杂，能观察到的因素当中二里头文化明显占据了主导地位。

三星堆文化的社会与宝墩文化阶段相比，向更为复杂的程度演进。三星堆社会具有系统的原始宗教，可能已跨入了早期国家时代，三星堆文化代表的是一个古代王国。三星堆时期的人们崇拜太阳神，统治阶层创立了整套神话体系，并相信他们的祖先与太阳神有关，太阳神是他们民族的保护神。三星堆的人们相信必须经常保持与太阳神和祖先沟通，才能得到保护神的庇护。统治阶层掌握了与神沟通的神秘知识与能力，沟通的手段就是举行各种虔诚的祭祀活动。他们用丰厚的祭品奉献给神灵，用各种大型精美神秘的艺术品来增强祭祀活动的震撼力。祭祀活动实际上成了统治阶层行使政治权力的一种手段，也是整个社会凝聚力的源泉。通过各种祭祀活动来增强全社会对现实秩序的认同感。三星堆社会是一个典型的神权政治国家，当时的社会已有较为复杂的分层。有规模宏大的政治中心，约3.6平方千米的三星堆都邑有明确的功能分区，有高大的夯土城墙围绕。三星堆社会控制着整个四川盆地，其势力所及东边可达鄂西地区，其文化的影响可达四川盆地周邻一些地区。在四川盆地范围内还应该分布着众多大大小小三星堆时期不同层级的聚落，但具体情况目前还不是十分清楚。

大约在商代晚期，活动在鄂西地区的巴人向西迁入四川盆地。正是巴人（香炉石文化）的西迁，对三星堆文化造成了强有力的冲击，使得三星堆文化发生了大的变异，形成了十二桥文化。巴人西迁至四川盆地后，占据了四川盆地东部地区，巴文化与蜀文化便很快融合趋同，并从此基本同步发展[①]。

新形成的十二桥文化与三星堆文化相比，陶器群发生了很大的变化，只是在其初期阶段还保留部分三星堆文化陶器。但是从金沙遗址出土的许多宗教礼仪用器与广汉三星堆祭祀坑出土的礼器相一致的情况分析，此时古蜀人仍然沿袭三星堆旧时的信仰，仍然沿用着三星堆时期的那套神权政治与社会管理模式。

---

① 江章华：《试论鄂西地区商周时期考古学文化的变迁——兼谈早期巴文化》，《考古》2004年第1期；江章华：《渝东地区商周时期考古学文化研究》，《考古学报》2007年第4期。

　　西周晚期开始，由于周边大环境的变化，战争逐渐频繁。为了应对新的国际环境，古蜀社会开始出现转型，到春秋时期社会形态与观念已发生了明显的变化[①]。应对战争是当时社会的头等大事，为了适应这样一个新的形势，古蜀社会的政权体制进行了大的调适。三星堆文化和十二桥文化时期的神权政治已经衰微，代之的是至高无上的世俗军政权。蜀王是最高军事首脑，下面各层官员都是大大小小的军事长官，他们统领着整个社会。在新的形势下，三星堆与金沙那种因神权政治的需要，耗费大量人力物力从事的各种宗教祭祀活动已无力顾及，无力生产那些华美的宗教神器，青铜原料主要用于制造实用的兵器。这一转变自然也引起了全社会整体观念的转变，保家卫国成为维系社会的精神纽带，是全社会的凝聚力所在[②]。而这次因社会转型而引起的考古学文化的变化程度明显要小于前两次（宝墩文化到三星堆文化和三星堆文化到十二桥文化）因人群移动造成的变化。

　　从成都平原一个区域案例可以看出，古代社会、文化的变迁动因非常复杂，这当中还包括一些我们不易观察到的因素。就算是同一原因，造成的社会、文化的变异程度也不尽相同，因此要具体情况具体分析。总的来说，适应自然环境的变化出现的生业形态的转变，其社会与文化都会发生不同程度的变化。人群移动对考古学文化的影响较大，而社会的变化程度因情况而异。适应国际环境的变化对社会影响较大，而对考古学文化的影响相对较小一些。

（原载中国社会科学院古代文明研究中心《通讯》第 23 期，2012 年，第 36～39 页）

---

① 江章华：《金沙遗址的初步分析》，《文物》2010 年第 2 期。

② 江章华：《战国时期古蜀社会的变迁——从墓葬分析入手》，《四川文物》2008 年第 2 期。

安宁河流域考古学文化试析

　　过去有关安宁河流域考古发掘与研究比较多的主要是大石墓遗存。除此之外，还有1974～1976年前后三次发掘的西昌礼州遗址[①]，1978年调查的西昌杨家山遗址[②]，1987年调查的西昌大兴横栏山遗址[③]，1994年发掘的西昌经久乡大洋堆遗址[④]等。上述各遗址的文化面貌区别较大，与大石墓遗存的文化内涵也明显不同。由于各类文化遗存之间缺乏直接的层位关系，相互间的年代关系也就无法确认，因此安宁河流域考古学文化的发掘脉络一直都不清楚。为了弄清安宁河流域考古学文化发展谱系，成都文物考古研究所与凉山彝族自治州博物馆联合对该区域进行了有计划的考古调查与发掘，2004～2005年已对西昌大兴横栏山[⑤]、咪咪啷[⑥]、棲木沟[⑦]、马鞍山[⑧]、营盘山[⑨]等遗址进行了发掘。另外，四川省文物考古研究院为配合西攀高速路建设发掘了德昌县王家田遗址[⑩]。上述遗址的发掘大大丰富了安河流域考古资料，本文即是在上述工作的基础上对安河流域考古学文化发展脉络做初步的分析。

---

①　礼州遗址联合考古发掘队：《四川西昌礼州新石器时代遗址》，《考古学报》1980年第4期。

②　刘世旭：《西昌杨家山新石器时代晚期遗存》，《文物资料丛刊》（5），文物出版社，1981年。

③　西昌市文物管理所：《四川西昌市横栏山新石器时代遗址调查》，《考古》1998年第2期。

④　西昌市文物管理所、四川省文物考古研究所、凉山彝族自治州博物馆：《四川西昌市经久乡大洋堆遗址的发掘》，《考古》2004年第10期。

⑤　成都文物考古研究所、凉山彝族自治州博物馆、西昌市文物管理所：《四川西昌市大兴横栏山遗址调查试掘简报》，《成都考古发现》（2004），科学出版社，2006年。

⑥　凉山彝族自治州博物馆、成都文物考古研究所、西昌市文物管理所：《四川西昌市咪咪啷遗址调查试掘简报》，《成都考古发现》（2004），科学出版社，2006年。

⑦　四川省文物考古研究院、凉山彝族自治州博物馆、西昌市文物管理所：《凉山州西昌市棲木沟遗址试掘简报》，《四川文物》2006年第1期。

⑧　成都文物考古研究所、凉山彝族自治州博物馆、西昌市文物管理所：《四川西昌市经久乡马鞍山遗址调查试掘简报》，《成都考古发现》（2006），科学出版社，2008年。

⑨　成都文物考古研究所、凉山彝族自治州博物馆、西昌市文物管理所：《四川西昌市营盘山遗址发掘简报》，《成都考古发现》（2005），科学出版社，2007年。

⑩　四川省文物考古研究院、凉山彝族自治州博物馆：《凉山州德昌县王家田遗址发掘简报》，《四川文物》2006年第1期。

一、典型遗址的分析与文化类型的划分

（1）以西昌大兴横栏山遗址为代表的一类遗存目前除大兴横栏山遗址外，还有马鞍山遗址、楼木沟下层遗存和营盘山下层遗存。可以看出，这类遗存在安宁河流域有着较为普遍的分布，代表安宁河流域一个阶段的考古学文化。该类遗存的主要特征是陶器以夹砂灰褐陶为主，其次是夹砂灰陶和夹砂红陶，泥质陶非常少见。素面陶占大宗，纹饰较常见的是戳印纹、附加堆纹、划纹等，绳纹少见，以戳印的米点纹、篦点纹及口沿下附加堆纹最有特征。陶器制法为手制，以泥条盘筑为主，大多经过轮修，个别器物外表经过刮磨处理。由于烧制陶器时火候掌握不均，器表氧化不匀，致使器物表里、上下颜色斑驳。仅见平底器，不见三足器、圈足器和圜底器。器形以附加堆纹口沿罐、肩部戳印米点纹的斜肩罐、肩部戳印篦点纹的溜肩罐、喇叭口罐等数量较多也颇具特征，另外还有器盖、钵、碗、瓶、壶等，还见少量带流壶。生产工具主要是磨制石器，有斧、锛、凿、镞、穿孔石刀和网坠等。该类文化遗存不仅具有独特的文化面貌，而且在安宁河流域有着广泛的分布，代表了安宁河流域某个阶段的考古学文化，可以将其命名为"横栏山文化"（图一）。

（2）礼州遗址是一处十分典型的遗址，该遗址报告除发表第3、4层出土的少量遗物外，其余均是墓葬出土遗物，而陶器主要是墓葬中出土的，地层中只有1件残带流壶（BT1∶3），其余全是石器。由于报告发表的地层出土遗物没注明地层号，因此无法确认这些遗物地层归属。不过从报告叙述说"第3层遗物较多""第4层仅出土零星碎陶片和残石器"分析，发表的遗物可能多为第3层出土。墓葬当晚于第3层，因报告在描述第3层地层时说"墓葬均出于此层"，从发表的B区T2、T3西壁剖面图看，BM3是打破第3层的，因此可以推知报告所谓的"出于"当是"打破"无疑。墓葬中出土的陶器可能大部分未能修复的原因，发表的陶器以AM10和BM3的数量较多，其余墓葬以1件者居多，2~4件者很少，部分墓葬1件也没有，因此AM10和BM3对分析礼州遗址颇有价值。而AM10和BM3两座墓葬的陶器组合区别非常大，AM10陶器纹饰主要是戳印纹，而BM3陶器纹饰主要是划纹和素面陶，纹饰风格特征完全不同。从器类来看，AM10出土陶器主要有喇叭口高领壶、带流壶、钵和单耳罐等（图二），而BM3出土陶器主要是带耳陶器，有双耳杯、双耳罐、带把罐、双联罐和杯等（图三）。从AM10和BM3的差异程度来看，明显属不同时期的两种文化遗存。从报告的墓葬登记表看，出土带流壶的墓葬还有BM4和AM2，可能与AM10年代与文化性质相近，可以归为一组，从BM3打破BM4情况推断，AM10当早于BM3。另AM6出土的饰戳印纹的钵与AM10的相近，AM6可能与AM10的文化性质相近。其余墓葬既不见AM10的喇叭口高领壶和带流壶，也不见BM3的双耳杯和双耳罐，难以归属，

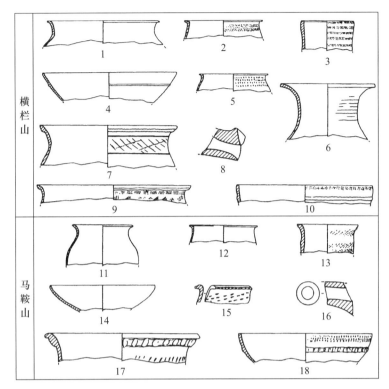

图一　横栏山文化陶器

1、11. 侈口罐（H3：15、H1：8）　2、12. 溜肩罐（T202③：17、H1：12）　3、13. 瓶（T102①：74、T1⑦：7）

4、10、14、18. 钵（H3：8、T102④：59、H1：7、T1⑧：50）　5、15. 斜肩罐（H3：2、T1⑦：18）

6. 喇叭口罐（H3：13）　7、9、17. 附加堆纹口沿罐（T102④：52、T102④：53、H2：3）

8、16. 带流壶（T201④：48、T3⑤：6）

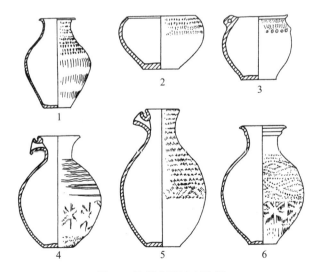

图二　礼州中段遗存陶器

1、6. 高领壶（AM10：101、AM10：104）　2. 钵（AM10：97）　3. 单耳罐（AM10：108）　4、5. 带流壶

（AM10：107、AM10：103）

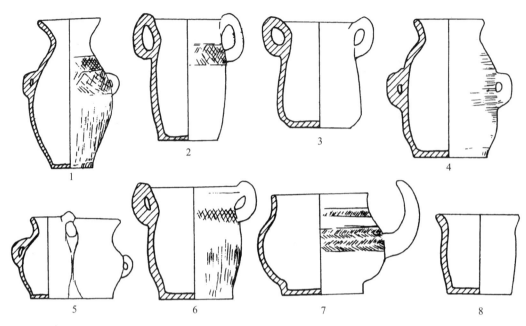

图三　礼州晚段遗存陶器

1、2、4、6. 双耳罐（BM3：23、BM3：25、BM3：26、BM3：6）　3. 双耳杯（BM3：27）　5. 双联罐（BM3：13）
7. 带把罐（BM3：1）　8. 杯（BM3：2）

不过从这些墓葬出土的陶器均为素面陶分析，可能更接近 BM3 的年代。根据上述分析，可以将礼州遗址暂分为早、中、晚 3 段，即第 3、4 层为早段，以 AM10 为代表的中段，以 BM3 为代表的晚段。

　　早段出土的石斧、锛、凿、穿孔刀的特征与横栏山文化的石器尤其是马鞍山遗址出土的石器相当一致，特别是早段发表的唯一那件残带流壶，其流的位置与器口齐平，与横栏山遗址出土的带流壶比较一致，而与礼州中段 AM10 出土的带流壶的流在颈部略有不同。可以推断，礼州早段遗存的文化属性应属横栏山文化遗存，可归入"横栏山文化"。

　　礼州中段遗存有许多横栏山文化的特征，如纹饰中戳印纹发达，带流壶应是从横栏山文化中的带流壶发展而来，其喇叭口高领壶可能与横栏山文化中的喇叭口高领器也有关系；其中的肩部有戳印纹的钵与马鞍山遗址采集的 1 件肩部有戳印纹的钵有些相近。可以看出，礼州中段遗存与横栏山文化有较紧密的继承关系。但横栏山文化中的许多典型陶器不见于礼州中段，如附加堆纹口沿罐、肩部戳印米点纹的斜肩罐、肩部戳印篦点纹的溜肩罐等。总体来说，礼州中段的文化特征与晚段的区别较大，相反更接近于横栏山文化。但考虑到仅就目前的材料看，其间的差异还是较为明显，故暂时将其作为一个单独的文化类型来看待，将其命名为"礼州中段遗存"。有关这一遗存的最终归属有待将来做进一步的考古发掘工作。

礼州晚段遗存最重要的特征是陶器多素面和划纹，器形多双耳器，这些特征有些接近于大石墓遗存的特征。大石墓陶器装饰多划纹，少见戳印纹，较多素面陶，大石墓多见双耳陶器。另外，礼州 BM8 和 AM9 见圈足器，横栏山文化中是不见圈足器的，而大石墓出土圈足器。礼州 BM3 出土的桶形双耳杯与米易弯丘 2 号大石墓[①]出土的桶形双耳杯十分相近。依据上述可以推断，礼州晚段的年代当接近于大石墓的年代，其文化也与大石墓遗存有密切的关系。礼州晚段遗存虽然与大石墓文化遗存有某些相似特征，但与已知的典型大石墓遗存的陶器区别还是十分明显的，其墓葬又为土坑墓，因此我们将其暂称为"礼州晚段遗存"。

（3）西昌市麻柳村遗址灰坑出土的陶器有带流壶、圈足杯、瓠等，纹饰以划纹为主[②]，与喜德拉克公社和西昌坝河堡子大石墓出土的陶器比较接近，因此当为大石墓阶段的遗存。德昌王家田遗址和西昌棲木沟遗址上层的文化面貌一致。陶器以灰褐陶为主，其次是红褐陶和黑褐陶，以素面陶为主，少量的叶脉纹、卷云纹、乳钉纹、划纹和附加堆纹。器形主要有双耳罐、敞口罐、侈口罐、纺轮等，以平底器为主，少量矮圈足器。其双耳罐、敞口罐等与米易弯丘，尤其是德昌阿荣大石墓[③]出土的同类陶器相一致，因此可以肯定属大石墓阶段的文化遗存。

（4）西昌樟木咪咪啷遗址出土的陶器与大石墓出土的陶器有较多相似之处，如陶器纹饰中的叶脉纹、" ）"形划纹、"∧"形划纹、网格划纹和水波划纹等与大石墓出土陶器的同类纹饰相近。该遗址出土的双耳罐与米易弯丘大石墓出土的同类型双耳罐十分相近，其中的敞口罐似乎也与大石墓出土的敞口陶器相近。可以看出咪咪啷遗址与大石墓有较为密切的关系。但从整体的文化面貌来看，咪咪啷遗址与大石墓遗存仍有较大差异，与大石墓阶段的遗址麻柳村、王家田和棲木沟上层相比也区别明显。首先从陶器纹饰来看，咪咪啷遗址除叶脉纹、划纹、乳钉纹和大石墓遗存一致外，还存在一定数量的戳印纹。陶器器类与大石墓遗存区别较大，咪咪啷遗址出土的许多器类不见于大石墓遗存，带耳陶器也不如大石墓遗存发达。从横栏山文化到礼州遗存的特征分析，戳印纹是安宁河流域偏早阶段的文化特征，再结合该遗址所在的大石墓之下叠压遗址文化层的情况，推测咪咪啷遗址当早于目前已知的大石墓遗存。鉴于咪咪啷遗址尤法归入大石墓遗存之中，因此将其暂称为"咪咪啷遗存"（图四）。

---

① 凉山彝族自治州博物馆：《米易弯丘的两座大石墓》，《考古学集刊》（1），中国社会科学出版社，1981 年。

② 四川省文物考古研究院、凉山彝族自治州博物馆、西昌市文物管理所：《凉山州西昌市麻柳村灰坑清理简报》，《四川文物》2006 年第 1 期。

③ 四川省文物考古研究院、凉山州博物馆、西昌市文物管理所：《四川西昌洼垴、德昌阿荣大石墓》，《文物》2006 年第 2 期。

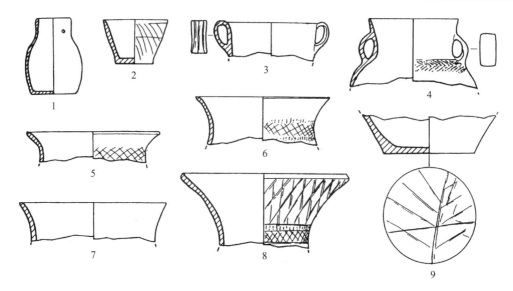

图四　咪咪啷遗存陶器

1. 瓶（T301④∶6）2. 杯（T101④∶30）3、4. 双耳罐（T101③∶30、T101④∶35）5～7. 敞口罐
（T101③∶14、T201③∶50、T101⑤∶60）8. 盘口罐（T101③∶16）9. 器底（T101⑤∶74）

（5）大洋堆遗址分上、中、下三类文化遗存，也就是报告分的早、中、晚三期文化。其下层文化遗存均为竖穴土坑墓，陶器主要为素面陶，器形主要是双耳陶器、单耳陶器、圈足陶器，还出土青铜器，其文化特征与横栏山文化区别较大，与大石墓遗存区别也十分明显，因此将其暂称为"大洋堆下层遗存"（图五）。从大洋堆上层属大石墓遗存可知，该类遗存早于大石墓。尽管大洋堆下层遗存与大石墓遗存区别明显，但仍能看出其间有一定的关系，如陶器带耳，有圈足器，盛行素面陶，器底装饰叶脉纹等均是大石墓的特征。

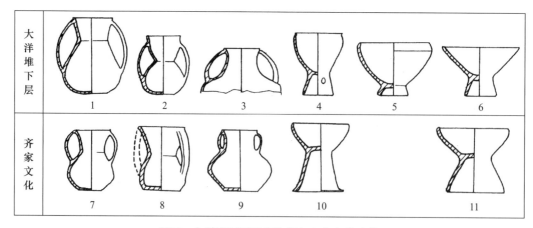

图五　大洋堆下层遗存陶器与齐家文化比较

1～3、7～9. 双耳罐（M9∶2、M9∶1、M2∶1、秦魏家 M9∶5、秦魏家 T13∶6、柳湾 M1108∶11）
4～6、10、11. 豆（M8∶1、M4∶1、M8∶2、秦魏家 M65∶1、秦魏家 M48∶2）

大洋堆中层文化遗存主要是瓮棺葬，因此其反映的文化信息面较窄，不能反映同时期文化的基本特征。从出土的双耳罐看，似与下层文化的双耳罐有关系，瓮棺葬的陶器主要是一种大口深腹的尊形瓮，类似的瓮棺葬也发现于营盘山遗址的上层，其瓮棺也是大口深腹的尊形瓮，虽然器物形态略有差异，但大口、深腹，部分肩部装饰乳钉的风格是一致的，年代上可能有距离，之间有联系却是可以肯定的。值得注意的是，大洋堆中层的尊形瓮与上层出土的尊形瓮有些相近，尤其是中层的 A Ⅳ 型（Ka3∶2，报告称罐）与上层 2 号大石墓出土的瓮（DM2∶1）形态很相近。由此可以判断中层文化与上层文化年代相距不会太远，报告认为上层文化可能处在大石墓遗存的初始阶段，那么中层文化遗存很可能也属大石墓初始阶段的遗存。

二、文化的排序与分期

从上述典型遗址的分析可以得出一个最基本的认识，那就是横栏山文化和大石墓遗存代表了安宁河流域两个非常重要的文化阶段，文化面貌比较清楚，年代上横栏山文化早于大石墓遗存。现在关键是礼州中段遗存、礼州晚段遗存、咪咪啷遗存和大洋堆下层遗存区别较大，相互之间又没有层位关系，与横栏山文化和大石墓遗存也明显不同，目前发现的遗址尚无第二处，认识起来较为困难。依据层位关系，礼州中段遗存晚于横栏山文化，而且与横栏山文化有较为密切的关系。而礼州晚段遗存与大石墓遗存有某些相似的特征，要么早于大石墓、要么晚于大石墓，安宁河流域晚于大石墓遗存的是特征比较明显的汉文化遗存，综合礼州晚段遗存的陶器特征来看，应是早于大石墓。因此，礼州中段遗存和礼州晚段遗存均是介于横栏山文化与大石墓遗存之间的文化遗存。咪咪啷遗存由于有大石墓叠压在遗址地层之上，因此应早于大石墓，从该遗存与大石墓遗存存在比较多的相似特征，同时也存在少量横栏山文化的相似特征分析，也是介于横栏山文化与大石墓遗存之间的类似遗存。从层位关系看，大洋堆下层遗存早于大石墓遗存，该遗存出土青铜器，双耳陶器和器底装饰叶脉纹的做法也是大石墓遗存才盛行的特征，因此可以推断，该遗存当晚于横栏山文化，也是介于横栏山文化与大石墓遗存之间的类似遗存。根据上面的分析综合考虑，为了比较清晰地反映安宁河流域古代文化的发展历程，我们暂时将安宁河流域的考古学文化分为三个大的时期：第一期为横栏山文化；第二期为过渡期，包括有礼州中段遗存、礼州晚段遗存、咪咪啷遗存和大洋堆下层遗存，这几类遗存之间可能有早晚，也有并存关系；第三期为大石墓遗存（表一）。

表一　安宁河流域考古学文化分期

第一期	第二期（过渡期）		第三期
横栏山文化	礼州中段遗存、大洋堆下层遗存	礼州晚段遗存、咪咪啷遗存	大石墓遗存

第一期的横栏山文化是目前在安宁河流域证实的一支年代最早，特征突出，在安宁河流域有着广泛分布，明显区别于同一时期周邻地区的考古学文化。该文化阶段的生业形态主要为定居的农耕经济，但从聚落占有时间不长分析，其农业可能尚处在比较粗放式的种植阶段。从出土一定数量的石箭镞和石网坠分析，渔猎经济占相当的比重，其文化发展阶段为新石器时代。目前能找到与横栏山文化有相似之处的考古遗存，可能就只有大渡河流域的汉源麦坪村遗址 [①] 的下层遗存，以 H4 最典型，麦坪村遗址 H4 出土的口沿下装饰附加堆纹的罐、肩部有戳印米点纹的侈口罐及腹部有附加堆纹的钵等均与横栏山文化的同类型陶器相似，由此推测二者之间可能有联系。但麦坪村遗址下层遗存有较多绳纹陶器，而横栏山文化陶器很少饰绳纹，这是明显的不同之处。

横栏山文化诸遗址之间还存在一定程度的差异，其中马鞍山、营盘山下层和棲木沟下层的特征较为一致，而与横栏山遗址略有不同。主要表现在横栏山的陶器的陶色偏灰，而其他三处遗址的陶色偏黑；横栏山遗址的陶器种类明显较其他三处遗址丰富，横栏山遗址出土数量较多的肩部戳印米点纹的斜肩罐和肩部戳印篦点纹的溜肩罐在另三处遗址很少见，钵、碗、瓶的形态特征也有所变化，石器当中，横栏山遗址基本不见穿孔石刀，而马鞍山遗址和营盘山遗址下层均出土一定数量的穿孔石刀。上述差异应是年代早晚的差异，穿孔石刀在后来的咪咪啷遗址出土较多，推测横栏山遗址当早于其他三处遗址，根据这种差异，可以将横栏山文化暂分为早晚 2 段，即横栏山遗址代表该文化的早段，马鞍山遗址、营盘山遗址下层和棲木沟遗址下层代表该文化的晚段（图一）。

第二期的考古学文化比较复杂，大致可以分为三类情况。

第 1 类：从横栏山文化直接承袭发展而来的土著文化。这一类的遗存主要是礼州中段遗存，其陶器装饰中戳印纹发达，是横栏山文化的特征，最有代表性的器形带流壶、喇叭口高领壶和肩部有戳印纹的钵均是从横栏山文化的同类器发展而来。

第 2 类：外来文化。这一类遗存主要是大洋堆下层遗存，该遗存与土著文化区别太大，其双耳和圈足陶器的风格均非本土文化的传统，而与甘青地区的齐家文化十分相近，其双耳罐和圈足豆均是齐家文化的典型陶器，如果我们将其与甘肃永靖秦魏家 [②]、广河齐家坪 [③]、青海乐都柳湾 [④] 等遗址的齐家文化同类陶器相比，其相似特征十分明显

① 大渡河中游考古队：《四川汉源县 2001 年度的调查与试掘》，《成都考古发现》（2001），科学出版社，2003 年。

② 中国科学院考古研究所甘肃工作队：《甘肃永靖秦魏家齐家文化墓地》，《考古学报》1975 年第 2 期。

③ 可参见水涛：《甘青地区青铜时代的文化结构和经济形态研究》，《中国西北地区青铜时代考古论集》，科学出版社，2001 年。

④ 青海省文物管理处考古队、中国社会科学院考古研究所：《青海柳湾——乐都柳湾原始社会墓地》，文物出版社，1984 年。

（图五）。

第 3 类：既有土著文化因素，也包含外来文化因素的遗存。礼州晚段遗存和咪咪啷遗存属这一类。礼州晚段遗存的陶器中的划纹装饰风格可能是继承土著文化传统，而双耳风格应是外来因素，其中腹部带耳的喇叭口高领罐与齐家文化的同类型罐相近。双耳杯很可能是土著文化中的杯加上耳的一种衍生器，这种现象在其他陶器中也有，像大石墓中就有在土著传统的带流壶上加耳加圈足的情况。双联罐也可能是外来因素。咪咪啷遗存陶器中的戳印纹和划纹风格当是继承土著文化的传统，其中部分喇叭口风格的陶器可能也是土著的传统因素，而外来因素比较明显的当是带耳陶器。穿孔石刀是甘青地区新石器文化中比较典型的石工具，因此，石器中的穿孔刀也可能是外来的因素。由于咪咪啷出土的陶器太碎，许多陶器尚无法进行准确的比较，其文化渊源还不是十分清晰，从总体来说，其中包含土著因素和外来因素是可以肯定的。

第 1、2 类遗存可能早于第 3 类遗存，其中礼州中段遗存早于礼州晚段遗存有层位依据，其余都没有层位依据，只是根据文化变迁趋势加以推测。

第三期大石墓遗存前后延续时间较长，其间文化面貌也有所变化，尽管许多墓葬出土遗物很少，墓葬又属二次丛葬，分期十分困难，但是根据部分出土陶器较多的墓葬也能看出这种变化。根据陶器组合特征看，目前可以将大石墓分为区别较明显的两类。

第 1 类：代表性的墓葬有喜德拉克公社的 M6[①]，西昌坝河堡子第二次发掘的 M4 和 M6[②] 等。典型陶器有带流壶、圈足无耳杯、圈足带耳杯、平底瓿、圈足瓿、双耳罐等。陶器装饰中划纹发达，有斜线、波折、网状、交叉等形式（图六）。陶器的耳均为单泥条桥形耳，这种耳的做法与大洋堆下层遗存和礼州晚段遗存中的带耳陶器的耳相近。2003 年清理的西昌市麻柳村灰坑出土陶器有带流壶、圈足杯、圈足瓿等，与第 1 类大石墓相同，当属同时期的遗址。

第 2 类：代表性墓葬有米易弯丘大石墓和德昌阿荣 M3 等。典型陶器有单耳罐、双耳罐、双耳杯、圈足豆、壶等。陶器以素面为主，少量划纹和附加堆纹，器底多叶脉装饰，划纹已不如第 1 类大石墓发达，风格也不同。大部分带耳陶器的耳与第 1 类大石墓的耳区别明显，多为 2～4 道泥条拼合而成，并多在其上又附加有横向、交叉及倒 "S" 的泥条装饰。双耳罐与第 1 类大石墓的双耳罐明显不同，许多双耳罐的肩部还饰倒 "S" 形附加堆纹（图七）。王家田遗址和棲木沟遗址上层出土的陶器与第 2 类大石墓的陶器相近，双耳罐属第 2 类大石墓双耳罐的风格，因此当属第 2 类大石墓同期的遗址。第 2 类大石墓的双耳罐明显不是从过渡期和第 1 类大石墓的双耳罐继承而来。

---

① 凉山彝族地区考古队：《四川凉山喜德拉克公社大石墓》，《考古》1978 年第 2 期。

② 西昌地区博物馆、四川省博物馆、四川大学历史系、西昌县文化馆：《西昌坝河堡子大石墓第二次发掘简报》，《考古》1978 年第 2 期。

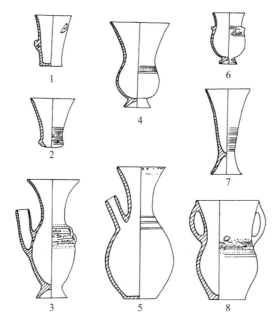

图六　第1类大石墓陶器

1、2. 平底杯（M6：28、M6：33）　3、5. 带流壶（M6：1、M6：27）　4、6. 圈足杯（M4：2、M4：1）

7. 觚（M6：34）　8. 双耳罐（M6：4）

（1、2、4～7. 西昌坝河堡子，3、8. 喜德拉克公社）

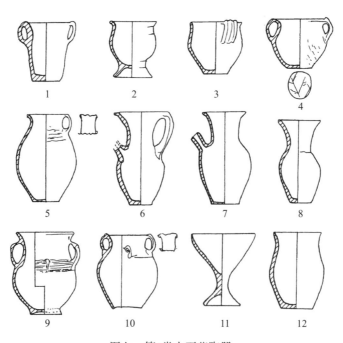

图七　第2类大石墓陶器

1. 双耳杯（M2：43）　2、11. 豆（M2：102、M2：118）　3、5. 单耳罐（M1：105、M3：4）　4、9、10. 双耳罐
（M2：92、M2：9、M3：7）　6、7. 带流壶（M1：58、M3：3）　8. 瓶（M2：103）　12. 敞口罐（M2：1）

（5、7、10. 德昌阿荣，其余均为米易弯丘）

　　综合第1、2类大石墓出土遗物分析，第1类大石墓的年代可能早于第2类大石墓。

　　关于各期文化的年代，横栏山遗址第3、4层各有1个 ^{14}C 数据，第4层为距今（4020±40）年，树轮校正年代为公元前2575～前2480年，第3层为距今（3710±40）年，树轮校正年代为公元前2150～前2030年[1]，未经树轮校正的年代在夏代早期，校正后的年代可早到中原龙山时期。综合分析，以横栏山遗址为代表的横栏山文化早段的年代大致可推定在距今4500～3800年。那么横栏山文化晚段的年代可推定在夏代的中晚期。大石墓的年代下限一般争论不大，在东汉早期；有学者将其上限推定在商代[2]，也有学者将其推定在春秋早期[3]，或推定在战国早期[4]。由于缺乏比较的材料，又无 ^{14}C 测年数据，对年代的判定比较困难。现在考虑到横栏山文化的年代下限可能在夏代中晚期，那么大石墓遗存的年代上限在商代可能偏早，如果说在春秋倒是有可能。如果大石墓遗存的年代上限在春秋，那么第二期过渡期的年代大致在商代至西周时期。咪咪啷遗址第4、5层各有1个 ^{14}C 数据，第5层的年代为距今（1910±40）年，树轮校正年代为公元50～140年，在东汉早期，该数据明显有问题。第4层的年代为距今（2840±40）年，树轮校正年代为公元前1050～前920年，正好在西周时期，与我们推定的年代基本相符。

三、结　　语

　　通过上面的分析，我们对安宁河流域考古学文化的变迁过程可以形成一个最初步的认识：安宁河流域从大约距今4500年至东汉早期的考古学文化经历了大致三个大的发展阶段。首先是土著的横栏山文化，横栏山文化后来演变为礼州中段遗存，估计这个阶段比较短暂，与此同时，外来文化进入安宁河流域，这当中目前比较清楚的是与齐家文化较为密切的大洋堆下层遗存。伴随而来的可能是外来族群的迁入，外来文化与土著文化经过一段时期的并存而后逐渐融合，礼州晚段遗存和咪咪啷遗存正是这种融合过程当中出现的较为复杂的文化现象。最后融合发展的结果形成了第1类大石墓文化遗存。在大石墓遗存的发展过程中，又受到了新的外来文化的影响，形成了第2类大石墓文化遗存。这种新的外来文化的影响主要表现在第2类大石墓遗存的带耳陶器上，其双耳陶罐和单耳陶罐与盐源青铜文化和滇西北青铜文化的双耳陶罐和单耳陶罐相近，尤其是其双耳的做法十分相近，说明它们之间应有某种联系或有着共同的源头。安宁河流域的考古学文化尽管不断接受外来文化的影响，甚至有外来族群的迁入，

---

① 北京大学考古文博学院加速器质谱实验室、第四纪年代测定实验室。

② 罗开玉：《川西南与滇西大石墓试析》，《考古》1989年第12期。

③ 刘世旭：《试论川西南大石墓的起源与分期》，《考古》1985年第6期。

④ 刘弘：《川西南大石墓与邛都七部》，《文物》1993年第3期。

但土著文化的某些因素长期传承，最明显的是横栏山文化出现的带流壶在大石墓的偏晚阶段都还存在。可以感觉得到，安宁河流域的古代文化在没有外来文化的强烈刺激下，其文化发展进程比较缓慢。

在安宁河流域发现与齐家文化相近的文化遗存，是一个很值得注意的现象，齐家文化进入安宁河流域的路线很可能是雅砻江流域，如果这种推论不误的话，将来一定会在雅砻江流域发现齐家文化的遗存。

关于大石墓葬俗的起源问题，目前还无法从其他文化中找到源头，这种独特的葬俗很可能是安宁河流域民族的独创。与大石墓同时，还存在另一类丧葬方式，即婴儿瓮棺葬，大洋堆中层和营盘山上层均发现了这种瓮棺葬。

本文只是就现有的考古材料所做的初步分析，要真正弄清安宁河流域考古学文化的发展谱系，目前的材料在时间和空间上都还存在不少缺环和薄弱的环节，需要进一步做考古调查与发掘工作。

（原载《四川文物》2007 年第 5 期）

对盐源盆地青铜文化的几点认识

盐源盆地位于四川省西南部，处在青藏高原东南缘，雅砻江的下游。盆地面积1049 平方千米，盆底面积 444 平方千米，属山间断陷盆地，海拔 2300～2700 米。盆地内有雅砻江支流盐源河。盆地西去不远便是云南的宁蒗县。

从 20 世纪 80 年代以来，农民因种植苹果树，挖出许多青铜器，进而导致了猖獗的盗墓活动。为此，凉山彝族自治州博物馆等单位多次对盐源县境内的文物进行了考古调查，共发现古墓葬群十余处。1987、1999、2001 年凉山彝族自治州博物馆组织人员对被破坏十分严重的盐源毛家坝老龙头墓葬群进行过三次抢救性发掘，并从民间征集了大量的出土文物。经调查和试掘，初步认识到这些墓群主要分布在盐源盆地中部梅雨河两岸的一些顶部平缓的山坡上，也有部分分布在梅雨河两岸的一级阶地上，墓葬群一般距河不远。这些墓群的墓葬分布十分密集，每群数十座至数百座。墓葬开口距地表都不深，所以极易被盗掘^①。

尽管目前正式考古发掘的材料不是很多，但从已发掘的墓葬和征集的文物来看，文化面貌比较一致，基本上集中在一个大的时期，与西南夷考古中的滇、滇西、夜郎等青铜文化相比，具有很突出的区域特征，为西南夷考古研究提供了非常重要的新线索。笔者想就现有的材料谈几点粗浅的认识，意在推动在这一区域的考古调查与研究。

一、文 化 特 征

从 1999 年和 2001 年发掘的老龙头 7 座墓来看，其墓葬形制很有特点。基本为竖穴土坑、大石盖顶的墓葬。大型墓的坑口长超过 6 米，宽 2.5～3.8 米；中型墓长 3.6米左右，宽 1.2 米左右；一般小型墓长 2 米左右，宽 1 米左右。坑口所盖大石为 3～5

---

① 刘弘：《凉山地区古墓葬多样性原因初探》，《四川文物》1992 年第 4 期；刘世旭：《凉山的考古发现与民族》，《四川文物》1992 年第 4 期；凉山州博物馆、西昌市文管所、盐源县文管所：《盐源近年出土的战国西汉文物》，《四川文物》1999 年第 4 期；姜先杰、唐翔、刘弘：《凉山地区近年考古新发现简述》，《中华文化论坛》2002 年第 4 期；钟雅莉：《盐源青铜艺术初探》，《中华文化论坛》2002 年第 4 期；凉山彝族自治州博物馆、成都文物考古研究所：《老龙头墓地与盐源青铜器》，文物出版社，2009 年。

块，大石长 1.5～2.5 米，宽 1～2 米，厚 10～30 厘米。大型墓葬多有椁，并有分为两室者，甚至还发现生土二层台的现象。葬具一般为木棺，大型墓中也有用石棺者。大型墓有多人合葬的现象，其中的双室墓 M6 共发现 4 具人骨。墓葬中均随葬陶器、石器、青铜器和铜铁合制品，大型墓中多发现马头骨和马肢骨，其中用青铜戈的内部随葬（M6、M9）是一个有趣的现象。

将征集文物与墓葬中出土文物相比，特征是一致的，可以判断这些文物当出自同一性质的墓葬。因此从已发掘的几座墓结合征集的文物，基本可以了解到盐源盆地这一时期青铜文化的面貌。

陶器以双耳罐为主，少量的单耳罐和无耳敞口深腹罐。双耳罐又有平底双耳罐和圈足双耳罐之分。平底双耳罐根据其颈部和耳的不同可以分为几种主要的型式：第一种型式是颈肩分界明显，耳较小，耳外廓线与器腹不在同一弧线上；第二种是颈肩分界明显，耳较大，耳外廓线与器腹在同一弧线上；第三种是颈肩分界不明显，耳较大，耳外廓线与器腹在同一弧线上。平底双耳罐中有少量马鞍口者，器身瘦高的较少，矮胖的居多。圈足双耳罐基本上属于耳外廓线与器腹在同一弧线上的型式。单耳罐、平底双耳罐和圈足双耳罐中均有少量腹部饰凸旋涡纹者，许多器物的肩部有水波划纹和戳印纹，少量有附加堆纹。

出土遗物当中以青铜器数量最多，还有少量的铜铁合制品。器物种类有兵器、工具、饰物、乐器、马具等。

兵器是出土青铜器中数量最多的一类器物，有戈、矛、剑、钺、镞、甲、臂韝等。

戈有四种主要的型式：以瘦长三角形援无胡戈为主，个别曲援、折援和有胡戈。内有方形、内端呈叉形和山字形等，部分三角形援无胡戈的本部饰蝉纹、云雷纹、圆点纹、圆圈纹等，少数内部也饰一些回旋纹和几何纹组成的图案。

剑的数量较多，其中以山字格剑的数量最多，少量一字格和无格剑。山字格剑的格有山字较长和山字较短两种。其中扁圆茎者基本为蕈形首，茎部以装饰缠缑状螺旋纹的较多，还有饰缠缑状螺旋纹间以米点纹者，饰米点纹、交叉纹和凹弦纹者，饰交叉纹和凸弦纹者，饰凸弦纹者及饰缠缑状螺旋纹间以竖线者等几种。山字格剑中的扁长方条形茎者，均为双圆饼首，这类剑的数量也较多，是目前所见双圆饼首剑出土数量最多的区域。山字格剑中还有少量作扁圆茎、平首、辫索状茎，茎上饰斜线纹和圆点纹。一字格剑主要是曲柄剑和扁圆茎、平首、茎上饰螺旋纹的短剑。曲柄剑为弯曲状实心茎、茎上有节，其首端分为平首和双角状首两种形式。无格剑数量很少，主要是一种扁圆茎、蛇首状首，茎上有长条形和三角形镂孔的短剑。除青铜剑外，还有一定数量的铜柄铁剑，以扁圆茎、蕈形首、三叉状格的型式较多，还有山字格和少量蛇首形首铜柄铁剑，与青铜剑的形制相近。

青铜矛以柳叶形长骹矛为主，少量叶稍宽、粗骹、整器较短小的矛，还有一定数量的菱形叶、实心脊的矛，这一类的大多可能为明器。柳叶形长骹矛中部分矛的骹部一直延至锋尖，形成空心脊，部分为实心脊，后部有一外轮廓呈叶形的装饰，轮廓内填以米点纹或三角形纹，少量刃缘后部内曲，柳叶形长骹矛近骹端多有对称的双耳，也有无耳而有对称穿孔者。菱形叶的明器矛，有许多既无耳，也无穿孔。还有少量铜骹铁矛。

青铜钺以舌形刃、束腰钺数量最多，其次是圆弧刃、长直身束腰钺，少量铲形钺、靴形钺和圆刃、长直身钺。

青铜工具主要有刀和斧。刀基本为弧背，依其首部特征则以环首刀和双圆饼首刀为主，少量銎首刀和平首刀，双圆饼首刀的柄部多镂空，其上多饰点状纹和线纹。青铜斧的数量较多，主要有两种形制：一种是圆弧刃、刃明显向外张开、束腰；另一种呈銎窄刃宽的梯形，两侧边较直。

青铜乐器有鼓、钟和铃。已发现的 3 面铜鼓均出自老龙头 M4，其中 1 件（M4：11）面径与腰径相若，胸外鼓，最大胸径在中部，腰和足较高，鼓面饰太阳纹、翔鹭纹、圆点纹和波折纹，腰部分格纹中饰斜线纹，分格下饰圆点纹和波折纹。该铜鼓的形制与纹饰特征均与石寨山型中期铜鼓相近[①]。另 2 件（M4：10、M4：13）腰很短，仅为一"V"形凹缺，足较高，面小近圆，素面无纹，既不同于万家坝型铜鼓，也不同于石寨型，从器身上大量的烟灰痕迹看，推测可能主要是作为炊器釜使用。目前发现的唯一 1 件铜钟也出自老龙头 M4（M4：12），整器为两瓦相扣形，平口，上宽下窄，顶部有一半环形纽，近顶部饰两个重圈纹。该钟与石寨山 M6 出土的编钟形制很相近[②]。发现的铜铃数量较多，其形制多样，从口部特征看以平口和弧口常见，个别花瓣口。器身主要为上小下大的钟形，有瘦高与矮胖之别。另有瘦长呈管状者，少量器身镂空。这些铜铃推测可能主要是马铃。

马具主要有马衔、马镳、马头饰和马节约。马衔有两种形式：一种是直棍式，中间二环相套，两端为环状；另一种是绳索式，中间二环相套，两端为环状。马镳发现较少，有 1 件为弧条状，中间二孔，两端呈环状。马节约只发现于 M4，有三通和两通者。

青铜饰物较多，有带饰、扣饰、镯、耳环、镜形牌饰、铜泡、挂饰等。其中，部分铜泡和挂饰可能为马饰。

盐源出土的青铜器当中的各型杖和杖首饰很具特点。背水人物杖饰，其杖首为三个身穿桶裙相向而立的背水妇女。出头干字形杖首，其首端为双环形或单环偏向一侧形，横向两枝干的端首为回首状兽头，枝干上站立两个相对或相背回首状的兽，主干和枝干上装饰云雷纹或波折纹；树枝圆饼形杖首，两侧枝条和圆饼作对称设计，有八个、四个、二个圆饼的区别，以四个圆饼者居多。树枝形双马人物形杖首，其树枝、

①　中国古代铜鼓研究会编：《中国古代铜鼓》，文物出版社，1988 年。

②　云南省博物馆：《云南晋宁石寨山古墓群发掘报告》，文物出版社，1959 年。

圆饼与四个圆饼形杖相近，唯其顶端有两匹相向而立的马，中间有一人物腰挎短剑，作牵马状，有的马上还骑有人物；还有杖端为鸡形或鸟形的杖首。前三种是目前仅发现于盐源的独特形式。

二、年　代　推　断

关于盐源青铜文化的年代，由于目前经考古发掘的墓葬不多，大部分器物是征集所得，对盐源青铜文化的年代推断有一定的困难，只能据一些与周邻其他文化有相似特征的器物推断其大致年代范围。首先老龙头 M4 是一座经科学发掘、出土遗物较多的墓葬，典型器物有陶双耳罐、陶单耳罐、铜鼓、铜钟、铜山字格剑、铜三角援无胡戈、铜环首刀、铁矛、铜马衔和铜节约等。其中的旋涡纹双耳罐应与岷江上游的旋涡纹双耳罐有关系，这种双耳罐在岷江上游主要出在西汉时期的石棺墓中。该墓出土铜鼓的形制与纹饰特征均与石寨山型中期铜鼓相近，时代在战国晚期至西汉中期。铜钟与石寨山 M6 出土的编钟形制很相近，石寨山 M6 的年代在西汉初至武帝时期[①]。该墓出现铁器，这与昆明羊甫头第四期墓的情况相近，昆明羊甫头第四期即西汉中期至西汉末期的墓葬大量出现铜铁合制器和铁器[②]。盐源 M4 也应与这一大的历史背景基本一致。综合分析，可以将老龙头 M4 的年代推定在西汉时期。老龙头 M4 出土的另 2 件双耳罐属前面我们分的平底双耳罐第三种型式，征集的陶器有许多属这种型式，单耳罐也与征集的单耳罐相近。征集的遗物当中有许多铜戈、铜环首刀、铜山字格剑、铁矛、铜马具等与老龙头 M4 出土的同类器形制相近，这些遗物的年代大致也应在西汉时期。老龙头 M11 出土铜曲柄剑、三角援铜戈、铜銎首刀、铜柳叶形长骹带耳矛、铁矛等。由于该墓出土铁矛，因此年代不会太早。其中与之相近的曲柄剑曾经也出在宝兴地区西汉时期的石棺墓中[③]，因此其年代推测可能也在西汉时期。盐源青铜器当中的三叉格铜柄铁剑和蛇首无格铜柄铁剑与昆明羊甫头第四期出土的同类型铜柄铁剑形制相同。盐源出土的许多三叉格铜柄铁剑与茂县城关石棺墓出土的铜柄铁剑很相近，而茂县城关的铜柄铁剑多出在西汉早期的墓葬中，少量出在西汉中晚期的墓葬当中[④]，因此盐源的这类器物年代也应在西汉时期。老龙头 M6 和 M9 出土大量铜带饰、铜扣饰和其他一些青铜饰物及玉饰等，青铜兵器和工具相对于 M4 和 M11 少。两墓均有用戈内随葬的

①　蒋志龙：《滇国探秘——石寨山文化的新发现》，云南教育出版社，2002 年。

②　云南省文物考古研究所、昆明市博物馆、官渡区博物馆：《昆明羊甫头墓地》，科学出版社，2005 年。

③　宝兴县文化馆：《四川宝兴县汉代石棺墓》，《考古》1982 年第 4 期。

④　四川省文管会、茂汶县文化馆：《四川茂汶羌族自治县石棺葬发掘报告》，《文物资料丛刊》（7），文物出版社，1983 年。

现象，其戈内端呈山字形，征集的铜戈有许多属此种形制。这两座墓出土的双耳陶罐属前面所说的平底双耳罐中的第一种型式，颈肩分界明显，耳较小，耳外廓线与器腹不在同一弧线上。这两座墓各出土1件铜铁合制器，没有发现铁器。综合分析看，这两座墓当早于老龙头M4和M11，如果参照昆明羊甫头第三期开始出现铜铁合制器的情况，其年代约在西汉初期至西汉中期。根据上面的分析，盐源青铜文化遗存的年代有相当部分是在西汉时期当不会有大的问题。同时也必须注意到，征集文物当中还有部分遗物不见于目前已发掘的墓葬当中，如双圆饼首的剑、辫索茎的剑、双圆饼首刀、菱形叶矛、属平底双耳罐第一种型式而器身瘦高的双耳罐、圈足双耳罐等。这些器物可能有部分不与上述老龙头发掘的几座墓同时，有可能会早一些，推测年代上限可能会早到战国时期。

三、与云南地区青铜文化的比较

为便于比较，我们将盐源青铜文化典型遗物分为如下三群。

A群：主要有双圆饼首刀、菱形无耳矛、树枝形杖饰、树枝双马纹和出头干字形杖饰、三角援无胡戈等（图一）。

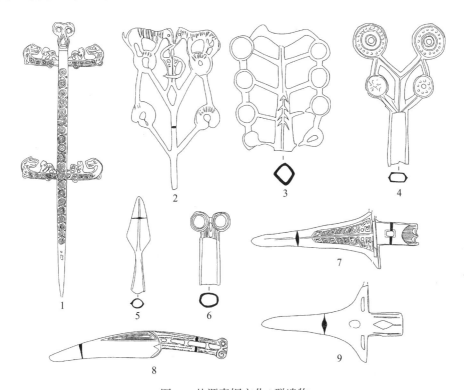

图一　盐源青铜文化A群遗物

1. 铜杖饰（C：25）　2. 双马纹铜杖饰（C：654）　3、4、6. 树枝形铜杖饰（C：27、C：28、C：343）
5. 铜矛（C：329）　7、9. 铜戈（C：436、C：124）　8. 双圆饼首铜刀（C：471）

　　B群：陶器主要有双耳罐、单耳罐，铜器主要有山字格剑、双圆饼首剑、辫索状茎剑、曲柄剑、柳叶形长骹带耳矛、斧、环首刀、镜形饰牌等（图二）。

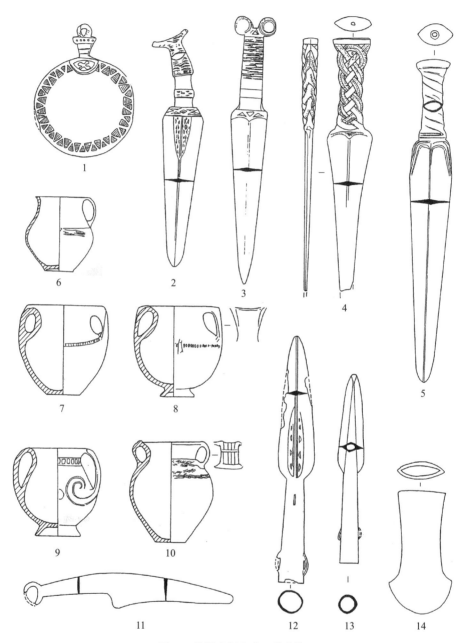

图二　盐源青铜文化B群遗物

1. 镜形铜饰牌（C：1170）　2. 曲柄铜剑（M11：24）　3. 双圆饼首铜剑（C：46）　4. 辫索状茎铜剑（C：85）
5. 山字格铜剑（C：173）　6. 单耳陶罐（C：218）　7～10. 双耳陶罐（C：216、C：338、C：354、C：355）
11. 环首铜刀（C：41）　12、13. 铜矛（C：734、M11：2）　14. 铜斧（C：606）

　　C群：主要有铜曲援戈、鞋形钺、蛇首无格剑、鼓、钟等（图三）。

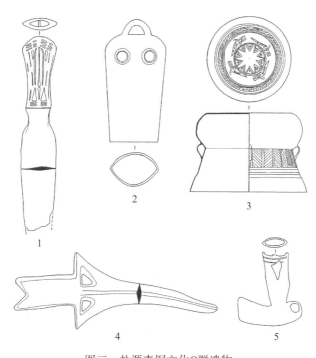

图三　盐源青铜文化C群遗物

1. 蛇首无格铜剑（C∶549）　2. 铜钟（M4∶12）　3. 铜鼓（M4∶11）　4. 曲援铜戈（C∶555）

5. 鞋形铜钺（C∶1167）

　　盐源地区青铜文化与滇、滇西（洱海）、滇西北地区战国至汉代的青铜文化有着不同程度的相似因素或相同特征。相比之下与其最为接近的是滇西北青铜文化，代表性的是宁蒗、德钦、中甸等地的青铜文化遗存。

　　宁蒗地区与盐源相距较近，1979年宁蒗发掘的土坑墓[①]，其出土遗物的文物特征与盐源青铜文化非常相近。宁蒗土坑墓出土陶器主要是双耳罐、单耳罐、敞口深腹无耳罐，这与盐源青铜文化B群中的陶器是一致的，部分陶器的形制也相近；宁蒗出土的青铜山字格剑、双圆饼首辫索状茎剑、柳叶形长骹带耳矛、斧、环首刀、镜形铜饰牌等都与盐源B群遗物中的同类器几乎相同。

　　德钦县位于云南省的西北角，横断山脉的中段。曾先后在该县的永芝、纳古、石底发现过三批古墓葬。1974年在永芝清理了3座古墓（2座石棺墓、1座土坑墓），并采集了部分遗物[②]。墓葬所在地位于怒江与澜沧江分水岭的四莽大雪山尾端，该墓地出土陶器主要有单耳罐、三耳罐、无耳罐、旋涡纹双耳罐等。其单耳罐、旋涡纹双耳罐与盐源B群遗物中的同类陶器相近。其出土的青铜器也与盐源B群遗物中的青铜器基本一致，有山字格剑、柳叶形长骹带耳矛、斧、环首刀、镜形铜饰牌等。德钦纳古

①　云南省博物馆文物工作队：《云南宁蒗县大兴镇古墓葬》，《考古》1983年第3期。

②　云南省博物馆文物工作队：《云南德钦永芝发现的古墓葬》，《考古》1975年第4期。

位于澜沧江上游东岸，1977 年清理 23 座石棺墓 [①]。出土陶器主要有平底双耳罐、圈足双耳罐、单耳罐等，与盐源出土的陶器十分相近。出土青铜器主要有双圆饼首剑、曲柄剑、柳叶形长骹带耳矛、镯、圆牌饰等（图四），与盐源 B 群遗物中的同类青铜器

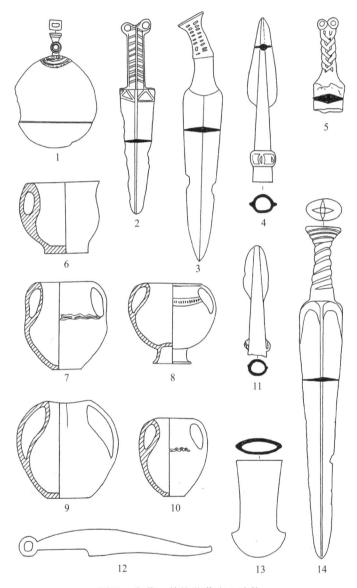

图四　宁蒗、德钦墓葬出土遗物

1. 镜形铜饰牌（06）　2. 双圆饼首铜剑（采：2）　3. 曲柄铜剑（M22：3）　4、11. 铜矛（采：3、M2：3）

5. 辫索状茎铜剑（采：01）　6. 单耳陶罐（M5：16）　7～10. 双耳陶罐（M5：1、M14：1、M17：2、M2：8）

12. 环首铜刀（M5：4）　13. 铜斧（M2：4）　14. 山字格铜剑（08）

（1、14. 德钦永芝，2～4、8、9. 德钦纳古，5～7、10～13. 宁蒗大兴镇）

①　云南省博物馆文物工作队：《云南德钦县纳古石棺墓》，《考古》1983 年第 3 期。

也十分相近。石底位于县城南面，澜沧江的东岸，1977 年清理 2 座土坑墓^①。出土的陶器有单耳罐、双耳罐、无耳罐等，与盐源的陶器相近，青铜器中的山字格剑与盐源的相近。该墓地出土滇文化风格的矛，其鹿首形杖首饰目前在盐源尚未发现，但都使用杖饰的习俗是一致的。

中甸县位于横断山区，金沙江的东岸。1988 年，在该县的克乡村、奔东村清理石棺墓 43 座，出土遗物不多，只有 13 座墓出土随葬品 20 件^②。陶器主要是双耳罐和单耳罐，与盐源青铜文化 B 群遗物中的陶器相近。青铜剑 2 件，1 件出土，1 件采集，均为脊后分叉的无格剑，与永胜金官龙潭和剑川鳌凤山出土的同类剑相近。

宁蒗以南，洱海以北的永胜、剑川发现的青铜文化仍然与盐源青铜文化有较多相似之处，但与滇西北的宁蒗、德钦相比，滇文化、滇西（洱海）和自身特点的因素相对要多一些。1956 年，永胜县金官区龙潭乡在修筑水库发现一批青铜器，应出自墓葬^③。从这批青铜器看，主要有三类风格的器物。第一类是与盐源青铜文化 B 群遗物相近的器物，有山字格剑、双圆饼首剑、曲柄剑、铜柄铁剑、矛等（图五）；第二类是滇文化风格的器物，有一字格剑、蛇首无格剑、矛、曲援戈、斧等；第三类是自身特点的青铜器，主要有圆刃几字纹钺、靠茎处脊分叉的无格剑等，其中的圆刃几字纹钺在滇西青铜文化中也有发现。以第一类因素的器物为主导，其次是第二类因素的器物，第三类因素的器物较少。1980 年发掘的剑川鳌凤山墓葬群^④，其出土遗物主要有三类：第一类与盐源青铜文化 B 群遗物十分相近，有陶双耳罐、单耳罐，青铜山字格剑、双圆饼首剑、柳叶形长骹带耳矛，条状砺石等（图五）；第二类是滇文化风格的器物，主要有青铜戈。第三类是自身特点的器物，主要有青铜束腰耸肩钺、环首刀、靠茎处脊分叉的无格剑等（图六）。以第一类因素的器物为主，其次是第三类因素的器物，第二类滇文化因素的器物较少。剑川海门口遗址^⑤，从其出土的圆刃几字纹钺范、两肩倒刺的青铜钺、带耳陶器等特征来看，与鳌凤山的同类器具有相似的特征，说明它们属同一性质的考古学文化，只不过一处是墓葬，一处是遗址。或许海门口早一些，但相距不会太远。从上述分析可以看出，永胜与剑川地区的青铜文化与盐源和滇西北的青铜文化较为相近，所不同的是滇文化、滇西青铜文化自身特征的因素较多一些。

① 云南省博物馆文物工作队：《云南德钦县石底古墓》，《考古》1983 年第 3 期。

② 云南省文物考古研究所：《云南中甸县的石棺墓》，《考古》2005 年第 4 期。

③ 馆保管部：《云南永胜金官龙潭出土青铜器》，《云南文物》总第 19 期，1986 年。

④ 云南省文物考古研究所：《剑川鳌凤山古墓发掘报告》，《考古学报》1990 年第 2 期。

⑤ 云南省博物馆筹备处：《剑川海门口古文化遗址清理简报》，《考古通讯》1958 年第 6 期。

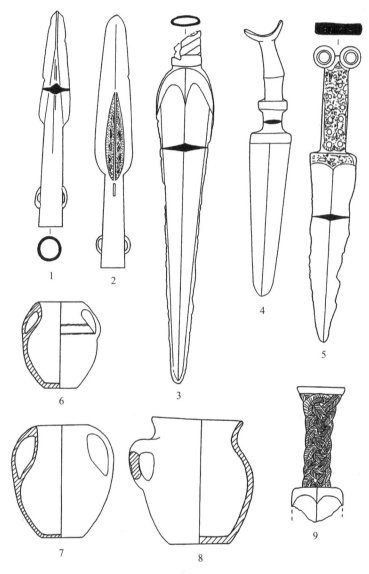

图五　剑川、永胜墓葬出土遗物

1、2. 铜矛（196：1、58-1）　3. 山字格铜剑（23-1）　4. 曲柄铜剑（40-1）　5. 双圆饼首铜剑（76：1）

6、7. 双耳陶罐（120：2、M152：2）　8. 单耳陶罐（42：1）　9. 辫索状茎铜剑（35-2）

（1、5～8. 剑川鳌凤山，2～4、9. 永胜金官龙潭）

　　滇西（洱海）地区的青铜文化与盐源、滇西北青铜文化相比，区别十分明显。首先滇西地区的陶器主要是无耳罐、豆等，基本不见双耳和单耳陶器，有时偶有发现，明显是受滇西北的影响。其青铜心形镬、凹孔长条形锄、曲刃式矛、鞋形钺等均是有别于盐源与滇西北青铜文化的器物。滇西青铜文化中的陶双耳罐、铜山字格剑、铜环首刀等可能是受盐源、滇西北青铜文化的影响。二者在杖饰和各类青铜饰（如镜形饰）方面也表现出一定的相似特征。

　　盐源青铜文化与滇文化区别较大，但是盐源青铜文化中发现有明显属滇文化风格的器物，如曲援戈、鞋形钺、蛇首无格剑、铜鼓、铜钟等。同时滇池文化中发现的山字格剑属盐源青铜器文化的典型器物。

　　根据上面的分析可以看出，盐源青铜文化的 A 群遗物目前只发现于盐源地区，B 群遗物的分布南可到滇西北的永胜、剑川等地，个别器物如山字格剑等在滇西地区、滇文化中也有发现，C 群遗物在滇文化中是比较典型的器物，有些器物在滇西洱海地区也有发现。盐源青铜文化的发现对认识西南夷青铜文化的分区具有新的启发意义。根据上面的比较，可以将永胜、剑川一线及其以北的滇西北地区与川西南的盐源盆地划为一个大的文化区。该区的文化明显区别于以滇池区域为中心的滇文化（或石寨山文化）和以洱海区域为中心的滇西青铜文化。该文化区内根据它们之间的异同程度，还可进一步分为盐源盆地区（或可称为老龙头类型区）、滇西北 A 区（主要有德钦、中甸、宁蒗等，或可简称宁蒗类型区）和滇西北 B 区（永胜、剑川等，或可称为剑川类型区）三个亚区，与盐源青铜文化最接近的是滇西北 A 区，其次是滇西北 B 区。

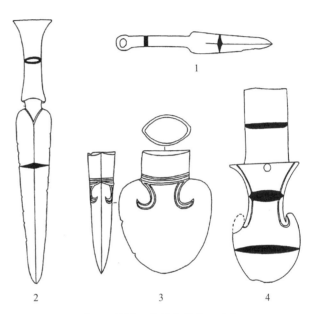

图六　剑川、永胜墓葬出土遗物
1. 环首铜刀　2. 无格铜剑　3、4. 铜钺
（1、4. 剑川鳌凤山，2、3. 永胜金官龙潭）

四、与北方系青铜文化的比较

　　盐源青铜文化具有北方系青铜文化的一些特征。首先是墓葬中用马头、马蹄随葬的现象与北方系青铜文化中普遍存在的殉牲现象一致。如甘肃、宁夏地区的北方系青铜文化的墓葬一般都有用马头、马蹄随葬的现象[①]；河北怀来北辛堡战国墓杀殉的牲畜有马、牛、羊，都只有头骨和四肢骨，头骨皆劈成上下两半，堆叠放置[②]；河北宣化小白阳墓地 48 座墓中有 9 座发现用牛、马的头骨和腿骨殉葬的现象，其中头骨都放在

---

① 杨建华：《春秋战国时期中国北方文化带的形成》，文物出版社，2004 年，第 35 页。

② 河北省文化局文物工作队：《河北怀来北辛堡战国墓》，《考古》1966 年第 5 期。

死者头向的部位，腿骨往往置于墓主小腿一侧[①]；北京延庆军都山东周墓发现的殉牲也是将头、身和四肢肢解后，然后将头和腿随葬[②]。部分器物也表现出与北方系青铜文化相似的特征。从大的方面来看，北方系青铜文化的马具、兵器和野兽纹三大要素中的马具和兵器在盐源青铜文化中都表现很突出，野兽纹虽然不多，但也有发现。盐源青铜文化中常见的菱形叶、长骹、骹端有钉孔的矛普遍出土于宁夏固原地区的北方系青铜文化的墓葬中，北方系青铜文化中发现的铜矛除固原地区之外，仅有靠近固原的甘肃秦安一例，而在鄂尔多斯广大地区则没有类似的发现[③]。盐源青铜文化中数量较多的弧背刀与北方系青铜文化中的弧背刀特征非常相近。其中的环首刀广见于甘宁、内蒙古等地北方系青铜文化当中[④]。双圆饼首刀与北方系青铜器中的双环首刀接近，如冀北的滦平县苘子沟 M18[⑤] 和河北宣化小白阳 M18 就出土了双环首刀。盐源青铜文化当中的曲柄式剑与河北、内蒙古、山西等地的北方系青铜文化中的曲柄兽首或铃首剑有近似的风格，它们之间应该有关系。铜柄铁剑与宁夏固原地区出土的铜柄铁剑形制也相近。双圆饼首剑应该与北方系青铜文化中的双环首剑有关系，双环首剑普遍发现于内蒙古、河北等地的北方系青铜文化遗存中。例如，内蒙古和林格尔范家窑子[⑥]、凉城县毛庆沟 M60[⑦]、宁城小黑石沟[⑧] 及鄂尔多斯地区[⑨]，河北的怀来北辛堡 M1[⑩]、怀来甘子堡[⑪]，北京延庆军都山墓地[⑫] 等均发现双环首剑。盐源青铜文化中的双圆饼首剑与这些双环首剑的形制很相近，应是从双环首剑发展演变而来（图七）。

关于盐源出土的双马纹铜饰，可能与流行于欧亚草原游牧民族当中的双马神像有

---

①　张家口市文物事业管理所、宣化县文化馆：《河北宣化小白阳墓地掘报告》，《文物》1987 年第 5 期。

②　北京市文物研究所山戎文化考古队：《北京延庆军都山东周山戎部落墓地发掘纪略》，《文物》1989 年第 8 期。

③　罗丰：《固原青铜文化初论》，《考古》1990 年第 8 期；罗丰、韩孔乐：《宁夏固原近年发现的北方系青铜器》，《考古》1990 年第 5 期。

④　李海荣：《北方地区出土夏商时期青铜器研究》，文物出版社，2003 年；田广金、郭素新编著：《鄂尔多斯式青铜器》，文物出版社，1986 年。

⑤　杨建华：《春秋战国时期中国北方文化带的形成》，文物出版社，2004 年，第 65 页，图 45。

⑥　李逸友：《内蒙古和林格尔县出土的铜器》，《文物》1959 年第 6 期。

⑦　内蒙古文物工作队：《毛庆沟墓地》，《鄂尔多斯式青铜器》，文物出版社，1986 年。

⑧　项春松、李义：《宁城小黑石沟石椁墓调查清理报告》，《文物》1995 年第 5 期。

⑨　田广金、郭素新编著：《鄂尔多斯式青铜器》，文物出版社，1986 年。

⑩　河北省文化局文物工作队：《河北怀来北辛堡战国墓》，《考古》1966 年第 5 期。

⑪　贺勇：《北京怀来甘子堡发现的春秋墓群》，《文物春秋》1993 年第 2 期。

⑫　北京市文物研究所山戎文化考古队：《北京延庆军都山东周山戎部落墓地发掘纪略》，《文物》1989 年第 8 期。

关。双马神是雅利安人、伊朗人、斯基泰人、塞人等印欧人原始宗教系统中古老的神
祇之一，古代印欧人崇祀双马神的习俗后来为欧亚草原游牧人所传承，斯基泰人、萨
尔马提亚人和塞人等印欧语系游牧人都在各自艺术品中创作了大量双马神像。目前双
马神像在西亚和中国新疆、内蒙古等地有较多的发现，林梅村先生在分析吐火罗人神
祇时已做过比较充分的介绍[①]，如阿富汗西北边境席巴尔甘大月氏墓地出土的双马神
像，就有与盐源双马神近似的表现形式；天山和阴山岩画中也发现双马神像；在商代
的青铜器族徽上也出现双马神的形象，林梅村先生引自《金文篇》的父辛鼎、作从簋、
屯簋、作父辛尊、作父丁尊等青铜器上的族徽与盐源双马铜饰十分相近。由此结合盐
源青铜文化葬俗及许多青铜器与北方系青铜文化相近的情况，可以推测盐源青铜器文
化的主人可能与北方草原游牧民族有很大的关联，值得注意。

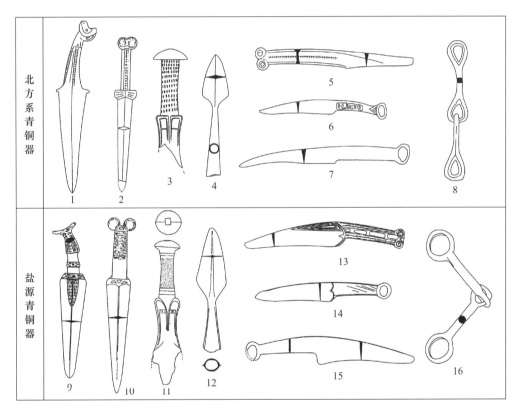

图七　盐源青铜文化与北方系青铜文化比较

1. 河北青龙抄道沟　2. 河北宣化小白阳 M12∶4　3. 宁夏固原西吉新营陈阳川村　4. 宁夏固原彭堡撒门村 M3
5. 鄂尔多斯收集 E·185　6. 宁夏固原彭阳古城乡古城村　7. 宁夏固原彭阳孟塬乡　8. 宁夏固原　9～16. 盐源

① 林梅村：《吐火罗神祇考》，《古道西风——考古新发现所见中西文化交流》，生活·读书·新
知三联书店，2000 年。

五、与川西高原石棺墓文化的比较

　　盐源青铜文化与川西高原石棺墓的文化也有某些相似的文化特质，如都使用双耳陶器，都普遍存在铜手镯、耳环、扣饰、铜泡等各类青铜饰物，都有不同数量的青铜兵器的发现等。从器物风格特征看，岷江上游石棺墓出土的山字格剑、铜柄铁剑和旋涡纹双耳罐与盐源青铜文化中的同类器相一致。雅砻江中上游的雅江 ①、吉里龙 ② 石棺墓出土的部分双耳罐和单耳罐与盐源青铜文化中的部分双耳罐和单耳罐形制相近，但也有部分陶器的风格有明显的区别。总的来说，盐源青铜文化与川西高原的石棺墓有某些相近似的文化特质和文化因素，但其文化的总体特征区别是十分明显的。

〔原载肖先进主编：《三星堆研究（第二辑）：三星堆与南方丝绸之路青铜
文化研讨会论文集》，文物出版社，2007 年，第 145～157 页〕

---

① 甘孜藏族自治州文化馆、雅江县文化馆：《四川雅江呷拉石棺葬清理简报》，《考古与文物》1983 年第 4 期。

② 四川省文物管理委员会、甘孜藏族自治州文化馆：《四川甘孜县吉里龙古墓葬》，《考古》1986 年第 1 期。

试论高坡遗存

2010 年，成都文物考古研究所和凉山彝族自治州博物馆等单位联合发掘了安宁河流域的冕宁高坡遗址和赵家湾遗址。这两处遗址出土的陶器群非常独特，与安宁河流域已认识的横栏山文化、大石墓遗存及礼州遗存等均不相类似。但是仔细比较后发现其中代表性陶器与 1994 年发掘的大洋堆中、下层出土的部分典型陶器相似，应属同一性质的考古学文化。可以初步确认该文化代表了安宁河流域地区某个阶段的考古学文化，我们暂将其称为"高坡遗存"。同时我们还发现该文化与滇东北昭鲁盆地的鲁甸野石山遗存、黔西北的鸡公山文化有比较密切的关系。该文化的发现与确认对认识这几类考古学文化的关系、年代及这一时期该区域古文化格局具有重大意义。因此，笔者想就这些问题作一点分析。

一、高坡遗存的发现及文化特征

目前在安宁河流域发现冕宁高坡、赵家湾和西昌大洋堆，此三处遗址属这一性质的考古学文化遗存。

1. 高坡遗址

位于安宁河上游（北段）西岸的一级台地上，东距安宁河约 200 米，遗址面积约 5600 平方米。2010 年 10 月，成都文物考古研究所与当地文管部门联合试掘了该遗址。此次试掘的文化层分为 4 层，其中第 3、4 层属高坡遗存的堆积。大量陶器出自第 3 层，第 4 层只有少量的夹砂陶片，报告报道的遗物均出自第 3 层[①]。

该遗址出土的陶器以夹砂红褐陶为主，其次为夹砂灰褐陶，另有少量泥质黑皮陶。陶器以素面为主，常见的纹饰有叶脉纹、乳钉、划纹、附加堆纹等，其中叶脉纹主要见于钵、碗的底部，乳钉主要装饰在大口缸（报告称瓮形器）的肩部。代表性陶器主要有大口乳钉缸、折肩圈足碗、饼足钵（报告中的 B 型碗）、杯形口双大耳罐、长流器等[②]。

[①] 成都文物考古研究所、凉山彝族自治州博物馆、冕宁县文物管理所：《2010 年凉山彝族自治州冕宁县高坡遗址调查简报》，《成都考古发现》(2010)，科学出版社，2012 年，第 303～315 页；成都文物考古研究所、凉山彝族自治州博物馆、冕宁县文物管理所等：《2011 年凉山彝族自治州冕宁县高坡遗址发掘简报》，《成都考古发现》(2011)，科学出版社，2013 年，第 317～330 页。

[②] 由于各报告同一类器物名称不一致，而本文为便于叙述统一了名称，特此说明。

2. 赵家湾遗址

位于安宁河上游西岸，东距安宁河约 2000 米。2009 年第三次文物普查中发现，调查核实遗址面积约 8800 平方米。2010 年成都文物考古研究所等单位对该遗址进行了试掘，试掘点的地层堆积很简单，只有 2 层，遗址叠压在现代农耕土下。第 2 层中出土东汉花纹砖，应该是被汉代扰动。但是该层出土的一组陶器明显不属汉文化因素，而与高坡遗址出土的陶器相同。也是以夹砂红褐陶为主，其次是夹砂灰褐陶。陶器以素面为主，有少量的叶脉纹和乳钉。器类主要有折肩圈足碗、大口乳钉缸（报告称瓮形器）、双耳罐的耳等[①]。

3. 大洋堆遗址

位于安宁河谷中段东岸的一级台地上，西距安宁河约 2000 米。遗址为一略高出四周的一个小台地，遗址内南北相距约 80 米有两个小土丘。1990 年西昌市文物管理所在文物普查中发现该遗址。1993 年 12 月，当地村民在农田改土中取土，破坏了北部小土丘的一部分，因此 1994 年 10～12 月，四川省文物考古研究所等单位对遭到一定程度破坏的区域进行了抢救性发掘，发掘面积 140 平方米。此次在两个地点进行发掘，一个是北部土丘东北侧的北区，另一个是两土丘之间的南区。北区发掘证实土丘为人工堆筑而成，地层划分为 6 层，其中第 3 层下发现大石墓 1 座、灰坑 2 个，第 4 层下发现器物坑 12 个、黄土坑 6 个，第 5 层下发现土坑墓 9 座。南区地层划分为 3 层，其中第 1 层下发现器物坑 12 个、黄土坑 13 个，已出露地表的大石墓 1 座。发掘报告将遗址分为早、中、晚三期。其中早期遗存有北区的第 6 层和第 5 层下的土坑墓，发表的遗物均出自土坑墓，第 6 层出有少量夹砂褐陶片，估计太碎，没有发表遗物。中期遗存有北区第 4 层下和南区第 1 层下的器物坑和黄土坑。晚期遗存有大石墓和北区的 2 个灰坑[②]。

此次发掘的大洋堆遗址早、中期遗存当属高坡遗存。过去由于材料少，在高坡遗址发掘前，其文化面貌不清，性质难以确认。

早期的 9 座墓葬中有 8 座为圆角长方形竖穴土坑墓，只有 1 座为长条形墓，墓坑内未见人骨与葬具。出土遗物主要是陶器、石器，铜器只有 1 件铜剑。陶器均为泥质黑陶，火候较高，表面磨光，手制，经慢轮修整。纹饰主要有锥刺纹、刻划纹、叶脉纹、附加堆纹和少量镂孔。典型器类有杯形口双大耳罐（报告中的 A Ⅱ 式～A Ⅳ 式罐）、直长颈双耳罐（报告中的 A Ⅰ 式罐）、杯形口单耳罐（报告中的 B 型罐）、折肩圈足碗（报告中的 Ⅲ 式簋）、豆、簋、带流杯（报告中的 D 型罐）等。石器有斧、镞、条

① 成都文物考古研究所、凉山彝族自治州博物馆、冕宁县文物管理所：《2010 年四川省冕宁县赵家湾遗址调查简报》，《成都考古发现》（2009），科学出版社，2011 年，第 280～287 页。

② 西昌市文物管理所、四川省文物考古研究所、凉山彝族自治州博物馆：《四川西昌市经久大洋堆遗址的发掘》，《考古》2004 年第 10 期。

状石器等。各墓随葬遗物的数量为 1～6 件，组合也不完全一致。报告发表的遗物主要出自 M2～M4、M8、M9 等，推测这些墓葬本身年代可能也有早有晚。

中期遗物主要出在 24 个器物坑。这些器物坑分布密集，间距 0.05～2 米，平面形状近圆形或椭圆形，斜壁，圜底。大部分坑内斜置一前一后 2 件陶罐，一般陶罐是前大后小，前罐底部被人为打穿，后罐口部紧接前罐底部。也有部分坑内只有 1 件陶罐，个别坑内在 2 件大陶罐口沿处放置 1～4 件陶器。罐内为纯净细土，未见其他遗物。这种所谓的器物坑应当为瓮棺葬，我们曾在西昌营盘山遗址也发现过类似的瓮棺葬，只不过年代要晚。

在上述早期遗存中 M4 出土的折肩圈足碗，M9 出土的杯形口双大耳罐、单耳罐，中期遗存出土数量最多的大口乳钉缸（报告中的 A I 式、A II 式罐）是高坡遗址出土的典型陶器。而这四类陶器在高坡遗址和鲁甸野石山遗址发现在同一地层单位中共存，由此可以推测它们应属于同一性质考古学文化的遗物。由于大洋堆遗址发现的遗存均为墓葬材料，有其特殊性，无法反映该文化的全貌。而早期与中期遗存的性质也有所不同，一为土坑墓，可能为成人墓，一为瓮棺葬，可能为婴儿墓。因此早、中期遗存的差异既有年代上的原因，更有遗存性质的原因。从上述情况我们有理由判定大洋堆早期和中期遗存当与高坡遗址属同一性质的考古学文化遗存，至少其中部分遗存是这种情况。

虽然上述三处遗址出土遗物都不是十分的丰富，但该遗存的基本特征还是很明显。即陶器以夹砂红褐陶为主，其次是夹砂灰褐陶，另有少量的泥质黑陶、表面磨光。陶器装饰以素面为主，以底部装饰叶脉纹和肩部乳钉装饰最具特点，其他有少量的划纹和附加堆纹。核心陶器群包括大口乳钉缸、折肩圈足碗、饼足钵、杯形口双大耳罐、杯形口单耳罐、长流器等。

二、高坡遗存、鸡公山文化、野石山遗存的关系

鸡公山文化是以黔西北中水盆地的鸡公山遗址命名。目前发现这一文化的遗址主要分布于黔西北的威宁、毕节等地区至滇东北昭鲁盆地的西部[1]，能确认属这一文化的典型遗址主要有鸡公山[2]、吴家大坪[3]、闸心场等[4]。能与高坡遗存比较的主要是

① 张合荣、罗二虎：《试论鸡公山文化》，《考古》2006 年第 8 期。

② 贵州省文物考古研究所、四川大学历史文化学院考古系、威宁县文物保护管理所：《贵州威宁县鸡公山遗址 2004 年发掘简报》，《考古》2006 年第 8 期；王林：《威宁中水鸡公山遗址初步分析》，四川大学硕士学位论文，2006 年；王林：《贵州威宁县鸡公山遗址初探》，《四川文物》2012 年第 4 期。

③ 贵州省文物考古研究所、四川大学历史文化学院考古系、威宁县文物保护管理所：《贵州威宁县吴家大坪商周遗址》，《考古》2006 年第 8 期。

④ 云南省文物工作队：《云南昭通马厂和闸心场遗址调查简报》，《考古》1962 年第 10 期。

陶器，鸡公山文化的陶器主要是夹砂陶，少量泥质陶，夹砂陶又有夹细砂和粗砂之分，夹细砂多于夹粗砂。陶色以褐色为主，分黄褐、灰褐和黑褐，常见一件器物陶色不一的现象。器表多素面，纹饰主要有罐口沿内外侧的瓦棱纹、瓶肩腹部的戳刺纹和颈部的细线纹，有少量陶器表面磨光，并施褐色陶衣。陶器制法以泥条盘筑为主，并经慢轮修整。鸡公山文化的核心陶器群主要是细颈瓶、折沿罐、双耳带流盆、带流杯等，少量杯形口双大耳罐、杯形口单耳罐，偏晚阶段（如营盘山遗址）发现少量大口乳钉缸。很明显鸡公山文化与高坡遗存区别十分明显，二者的核心陶器群完全不相类似，属于不同的两个文化系统。但是二者也有联系，如鸡公山文化中的杯形口双大耳罐、杯形口单耳罐、大口乳钉缸在高坡遗存中属核心陶器群中的典型器物。

　　野石山遗存以发现于昭鲁盆地南部边缘的鲁甸野石山遗址 [①] 为代表，与野石山遗址相距较近的鲁甸马厂遗址 [②] 也属于同一性质的遗存。野石山遗存的陶器分夹砂陶和泥质陶，大型器物多为夹砂陶，小型器物多为泥质陶。陶色以褐色、灰色为主，其次为黑色。部分器物因烧制火候不均，器表颜色不均匀。器物装饰简单，多为素面，部分器表磨光，少量器物肩部饰乳钉，极少数器物饰弦纹、篦点纹。该遗存的陶器群比较复杂，主要有细颈瓶、折沿罐、盆、带流杯（报告称匜）、大口乳钉缸（报告中的 Ea 型罐）、折肩圈足碗、饼足钵、杯形口双大耳罐（报告中的 Ab 型罐）、杯形口单耳罐（报告中的 Aa 型罐）、长流器等。很明显，野石山遗存中有一组陶器属鸡公山文化的典型陶器，如细颈瓶、折沿罐、双耳带流盆、带流杯等，这一组陶器不见于高坡遗存。有一组属高坡遗存的典型陶器，如大口乳钉缸、折肩圈足碗、饼足钵、长流器等，这一组陶器基本不见或很少见于鸡公山文化。而其中一组陶器，有杯形口双大耳罐、杯形口单耳罐等在三类遗存中都有。

　　如果我们将高坡遗存、鸡公山文化、野石山遗存的典型陶器分为以下三组（图一）：

　　A 组：以大口乳钉缸、折肩圈足碗、饼足钵、长流器等为代表。

　　B 组：以细颈瓶、折沿罐、带流杯等为代表。

　　C 组：以杯形口双大耳罐、杯形口单耳罐等为代表。

　　上述三组陶中 A 组为高坡遗存的核心陶器群，B 组为鸡公山文化的核心陶器群，C 组在三类遗存中都有。但是 C 组在鸡公山文化中数量极少，不是主要的因素，而在高坡遗存和野石山遗存中却是主要的因素。野石山遗存中 A、B、C 三组因素的陶器都比较多见。

---

　　① 　云南省文物考古研究所、昭通市文物管理所、鲁甸县文物管理所：《云南鲁甸野石山遗址发掘简报》，《考古》2009 年第 8 期。

　　② 　云南省文物工作队：《云南昭通马厂和闸心场遗址调查简报》，《考古》1962 年第 10 期。

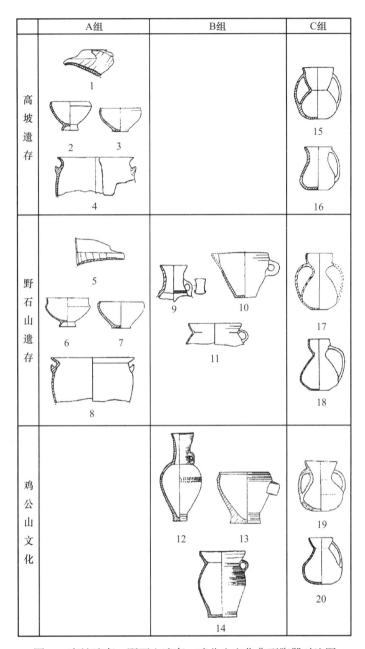

图一 高坡遗存、野石山遗存、鸡公山文化典型陶器对比图

1、5. 器流（高坡 T1③：13、野石山 DT1114③上：49） 2、6. 折肩圈足碗（大洋堆 M4：1、野石山 DT1114③下：49） 3、7. 饼足钵（高坡 T1③：3、野石山 DT0914③中：24） 4、8. 大口乳钉缸（高坡 T1③：51、野石山 DT1214③下：10） 9、12. 细颈瓶（野石山 DT1114③下：48、鸡公山 K4：1） 10、13. 带流杯（野石山 DT1014③中：38、鸡公山 H1：9） 11、14. 折沿罐（野石山 DT1013③下：33、鸡公山 K11：3） 15、17、19. 杯形口双大耳罐（大洋堆 M9：1、野石山 DT1013③下：16、鸡公山 K39：1） 16、18、20. 杯形口单耳罐（大洋堆 M9：3、野石山 DT1114③下：29、鸡公山采 011）

（13、19. 采自王林：《威宁中水鸡公山遗址初步分析》，图一二、图二三；20. 采自张合荣、罗二虎：《试论鸡公山文化》，图四，3）

　　上述情况结合地理空间分布来分析，可以得到一个合理的解释：高坡遗存分布在西，鸡公山文化分布在东，而野石山遗存分布在中。鸡公山文化和高坡遗存所处的东、西两个区域属于两个不同的考古学文化分布区，而野石山遗存处在两个文化区之间的交汇地带，既受到东边鸡公山文化的影响，又受到西边高坡遗存的影响，因此文化因素最为复杂，属于地理空间上的过渡遗存。而鸡公山文化与高坡遗存通过中间环节的野石山遗存区也发生了交流，从 C 组因素在鸡公山文化中数量少，不属主要因素，而在高坡和野石山遗存中数量多，属主要因素的情况分析，尤其是在鸡公山文化中出现较晚，可以推测 C 组因素可能是从西影响东。由此我们也可以推断，三类遗存的时代应大体相当。

　　过去在高坡遗存发现与确认之前，学界对野石山遗存的性质认识不够清楚。有学者直接将其归入鸡公山文化[①]，后来有学者注意到了野石山遗存与鸡公山文化的差异，发现 A 组陶器不见于鸡公山、吴家大坪等典型的鸡公山文化遗址中，而在晚于鸡公山的营盘山遗址中有发现，因此推测野石山遗存当是间于鸡公山文化与营盘山遗存之间的过渡性遗存[②]。营盘山遗址位于贵州中水镇花桥村，东距鸡公山遗址仅 5000 米。该遗址陶器以夹砂陶为主，并有部分泥质陶。夹砂陶分黑色、红褐色、土白色和黄褐色，泥质陶分红色和黑色，并有少量磨光陶。陶器以素面为主，纹饰见乳钉、瓦棱、网格、弦纹和划纹。典型陶器有折沿罐、细颈瓶、大口乳钉缸、折肩圈足碗、杯形口双大耳罐等[③]。不过该遗址现有发掘出土陶器较少，面貌并不十分清楚。该遗址与鸡公山遗址比较，发掘者认为"营盘山遗址的年代晚于鸡公山遗址和吴家大坪遗址的年代，但又是基本衔接的"[④]。而高坡遗存的发现与确认对这个问题有了全新的认识，原来野石山遗存并非时间上的过渡遗存，而是空间上的过渡遗存。

三、年代关系及相关认识

　　鸡公山文化的年代，有学者根据吴家大坪和鸡公山遗址的 ^{14}C 测年数据综合分析，将其推定在公元前 1400～前 1100 年[⑤]，野石山遗址报告根据其 ^{14}C 测年数据将其推定在

---

　　① 张合荣、罗二虎：《试论鸡公山文化》，《考古》2006 年第 8 期。

　　② 刘旭、孙华：《野石山遗存的初步分析》，《考古》2009 年第 8 期。

　　③ 王林：《威宁中水鸡公山遗址初步分析》，四川大学硕士学位论文，2006 年，第 35、36 页；王林：《贵州威宁县鸡公山遗址初探》，《四川文物》2012 年第 4 期。

　　④ 刘旭、孙华：《野石山遗存的初步分析》，《考古》2009 年第 8 期。

　　⑤ 刘旭、孙华：《野石山遗存的初步分析》，《考古》2009 年第 8 期。

公元前 1300～前 900 年 [①]，高坡遗址 [14]C 测年数据在公元前 1400～前 1000 年。笔者认为，目前发掘的这三类考古学文化遗存的遗址均不能代表其文化发展全过程，可能只是其中某个阶段的遗存。尽管笔者认为这三类遗存处在大体相当的时代，但并不代表目前发现的遗址相互处在同一阶段。比如高坡遗存目前发现的折肩圈足碗肩以上较矮，而野石山遗址发现的折肩圈足碗肩以上部分较高，这应该是年代有早晚的原因。而贵州营盘山遗址出土的折肩圈足碗与目前高坡遗存中所见的折肩圈足碗相近，可能时代大体相当。还比如野石山遗址出土的长流器的流普遍比较瘦长一些，而高坡遗址出土的长流器流都普遍较肥胖一些。其他如大口乳钉缸、杯形口双大耳罐、杯形口单耳罐等在三类遗存已发掘的遗址中器形也略有差异，推测可能都是时间上有早有晚的原因。营盘山遗址的发掘者认为"营盘山遗址中出土的白陶和年代与战国至西汉时期中水银子坛墓地中白陶的陶系十分相近，而鸡公山遗址的陶器中却不见这种白陶"，指出"营盘山遗址的年代晚于鸡公山遗址和吴家大坪遗址的年代，但又是基本衔接的" [②]。刘旭、孙华先生将其与野石山遗址比较后认为"从陶器的总体风格上看，野石山遗址陶器以红褐色和灰褐色为多，其次为黑色；而营盘山遗址的陶器以夹砂黑陶为主，其次为夹砂灰白陶和红褐陶，其中偏上层的文化堆积层的灰白陶数量尤多。夹砂灰白陶是昭鲁盆地战国至西汉时期最常见的陶器，营盘山有较多这类陶质陶色的陶器，并且呈现越晚越多的趋势，而野石山很少有这类质色的陶器"。因此推测"野石山遗址尽管与营盘山属同一时期的遗存，但野石山遗址可能还略早于营盘山，至少略早于营盘山较晚阶段的遗存" [③]。那么我们可以推测，目前发现的高坡遗存可能晚于野石山遗址和鸡公山遗址，而野石山遗址与鸡公山遗址可能年代相去不远。安宁河流域还有更早的高坡遗存尚未发现。由此也可以推测这三类考古学文化的年代大致在商代中晚期至西周这样一个年代范围内。从营盘山遗址第 4 层更接近于鸡公山遗址，而其上层却发生变化，出现了更多的高坡遗存的因素来看，鸡公山文化越晚阶段受到来自西边的影响越深。相反鸡公山文化的典型陶器并未出现在高坡遗存中。反映出这一时期该区域文化信息的传播方式多是从西向东，来自西边的文化似乎更为强势，从大双耳陶罐的风格很可能来自中国西北地区的情况好像也能说明这一点。这一现象或者反映的是在高坡遗存和鸡公山文化的晚期阶段，高坡遗存在这　区域由西向东扩张。

　　高坡遗存、野石山遗存和鸡公山文化的发现与确认对建立安宁河流域、滇东北、黔西北及其邻近地区商周时期考古学文化的时空框架具有十分重要的意义。遗憾的是，

---

① 云南省文物考古研究所、昭通市文物管理所、鲁甸县文物管理所：《云南鲁甸野石山遗址发掘简报》，《考古》2009 年第 8 期。

② 刘旭、孙华：《野石山遗存的初步分析》，《考古》2009 年第 8 期。

③ 刘旭、孙华：《野石山遗存的初步分析》，《考古》2009 年第 8 期。

这些区域目前的考古工作还相当薄弱，缺乏系统性。目前的考古材料还无法完整地建立起这些区域考古学文化的编年体系。无论是高坡遗存，还是鸡公山文化和野石山遗存，各自的分布范围也还不清楚，尚需继续开展系统性的考古调查与发掘工作，并且要多开展区域间的合作研究。

［原载四川大学博物馆、四川大学考古学系、成都文物考古研究所编：
《南方民族考古》（第九辑），科学出版社，2013年，第1～8页］

滇西地区新石器文化分析

　　云南新石器时代文化遗址发掘不多，过去有许多认为属于新石器时代的遗址后来都证明属青铜时代。目前经科学发掘比较理想的新石器时代遗址以滇西地区较为集中，具有代表性的有大理海东镇的银梭岛[①]、宾川白羊村[②]、永平新光[③]、元谋大墩子[④]、永仁菜园子和磨盘地[⑤]等诸遗址。这些遗址均有正式考古简报发表，各遗址的文化面貌基本清晰，为分析滇西地区新石器文化提供了可能。笔者想依据上述遗址的材料对滇西地区新石器文化的特征、文化与年代关系、文化格局及其与周邻地区的关系等相关问题做初步的分析，敬请学界同仁指正。

一、典型遗址分析

　　要认识清楚一个区域各考古学文化的特征、相互关系及其变迁等，必须建立在对各遗址早晚不同性质的考古学文化仔细甄别的基础之上。过去之所以对云南地区新石器文化的认识存在诸多问题，其中有部分原因在于将有些遗址早晚不同性质的考古学文化遗存作为同一性质的文化看待，致使各阶段考古学文化的面貌界限不清。因此，笔者首先利用层位关系和陶器群的变化对各典型遗址进行分析，仔细甄别各类不同性质的考古学文化遗存，以便明晰各类考古学文化遗存的面貌。

1. 银梭岛遗址

　　银梭岛是洱海东南靠近岸边的小岛，位于大理市海东镇，遗址处在岛的东北坡地。该遗址属于贝丘遗址，2000年发现，云南省文物考古研究所分别于2003年10月～2004年5月和2006年3～5月进行过两次发掘（T1～T15为第一次发掘、T17～

---

　　①　云南省文物考古研究所、大理市博物馆、大理市文物管理所等：《云南大理市海东银梭岛遗址发掘简报》，《考古》2009年第8期；万娇：《苍洱地区史前文化》，文物出版社，2013年。

　　②　云南省博物馆：《云南宾川白羊村遗址》，《考古学报》1981年第3期。

　　③　云南省文物考古研究所、大理州文物管理所、永平县文物管理所：《云南大理市新光遗址发掘报告》，《考古学报》2002年第2期。

　　④　云南省博物馆：《元谋大墩子新石器时代遗址》，《考古学报》1977年第1期。

　　⑤　云南省文物考古研究所、中国社会科学院考古研究所云南工作队、成都市文物有考古研究所等：《云南永仁菜园子、磨盘地遗址2001年发掘报告》，《考古学报》2003年第2期。

T28 为第二次发掘），总共发掘面积 625 平方米。发掘材料曾发表过简报。根据简报报道，遗址地势总体南高北低，地层呈斜坡状堆积，部分探方堆积厚达 6.7 米。简报作者将遗址的地层单位分成了四组，分别代表遗址的四期。简报发表的陶器不多，各期之间的界限不是十分明显，尤其是第二、三期。参与了材料整理工作的万娇在其《苍洱地区史前文化》一书（以下简称万文）中发表了较为丰富的陶器。万娇亦将遗址分为四大期，其中第二大期又分为两段，第三大期又分两小期，第四大期分三小期，第四大期的第三小期又分成四段。我们将万文中发表的陶器放回原单位中进行比对分析，发现简报和万娇的分期均有值得商榷之处。首先看简报的分期，简报只有 T9 的地层介绍和分组，而发表的遗物当中除第二期的 1 件石刀出自 T9 外，其余第二期以后的遗物基本出自 T10，第一期遗物和第二期遗物主要出自 T15、T22～T24。简报将第一次发掘的 T15 第 20 层归入了第一期（A 型长颈罐 T15⑳：10），而 T15 变化最明显的是在第 23 层与第 24 层之间，第 23 层出现了口沿下贴附加堆纹的花边口罐（简报中的 B 型长颈罐），此类型的罐是第二期才有的典型器物，将晚于第 23 层的第 20 层划入第一期明显不合理。简报还将第二次发掘的第 17、18 层归在一起，分入了第一期，而第 17、18 层陶器区别很大，第 17 层常见的口沿下贴附加堆纹的花边口罐在第 18 层是不见的，第 17 层常见的点线纹钵（万文中的 A 型碗、钵）也不见于第 18 层。T15 第 20 层和第二次发掘的第 17 层所见的与之前地层所出相似的小口长颈罐（万文中的长颈罐、简报中的 A 型长颈罐）有可能属晚期地层出早期遗物。简报将 T10 第 47～59 层归入第二期，而第 59 层与其他地层单位（不见第 57、58 层遗物）陶器区别很大，第 59 层出土较多沿下贴边的花边口罐，其他地层几乎不见，第 56 层以上的地层陶器特征明显是一脉相承的，陶器主要以素面为主，少量饰刻划纹，基本不见点线纹。同样将以点线纹为特征，以花边口沿罐、点线纹钵和敛口罐为主要器物群的第二次发掘的第 14 层与器物群区别很大的 T10 第 47～56 层分在一起也是不合理的。简报中第二期的 T10 第 47～56 层与简报中的第三、四期陶器是一脉相承的，中间没有发生过大的变化，应该属同一性质的考古学文化，与下面的地层单位陶器区别十分明显。万文的分期相对简报就要合理得多，唯独第三大期可以做一点调整，万文同样将区别明显的 T10 第 59～62 层与之上的第 46～56 层归入第三大期，而 T10 第 46～56 层常见的折沿罐、圈底盘等在第四大期是继承了的，应归入第四大期中去。万文分入第二大期第一小期的部分陶器如带錾的盆、小口长颈罐、侈口盆应为第一大期的陶器，当属晚期地层出早期遗物。目前能见到发表的陶器主要出自第一次发掘的 T10、T15 和第二次发掘的区域，笔者依据万文发表的陶器，综合分析认为，银梭岛遗址可以分为区别明显的三期考古学文化，其中第二期又可分为 3 段，第三期可分为 4 段（表一）。

表一　银梭岛遗址地层单位分期

分期 地点	第一期	第二期			第三期			
		第1段	第2段	第3段	第1段	第2段	第3段	第4段
T15	第24～26层		第19～23层					
T10			第59、60层		第45～56层	第33～44层	第21～27层	第8～19层
第二次发掘	第18层	第16、17层	第15层	第8～14层				

注：缺的地层没有遗物

第一期：陶器以灰陶为主，包括夹砂和泥质。纹饰以绳纹为主。典型陶器有小口长颈罐、敛口钵（万文中的浅腹钵）、侈口盆、大口罐等（图一），推测还应该包括一些夹砂绳纹陶器。这一时期出土大量动物骨骼，不见螺壳和网坠。

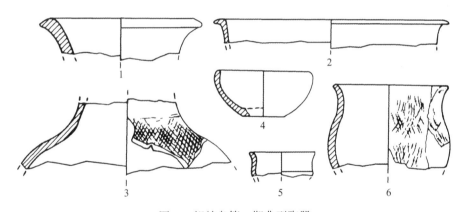

图一　银梭岛第一期典型陶器

1、3. 小口长颈罐（T15㉖：16、T25⑱：W1）　2. 侈口盆（T24⑱：16）　4. 敛口钵（T24⑱：21）

5. 深腹钵（T15㉖：19）　6. 大口罐（T24⑱：19）

第二期：陶器以夹砂灰、黑陶为主。该期最大的特点是陶器纹饰盛行戳印的点线纹，有几何、折线、网格、平行线纹带等。典型陶器有高领的贴边口罐（万文中的Bb型侈口盆、Ba型I式长颈罐）、花边口贴边罐（万文中的Ba型I式、Bb型I式长颈罐）、花边口罐（万文中的Ca型长颈罐）、敛口罐、喇叭口罐（万文中的A型侈口罐）、碗、素面敛口钵（万文中的无耳浅腹钵）、深腹钵、点线纹钵（万文中的A型钵）等（图二）。该期发现较多动物骨骼，基本不见网坠和螺壳。

第三期：陶器从第1段的以灰褐、黄褐陶为主发展到第2段以后逐渐被红陶所取代。该期陶器以素面陶为主，有少量的刻划纹，还有网格、水波、平行线等。典型陶

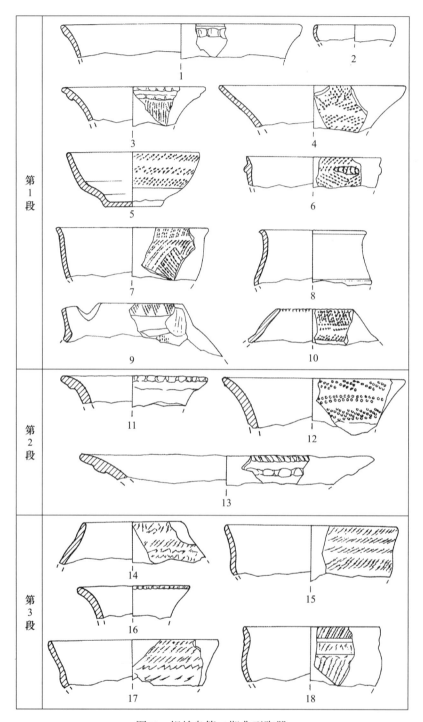

第1段

第2段

第3段

图二　银梭岛第二期典型陶器

1、3. 贴边口罐（T24⑰：52、T23⑰：W5） 2. 素面敛口钵（T24⑰：53） 4、12. 喇叭口罐（T24⑰：W3、
T21⑮：W7） 5、15、17. 碗（T24⑰：18、T24⑭：W4、T22⑧：W11） 6、7、18. 点线纹钵（T25⑯：W2、
T23⑰：W20、T20⑭：30） 8. 深腹钵（T19⑰：16） 9、10、14. 敛口罐（T20⑯：W1、T19⑯：W1、
T23⑭：W6） 11、13. 花边口贴边罐（T15⑲：6、T15㉓：13） 16. 花边口罐（T23⑭：14）

器主要有卷沿罐（万文中的卷领罐）、折沿罐、喇叭口高领罐（万文中的敞口罐）、双耳罐、折沿矮领罐（万文中的 D 型侈口罐和中颈罐）、折腹釜、折腹钵（万文中的 B 型浅腹钵）、敛口盆、锯齿口盘（万文中的平圈底和平底盘）、匜等（图三）。少见动物骨骼，多螺壳堆积和网坠，偏早阶段多石网坠，偏晚陶网坠增多，石网坠逐渐减少。出土了小件青铜器。第三期早晚各段陶器器类和型式也有所变化，双耳罐、匜、折腹釜从第 2 段开始出现，并沿用至第 4 段，带腰沿的匜从第 3 段开始出现，折腹钵出现在第 3、4 段，锯齿口盘第 2 段以后消失。

上述三期有着各自完全不同的陶器群，明显属不同性质的考古学文化，鉴于目前发掘的类似遗址很少，没有其他典型遗址，可以分别将银梭岛三期考古学文化暂称为"银梭岛第一期遗存""银梭岛第二期遗存""银梭岛第三期遗存"。同时可以看出，这三期遗存的陶器区别太过明显，看不出之间有直接的联系，不排除之间存在时间上的缺环。其中第一、二期遗存的生业形态近似，第三期与第一、二期区别较大，推测第一、二期遗存可能处在新石器时代，第三期应属青铜时代遗存。

2. 永平新光遗址

新光遗址位于永平县县城东部、澜沧江支流银江河的河边台地上，该区域为滇西地区的一处高原山间盆地。1993 年 5 月，向东扩建县城的施工中发现。1993～1996 年，云南省文物考古研究所先后进行过 5 次发掘，其中以 1993 年 12 月～1994 年 3 月的第一次发掘材料最有代表性。发掘面积 1000 平方米，发掘区遗址地层划分为 12 层，其中第 5～12 层为新石器时代文化堆积，并发现了房屋、灰坑、火塘和沟等遗迹。

发掘报告将遗址分为四期，即 F3、F5、第 9～12 层为第一期，第 7、8 层为第二期，第 6 层为第三期，第 5 层为第四期。笔者通过对出土陶器的比对分析认为，报告的四期分法基本是合理的，只是其中某些地层单位的归属存在可商榷的地方。例如，报告分在第一期的第 9 层虽然出土陶器很少，但其中所见的口沿下有附加堆纹的贴边罐（报告中的 Ae 型Ⅲ式侈口罐），其附加堆纹低平不凸出，与第 10、11 层所见的同类器附加堆纹高凸呈裙边状的特征区别明显，而与第 8 层的同类器更接近。第 9 层所见的直口罐也与第 11 层所见的直口罐区别较大，而与第 7 层出土的直口罐更接近。因此笔者认为，可将第 9 层与第 8 层归并在同一期。报告将第 7、8 层归在同期，但相比较而言，似乎第 7 层与第 6 层更接近，主要体现在第 8 层贴边罐的附加堆纹普遍还能看出裙边之形，唇部呈厚唇状，而第 6 层和第 7 层的贴边罐已看不出裙边之形，只是唇部略显厚而已。因此笔者认为，可以将第 6、7 层合并为一期。这样笔者的四期分法为：F3、F5、第 10～12 层为第一期，第 8、9 层为第二期，第 6、7 层为第三期，第 5层为第四期。

该遗址四期陶器前后一脉相承，时间紧密衔接，中间没有发生过突变，应属同一性质的考古学文化，报告建议将其命名为"新光文化"。该文化突出的特点是陶器中夹

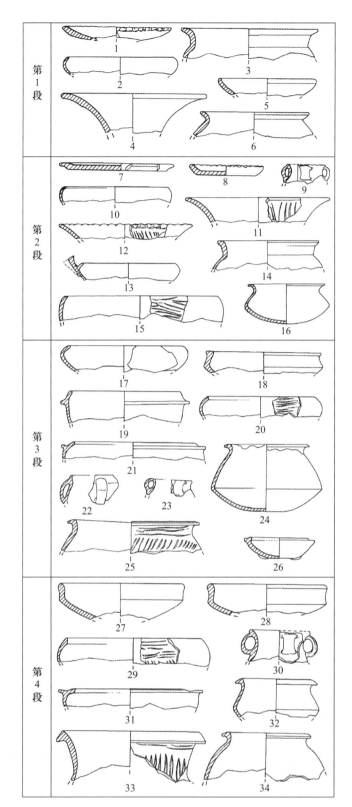

图三　银梭岛第三期典型陶器

1、8. 锯齿口盘（T10㊾：3、T10㊱：56）　2、10、13、15、17、20、29. 敛口盆（T10㊺：9、T10㉝、T10㊸：48、

T10㊸：60、T10㉗：112、T10㉓：149、T10⑲：76）　3、14. 卷沿罐（T10㊺：30、T10㊴：68）　4、11、12. 喇叭

口高领罐（T10㊺：23、T10㉝：72、T10㊸：64）　5. 弧腹钵（T10㊼：15）　6、34. 折沿罐（T10㊽：12、T10⑮：21）

7. 浅腹盘（T10㊱：60）　9、22、23、30. 双耳罐（T10㊸：47、T10㉓、H16：11、T10⑪：5）　16、24、32. 折腹釜

（T10㉟：75、H16：1、T10⑱：73）　18、27、28. 折腹钵（T10㉔：134、T10⑱：93、T10⑭：55）

19、21、31. 匜（T10㉕：88、T10㉔：127、T10⑭：58）　25、33. 折沿矮领罐（T10㉔、T10⑲：62）

26. 浅腹钵（T10㉗：98）

砂陶多于泥质陶，陶色以灰、褐为主，少量红色。陶器纹饰常见附加堆纹、刻划纹、压印纹、戳印纹、彩绘等，以刻划纹最为常见。附加堆纹主要施于罐口沿下，刻划纹样较多，有网格纹、斜线纹、斜线三角纹、水波纹、圆弧纹、人字纹、Z字纹等，戳压印纹包括水波纹、点线纹等。典型陶器有侈口贴边罐（报告中的Aa、Ab型侈口罐）、花边口贴边罐（报告中的A型侈口花边罐）、花边口罐（报告中的B型侈口花边罐）、侈口罐（报告中的G型侈口罐）、直口罐、敛口罐、钵、圈足盘（报告中的B型盘）等（图四、图五）。第一至四期最突出的变化反映在贴边罐与花边口罐的变化上，第一期贴边罐的附加堆纹高凸呈裙边状；第二期附加堆纹变得不明显，呈厚唇状，部分口唇出现锯齿花边（花边口贴边罐）；第三期已几乎看不出厚唇，出现沿下不贴泥片的锯齿花边口罐；第四期主要流行沿下不贴泥片的锯齿花边口罐。第一期的直口罐的颈较细，腹较鼓；第二期以后颈变粗，腹变微鼓。第四期红陶明显增多。

3. 元谋大墩子

遗址位于元谋县城以东4.5千米，龙川江支流张二村河北岸，系一高出河床14米的河旁台地。遗址发现时保存范围为东西长160、南北宽10~56米，面积约5000平方米。云南省博物馆于1972年进行过两次试掘，试掘面积235平方米，1973年又发掘261平方米。发掘者将遗址地层划分为9层，耕土层下即为文化层，堆积最厚处超过2.7米。揭露房址15座、竖穴土坑墓19座、瓮棺葬17座、圆形墓1座。房址的具体层位不清楚，报告只介绍"以第六层为界，分早、晚两期。F1—3属晚期；F4—15为早期"。19座竖穴土坑墓中有3座叠压于第2层下，1座叠压于第3层下，15座叠压于第5层下。17座瓮棺葬有11座叠压于第1层下，5座叠压于第2层下，1座叠压于第3层下。圆形墓叠压于第1层下。报告发表的陶器主要出自第4、7、8层和瓮棺葬，石器和骨器基本没有出土层位，竖穴土坑墓除少数几座有少量骨饰品和石质工具外，几乎没出土什么其他遗物。报告介绍："从陶片的质地、纹饰、器形等分析，第二层至第六层较为接近，称大墩子上层；第七层至第九层基本一致，称大墩子下层。"也就是报告将其分为早、晚两期。笔者仔细梳理材料发现，发表的第4层陶器总的风格与第7、8层的接近，应属同一性质的考古学文化遗存，而晚于第4层的瓮棺葬陶器与其下的地层单位出土陶器区别很大。另外，值得注意的是，从报告的文字介绍和发表的陶器纹饰拓片看，上、下层陶器纹饰区别较大，下层陶器纹饰以刻划纹为常见，而上层戳印的点线纹（陶片统计表中的印纹）明显增多，依据陶片纹饰统计表看，主要出在第4~6层。综合分析，笔者将第4层以上的瓮棺葬作为遗址的晚期，第4~9层作为早期。由于早期中的第4~6层与第7~9层有一定的区别，又可以将早期分为2段。

大墩子早期文化特征比较突出，第1段陶器以夹砂灰褐陶为主，其次是夹砂橙黄陶、夹砂红陶；第2段夹砂橙黄陶减少，出现少量红陶。陶器以素面为主，纹饰有刻划纹（包括报告中的篦齿纹）、绳纹、篮纹、附加堆纹、戳印纹、乳钉等，其中第1段

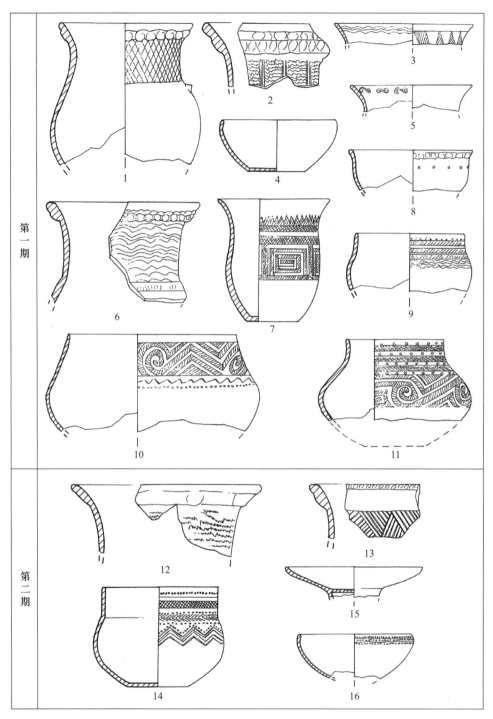

第一期

第二期

图四　新光第一、二期陶器

1、2、6、12. 侈口贴边罐（T1709⑪：1、T1104⑩：23、T1104⑪：22、T1104⑧：24）　3、5、7. 侈口罐
（T1104⑪：67、T1104⑪：53、T1104⑩：56）　4、8、16. 钵（T1104⑪：71、T1104⑪：72、T1104⑧：70）
9、10. 敛口罐（T1207⑪：32、T1207⑩：21）　11、14. 直口罐（T1104⑪：55、T1106⑨：21）
13. 花边口贴边罐（T1104⑧：60）　15. 圈足盘（T1507⑧：22）

图五　新光第三、四期陶器

1. 圈足盘（T1303⑥：14）　2、3. 敛口罐（T1103⑦A：5、T1104⑥：66）　4、6、8、9、11. 侈口罐
（T1105⑦A：33、T1104⑥：43、T1104⑥：55、T1204⑥：10、T1102⑤A：12）　5、7. 直口罐
（T1105⑦A：29、T1105⑥：30）　10、12～15. 花边口罐（T1104⑥：61、T1105⑤A：35、
T1104⑤A：62、T1104⑤A：44、T1104⑤：64）

刻划纹数量较多，第2段刻划纹减少，出现较多戳印的点线纹。典型陶器主要有折沿罐（报告中的大口罐、I式盆）、花边口罐（报告中的II式盆）、高领罐、深腹钵、圈足器等，部分折沿罐的口沿做成锯齿花边状（图六）。第1、2段陶器群一脉相承，年代上应紧密衔接。

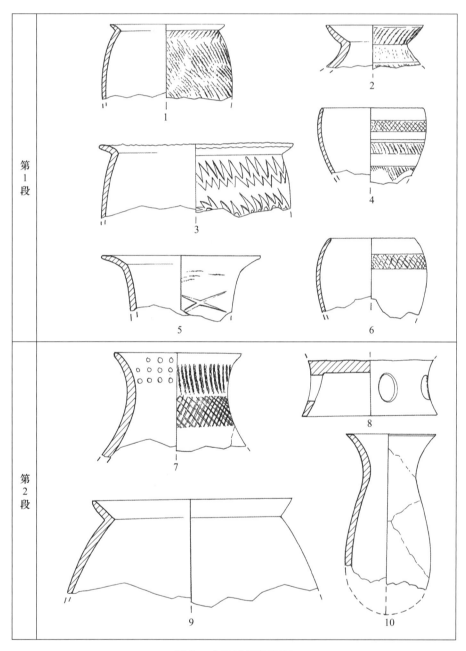

第1段

第2段

图六　大墩子早期陶器

1、3、9. 折沿罐（T7⑧：3、T7⑧：17、T10④：1）2、7. 高领罐（T10⑧：1、T6④：1）4、6. 深腹钵
（T7⑧：1、T10⑦：1）5. 花边口罐（T5⑧：1）8. 器圈足（T6④：1）10. 杯（T5④：10）

晚期陶器仍然以夹砂灰褐陶为主，其次是夹砂红陶，少量泥质灰陶。有纹饰的陶器很少，见有少量的绳纹、篮纹、附加堆纹、戳印纹等。陶器均出自瓮棺葬，主要有盘口瓮（报告中的Ⅲ式瓮）、侈口瓮（报告中的Ⅰ式瓮）、直口瓮（报告中的Ⅳ式瓮）、侈口罐（报告中的Ⅱ、Ⅲ、Ⅴ式罐）、带耳罐（报告中的Ⅳ式罐）、小口深腹罐、直领壶、鸡形壶、小口瓮等（图七）。由于晚期陶器均出自瓮棺葬，其陶器群有相当的局限性，不能反映该时段文化的真实面貌。但已有陶器反映出其与早期区别太大，很可能不属同一性质的考古学文化，推测属青铜时代遗存。

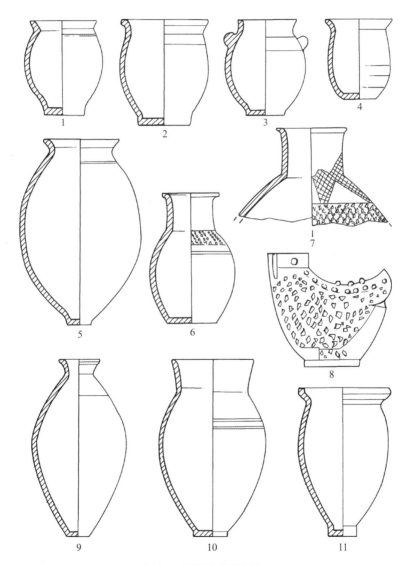

图七　大墩子晚期陶器

1、2、4. 侈口罐（W2∶2、W11∶2、W14∶2）　3. 带耳罐（W7∶2）　5. 侈口瓮（W10∶11）

6. 直领壶（W10∶2）　7. 小口深腹罐（W6∶1）　8. 鸡形壶（W9∶2）　9. 小口瓮（W16∶1）

10. 直口瓮（W12∶1）　11. 盘口瓮（W14∶1）

4. 永仁菜园子

　　菜园子遗址位于永仁县城对面,金沙江支流永定河南岸的二级台地上,该区域属金沙江河谷地区,山高谷深,地貌复杂多样。遗址东西长约 200、南北宽约 100 米,面积约 20000 平方米。1981 年夏天,永仁县气象站在遗址上建房时发现该遗址,1983 年,气象站再次建房破坏了部分遗址。1983 年 10 月,楚雄彝族自治州文物管理所等单位对遗址进行了第一次发掘,发掘面积 240 平方米。2001 年 3、4 月,云南省文物考古研究所等单位对该遗址进行了一次抢救性发掘,发掘面积 300 平方米,此次发掘有比较翔实的报告发表,因此笔者主要依据这批材料分析该遗址。根据 2001 年的发掘情况看,该遗址农耕土下即为新石器文化堆积,多数地方堆积在 1 米左右。2001 年的发掘地层划分为 4 层,第 1 层下发现 2 个灰坑,第 3 层下发现柱洞和灰坑,第 4 层下发现大量的房址、灰坑。报告发表的陶器主要出自第 2~4 层和第 3 层下的 H3,另外,第 4 层下的 H8、第 3 层下的 H4 和第 1 层下的 H1 出土少量陶器。各地层单位出土陶器特征均比较相近,无明显变化,遗址的年代跨度可能不是太大,文化性质单一,当属同一性质的考古学文化。

　　该遗址陶器以夹砂灰黑陶为主,其次是夹砂灰褐陶,少量夹砂红陶与灰陶,泥质陶很少,陶色有灰褐、灰黑、灰和红色。以素面陶为主,超过 80%,纹饰中以刻划纹为主,其次是绳纹,少量附加堆纹和篦点纹,刻划纹中常见网格、水波、折线、三角、叶脉等纹样。典型陶器主要有折沿罐(报告中的侈口罐)、盆、高领罐(报告中的 A 型壶)、深腹钵(报告中的 A 型直口罐)等(图八),部分折沿罐的口沿做成锯齿花边状。其整体特征与元谋大墩子早期文化相一致。

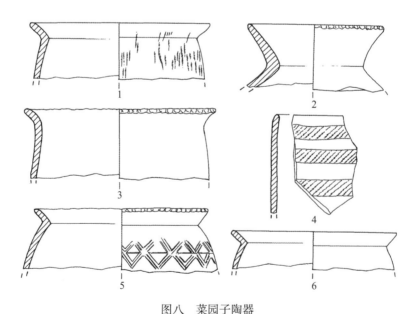

图八　菜园子陶器

1、3、5、6. 折沿罐(T5253 ④∶11、T5051 ②∶24、T5250 ④∶6、T5252 ④∶31)

2. 高领罐(T5250 ④∶9)　4. 深腹钵(T5252 ③∶32)

5. 永仁磨盘地

该遗址位于菜园子遗址东南 200 米左右，为永定河的一级台地。1982 年和 1997 年当地文物部门曾在此清理过 38 座石板墓。遗址东西长约 125、南北宽约 75 米，总面积约 8000 平方米。2001 年云南省文物考古研究所等单位在发掘菜园子遗址时，为了弄清菜园子遗址与磨盘地遗址的关系，在磨盘地遗址发掘了 100 平方米。文化层堆积多在 1.2 米左右，此次发掘将文化层划分为 6 层，农耕土下即为新石器时代文化层，其中第 6 层下发现柱洞式的房址 2 座、火塘 1 个，第 1 层下发现 7 座石棺墓。发表的陶器主要出自第 2～4 层，第 5 层只有 1 件钵。各地层单位出土陶器区别不大，年代跨度不长，属同一性质的考古学文化。

该遗址陶器中夹砂陶达 99%，泥质陶极少，陶色以红褐和红色为主，其次是灰黑。有超过 90% 的素面陶，纹饰与菜园子流行刻划纹的情况区别较大，流行戳印的点线，纹样有条带、涡形、三角形、圆圈、折线等，少量绳纹和网格纹，其中以器物沿面装饰戳印的点线组成的三角形纹最具特色。典型器物主要有侈口的锯齿花边口罐（报告中的 A 型侈口罐）、沿面装饰三角形戳点纹的侈口罐（报告中的 B 型侈口罐）、直口钵（报告中的 A 型钵）、敞口钵（报告中的 B 型钵）等（图九）。

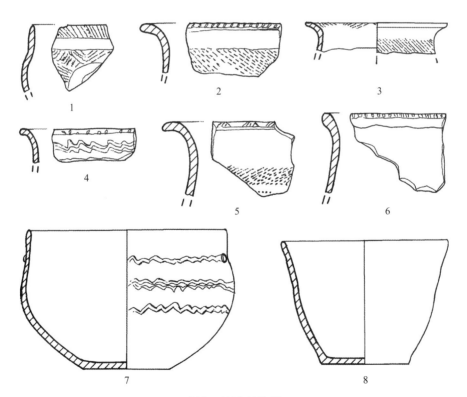

图九　磨盘地陶器

1、7. 直口钵（T4140 ③：22、T4040 ⑤：13）　2、4、6. 花边口罐（T4040 ②：12、T4141 ③：12、T4041 ④：9）　3、5. 侈口罐（T4040 ②：7、T4141 ④：9）　8. 敞口钵（T4140 ④：25）

6. 宾川白羊村

该遗址位于洱海之东，金沙江以南支流宾居河东岸的河旁台地。遗址发现时保存面积约 3000 平方米。云南省博物馆于 1973 年 11 月～1974 年 1 月发掘了该遗址，发掘面积 290 平方米，耕土下即为遗址文化层，厚可达 4.35 米。地层划分为 8 层，发掘者将第 6～8 层归为早期，第 2～5 层归为晚期。早期有房址 5 座，火塘 7 个，还有灰坑（报告中的窖穴）。晚期有房址 6 座，火塘 7 个，竖穴土坑墓 24 座，瓮棺葬 10 座，还有数量较多的灰坑。

报告介绍，早期"陶器火候较低，胎壁稍厚，夹砂灰陶最多，夹砂褐陶次之，夹砂红陶最少。纹饰以篦齿纹、划纹（细线交叉）与线条较细、均匀规整的绳纹为主，附加堆纹呈带状，剔刺纹多饰于器物颈部"。晚期"陶器的烧制火候亦低，胎壁较薄，夹砂褐陶最多，夹砂灰陶次之，夹砂红陶又次之，新出现夹砂橙陶。纹饰以压印各种点线与纵横交叉、疏密不等的绳纹为主，附加堆纹呈乳钉状，剔刺纹多饰于器物口沿"。报告所发表陶器未注明地层，因此无法仔细甄别陶器的地层归属及其分期的合理性。但从报告发表的陶器特点可以明显看出，早、晚期陶器特征区别很大，早期盛行戳印的点线纹陶器，器形主要有高领罐、直口罐、小口罐、圜底钵（报告中的I式钵）、平底钵（报告中的皿）、圜底缸、喇叭口罐等（图一○）。晚期盛行素面陶器，典型器物有圜底罐（报告中的大口罐和II式小口罐）、带流罐、匜、杯等（图一一）。由于早、晚期陶器区别明显，应属不同性质的考古学文化，很容易辨识，可以发现报告将明显属晚期的 1 件匜（报告中的I式匜）归入了早期，该匜（W6∶1）出自瓮棺葬，报告在墓葬部分明确介绍"均属晚期墓"。报告归入早期的I式大口罐（T4∶50）有可能也属

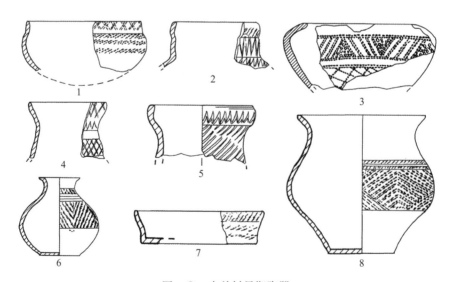

图一○　白羊村早期陶器

1. 圜底钵（T5∶90）　2. 直口罐（T6∶80）　3. 圜底缸（T1∶80）　4、5. 高领罐（T5∶60、T5∶61）

6. 小口罐（采∶2）　7. 平底钵（T5∶89）　8. 喇叭口罐（T7∶90）

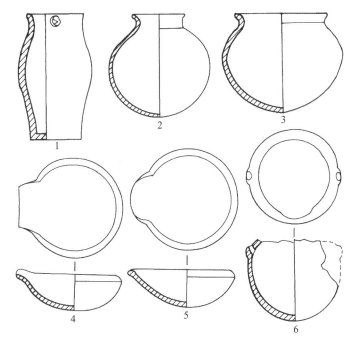

图一一　白羊村晚期陶器

1. 杯（T4：23）　2、3. 圜底罐（W8：1、M7：1）　4、5. 匜（T7：3、T8：1）　6. 带流罐（W3：1）

晚期遗物。还有报告归入晚期的1件圜底钵（Ⅱ式 T3：90），明显属早期的遗物，其原因有可能为晚期地层出早期遗物。

二、诸遗址新石器遗存的文化与年代关系

根据前面对几处典型遗址的分析可以发现，银梭岛第一期遗存目前只发现于银梭岛遗址，此外尚无第二处遗址发现该类文化遗存。

宾川白羊村早期与银梭岛第二期文化面貌比较接近，均盛行戳印点线纹装饰的陶器。从白羊村早期不见银梭岛第二期1、2段所见的贴边罐和花边口贴边罐，而白羊村早期所见的圜底钵与银梭岛第二期3段的点线纹钵相近的情况分析，白羊村早期的年代可能与银梭岛第二期3段的年代相近。从目前发现看，白羊村早期陶器群与银梭岛第二期还有所区别，主要原因可能是两处遗址各自陶器群均不完整，或两处遗址的文化在区域共性的基础上还存在一定的小区域差异。白羊村晚期文化面貌与银梭岛第三期有些接近，二者都盛行素面陶器，都有圜底罐（釜），虽然风格不完全一样，银梭岛T22出土的1件陶匜（T22 ⑥：70）与白羊村出土的Ⅱ式陶匜非常相近。因此推测白羊村晚期文化与银梭岛第三期文化年代应相近，已进入青铜时代。可以判断银梭岛第二期和白羊村早期应该属一个文化区，可以将其暂称为"银梭岛文化区"，目前主要发现于洱海周围。

　　永平新光遗址文化面貌与其他遗址有一定的区别，位于苍山以西的澜沧江流域，暂称其为"新光文化区"。新光文化与洱海区域的银梭岛第二期文化虽然有所区别，但二者相似的文化特征也较为突出，表现在二者均常见贴边罐、花边口贴边罐和不贴边的花边口罐，其早晚演变趋势也是一致的，均是从贴边罐的附加堆纹高凸呈裙边状，到附加堆纹变得不明显，呈厚唇状，部分口唇出现锯齿花边，再到看不出厚唇，出现沿下不贴泥片的锯齿花边口罐。由此可以判断，新光文化与银梭岛第二期文化的年代应相当。

　　元谋大墩子、永仁菜园子均处在金沙江流域，地域相近，文化面貌基本相同，将其暂称为"大墩子文化区"。目前这一区域发现的大墩子早期和菜园子陶器主要特征是盛行折沿罐、高领罐、深腹钵，许多折沿罐口沿盛行锯齿花边装饰，陶器纹饰偏早阶段多刻划纹，偏晚阶段（大墩子早期 2 段）点线纹增多。从其花边装饰的做法颇似银梭岛第二期 3 段和永平新光遗址第四期的风格分析，推测其年代应相近。该区域偏晚阶段点线纹增多可能是受到银梭岛文化区的影响，尤其是该区域的磨盘地遗址陶器特征与大墩子早期和菜园子相比变化很大，陶器盛行点线纹，多锯齿花边口罐，颇似银梭岛第二期 3 段的特征。这一现象很可能是洱海区域文化在此时向东扩张的结果。

　　目前以银梭岛第一期文化为代表的洱海区域年代最早，依据 ^{14}C 年代推定约距今 5000～4900 年，估计上限不会超过距今 5000 年。银梭岛第二期的 ^{14}C 年代大约在距今 4600～4400 年①。永平新光遗址的年代报告依据 ^{14}C 数据推定在距今 4000～3700 年，但其测年标本出自第一至三期的地层，没有第四期的。元谋大墩子早期的 ^{14}C 年代在距今 3210 年左右。永仁菜园子 ^{14}C 年代在距今 3190 年左右，树轮校正年代在距 4290 年左右。永仁磨盘地 ^{14}C 年代为距今约 3400 年。我们通过前面的各遗址陶器的比较，可以基本确立各区域现今发现的诸遗址各时段的年代关系（表二），结合 ^{14}C 测年综合分析，目前发现的滇西地区新石器文化的年代可以初步推定在距今 5000～3400 年。

表二　滇西地区诸遗址新石器时代遗存年代关系

银梭岛	宾川白羊村	永平新光	元谋大墩子	永仁菜园子	永仁磨盘地
一期					
二期 1 段		第一期			
二期 2 段		第二、三期			
二期 3 段	早期	第四期	早期 1 段	√	
			早期 2 段		√

　　① 万娇：《苍洱地区史前文化》，文物出版社，2013 年，第 100～103 页。

三、文化格局及其与周邻地区的关系

云南地形以山地、高原为主，山地、高原占全省总面积的94%，宽谷和盆地只占6%。全省地势总趋势是北高南低，以元江谷地和云岭山脉南段的宽谷为界，大致可以分为东西两大地形区。东部为滇东、滇中高原，称云南高原，属云贵高原的西部。西部为横断山脉纵谷区，高山与峡谷相间。云南省缺少大型平原，小型山间盆地数量多。这些盆地是一种四周被群山环绕、中间有一定面积的平坦地面，又称"坝子"，地势较为平坦，有河流通过，土壤层较厚，多为经济发达区，全省面积在1平方千米以上的坝子共有1442个。滇东高原上坝子数量较多，面积较大，多为湖积冲积型或断陷型；滇西山地多，坝子数量较少，面积不大，多为沿河谷伸展的河谷冲积坝[①]。新石器时代遗址多位于这些山间盆地。云南地理环境最明显的特点就是山川分割较碎，各区域形成相对独立的地理单元，而围绕坝子（盆地）的多不属于难以逾越的险峻高山，不妨碍区域间的交往。这种地貌环境特点，对云南地区古代文化格局的形成起着至关重要的作用。从滇西地区新石器文化分析可以明显看出，其文化大区域共性十分明显，主要体现在陶器装饰风格上，除银梭岛遗址第一期以外，诸遗址新石器文化遗存均盛行刻划纹和戳印的点线纹装饰。同时也存在小区域个性，这主要体现在陶器群上。还有就是一些地理条件优越、占据着优势资源、面积较大的盆地，其文化可能具有更强的辐射与影响力，会逐渐将周围地区纳入其文化圈内，大墩子区域晚期阶段文化逐渐趋同于洱海区域便是这种情况的体现。

云南省地貌类型复杂、种类繁多，山地与河谷间高低悬殊，其气候带及自然带的垂直变化较大。这种复杂的地理环境，为人类的生存提供了丰富和多样性的食物来源，对史前时期人类的生计影响非常明显。这表现为滇西地区新石器时代人类生计模式比较复杂，既有一定的农业种植，又有一定的家畜饲养，而狩猎采集活动在生计中占有相当的地位。大墩子、磨盘地、新光遗址等均发现了炭化稻，大墩子、菜园子、磨盘地和白羊村遗址发现了可能属于家养的猪、牛、狗等，还有大量野生动物。大墩子遗址就发现了水鹿、赤鹿、麂鹿、豪猪、黑熊、松鼠、竹鼠、猕猴、野兔等野生动物骨骼，还有水生动物的骨骼与硬壳，包括厚蚌、鱼、田螺、小蚌壳、小螺蛳等。这些遗址出土的生产工具也反映出一种普遍的生计模式，如与农业或采集有关的石刀、石镰、石磨盘等，可能与狩猎活动有关的石（骨）镞、石矛、陶弹丸等。最突出的是大墩子遗址出土了172件石镞，在石工具中比例达到了35%左右，白羊村也出土了33件石镞，新光遗址还出土了石矛，反映出狩猎活动在生计中占有相当的地位。这样的生计

---

① 王声跃主编：《云南地理》，云南民族出版社，2002年，第34～38页。

模式与滇西地区复杂的地貌环境和丰富多样的食物资源分不开。银梭岛遗址第一、二期出土了数量较多的动物骨骼，多为大型野生哺乳动物，不见或基本不见网坠与螺壳，反映出新石器时代银梭岛聚落人口压力小，肉食来源以猎取大型野生动物为主。而到了青铜时代的银梭岛第三期出现大量网坠与螺壳，说明这一时期人口压力增大，肉食来源以捕捞小型水产品为主，这也与其滨湖的特殊环境有关。

川西南的安宁河流域和滇西北同一时期的文化与滇西地区具有相似的特征。安宁河流域的横栏山文化，[14]C 年代大约在距今 4500～3800 年 [①]，与滇西地区的新石器文化年代相当，其陶器纹饰多戳印的点线纹和刻划纹，常见器物口沿下作裙边装饰的高领贴边罐等特征与银梭岛第二期和新光遗址非常相似。安宁河流域的德昌董家坡遗址 [②]，年代可能稍晚于横栏山遗址，其陶器中的部分戳印纹和刻划纹风格与滇西地区新石器文化的同类纹饰十分相近，尤其是陶器沿面装饰戳印点线组成的三角形纹样见于磨盘地。滇西北目前发掘的新石器时代遗址很少，其新石器文化的面貌尚不知晓，推测也应该与滇西地区新石器文化具有类似特征。2010 年，云南省文物考古研究所等单位发掘了永胜枣子坪遗址，该遗址位于永胜县南部涛源乡境内的金沙江北岸台地上，南距金沙江约 500 米 [③]。遗址的新石器文化陶器盛行刻划纹和戳印点线纹，也有与滇西地区相同的水波纹。其第 3、4 层见有与滇西地区相同的高领贴边罐，第 5 层出土的 Ab 型鼓腹罐（T59 ⑤：89）与宾川白羊村早期的 II 式高领罐（T5：61）应属同类风格的陶器。因此，推测整个滇西、滇西北至安宁河流域这一大片地区，其同时期的新石器文化应该都具有类似的特征。而剑川海门口遗址过去发掘的材料 [④] 与这类遗存区别很大，推测可能晚于这类遗存，属于青铜时代。

弄清云南新石器文化的特征及其空间格局与变迁对理解云南青铜文化区系的形成及其背景具有重要的意义，遗憾的是，目前云南地区新石器文化遗址发掘不多，其新

① 江章华：《安宁河流域考古学文化试析》，《四川文物》2007 年第 5 期。

② 成都文物考古研究所、凉山州博物馆、德昌县文管所：《2009 年四川德昌县董家坡遗址发掘简报》，《南方民族考古》（第七辑），科学出版社，2011 年，第 495～526 页；成都文物考古研究所、凉山彝族自治州博物馆、德昌县文物管理所：《2010 年德昌县董家坡遗址发掘简报》，《成都考古发现》（2010），科学出版社，2012 年，第 316～351 页。

③ 云南省文物考古研究所、西北大学文化遗产学院、吉林大学边疆考古研究中心等：《云南永胜县枣子坪遗址发掘报告》，《边疆考古研究》（第 16 辑），科学出版社，2014 年，第 31～60 页。

④ 云南省博物馆筹备处：《剑川海门口古文化遗址清理简报》，《考古通讯》1958 年第 6 期；云南省博物馆：《云南剑川海门口青铜时代早期遗址》，《考古》1995 年第 9 期；云南省文物考古研究所、大理州文物管理所、剑川县文物管理所：《云南剑川县海门口遗址第三次发掘》，《考古》2009 年第 8 期。

石器文化体系尚未建立，还无法全面分析云南地区新石器文化特征、格局及其变迁历程。

［原载四川大学博物馆、四川大学考古学系、成都文物考古研究院编：《南方民族考古》（第十八辑），科学出版社，2020 年，第 119～137 页］

二、墓葬、聚落、社会

巴蜀墓葬的分区与分期初论

在四川盆地发现的战国—秦代墓葬中，有两类墓葬：第一类是以楚文化或秦文化因素为主的墓葬，"其族属当是秦通过强制手段向巴蜀地区的移民"①；第二类是以土著文化因素为主的本地居民的墓葬。本文所讨论的巴蜀墓葬就是指第二类墓葬。有关这一阶段的巴蜀墓葬材料有以下几个特点：①材料较为零散，成片的墓区发现不多；②有些墓葬非科学发掘出土，共存关系不清；③许多墓葬中的陶器保存较差，资料不够完整。正是由于上述原因，研究始终无法深入，就连基本的年代分期也不够清楚。值得庆幸的是，近来发表了一些新的材料，其中什邡城关②和荥经同心村③墓群尤其值得注意。笔者通过对已有材料的梳理，认为不同区域的巴蜀墓葬在文化面貌上还存在不同程度的差异，根据这些差异可大致分为成都平原、川西南和川东三个大的区域。笔者拟在对上述三个区域的巴蜀墓葬进行年代分期的基础上，就有关问题略疏浅见，以求正于学界。

一、成都平原地区

成都平原地区发掘的巴蜀墓除什邡城关的 64 座墓葬资料比较集中外，其他都较为零散，因此对这些墓葬进行分期缺乏可靠的层位和空间关系的依据。只能依据一些含已知年代的其他文化因素的墓葬作为标型墓，再对一些共存关系清楚的典型墓葬进行对比，在此基础上进行年代分期或许可以大致不误。

1. 战国早期墓

1965 年清理的百花潭中学十号墓，墓坑为狭长方形，竖穴土坑，方向190°。长3.06、宽0.9、深约15米。坑内填土为灰黄色，葬具已朽，仅在墓底发现少量黑色木痕及朱色痕，墓底两侧微斜，略成弧形，似独木舟的形状，可能为船棺；骨架头北足

① 江章华：《巴蜀地区的移民墓研究》，《四川文物》1996 年第 1 期。

② 四川省文物考古研究所、什邡市文管所：《什邡市城关战国秦汉墓葬发掘》，《四川考古报告集》，文物出版社，1998 年。

③ 四川省文物考古研究所、荥经严道古城博物馆：《荥经同心村巴蜀船棺葬发掘报告》，《四川考古报告集》，文物出版社，1998 年。

南，仰身直肢①。该墓出土的铜鼎和饰水陆攻战纹的铜壶皆为中原式铜器。宋治民先生
根据铜鼎和铜壶的器形特征与洛阳中州路出土的同类器比较，将其时代定为战国早期，
无疑是正确的②。铜壶上的水陆攻战纹与汲县山彪镇一号墓铜鉴上的水陆攻战纹③基本相
同，而高明先生亦将汲县山彪镇一号墓的时代推定在战国早期④，这更进一步佐证了百
花潭中学十号墓的年代。该墓所出的典型器物有陶尖底盏和铜尖底盒、上下连铸的铜
甗、小口垂腹铜鍪（一件耳在颈部，以下简称颈耳；另一件耳从颈连至腹部，以下简
称颈腹耳）、直腰式铜钺等，这些器物可作为我们审查其他墓葬年代的标型器。

　　1973 年在与百花潭中学十号墓相距较近的青羊宫侧清理一座长方形竖穴土坑墓，
墓口长 4.6、宽 2.7 米，墓壁及底部有一层厚 5～11 厘米的白膏泥，葬具保存较差，仅
在墓底发现少许木痕、漆皮和骨骸，推测葬具为表面髹漆的木棺，死者头向西，仰身
直肢，方向 265°。该墓出土铜器有壶、鍪、尖底盒、匜、敦、戈、矛、钺等⑤。其中的
Ⅱ式铜壶最大径在腹中下部，与百花潭中学十号墓的铜壶接近，颈耳鍪、尖底盒与百花
潭中学十号墓的同类器也相一致，兵器中的戈、矛、剑等与百花潭中学十号墓的同类
器相同，其时代应在战国早期。

　　1980 年成都中医学院发现一座狭长形土坑墓，墓坑基本为南北向，长 2.56、宽 0.6
米，葬式和葬具均不明⑥。该墓出土的典型器物有陶尖底盏、大口浅折腹的陶釜和颈腹
耳铜鍪、直腰式铜钺、球腹形铜敦等，时代亦当在战国早期。

　　1986 年京川饭店发现的一座竖穴土坑墓也见与百花潭中学十号墓相同的颈耳铜鍪、
颈腹耳铜鍪、直腰式铜钺等，时代在战国早期⑦。

　　此外，属战国早期的墓葬还有：1987 年 6 月发掘的成都罗家碾 M1，方向为东西
向，长 5.4、宽 0.91 米，单人仰身直肢葬。该墓出土具有战国早期特征的器物有直腰式
铜钺、上下连铸的铜甗、铜剑等⑧。1993 年在成都金沙巷发掘的 M1，出土与百花潭中
学十号墓相同的直腰式铜钺、颈耳铜鍪，另外铜兵器中的戈、剑也为战国早期所常见
者，其时代当在战国早期⑨。1993 年 3 月，成都市南郊的成都运动创伤研究所发掘的竖
穴土坑墓，方向 27°，该墓亦见颈腹耳铜鍪、直腰式铜钺，其他铜器有戈、矛、剑、凿

---

①　四川省博物馆：《成都百花潭中学十号墓发掘记》，《文物》1976 年第 3 期。

②　宋治民：《略论四川战国秦墓葬的分期》，《巴蜀考古论文集》，文物出版社，1987 年。

③　郭宝钧：《山彪镇与琉璃阁》，科学出版社，1959 年。

④　高明：《略论汲县山彪镇一号墓的时代》，《考古》1962 年第 4 期。

⑤　四川省博物馆：《成都西郊战国墓》，《考古》1983 年第 7 期。

⑥　成都市博物馆考古队：《成都中医学院战国土坑墓》，《文物》1992 年第 1 期。

⑦　成都市博物馆考古队：《成都京川饭店战国墓》，《文物》1989 年第 2 期。

⑧　罗开玉、周尔泰：《成都罗家碾发现二座蜀文化墓葬》，《考古》1993 年第 2 期。

⑨　成都市文物考古工作队：《成都市金沙巷战国墓清理简报》，《文物》1997 年第 3 期。

等。时代当在战国早期[1]。

什邡巴蜀墓群中能确认的战国早期墓葬有 M25、M11、M56 和 M69。较为典型的
M25 出土陶尖底盏、陶大口浅腹釜和直腰式铜钺等，其他还有陶小口高领扁腹釜、陶
罐、陶缶、铜戈、铜矛、铜剑、铜斧等。

依据上述墓葬的分析，我们可以将成都平原战国早期巴蜀墓葬的特征作如下总结。

这一时期的墓坑多狭长形竖穴土坑，葬具保存较差，尚未见一完整葬具，仅据朽痕
推测可能有船形棺和髹漆木棺（或朱绘木棺）；墓向不太统一，可分南北向、东西向和东
北—西南向三种；能判明葬式的多为单人仰身直肢葬，合葬墓少见；能判明头向的南北
向者头朝北，东西向者头朝西。这一时期随葬的典型陶器有尖底盏、大口浅腹釜、小口
高领扁腹釜、尊缶和平底罐（图一）。代表性的铜容器有扁垂腹的颈耳鍪、颈腹耳鍪、尖
底盒、尊缶、球状腹的敦、匜、鼎、上下连铸的甑等（图二）。铜兵器中除常见的直腰式
钺外，矛多见柳叶形的长骹矛，短骹矛少见；戈中三角形援无胡戈多见，也有中胡三穿
蜀式戈；柳叶形剑多见窄身无虎斑纹型及剑身较短、本较宽、茎上两穿居于正中型，剑
身较长宽、有虎斑纹型者少见。极少见巴蜀符号，见到的有花蒂、手心、▨、王等。

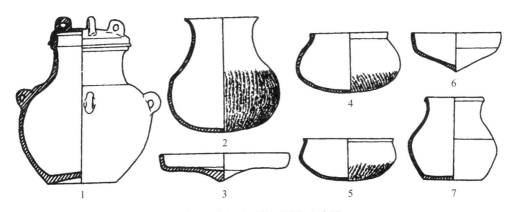

图一　成都地区战国早期墓陶器

1.尊缶（什邡 M25∶3）2、4、5.釜（什邡 M25∶13、什邡 M69∶8、中医学院 1 号）

3、6.尖底盏（什邡 M25∶10、中医学院 5 号）7.罐（什邡 M25∶25）

2. 战国中期墓

1980 年在新都马家公社发掘一座大型的木椁墓，墓向正西，西端有长 8.82 米的斜
坡墓道，墓坑长 10.45、宽 9.2 米。该墓虽早年被盗，但在腰坑出土的铜器就达 188 件
之多，有鼎、甗、罍、尊缶、壶、鍪、豆、敦、甑、盘、匜、三足盘、圈足盘、浴缶、
鉴、勺、戈、矛、剑、镞、斧、斤、凿、削等[2]。其中的浴缶、尊缶、壶、敦、鼎、鉴

①　谢涛：《成都运动创伤研究所发现土坑墓》，《成都文物》1993 年第 3 期。

②　四川省博物馆、新都县文物管理所：《四川新都战国木椁墓》，《文物》1981 年第 6 期。

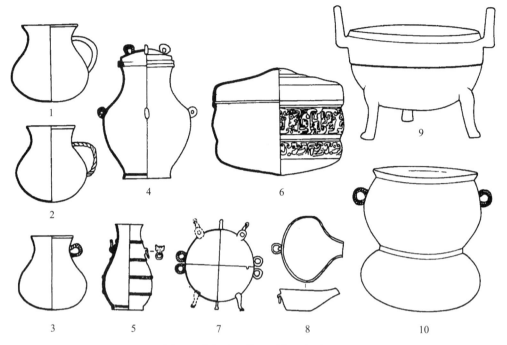

图二　成都地区战国早期墓铜容器

1～3. 鍪（京川饭店、中医学院、京川饭店）　4. 尊缶（成都西郊）　5. 壶（成都西郊）　6. 尖底盒（成都西郊）
7. 敦（中医学院）　8. 匜（成都西郊）　9. 鼎（百花潭中学十号墓）　10. 甑（百花潭中学十号墓）

等均为典型的楚文化遗物，可以通过与楚文化对比推定其年代。学界一般都认为在战国中期，郭德维先生通过与楚文化的对比研究，认为其时代应晚于擂鼓墩 M1，属战国中期晚段，当在秦灭巴蜀以前[①]。我们将该墓作为战国中期的标型墓。

1993 年金沙巷发掘的 M2 为狭长形竖穴土坑墓，现存坑口长 4.62、宽 1.44 米，墓向正南北，木板葬具内外及坑底涂一层青灰膏泥，中部为人骨架，头朝北[②]。该墓所见的铜壶、铜敦、铜鍪、铜钺等与马家公社木椁墓的同类器接近，与战国早期的铜壶相比，此时的铜壶最大径从战国早期的腹中下部上移至肩部。金沙巷的铜壶最大径接近肩部，而马家公社木椁墓的铜壶最大径在肩部。马家公社木椁墓的铜鍪腹部较战国早期的圆鼓，而金沙巷 M2 的更接近战国早期的铜鍪，因此可以推测金沙巷 M2 应略早于马家公社木椁墓，当在战国中期偏早阶段。

1995 年在成都新一村发掘一座竖穴土坑墓，方向 265°，墓坑东西长 7.4、南北宽 1.1～1.3 米；人骨架位于墓底中部偏南，头朝西，人骨分布较散乱，可能为非正常死亡，部分人骨见涂朱现象；墓底残存一段木板，长 2.43、宽 0.15 米，亦涂朱。该墓出

①　郭德维：《蜀楚关系新探——从考古发现看楚文化与巴蜀文化》，《考古与文物》1991 年第 1 期。

②　成都市文物考古工作队：《成都市金沙巷战国墓清理简报》，《文物》1997 年第 3 期。

土大量陶器，有矮圈足的浅盘豆、碗形豆、浅盘中柄豆、圜底钵、平底钵、小口高领下垂腹的釜等[①]。其中的矮圈足浅盘豆与马家公社木椁墓所见的豆相同，该墓出土的铜容器有甗、尊缶、盘、鍪、釜等；铜兵器有矛、剑、钺等，均与马家公社木椁墓的同类器相一致，推测该墓的年代与马家公社木椁墓的年代接近。

1992 年，在成都金鱼村发掘的 M7 和 M14 均为竖穴土坑墓，其中的 M14，方向为北偏西 30°；墓坑长 5.32、宽 1～1.2 米，墓坑四周有宽 5～25 厘米的熟土二层台；墓底铺二木板作葬具；人骨保存较完整，为仰身直肢葬，头朝东南。M7，长 2.7、宽 0.7 米，方向为北偏东 70°，近东西向；不见葬具；人骨保存较好，仰身，下肢弯曲，头朝东[②]。上述两墓出土的陶矮圈足碗形豆、陶浅盘豆和陶中柄浅盘豆均与新一村的同类陶器接近，所见的陶大口浅腹釜、陶小口高领扁球腹釜与战国早期的同类陶器接近，M14 所见的铜鍪也与战国早期的铜鍪接近，铜钺的腰微束，与新都马家公社木椁墓的铜钺接近。综合分析，上述两墓的年代当在战国中期偏早阶段。

什邡巴蜀墓群中，与上述战国中期墓葬特征相近的有 M10、M22、M7、M23、M31 和 M33 等。出土的陶器主要有直领扁球腹的素面圜底罐、小口高领扁腹釜和大口浅腹釜、矮圈足碗形豆和中柄浅盘豆；铜容器较少，仅见釜、鍪；铜兵器主要是矛和剑。其中 M7 和 M22 所见铜鍪的肩部略带折，腹更深圆，时代可能略偏晚。

依据上述墓葬的分析，我们可以看出，这一时期的墓葬除大型墓外，仍然盛行狭长形竖穴土坑墓；葬具有船棺和木板，也有不见葬具者；墓向仍不统一，有南北向（或近于南北向）、东西向（或近于东西向），东北—西南向和西北—东南向；能看出葬式的多单人仰身直肢葬，也有男女合葬者；能判明头向的以朝北、朝东为主，朝西、朝东南者较少。这一时期的典型陶器有直领扁腹的素面圜底罐、小口高领半球腹的釜、大口浅腹釜和大口折沿深腹釜、甗、带鋬耳的平底罐、矮圈足的碗形豆、浅盘豆、浅盘中柄豆、圜底钵和平底钵等（图三）。与战国早期相比，这一时期基本不见尖底盏，大量出现陶豆。陶釜的形态也有所变化，小口高领扁腹釜较战国早期的领变短、腹更深圆；大口釜一种是保留原来的形态、腹变得更浅，另一种是沿变成折沿、腹更深。这一时期的铜容器常见的有鍪、釜、甗、壶、尊缶、浴缶、盘、匜、敦、豆、鼎、甗等（图四）。铜鍪有单耳和双耳，不见战国早期的颈腹耳鍪，铜鍪的腹部由战国早期的扁垂腹向球腹发展，铜壶的最大径从战国早期的中下腹移至肩部。这一时期的铜兵器中不见直腰式钺，均变为束腰式。青铜剑以虎斑纹宽身剑为主，矛多见短骹宽叶形矛，长骹矛少见。铜兵器和工具上巴蜀符号仍然不多见，种类和型式与战国早期差不多，出现巴蜀铜印章。

---

① 成都市文物考古工作队：《成都十二桥遗址新一村发掘简报》，《成都考古发现》（2002），科学出版社，2004 年。

② 成都市文物考古工作队：《成都西郊金鱼村发现的战国土坑墓》，《文物》1997 年第 3 期。

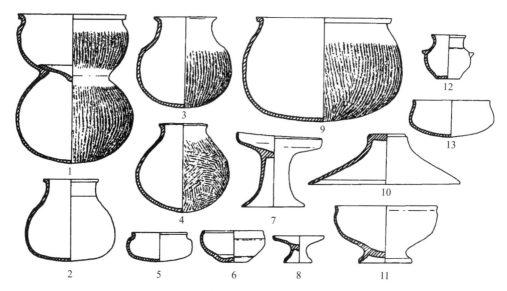

图三　成都地区战国中期墓陶器

1. 甗（什邡 M23：11）　2. 圜底罐（什邡 M22：19）　3、4、9. 釜（什邡 M10：19、什邡 M7：14、什邡 M31：1）
5、6、13. 钵（新一村 M1：32、新一村 M1：89、金鱼村 M14：12）　7、8、11. 豆（什邡 M22：18、新一村 M1：38、
什邡 M22：15）　10. 器盖（什邡 M10：27）　12. 平底罐（新一村 M1：86）

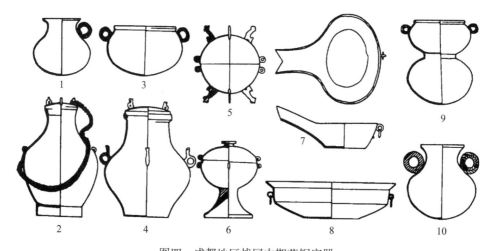

图四　成都地区战国中期墓铜容器

1、10. 鍪　2. 壶　3. 釜　4. 尊缶　5. 敦　6. 豆　7. 匜　8. 盘　9. 甗
（均为新都马家公社木椁墓出土）

3. 战国晚期墓

　　1982～1984 年在大邑五龙先后清理了 7 座墓葬（M1～M5、M18、M19，其中 M5
为西汉墓，其余皆为战国秦代墓葬）①。其中 M3 为狭长形竖穴土坑墓，长约 5.9、宽

---

① 四川省文管会、大邑县文化馆：《四川大邑五龙战国巴蜀墓葬》，《文物》1985 年第 5 期；四
川省文管会、大邑县文化馆：《四川大邑县五龙乡土坑墓清理简报》，《考古》1987 年第 7 期。

0.84 米，墓向北偏东 8°，不见葬具。该墓出土的陶器有釜形鼎、大口瓮、带耳甗、小口高领半球腹釜、矮圈足的浅盘豆、浅盘中柄豆。铜容器有单耳球腹鍪、上下分铸的甑；铜兵器有圆茎有首剑、束腰钺、矛等。其中的陶釜形鼎、陶大口瓮最具时代特征，这在战国早、中期绝不见；鼎非蜀文化传统，该式鼎可能为蜀式大口釜与楚式鼎的结合物，在江陵九店属战国晚期晚段的 M482 中见类似的陶鼎[①]。时代应相近。陶大口瓮还见于大邑五龙的 M18、M19，以及一些西汉早期墓中，如涪陵汉初墓[②]、什邡墓群的 M24 和 M67。从中我们可以看出，这种陶瓮时代愈晚器身愈矮胖，而大邑五龙 M3 所见者为凸肩，下腹弧内收，器身相对瘦高，属大口瓮中的早期形态，也明显早于属秦代的大邑五龙 M19 的大口瓮。另外，M3 所见的铜甑为上下分铸，釜下有三钉足；铜鍪颈肩分界明显、腹呈球状等特征也不同于战国早、中期，这种甑和鍪在云梦睡虎地墓中流行于战国晚期至秦[③]，而 M3 不见明显晚到秦的遗物，因此该墓的年代当在战国晚期。

M2 为一土坑木椁墓，方向北偏东 30°；墓坑长 4.3、宽 0.9 米，墓坑北端有一高 0.85、宽 0.4 米的熟土二层台，木椁长 3.7、宽 0.7、高 1.3 米，木椁周围填充白膏泥，骨骸朽，葬式不明。该墓亦见陶釜形鼎，上下分铸的铜甑、铜鍪，另有陶圜底钵、矮圈足浅腹碗形陶豆及铜兵器戈、剑、钺、弩机等，该墓的时代当与 M3 相近。

M18 为一长方形竖穴土坑墓，方向北偏东 34°，无葬具，长 3.94、宽 1.76 米，墓壁涂厚 0.01、墓底涂厚 0.05 米的青膏泥，随葬品陶器有釜、豆、壶、盆、罐、大口瓮，铜器有盘、釜、鍪、剑、胄、桥形饰，还有半两钱、铜印章、铁镰、铁斧等。但该墓陶器大多未修复，其中的大口瓮与 M3 的大口瓮相同，该墓见铁器，时代可能略晚于 M3，推测在战国晚期偏晚。

什邡巴蜀墓群中比较典型的战国晚期墓葬有 M38、M49、M14 和 M54 等。这四座墓均为狭长形竖穴土坑墓，不见葬具；M49 葬式为仰身、下肢弯曲，其余三座葬式不明。出土的典型陶器有小口折沿直领垂腹釜、大口束颈浅腹釜、甑、圜底钵、矮圈足碗形豆、浅盘豆、中柄浅盘豆、器盖等，铜器有鍪、釜、甑、戈、矛、剑、钺等。其中 M38 的铜甑为上下分铸，釜领较高；M54 所见的铜鍪颈肩有分界明显，均与大邑五龙 M3 出土的同类器一致。

从上述墓葬的分析可以看出，到战国晚期，成都平原的巴蜀墓葬仍然盛行狭长形

① 湖北省文物考古研究所：《江陵九店东周墓》，科学出版社，1995 年。

② 四川省文物管理委员会、涪陵县文化馆：《四川涪陵西汉土坑墓发掘简报》，《考古》1984 年第 4 期。

③ 湖北省博物馆：《1978 年云梦秦汉墓发掘报告》，《考古学报》1986 年第 4 期；孝感地区第二期亦工亦农文物考古训练班：《湖北云梦睡虎地十一号秦墓发掘简报》，《文物》1976 年第 6 期；湖北孝感地区第二期亦工亦农文物考古训练班：《湖北云梦睡虎地十一座秦墓发掘简报》，《文物》1976 年第 9 期。

竖穴土坑墓，开始出现长方形土坑墓；大多不见葬具，船棺仍然存在，出现小型木椁墓；人骨大多腐朽，葬式不明；墓坑方向有西北—东南向、东北—西南向和南北向等。这一时期的典型陶器有矮圈足的浅盘豆、碗形豆、带柄浅盘豆、中柄浅盘豆、上下连体的带耳甗、小口直领垂腹釜、大口束颈浅腹釜、尊缶、钵、大口瓮、壶、釜形鼎等（图五）。其中，较典型和颇有时代特征的是大口瓮、上下连体的带耳甗、矮圈足的浅盘豆、釜形鼎等。这一时期的铜容器较少，以上下分铸釜领较高的甗、颈肩分界明显的鍪、双耳釜具有代表性（图六）。铜兵器以戈、矛、剑、钺为常见，有些钺的腰内束较以前更甚，开始出现改装式剑，部分墓出土半两钱和少量铁器，巴蜀符号较为普遍。

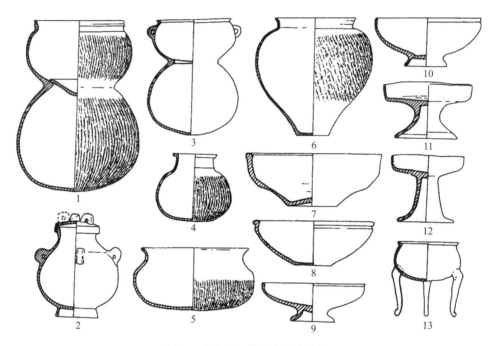

图五　成都地区战国晚期墓陶器

1、3.甗（什邡 M53：6、大邑五龙 M3：7）　2.尊缶（什邡 M51：6）　4、5.釜（什邡 M54：6、什邡 M14：11）
　6.大口瓮（大邑五龙 M3：4）　7、8.钵（什邡 M49：4、什邡 M14：21）　9~12.豆（什邡 M66：9、什邡
　　M10：25、什邡 M38：1、什邡 M49：20）　13.釜形鼎（大邑五龙 M3：2）

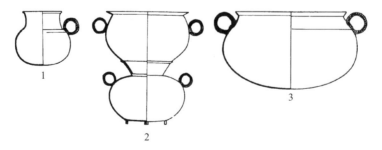

图六　成都地区战国晚期墓铜容器

1.鍪（大邑五龙 M3：18）　2.甗（大邑五龙 M2：1）　3.釜（什邡 M1：28）

4. 秦代墓

1984 年发掘的大邑五龙 M19，为长方形竖穴土坑墓，近似于南北向，长 3.7、宽 1.9 米，坑壁及坑底均有一层厚约 1 厘米的青膏泥。该墓出土的陶器有大口瓮、折腹盆、平底罐、矮圈足浅盘豆、釜、器盖等。铜器有瓿、盆、弩机、戈、矛、剑、铜环柄铁剑、带钩、印章。还有铁剑、铁三足架、铁削、铁镰等 [1]。其中的陶大口瓮比战国晚期的陶大口瓮矮胖，而又比西汉早期的瘦高，时代当介于两者之间，相同风格的陶折腹盆在云梦睡虎地多出在秦代墓中。刃内长胡四穿铜戈与涪陵小田溪出土的秦始皇二十六年铜戈 [2] 相一致，其铜印章文体为秦代小篆风格。综合分析，该墓的时代当在秦，可作为成都地区典型秦代巴蜀墓。

什邡巴蜀墓群中比较典型的秦代墓葬有 M59、M20、M50、M24、M61 等。M59 为长方形土坑墓，长 3.9、宽 1.45 米，东西向，仰身直肢葬，不见葬具。出土陶小口矮领扁腹釜、瓿、矮圈足的浅盘豆、小口瓮，铜长胡三穿戈、矛等。其中的陶小口瓮为典型的秦代遗物，在云梦睡虎地均出自秦代墓葬中；陶豆与大邑五龙 M19 的同类豆相同；铜戈也可晚至秦，因此，该墓当属秦墓。M20 为长方形竖穴土坑墓，近南北向，长 2.8、宽 1.55 米，不见葬具，葬式亦不明。出土陶器有釜、矮圈足浅盘豆、釜形鼎、盆形瓿等。其中的矮圈足浅盘豆同于大邑五龙 M19 的陶豆；盆形陶瓿与大邑五龙 M19 的陶折腹盆风格相近，而且这种瓿在云梦睡虎地多见于秦代墓中；陶釜形鼎的三足外撇，与战国晚期的同类陶鼎有所不同，该墓的时代当在秦。M50 为木椁墓，方向 115°，该墓所见的陶大口瓮和铜刃内戈均具有秦代风格，时代可定在秦。M24 为长方形土坑墓，南北向，长 3.75、宽 1.45～1.7 米，不见葬具，葬式不明。该墓出土的矮胖形陶大口瓮、上下分体的双耳陶瓿和陶小口瓮等颇具秦代风格，分体瓿与战国晚期的合体瓿不同，应晚于上下合体者，该墓的时代也可定在秦。M61 为长方形土坑墓，方向东西向，残长 2.6、宽 1.7 米，不见葬具，葬式亦不明，该墓也见上下分体的陶双耳瓿，还有半两钱，时代当在秦。

综上所述，成都地区秦代巴蜀墓盛行长方形竖穴土坑墓，基本不见以前的狭长形竖穴土坑墓；墓坑方向较统一，即南北向（或近似）和东西向（或近似）；多不见葬具；人骨腐朽，大多葬式不明。这一时期代表性陶器有大口瓮、小口瓮、釜形鼎、折腹盆、盆形瓿、小口高领罐、上下分体的双耳瓿及从战国晚期沿用下来的矮圈足浅盘豆、釜等（图七）。铜容器少见，主要还是从战国晚期沿袭来的瓿、釜、鍪等。铜兵器中改装巴蜀式剑和中原式剑增多。出现铁剑和大量铁工具等。

---

① 四川省文管会、大邑县文化馆：《四川大邑五龙战国巴蜀墓葬》，《文物》1985 年第 5 期；四川省文管会、大邑县文化馆：《四川大邑县五龙乡土坑墓清理简报》，《考古》1987 年第 7 期。

② 于豪亮：《四川涪陵的秦始皇二十六年铜戈》，《考古》1976 年第 1 期。

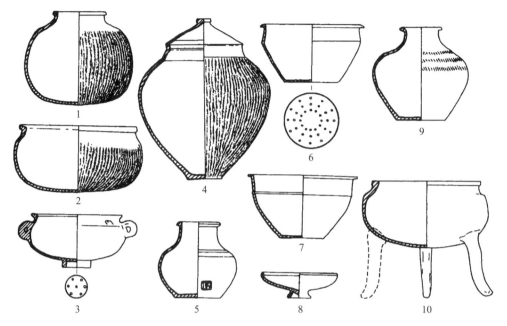

图七　成都地区秦代墓陶器

1、2. 釜（什邡 M20：3、什邡 M20：11）　3、6. 甑（什邡 M24：5、什邡 M20：4）

4. 大口瓮（大邑五龙 M19：24）　5. 罐（大邑五龙 M19：25）　7. 盆（大邑五龙 M19：26）

8. 豆（大邑五龙 M19：32）　9. 小口瓮（什邡 M59：14）　10. 釜形鼎（什邡 M20：5）

二、川西南地区

川西南地区主要是指四川盆地西南的山地丘陵地区，目前发现巴蜀墓葬集中在蒲江、荥经、犍为等地。具有代表性的是荥经和犍为两个地点的墓葬，并且这两个地区的墓葬都还有自身的特点，因此又分为两个小区。

1. 荥经地区

以 1985 年 11 月～1986 年 5 月四川省文物考古研究所在荥经同心村清理的 26 座墓最典型[①]。因此我们首先从这批墓葬材料着手分析。

同心村 26 座墓葬均为狭长形竖穴土坑墓，墓坑排列有序，方向基本为南北向。墓葬坑口略大于墓底，无墓道，墓底长 2.5～4.46、宽 0.68～1.3 米。26 座墓中，除 M1～M3 被基建挖残外，其余 23 座墓中，有 3 座（M5、M11、M15）不见葬具，有 20 座墓在墓底有一层厚约 3 厘米的腐朽棺木的黑色灰烬，发掘者据墓底形状、棺木腐朽的黑色灰烬分布范围及器物倾斜方向等现象，推测葬具为船形棺。有 7 座能判明为单人仰身直肢葬，头北足南，另有 10 座墓据骨骸残痕，主要是牙齿的位置能判明为头

---

①　四川省文物考古研究所、荥经严道古城遗址博物馆：《荥经同心村巴蜀船棺葬发掘报告》，《四川考古报告集》，文物出版社，1998 年。

北足南，其余的墓葬也可据随葬品的位置推测为头北足南。发掘者将这批墓葬的年代推定在战国晚期至秦，即秦据巴蜀至秦统一六国之际。报告作者已看到："从器物组合关系上看，存在有以出铁器、文字印及陶平底罐、盆、瓮等较晚特征器物的墓和不出这些器物的具有较早特征的墓葬"，但同时又以"这些墓葬错杂相间排列"为由，认为"它们的时代也应比较接近，故难以分期"。笔者认为，这批墓葬在随葬器物的组合上有较为明显的规律可循，陶器中的釜、豆、钵是这批墓共有的基本组合，但不同的墓在形态上也有所变化，尤其值得注意的是，双耳釜、小口瓮、大口罐、盆等的有无，以及铁器的多少、有无都具有明显的时代特征和早晚关系。根据上述一些文化特征，我们可以将这批墓葬（M1～M3 除外）分成甲、乙、丙三类，如下。

（1）甲类墓：有 6 座（M11、M21-A、M21-B、M22～M24）。

该类墓代表性陶器有小口球腹釜、大口扁球腹釜、浅盘中柄豆、大圈足碗形豆、弧腹平底钵。不见大口罐、小口瓮、双耳釜，也不见铁器，漆器少见。铜器数量较多，容器有尊缶、甑、釜、单耳鍪、双耳鍪、盆、匜、钵；兵器有戈、矛、剑、箭镞；工具有斧、斤、凿、雕刀；装饰品有手镯、鸟形饰、桥形饰、泡、瓶形饰；另外还见大量的巴蜀符号印章，不见汉字印。

（2）乙类墓：有 6 座（M10、M16、M18～M20、M25）。

该类墓代表性陶器有小口下垂腹的釜、侈口束颈扁球腹的釜、矮圈足的碗形豆、矮小圈足的浅盘豆、弧腹平底钵、圜底钵、尊缶等。仍然不见小口瓮、双耳釜、折腹钵和盆等，大口罐也基本不见。出土少量的铁器，主要是削刀，斧和鍪少见。见陶胎漆器，主要是奁盒。铜器较甲类墓减少，容器有釜、鍪、钵、盆等；兵器有戈、矛、剑、箭镞等，钺少见；工具有斤、削；装饰品有手镯、瓶形饰、桥形饰、泡等；另外有少量带钩，印章仍然较多，开始出现汉字印。

（3）丙类墓：有 11 座（M4～M9、M12～M15、M17）。

该类墓出土陶器较前两类有较大的不同，代表性陶器有双耳釜、折腹钵、盆、大口罐、小口瓮、大口瓮、矮圈足的浅盘豆、折沿束颈下垂腹的尖圜底釜。铜器明显减少，容器有釜、鍪；兵器主要有戈、矛、剑；工具有斤、削；装饰品有桥形饰、手镯等，带钩较为常见；印章仍然大量存在，有汉字印章。漆器有夹纻胎奁、盒、双耳长盒等。铁器多见，有斧、铜环首铁刀、环首刀、削、鍪、铜耳铁鍪等。

上述三类墓中，出铁器的应晚于不出铁器的，出汉字印章的应晚于不出汉字印章的。而丙类墓陶器中的小口瓮、大口罐、折腹钵、盆、双耳釜均为晚期器物的特征。综合各类因素分析，上述三类墓的早晚关系应为：甲类→乙类→丙类（箭头代表早于）。

报告将这批墓群的年代最早推定在战国晚期是正确的，如甲类墓铜器中所见的釜、甑、盆、鍪等均是成都地区战国晚期墓中的常见器。而丙类墓的年代应在秦，如丙类墓中常见的陶小口瓮、陶大口瓮在成都地区为秦代典型陶器。丙类墓中所见的陶矮圈足浅盘豆、陶盆、汉字铜印、桥形铜饰及大量的铁器等均与属秦代的大邑五龙 M19 相一致。因此可以推断，丙类墓的时代当在秦。综合以上分析，同心村墓群的年代可推定为：甲类墓在战国晚期偏早阶段；乙类墓在战国晚期偏晚阶段；丙类墓在秦代。

根据以上墓群的年代特征，我们再来审查荥经其他几批墓群材料。

（1）1988 年，在荥经南罗坝村清理巴蜀墓 11 座，均为长方形竖穴土坑墓，墓坑不很规整，一般墓底长 3～4、宽 0.8～1.2 米；除 M11 外，均不见葬具，M11 根据木材朽痕推测为船棺；墓向均在 160°左右，排列密集；墓中人骨已朽，葬具不明，根据朽骨痕迹推断，M1、M3、M9～M11 均头向东南，其余头向不明。出土陶器以釜、豆、钵为代表（图八），铜器有釜、鍪、盆、戈、矛、剑、钺、斤、凿、削、刀等，另有铜泡、瓶形饰、镯、巴蜀铜印等。见骨印，不见铁器[①]。从其不见铁器、汉字印及晚期特征的小口瓮、大口瓮、双耳釜、盆、折腹钵等陶器的情况看，其时代当不会晚于同心村的甲类墓；而南罗坝村墓中所见的大口浅腹陶釜（报告称盂）不见于同心村，在成都地区见于战国中期以前的墓葬中；同时也不见同心村战国晚期那种颈肩分界明显的球状腹铜鍪，其单耳铜鍪、双耳铜鍪均与新都马家公社木椁墓的铜鍪相一致。因此推测，南罗坝村墓葬年代可早到战国中期。

（2）1984 年 12 月底～1985 年 1 月，在同心村发掘了 5 座长方形土坑墓，排列整齐，墓向在北偏东 5°～10°。M5 保存较好，长 2.4、宽 0.8 米，葬具腐朽，人骨亦朽坏，葬式不明。复原的陶器有豆、圜底钵。铜器有釜、鍪、矛、剑、箭、镞、斧、斤、凿，还有桥形饰、铜泡、铃、扣饰等。不见铁器[②]。其总体特性与同心村甲类墓接近，时代当在战国晚期偏早阶段。

（3）1981 年发现的荥经烈太战国墓，由于遭到破坏，不见陶器等时代特征遗物，年代判定有困难。所见遗物除铜印章为巴蜀式外，其余所见铜牌饰、铜扣饰、其他铜饰等均为石棺葬中的常见遗物[③]。该墓不见铁器，推测可能与同心村甲类墓时代相近。

根据以上分析，目前荥经已发掘的巴蜀墓葬可分为以下三期。

第一期：以南罗坝村墓葬为代表，时代大约在战国中期（图八）。

第二期早段：包括 1985 年发掘的同心村甲类墓，1984～1985 年发掘的同心村墓葬及烈太墓葬，时代在战国晚期偏早阶段（图九）。

①　荥经严道古城遗址博物馆：《四川荥经南罗坝村战国墓》，《考古学报》1994 年第 3 期。

②　四川省文物管理委员会、荥经严道古城遗址博物馆：《四川荥经同心村巴蜀墓发掘简报》，《考古》1988 年第 1 期。

③　李晓欧、刘继铭：《四川荥经县烈太战国土坑墓清理简报》，《考古》1984 年第 7 期。

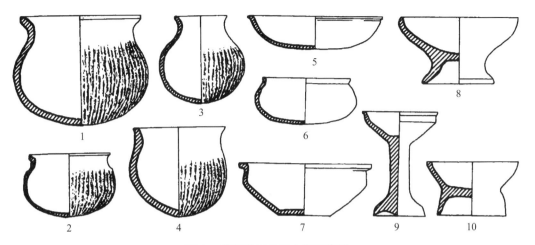

图八　荥经地区战国中期墓陶器

1～4. 釜（M7：19、M9：40、M10：40、M10：9）5、6. 钵（M10：27、M5：16）7. 盆（M10：9）

8～10. 豆（M1：30、M9：8、M6：1）

（均出自荥经南罗坝村）

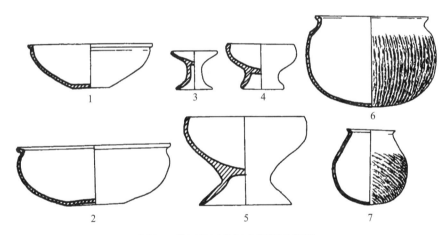

图九　荥经地区战国晚期早段陶器

1. 钵（M22：15）2. 盒（M23：32）3～5. 豆（M22：10、M21-A：13、M23：31）

6、7. 釜（M24：29、M21-B：40）

（均出自荥经同心村）

　　第二期晚段：以1985年发掘的同心村乙类墓为代表，时代在战国晚期晚段（图一○）。

　　第三期：以1985年发掘的同心村丙类墓为代表，时代在秦（图一一）。

2. 犍为地区

　　犍为地区前后发掘过四批墓葬，主要集中在金井乡和五联乡，犍为地区巴蜀墓中所见铜器与其他地区基本无异，而陶器的地方特征较强，因此我们主要依据铜器的比较来判定这些墓葬的年代。

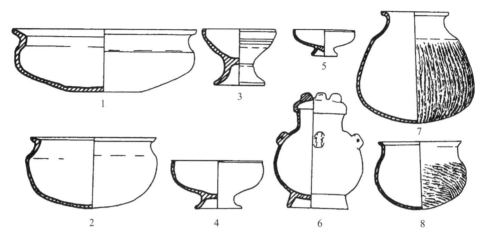

图一〇　荣经地区战国晚期晚段陶器

1. 盆（M20：8）2. 钵（M18：39）3～5. 豆（M10：19、M19：14、M10：16）6. 尊缶（M18：19）

7、8. 釜（M10：5、M16：29）

（均出自荣经同心村）

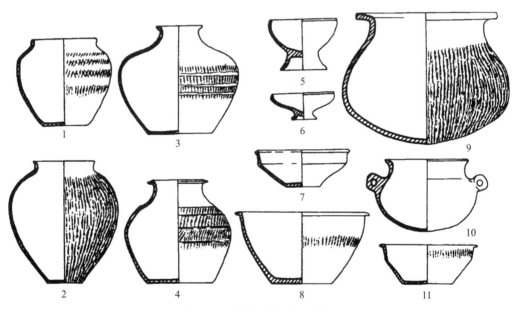

图一一　荣经地区秦代墓陶器

1. 大口罐（M4：16）2. 大口瓮（M12：14）3、4. 小口瓮（M8：4、M13：9）5、6. 豆（M4：7、M4：8）

7. 折腹钵（M15：4）8、11. 盆（M13：17、M14：10）9、10. 釜（M9：11、M6：4）

（均出自荣经同心村）

（1）1977年，在金井乡、五联乡清理11座墓，均为长方形土坑竖穴墓，墓口长2、个别近3米，宽1米左右。两处墓的方向都是依山势排列，结合随葬品的位置推断头向着山丘的高处，足是向着低处。未见葬具痕迹。也未见清楚的骨架，从少数残骨渣推断，应为单人直肢葬。这批墓葬有 5 座不见铜器，3 座见巴蜀印章，1 座见铁器[①]。其中比较典型的五联乡 M3 见陶釜、陶罐、陶豆、陶壶、陶盆、铜甑和铁锸。铜甑为上下分铸，下有三钉足，为战国晚期以后的特征；铁锸在汉初墓中较为普遍，因此该墓的年代当不超过战国晚期，很可能到汉初。不出铜器和铁器的金井乡 M2，出土陶器有釜、罐、豆、盒、碗、钵、盂。其中的陶釜、豆与大邑五龙 M3 的同类陶器相一致；而陶盒与 1980 年发掘的金井乡墓葬的陶盒[②]相一致，1980 年金井乡墓葬与该盒共存的铜甑、铜鍪等均是战国晚期流行的形制，因此也基本可以确认金井乡 M2 的年代当在战国晚期。其他各墓所出陶器形制与上述两墓大体一致，时代也应相去不远。

（2）1980 年 11 月，在金井乡清理 1 座长方形竖穴土坑墓，墓边不甚规整，长约3、宽约 1.2 米。人骨已朽，葬式不明。该墓出土的陶器有小口深腹釜、大口浅腹釜、带盖盒、带柄豆、平底罐；铜容器有甑、鍪、釜；铜兵器有矛、剑、钺；铜工具有削，还有巴蜀印章等[③]。其铜器均是战国晚期的典型形制，该墓的年代当在战国晚期。

（3）1977 年 4 月，在金井乡收集到一批铜器和陶器[④]。但非科学发掘出土，共存关系不清楚，不过从收集到的铜器看，钺腰微束近直，时代似稍早，矛、戈、剑在成都地区战国早期至中期都有。因此推测，这批器物的时代或许要早于战国晚期。

（4）1984 年 4 月，在金井乡清理 2 座墓（M5、M6），两墓相距不到 1 米，排列整齐。M5 的方向为 300°，墓室长 3.76、宽 3.25 米，墓室正中有长方形腰坑，长 1.6、宽0.7、深 0.32 米。葬具及人骨均已朽毁。M6 的方向为 298°，长 3.02、宽 2.1 米。报告中还提到该墓东南侧有一宽 0.8~1.1、高 0.09~0.14 米的二层台[⑤]。从平面图看，陶器明显有两组，更像是有打破关系的两座墓，即很有可能是西边的一座墓打破了东边的一座墓。上述两墓所见陶器有釜、豆、罐、钵、鼎；铜容器有鍪、甑、釜；铜兵器有剑、矛、钺；铜工具有削、刀、斤；另有巴蜀印章。其中与成都地区巴蜀墓中相同的陶小口下垂腹釜、铜鍪、上下分铸的铜甑等均是战国晚期的形制。因此，墓葬的年代当在战国晚期。

根据以上分析，目前见到的犍为巴蜀墓葬，年代清楚的基本上在战国晚期。这一地区盛行长方形土坑墓葬，葬具和人骨均不清楚，墓葬的方向多依地势排列。随葬器物中的铜器均为典型的巴蜀文化风格，而陶器地方性特征较强，以釜、罐、豆、钵、盒、鼎等为代表性陶器（图一二），其他还有杯、碗等。

---

① 四川省博物馆：《四川犍为县巴蜀土坑墓》，《考古》1983 年第 9 期。

② 四川省文物管理委员会王有鹏：《四川犍为县巴蜀墓发掘简报》，《考古与文物》1984 年第3 期。

③ 四川省文物管理委员会王有鹏：《四川犍为县巴蜀墓发掘简报》，《考古与文物》1984 年第3 期。

④ 王有鹏：《四川犍为县发现巴蜀墓》，《文物资料丛刊》（7），文物出版社，1983 年。

⑤ 四川省文物管理委员会：《四川犍为金井乡巴蜀土坑墓清理简报》，《文物》1990 年第 5 期。

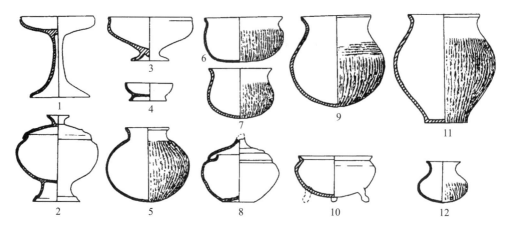

图一二　犍为地区战国晚期墓陶器

1～4. 豆（M6：3、M3：7、M6：4、M2：33）　5～7、9、12. 釜（M3：7、M1：21、M6：17、
M5：19、M1：6）　8. 盒（M1：23）　10. 鼎（M6：10）　11. 平底罐（M5：26）

（1、3、7、9～11. 1984 年金井乡出土，2、5. 1977 年五联乡出土，4、12. 1977 年金井乡出土，
6、8. 1980 年金井乡出土）

三、川 东 地 区

川东地区指现今的重庆市辖区和川东北地区，这一区域目前发掘的巴蜀墓葬主要集中在涪陵小田溪、巴县冬笋坝和昭化宝轮院。

1972 年，涪陵小田溪清理长方形竖穴土坑墓 3 座（M1～M3），墓向分别为北偏西 20°、50°、74°。M1、M2 均残；M3 较完整，长 4.4、宽 2.1 米，有棺椁痕迹。从 3 座墓的形制和随葬品看，时代相近，随葬器物中陶器残破，能辨器形者有釜；铜器较多，容器有甑、鍪、壶、豆、盆、盒；兵器有戈、矛、剑、钺、戟、弩机，另外还出土编钟、钲、錞于等乐器[①]。其中铜甑为上下分铸，釜下有三钉足，为战国晚期以后流行的形制；铜弩机在四川也是战国晚期以后流行的。M3 的长胡刃内戈有铭文，经考订为秦始皇二十六年[②]，故三座墓的时代当在秦代。

1980 年涪陵小田溪发现 3 座小型土坑墓，其中的 M7 为狭长土坑墓，M4 为长方形土坑墓，M5 为近方形土坑墓。三墓的方向较为一致，均在 125°左右。均不见葬具。葬式亦不明。随葬器物中陶器有釜、豆、壶，但都很残；铜器有釜、鍪、甑、壶、盆、钺、刀、削等[③]。所见甑为战国晚期以后的上下分铸的形制，3 座墓的时代上限不会早

① 四川省博物馆、重庆市博物馆、涪陵县文化馆：《四川涪陵地区小田溪战国土坑墓清理简报》，《文物》1974 第 5 期。

② 于豪亮：《四川涪陵的秦始皇二十六年铜戈》，《考古》1976 年第 1 期。

③ 四川省文物管理委员会、涪陵地区文化局：《四川涪陵小田溪四座战国墓》，《考古》1985 年第 1 期。

于战国晚期。而其中 M5 为近方形的土坑，与 1972 年发掘的 M3 相同，又见折腰式铜钺，时代可能要晚至秦。

1954～1957 年，在冬笋坝和宝轮院前后共清理 97 座墓，其中属典型的巴蜀船棺墓 20 座、狭长土坑墓 20 座。两个地点的墓都排列有序，方向一致，墓的方向与附近河流方向有关，即头朝岸足朝水，冬笋坝的基本为头西足东，宝轮院的为西北—东南向[①]。墓葬的时代集中在战国晚期至秦，如共存关系较清楚的宝轮院 M10，为一狭长竖穴土坑墓，该墓出土的陶器有平底罐、小口圜底釜、大口圜底釜、豆；铜器有釜、甑、蜀式剑、有格剑、戈、矛、半两钱等，其中的大口圜底釜（图一三，7）为秦文化遗物，与西安半坡战国晚期的同类釜（M9：3 和 M39：2）[②]相近，凤翔西村属战国晚期的 M4 也见此种形制的釜[③]。结合该墓所出半两钱及其他釜、罐的形制分析，该墓当属典型的战国晚期墓。宝轮院 M13 为一狭长形竖穴土坑墓，该墓所见的典型陶器有大口瓮、壶等，铜容器有甑、鍪、盘；铜兵器有刃内戈、剑、折腰式钺等；其他还见半两钱。该墓出土明显晚于 M10 的器物，如陶大口瓮器身矮胖，与大邑五龙属秦代的 M19 的大口瓮相近，上下分铸的铜甑从战国晚期流行至秦，铜刃内戈近似于秦始皇二十六年铜戈，铜钺为折腰、肩部呈倒刺状，时代一般在秦以后。综合分析，该墓当属一典型的秦代墓葬。

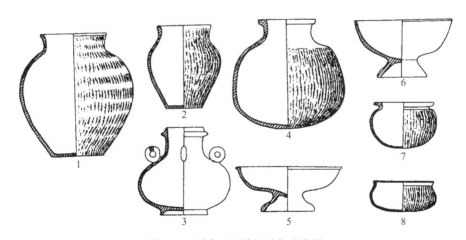

图一三　川东地区战国晚期墓陶器

1、2. 平底罐（M10：16、M10：25）　3. 尊缶（M50：30）　4、7、8. 釜（M10：2、M10：9、M50：34）

5、6. 豆（M50：20、M10：4）

（1、2、4、6、7. 1954～1957 年宝轮院出土，3、5、8. 1954～1957 年冬笋坝出土）

1995 年，四川省文物考古研究所在宝轮院清理船棺墓 8 座、长方形竖穴土坑墓

①　四川省博物馆：《四川船棺葬发掘报告》，文物出版社，1960 年。

②　金学山：《西安半坡的战国墓葬》，《考古学报》1957 年第 3 期。

③　雍城考古队李自智、尚志儒：《陕西凤翔西村战国秦墓发掘简报》，《考古与文物》1986 年第 1 期。

1 座①，与 1954 年发掘的属同一地点。报告将这批墓定在战国晚期。笔者认为个别墓可能晚至秦，比较典型的为 M17，该墓出土折腹陶钵，而折腹陶钵在荥经同心村出在最晚的丙类墓中，如在荥经同心村 M8 与秦代典型的小口陶瓮共存；M17 所见的铜戈与什邡 M59 的同类铜戈相同，而什邡 M59 的时代在秦，因此可以推测该墓的年代当在秦。

1993 年 10 月，在涪陵小田溪清理的 M9 为长方形竖穴土坑墓，墓底长 3.86、宽 1.66 米，墓向以人骨头向为 310°，葬具为朱漆木棺，已被压塌朽坏，骨架已朽，根据痕迹观察判断为仰身直肢葬②。该墓的陶器已残破不清，铜器数量较多，均为战国晚期的常见器，如上下分铸的甗、长胡四穿戈、束腰较甚的钺等。因此该墓的年代为战国晚期。

依据上述材料看，目前川东地区发现的巴蜀墓葬的年代基本集中在战国晚期至秦，部分墓的下限可到汉初。这一地区的墓葬分布较为集中，排列有序。

战国晚期盛行狭长形竖穴土坑墓和船棺葬，常见的陶器有小口下垂腹釜、大口浅腹釜、深腹罐、矮圈足碗形豆和浅盘豆等，其他还有缶、钵。到秦代，狭长形竖穴土坑墓和船棺墓依然存在，但长方形土坑墓开始多见，常见的陶器有小口扁腹釜、大口浅腹釜、矮圈足浅盘豆、大口瓮、敛口折肩罐、折腹钵等（图一四）。从战国晚期到

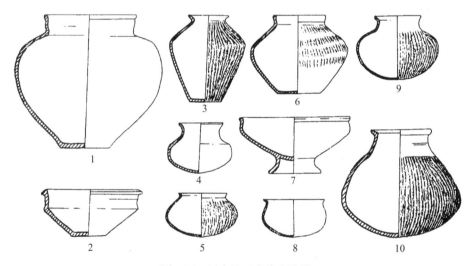

图一四　川东地区秦代墓陶器

1. 大口瓮（M13：38）2. 折腹钵（M17：30）3、6. 平底罐（M17：23、M17：27）4. 圜底罐（M17：22）
5、9、10. 釜（M3：25、M3：36、M17：18）7. 豆（M17：29）8. 圜底钵（M3：40）
（1. 1954～1957 年宝轮院出土，2～4、6、7、10. 1995 年宝轮院出土，5、8、9. 1972 年小田溪出土）

①　四川省文物考古研究所、广元市文物管理所：《广元市昭化宝轮院船棺葬发掘简报》，《四川考古报告集》，文物出版社，1998 年。

②　四川省文物考古研究所、涪陵地区博物馆、涪陵市文管所：《涪陵市小田溪 9 号墓发掘简报》，《四川考古报告集》，文物出版社，1998 年。

秦，铜器变化不大，容器以上下分铸的甑、单耳鍪、盆、壶等为常见，到秦代还见耳一大一小的双耳鍪。

四、结　语

通过以上各区墓葬的分析，可以看出，目前发现的战国至秦的墓葬以成都地区的年代最早，可到战国早期；荥经地区的上限可到战国中期；其余地区基本在战国晚期至秦，下限可到汉初。各地区的巴蜀墓葬都有许多共同特点：战国晚期以前，都盛行狭长形土坑墓，至秦代盛行长方形土坑墓。同一墓区的墓葬方向较为一致，但不同墓区的墓葬方向都不太统一，墓葬方向依水势和山势的情况较为普遍，依水势的，如涪陵小田溪从 1972 年以来先后发掘的 9 座墓均是顺江而葬，冬笋坝和宝轮院为垂直于河流，足朝河，头朝岸；依山势的，如犍为墓葬的头朝山丘，足朝低处，墓区临近河流的情况较为普遍，如小田溪、冬笋坝、宝轮院及荥经同心村和南罗坝等，成都市近郊发现的墓葬也大多位于故郫江两岸。上述情况反映出巴蜀居民对水和周围环境的强烈依赖心理。从葬具而言，船棺普遍存在，比较多见而又保存完整的主要是成都地区和川东地区。各区都存在大量葬具不清楚的墓葬，尤其是川西南地区大多不见完整葬具，成都地区保存的完整葬具除船棺外，还有木板，战国晚期以后有木椁。

从随葬器物来看，铜容器中以鍪、甑出现频率较高，并且延续时间很长，早晚变化规律也最为明显；其次是盆、壶、尊缶等；其他鼎、瓿、浴缶、豆等相对少见；兵器以戈、矛、剑、钺为常见；工具以斧、斤、凿、削、刀、锯等多见。铜器中楚文化因素的遗物在成都地区和川东地区较多见，有鼎、尊缶、壶、盘、匜、敦等。成都地区战国早期就已受到楚文化的影响，而川西南地区很少见楚文化因素的遗物。战国晚期以后，开始出现少量秦文化因素。由于川东和川西南墓葬主要集中在战国晚期以后，从这一时期比较来看，各地区的铜器都没有多大的差异，容器均以鍪、甑为主，兵器以戈、矛、剑为主，工具有斧、斤、凿、削、刀等。不过，荥经地区兵器中少见钺，印章多见是一个非常突出的现象；同时荥经地区墓葬中常见的铜牌饰、扣饰、手镯等石棺葬中的典型遗物在其他地区很少见或根本不见。总的来说，几个地区同一时期的铜器表现出相当的一致性，而陶器却表现出较强烈的地方性特征。以出现频率较高的釜和豆来看，同一时期不同地区的都在形态上有所差异（图一五、图一六）。此外，犍为地区的盒、深腹罐、斜直腹钵、杯、带盖豆均不见于其他地区。到秦代，几个地区的釜、豆仍然存在不同程度的差异，但大口瓮、小口瓮、折腹钵、盆等新因素基本已成为几个地区所共有，自此以后，巴蜀文化逐渐融合于汉文化当中而趋于一致。

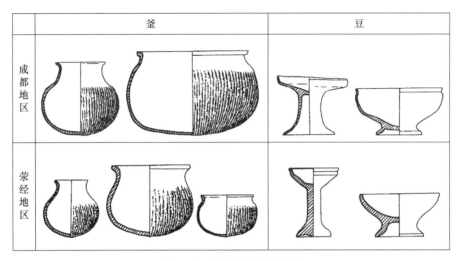

图一五　战国中期陶器比较

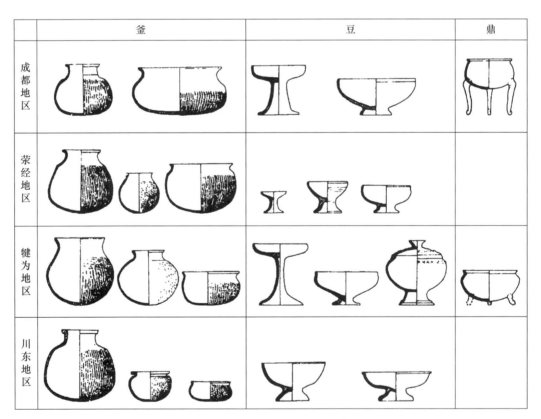

图一六　战国晚期陶器比较

（与张擎合作，原载《四川文物》1999 年第 3 期）

战国时期古蜀社会的变迁
——从墓葬分析入手

与三星堆文化、十二桥文化（金沙）时期相比，战国时期的古蜀社会有明显的变化，考古发掘的墓葬有明显反映。因此本文从墓葬分析入手，对战国时期的古蜀社会及其时代观念作一尝试性探讨。

一、成都地区战国墓葬分析

随葬器物的类别与多寡的不同能反映墓主的身份、社会角色及社会对不同死者的态度与观念。首先我们将成都地区历年发掘较为完整的墓葬出土青铜器以兵器、工具、实用容器和奢侈品分类列为表一，其中将一般墓葬中经常出现的釜、鍪、甑等作为实用容器，将有中原和楚文化风格、有较精美装饰的青铜器作为奢侈品。

表一所统计的墓葬依据其青铜器的种类和多寡可以分为以下六类。

表一　成都地区墓葬出土青铜器统计表

墓葬	兵器	工具	实用容器	奢侈品	时代	备注
商业街船棺[①]	戈3、矛1、钺1件，共5件	削1、斤1件，共2件			战国早期偏晚	被盗，出土大量漆器
新都马家大墓[②]	戈30、矛5、剑10、钺10件，共55件	刀5、斧5、斤5、曲头斤5、锯5、削15、凿20、雕刀5件，共65件	釜5、鍪5、甑2件，共12件	鼎5、豆2、敦2、盘2、匜2、鉴2、浴缶2、瓶2、罍5、壶5、尊缶5、编钟5、三足盘形器5件，共44件	战国中期	墓室被盗，均为腰坑出土

---

① 成都市文物考古研究所：《成都市商业街船棺、独木棺墓葬发掘报告》，《成都考古发现》（2000），科学出版社，2002年。

② 四川省博物馆、新都县文物管理所：《四川新都战国木椁墓》，《文物》1981年第6期。

续表

墓葬	兵器	工具	实用容器	奢侈品	时代	备注
绵竹船棺[①]	戈17、矛37、剑19、钺3件，共76件	斧5、刀2、凿11、斤3、削12、雕刀4、锯5件，共42件	釜1、尖底盉5、鍪1、甑1件，共8件	鼎4、豆2、圆壶3、方壶1、尊缶1、敦3件，共14件	战国早、中期之际	非科学发掘
百花潭中学十号墓[②]	戈11、矛6、剑1、钺2件，共20件	刀2、削4、斧4、凿4件，共14件	鍪2、甑1、尖底盒2件，共5件	鼎1、壶1件，共2件	战国早期	
成都西郊青羊宫侧墓葬[③]	戈7、矛4、剑3、钺2件，共16件	削3、刀1件，共4件	鍪4、尖底盒2件，共6件	鼎1、敦1、匜1、尊缶2、壶1件，共6件	战国早期	
成都金沙巷M2[④]	戈1、钺1件，共2件	斧1、刀1、锯1件，共3件	鍪2件	鼎1、敦1、壶1、盘1、豆1件，共5件	战国中期偏早	
成都石人小区M9[⑤]	戈5、矛6、钺1件，共12件	刀2、削1、凿5、斤1、锯1件，共10件	鍪3件	鼎1、敦1件，共2件	战国早期	
成都石人小区M8[⑥]	戈8、矛3、钺1件，共12件	刀4、削1、凿5、斧1、斤1件，共12件	尖底盒1件	敦1件	战国早期	
成都中医学院墓葬[⑦]	戈5、剑3、钺1、矛（残），至少10件	削（残）、凿3、锯1件，至少5件	鍪1件	敦1件	战国早期	非科学发掘
成都京川饭店墓葬[⑧]	戈5、矛5、剑1、钺1件，共12件	削1、斧1、斤1、凿2、锯1件，共6件	鍪2件	镜1件	战国早期	非科学发掘

① 四川省博物馆：《四川绵竹县船棺墓》，《文物》1987年第10期。

② 四川省博物馆：《成都百花潭中学十号墓发掘记》，《文物》1976年第3期。

③ 四川省博物馆：《成都西郊战国墓》，《考古》1983年第7期。

④ 成都市文物考古工作队：《成都市金沙巷战国墓清理简报》，《文物》1997年第3期。

⑤ 成都市文物考古研究所、成都市文物考古工作队：《成都西郊石人小区战国土坑墓发掘简报》，《文物》2002年第4期。

⑥ 成都市文物考古研究所、成都市文物考古工作队：《成都西郊石人小区战国土坑墓发掘简报》，《文物》2002年第4期。

⑦ 成都市博物馆考古队：《成都中医学院战国土坑墓》，《文物》1992年第1期。

⑧ 成都市博物馆考古队：《成都京川饭店战国墓》，《文物》1989年第2期。

续表

墓葬	兵器	工具	实用容器	奢侈品	时代	备注
成都新一村墓葬[①]	戈1、矛3、剑2、钺1件，共7件	斧1、凿1件，共2件	釜1、甑1件，共2件	瓿1、尊缶1件，共2件	战国中期	陶器数量多
成都金沙巷M1[②]	戈4、剑2、钺1件，共7件	斧1、刀2件，共3件	甑1件		战国早期	
成都金鱼村M14[③]	戈2、矛1、剑1、钺2件，共6件		甑1、盆1件，共2件		战国中期偏早	
成都文庙西街M2[④]	戈1、矛2、剑1件，共4件	削1件	釜1、甑1、瓿1件，共3件		战国中期	
大邑五龙M2[⑤]	戈2、矛1、剑4、钺3、弩机1件，共11件	斤2件	釜2、瓿1件，共3件		战国晚期	
大邑五龙M3[⑥]	矛1、剑1、钺1件，共3件	斤1件	甑1件		战国晚期	
大邑五龙M18[⑦]	戈1、剑1件，共2件		甑1、盘1件，共2件		战国晚期	出有铁斧、铁镰
成都圣灯公社M1[⑧]	戈2、矛1、剑2、钺1件，共6件	锯1件				非科学发掘铁斧2件
成都金鱼村M7[⑨]	钺1件	削1件			战国中期偏早	

① 成都市文物考古研究所：《成都十二桥遗址新一村发掘简报》，《成都考古发现》（2002），科学出版社，2004年。

② 成都市文物考古工作队：《成都市金沙巷战国墓清理简报》，《文物》1997年第3期。

③ 成都市文物考古工作队：《成都西郊金鱼村发现的战国土坑墓》，《文物》1997年第3期。

④ 成都市文物考古研究所：《成都市文庙西街战国墓葬发掘简报》，《成都考古发现》（2003），科学出版社，2005年。

⑤ 四川省文管会、大邑县文化馆：《四川大邑五龙战国巴蜀墓葬》，《文物》1985年第5期。

⑥ 四川省文管会、大邑县文化馆：《四川大邑五龙战国巴蜀墓葬》，《文物》1985年第5期。

⑦ 四川省文管会、大邑县文化馆：《四川大邑县五龙乡土坑墓清理简报》，《考古》1987年第7期。

⑧ 成都市文物管理处：《成都市金牛区发现两座战国墓葬》，《文物》1985年第5期。

⑨ 成都市文物考古工作队：《成都西郊金鱼村发现的战国土坑墓》，《文物》1997年第3期。

墓葬	兵器	工具	实用容器	奢侈品	时代	备注
大邑五龙 M4[①]	矛 1 件	刀 1 件			战国晚期	
蒲江鹤山镇 M1[②]	剑 1 件				战国晚期	
蒲江东北乡 M2[③]		削 3 件			战国中期	
成都圣灯公社 M2[④]			錾 1 件		战国晚期	

第 1 类：以新都马家大墓为代表，随葬大量奢侈品，相应的兵器、工具和实用容器也是成套随葬，数量亦多。新都马家大墓虽然墓室被盗，但腰坑中出土的青铜器仅表中统计的各类就达 176 件，其中奢侈品就有 13 类，44 件，兵器和工具也是成套，共120 件。该墓在目前发现的战国古蜀墓葬中规格相当高，其墓葬规模也较大。商业街船棺由于早年被盗厉害，出土遗物较少，但其墓葬规模较大，是迄今发现的最大规模的船棺葬。地面有供祭祀用的礼仪建筑、大量属奢侈品的漆器随葬，从部分漆器的功能看，当时应随葬编钟、编磬一类的乐器，大量盛装食物的陶罐都是专用特制的。从上述情况分析，商业街船棺的规格也相当高，因此也归入第 1 类。这一类墓葬的主人很可能是蜀国的最高统治者或其家族的墓葬。

第 2 类：以绵竹船棺为代表。这类墓亦随葬相当数量的奢侈品，兵器、工具和实用青铜容器也是成套随葬。绵竹船棺随葬的奢侈品有 6 类，14 件，少于第 1 类墓葬，兵器有 76 件，工具有 42 件，实用容器 8 件，表中统计的各类青铜器有 140 件，数量亦多。这类墓的墓主人社会地位当低于第 1 类墓，但亦有较高的社会地位。

第 3 类：包括百花潭中学十号墓和成都西郊青羊宫侧墓葬。这类墓随葬 2～5 类奢侈品，尤其是有鼎，有成套的兵器和工具，实用容器成套或不成套，青铜器的总体数量远不如第 2 类墓葬。百花潭中学十号墓随葬的奢侈品有 2 类，2 件，兵器有 20 件，工具有 14 件，实用容器有 5 件，共计 41 件。青羊宫侧墓葬奢侈品有 5 类，6 件，兵器有 16 件，工具有 4 件，实用容器有 6 件，共计 32 件。可以看出，这一类墓随葬的奢侈品明显少于第 2 类墓，而兵器、工具和实用容器相应地也少于第 2 类墓。这类墓葬的主人也应具有一定的社会地位，但明显低于第 2 类墓。

---

① 四川省文管会、大邑县文化馆：《四川大邑五龙战国巴蜀墓葬》，《文物》1985 年第 5 期。

② 成都市文物考古工作队、蒲江县文物管理所：《成都市蒲江县船棺墓发掘简报》，《文物》2002 年第 4 期。

③ 四川省文物管理委员会、蒲江县文物管理所：《蒲江县战国土坑墓》，《文物》1985 年第 5 期。

④ 成都市文物管理处：《成都市金牛区发现两座战国墓葬》，《文物》1985 年第 5 期。

第 4 类：包括成都金沙巷 M2 和成都石人小区 M9。这类墓也随葬 2～5 类奢侈品，但其中的鼎与前面几类明显有别，前面几类的鼎为中原式或楚式，而这类墓随葬的鼎为越式鼎。而且这类墓葬随葬的奢侈品多为素面，不如前几类墓的精美，如第 3 类百花潭中学十号墓出土的水陆攻战纹铜壶纹饰非常精美。推测这类墓葬的主人社会地位不会太高，明显次于第 3 类墓，但也不是一般的普通民众。

第 5 类：包括成都石人小区 M8、中医学院墓葬、京川饭店墓葬和新一村墓葬。这类墓葬没有成套的奢侈品，只有一两件，而且各墓的器类也不尽相同，大多素面无纹，不够精美。这类墓一般都有成套的兵器和成套的工具随葬，实用青铜容器不一定成套。统计的各类青铜器数量在 10 多件至 20 多件。推测这类墓葬的主人社会地位不如第 4 类墓葬的主人，或许仅略高于一般的普通民众。

第 6 类：其他不随葬奢侈品的墓葬均属此类。表一统计的 12 座墓葬当中，有成套兵器和成套工具的 1 座，有成套兵器无成套工具的有 6 座，有单类兵器和单类工具的有 2 座，有单类兵器而无工具的 1 座，无兵器的 2 座。推测这类墓葬主人应是一般的普通民众，兵器的有无可能并不代表社会地位的高低，而仅是表明其社会角色的不同。可以看出，斧、斤一类的工具和实用容器多出在有兵器的墓中，尤其是有成套兵器的墓中，表现出这类墓葬的墓主相对更受到重视。

从上面的分析可以看出几点有意思的现象。一是墓葬的随葬品中，奢侈品的数量与种类的多寡是区别墓主社会地位高低的表征物，奢侈品的种类与数量越多，代表墓主的社会地位越高，出成套奢侈品的墓主明显高于不出成套奢侈品的墓主。奢侈品基本为外来风格的青铜器，战国早期多为中原风格的青铜器，战国中期以后多为楚文化风格的青铜器。地位高的墓葬一般其他类青铜器数量也较多，墓葬规模一般也较大。二是实用青铜容器与墓主社会地位高低没有直接关联，因为第 6 类墓也有出成套实用青铜容器的，而第 4、5 类也有出单类实用青铜容器的。三是兵器的随葬是一个普遍的现象，从第 1 类墓至第 6 类墓都有成套兵器随葬，很明显兵器不是社会地位高低的表征物，而是墓主社会角色的表征物，表明了一种自上而下的社会集体意识与时代风尚。

二、几处墓地分析

（一）什邡城关墓地[①]

该墓地 1988～2002 年配合什邡城市建设先后进行了 23 次抢救性发掘，共清理墓葬 98 座，墓地分布于方亭镇与元石镇，面积约 100 万平方米。该墓地均为竖穴土坑

---

① 四川省文物考古研究院、德阳市文物考古研究所、什邡市博物馆：《什邡城关战国秦汉墓地》，文物出版社，2006 年。

墓，依据葬具又分为无葬具墓、船棺墓、木椁墓和木板墓。其年代从战国早期延续至西汉中晚期。

1. 墓葬分布与变迁分析

从墓葬分布来看，该墓地明显是成组分布。我们将各组战国至秦代的墓葬列为表二（双棺墓以棺统计墓葬数量）。

表二 什邡城关墓葬分组情况表

	战国早期	战国中期	战国晚期	秦	时代不明	合计
A组	M70～M73	M91、M92（2棺）			M46	8
B组	M25、M56	M55、M58（2棺）			M57	6
C组	M11		M45		M12、M42～M44	6
D组		M27、M29～M33			M26、M28	8
E组		M74A、M74B、M75、M76、M82、M83	M79、M81		M80	9
F组		M15、M88、M89、M90（3棺）、M101				7
G组		M1～M5、M10	M14			7
H组		M6、M7、M22	M16、M17		M18、M19、M24	8
I组			M38、M39		M37	3
J组		M96（2棺）	M97			3
K组		M35、M36				2
L组		M40、M41				2
M组		M87	M62、M63	M59、M61	M64、M86	7
N组		M50	M49、M51、M52、M54			5
O组			M93～M95、M98			4
P组				M99、M100		2
Q组	M69	M68	M65			3
合计	8	43	20	4	15	90

上述分组当中的E组，与之集中在一起的西汉墓葬方向基本为南北向，与战国时期的基本为东西向的不同，M78为南北向，又明显与其他西汉墓一起集中分布在该组墓的西侧，有可能也是西汉时期的墓葬。因此该组墓除去西汉的4座，战国时期的有9座。报告将P组中的M100定在战国中期晚段，M99定在秦，这两座墓均遭到破坏，不完整，M99出土"半两"钱，而M100没有，但从两座墓所见的铜戈、铜矛、陶豆形制均十分相近来看，其年代应相近，可能均在秦。

从上述各组墓的布局来看，Q组与其他各组相距较远，其余各组明显集中在一个区域组成一群，可以看出Q组与其他各组关系较远，而其他各组关系很近。从墓葬年代分布规律来看，战国早期的墓主要集中在A、B、C组，只有M69在Q组，由此也可看出Q组与成群的各组关系较远，或许往西还有另一群墓地。因此我们分析时主要针对成群的16组墓葬。该群墓葬有如下几个现象值得注意。

第一，从各组墓葬数量来看，如果将时代不明的墓葬按报告所定，除M19为西汉时期，其余均为战国，那么各组战国至秦时期的墓葬数量以5～8座的较多，有10组，其次是2座一组的有3组，3座的有2组，4座的有1组，此外还有M23和M48独立不成组。

第二，从各组墓跨越的年代来看，如果以战国早期、战国中期、战国晚期、秦来划分的话，跨越两期的比较多，有8组。其中跨越一期的有7组，其中2座并排的就占4组。跨越三期的仅1组（M组）。

第三，从墓地变迁来看，战国早期时，墓葬有7座（以年代明确的计，后同），都集中在墓地中部靠北的A、B、C三组。到战国中期早段时期，墓葬数量增加到20座，其分布主要向南，增加了D、E、F、G、H五组，向西只有J组。战国中期晚段时，墓葬数量增加到22座，增加的墓葬主要还是在原战国早期和中期早段的墓组中，此外向西增加了K组，向北增加了L、M、N组。到战国晚期，墓葬有19座，主要向西和向北发展，如O、N组。到秦代墓葬数量很少，只有4座，除P组的2座是新增加的组外，另外有2座是在M组中。

从该墓群的分布格局与变迁现象可以做出这样的解释：从每组墓的数量与跨越年代来看，墓主的身份可能是祖孙关系的扩大式家庭，那么整个墓群就应是一个家族墓地。该家族在战国早期的时候人口比较少，到战国中期人口繁衍较快，此时的家庭分化也较多。到战国晚期人口锐减，不到战国中期的一半。到秦代，更是家族衰落，人口凋敝。从每组墓跨越的时间分析，战国时期前后约250年，每期也在80年左右，跨越两期的时间也在100多年，按正常情况看，其人口数应是偏少，这可能与战争有关，推测部分因死于战场而未能埋入家族墓地，从墓葬中普遍随葬兵器就是很好的证明。更好的证明是战国晚期与战国中期相比墓葬数锐减一半，反映出此时的战争更为频繁与惨烈。经过战国晚期秦灭蜀的战争，或战死或迁徙，因此秦代的墓葬数量更少。

2. 从随葬器物方面分析

我们从以下几个方面来观察分析。

该墓地墓葬中随葬兵器是一个突出的现象，兵器应是墓主特殊社会角色很明显的表征物。我们从分组、年代方面对是否随葬兵器作一个统计（表三），对出土遗物少，无法分期的15座墓葬（表三中"+"后）作为不出兵器墓加入合计之中。

表三　什邡城关墓葬随葬兵器统计表

	战国早期		战国中期早段		战国中期晚段		战国晚期		合计	
	有兵器	无兵器	有兵器	无兵器	有兵器	无兵器	有兵器	无兵器	有兵器	无兵器
A组	2	2			3				5	2+1
B组	1	1		1		2			1	4+1
C组		1					1		1	1+4
D组			1	3	2				3	3+2
E组			3	1	2		1	1	6	2+1
F组			4	3					4	3
G组			1	1	4		1		6	1
H组			1		1	1	2		4	1+3
I组							2		2	+1
J组								1		1+2
K组					1	1			1	1
L组						2				2
M组						1	1	1	1	2+2
N组					1		4		5	
O组							3	1	3	1
合计	3	4	10	9	14	7	15	4	42	41

　　统计的战国时期的 83 座墓中，随葬兵器的有 42 座，没有兵器的 41 座，差不多对半，但是如果是考虑到部分墓葬残，可能随葬兵器，那么有兵器的墓葬应多于无兵器的墓葬。按照常理来讲，一般打仗主要是男人的事，那么随葬兵器的墓主人主要应是男性，相反没有兵器的墓主主要应是女性。遗憾的是由于这批墓葬人骨保存普遍较差，没有做人骨性别与年龄的鉴定。

　　如果说随葬兵器的墓主人主要是男性，没有兵器的墓主人主要是女性的前提成立的话，那么在此基础上我们再来观察明显并列埋葬的 12 对墓葬（包括少数 3 座成排的和双棺合葬墓）墓主的关系。其中有 5 对属于 1 座有兵器，1 座没有兵器，它们是战国早期的 M70 和 M71、M72 和 M73，战国中期早段的 M75 和 M76，战国中期晚段的 M35 和 M36，战国晚期的 M62 和 M63。2 列 3 座墓的，其中 M29～M31 一列位于中间的 M30 有兵器，其他 2 座没有兵器，M90-1、M90-2、M90-3 合葬墓，M90-1、M90-2 有兵器，M90-3 没有兵器。如果说上述情况属夫妻关系的话，属战国中期晚段的 M58 双棺合葬墓都没有兵器，而同样属双棺合葬墓的 M92 却是都有兵器，另外还有明显并列的 M2 和 M3、M82 和 M83、M38 和 M39 三对墓葬都随葬兵器。可以推测并列埋葬的墓主关系很复杂，既有夫妻关系的，也有兄弟、姐妹关系的，甚至母子、父子关系。合葬墓同时死的可能性还是较小，二次同时埋葬的可能性较大，从金沙遗址到商业街船棺都存在二次埋葬的现象。具体到每一组墓中，有兵器和没有兵器的墓葬所占比例并不完全那么平均。像 A、G、N 组有兵器的墓葬明显偏多，而 B、C 等组没有兵器的墓偏多。有兵器墓偏多的墓组有部分墓主可能属于青壮年婚配前即已战死，而无兵器墓偏多的墓组可能是未成年人的墓较多的缘故。

从随葬器物的类别、性质来看，该群墓除普遍随葬陶器外，青铜器包括兵器、工具、实用容器，少数墓有饰物，除 M74B 出土 1 件铜敦外，几乎没有奢侈品随葬。兵器是墓主人社会角色的表征，工具也是墓主人社会角色的表征，并不代表拥有的财富与社会地位。青铜容器主要是一般的生活实用器，有釜、鍪、甑等，这也不能反映墓主生前的身份或其家族具有特殊的地位或拥有较多的财富。可以看出，该家族在当时不具有特殊的地位，也不拥有巨大的财富，与前面分析的成都地区第 6 类墓差不多，只是一般的普通民众。当时家族在埋葬死者的时候，一方面突出事死如事生的观念，将常用的生活用器随葬供死者在另一世界使用，另一方面比较强调死者特殊的社会角色。

我们再从随葬器物的组合分析。如果我们将出土戈、矛、剑、钺当中 3 类兵器作为成套兵器，有 23 座出土成套兵器，我们将这些墓出土的其他青铜器共存的情况列为表四。

表四 什邡城关出成套兵器的墓出土其他青铜器共存情况表

	成套工具（2 类以上）	单类工具	成套容器（2 类以上）	单类容器
M25		√		
M72				√
M22				√
M74B	√			√
M76				
M90-1	√			√
M90-2				√
M88				
M101		√		
M7	√			√
M10	√		√	
M1	√		√	
M2				
M91	√			
M16			√	
M52			√	

续表

	成套工具 （2 类以上）	单类工具	成套容器 （2 类以上）	单类容器
M54		√	√	
M14	√			√
M93		√	√	
M38		√	√	
M49				
M50				√
M95		√	√	

这 23 座墓中，有 10 座既有工具，也有容器，占 43%；有 6 座只有容器，占 26%；有 3 座只有工具，占 13%；没有工具与容器的墓只有 4 座，占 17%。

出单类或两类兵器的墓，除了残墓以外有 13 座，我们将其与其他青铜器共存关系列为表五。

表五　什邡城关出单类、两类兵器的墓与其他青铜器共存情况表

	成套工具（2 类以上）	单类工具	成套容器（2 类以上）	单类容器
M70				
M30				
M4				
M74A				
M36				
M33		√		√
M27				
M83				
M92-2				
M100				√
M45				√
M79		√		√
M98			√	

13 座墓中既有工具也有容器的 2 座，占 15%；只有容器的 3 座，占 23%；既无工具也无容器的 8 座，占 62%。而且出单类或两类兵器的墓，出土工具很少，不出成套工具，出工具的墓葬也只出单类工具，容器也较少。不像出成套兵器的墓多出土两类以上的成套工具，出成套容器的墓也相对较多。

只出工具不出兵器的墓有 7 座，全都是出单类工具，这类墓随葬的其他器物也较

少，只有 1 座（M81）随葬青铜容器（甑）。当然那些不见青铜器的墓葬其他随葬器物更少。从上面的统计分析可以看出，凡是有兵器的墓主明显受到重视，兵器多的墓其他随葬品也相应较多，尤其是有兵器的墓多有工具随葬，说明这些墓主除参与战争以外，重要的生产活动也是他们承担。这些工具均为手工工具，不是农具，主要用于制作农具或房屋修建等工程活动，这一类劳动也应多为男性，这与我们前面推测出兵器的墓主主要为男性是相吻合的。从当时人们对死者的随葬品不同处理方式中可以明显看出，人们对保家卫国的战士特别尊敬，尤其是对那些战死沙场的勇士。像出兵器墓偏多的 A、G、N 组，其中 A 组出兵器的 5 座墓中有 3 座出成套兵器，G 组出兵器的 6 座墓中，有 4 座出成套兵器，N 组出兵器的 5 座墓中，有 4 座出成套兵器，尤其是 G 组当中有 3 座出土成套兵器与成套工具。不排除这些墓主有属战死的可能性，这些为国捐躯的勇士受到人们的特别尊敬与爱戴。

（二）荥经同心村墓地[①]

该墓地位于荥经县城北郊，北距荥河 500 米，西距严道古城遗址 1 千米。1985 年 11 月～1986 年 5 月，四川省文物考古研究所等单位为配合荥经县第二汽车队队址和县政府宿舍的基建施工，对墓地进行了清理发掘，共清理墓葬 26 座，其中有 3 座在基建施工中已挖残。这批墓葬均为狭长形竖穴土坑墓，排列有序，方向基本为南北向。发掘者根据墓坑内木质葬具腐朽痕迹推测大多数葬具为船形棺，只有 3 座为无葬具土坑墓。骨骼腐蚀严重，发掘者根据骨骼痕迹，继而根据器物摆放位置判断均为头北脚南，其中有 7 座墓可以看出为仰身直肢葬。墓葬的年代在战国晚期至秦。

该墓地排列有序，方向一致，从墓葬的年代看，首先是在墓地的东南埋葬，逐渐向北向西发展，推测该墓地亦为家族墓地。从随葬器物看，与什邡墓地的情况很相近，只有 M21A 随葬 1 件精美的铜尊缶属奢侈品外，其他墓葬均没有奢侈品。而 M21A 也是所有墓葬中随葬器物最多的一座墓，青铜器就达 42 件之多，并有成套的兵器、工具和饰物。M21A 的墓主可能是家族中地位最高的人，即族长一类的人物。该家族成员的身份也属于一般的普通民众，与什邡城关墓地主人的社会地位相同。

该墓地普遍随葬兵器的现象同于什邡城关墓地，在保存较好的 23 座墓中，有 13 座随葬兵器，10 座没有，有兵器的墓略多于无兵器的墓。出土兵器的墓葬尤其是成套兵器的墓葬，其他青铜器一般也相应要多一些。不出兵器的墓随葬的陶器数量仍然较多。上述情况与什邡城关墓地十分相近，同样在处理死去的亲人上，该家族亦比较强调死者特殊的社会角色，对保家卫国的战士特别尊敬，反映出当时普遍存在的社会意识与风尚。

---

① 四川省文物考古研究所、荥经严道古城遗址博物馆：《荥经同心村巴蜀船棺葬发掘报告》，《四川考古报告集》，文物出版社，1998 年。

（三）荥经南罗坝墓地[①]

　　1988 年，荥经严道古城遗址博物馆在荥经县附城乡南罗坝村发掘了一处战国墓群，在约 200 平方米的范围清理墓葬 11 座，有部分墓葬已挖残。墓葬排列密集，方向一致，应是一处家族墓地，推测清理的部分不一定是墓地的全部。从 11 座墓的随葬品看，没有 1 件奢侈品，该家族成员的社会地位与什邡城关墓地和荥经同心村墓地主人相同，属一般的普通民众。其他情况也与什邡城关墓地和荥经同心村墓地相同，随葬器物能明显反映死者的社会角色，人们在处理死去的亲人时，明显对具有战士身份的男性比较尊敬与重视。11 座墓中有 4 座随葬兵器，而且其中兵器较多的 M1 和 M10 其他遗物也明显多于其他墓葬。没有兵器的墓在陶器方面并无明显差异，与有兵器的墓相比，并没有明显的社会地位高低之分。

三、结　　语

　　通过上面的墓葬分析，对战国时期古蜀社会与观念意识可以得到如下几点初步的认识。

　　第一，战国时期的古蜀社会有着复杂的社会分层，处在不同阶层的人们死后墓葬规模，尤其是随葬器物上有着明显的区分，其中奢侈品的种类与多寡是区别不同等级身份的主要表征物。奢侈品以中原和楚文化风格的青铜器为主，只有统治阶层才有能力得到和制作这些物品，统治阶层借此来彰显与巩固他们特殊的社会荣誉与地位。

　　第二，应对战争是当时社会的头等大事，这个观念意识自上而下深入人心，这从等级最高的墓葬到最下层的普通民众的墓葬都随葬同样的成套兵器反映出来。为了适应这样一个新的形势，古蜀社会的政权体制做了大的调适，三星堆文化和十二桥文化（金沙）时期的神权政治已经衰微，代之的是至高无上的军政权。蜀王是最高军事首脑，下面各层官员都是大大小小的军事长官，他们统领着整个社会。在新的形势下，三星堆与金沙那种因神权政治的需要，整个社会耗费大量人力物力从事的各种宗教祭祀活动已无力顾及，无力生产那些华美的宗教神器，青铜原料主要用于制造实用的兵器。这一转变自然也引起了全社会整体观念的转变，保家卫国成为维系社会的精神纽带，是全社会的凝聚力所在，此时对人的重视程度明显高于神权政治时期。这种转变到底发生在什么时间，目前还不太清楚，从金沙遗址西周晚期出现大量船棺葬及大量墓葬开始随葬兵器分析，这种转变可能发生在西周晚期。这个问题有待金沙遗址的材料整理与研究。

---

　　① 　荥经严道古城遗址博物馆：《四川荥经南罗坝村战国墓》,《考古学报》1994 年第 3 期。

第三，作为普通民众，他们平时为农，战时为兵。为保家卫国而战，是全社会所有民众所应承担的社会责任与义务，并以此为荣，像什邡城关墓地、荥经同心村和南罗坝墓地那样的家族，人们在埋葬死者的时候，明显地表现出对保家卫国的战士特别尊敬与爱戴。

（原载《四川文物》2008 年第 2 期）

巴蜀地区的移民墓研究

在四川发掘的战国秦汉墓中，有一类墓葬其文化内涵与同时期的巴蜀墓葬迥异，其族属当是秦通过强制手段向巴蜀地区的移民。因此对这些墓葬在文化因素等方面作一些分析，对弄清移民的成分及一些相关历史问题无疑有所帮助的。本文讨论所依据的材料主要有下列几批：1953 年发掘的羊子山 M172[①]；1977 年发掘的荥经古城坪 3 座墓[②]；1979、1980 年发掘的青川 72 座墓[③]；1992 年发掘的成都龙泉北干道 34 座墓[④]；1956 年发掘的成都北郊天回乡 31 座墓[⑤]；1981、1982 年发掘的荥经曾家沟 6 座墓[⑥]。依据上述墓葬文化内涵的异同将其分成 A、B 两组分别进行讨论。

A 组包括羊子山 M172，荥经古城坪、青川、成都龙泉北干道。

B 组包括成都天回乡、荥经曾家沟。

一、A组墓的分析

1. 墓葬形制

皆为口大底小的长方形竖穴土坑墓，无封土、墓道，墓葬方向比较有规律，即南北向与东西向两种。青川墓地基本上属南北向，少数东西向，如 M1，由于人骨已腐朽，报告称多数为仰身直肢葬，但其头向何方，报告言之不明，仅 M1 根据其描述器物位置分析头向西。荥经古城坪 3 座墓均为东西向，其中 M1、M2 于棺内东头发现少许头骨碎片，可以看出头向东，推测 M3 亦如此。羊子山 M172 发现人骨架，为头东足西，仰身直肢。龙泉北干道墓葬方向也较为一致，大多为 25°～60°，人骨几乎腐朽不

---

① 四川省文物管理委员会：《成都羊子山 172 号墓发掘简报》，《考古学报》1956 年第 4 期。

② 荥经古墓发掘小组：《四川荥经古城坪秦汉墓葬》，《文物资料丛刊》（4），文物出版社，1981 年。

③ 四川省博物馆、青川县文化馆：《青川县出土秦更修田律木牍——四川青川县战国墓发掘简报》，《文物》1982 年第 1 期。

④ 成都市文物考古研究所、龙泉驿区文物管理所：《成都龙泉驿区北干道木椁墓群发掘简报》，《文物》2000 年第 8 期。

⑤ 四川省文物管理委员会：《成都东北郊西汉墓葬发掘简报》，《考古通讯》1958 年第 2 期。

⑥ 四川省文管会、雅安地区文化馆、荥经县文化馆：《四川荥经曾家沟战国墓群第一、二次发掘》，《考古》1984 年第 12 期。

存，葬式不明。墓内填土多数经夯打，少数不夯，青川和龙泉北干道墓葬填土都经夯打，青川墓还能找出夯窝及夯层，荥经古城坪墓葬填土未经夯打。使用白膏泥是这批墓中一个普遍的现象，有椁的一般在椁的上下四周都填白膏泥，无棺椁者一般也填白膏泥，如青川 M42 墓坑内满填白膏泥。有二层台的墓不多，均为生土二层台，仅见于青川，见于报道能够肯定的有 7 座，一般四周都留有，其中 6 座属棺椁俱全者，1 座属无葬具者，台上不放随葬品。

从葬具而言，A 组墓大致有四类：一是单椁单棺；二是有椁无棺；三是有棺无椁；四是无棺无椁。以第一类数量最多，青川墓地上述四类墓都有，第一类就占 45 座，而荥经古城坪仅有第一类，龙泉北干道基本属第二类。有椁室的墓，其椁室的做法基本一致，即用底板、墙板、挡板、盖板套合而成，墙板插入挡板两端的凹槽内，或挡板两端下削，墙板两端搭接其处，平面形成"Ⅱ"形。盖板以横铺居多，也有少数纵铺者，如龙泉北干道 M34，个别盖板之上还铺两三层桦树皮，这种情况见于青川。椁室底板之下大多横置 2 根垫木，荥经古城坪还发现于底板之下铺桦树皮者。有棺有椁的墓，其棺大多移向椁室的一侧或一端，空出部分集中放置随葬品。部分墓设置边箱集中放置随葬品，青川发现 13 座，龙泉北干道有 1 座（M34），青川 M37 边箱内还发现矩形条，将边箱隔成 3 个隔箱。有足箱的墓发现在荥经古城坪，设置在椁室的两端，集中放置随葬品。

综观上述，我们发现 A 组墓在墓葬形制上带有强烈的楚文化色彩，表现在以下几个方面。

（1）这组墓均为口大底小的竖穴土坑，无封土、墓道，这与楚墓的做法较一致，如雨台山发掘的 558 座楚墓墓坑几乎都是口大底小[1]，鄂城楚墓亦如此[2]，至于封土和墓道仅见于个别大型的墓葬。

（2）这组墓大多不设二层台，也与楚墓相一致，楚墓有留二层台者，但所占比例不大，如雨台山 558 座墓很少见二层台者，鄂城发掘的 30 多座墓中有 5 座留二层台，湖南益阳发掘的 29 座窄长竖穴土坑墓中有 12 座留二层台[3]。

（3）墓坑内填土大多经过夯实，这在楚墓中是一种常见的做法，如雨台山 558 座墓填土几乎都经夯实，益阳楚墓填土一般也经过夯打。

（4）普遍使用白膏泥，这是楚墓的一大特色，关于这一点，论述者较多，此不赘。

（5）关于葬式问题，能明确的青川墓地和羊子山 M172 均为仰身直肢葬，这也是楚墓中普遍的一种葬式，江陵地区发掘的 800 多座楚墓中能看出葬式的多数为仰身直

① 湖北省荆州地区博物馆：《江陵雨台山楚墓》，文物出版社，1984 年。
② 湖北鄂城县博物馆：《鄂城楚墓》，《考古学报》1983 年第 2 期。
③ 湖南省益州地区文物工作队：《益阳楚墓》，《考古学报》1985 年第 1 期。

肢葬[①]，与秦墓中盛行屈肢葬显然不同。能看出头向的羊子山 M172 和荥经古城坪墓人骨朝东，在楚墓中墓的方向较有规律，一般较大的楚墓东西向者居多，头向东，如望山 M1、M2 及沙冢 M1、藤店 M1，中小型墓绝大多数为南北向，头向南[②]，这与秦墓其头向多向西、向北不同，因此相比之下，这批墓接近于楚墓。

（6）A 组墓的棺椁质量和保存情况都较好，从这一点看也与楚墓接近，雨台山 558 座墓中有棺椁的大部分保存较好，尤其是边箱和足箱的做法乃是楚墓的一大特色，只是 A 组墓远不如楚墓复杂，这批墓的椁室扣接方法平面呈"Ⅱ"形也与楚墓相一致，只是后者的扣接方法更为复杂一些，前者方法更单一。

2. 随葬器物

除羊子山 M172 外，随葬器物以漆器和陶器为主，青铜器甚少。

（1）漆器：漆器出土数量较多是这批墓又一突出特征，如青川墓地在 400 多件随葬品中，陶器占 124 件，漆器就占 177 件，铜器仅 58 件，竹木器 50 件；荥经古城坪在出土的 41 件器物中，漆器就占 27 件；羊子山 M172 规模稍大，故出土铜器数量较多，共 41 件，同时也出土不少漆器，见于报道的有 9 件；龙泉北干道漆器保存情况较差，但据漆皮迹看，几乎每个墓都出土数量不等的漆器，计有盂、奁盒、耳杯等。A 组墓出土大量漆器的现象与同时期的巴蜀墓颇不一样，不仅在较早的巴蜀墓中不出漆器，如成都百花潭中学十号墓[③]、1973 年发掘的成都西郊战国墓都不出漆器[④]；稍晚的如大邑五龙巴蜀墓[⑤]也基本不见漆器，蒲江船棺墓[⑥]中也仅见少许漆痕；战国晚期的犍为巴蜀墓[⑦]中也几乎不见漆器。至于新都马家公社战国木椁墓[⑧]出土一定数量的漆器，而学界大都认为该墓带有强烈的楚文化色彩。因此我们可以这样认为，蜀地漆工艺原本并不发达。这批墓出土大量漆器与楚墓是一致的，楚墓中普遍随葬漆器是一大特色，如雨台山 558 座墓中，有 224 座墓中出土了漆木器，种类有 20 多种，900 余件，江陵马山 M1 出土漆木器 17 件[⑨]，而信阳 M1 就出土漆木器 150 余件，信阳 M2 也出土 120

①　郭德维：《江陵楚墓论述》，《考古学报》1982 年第 2 期。

②　郭德维：《江陵楚墓论述》，《考古学报》1982 年第 2 期。

③　四川省博物馆：《成都百花潭中学十号墓发掘记》，《文物》1976 年第 3 期。

④　四川省博物馆：《成都西郊战国墓》，《考古》1983 年第 7 期。

⑤　四川省文管会、大邑县文化馆：《四川大邑五龙战国巴蜀墓葬》，《文物》1985 年第 5 期。

⑥　四川省文物管理委员会、蒲江县文物管理所：《蒲江县战国土坑墓》，《文物》1985 年第 5 期。

⑦　王有鹏：《四川犍为县发现巴蜀墓》，《文物资料丛刊》(7)，文物出版社，1983 年；四川省博物馆：《四川犍为县巴蜀土坑墓》，《考古》1983 年第 9 期。

⑧　四川省博物馆、新都县文物管理所：《四川新都战国木椁墓》，《文物》1981 年第 6 期。

⑨　湖北省荆州地区博物馆：《江陵马山一号楚墓》，文物出版社，1985 年。

多件[①]。A 组墓出土的漆器多为生活用器，有盒、奁、碗、卮、梳、篦、双耳长盒、扁壶等。与早期楚墓区别甚大，雨台山楚墓从战国早期到战国中期（第三至五期），除耳杯、豆、梳、篦外，出土大量的镇墓兽、虎座飞鸟、虎座凤鸟悬鼓、樽、俎等。到第六期即战国晚期，镇墓兽、虎座飞鸟、虎座凤鸟悬鼓、俎、豆等明显减少，以生活用器的耳杯、梳、篦为主，且开始出现盒。从江陵凤凰山秦汉墓看，其出土漆器种类亦多，但不见早期楚墓中常出的虎座飞鸟、虎座凤鸟悬鼓、镇墓兽、方耳杯、豆等器物[②]。看来这些器物从战国晚期的楚墓中就明显开始减少，到秦汉时期已几乎绝迹。因此 A 组墓漆器从器类上看不同于早期楚墓，但与晚期楚墓相一致。例如，江陵马山 M1 出土漆器就以生活用器为主。计有耳杯、奁、盒、梳、篦、盘等。该墓时代属战国中晚期。但 A 组墓出土的双耳长盒、扁壶均不见于马山 M1，若将 A 组墓与云梦战国晚期至秦的墓相比则更接近。云梦墓葬此时期出土漆器同样以生活用器为主，计有耳杯、奁、盒、双耳长盒、扁壶、盂、梳、篦等[③]，与 A 组墓完全一致。双耳长盒、扁壶不见于早期楚墓，在云梦出在战国晚期至秦的墓中，西汉早期墓中也不见，其时代特征很明显。江陵 M168 出土的漆扁壶形制与此有别，时代要到西汉早期[④]。总的来说，A 组墓的漆器与楚漆器基本上是一致的，且一脉相承，下面分析几种主要的器物。

盒：在雨台山楚墓中已有出土，且可分四式，从其外形特征看，整个器身显得低矮。从其变化规律看，盖由矮变高，由凸弧形变成圈足形，盒身从平底变成圈足，第 Ⅳ 式已是盖和器身几乎等高，盖和盒底都已开始出现圈足。其年代下限不晚于公元前278 年。晚于雨台山楚墓属战国中晚期的马山 M1 所出的漆盒作双碗相扣形，器身明显增高，器外中部圆鼓，已与青川墓地出土的盒接近。相比之下，属战国晚期的云梦睡虎地 M7：7 号漆盒与青川的基本一致，荥经古城坪 M1 所出漆盒外形也属此种形制。可见 A 组墓所出漆盒与楚漆器中的盒是一脉相承的。

耳杯：在楚墓中常见方耳杯和圆耳杯，雨台山早期楚墓盛行翼形耳的方耳杯，稍晚一点的楚墓又开始出现圆耳杯，两种有并存的现象，但圆耳杯沿用的下限要晚一些，可到秦汉。属战国中晚期的马山 M1 不见方耳杯，云梦秦汉墓更不见方耳杯，A 组墓也不见方耳杯。圆耳杯早晚形制也有变化，早期的圆耳杯胎厚、口圆，半方半圆成弧形的平耳，如雨台山的一型Ⅱ式耳杯。雨台山二型Ⅰ式耳杯两耳作变形的月牙形，是方耳杯向圆耳杯的过渡形式。晚期口部呈椭圆形，上翘的月牙耳，到秦代的耳杯更小巧

①　河南省文物研究所：《信阳楚墓》，文物出版社，1986 年。

②　陈耀钧：《试论江陵楚墓的特点》，《江汉考古》1980 年第 2 期。

③　湖北省博物馆：《1978 年云梦秦汉墓发掘报告》，《考古学报》1986 年第 4 期；湖北孝感地区第二期亦工亦农文物考古训练班：《湖北云梦睡虎地十一座秦墓发掘简报》，《文物》1976 年第 9 期；孝感地区第二期亦工亦农文物考古训练班：《湖北云梦睡虎地十一号秦墓发掘简报》，《文物》1976 年第 6 期。

④　湖北省文物考古研究所：《江陵凤凰山一六八号汉墓》，《考古学报》1993 年第 4 期。

精致，如云梦出土的耳杯。早期楚墓的耳杯或黑漆素面，或内红外黑，仅在耳面耳侧或口沿用红黄漆绘以兽纹、花瓣纹、旋涡纹、云纹等。到战国中晚期已有在器内髹红漆，用朱红、暗红、黄、浅黄、金粉绘纹饰，甚至通体彩绘的，如马山M1。秦汉时耳杯一般器内朱红色，器外黑地上绘朱红、金黄、暗灰等色的图案。秦汉时还盛行针刻，烙印文字。A组墓常见的耳杯均为椭圆形，耳作月牙形上翘，显得小巧精致，是耳杯中晚期的形制。尤其是青川的Ⅳ式耳杯，器内黑地或朱地黑绘圆点。花草、变形凤纹和云纹图案，多数耳部或底部有针刻符号和文字。荥经古城坪所出耳杯有朱书文字，这些特征与云梦战国晚期至秦的耳杯颇为相近。耳杯流行时间长，在楚文化中是一脉相承的。

盒：A组墓出土较多，青川就出56件，荥经古城坪出土2件，羊子山M172出土2件。形制较清楚的是青川墓地所出的，器身矮胖，口略大于底、平底，盖略隆起，是战国晚期至秦流行的形制，与云梦睡虎地M11∶69接近。到汉初已开始变瘦高，且口底一般大，如江陵凤凰山M168所出者。

双耳长盒：见于青川和荥经古城坪，青川就出土12件，椭圆形盘、附长方形耳，弧形假足，通体髹黑漆，内有针刻符号。而云梦出土的也作这种形制，1978年发掘的云梦睡虎地墓所出土的8件中就有5件无花纹，器里涂红漆，器表涂黑漆，外底与盖顶有针刻符号。

扁壶：青川出土5件，圆口无盖，短颈，扁腹，长方形圈足，腹部黑地朱绘，对舞双凤，云梦出土的扁壶亦作这种形制。至于腹部的主题纹饰无重复者，但其手法风格相当一致。荥经古城坪出土1件作蒜头状口。漆扁壶是楚漆器受秦文化影响出现的一种新器形。

卮：见于青川墓地，器身较矮胖，平底，与云梦睡虎地M1所出者接近，江陵凤凰山M168汉墓所出卮则显瘦高。

梳、篦：在楚墓中出现较早，春秋时期就有了，一直流行到秦汉，且形制变化不大，只是早期多素面或纹饰大多简单，多作简单云纹，如雨台山楚墓所出的，青川出土的纹饰作凤鸟纹。

木俑：出在青川墓地M1，用木俑随葬是楚墓的一大特色。

（2）陶器：主要以青川墓地出土最多，属楚式器者主要有下列几种。

鼎：见于青川墓地，共12件，其中Ⅱ式就有9件，该式作子母口，有盖，盖上四纽。中间为衔环桥形纽，外有三个矩形纽，这种四纽的形制是楚式鼎的形制，其足高直也是楚式鼎的风格。该式鼎作平底，时代较晚，如湖北黄冈罗汉山战国中晚期楚墓中出有类似的陶鼎[①]，襄阳山湾属战国晚期的M4出土的平底鼎[②]也与之接近。Ⅲ式鼎

---

① 黄州古墓发掘队：《黄冈罗汉山楚墓》，《江汉考古》1987年第1期。

② 湖北省博物馆：《襄阳山湾东周墓葬发掘报告》，《江汉考古》1983年第2期。

1 件，形制与Ⅱ式接近，盖中部为半圆形纽，圜底、柱足，也是楚式鼎的风格。鄂城楚墓的Ⅴ式鼎和属战国晚期至汉初的襄阳蔡坡第Ⅳ式鼎 [1] 均与之接近。

豆：青川墓地出土 9 件，以Ⅰ式为主，共 6 件，该式作浅盘，高柄、底座较小，这种豆不同于巴蜀式豆，而楚墓中的豆多作这种形制。如江陵雨台山，陕家湾 [2] 和葛陂寺 [3] 楚墓均有这种豆。

壶：青川出土的Ⅰ～Ⅳ式陶壶均是楚墓中的常见器，其中Ⅱ式壶腹部有铺首，这种铺首壶在楚墓中出现在战国早期以后，延续时间很长。在楚墓中铜壶也常有作这种形制的，如雨台山Ⅰ、Ⅱ式铜壶，望山 M1 [4] 也有此种形制的铜壶。

盒：青川墓出土 9 件，以Ⅰ式为主，作双碗相扣形，Ⅱ式作盒盖有纽形。盒在楚墓中常出，但早期楚墓较少，且形制与此不同，早期楚墓如雨台山 558 座楚墓中，仅 M555 出土陶盒。类似于青川Ⅱ式陶盒，盒身碗状，盖顶有三卧兽状纽，腹部有对称铺首。江陵张家山 M201 楚墓（战国晚期）也出土类似的铜盒 [5]。青川Ⅰ式陶盒盖作圈足豆形，类似的在襄阳蔡坡楚墓中出土，但其腹部稍深，盖的圈足大而低矮，年代在战国晚期至汉初。宜昌前坪西汉墓出土的Ⅱ式盒 [6] 也与此类似。

总之，鼎、豆、壶，鼎、盒、壶在楚墓中也是一种常见的组合形式，如陕家湾 M2 的陶器基本组合为鼎、豆、壶。楚墓中还常伴出敦、簠，鄂城楚墓三、四、五组墓均以鼎、盒、壶为其基本组合。豆、盒还常共存。例如，江陵凤凰山 M38 [7]，襄阳蔡坡 M3 等为鼎、豆、盒、壶，青川 M23 也属此种组合形式。

双耳罐：青川墓地出土的 M57∶1，耳在肩部，这种双耳罐在湖北黄陂鲁台山春秋晚期墓 [8] 和襄阳蔡坡战国晚期 M5 中也有出土，且其形制很接近。

（3）铜器：以羊子山 M172 出土最多。

鼎：见于羊子山 M172 和青川墓地，羊子山 M172 出土的羽状蟠螭纹大鼎，无盖，束颈、深腹、圜底，该鼎与 1974 年当阳发现的春秋铜鼎造型颇为接近。同样形制的鼎亦出在当阳曹家岗 M5 祔葬坑中（K1∶2）[9] 及江陵望山 M1。青川墓地出土 2 件铜鼎，

① 湖北省博物馆：《襄阳蔡坡战国墓》，《江汉考古》1985 年第 1 期。

② 湖北省博物馆：《楚都纪南城的勘探与发掘》（下），《考古学报》1982 年第 4 期。

③ 郭德维：《江陵楚墓论述》，《考古学报》1982 年第 2 期。

④ 湖北省文化局文物工作队：《湖北江陵三座楚墓出土大批重要文物》，《文物》1966 年第 5 期。

⑤ 湖北省博物馆：《江陵张家山 201 号楚墓清理简报》，《江汉考古》1984 年第 2 期。

⑥ 湖北省博物馆：《宜昌前坪战国两汉墓》，《考古学报》1976 年第 2 期。

⑦ 郭德维：《江陵楚墓论述》，《考古学报》1982 年第 2 期。

⑧ 黄陂县文化馆、孝感地区博物馆、湖北省博物馆：《湖北黄陂鲁台山两周遗址与墓葬》，《江汉考古》1982 年第 2 期。

⑨ 湖北省宜昌地区博物馆：《当阳曹家岗 5 号楚墓》，《考古学报》1988 年第 4 期。

子母口、附耳、兽足，腹有凸棱一周、素面、无盖，这种鼎从总的风格看，与秦式鼎有着明显的区别，秦式鼎作球形腹，粗矮足，足跟隆起。相比之下更接近于楚式鼎。

盉：羊子山 M172 出土 1 件，小口、圆腹、平底，有鸟首形流，三蹄足，肩上有龙形提梁，龙首的一端有一铜环扣在流上，龙尾的一端则有铜环扣在盉口的盖上。这种器物在楚墓中是一种常见器，有铜质也有陶质，有报告将其称为镳壶。雨台山楚墓就出土陶质的 90 件，望山 M1 出土铜质者，淅川下寺 M1、M3 出土的提梁盉[①] 造型与羊子山 M172 的相近。

炉：见于羊子山 M172，内折沿，直腰、平底，有 3 个兽形蹄足，腹部有对称的系链小圆纽，腹部饰蟠螭纹。类似之器大多出在较大型的楚墓中，最早在淅川下寺春秋楚墓中已有出土，报告中称铜盘。其腹外鼓作圆腹状，耳有立耳和环形耳两种，望山 M1 也出土这种器物。这种风格的器物在四川邻近地区的秦墓中不见，更不是巴蜀式器物。

浴缶（报告中的罍）：见于羊子山 M172（M172：15），这是典型的楚式器，在较大型的楚墓中普遍出土，如淅川下寺春秋楚墓、擂鼓墩二号墓[②]。

盘、匜：往往成套伴出，见于羊子山 M172 和龙泉北干道 M34，这种器物秦墓中少见，巴蜀墓中不见，在楚墓中却相当普遍，且流行时间较长。一般小型楚墓多出陶质盘、匜，较大型的楚墓多出铜质盘、匜，如雨台山就出土陶质盘、匜 61 套，铜质的盘 3 件、匜 5 件。鄂城楚墓也出陶质盘、匜，其他如信阳楚墓，淅川下寺春秋楚墓，望山 M1、M2 均出土铜质盘、匜，且形制上也不乏相同者。

灯：见于羊子山 M172，形似高柄豆，直唇、平口，盘形中小，有一小尖钉，喇叭状圈足。这种器物也是楚墓中的常见器，如望山 M1 出土的就与之接近，其他如信阳楚墓有类似的陶质器及益阳楚墓出土的陶高柄豆形制也与之接近。

矛：见于龙泉北干道 M19、羊子山 M172，此种矛不同于巴蜀式矛，其形为矛身中脊隆起。断面呈菱形，骹口作叉状，骹上有穿，无耳，这是典型的楚式矛，一般楚墓中均有出土。

青铜剑：见于羊子山 M172，非巴蜀式剑，其形作圆茎有首带箍，乃中原式剑形，楚式剑亦作这种形制。

以上我们分析了 A 组墓中与楚文化较一致的器物，它在 A 组墓中占相当大的比例，反映出浓厚的楚文化色彩，同时在 A 组墓中也包含着其他文化因素的器物，如青川墓地出土的 I 式陶鼎与楚式鼎不同，却与 1979 年发掘的战国晚期的凤翔高庄 M2：4

---

① 河南省文物研究所、河南省丹江库区考古发掘队、淅川县博物馆：《淅川下寺春秋楚墓》，文物出版社，1991 年。

② 湖北省博物馆、随州市博物馆：《湖北随州擂鼓墩二号墓发掘简报》，《文物》1985 年第 1 期。

陶鼎接近[1]。青川墓地出土的双耳陶釜亦是秦式器,如陕西铜川王家河[2]和铜川枣庙[3]秦墓均出有此种陶釜。后来在秦、巴蜀、楚地战国晚期到秦汉普遍存在的双耳铜釜应是在此种器物的基础上发展而来的新器形。青川墓地出土的蒜头瓶和羊子山 M172 出土的茧形壶、2 件小铜鼎均是典型的秦式器。早期墓中巴蜀式器物很少,见青川墓地的绳纹圜底釜、荥经古城坪出土的单耳铜鍪、羊子山 M172 出土的 I 式矛。龙泉北干道晚期墓除有巴蜀地区常见的绳纹圜底釜、矮圈足的豆外,还出土大量的铁斧、铁锸、铁镰、陶折腹钵、陶甑等,与其他地区同时期的同类器接近。以上诸端反映了一种文化融合现象,而且这种融合程度愈晚愈深。

3. 年代与分期

青川墓地原报告认为出鼎、豆、壶的墓属战国中期,出鼎、盒、壶的墓属战国晚期,但豆、盒有同出者,如 M23,故很难以此为根据将其截然分开,对其年代分期当另寻出路。我们以 M23 为例,该墓从墓葬平面图可知,出土陶器有鼎、豆、盒、壶,漆器有耳杯、奁,不见漆扁壶、双耳长盒。鼎盖中有衔环纽,属 II 式,且青川墓地以此式鼎为主,豆属 I 式,盒属 I 式。由此观之,该墓当属较早的墓,可将其作为分期断代的标型墓。首先所出 II 式鼎作平底,江陵楚墓年代在白起拔郢(公元前 278 年)以前,尚不见此种平底式鼎,但晚期楚墓比较常见,前文已论。该式鼎与楚墓中战国中晚期的平底式鼎接近。I 式盒作双碗相扣形,盒在早期楚墓中少见,雨台山 558 座墓中仅 M555 出陶盒,且形制与此不同。这种双碗相扣的盒是战国晚期以后流行的风格,如襄阳蔡坡 M5 出土类似的盒时代在战国晚期,益阳楚墓中出此种盒的年代在战国末期至秦取益阳前。到西汉早期仍流行这种风格的盒,如江陵扬家山 M135[4]、宜昌前坪西汉墓[5]等都出土这种风格的盒。所出陶壶是战国中晚期流行的形制。综合以上分析,青川墓地 M23 大致年代在战国晚期。

另外共存关系较明确的 M1、M2、M26 出土双耳长盒、漆扁壶,这两种器物在早期楚墓中不见,在云梦睡虎地出在战国晚期至秦的墓中,且其形制也相同或相近,所出耳杯、卮和奁是战国晚期至秦的流行形制,M1 出的铜鼎也是偏晚的形制,甚至与宜昌前坪西汉初期的 M37 出土的 II 式陶鼎相近。综合以上分析,这三座墓的时代晚于M23,将其定在秦较为合适。

至于报告所言出鼎、豆、壶的墓较早,若排除 I 式鼎 2 件均出在 M2、III 式鼎 1 件出在 M40 外,其鼎形都应是 II 式,按上述对该式鼎的分析,这些墓的年代也不会超过

① 雍城考古工作队:《凤翔县高庄战国秦墓发掘简报》,《文物》1980 年第 9 期。
② 滕铭予:《关中秦墓研究》,《考古学报》1992 年第 3 期。
③ 滕铭予:《关中秦墓研究》,《考古学报》1992 年第 3 期。
④ 湖北省荆州地区博物馆:《江陵扬家山 135 号秦墓发掘简报》,《文物》1993 年第 8 期。
⑤ 湖北省博物馆:《宜昌前坪战国两汉墓》,《考古学报》1976 年第 2 期。

战国中晚期。

综上所述，青川墓地的年代上限不超过战国中晚期，下限要到秦。

荥经古城坪 M1 出漆双耳长盒、漆扁壶、单耳铜鍪，报告定在战国晚期至秦是正确的。M2 出土的陶罐、陶瓮属汉代风格的器物，加之出汉初"八铢半两"，故其时代较明确，在西汉早期。

龙泉北干道墓葬可分早、中、晚三期。早期包括 M12、M18、M19、M20 四座墓，代表性器物有 I、II 式单耳铜鍪和秦式戈、楚式矛、陶器盖。I 式鍪流行于战国中期，与新都马家公社木椁墓和大邑五龙 M18 所出铜鍪相同。II 式鍪主要流行于战国晚期，与陕西凤翔高庄出土的 M1：8 和湖北云梦睡虎地出土的 M10：17 相同。M12 所出器盖是四川战国墓中之常见器，与大邑五龙所出的 M4：9 相同，故早期的时代当在战国晚期。中期包括 M24、M31、M34 三座墓，代表性器物有 I 型 1 式陶瓮，II 型 1、2 式陶瓮，铜釜、双耳铜鍪、铜盘、铜匜、铜带钩等，其双耳铜鍪的使用年代上限在战国晚期，下限到西汉早期，主要流行于秦代。例如，1978 年发掘的云梦秦汉墓中，秦代墓中出土最为普遍，战国晚期和西汉早期墓出土较少。所出的陶瓮在四川大邑五龙战国中晚期墓，四川茂汶石棺葬 BM6、BM7[①] 和涪陵小田溪汉初墓[②] 中均有出土，从形制来看，北干道 M34 所出者介于大邑五龙和涪陵小田溪、茂汶石棺葬所出的陶瓮之间，比前者矮胖，比后者瘦高，故其时代应间于二者之间。铜釜的使用年代在战国晚期至西汉早期，秦代墓中出土较为普遍。故综合以上分析，中期的年代定在秦较为合适。除早、中期的 7 座墓外，其余均属晚期墓。晚期墓铁器增多，几乎每个墓都有，并开始出土印章，代表性的器物有特别矮胖的陶瓮、陶折腹钵、铁斧、铁锸、铁镰等。陶瓮与成都天回乡西汉墓和涪陵小田溪汉初墓所出者相同，同样形制的陶折腹钵在四川理县佳山石棺葬[③] 中大量出在西汉早期的墓中。所出印章从形制到字体都是汉代的风格，部分墓还出土属明显的汉"半两"钱。故其时代当在西汉早期。

羊子山 M172 的时代，宋治民先生已有较精当的论述[④]，认为其时代当在秦，笔者从其说。

————————————

① 四川省文物管理委员会等：《四川茂汶羌族自治县石棺葬发掘报告》，《文物资料丛刊》（7），文物出版社，1983 年。

② 四川省文物管理委员会、涪陵县文化馆：《四川涪陵西汉土坑墓发掘简报》，《考古》1984 年第 4 期。

③ 阿坝藏族自治州文物管理所、理县文化馆：《四川理县佳山石棺葬发掘清理报告》，《南方民族考古》（第一辑），四川大学出版社，1987 年。

④ 宋治民：《略论四川战国秦墓的分期》，《中国考古学会第一次年会论文集》，文物出版社，1980 年。

二、B组墓的分析

1. 墓葬形制

　　荥经曾家沟 6 座墓均为口大底小的长方形竖穴土坑，没有墓道和封土，方向均为东西向，其中可判明头向者 4 座（M12、M13、M15、M16），均朝西。坑内填土为五花土，经过夯实。椁室四周及椁盖椁底部填白膏泥，厚 10～15 厘米。有二层台者 4 座，其中 M1、M16 于南北西三面留熟土二层台，M13 四边留熟土二层台，M15 仅于西端留熟土二层台。除 M15 仅于二层台上随葬器物外，其余二层台上均无随葬品。此外，M11、M16 于西端设龛状头箱，集中放置随葬品。棺椁保存较好，其中一棺一椁的墓 4 座，有椁无棺的墓 1 座，有棺无椁的墓 1 座。

　　成都北郊天回乡共清理 31 座墓，其中 19 座被破坏，3 座早年被盗。墓坑均为长方形竖穴土坑，无封土、墓道，墓口与墓底大小相同。M18 还发现小龛 2 个，南北壁各一，在墓壁中间，龛底与墓底平。墓的方向计南北向的 13 座，东西向的 18 座。能判明头向者 10 座，其中北向者 1 座，南向者 2 座，东向者 2 座，西向者 5 座。墓内填土黄褐色，未夯，一般墓坑的四壁及坑底都涂白膏泥。在有木椁的墓中，白膏泥涂在木椁的周围。葬具绝大多数已腐朽，发现木椁痕迹的墓 10 座，其中 6 座木椁结构已不清，但可看出木椁紧靠墓坑四壁，因而椁室与墓坑同样大小，随葬品放置在椁室内。发现木棺痕的 25 座，其中 2 座（M28、M29）属双棺，其余均为单棺。

　　综观上述，我们发现 B 组墓与 A 组墓在墓葬形制上不相类，而表现出更多的秦文化色彩，具体反映在以下几个方面。

　　（1）墓坑有口大底小和墓壁垂直两种，其中口大底小的做法既见于楚墓，也见于秦墓，但墓壁垂直的做法却是秦墓的一大特色，虽然楚墓中也偶见这种现象，却极少。而秦墓才普遍存在这种做法，如陕西铜川枣庙清理的 25 座秦墓，均为墓壁垂直，平整光滑[①]。陕西凤翔西村秦墓也有这种做法[②]，宝鸡西高泉村 3 座春秋秦墓墓壁也垂直[③]。

　　（2）人骨以朝西、朝北为主，这与楚墓普遍朝东、朝南不同，而与秦墓相一致。

　　（3）荥经曾家沟墓葬普遍设熟土二层台，同于秦墓。例如，铜川枣庙的 25 座墓均有熟土二层台。陕西朝邑仅有的 2 座竖穴土坑墓都在四周设熟土二层台[④]。1981 年发掘

---

①　陕西省考古研究所：《陕西铜川枣庙墓地发掘简报》，《考古与文物》1986 年第 2 期。

②　雍城考古队：《陕西凤翔西村战国秦墓发掘简报》，《考古与文物》1986 年第 5 期。

③　宝鸡市博物馆、宝鸡县图博馆：《宝鸡县西高泉村春秋秦墓发掘记》，《文物》1980 年第 9 期。

④　陕西省文管会、大荔县文化馆：《朝邑战国墓葬发掘简报》，《文物资料丛刊》（2），文物出版社，1978 年。

的凤翔八旗屯 10 座春秋战国秦墓都有熟土二层台[①]。楚墓虽然也设二层台，但并没秦墓普遍，所占比例较秦墓小，相比之下，荥经曾家沟古墓葬更接近秦墓。

（4）荥经曾家沟的龛状头箱实际上与楚墓的头箱是有区别的，应是头龛与头箱的一种结合形式。秦墓中头箱的做法也较普遍，天回乡也发现 1 座有壁龛，也与秦墓一致。楚墓中虽然也有头龛的现象，但大多在战国早期较小的墓。战国中期以后楚墓的壁龛极少，且用途与早期不同，并非用来集中放置随葬品。而秦墓是战国中期以后才开始流行壁龛的做法，由此而演变成后来的洞室墓。陕西铜川枣庙 M1 的龛状头箱的做法就与曾家沟的基本相似。

B 组墓在墓坑做法上也表现出一些文化融合现象，如白膏泥的做法同于楚墓，由于南方潮湿，因此接受了用白膏泥保护木椁的做法。

2. 随葬器物

荥经曾家沟墓葬随葬器物以陶器和漆器为主。值得注意的是，其陶器组合主要是釜、罐，与楚墓的鼎、豆、壶，鼎、盒、壶，鼎、敦、壶等的组合形式不同，不见一件楚式风格的器物，相比之下更接近于秦墓。例如，陕西凤翔西村战国秦墓以鬲、盂、罐和釜，盂、罐为主要组合形式。荥经曾家沟的接近于 2 种组合形式，只是不见盂，没有完全保留秦地的组合形式。组合器物变得很简单，这种现象在其他地区也有，如甘肃天水西山坪秦墓仅出陶罐[②]。从陶器形制看仍保留了秦地的基本风格，如曾家沟的 I 式陶罐与铜川枣庙战国中期的 A 型 I 式、B 型 III 式陶罐相近，同样形制的陶罐还出在朝邑战国中晚期的墓中。曾家沟出土的 III 式陶罐与陕西清涧李家崖出土的 B 型 V 式陶壶[③]接近。类似的陶罐还见于陕西凤翔高庄战国中期的 M3，以及甘肃天水西山坪的秦汉墓中。荥经曾家沟以 II 式陶釜为主，这种陶釜与巴蜀式陶釜有别，而与西安半坡战国中期晚段的 M66：1[④] 和大荔朝邑战国中期晚段的 M107：3 接近。类似的陶釜还有凤翔西村的 M40：3，时代属战国中期早段。可见基本组合的陶器均是秦式风格的器物。所出的漆奁、双耳长盒及耳杯应是受楚文化的影响，I 式陶釜和圜底罐属巴蜀式陶器，反映在文化上已有相当程度的融合。

成都北郊天回乡墓葬由于时代较晚，从随葬器物看，与同时期的中原文化开始接近，其中陶蒜头壶是秦式器，铜釜及铜甑在秦汉时期的巴蜀、楚、秦等地普遍存在，青铜剑是中原式的，铜镜也与同时期的中原铜镜无区别。

---

① 陕西省雍城考古队：《一九八一年凤翔八旗屯墓地发掘简报》，《考古与文物》1986 年第 5 期。

② 中国社会科学院考古研究所甘肃工作队：《甘肃天水西山坪秦汉墓发掘纪要》，《考古》1988 年第 5 期。

③ 陕西省考古研究所陕北考古队：《陕西清涧李家崖东周、秦墓发掘简报》，《考古与文物》1987 年第 3 期。

④ 金学山：《西安半坡的战国墓葬》，《考古学报》1957 年第 3 期。

3. 年代与分期

荥经曾家沟所出陶器前已述及，基本属战国中期或中晚期的风格。考虑到 M12、M16 出土漆奁和漆双耳长盒，漆奁属战国晚期的形制，与云梦同期所出漆奁一致。双耳长盒属战国晚期至秦的器物，故这两座墓时代当在战国晚期。其他不出上述两种器物的墓年代当略早于 M12、M16，大约在战国中晚期。

成都北郊天回乡墓葬由于出土钱币，所出器物时代特征也很明确，当为西汉早期。

三、相关问题的讨论

从以上对 A、B 两组墓的分析得知，以 A 组墓数量最多，文化特征较为明显，其族当属楚人。《华阳国志·蜀志》讲："周赧王元年，秦惠王封子通国为蜀侯，以陈壮为相。置巴郡。以张若为蜀国守。戎伯尚强，乃移秦民万家实之。"[1] 估计所移之民并非秦人，当为楚人的可能性较大。从当时的历史背景看，秦在对六国的兼并战争中，其人死亡必多，而秦原本人口就少，《通典·食货门》就讲："鞅以三晋地狭人贫，秦地广大人寡，故草不尽垦，地利不尽出；于是诱三晋之人，利其田宅，复三代，无知兵事，务本于内，而使秦人应敌于外。"[2] 同样的说法亦见于《商君书·徕民》[3]，采取免三代人赋税以招来三晋之民，可见其地广人稀的状况。云梦秦简《法律答问》："真臣邦君有罪，致耐罪以上，令赎。可（何）谓真？臣邦父母产子及产他邦而是谓真。可（何）谓夏子？臣邦父、秦母谓也。"[4] 这里的"臣邦父"即是秦人所指的少数民族男子，而臣邦父、秦母所生的孩子不算少数民族，这是一种鼓励人口增长的措施。秦不仅无力向外大量移民，且移民是一件痛苦的事，大量移秦民于外，必动摇其统治基础。在秦的移民史上，往往将占领地方的人民移向别处，这样既削弱了移出地之土著势力，同时也削弱了移居之地的土著势力，这样的例子较多，如《史记·货殖列传》："蜀卓氏之先，赵人也，用铁冶富，秦破赵，迁卓氏……诸迁虏少有余财，争与吏，求近处，处葭萌。"[5] 《史记·秦本纪》："魏献安邑，秦出其人，募徙河东赐爵，赦罪人迁之。"[6] 秦要兼并六国，不可能每占领一地便移大量秦人镇守，移民乃是削弱地方势力的一种有效办法。另外，秦灭蜀后，采取了封侯置相的办法，且封三个蜀侯都反叛，如果移秦

---

① （晋）常璩撰，刘琳校注：《华阳国志》，巴蜀书社，1984 年，第 194 页。

② （唐）杜佑：《通典》卷一《食货一》，中华书局，1988 年，第 6 页。

③ 《诸子集成》第五册《商君书·徕民》，上海书店影印出版，1987 年，第 26 页。

④ 睡虎地秦墓竹简整理小组编：《睡虎地秦墓竹简》，文物出版社，1990 年，第 63 页图版、第 135 页释文。

⑤ （汉）司马迁：《史记》，中华书局，1985 年，第 3277 页。

⑥ （汉）司马迁：《史记》，中华书局，1985 年，第 212 页。

民万家镇守蜀地的话，这种情况似可避免。这从另一侧面证明秦移万家于蜀的并非秦人，而很有可能就是楚人。A组墓的这批楚移民，很可能便是白起拔郢（公元前278年）以后移往蜀地的。A组墓的年代上限不超过战国中晚期，与历史正相吻合。在这批楚移民中还包括一些楚国的贵族，羊子山M172的墓主可能就是楚国贵族。

B组墓的数量远不及A组墓，以秦文化因素为主，其族当属秦人，这批秦人很可能就是文献中所讲的秦之罪人。商鞅就曾将他所谓的乱化之民尽迁于边地。《史记·商君列传》就讲："秦民初言令不便者有来言令便者，卫鞅曰：'此皆乱化之民也'，尽迁之于边城。其后民莫敢议令。"①《史记·秦始皇本纪》：（始皇）九年，嫪毐舍人夺爵，"迁蜀者四千余家，家房陵。"②不仅蜀地，秦经常性将罪人迁之于被占之地，如《史记·秦本纪》："昭襄王二十六年，赦罪人迁之穰。"③"（昭襄王）二十七年，错攻楚，赦罪人迁之南阳。"④"（昭襄王）二十八年，大良造白起攻楚，取鄢、邓，赦罪人迁之。"⑤作为罪人的B组墓葬，其陶器组合简单化是可以理解的。

上述的楚移民和秦移民，他们在蜀地采取了聚居的形式，因此他们的墓葬分布都较为集中，在丧葬习俗上大部分仍保留了一定旧有的传统。但由于与当地的频繁接触，相互融合，在饮食器皿方面也会发生一些改变，故反映在随葬器物上的文化融合现象。甚至反映在墓葬做法上，如B组墓使用白膏泥是为了适应南方潮湿环境的需要。这种文化融合现象愈晚期程度就愈深。

这批移民客观上对巴蜀地区经济的发展和开发起了积极作用。首先表现在漆器手工业上，前面我们已论及，土著的巴蜀墓葬中基本不见漆器，仅个别墓发现少许漆痕，而大量的漆器都出在移民墓中，说明蜀国本地的漆工艺并不发达。而在秦汉时期，许多地区出现大量的带"成亭""成市"等印记的精美漆器，大多认为其制造当出自蜀郡。像这样先进的漆工艺当不会在漆工艺原本落后的蜀地突然出现，也不会来自北方，因为早期秦墓都很少出漆器，如1978年发掘的宝鸡西高村春秋秦墓不出漆器，1979、1980年发掘的陕西凤翔西村战国秦墓不出漆器。1979年发掘的战国晚期早段的凤翔高庄秦墓出土少量漆木器，西安半坡战国秦墓M24的木杖有髹漆残痕，M8、M38有漆器片。可见秦国漆器原本也不发达。河南泌阳秦墓出土大量漆器，其时代属秦统一后⑥，已很晚，漆器风格与同时的云梦和蜀地漆器相一致，应是受影响的结果。因此巴蜀漆器也不是在秦国漆器的基础上发展起来。楚国漆器历史悠久，且工艺先进，巴

---

① （汉）司马迁：《史记》，中华书局，1985年，第2231页。

② （汉）司马迁：《史记》，中华书局，1985年，第227页。

③ （汉）司马迁：《史记》，中华书局，1985年，第213页。

④ （汉）司马迁：《史记》，中华书局，1985年，第213页。

⑤ （汉）司马迁：《史记》，中华书局，1985年，第213页。

⑥ 驻马店地区文管会、泌阳县文教局：《河南泌阳秦墓》，《文物》1980年第9期。

蜀漆器又与之一脉相承，风格特征也较为一致。巴蜀漆器发展起来的直接原因与楚移民有关。楚移民中就有一部分楚国的漆工匠，他们把先进的漆工艺带到了蜀，加之蜀地为重要的产漆之地，《华阳国志·巴志》就讲巴地产"丹、漆"，《蜀志》也讲蜀有"漆、麻、纾之饶"。秦汉政府才利用楚移民工匠在蜀郡设置工官专门生产漆器，以致巴蜀漆器后来名满天下。外来移民对巴蜀经济的开发功劳是不可磨灭的，仅从这一点看，对秦的移民政策应是值得肯定的。关于移民墓以后还会有发现，值得引起注意和作进一步的研究。

（原载《四川文物》1996 年第 1 期）

岷江上游的石棺墓

中国西南地区的石棺墓自冯汉骥先生 1938 年首次在汶川县雁门乡萝葡砦发现并清理一座以来，已陆续发掘了大量这类的墓葬，其分布遍及岷江、大渡河、雅砻江、金沙江和澜沧江流域的川西高原及滇西北高原的广大地区。从现有的资料看，不同流域的石棺墓在文化特征上还存在不同程度的差异。目前以岷江上游的材料最丰富、最系统，因此也最为重要，有关的研究也较多，所讨论的问题主要集中在年代分期、文化特征和族属等上。有些问题仍有进一步讨论的必要，以下便是笔者对一些问题的粗浅看法。

一、典型墓群的分析与分期

1. 茂县撮箕山墓群

茂县撮箕山石棺墓地最初于 1984 年由四川省文物管理委员会和阿坝藏族自治州文物管理所联合发掘，共清理 64 座，这批墓葬排列有序，按分布情况分为西区（B 区）和东区（A 区）。1986 年，茂县羌族博物馆配合当地砖厂取土继续在 B 区清理了 360 座，出土遗物与同区 1984 年发掘清理的一致。上述两批材料没有正式发表，仅见于徐学书先生撰写的有关论文中 [1]。由于没有报告发表，其墓葬形制不清楚，有关其分期与年代，徐文称："根据 1984 年发掘清理墓葬的打破叠压关系和器物演变情况可分九期"，年代上限"约当中原夏商时期"，下限"约当战国中期"。徐文所谓的分期依据即叠压打破关系在文中并未说明，将徐文所发表的陶器恢复到各墓葬中去，可以清楚地发现，此批墓葬可分成以下 5 组。

第 1 组：以 AM5、AM10 为代表。陶器有无耳罐、尖底罐、尖底双耳罐、豆等，以尖底器最具特色。

第 2 组：以 AM1、AM2、BM57 为代表。陶器有无耳罐、敛口罐、钵等。

第 3 组：以 AM21、AM25、AM30 为代表。代表性陶器有双耳罐、单耳罐、无耳罐、钵等。

第 4 组：以 AM33、BM31 为代表。代表性陶器有单耳杯、高圈足豆等。

---

① 徐学书：《岷江上游石棺葬文化综述》,《四川大学考古专业创建三十五周年纪念文集》, 四川大学出版社，1998 年。

第 5 组：以 BM32 为代表。代表性陶器有无耳罐、暗旋涡纹双耳罐、无耳杯等。

从以上 5 组的陶器群看，第 2～4 组都是以平底器、圈足器、平底的双耳和单耳器为基本组合，而且一脉相承，其中的双耳罐可延至汉代，其形态演变也十分清楚。唯第 1 组以尖底器为主，与其他各组区别较大。徐文将其放在了第 2、3 组之间，显得格格不入，而且尖底器在以后的营盘山、茂县城关、理县佳山等较晚的墓中均不见，因此可以推测第 1 组当为偏早阶段的墓葬。其他几组由于没有层位关系，因此其早晚关系只有抓住含有明确时代特征遗物的墓葬用类型学加以推定。首先从第 5 组 BM32 来看，其所出的暗旋涡纹双耳罐与茂县城关 DM12、CM8 所见的暗旋涡纹双耳罐比较接近[①]，其时代应相去不远。而茂县城关 CM8 出土铁釜、铁罐、铁锄等较晚的遗物，因此可以推测第 5 组应是偏晚阶段的墓葬。第 4 组的单耳杯、高圈足豆与茂汶营盘山石棺墓出土的同类器相一致[②]。而营盘山石棺墓中所见的乳钉旋涡纹罐与牟托一号石棺墓所见的乳钉旋涡纹罐相一致[③]，且第 4 组和营盘山出土的高圈足豆加上双耳则颇似牟托一号石棺的双耳陶簋，因此可以推测它们的年代应大体相当。从上述墓葬均不见铁器分析，时代当早于第 5 组墓。第 2、3 组墓不见铁器和明显的晚期特征陶器，而且可以看出第 4、5 组墓葬中的陶器与之有明显的承袭发展关系。综合分析，基本可推定第 1～5 组墓的依次早晚关系。

关于撮箕山墓葬的年代，从前面所分各组墓的陶器群来看，第 2～5 组墓的陶器组合比较一致，其发展一脉相承，因此其时代应是早晚紧密衔接。而第 1 组墓的陶器与第 2 组以后区别较大，明显不能衔接，在时间上应有一定的缺环。

第 1 组墓陶器以尖底器最具代表性，尖底器在成都平原流行于商代晚期至春秋，个别可延至战国。而撮箕山第 1 组墓所见的尖底罐是春秋时期流行的形制，如撮箕山 AM10：2 尖底罐与新一村春秋前期所见的尖底罐形态相一致[④]，由此推断第 1 组墓的年代约在春秋前期，为该批墓葬的年代上限。最晚的第 5 组，前面已述及其所见的暗旋涡纹双耳罐与茂县城关 DM12 所见的暗旋涡纹双耳罐比较接近。而在茂县城关 CM8 中暗旋涡纹双耳罐与铁釜、铁罐、铁锄等铁器共存，这些铁器在成都平原及川西南的巴蜀墓中多见于西汉早期，上限不会早于秦，说明该式双耳罐距离西汉早期不会太远。考虑到撮箕山第 5 组墓未见上述铁器，亦不出半两钱币，时代明显早于茂县城关 CM8，可推定在战国末至秦，为该批墓葬的年代下限。确立了墓葬的年代上、下限，其他各

---

① 四川省文管会、茂汶县文化馆：《四川茂汶羌族自治县石棺葬发掘报告》，《文物资料丛刊》（7），文物出版社，1983 年。

② 茂汶羌族自治县文化馆：《四川茂汶营盘山的石棺葬》，《考古》1981 年第 5 期。

③ 茂县羌族博物馆、阿坝藏族羌族自治州文物管理所：《四川茂县牟托一号石棺墓及陪葬坑清理简报》，《文物》1994 年第 3 期。

④ 江章华：《成都十二桥遗址的文化性质与分期研究》，《四川大学考古专业创建三十五周年纪念文集》，四川大学出版社，1998 年。

组的年代也就不难推定。前面已述及，第 4 组墓所见的豆和单耳杯与营盘山所见的同类器形制相同，而营盘山石棺墓出土的乳钉旋涡纹罐与牟托一号石棺的乳钉旋涡纹罐接近，其时代也应大体相当，为战国晚期，第 4 组墓的年代也应在战国晚期。依此上推则第 3 组墓约在战国中期，第 2 组墓则在战国早期，第 1 组墓与第 2 组墓之间缺春秋后期这一时间段，与陶器所反映出的第 1 组墓与第 2 组墓之间有时间缺环是相吻合的。

2. 茂汶营盘山墓地

1979 年，茂汶羌族自治县文化馆在北距茂汶羌族自治县 5 千米、岷江东岸的营盘山清理了 10 座石棺墓，皆为长方形竖穴土坑石棺墓，无底板。M2 和 M3 较为特殊，并列处于同一坑中，棺内砌内外两头箱，棺盖分三层，下层为 6 块石板从脚端向头端叠盖，中层为厚 8～30 厘米的黄土，并夹不规整的石板和石块，上层盖 5 块石板。出土遗物 250 余件。其中较丰富的有 M2、M3 两座。代表性的陶器有乳钉旋涡纹罐、素面罐、豆、单耳杯、平底无耳杯；铜器有剑、构形器、管、铜泡、镜等，未见钱币和铁器①，其中的单耳杯和豆与茂县撮箕山第 4 组的单耳杯和豆相同，应为同一时期的墓葬，即战国晚期。

3. 茂县牟托一号石棺墓

1992 年 3 月，茂县南新乡牟托村一村民在村后山脊"狗圈梁子"开荒时发现，由茂县羌族博物馆和阿坝藏族羌族自治州文物管理所联合进行了清理，同时发现和清理的还有 3 座器物坑。根据报告推断，1 号坑当为一号墓的陪葬坑，2 号坑当为另一墓的陪葬坑，3 号坑为水冲积二次形成②，因此我们只分析一号墓和 1 号坑。一号墓为土坑竖穴石棺墓，无底板，铺较纯净的板岩碎石层，其上再铺一层 2 厘米厚的细黄土，棺内头端隔出三层头箱。一号墓和 1 号坑出土大量青铜器，这些青铜器年代不尽一致，早晚年代相差较大。其中的罍可早到西周时期，部分三角援无胡铜戈与宝鸡弳国墓③和彭县竹瓦街窖藏青铜器④所见的西周早期三角援无胡铜戈相同，铜戟也同于彭县竹瓦街出土的西周早期铜戟。"与子"鼎在楚文化地区为春秋时期的形制；中胡三穿戈为巴蜀地区战国时期的典型形制；两穿居于正中的巴蜀柳叶形剑为战国早期的典型形制；长骹柳叶形矛在巴蜀墓中多流行于战国早期。在众多的青铜器中，时代最晚的可能是 M1 出土的 C 型剑、铜柄铁剑和 K1 出土的两柄近似于 C 型剑的青铜剑（K1：10、

① 茂汶羌族自治县文化馆：《四川茂汶营盘山的石棺葬》，《考古》1981 年第 5 期。

② 茂县羌族博物馆、阿坝藏族羌族自治州文物管理所：《四川茂县牟托一号石棺墓及陪葬坑清理简报》，《文物》1994 年第 3 期。

③ 卢连成、胡智生：《宝鸡弳国墓地》，文物出版社，1988 年。

④ 王家祐：《记四川彭县竹瓦街出土的铜器》，《文物》1961 年第 11 期；四川省博物馆、彭县文化馆：《四川彭县西周窖藏铜器》，《考古》1981 年第 6 期。

K1：11）。营盘山 M3 也曾出两柄近似于 C 型的青铜剑，其时代可能在战国晚期。从上述可以看出，青铜器的年代跨度较大，以其最晚的器物判定墓葬的年代当在战国晚期。最能代表墓葬年代当是陶器，M1 出土的陶器有双面牛头纽盖漆绘罐、平底小杯、小罐、簋、乳钉旋涡纹罐等。其中，乳钉旋涡纹罐同于营盘山的乳钉旋涡纹罐，漆绘罐和平底无耳小杯也同于营盘山和撮箕山第 4 组墓的同类器，而簋除去双耳与营盘山和撮箕山第 4 组墓所见的豆很接近。因此有理由推测牟托一号石棺墓从陶器特征分析年代应与营盘山和撮箕山第 4 组墓葬的年代相当，即战国晚期。

4. 茂县城关墓群

四川省文物管理委员会和茂县文化馆于 1978 年在茂汶羌族自治县县城东北进行过两次发掘，共清理墓葬 46 座，墓葬形制分三种：第 1 种为石条（或碎石板）作盖、石板作壁的小型墓，共 16 座，分布于 D 区；第 2 种为方石板作盖和壁的大型墓，共 26 座，分布于 A、B、C 三区；第 3 种为石条作盖、石块和卵石砌壁的墓，共 4 座，分布于 B 区。出土遗物 1400 多件[①]。这批墓葬排列密集而有序，未发现叠压打破关系，墓向基本一致，各墓之间相距 0.5～5 米，可以明显地看出墓葬横列成数排。已发掘的墓葬可分为 A、B、C、D 四个区，其中 A 区 11 座，B 区 11 座，C 区 8 座，D 区 16 座。按照报告中的墓葬登记表将出土钱币和共存关系较为典型的墓葬遗物恢复到原来的墓中，可以看出这批墓葬明显可分成 4 组。

第 1 组：以 DM5 为代表，包括 D 区出土旋涡纹罐（报告中的Ⅲ式罐）、未出土双耳罐的墓葬。代表性陶器有敞口罐、敛口罐和旋涡纹罐等，其中的旋涡纹罐与营盘山的旋涡纹罐形态基本一致，推测该墓的年代与营盘山石棺墓相当，在战国晚期。

第 2 组：以 DM12 为代表，包括 D 区出土旋涡纹双耳罐（报告中的Ⅰ式双耳罐）的墓葬。典型陶器有双耳旋涡纹罐、单耳罐；铜器有剑；另有项珠、海贝、残漆木器等。其中的双耳旋涡纹罐接近茂县撮箕山第 5 组墓中的双耳旋涡纹罐，因此其时代当与撮箕山第 5 组墓的年代相当。

第 3 组：以 AM1、AM2、AM3、AM6、AM9、AM11、BM1、BM6、BM7、BM8、BM10、CM1、CM6、CM7 为代表。其器物组合基本相类，典型陶器有圆口双耳罐、菱口双耳罐、单耳罐、瓮、无耳罐、矮圈足豆；铜器有鍪、釜、盘、钺等；铁器常见釜、鍪、剑、斧、锄等；另外还有铜柄铁剑、项珠、漆木器、半两钱币等。从中可以看出 BM6、BM7 所见的陶瓮（即报告中的Ⅵ式罐），身体矮胖，在成都平原普遍出土在西汉早期的墓中。AM1 中的Ⅶ式罐、AM2 中的Ⅻ式罐、AM9 中的Ⅺ式罐及 BM6 和 AM9 中的折腹钵等均是西汉早期墓中的常见器物。大多数墓中都有铁釜和铁鍪，这两种器物

---

① 四川省文管会、茂汶县文化馆：《四川茂汶羌族自治县石棺葬发掘报告》，《文物资料丛刊》（7），文物出版社，1983 年。

均是巴蜀文化的典型器，但战国至秦均无铁质者发现，发现铁釜、铁錾的墓均为西汉早期。半两钱虽可早至战国，但其中的Ⅱ、Ⅲ、Ⅳ式半两钱明显为西汉早期的特征，Ⅰ式半两钱在西汉早期的墓中也有发现。因此综合分析，该组的年代当在西汉早期。

第4组：以BM3为代表，典型陶器有高领小罐、扁球腹罐、釜、矮圈足豆等；另伴随"五铢"钱出土。矮领小罐和扁球腹罐在成都平原经常出土在西汉中晚期甚至东汉时期的墓中，并常与"五铢"钱伴出。因此其时代在西汉中晚期，下限可到东汉初期。

5. 理县佳山墓群

佳山墓群位于阿坝藏族羌族自治州理县东部桃坪羌族乡，岷江上游支流杂谷脑河南岸。该墓群分布密集，排列整齐，墓向皆依山体走向，头向山顶，脚向山麓。各墓之间的距离一般为0.5～3米，横向排列，凡位于同一墓地同一横排的墓葬时代基本一致，相邻墓地的墓葬时代也相近。1984年6月，阿坝藏族自治州文物管理所和理县文化馆抢救性清理了15座，除1座毁坏外，其余墓葬形制大致有四种：第1种数量最多，有9座，为不甚规则的长方梯形竖穴土坑石棺墓，皆无底板，仅Ⅰ M2 墓底铺一层2厘米厚的灰；第2种仅1座，为双层无底石棺墓，将尸体和随葬器物埋入底层，盖上顶盖后再于其上叠造上层棺，上层棺内空不置物；第3种有2座，为石块砌边墙，石板盖顶，其中Ⅲ M2 两壁有壁龛；第4种有2座，为独木棺，皆整木劈凿而成，横断面呈"U"形，棺身与棺盖之间做成子母口相扣合。这批墓葬几乎都出土数量不等的铁器，其中有3座出土"半两"钱，1座出土"五铢"钱，不出钱币的墓与出土钱币的墓器物组合大体相同[①]，其"半两"钱均是西汉早期墓中所常见者，因此这批墓葬的年代当不出西汉的范围，大致可分成以下两组。

第1组：出土"半两"钱的墓和器物组合与之相类的墓，代表性的有Ⅰ M2、Ⅰ M4、Ⅱ M1、Ⅱ M2、Ⅱ M3、Ⅲ M1、Ⅲ M2、Ⅲ M3 等。典型陶器有Ⅰ～Ⅴ式罐、Ⅰ～Ⅴ式圜底罐、Ⅰ～Ⅲ式双耳罐、单耳罐、各式豆、各式折腹钵、鼎、瓮等。该组墓不见西汉中晚期常见的各种汉式罐，而其中的折腹钵、豆、鼎、瓮、双耳罐、圜底罐等均是西汉早期常见陶器，加之有3座墓出土明显属西汉早期的"半两"钱，不见"五铢"钱出土。因此该组墓的年代当在西汉早期。

第2组：出"五铢"钱的墓和器物组合与之相同的墓，代表性的有Ⅳ M1、Ⅳ M3。该组墓的典型陶器有Ⅳ、Ⅶ、Ⅷ、Ⅸ、Ⅹ、Ⅺ式罐及Ⅶ式圜底罐、Ⅹ式碗（折腹钵）、Ⅱ式豆、甑等。其中Ⅳ M3 出土"五铢"钱，Ⅳ M1 出土的各式汉式罐在成都平原大量见于西汉中晚期的墓葬当中。因此该组墓的年代当在西汉中晚期。

根据前面的分析，可将岷江上游石棺墓作如下的分期（图一～图七；表一）。

---

① 阿坝藏族自治州文管所、理县文化馆：《四川理县佳山石棺葬发掘清理报告》，《南方民族考古》（第一辑），四川大学出版社，1987年。

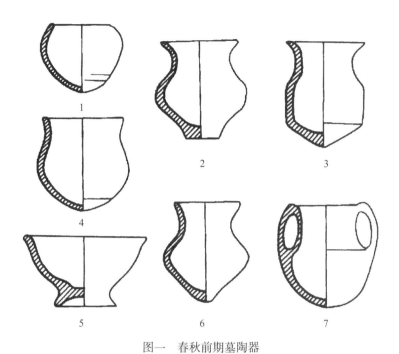

图一 春秋前期墓陶器

1、3、4、6. 尖底罐（AM5：9、AM5：1、AM5：3、AM10：2） 2. 无耳罐（AM10：6）

5. 豆（AM5：13） 7. 双耳罐（AM5：6）

（撮箕山出土）

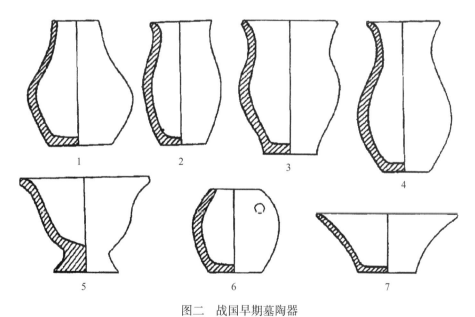

图二 战国早期墓陶器

1～4. 无耳罐（AM1：3、AM2：4、BM57：1、AM2：1） 5. 豆（AM1：5）

6. 敛口罐（AM2：3） 7. 钵（BM57：5）

（撮箕山出土）

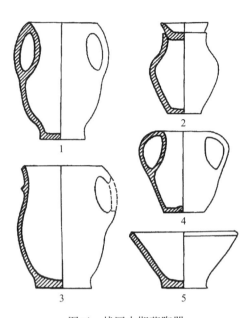

图三　战国中期墓陶器

1、4. 双耳罐（AM21：3、BM30：8）　2. 无耳罐（BM30：1）　3. 单耳罐（AM21：4）　5. 钵（AM21：2）

（撮箕山出土）

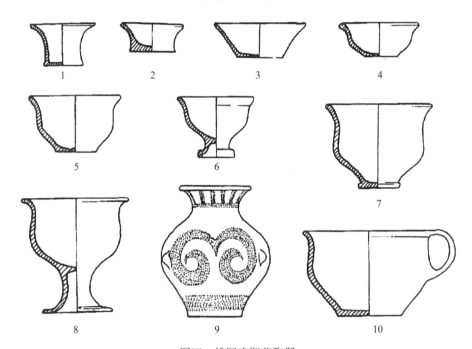

图四　战国晚期墓陶器

1~5、7. 无耳杯（M2：52、M2：14、M3：35、M3：58、M1：11、M1：1）　6、8. 豆（M2：56、M3：31）

9. 无耳罐（M2：30）　10. 单耳杯（M3：12）

（营盘山出土）

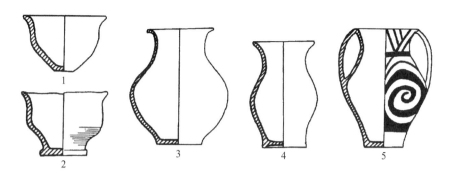

图五　秦至汉初墓陶器

1、2. 无耳杯（BM32：26、BM32：27）　3、4. 无耳罐（BM32：7、BM32：5）　5. 双耳罐（BM32：9）

（撮箕山出土）

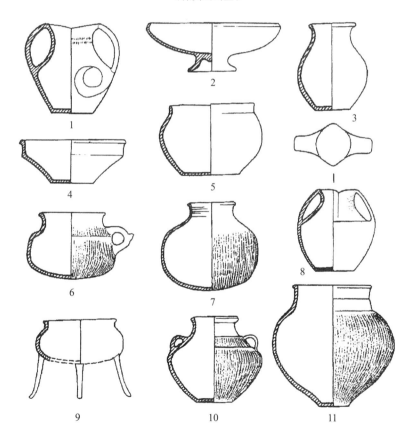

图六　西汉早期墓陶器

1、8、10. 双耳罐（ⅢM1：5、AM2：8、ⅠM4：19）　2. 豆（ⅠM2：7）　3、5. 无耳罐（ⅢM1：53、ⅠM2：8）

4. 折腹钵（ⅠM4：3）　6. 单耳罐（ⅠM2：9）　7. 釜（ⅠM2：11）　9. 鼎（ⅢM1：15）　11. 瓮（ⅠM4：13）

（8.城关出土，余为佳山出土）

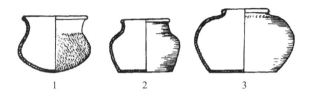

图七　西汉中晚期至东汉初墓陶器

1. 釜（AM3∶6）　2、3. 罐（BM3∶5、BM3∶2）

（城关出土）

表一　岷江上游地区石棺墓分期

	撮箕山	营盘山	牟托一号石棺	茂县城关	理县佳山
春秋前期	第1组				
战国早期	第2组				
战国中期	第3组				
战国晚期	第4组	√	√	第1组	
秦至汉初	第5组			第2组	
西汉早期				第3组	第1组
西汉中晚期～东汉初年				第4组	第2组

二、相关问题的讨论

1. 与周邻文化的关系

　　川西高原是联系西北与西南的文化走廊，也是民族迁徙活动的走廊。先秦时期与西北甘青地区一直都有十分密切的关系，早在马家窑文化时期，马家窑文化的彩陶就广见于川西高原地区，北起茂县的营盘山、姜维城，南到大渡河流域的汉源狮子山等遗址均见马家窑文化彩陶的出土。石棺葬所体现出的某些文化特征也明显与西北甘青地区的古文化有联系，目前资料显示，甘肃地区发现的石棺墓年代比岷江上游的早。1975年，甘肃省博物馆在景泰张家台清理的22座马家窑文化半山类型墓葬中，就有石棺墓11座，其中多数为小孩墓，4座为成人墓。墓的结构是先挖土坑后放棺，棺的四壁各由一整块板石挡立而成（少数是拼凑的），棺底有的铺石板，有的不铺，棺盖大部分是用数片板石拼成，M13的棺盖是板石和木板各占一半[①]。目前岷江上游发现的年代最早的石棺墓就是茂县撮箕山，可到春秋，推测还会有比这更早的石棺墓，但是否会早到马家窑文化时期，很难说。结合川西高原普遍出土马家窑文化彩陶的情况分析，

---

　　①　甘肃省博物馆：《甘肃景泰张家台新石器时代的墓葬》，《考古》1976年第3期。

岷江上游的石棺墓最早可能是源于甘青地区。

石棺墓中颇富特征的器物是双耳罐和单耳罐，而陶器带耳乃是甘青地区很早以来的传统。目前岷江上游所见到的石棺墓陶器显示，明显与甘肃地区的寺洼文化有联系，如撮箕山第 2、3 组墓中所见的平底无耳罐、平口双耳罐、单耳罐等在寺洼文化中都能找到相近或相同的器形。甘肃合水九站遗址寺洼文化墓葬中就大量存在这类风格的陶器，其中 M64 出土的 1 件陶簋，形制与营盘山所出的陶簋（豆 M3：31）颇为相近[①]。合水九站遗址寺洼文化墓地延续时间大约从西周至战国中期以后，也就是说岷江上游石棺墓至少在战国时期曾受到过寺洼文化的影响。

撮箕山第 1 组墓出现大量尖底器，而尖底器乃是成都平原古蜀文化从商代晚期以来的传统。撮箕山所见尖底罐的风格与新一村春秋前期的尖底罐一致，说明石棺墓所代表的这支文化至少在此时已与成都平原有文化上的交流。理论上讲，岷江上游与成都平原的文化联系应更早，但目前尚无明确的考古材料，无法知道这种交流的方式与程度。

到了战国晚期的牟托一号石棺墓，就存在许多巴蜀文化因素的遗物，有三角援无胡戈、虎纹有胡戈、柳叶形剑、矛及青铜罍等。说明石棺墓受到了巴蜀文化的强烈影响，尤其是上层人物最为明显，而且这种上层间的交流很可能早在这之前已广泛发生。

到了汉代，大量的汉文化因素涌入石棺墓文化区，使得石棺墓的文化面貌发生了巨大的变化。西汉时期就出现了独木棺和崖墓，东汉时期还出现了砖室墓。在陶器群方面，除双耳罐等少数石棺墓所固有的器物外，大量汉式器物，有各式罐、釜、折腹钵等，还有巴蜀式的豆、釜等，另外还有大量铁器，这些均与四川，尤其是成都地区汉墓中的同类器相一致。汉文化的传入途径应是通过成都平原。按《后汉书·南蛮西南夷列传》记载，岷江上游在汉武帝元鼎六年（前 111 年）始设汶山郡[②]，在武帝元狩五年（前 118 年）铸行"五铢"钱以后，也就是说相当于茂县城关第 4 组墓和理县佳山第 2 组墓的时期。由此可以清楚地看出汉文化对这一区域的影响早在中央王朝设郡以前就已经很深很广了。

2. 族属问题

1951 年冯汉骥先生根据其在岷江上游的调查和发掘的一座石棺墓初步认为其文化特征一部分同于汉文化，一部分同于北方诸民族文化，还有一少部分与西南民族有关，其族属当时限于材料，认为不甚清楚，但绝不是羌的祖先[③]。为了进一步了解石棺

---

① 北京大学考古学系、甘肃省文物考古研究所：《甘肃合水九站遗址发掘报告》，《考古学研究》（三），科学出版社，1997 年。

② （宋）范晔：《后汉书·南蛮西南夷列传》，中华书局，1982 年，第 2857 页。

③ 冯汉骥：《岷江上游的石棺葬文化》，《工商导报》1951 年 5 月 20 日第 3 版。

墓的内涵，1964 年 3 月，四川大学历史系童恩正先生赴茂汶羌族自治县、理县、汶川等地区调查，并做了部分发掘，其中理县薛城区子达砦 23 座、龙袍砦 1 座，汶川县大布瓦砦 2 座、萝葡砦 2 座。将所发掘的墓葬年代推定在上限不早于战国末期和秦汉之际，下限不晚于武帝初年。关于其族属仍然认为"与现在居于当地的羌族的祖先似乎无关"，"石棺葬的建造者所表现的文化，其中虽杂有很大一部分汉族的东西，其带有极清晰的北方草原地区文化的色彩，也极为明显。所以，他们可能原系青海、甘肃东南部的一种部族，大约在战国或秦汉之际，因种种原因南下留居于此"①。后来童恩正先生在《四川西北地区石棺葬族属试探——附谈有关古代氏族的几个问题》一文中进一步认为"秦汉时代四川西北地区的土著民族，其社会和经济面貌均与石棺葬反映的相符合者，只有氐族一种"。《史记·西南夷列传》和《后汉书·南蛮西南夷列传》记载的居住在川西北高原的"冉、駹为氐的可能性最大"②。随着新资料的不断出土，后来的许多学者多类此说，如沈仲常、李复华先生在《关于"石棺葬文化"的几个问题》一文中将茂汶当时发现的石棺葬分了三期，年代在战国末至新莽以前，将汶川、理县的石棺墓分为两期，年代从西汉初年至东汉，甘孜地区的石棺墓年代推定在西汉。其族属认为岷江上游从战国至西汉可能是包括冉駹在内的羌人，不同的是将冉駹归入羌人③。林向先生亦认为与氐人有关，他在《〈羌戈大战〉的历史分析——岷江上游石棺葬的族属》一文中认为：岷江上游的石棺葬很可能是比羌族先住此地的氐族的遗物，氐族文化与石棺葬文化内涵颇有相合者，羌族民间流传的故事《羌戈大战》中所讲到的"戈基人"即为氐族的一支，"戈基人"的特点为纵目、有尾、居石洞、葬石棺④。宋治民先生在《川西和滇西北的石棺墓》一文中对已发掘的石棺墓的年代进行了重新审定，认为：茂县城关早期墓的年代为战国时期，中期墓为西汉前期，晚期墓为西汉后期；茂汶营盘山石棺墓原报告定在战国时期是合适的；汶川和理县的石棺葬为西汉前期。关于石棺葬的族属，宋治民先生认为："根据现在所掌握的资料，石棺葬的分布范围，东北起自岷江上游地区的茂汶、理县、汶川，中经青衣江流域的宝兴，大渡河流域的汉源、石棉，雅砻江流域的雅江、木里，再向西，向南至金沙江流域的巴塘和德钦。这一大片地区即是上述文献记载所说的筰都夷和冉駹活动的地区。""在以筰都夷、冉駹夷为主要居民的地区，分布着较为密集的石棺葬，应和这一地区的主要居民有关。从石棺葬的时代看主要为战国西汉，少量延至东汉，这也和筰都夷和冉駹夷居住的时代

---

① 冯汉骥、童恩正：《岷江上游的石棺葬》，《考古学报》1973 年第 2 期。

② 童恩正：《四川西北地区石棺葬族属试探——附谈有关古代氏族的几个问题》，《思想战线》1978 年第 1 期。

③ 沈仲常、李复华：《关于"石棺葬文化"的几个问题》，《中国考古学第一次年会论文集》，文物出版社，1980 年。

④ 林向：《巴蜀文化新论》，成都出版社，1995 年。

相符。”"因此有理由认为这些石棺葬为笮都夷和冉駹夷的墓葬。"①徐学书先生据《史记·西南夷列传》《汉书》《后汉书》等的记载汶山郡为冉駹氏旧地，"考古资料说明岷江上游石棺葬文化是岷江上游唯一包括了众多部落和人口并拥有强大势力、分布范围广、文明程度较高的土著文化，故应为冉駹氏的文化遗存"。并进而据《蜀王本纪》载"蚕丛始居岷山石室中"，"周失纲纪，有蜀侯蚕丛，始称王。死作石棺石椁，国人从之"。推测"岷江上游石棺葬文化应为氐民族系统中的蜀民族之一支蚕丛氏蜀人等蜀人（结合古史文献记载可能还有鱼凫氏、杜宇氏等蜀人加入）的文化遗存"②。与前述观点出入较大的是曾文琼在《岷江上游石棺墓族属试探》一文中认为：战国秦汉之际，活动在汶川一带的古代民族除羌氐外，夷人应是其中之一。它不是羌人中的一支，更不是土著居民，羌和氐都不实行土葬。羌族民间传说肯定了石棺葬的主人不是他们的祖先，而是戛尔布人，戛尔布人与白狗羌有一定的联系，也许是同一民族的两种称呼，"戛尔布"意为白色的濮，而古代的汶理茂地区少数民族崇尚白色。岷江上游的夷人既奉行石棺葬又奉行岩葬。夷人先民居于荆楚，后败于楚到岷江上游，后又被羌人打败，西汉以后就不见于史册了③。

　　考古遗存与古代民族往往是最难一一对应的，民族本身是一个历史的动态过程，不断地迁徙融合。而考古学文化本身也分许多层次，哪一个层次与民族对应，是一个很困难的问题，尤其是越早期的时候。一种考古学文化遗存属历史上哪个民族所创造，只能根据文献记载中的民族活动区域与这一考古学文化遗存时空相吻合来加以推定。石棺墓的族属也只能采取这种方法，依此从石棺墓的文化可能源于甘肃东南部，且后来也一直有较深的联系来看，冯汉骥、童恩正先生认为"他们可能原系青海、甘肃东南部的一种部族"的说法很有道理，但南下留居于岷江上游的时间至迟在春秋，或许将来的资料显示会更早。石棺墓文化一直相沿至汉代，一脉相承，其民族成分当无改变，那么汉代文献记载在这一区域活动的民族必与之有关，相信这一推断不会有什么问题。根据《史记·西南夷列传》《汉书·西南夷两粤朝鲜传》《后汉书·南蛮西南夷列传》等记载，汉代活动在岷江上游石棺墓分布区域的民族为"冉駹夷"，因此岷江上游石棺墓应为"冉駹夷"的文化遗存，正因为有上述文献记载，学界以此种看法最多。

（与谢辉合作，原载《四川文物》2002 年第 1 期）

　　① 宋治民：《川西和滇西北的石棺墓》，《考古与文物》1987 年第 3 期。

　　② 徐学书：《岷江上游石棺葬文化综述》，《四川大学考古专业创建三十五周年纪念文集》，四川大学出版社，1998 年。

　　③ 曾文琼：《岷江上游石棺墓族属试探》，《中央民族学院学报》1984 年第 1 期。

关于岷江上游石棺墓的两个问题

岷江上游是石棺墓发现较早，也是发表资料相对较丰富的区域，学界对之研究也较多。对该区域石棺墓的年代、分期、葬俗及文化因素等方面的研究已硕果累累。由于没有新的材料发表，过去的发掘又只有简报，而无报告，因此在许多方面的研究要想再深入，显得有些困难。笔者仅就茂县牟托一号石棺墓出土的青铜乐器和岷江上游石棺墓随葬品的变化所反映出的社会与观念的变化，谈一点个人粗浅的看法。

一、茂县牟托一号石棺墓出土青铜乐器的问题

1. 青铜镈

共出土 4 件，其中墓葬中出土 3 件，一号陪葬坑（K1）出土 1 件。墓葬中的 3 件出土时从小到大纵向排列于棺前右侧，纽以竹索相连，一号陪葬坑的 1 件出土时腔内填泥土及 15 件石器[①]。4 件铜镈均为体瘦高的合瓦形，整体形态上存在不同程度的差异。依据其钲部两侧有无扉棱及纽的差异，可以分为二型。

A 型　出于墓葬中的 3 件，钲部两侧有扉棱。依据其纽部及扉棱的差异又可分为三亚型。

A I 型　M1：133，两侧扉棱形状为最下一个呈上钩状，中间三个呈鱼尾形，最上端一个为相背扁身立鸟，其冠与纽相连。桥形纽，纽中一横梁。钲面与鼓面饰三排 6 个泡状圆枚间以宽带纹，其中中间一排中枚和下面一排枚饰卷云纹。通高 23.4 厘米（图一，1）。

A II 型　M1：88，两侧扉棱较残，应有 6 个，最下端一个为上钩状，其余为鱼尾形。桥形纽，中有两立柱一横梁。钲面饰三排 6 个泡状圆枚，中间一排与最下一排间以阳线波折纹，上面一排和下面一排枚饰芒纹，中间一排枚饰卷云纹。鼓面饰阳线网格纹。通高 17.5 厘米（图一，3）。

A III 型　M1：124，两侧扉棱为 6 个鱼尾形。纽呈六孔网格状。钲与鼓的一面饰阴线带翼虎，虎上一"山"形纹，另一面钲的上端有 1 个、鼓部有 2 个阴线涡纹，钲部

---

① 茂县羌族博物馆、阿坝藏族羌族自治州文物管理所：《四川茂县牟托一号石棺墓及陪葬坑清理简报》，《文物》1994 年第 3 期。

中间有 1 个泡状圆枚，涡纹与枚间填以十字星纹和花瓣纹。通高 26.3 厘米（图一，2）。

B 型　K1∶2，钲部两侧无扉棱，蟠螭纹钮。钲面三排 18 枚乳钉状枚，篆和鼓部饰蟠螭纹，舞部饰鸟纹。通高 22.7 厘米（图一，4）。

有学者将商周时期的青铜铙分为南系和北系（或中原系）[①]。也有学者考虑到周秦地区出土的铙与中原其他地区铙的差异，将周秦地区的铙从中原系中分出来称周秦系铙[②]，是很有道理的。我们将牟托一号石棺墓出土的 A 型铙与其他地区的铙相比，与之形态最接近的是南方系铙，而与一号陪葬坑出土的 B 型铙最接近的是中原系铙。

首先牟托一号石棺墓出土的 A 型铙最大的特点就是两侧有鱼尾状扉棱，这是南方系青铜铙独有的特征。南方系和周秦系铙两侧有扉棱，而中原系铙两侧没有扉棱。南方系铜铙的扉棱有钩形和鱼尾形（或称 T 字形），扉棱顶端也有饰扁身立鸟者，而周秦系铜铙扉棱多为倒立虎纹和透雕连环夔纹。因此牟托一号石棺墓出土的 A 型铜铙与周秦系和中原系铜铙区别十分明显，而与南方系铜铙最为接近。所谓南方系铜铙，主要是指出土于湖南、湖北地区，时代集中在商代晚期到西周的一类青铜铙，目前广西出土仅有一例。具体来讲，在目前已知的南方系铜铙当中，与牟托一号石棺墓出土的 A 型铜铙最为接近的有：1995 年湖北随州三里岗镇毛家冲出土的 1 件[③]，湖南省博物馆收集的湖南浏阳淳口黄荆出土的 1 件[④]（图一，6），湖南省博物馆收藏的 1 件[⑤]，衡阳市博物馆收集的 1 件[⑥]（图一，7），以及故宫博物院收藏的 1 件[⑦]（图一，5）。关于上述铜铙的年代，研究者有不同的意见[⑧]，归纳起来看，随州毛家冲铜铙和故宫博物院藏铜铙大致在商代晚期至西周初年，湖南浏阳淳口黄荆出土的铙大致在西周中晚期，湖南省博物馆收藏的那件大致在西周早期偏晚至西周末期。虽然牟托一号石棺墓出土的 A 型铜铙与南方系铜铙形态较为接近，但仔细比较，二者也存在一定程度的差异。一是二者在扉棱和鸟的造型上有小的区别；二是南方系铜铙多在钲体中部即兽面纹的鼻梁部位有扉棱，也就是说整器有四条扉棱，而牟托一号石棺墓的铜铙钲体没有扉棱，只有两

①　李纯一：《中国上古出土乐器综论》，文物出版社，1996 年，第 145～170 页。

②　向桃初：《南方系统商周铜铙再研究》，《南方文物》2007 年第 4 期。

③　随州市博物馆：《湖北随州出土西周青铜铙》，《文物》1998 年第 10 期。

④　高至喜：《湖南省博物馆藏西周青铜乐器》，《湖南考古辑刊》（第 2 集），岳麓书社，1984 年，第 29～34 页。

⑤　李纯一：《中国上古出土乐器综论》，文物出版社，1996 年，第 154 页。

⑥　冯玉辉：《衡阳博物馆收藏三件周代青铜器》，《文物》1980 年第 11 期。

⑦　石志廉：《西周虎鸟纹铜钟》，《文物》1960 年第 10 期。

⑧　李纯一：《中国上古出土乐器综论》，文物出版社，1996 年，第 145～155 页；高至喜：《湖南省博物馆藏西周青铜乐器》，《湖南考古辑刊》（第 2 集），岳麓书社，1984 年，第 29～34 页；向桃初：《南方系统商周铜铙再研究》，《南方文物》2007 年第 4 期。

条；三是南方系铜镈钲面多饰兽面纹，而牟托一号石棺墓铜镈钲部纹饰与之区别较大。
AⅠ型、AⅡ型有成排整齐的枚，这在南方系铜镈中不见；四是南方系铜镈钲部与鼓部
纹饰均有明显的分界，而牟托一号石棺墓出土的AⅠ型和AⅡ型铜镈钲部与鼓部的纹饰
连在一块，没有分界；五是牟托一号石棺墓出土的A型铜镈与南方系铜镈在纽的形态
上也有所区别。其中AⅢ型镈的纽呈网格状，推测可能是受到中原系铜镈蟠螭纹纽的
影响出现的一种简化形式。一号陪葬坑出土的B型铜镈纽为蟠螭纹形即为明证（图一，
4）。

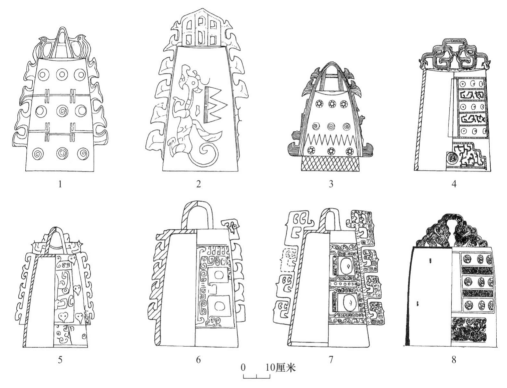

图一　牟托一号石棺墓出土铜镈与南方系、中原系铜镈的比较

1. 牟托AⅠ型（M1∶133）　2. 牟托AⅢ型（M1∶124）　3. 牟托AⅡ型（M1∶88）　4. 牟托B型（K1∶2）
5. 故宫博物院藏　6. 湖南浏阳黄荆出土　7. 衡阳市博物馆收集　8. 山彪镇M1∶9

通过上面的比较，可以看出，牟托一号石棺墓出土的A型铜镈总体风格接近于南
方系铜镈，同时又有自身的一些特征。这就告诉我们一条很重要的信息，那就是牟托
一号石棺墓出土的A型铜镈应该是在南方系铜镈基础上发展起来的。那些自身的特点
说明，应是本地铸造，或者是某一邻近的不属于南方系铜镈的区域铸造的。从年代上
来看，南方系铜镈集中在商代晚期至西周，西周以后就几乎绝迹。因此南方系铜镈要
影响到茂县或其邻近区域，必然不出这个时间范围。从牟托一号石棺墓出土的A型铜
镈自身特点，反映出一些晚期因素，如AⅠ型、AⅡ型上整齐成排的枚，很可能是受中

原系春秋时期铜镈的影响。而 A Ⅲ型的纽也很可能是受中原系铜镈蟠螭纹纽的影响出现的一种简化形式。这一推论可以从一号陪葬坑出土的 B 型铜镈得到印证，该件铜镈钲部两侧无扉棱，蟠螭纹纽，钲面三排 18 枚乳钉状枚，篆和鼓部饰蟠螭纹，舞部饰鸟纹。这是典型的春秋至战国早期中原系铜镈的特征。如 1923 年河南新郑春秋中期郑伯墓出土的铜镈[1]，1935 年河南汲县山彪镇战国早期魏墓出土的铜镈[2]（图一，8）。虽然二者不完全相同，但其篆、枚的做法是基本一致的。牟托一号陪葬坑出土的 B 型铜镈上的蟠螭纹也是中原春秋时期铜器上的常见纹饰。由此我们可推知，牟托一号石棺墓出土的 A 型铜镈是在南方系铜镈的基础上吸收了春秋时期中原系铜镈的一些因素发展出来的，其铸造年代很可能是在春秋时期。如果上述推论不误的话，又提出了一个新的问题，那就是南方系铜镈与牟托一号石棺墓 A 型铜镈之间，还存在时间和空间上的缺环，需要新的考古发现才能解决。

2. 青铜甬钟

牟托一号石棺墓中出土 1 件，一号陪葬坑出土 1 件，二号陪葬坑出土 4 件。这 6 件甬钟当中有 5 件形态十分相近，仅有小的差异，纹饰略有所别。有 1 件钟甬的形态与其他 5 件差异较大，纹饰也完全不一样。因此可分为二型。

A 型　有旋有干。

M1：B，为瘦长合瓦体，椭圆柱状甬，封衡，舞呈两面坡形，于弧较高，背面于弧比正面大。正面钲两侧有细长枚三排 18 枚，背面 16 枚，正面篆饰倒“S”形纹，甬正面饰简体蝉纹，舞部饰卷云纹，钲间饰简体夔龙纹，鼓部饰简体对夔纹。通高 55.1 厘米。

K2：3，器形、纹饰与 M1：B 基本相同，仅甬部无纹饰。通高 49.8 厘米。

K2：4，器形、纹饰也与 M1：B 基本相同，唯鼓部的夔龙纹更繁缛。通高 58.2 厘米。

K1：4，形制与 M1：B 相近，唯甬为圆柱形，甬正面饰卷云纹，钲间饰简体蝉纹，篆和鼓部纹饰与 M1：B 相近。通高 52 厘米。

K2：7，器形较小，形态和纹饰都与 K2：3 相近。通高 27.4 厘米。

B 型　有鼻，无旋无干。

K2：6，瘦长合瓦体，圆柱状甬，舞呈两面坡形，于弧较高。钲两侧有枚三排 18 枚，甬部和钲间无饰，篆和鼓部饰重三角形纹。通高 43 厘米。

李纯一先生将中国上古时期的甬钟分为四个类型，即以中原地区周式甬钟为代表的I型，以江汉地区楚式甬钟为代表的Ⅱ型，以五岭地区越式甬钟为代表的Ⅲ型，以川

① 李纯一：《中国上古出土乐器综论》，文物出版社，1996 年，第 157 页。

② 郭宝钧：《山彪镇与琉璃阁》，科学出版社，1959 年，第 6 页。

鄂湘地区巴式甬钟为代表的Ⅳ型[①]。商周时期Ⅰ型钟的主要特征是多数钟体稍宽矮,有旋有干,平舞,于弧稍低,甬部一般无饰,双叠圆台式枚。Ⅱ型钟最大的特点是甬呈八棱柱形,较瘦长,平舞,一般鼓长钲短。Ⅲ型钟体瘦长,于弧较高,舞部有平者,也有两面坡者,枚多细长。Ⅳ型最大的特点是钟体瘦长,无旋,无干,鼓部长于钲部。牟托一号石棺墓出土的A型甬钟最大的特点是钟体瘦长,于弧较高,两面坡舞,细长枚,背面无纹饰,于弧高于正面,枚比正面少,这种特征的钟只发现于越式甬钟当中,与之最为接近的是1984年湖北广济鸭儿洲江底出土的甬钟[②]。广济鸭儿洲共出土甬钟23件,其主要特征就是钟体瘦长,合瓦形,甬较短,横断面呈椭圆形或圆形,舞为两面坡形,背面于弧高于正面,枚细长。这批青铜甬钟形态与牟托一号石棺墓出土的A型甬钟非常相近,纹饰也颇为相似。例如,其鼓部的变形对夔纹,篆饰倒"S"形纹,舞部饰卷云纹等。其中3号、9号甬钟钲间所饰的简体蝉纹与牟托一号石棺墓出土的M1：B和K2：4甬部所饰简体蝉纹也有近似之处。广济鸭儿洲出土的甬钟年代,报告推定在春秋早期前后,李纯一先生将其定在春秋后期。牟托一号石棺墓A型钟纹饰仅施于正面,背面无纹饰,并随机连同枚数一同省减,这也是越式甬钟一个重要特征(图二)。

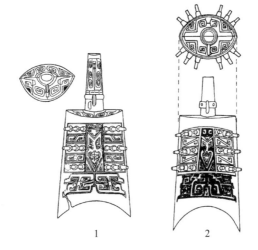

图二　牟托一号石棺墓出土甬钟与越式甬钟的比较

1. 牟托 A 型（K1：4） 2. 湖北广济鸭儿洲出土

　　通过上面我们对牟托一号石棺墓出土青铜乐器的比较分析,从中揭示出一个很重要的信息,那就是岷江上游石棺葬族群的上层文化,与长江中游的青铜器文化有密切的关系。这从其他类青铜器也明显地反映出来,宋治民先生已对牟托一号石棺墓出土

① 李纯一：《中国上古出土乐器综论》,文物出版社,1996年,第180～235页。

② 湖北省博物馆、广济县文化馆：《湖北广济发现一批周代甬钟》,《江汉考古》1984年第4期。

的青铜器做了很好的比较分析，其中一号墓和三号坑出土的铜鼎、一号墓和二号坑出土的铜盏、二号坑出土的铜敦等均与长江中游曾国和楚国的同类青铜器十分相近，基本为春秋时期的特征①。岷江上游石棺葬族群的上层文化与长江中游青铜文化有密切关系，且时代集中在春秋时期，这当中一定隐含着重大的历史信息，值得深入研究。

二、岷江上游石棺墓随葬品的变化所反映出的社会与观念的变化

岷江上游发掘的石棺墓有茂县城关墓群②、撮箕山墓群③、营盘山墓群④，理县佳山墓群⑤等。其中撮箕山没有报告，材料见于发掘者所写的论文，其余墓群只有简报发表。上述墓群中以茂县城关墓群墓葬数量较多，具有代表性，因此我们首先从该墓群分析入手。

茂县城关墓群位于茂县县城东北，墓区南北长 1500、东西宽 800 米，面积约 120万平方米。1978 年四川省文物管理委员会和茂县文化馆进行了两次发掘，清理墓葬 46座。该墓地墓群排列密集，方向基本一致，未发现叠压打破现象。发掘者根据墓葬的分布情况将墓地分成 A、B、C、D 四个区，其中 A 区清理了 11 座，B 区 11 座，C 区8 座，D 区 16 座。发掘者将墓葬分为早、中、晚三期，早期墓分布在 D 区，中期墓分布在 A、B、C 区，晚期墓分布在 B 区南部。这三期墓在墓葬形制上有所区别，早期为石条（或碎石板）盖顶、石板作壁的小型墓，共有 16 座。中期为以方石板作盖及壁的大型墓，共有 26 座。晚期为石条盖顶、石块和卵石作壁，共有 4 座。发掘者将早期墓的年代推定在春秋战国之际起到战国末期之前，中期推定在战国后期至汉武帝以前，晚期推定在汉武帝时期至西汉末年，至迟可能晚到东汉初。笔者曾将这批墓葬的年代做了重新判定，即原早、中期墓葬的年代范围当在战国晚期至西汉早期，晚期墓的年代当在西汉中期至东汉初年⑥。

这批墓葬除了晚期的 4 座，早、中期墓葬在随葬器物的组合方面有一个比较有意思的现象，突出表现在铜兵器、陶纺轮、铜手镯、珠饰（包括铜、玻璃、绿松石、骨

① 宋治民：《四川茂县牟托 1 号石棺墓若干问题的初步分析》，《宋治民考古文集》，科学出版社，2004 年，第 225～240 页。

② 四川省文管会、茂汶县文化馆：《四川茂县羌族自治县石棺葬发掘报告》，《文物资料丛刊》（7），文物出版社，1983 年，第 34～55 页。

③ 徐学书：《岷江上游石棺葬文化综述》，《四川大学考古专业创建三十五周年纪念文集》，四川大学出版社，1998 年，第 222～245 页。

④ 茂汶羌族自治县文化馆：《四川茂汶营盘山的石棺葬》，《考古》1981 年第 5 期。

⑤ 阿坝藏族自治州文管所、理县文化馆：《四川理县佳山石棺葬发掘清理报告》，《南方民族考古》（第一辑），四川大学出版社，1987 年，第 211～236 页。

⑥ 谢辉、江章华：《岷江上游的石棺墓》，《四川文物》2002 年第 1 期。

等质地）、海贝、铜泡的组合上。我们将其中墓葬保存较完好、共存关系清楚的32座墓的器物组合情况列为表一。从表一中可以看出，随葬兵器而无纺轮的墓有15座；随葬纺轮而无兵器的墓有12座；只有1座既随葬兵器，也随葬纺轮；4座既无兵器，也无纺轮。很显然纺轮和兵器属基本不同时随葬的两类器物，这绝不是一种偶然的现象。是随葬兵器还是纺轮，应与墓主生前的社会分工和所充当的社会角色不同有关。这种现象最合理的解释很可能就是男、女性别的原因，如果是这样的话，那么随葬兵器的当是男性，随葬纺轮的当是女性。如果上述推论不误的话，从表一中还可以看出，铜泡只出现在男性墓中，而手镯、珠饰和海贝，男性和女性墓中均有出土，但相比之下女性墓要多于男性墓。女性墓中海贝的数量普遍多于男性墓。如BM15达到43枚，推测海贝应该是作为饰品使用。个别墓葬中随葬"半两"铜钱，多与海贝伴出。"半两"钱的功能也不一定是作为商品交换的媒介物使用，作为饰品的可能性也存在，这在民族学材料中很常见，台湾的本地居民就将汉族地区流入的青铜钱币作饰品使用。

表一　城关墓地出土铜兵器、陶纺轮、铜手镯、铜泡等共存关系

		铜兵器	陶纺轮	铜手镯	珠饰	海贝	铜泡
早期	DM12	√					
	DM2	√					
	DM7	√					
	城采	√					
中期	CM6	√					√
	CM1	√			√		√
	AM2	√				√	√
	BM6	√					√
	BM7	√			√		√
	BM9	√					√
	AM3	√		√	√	√	√
	AM4	√			√		
	AM10	√					√
	AM11	√		√	√	√	√
	AM8	√		√			√
	AM9	√	√		√		
早期	DM1		√				
	DM6		√				
	DM8		√				

续表

		铜兵器	陶纺轮	铜手镯	珠饰	海贝	铜泡
中期	CM8		√		√	√	
	BM5	√			√	√	
	CM5	√	√		√	√	
	CM3	√	√		√		
	CM2	√	√			√	
	BM10	√	√		√		
	BM8	√			√	√	
	AM1	√	√		√	√	
	AM6	√	√		√		
	AM5		√			√	
	CM7		√	√		√	
	BM11		√		√	√	
	CM4		√		√		√

从城关墓葬的分布情况还能看出早期与中、晚期的变化，分布在 D 区的早期墓葬基本上是成排分布，而属于中、晚期的 A、B、C 区有较多的两墓并列的情况，如 B 区的 M8 和 M9、M10 和 M11，C 区的 M1 和 M2、M3 和 M4、M5 和 M6 等。这些并列的墓葬多为一墓出纺轮，另一墓出兵器，如 BM8 出纺轮，BM9 出兵器；CM2 出纺轮，CM1 出兵器；CM5 出纺轮，CM6 出兵器。没有出现并列两墓同时出纺轮或兵器的情况，也能印证兵器和纺轮是男、女性别的表征物。并列的一男一女很可能是夫妻关系，至少有很大部分属这种情况。

从表一中还可以发现一个现象，那就是早期（战国晚期）的墓葬虽然也有随葬兵器和纺轮的区分，但几乎都无手镯、珠饰、海贝、铜泡等随葬品，到了中期（秦至西汉早期）才普遍随葬上述制品。

我们从茂县城关墓地提供的信息得知，岷江上游石棺墓在战国晚期至西汉早期，随葬品中以兵器、铜泡和纺轮作为墓主男、女性别的表征物。那么这一葬俗向上能追溯到什么时期，这要看早于城关墓群的撮箕山墓群的情况。

茂县撮箕山石棺墓地最初于 1984 年由四川省文物管理委员会和阿坝藏族自治州文物管理所联合发掘，共清理墓葬 64 座，这批墓葬排列有序，按分布情况分为西区（B区）和东区（A 区）。1986 年，茂县羌族博物馆配合当地砖厂取土继续在 B 区清理了360 座，出土遗物与同区 1984 年发掘清理的一致。上述两批材料没有正式发表，仅见于徐学书先生撰写的《岷江上游石棺葬文化综述》一文。徐文称："根据 1984 年发掘清理墓葬的打破叠压关系和器物演变情况可分九期"，年代上限"约当中原夏商时期"，下限"约当战国中期"。笔者将这批墓葬的年代推定在春秋前期至战国末期或秦[①]。从徐文发表的材料看，只有 1 座墓葬晚至战国末或秦，其余墓葬以战国晚期以前的为主。由于没有报告发表，因此无法作细致的分析。徐文发表的材料中有 4 座随葬纺轮，其中有 3 座不见其他共存遗物，年代无法判定，只有 AM2 见其他共存遗物，年代约当战国早期。这批墓葬出土青铜器极少，只有少量的青铜小薄片、管饰、圆片饰、小刀等，只有到了最晚期阶段才出现青铜扁平茎短剑和连珠饰。从上述情况可以推知，岷江上游石棺墓在战国晚期之前，墓葬中有随葬纺轮的现象，但没有随葬兵器的现象。可能战国晚期以前，岷江上游石棺墓文化的人群尚未形成像茂县城关战国晚期至西汉早期那种在埋葬死者的时候比较注重死者的性别分工，在随葬品上有明确区分的观念。

从茂县城关墓群可知，西汉早期以后葬俗又有些变化。晚期的 4 座墓均是两座成组排列，即 BM2 甲和 BM2 乙、BM3 和 BM4。墓中没有纺轮和兵器随葬，但两组墓中均是一座有铁工具（斧、刀），另一座没有，由此推测，此时男女性别的表征物乃是铁工具的有无，并列的两墓可能为夫妻关系。但由于城关墓群西汉早期以后的墓葬数量太少，反映并不充分，从理县佳山墓地可以得到更多的信息。

佳山墓群位于阿坝藏族羌族自治州理县东部桃坪羌族乡，岷江上游支流杂谷脑河南岸。该墓群分布密集，排列整齐，墓向皆依山体走向，头向山顶，脚向山麓，各墓之间的距离一般为 0.5～3 米，横向排列，凡位于同一墓地同一横排的墓葬时代基本一致，相邻墓地的墓葬时代也相近。1984 年 6 月，阿坝藏族自治州文物管理所和理县文化馆抢救性清理了 15 座。这批墓葬有 3 座出土"半两"钱，1 座出"五铢"钱，不出钱币的墓与出钱币的墓器物组合大体相同。其"半两"钱均是西汉早期墓中所常见者，因此这批墓葬的年代上限当不出西汉的范围，下限笔者推定在东汉初年。这批墓葬虽然可早至西汉早期，但大量随葬铁器，推测当比城关墓群的中期墓要略晚，可能在西汉早期偏晚，而城关墓群的中期墓可能在西汉早期偏早。

佳山墓地能明确随葬兵器的墓只有 4 座，均为铁兵器，而无一座随葬纺轮。这批墓葬有一个突出的现象，就是约有一半的墓葬随葬大量的铁质工具和农具，一半的墓葬几乎没有铁工具和农具。从有兵器的 4 座墓都随葬大量铁工具和农具情况推测，很可能有大量铁工具和农具随葬的墓主人为男性，没有铁工具和农具随葬的则可能为女性，这与茂县城关晚期墓的情况相同。如果上述推测不误的话，这个时期在埋葬死者的时候也比较强调死者的社会角色，注重性别分工，但随葬品的表征物却不是兵器与纺轮，而是铁工具与农具的有无。值得注意的是，在城关墓群的早、中期，随葬兵器和纺轮的墓葬都同样随葬铁工具或农具，如斧、削、刀、锄等，反映出此时男女在日常生产活动中并没有明显的分工，除了个别特殊的技艺（如纺织）。而至西汉早期以

---

① 谢辉、江章华：《岷江上游的石棺墓》，《四川文物》2002 年第 1 期。

后，这种情况则发生了变化。

佳山墓地同样在分布上多两墓并列的现象，如Ⅰ M2 和Ⅰ M3、Ⅱ M1 和Ⅱ M2、Ⅲ M1 和Ⅲ M2、Ⅲ M3 和Ⅲ M4、Ⅳ M1 和Ⅳ M3。比较明显属一座有铁工具和铁农具、另一座没有铁工具和铁农具的墓组有Ⅰ M2 和Ⅰ M3、Ⅲ M1 和Ⅲ M2，但是Ⅱ M1 和Ⅱ M2 均随葬铁工具和铁农具，其余墓组由于墓葬保存情况的原因，不甚清楚。推测并列的两墓属夫妻关系的可能性比较大，同时可能也存在一些例外情况。

通过观察岷江上游石棺墓不同时期男、女性别在随葬品上的变化，从中可发现其社会与观念变化的重要信息。依据这一变化，我们可以将岷江上游石棺墓的社会分为以下三个时期。

第一个时期，大约在战国晚期以前。这一时期埋葬死者时，对男、女性别在随葬品上没有刻意强调与明确区分。从茂县城关 D 区墓葬成排分布情况分析，战国晚期之前的墓葬可能多为成排分布（遗憾的是茂县撮箕山墓地报告没有发表）。推测战国晚期之前，由于社会处在血缘氏族组织比较强的阶段，男、女的社会分工并不十分明显，以夫妻为核心的家庭观念比较淡，全社会对男、女分工并不是十分关注，因此在埋葬死者时对男、女性别没有刻意强调。而从茂县城关战国晚期的 D 区墓葬已开始出现用兵器和纺轮区分男、女性别的现象，但墓葬仍然盛行成排埋葬，反映出某些丧葬习俗的变化要滞后于社会的变化。

第二个时期，大约在战国晚期至西汉早期偏早阶段。这一时期埋葬死者时，对男、女性别比较强调，有明确的区分，男性用兵器，女性用纺轮。推测此时因战争的频繁，男性在战争中的作用凸显出来，男、女的社会分工也因此比较明显。更为重要的原因是，此时氏族组织已削弱，家庭观念增强，从盛行男女并排合葬的现象可以得到证明。氏族组织的削弱则暗示着更强有力的政权组织的出现。

第三个时期，大约在西汉早期偏晚至东汉初年。这一时期埋葬死者时，对男、女性别也比较强调，也有明确区分，但其表征物不再是兵器与纺轮，而是铁工具与农具的有无。推测此时由于汉王朝的逐步统一，战争逐渐平息，随着汉文化的逐渐进入，汉区的先进生产技术传入，尤其是铁质工具的广泛使用，使得生产活动更有效率，而男性在当中承担起了重要的责任。

［原载四川大学博物馆、四川大学考古学系、成都文物考古研究所编：
《南方民族考古》（第七辑），科学出版社，2011 年，第 201～210 页］

金沙遗址的初步分析

成都金沙遗址是继三星堆之后四川商周时期考古的又一重大发现，对古蜀文化的研究意义重大。自发现以来，遗址的年代、分期、性质等，就成为学界普遍关心的问题。由于迄今为止，成都文物考古研究所一直进行抢救性发掘，大量发掘资料尚未系统整理，许多问题还无法做出准确的判断。到目前为止，有 10 余处发掘点发表了简报（图一），笔者仅利用已发表的材料作一初步分析。

一、各发掘点的发现与地层单位的分组

1. 兰苑发掘区

兰苑东距梅苑（祭祀区）约 30 米，文化层堆积的范围约 20000 万平方米。2001 年 7 月～2002 年 2 月发掘，揭露面积 12800 平方米。发现房屋遗迹 17 座，灰坑 461 个，墓葬 100 余座，陶窑 3 座。简报发表了 15 个灰坑、4 座墓葬的出土遗物，第 5～7 层有一两件陶器[①]。根据各地层单位陶器群和典型陶器的形态特征，可将兰苑诸地层单位分为区别较为明显的 2 组。

第 1 组：包括有 H202、H318、H328、H22、H32、H126、H244、H147、H302、H234、H142、H437、M33、M61 和第 6、7 层等，均为第 5 层下的地层单位。上述单位出土的陶器群和同类器物的特征基本相同。典型陶器有小平底罐、高柄豆（灯形器）、盉、瓶、壶、扁壶、圈足罐、平底高领罐、簋形器座、尖底盏、器盖等。2 座墓葬均为竖穴土坑墓，M33 有生土二层台，未发现葬具痕，随葬陶器置于头端或二层台上。

第 2 组：发表的材料只有 H305。典型陶器有尖底杯、圈足罐、平底盆、尖底盏、器盖、高柄豆等。

大量遗迹单位没报道层位，因此无法得知归属哪一组。只知 F15 叠压于第 6 层下，Y1 叠压于第 5 层下，当归入第 1 组。该地点发现的 100 余座墓葬均为不见葬具痕的竖穴土坑墓，个别有生土二层台。均为单人葬，多为一次仰身直肢葬，少量二次葬。大

---

① 成都市文物考古研究所：《成都市金沙遗址"兰苑"地点发掘简报》，《成都考古发现》（2001），科学出版社，2003 年。

多无随葬器物，有随葬器物的多为陶器，个别有少量小件铜器、玉器和石器。墓葬方向较为一致，即西北—东南向，头朝西北或东南。

2. 博雅庭韵发掘区

博雅庭韵位于兰苑西北，之间有人防和燕莎庭院发掘地点。2002 年 6 月～2003 年 5 月发掘，揭露面积 7550 平方米。发现灰坑 353 个，墓葬 60 座。该发掘区商周时期文化层有第 5、6 层，其下均叠压灰坑和墓葬，简报发表的灰坑和墓葬除 M182 叠压于第 5 层下外，其余均是叠压于第 6 层下①。从各单位陶器群和器物特征看，第 6 层下的遗迹单位也有区别，可以分为 3 组。而第 6 层和第 5 层陶器比较接近，与第 6 层下的单位区别较为明显，那么第 5 层下的遗迹单位当与第 5、6 层归为一组。因此可以将博雅庭韵发掘区分为 4 组。

第 1 组：包括第 6 层下的部分灰坑，如发表的有 H1215。典型陶器有小平底罐、盉、平底高领罐、高柄豆、平底盆等。

第 2 组：包括第 6 层下部分遗迹单位，发表的有 H659、H709、H834、H844、M183、M200、M193、M454、M190、M195、M197、M459、M458、M184、M189 等。典型陶器有小平底钵、尖底罐、平底高领罐、圈足罐、尖底盏、尖底杯、尖底罐、球腹壶、盘、簋形器等。墓葬均为竖穴土坑墓，不见葬具，单人葬。随葬品主要有小平底钵、尖底盏、尖底杯、圈足罐等。

第 3 组：包括第 6 层下的部分遗迹单位，发表的有 M207、M452、M462、M463 等。均为不见葬具的竖穴土坑墓，单人葬。随葬器物有尖底罐、尖底盏、尖底杯等。

第 4 组：包括第 5、6 层和第 5 层下的遗迹单位，发表的遗迹有 M182，可能第 6 层下的部分遗迹也应归入该组，如 M470 的形制与埋葬方式就与 M182 相近。典型陶器有敛口广肩罐、敛口溜肩罐、簋形器、圈足盆、尖底盏等。此时除不见葬具的单人葬土坑墓外，出现船棺葬。

3. 芙蓉苑南发掘区

芙蓉苑南地点位于博雅庭韵东北，东南距祭祀区约 700 米，南距摸底河约 320 米。2002 年 8 月～2003 年 5 月发掘，揭露面积 1357 平方米。共发现灰坑 176 个，灰沟 25 条，房址 7 座，水井 1 口。该发掘区商周时期的文化层仅第 5 层，其上部直接被西汉时期的第 4B 层叠压，叠压于第 4B 层下的商周时期遗存只有墙基 Q1 和 4 个灰坑，其余遗迹均叠压于第 5 层之下②。根据各地层单位陶器群及陶器的形态特征看，第 4B 层下

---

① 成都市文物考古研究所：《成都金沙遗址万博地点考古勘探与发掘收获》，《成都考古发现》（2002），科学出版社，2004 年。

② 成都市文物考古研究所：《金沙村遗址芙蓉苑南地点发掘简报》，《成都考古发现》（2003），科学出版社，2005 年。

的遗迹单位和第5层比较接近，而第5层下的遗迹单位比较接近。因此可分为2组。

第1组：第5层下的遗迹单位。典型陶器有尖底杯、尖底盏、平底高领罐、圈足高领罐、高领瓮、敛口溜肩罐、钵、器盖等。

第2组：第4B层下的遗迹单位和第5层。典型陶器有肩部装饰重菱纹的敛口广肩罐、敛口溜肩罐、敛口瓮、高领瓮、篦形器、平底盆、钵等。

图一　金沙遗址发掘点位置示意图

1. 兰苑　2. 博雅庭韵　3. 芙蓉苑南　4. 干道黄忠A线　5. 人防　6. 国际花园　7. 春雨花间　8. 精品房

9. 蜀风花园城二期　10. 西城天下　11. 三合花园　12. 汉隆　13. 梅苑"祭祀区"　14. 燕莎庭院　15. 将王府

16. 金煜　17. 金牛区交通局　18. 罡正　19. 黄忠小区　20. 芙蓉苑北　21. 金都花园　22. 御都花园

23. 羊西综合楼　24. 金港湾　25. 家在回廊

4. 干道黄忠A线发掘区

该发掘区位于人防地点以北，芙蓉苑南地点以南，该区域文化层堆积面积约4800平方米。2001年12月～2002年1月发掘，揭露面积400平方米。该区域商周时期地层单位有第5层和叠压于第5层下的4个灰坑，第6层和第6层下的遗迹单位为宝墩时期的文化遗存。商周时期的各地层单位出土陶器比较相近，典型陶器有平底高领罐、敛口广肩罐、敛口溜肩罐、高领瓮、篦形器、平底盆、尖底盏等[①]。

① 成都市文物考古研究所：《2001年金沙遗址干道黄忠A线地点发掘简报》，《成都考古发现》（2003），科学出版社，2005年。

5. 人防发掘区

该发掘区位于摸底河南岸，南距兰苑不远。2002 年 9～12 月发掘，揭露面积 1700 平方米，发现灰坑 1 个，墓葬 14 座。该区域发现的商周时期文化遗存有第 3 层下的灰坑和墓葬，以及第 4～6 层[①]。从陶器群和器物特征看，第 4～6 层与第 3 层下的墓葬区别明显。因此可分为 2 组。

第 1 组：包括第 4～6 层。典型陶器有沿外装饰绳纹的敛口罐、敛口广肩罐、平底高领罐、高领瓮、圈足盆、篦形器、平底盆等。另有少量高柄豆和小平底罐残片，应是晚期地层出早期遗物的因素。

第 2 组：包括第 3 层下的 14 座竖穴土坑墓，这 14 座土坑墓除 M279 为东西向外，其余均为东北—西南向，有三组并穴合葬墓（M268、M269；M272、M273；M276、M277），葬具除 M275 能判断为船棺外，其余葬具不明。5 座有随葬器物，9 座无随葬器物，有随葬器物的 5 座中有 1 座随葬青铜剑、矛各 1 件，1 座随葬青铜剑 3 件，其余 3 座均随葬青铜剑 1 件。

6. 国际花园发掘区

该发掘区位于摸底河以北，西临博雅庭韵。该区域文化层堆积范围约 20000 平方米，2004 年发掘，揭露面积 7000 平方米。发现墓葬 62 座，灰坑 52 个，窑址 11 座。简报报道了地层和部分墓葬，灰坑和陶窑未作报道[②]。根据各地层单位陶器群及器物特征，可将该区域分为早晚变化的 4 组。

第 1 组：包括第 5B 层、第 5B 层下的遗迹单位和第 6 层。典型陶器有平底高领罐、高领瓮、敛口溜肩罐、平底盆、圈足盆、尖底杯、器盖等。第 5B 层下发现许多灰坑、陶窑、建筑遗迹和红烧土堆积。

第 2 组：包括第 5A 层下的 47 座墓葬。均为竖穴土坑墓，个别有生土二层台，有长方形和方形两种。除 M938 为三儿童合葬墓外，其余均为单人葬。葬法以一次葬居多，少量二次葬，葬式以仰身直肢葬居多，个别俯身葬。基本未发现葬具痕迹，大多未发现随葬器物，有随葬器物的多置于墓室两端，以头端居多，个别置于胸、腹或二层台上。在少数有随葬器物的墓中，有随葬石璋的，有随葬纺轮的，有随葬陶器的，还有随葬一磨石的。陶器主要是尖底盏和圈足罐。

第 3 组：包括第 5A 层。典型陶器有敛口广肩罐、平底盆、篦形器等。

第 4 组：包括第 4 层下的 15 座墓葬。多为长方形竖穴土坑墓，少量狭长形土坑

① 成都市文物考古研究所：《金沙村遗址人防地点发掘简报》，《成都考古发现》（2003），科学出版社，2005 年。

② 成都文物考古研究所：《金沙遗址"国际花园"地点发掘简报》，《成都考古发现》（2004），科学出版社，2006 年。

墓。7座为同穴双棺合葬墓，8座为单人葬。个别墓葬有生土二层台，墓底均发现一层黑色的棺木朽痕，底部呈弧形，两侧壁亦呈弧形，两端上翘，从其形状推测为船棺。葬法有一次葬和二次葬，葬式以仰身直肢葬居多，另有个别俯身葬。除M949外，其余墓葬均有随葬器物，数量以1～8件不等。随葬器物的组合比较复杂，8座单棺墓中除M949无随葬器物外，有2座（M848、M948）只随葬有1件磨石，有1座（M928）只随葬陶器，有2座随葬纺轮与磨石各1件，1座随葬磨石、圆牌饰、铜兵器和工具型明器，1座随葬磨石、陶纺轮、铜戈、铜剑、圆牌饰、铜兵器和工具型明器、玉锛。双棺合葬墓各棺随葬器物与单棺墓基本一致，有两棺各随葬1件磨石的（M947、M841），有两棺各随葬1件陶纺轮的（M948），有一棺有随葬品（磨石或铜剑、戈），一棺无随葬品，但有陶器为两棺共有（M917、M916），也有两棺同时随葬铜兵器、磨石、铜兵器和铜工具型明器（M943）。从随葬器物还看不出明显的规律，尤其是双棺合葬墓从随葬器物分析，不能判定墓主身份关系，因此不能做出是夫妻合葬墓的结论，人骨鉴定才是重要的参考。

7. 春雨花间发掘区

该发掘区位于博雅庭韵以北，御都花园以南。2002年12月～2003年4月发掘，揭露面积3500平方米，发现灰坑46个，灰沟1条，墓葬17座，陶窑2座。该区域商周时期文化层仅第5层，遗迹均叠压于第5层下。其中第5层下的部分灰坑为宝墩时期的文化遗存，如H1142、H1143、H1146、H1147、H1148等，第5层也出土少量宝墩文化的陶片[①]。除宝墩文化遗存外，其余地层单位出土的陶器比较一致，因此应在同一时期，无法分组。典型陶器有波浪口罐、敛口无颈罐、敛口卷沿罐、平底高领罐、圈足高领罐、小平底罐、圈足罐、高柄豆、尖底杯、平底盆、圈足盆、器盖等。

墓葬均为狭长形竖穴土坑墓，未发现葬具，葬式为一次葬，仰身直肢，双手放于胸前或腹部，或腿部两侧，其中仅M401、M403为俯身直肢葬。多不见随葬器物，M405在头部前端有小平底罐1件，胸部随葬陶纺轮1件。陶窑为小型馒头窑，呈撮箕形。

8. 精品房发掘区

该发掘区在遗址的西北端，距离其他发掘区较远，位于羊西线以北，三环路以外。该地点文化层分布范围约500平方米，2005年11～12月发掘，揭露面积400平方米，发现灰坑13个，灰沟1条，房址3座。该地点商周时期文化层有第6、7两层，有2个灰坑和1座房址叠压于第7层下，其余遗迹均叠压于第6层下。各地层单位陶器特征比较接近，第7层和第7层下的灰坑、第6层下的部分灰坑均出土少量宝墩文化的陶片。商周时期的典型陶器有波浪口罐、敛口无颈罐、敛口卷沿罐、小平底罐、高柄

---

① 成都文物考古研究所：《成都市金沙遗址"春雨花间"地点发掘简报》，《成都考古发现》（2004），科学出版社，2006年。

豆、带耳壶、平底盆、器盖等[①]。

9. 蜀风花园城二期发掘区

该发掘区位于摸底河南岸，南临兰苑发掘区。该区域文化层分布范围约37000平方米，2001年试掘，揭露面积200平方米，发现墓葬15座，灰坑6个。试掘区商周时期文化层有第2、4层，缺第3层，墓葬和灰坑均叠压于第2层下，打破第4层，部分墓葬和灰坑有打破关系[②]。依据各地层单位陶器群和器物特征的不同，可以分为2组。

第1组：包括第4层和部分灰坑（如H275）。典型陶器有小平底罐、敛口无颈罐、平底高领罐、圈足罐、圈足盆、平底盆、尖底杯等。

第2组：包括第2层下的墓葬和部分灰坑。典型陶器有尖底盏、尖底罐、尖底杯、纺轮等。墓葬均为竖穴土坑墓，墓葬方向比较一致，呈西北—东南向，头朝东南或西北，多为仰身直肢葬，未发现葬具。清理的13座墓中，有4座发现随葬器物，9座不见随葬器物，随葬器物有单件尖底杯或尖底罐、尖底盏，也有随葬纺轮与尖底盏，或尖底盏、尖底罐和石器组合等。

10. 西城天下发掘区

该发掘区位于金沙遗址北部边缘，羊西线以北。2006年4~7月发掘，揭露面积2500平方米，发现灰坑57个，窑址2座。该区域商周时期的文化层主要是第5、6层，遗迹现象均叠压于这两层下[③]。根据各地层单位陶器群和器物特征看，该区域时间跨度不长，各单位陶器比较接近，典型陶器有敛口溜肩罐、平底高领罐、高领瓮、圈足罐、曲腹罐、平底盆、圈足盆、尖底杯、尖底盏等，另有少量小平底罐、高柄豆、盉等，明显属晚期地层出早期遗物的因素。

11. 三合花园发掘区

该发掘区位于祭祀区以北约500米。1999年6月~2000年4月发掘，揭露面积1400平方米，发现灰坑300余个，灰沟10余条，墓葬13座，窑址16座。该发掘区商周时期的文化层有第4A、4B、5A、5B、6~9层，其中第7~9层出土遗物较少，以上地层出土遗物较多，且遗迹多叠压于这些地层之下，以第4B层和第5A层下的遗迹现象较丰富，房址均发现于这两层之下。简报发表了3个灰坑的陶器，分别是4B层下的H128，第5A层下的H158，第6层下的H150，从这3个灰坑的陶器看，H128和

---

① 成都文物考古研究所：《成都市金沙遗址郎家村"精品房"地点发掘简报》，《成都考古发现》（2004），科学出版社，2006年。

② 成都市文物考古研究所：《金沙遗址蜀风花园城二期地点试掘简报》，《成都考古发现》（2001），科学出版社，2003年。

③ 成都文物考古研究所：《成都市金沙遗址"西城天下"地点发掘》，《成都考古发现》（2005），科学出版社，2007年。

H158 比较接近，而与 H150 有所区别①。据此分为 2 组。

第 1 组：以 H150 为代表。典型陶器有圈足罐、平底盆、尖底杯、尖底盏等。

第 2 组：以 H128、H158 为代表。典型陶器有圈足盆、尖底杯、尖底盏等。第 4B 层和第 5A 层下发现的墓葬均为竖穴土坑墓，没有发现葬具痕，葬式有仰身直肢葬和二次葬。儿童墓均为仰身直肢葬，双手放于身体两侧，无随葬器物。仰身直肢葬的成人墓双手交叉于胸前或腹部，二次葬的大体按照人体骨骼位置摆放。成人墓多随葬有兽骨，除 M12 随葬 1 件青铜剑外，其余均无随葬器物。第 4B 层下发现 4 座房址（F1～F4），为小型竹（木）骨泥墙建筑，第 5A 层下发现 5 座（F5～F9）一组的大型建筑，墙基内发现有大型柱洞，与一般的小型建筑区别明显，其最北的一座 F6，为一长方形建筑，揭露长度为 43.8 米，未到头，宽约 8 米，中间有竹骨泥墙的隔墙。

二、分期、年代与文化性质

我们将上述发掘区各组地层单位的陶器通过对比，可以归并为六期（表一）。

表一　分期表

	第一期	第二期	第三期	第四期	第五期	第六期
春雨花间	√					
精品房	√					
蜀风花园城二期	第1组	第2组				
博雅庭韵	第1组	第2组	第3组	第4组		
兰苑	第1组	第2组				
芙蓉苑南地点		第1组		第2组		
国际花园		第1组	第2组	第3组		第4组
三合花园		第1组	第2组			
西城天下			√			
干道黄忠 A 线				√		
人防地点				第1组	第2组	

第一期：这一时期的陶器群比较丰富，其中有一组沿外及肩部装饰绳纹的陶器，包括波浪口罐、敛口无颈罐、敛口卷沿罐、平底盆等。另一组是无绳纹陶器，包括平底高领罐、圈足高领罐、小平底罐、圈足罐、高柄豆、瓶、盂、壶、扁壶、尖底杯、尖底盏、平底盆、圈足盆、器盖等。其中的小平底罐、高柄豆、盂、瓶、壶等，明显

---

① 成都市文物考古研究所：《成都市黄忠村遗址 1999 年度发掘的主要收获》，《成都考古发现》（1999），科学出版社，2001 年。

属三星堆文化因素的陶器。该期的陶器群和器物形制属十二桥文化早期阶段的特征，与十二桥遗址第 12、13 层的情况相类似，年代当在商代晚期 [①]。墓葬为未发现葬具的竖穴土坑墓，单人葬（图二）。

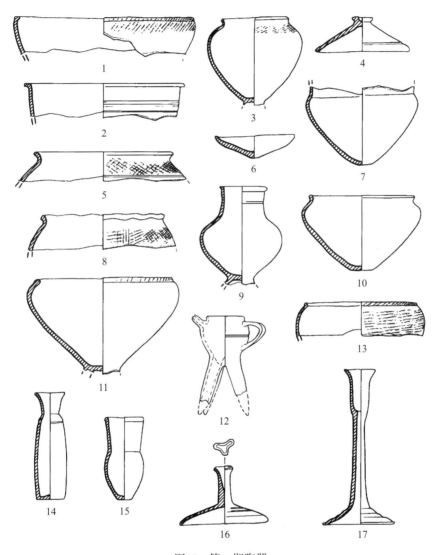

图二　第一期陶器

1、2. 平底盆（H2332∶13、T2552⑥∶2）3. 圈足罐（H22∶2）4、16. 器盖（H22∶10、H234∶5）

5. 敛口卷沿罐（H2332∶20）6. 尖底盏（M33∶1）7. 尖底杯（H1127∶1）8. 波浪口罐（H2331∶11）

9. 圈足高领罐（H1109∶2）10. 小平底罐（H202∶12）11. 圈足盆（T1411⑤∶1）12. 盃（H22∶5）

13. 敛口无颈罐（H2332∶16）14. 瓶（H234∶2）15. 壶（H437∶1）17. 灯形器（H328∶20）

（1、2、5、8、13. 精品房，7、9、11. 春雨花间，余皆为兰苑出土）

① 江章华、王毅、张擎：《成都平原先秦文化初论》，《考古学报》2002 年第 1 期。

第二期：这一时期陶器群有比较大的变化，第一期丰富的绳纹陶器到这一期就很少，主要是无绳纹陶器。典型器物有平底高领罐、圈足高领罐、敛口溜肩罐、圈足罐、尖底罐、篼形器、球腹壶、盘、尖底杯、尖底盏、圈足盆、平底盆、器盖等。这一时期三星堆文化因素的陶器已很少发现。这一期是从第一期紧密发展而来，年代大约在商末周初。墓葬均为未发现葬具的竖穴土坑墓，单人葬（图三）。

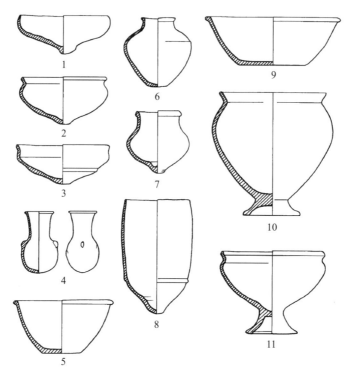

图三　第二期陶器

1～3. 尖底盏（H150：2、H305：19、H150：11）　4. 球腹壶（H844：3）　5、9. 平底盆（H305：14、H150：6）

6. 矮领鼓肩罐（H844：5）　7. 尖底罐（M27：2）　8. 尖底杯（H150：5）　10、11. 圈足罐（H709：7、H150：7）

（1、3、8、9、11. 三合花园，2、5. 兰苑，4、6、10. 博雅庭韵，7. 蜀风花园城二期）

第三期：这一时期的典型陶器有平底高领罐、圈足高领罐、敛口溜肩罐、圈足罐、尖底罐、尖底杯、尖底盏、圈足盆、平底盆、器盖等。这一时期的陶器基本上是从第二期继承来的，只是在器物的形态上有所变化，如尖底杯腹部从第二期以前的有折棱变成无折棱，尖底盏的腹部变浅等。这一期的陶器与十二桥遗址的第 10、11 层比较一致，年代当在西周早期[①]。墓葬为未发现葬具的竖穴土坑墓，多单人葬，只有国际花园地点发现一座三儿童合葬墓（图四）。

① 江章华、王毅、张擎：《成都平原先秦文化初论》，《考古学报》2002 年第 1 期。

第四期：这一时期尖底杯已基本消失，少量出土有可能是晚期地层出早期遗物的原因。有从第三期继承来的陶器，如尖底盏、尖底罐、平底盆、敛口溜肩罐、高领罐等，簋形器的数量大增，大量出现敛口广肩罐、敛口瓮等，尤其是肩部装饰重菱纹的敛口广肩罐数量较多。这一时期的陶器特点与新一村第8层的情况接近，年代约当西周晚期[1]。此时开始出现船棺葬（图五）。

第五期：这一时期目前发表的材料只有人防地点的14座竖穴土坑墓，有一座能判定为船棺，其余葬具不明。5座有随葬品，其中有1座随葬有青铜剑、矛各1件，1座随葬青铜剑3件，其余3座均随葬青铜剑1件。墓葬有无葬具土坑墓和船棺墓，出现双人并穴合葬墓（图六）。

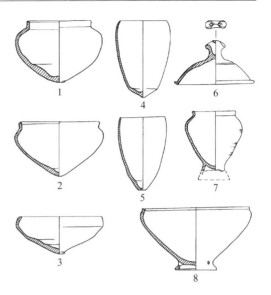

图四　第三期陶器

1. 尖底罐（M207：1）　2. 尖底钵（H158：10）
3. 尖底盏（H158：23）　4、5. 尖底杯（H158：3、
　　M452：1）　6. 器盖（H158：21）　7. 圈足罐
　　（M849：1）　8. 圈足盆（H128：7）

（1、5. 博雅庭韵，2~4、6、8. 三合花园，7. 国际花园）

第六期：这一时期目前发表的材料只有国际花园的15座船棺墓葬。这批墓基本上都有随葬品，除M928随葬矮领鼓肩罐、尖底盏外，其余墓葬多随葬磨石、陶纺轮、青铜圆牌饰、青铜剑、青铜戈、青铜兵器和工具型明器。船棺葬数量增多，有较多的同穴双棺合葬墓，国际花园地点约占墓葬的一半（图七）。

第五、六期的墓葬已出现青铜戈、矛、剑，这是四川战国时期墓葬中的典型器物。但从这两期墓葬的葬式、形制来看，与战国墓葬区别明显。第六期墓葬中普遍随葬磨石、铜兵器形和工具型明器、圆形牌饰等现象也与常见的战国墓葬有所不同。从青铜剑的形态特征看，其茎上两穿居于正中，这种形制的柳叶形剑下限不会晚于战国早期，第五期的青铜剑明显更为原始[2]。同时这批墓葬中也未发现战国时期墓葬中常见的青铜兵器与工具。因此，第五、六期墓葬不会晚至战国，推测当在春秋时期。第五期可推定在春秋早期，第六期可推定在春秋晚期。

① 成都市文物考古研究所：《成都十二桥遗址新一村发掘简报》,《成都考古发现》(2002)，科学出版社，2004年。

② 江章华：《巴蜀柳叶形剑研究》,《考古》1996年第9期。

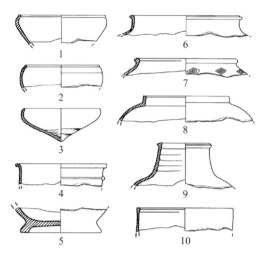

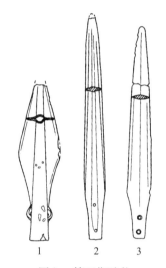

图五　第四期陶器　　　　　　　　图六　第五期遗物

1. 圈足盆（T3041⑤：5）　2. 敛口溜肩罐（T3043⑥：7）　3. 尖底盏　　1. 铜矛（M271：2）　2、3. 铜剑

（T4555⑤：12）　4. 平底盆（T6028⑤：5）　5. 圈足（T3041⑥：24）　　（M271：1、M270：1）

6、8. 敛口瓮（T5930⑤：1、T3047⑤：2）　7. 敛口广肩罐（T5339⑤：1）　　（均为人防出土）

9. 高领罐（T5158⑤：2）　10. 簋形器（T6127⑤：1）

（1、2、5、7. 博雅庭韵，3、8、9. 干道黄忠 A 线，

4、6、10. 芙蓉苑南）

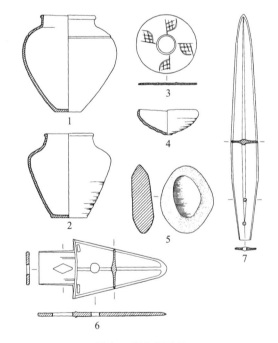

图七　第六期遗物

1、2. 矮领鼓肩罐（M928：2、M928：1）　3. 铜圆牌饰（M940：8）　4. 尖底盏（M928：3）

5. 磨石（M940：3）　6. 铜戈（M940：1）　7. 铜剑（M940：2）

（均为国际花园出土）

三、聚落变迁及性质初析

根据上面的分期，可以观察到各期遗存在金沙遗址的分布情况，一定程度上反映出金沙聚落变迁的信息。从发现的遗址点来看，整个金沙遗址商周时期的遗存呈西北—东南向的带状分布，如果将高新西区发现的遗址结合起来看，这种带状分布更为明显。高新西区位于金沙遗址的西北，发现较多商周时期的遗址，如国腾二期[①]、大唐电信二期[②]、万安药业包装厂[③]、航空港[④]、方源中科地点[⑤]、西华大学[⑥]、摩甫生物科技地点[⑦]、锦犀包装厂[⑧]、中海国际[⑨]、顺江小区[⑩]等，年代均在商代晚期至西周时期，相当于前面分的金沙遗址的第一至四期的年代范围，以第一期的居多，第二至四期的较少。目前确认的金沙遗址范围内的第一期遗存有精品房、春雨花间、博雅庭韵、蜀风花园二期、兰苑等，明显呈西北—东南向的线状分布。到第二期至四期的时期，在金沙遗址范围内即"祭祀区"的西北部和北部，明显形成了一个较为集中的片状分布，而且第二期至四期遗存的格局相对比较稳定，遗存也最丰富。据发掘者介绍可知，三合花园以南的罡正、金煜、将王府等地点基本上也是在第二至四期。可以看出，第二期至四期是金沙聚落最繁盛的时期。三合花园发现的规格较高的大型建筑群也在该年

① 成都市文物考古研究所：《成都市高新西区国腾二期商周遗址试掘简报》，《成都考古发现》（2003），科学出版社，2005年。

② 成都市文物考古研究所：《成都市高新西区"大唐电信二期"商周遗址试掘简报》，《成都考古发现》（2003），科学出版社，2005年。

③ 成都市文物考古研究所：《成都市高新西区"万安药业包装厂"商周遗址试掘简报》，《成都考古发现》（2003），科学出版社，2005年。

④ 成都市文物考古研究所、郫县文物管理所：《成都市高新西区航空港古遗址发掘简报》，《成都考古发现》（2003），科学出版社，2005年。

⑤ 成都文物考古研究所：《成都高新西区四川方源中科地点古遗址发掘简报》，《成都考古发现》（2004），科学出版社，2006年。

⑥ 成都文物考古研究所、郫具博物馆考古队：《西华大学新校区六号教学楼地点古遗址发掘简报》，《成都考古发现》（2004），科学出版社，2006年。

⑦ 成都文物考古研究所：《成都高新西区摩甫生物科技地点古遗址发掘简报》，《成都考古发现》（2004），科学出版社，2006年。

⑧ 成都文物考古研究所：《成都新锦犀包装厂地点古遗址发掘简报》，《成都考古发现》（2004），科学出版社，2006年。

⑨ 成都文物考古研究所：《成都市中海国际社区商周遗址发掘简报》，《成都考古发现》（2005），科学出版社，2007年。

⑩ 成都文物考古研究所：《成都市高新西区顺江小区二期商周遗址发掘简报》，《成都考古发现》（2005），科学出版社，2007年。

代范围内，从三合花园大型建筑群的层位关系分析，该建筑位于第 5A 层下，不会早于第 6 层下属第二期的 H150，不会晚于属第三期的第 4B 层下的 H128，而与之处于同一层位的 H158 属于第三期，因此该组建筑的年代当在第三期。到第五、六期，金沙聚落已明显衰落，发现的遗存骤然减少，目前发现的主要是墓葬。

梅苑"祭祀区"目前基本上未发掘到底，其年代范围尚不十分清楚，但从金沙聚落的变迁情况推测，"祭祀"遗存主要应在第二至四期，尤其是其年代下限很可能不会晚于第四期，从目前发掘的祭祀遗存看，基本上是这种情况。至于能否早到第一期，不好说，但是可以推测，即便是"祭祀"遗存能早到第一期，可能也不会太丰富，其内容也会有所不同。

如果说金沙遗址是十二桥文化时期古蜀社会的某类重要性质的聚落所在地的话，那么根据上面的分析，这一聚落在商代晚期还未形成规模，到商末周初才最后形成规模，西周时期是其繁荣稳定的发展时期，到春秋时期已衰落。

由于金沙遗址祭祀区大量青铜器、玉器、金器等珍贵文物的出土，所以很容易判断金沙遗址可能是十二桥文化时期古蜀国的都邑所在地。但就遗址大面积的发掘情况来看，如果说金沙遗址属十二桥文化时期的都邑所在地，还存在几个疑问。一是作为王都没有明确的边界，不像三星堆都城有城圈，比较好确认，而金沙遗址因为没有发现城圈，其边界当划在何处，尤其是其西北部与高新西区之间有没有明确的边界。其东南一线还有抚琴小区、十二桥、方池街、指挥街、磨子桥等，当然与西北部相比，相距要远一些。二是最重要的"祭祀区"位于遗存密集分布区的东南边缘，其东部和南部却没有发现什么遗存分布。三是金沙遗址已发现 2000 余座墓葬，却没有发现一座较大型的墓葬，这些墓葬没有明显的地位悬殊，而且多位于居住区附近，甚至与居住区重叠。从种种迹象分析，也许金沙遗址仅是十二桥文化时期古蜀社会某类重要性质的聚落所在地，作为王都，尚有其他重要遗存分布于他处。从羊子山土台那么重要的遗存都孤悬一处来看，这种可能性还是存在。三合花园大型建筑群位于梅苑"祭祀区"以北 500 米，1999 年由于受场地的限制，整组建筑群没有揭露完。后来在其西边又揭露了部分，但南边因是道路无法发掘。从目前揭露的部分已能看出这组建筑的基本格局，与 1976 年发掘的陕西岐山凤雏村西周建筑基址的格局非常一致。有学者认为岐山凤雏村西周建筑基址的性质为宗庙[①]，那么金沙遗址三合花园的大型建筑基址也有可能是宗庙。但该建筑群使用时间较短，后来在该建筑的南边相距约 20 米处又发现一组大型建筑基址，其建筑方式和规模与三合花园的很相近，但受发掘场地的限制，没有揭露完。新发现的这组建筑与三合花园建筑的年代关系还需要进一步研究搞清楚。如果

① 陕西周原考古队：《陕西岐山凤雏村西周建筑基址发掘简报》，《文物》1979 年 10 期；王恩田：《岐山凤雏村西周建筑群基址的有关问题》，《文物》1981 年第 1 期。

说三合花园大型建筑基址的性质为宗庙的话，那么金沙遗址会不会是西周时期古蜀国的宗庙所在地。

金沙聚落兴衰的原因是一个很耐人寻味的问题。就墓葬反映的情况来看，第一至三期基本上为不见葬具的单人葬竖穴土坑墓，基本不见两座并列埋葬的情况，大多没有随葬器物，有随葬器物的也多为陶器。第四期开始出现船棺，到第五、六期大量出现船棺葬，同时出现较多双人并穴合葬墓和同穴双棺合葬墓，与之前墓葬多无随葬器物相比，此时普遍出现随葬器物，且多随葬铜器，尤其是随葬兵器是一个突出的现象。由此分析，西周晚期古蜀社会已开始出现转型，到春秋时期社会形态与观念已发生了明显的变化。而"祭祀区"赖以存在的社会与文化基础不复存在，随即衰落，而曾经繁荣昌盛的金沙聚落也随之衰落。从金沙聚落的兴衰反映出该聚落完全是因"祭祀区"而兴，又因"祭祀区"的衰落而衰落，似乎其存在的基础就是"祭祀"。关于"祭祀区"的内容和性质，将来还有待深入分析，但可以肯定其存在与神权政治密不可分。从金沙聚落的兴衰也暗示出，金沙聚落是否涵盖了此时古蜀国王都的全部，还是一个值得进一步思考的问题，这涉及十二桥文化时期古蜀社会的政治体制，以及其政治中心的聚落格局问题。

上面仅是笔者就现有资料作的一点粗浅分析，深入细致的探讨目前还无法进行。将来必须对各发掘区材料做系统梳理，首先要打破现有发掘区的划分，弄清聚落本身的区划。深入分析，理清各期遗存的分布范围、面积、性质等，最后对聚落的变迁及性质作出判断。

（原载《文物》2010年第2期）

金沙"祭祀区"的年代与性质

  考古确认了金沙遗址约有 5 平方千米，自 2001 年发现以来，经过 10 年左右的集中发掘，发现大量商周时期考古学文化遗存，包括居址、墓地、窑址等。其中遗址区内的梅苑东北部约 8000 平方米的区域发掘出土大量与祭祀礼仪有关的遗物，包括玉、石、铜、金、木、骨角类等。因此，从遗址发现以来发掘者和学界就判定该区域的性质为"祭祀区"，笔者也曾有这样的倾向。最近出版的《金沙遗址：祭祀区发掘报告》也认为该区域为"祭祀区"，并将其年代上限推定在了距今约 3600 年 [①]。但仔细阅读报告后，发现过去的认识存在问题，因此，笔者拟在对报告材料进行重新梳理的基础之上，对该区域的年代、性质及相关问题提出自己新的解释，就教于学界。

一、地层单位分期与年代

  报告将发掘区分为西、中、东三个区，其中西区和中区发掘至生土，东区未发掘到底。依据已发掘各地层单位出土陶器器物群和典型陶器的特征，可以将金沙遗址"祭祀区"的地层单位分为三期（表一）。

表一 金沙遗址"祭祀区"地层单位分期

分期		西区	中区	东区
第一期	早段	第 18～34 层、H2307、H2310～H2313、H2320、H2336、H2337、L31～L50、L52～L59	第 19～29 层、L24、L26	
	晚段	第 14～17 层、H2299、H2301～H2303、H2306、H2314、H2317、H2318、L51、L61	第 8～18 层、H7041～H7045、L25	第 8b～13 层、L11、L13～L17、L19、L21～L23
第二期	早段	第 13 层、H2304、H2315、H2316、L29、L60		第 8a 层、L20、L63
	晚段	L27、L28、L30		
第三期	早段	第 10～12 层、H2309、H2319		第 7 层、L1～L10、L12、L18、L62、K1
	晚段	第 5～9 层、H2296～H2298、H2300、H2308	第 6、7 层	第 5、6 层

---

  ① 成都文物考古研究院、成都金沙遗址博物馆：《金沙遗址：祭祀区发掘报告》，文物出版社，2022 年。

第一期：核心陶器群包括从三星堆文化继承来的小平底罐、高柄豆（灯形器）、盉、长颈壶等，以及十二桥文化早期阶段的典型陶器高领罐、敛口罐、圈足罐、矮领圆肩罐、尖底罐、缸、圈足盆、平底盆、尖底杯、尖底盏、球腹壶等。依据是否见尖底杯、尖底盏、尖底罐等可分为早、晚2段（图一、图二）。

早段基本不见尖底杯、尖底盏、尖底罐等。具有这一特征的地层单位包括有西区第18~34层及36个遗迹单位，中区有第19~29层及2个遗迹单位，东区未发掘至这一时期的地层单位。

晚段见尖底杯、尖底盏、尖底罐等。具有这一特征的地层单位包括西区的第14~17层及10个遗迹单位，中区包括第8~18层及6个遗迹单位，东区包括第8b~13层及10个遗迹单位。

第二期：核心陶器群包括尖底盏、尖底罐、尖底杯、圈足罐、高领罐、敛口罐、敛口瓮、簋形器等。主要依据尖底杯、敛口瓮等的变化可分为早、晚2段（图三、图四）。

早段：多弹头状尖底杯，敛口瓮少见。具有这一特征的地层单位包括西区的第13层及5个遗迹单位，东区的第8a层及2个遗迹单位。

晚段：尖底杯已基本消失，多敛口瓮。具有这一特征的地层单位只有西区的3个遗迹单位。

第三期：核心陶器群包括尖底盏、尖底罐、簋形器、敛口瓮、外叠唇瓮、喇叭口罐、高领盘口罐、绳纹罐、釜等。主要依据尖底盏等陶器的形态变化分为早、晚2段（图五、图六）。

早段：出土较多形态较大的尖底盏。具有这一特征的地层单位包括西区的第10~12层及2个遗迹单位，东区的第7层及14个遗迹单位。

晚段：尖底盏明显较早段变小。具有这一特征的地层单位包括西区的第5~9层及5个遗迹单位，中区的第6、7层，东区的第5、6层。

成都平原出土与第一期陶器群相一致的遗址发现比较多，如十二桥遗址的第12、13层[1]，波罗村遗址的第一、二期[2]，中海国际社区2号地点[3]，新都正因村[4]、褚家村[5]，

①　四川省文物考古研究院、成都文物考古研究所：《成都十二桥》，文物出版社，2009年，第19~135页。

②　成都文物考古研究院、四川大学历史文化学院：《郫县波罗村遗址》，科学出版社，2019年，第439~444页。

③　成都文物考古研究所：《成都中海国际社区2号地点商周遗址发掘报告》，《成都考古发现》（2010），科学出版社，2012年，第171~254页。

④　成都市文物考古研究所、新都区文物管理所：《成都市新都区正因村商周时期遗址发掘收获》，《成都考古发现》（2001），科学出版社，2003年，第54~79页。

⑤　成都文物考古研究所、新都区文物管理所：《成都市新都区褚家村遗址发掘报告》，《成都考古发现》（2008），科学出版社，2010年，第32~74页。

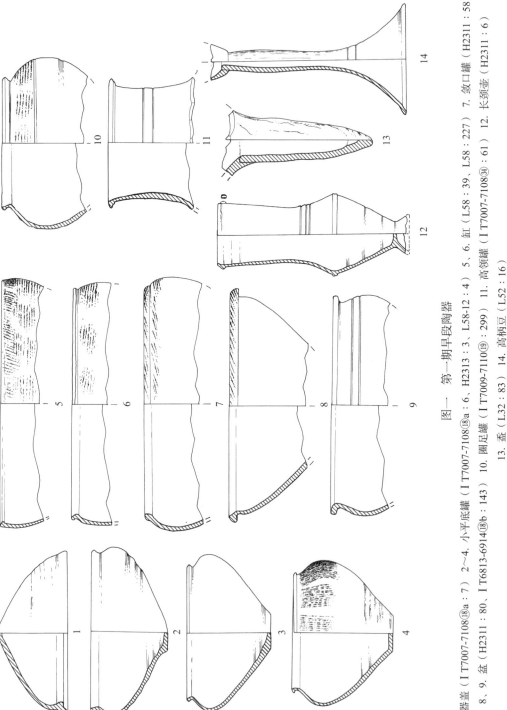

图一　第一期早段陶器

1. 器盖（ⅠT7007-7108⑱a：7）　2～4. 小平底罐（ⅠT7007-7108⑱a：6、H2313：3、L58-12：4）　5、6. 缸（L58：39、L58：227）　7. 敛口罐（H2311：58）　8、9. 盆（H2311：80、ⅠT6813-6914⑱b：143）　10. 圈足罐（ⅠT7009-7110⑲：299）　11. 高领罐（ⅠT7007-7108㉞：61）　12. 长颈壶（H2311：6）　13. 盃（L32：83）　14. 高柄豆（L52：16）

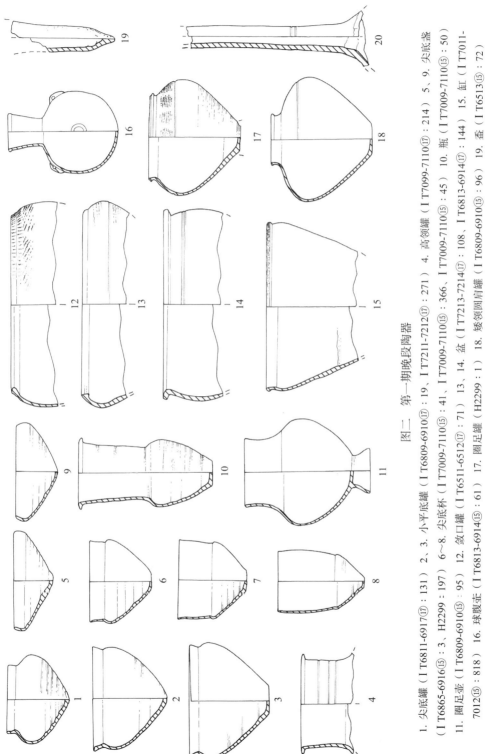

图二　第一期段晚期陶器

1. 尖底罐（ⅠT6811-6917⑰：131）　2、3. 小平底罐（ⅠT6809-6910⑰：19，ⅠT7211-7212⑰：271）　4. 高领罐（ⅠT7099-7110⑰：214）　5、9. 尖底盏（ⅠT6865-6916⑮：3，H2299：197）　6～8. 尖底杯（ⅠT7009-7110⑮：41，ⅠT7009-7110⑮：366，ⅠT7009-7110⑮：45）　10. 瓶（ⅠT7009-7110⑮：50）　11. 圈足壶（ⅠT6809-6910⑮：95）　12. 敛口罐（ⅠT6511-6512⑰：71）　13、14. 盆（ⅠT7213-7214⑰：108，ⅠT6813-6914⑰：144）　15. 缸（ⅠT7011-7012⑮：818）　16. 球腹壶（ⅠT6813-6914⑮：61）　17. 圈足罐（H2299：1）　18. 矮领圆肩罐（ⅠT6809-6910⑮：96）　19. 盉（ⅠT6513⑮：72）　20. 高柄豆（ⅠT6613-6714⑰：88）

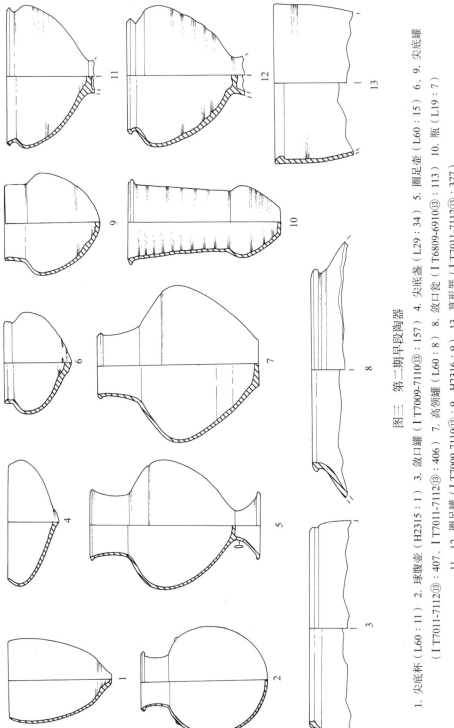

图三 第二期早段陶器

1. 尖底杯（L60：11） 2. 球腹壶（H2315：1） 3. 敛口罐（ⅠT7009-7110⑬：157） 4. 尖底盏（L29：34） 5. 圈足壶（L60：15） 6、9. 尖底罐（ⅠT7011-7112⑬：407，ⅠT7011-7112⑬：406） 7. 高领罐（L60：8） 8. 敛口瓮（ⅠT6809-6910⑬：113） 10. 瓶（L19：7） 11、12. 圈足罐（ⅠT7009-7110⑬：9，H2316：9） 13. 簋形器（ⅠT7011-7112⑬：377）

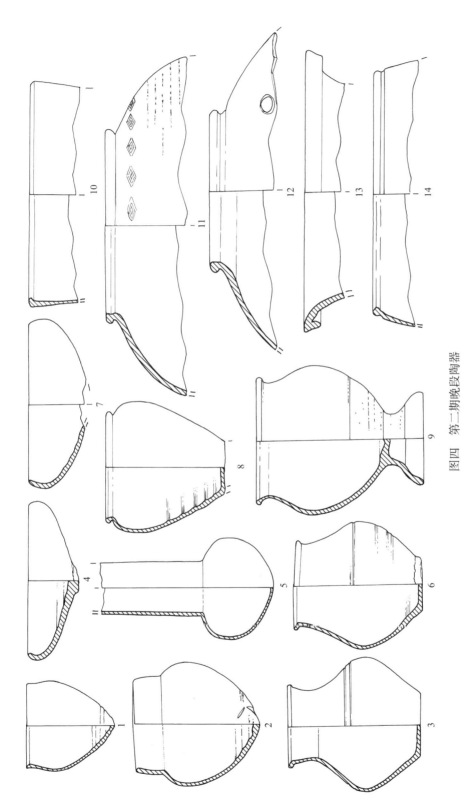

图四　第一期晚段陶器

1. 尖底小杯（L28：91）　2. 尖底罐（L28：67）　3、6. 喇叭口罐（L28：44、L28：134）　4、7. 尖底盏（L28：148、L27：1904）　5. 瓶（L28：57）　8、14. 敛口罐（L28：116、L27：1372）　9. 圈足罐（L28：134）　10. 盘形器（L27：366）　11、12. 敛口瓮（L27：1906、L27：9）　13. 高领瓮（L27：1365）

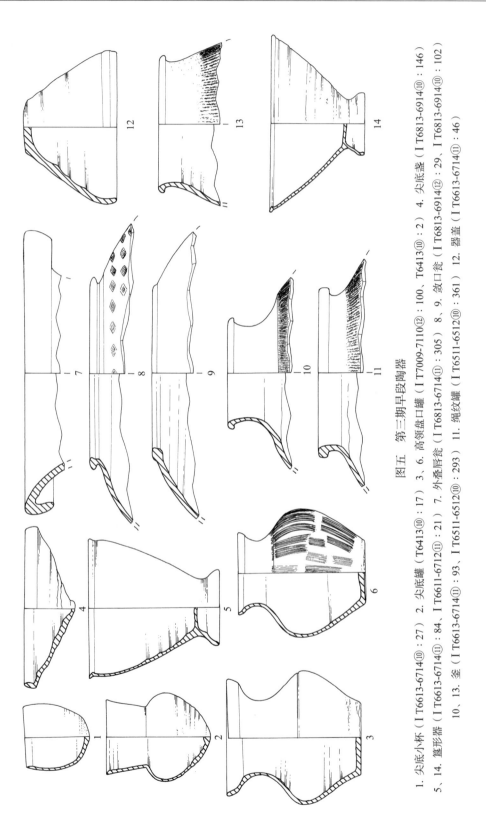

图五　第三期早段陶器

1. 尖底小杯（ⅠT6613-6714⑩：27） 2. 尖底罐（T6413⑩：17） 3、6. 高领盘口罐（ⅠT7009-7110⑫：100、T6413⑩：2） 4. 尖底盏（ⅠT6813-6914⑩：146）
5、14. 盏形器（ⅠT6613-6714⑪：84、ⅠT6611-6712⑪：21） 7. 外叠唇瓮（ⅠT6611-6712⑪：305） 8、9. 敛口瓮（ⅠT6813-6914⑫：29、ⅠT6813-6914⑩：102）
10、13. 釜（ⅠT6613-6714⑪：93、ⅠT6511-6512⑩：293） 11. 绳纹罐（ⅠT6511-6512⑩：361） 12. 器盖（ⅠT6613-6714⑪：46）

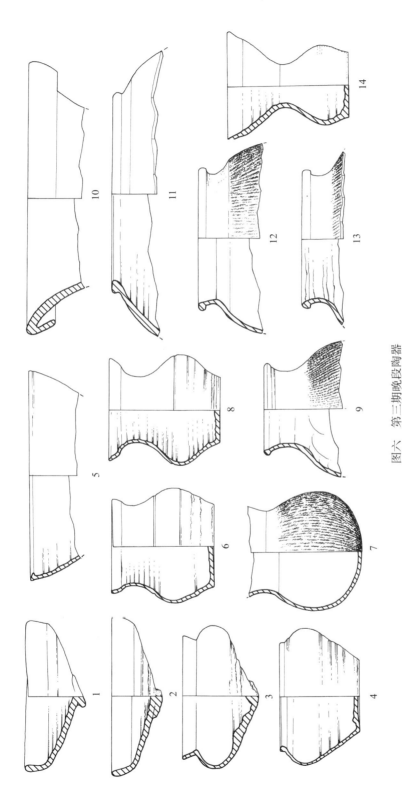

图六　第三期晚段陶器

1、2. 尖底盏（ⅠT7007-7108⑧∶69、ⅠT7809⑥∶6）　3. 尖底罐（ⅠT7215-7216⑧∶4）　4. 侈口罐（ⅠT7609⑤∶16）　5. 筒形器（ⅠT6807-6908⑨∶35）　6、14. 喇叭口罐（ⅠT7709⑥∶43、ⅠT7609⑤∶23）　7、9. 釜（ⅠT7007-7108⑦∶5、ⅠT8006⑥∶9）　8. 高领盘口罐（ⅠT7609⑤∶37）　10. 外叠唇瓮（ⅠT6511-6512⑥∶8）　11. 敛口瓮（ⅠT7007-7108⑨∶62）　12、13. 绳纹罐（ⅠT6613-6714⑥∶2、ⅠT7011-7112⑦∶3）

金沙遗址的春雨花间 [①]、精品房 [②]、蜀风花园城 [③]、博雅庭韵 [④]、兰苑 [⑤] 等地点。这一时期处在十二桥文化的早期阶段，十二桥文化的典型陶器群已经出现，还传承保留部分三星堆文化因素的陶器。年代当在商代晚期，三星堆一、二号祭祀坑的埋藏年代也在这个时期，上限不会超过殷墟第二期。

第二期陶器特征与笔者所分的金沙遗址第三、四期基本一致，部分陶器可早至第二期 [⑥]。早段与笔者所分的金沙遗址第三期一致，晚段与笔者所分的金沙遗址第四期一致，也与新一村第 8 层的陶器群及典型陶器特征基本相同 [⑦]。因此，第二期的年代当在西周时期，早段大致在西周早期，晚段大致在西周晚期。

具有第三期陶器群特征的遗存年代当在春秋时期。早段陶器群及典型陶器特征与新一村第 6、7 层基本一致，年代当在春秋早期，晚段中的釜、尖底盏、侈口罐与金沙遗址黄河墓地 M350 出土的同类器物接近 [⑧]，但考虑到晚段大部分陶器的特征与早段的区别不大，因此，推测其年代不会晚至春秋晚期。综合考虑，可将第三期的年代大致推定在春秋早、中期。

金沙遗址"祭祀区"许多晚期地层单位出早期遗物的现象比较突出，如属第三期早段的西区第 10～12 层还出土第一期、第二期早段的尖底杯、尖底盏，属第三期早段的东区第 7 层还出土第一期的小平底罐、敛口罐，第二期早段的尖底杯、尖底盏等。因此，在地层单位分期与年代判定上是需要特别注意的。

①　成都文物考古研究所：《成都市金沙遗址"春雨花间"地点发掘简报》，《成都考古发现》（2004），科学出版社，2006 年，第 217～254 页。

②　成都文物考古研究所：《成都市金沙遗址郎家村"精品房"地点发掘简报》，《成都考古发现》（2004），科学出版社，2006 年，第 176～216 页。

③　成都市文物考古研究所：《金沙遗址蜀风花园城二期地点试掘简报》，《成都考古发现》（2001），科学出版社，2003 年，第 33～53 页。

④　成都市文物考古研究所：《成都金沙遗址万博地点考古勘探与发掘收获》，《成都考古发现》（2002），科学出版社，2004 年，第 62～95 页。

⑤　成都市文物考古研究所：《成都市金沙遗址"兰苑"地点发掘简报》，《成都考古发现》（2001），科学出版社，2003 年，第 1～32 页。

⑥　江章华：《金沙遗址的初步分析》，《文物》2010 年第 2 期。

⑦　成都市文物考古研究所：《成都十二桥遗址新一村发掘简报》，《成都考古发现》（2002），科学出版社，2004 年，第 172～208 页。

⑧　成都文物考古研究所：《成都市金沙遗址"黄河"地点墓葬发掘简报》，《成都考古发现》（2012），科学出版社，2014 年，第 177～217 页；周丽、江章华：《试论成都平原春秋时期考古学文化》，《考古》2020 年第 2 期。

二、堆积特征、埋藏情景与性质分析

金沙遗址梅苑地点东北部约 8000 平方米的范围内，因出土数量众多的祭仪用品，因此，从发现以来，一直被视为与祭祀活动有关的区域，被称为"祭祀区"。要判断该区域的性质，必须充分考虑该区域的堆积特征及仪式用品的出土情景、特征等因素。仔细梳理材料，发现金沙遗址"祭祀区"出土仪式用品的堆积单位有地层、层表堆积、灰坑、规整的长方形坑。

地层堆积中出土仪式用品的现象比较普遍，西区第 5～34 层，除了 6 个地层单位（第 26～28、30、32、33 层）未出仪式用品外，其余 24 个地层单位均出土仪式用品。中区第 6～24 层，除第 20 层外，其余地层单位均出土仪式用品。东区第 5～13 层均出土仪式用品。

层表堆积即地面掩埋的情况也较多。报告编为"L"的西区有 35 处、中区有 3 处、东区有 25 处，其中除少数为坑状或浅坑掩埋，还有 1 处 L18 为房址柱坑中填埋，其余均为地面掩埋方式。

灰坑中出土仪式用品的相对较少。报告编为"H"的西区有 26 个、中区有 5 个，仅西区有 4 个、中区 2 个灰坑出土仪式用品。

能确认为规整的长方形坑的遗迹单位只有东区埋藏大量象牙的 K1 和出土石虎、跪坐石人、石蛇、石琮的 L19，可惜被施工破坏严重。

上述堆积单位除出土陶器和石工具外，出土的仪式用品为石、玉、铜、金、骨角等质地。石质品主要包括琮半成品或残坯料、璧坯料、残石璧、石芯、璋残坯料、残石璋。琮半成品或残坯料大部分是中间孔未钻穿，少数尚未钻孔，表面均残损。石璧坯料大部分是尚未钻孔，少部分孔未钻穿，经钻孔、磨光的均为残块，很少有完整者。石璋大部分为残断的坯料，少数基本加工完成的石璋均为残断者。

玉质品主要包括斧、锛、凿、戈、矛、剑、钺、琮、璋、璧、镯、环、箍、珠、牌饰、美石、磨石等，其中地层、地面掩埋、灰坑等单位出土的大部分属残损品，可惜报告未做相关统计，从报告介绍的标本看，完整者较少。比如报告介绍的西区的第 13 层出土的 1 件璋、1 件璧、2 件环均为残品，东区出土玉器较多的 L6，报告介绍的标本中 1 件戈、1 件矛、1 件钺、1 件琮、3 件箍、1 件镯均为残品，10 件璧中只有 2 件完整，另 8 件为残品，而且璋、璧、琮多为残片。许多单位中都出土玉碎片。

青铜器常见齿刃援戈、镞、锥形器、璧形器、方孔形器、铃、挂饰、叉形饰、鱼形饰、残铜鸟、残牛头、虎、蝉、眼泡、眼形铜片、人面纹铜片、圆角长方形铜板、小铜人头、残小面具、卣提梁牺首、虎形附件、容器残片等。上述器类中，璧形器、方孔形器不知其用途，推测不是单独使用。还有部分也只是某类器物上的装饰附件，如虎、蝉、眼泡、眼形铜片、人面纹铜片、圆角长方形铜板等。残铜鸟（如东区ⅠT8206⑦：46）、残牛头（如东区ⅠT8206⑦：45）、残虎头（如东区ⅠT7509⑥：1、ⅠT7509⑤：1）明显属青铜容器上的牺首附件，东区第6层出土1件貘头（ⅠT8046⑥：2）明显属提梁卣提梁两端的兽头。东区第6、7层出土的铜环（ⅠT8105⑦：18、ⅠT8003⑥：4）当属青铜罍或壶的耳上衔环。铃、挂饰、叉形饰、鱼形饰等，可能如三星堆埋藏坑出土的青铜神树上的挂饰，还出土有少量青铜容器的碎片。可以看出基本属残、废品，非完整铜器。

金器主要是贴附于其他器物上的金箔饰，包括面具、鱼形饰、蛙形饰、人面形饰、圆形饰片、涡旋纹饰等，还有不少不成形的残片。

骨角类有象牙、野猪獠牙、鹿角。象牙包括完整象牙，切割了的牙尖、圆饼，加工过的珠、柱形器、豆形器，还有一些象牙碎渣、象牙臼齿。

综合金沙遗址梅苑东北区域的堆积特征、仪式用品的出土情景及特征等因素分析，其地层、地面掩埋、灰坑等单位埋藏现象与正常的祭祀行为区别明显，与三星堆两个"祭祀坑"也明显不同，好像不属于正常的祭祀行为。出土仪式用品多为残、废品，其最大可能是与处理加工这些仪式用品产生的残、废行为有关。最能说明问题的是石璧，从石璧坯料、有钻孔痕迹的坯料、残石璧可以分析判断这些乃是石璧加工工序中不同阶段形成的废品。很明显石璧加工工序第一步是打坯（图七，1），第二步是钻孔（图七，2），第三步是打磨成器（图七，3）。我们现在见到的尚未钻孔的坯料是第一步加工过程中产生的不符合要求的废品；有钻孔痕迹的坯料是在第二步加工过程中可能震动出现了崩裂，不符合要求产生的废品；已经打磨完成但不完整的残石璧是在第三步加工过程中发生断裂产生的废品；因此，凡是加工完成的石璧几乎不见完整器。

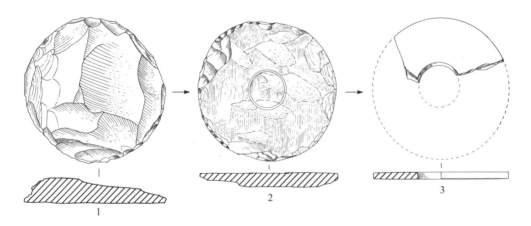

图七　石璧加工工序图

1. 石璧坯料（ⅠT7005-7106㉓：73）　2. 钻孔未穿石璧坯料（ⅠT7007-7108㉓：30-2）

3. 残石璧（ⅠT7007-7108㉓：27）

那些规整的长方形坑（K1、L19），出土大量完整的象牙和完整的跪坐石人、石虎、石蛇、石琮等，埋藏情景也与地层、地表掩埋、灰坑明显不同，这类单位很可能属于祭祀遗存。在机械施工中采集到的仪式用品中有数量较多的完整精美的玉器，这类器物推测应多出自像 K1、L19 一样规整的、埋藏有序的坑内，属于祭祀行为遗存。

依据以上分析可以判断，金沙遗址梅苑东北部原称为"祭祀区"的区域，主要是处理加工仪式用品产生的残、废品的场所，少量规整的坑属祭祀遗存，不排除地面掩埋单位有少数也可能与祭祀行为有关。如果上述判断不误的话，证明当时的人们相信这类物品具有一定的神圣性，不可像生活废弃物一样随意弃置，必须掩埋于特定的场所，甚至可能有比较复杂的处理与仪式过程。明确了梅苑东北部区域主要是处理加工仪式用品产生的残、废品的场所，就可以推测其加工作坊应该就在距离不远的地点。据金沙遗址发掘者介绍，在金沙遗址的兰苑、蓝光、蜀风花园城二期、黄河、罡正、5 号地块 B 和 C 地块、万博、阳光地带二期等地点墓地中发现 40 余座特殊的墓葬。这类墓葬最突出的特征便是墓室底部有一堆表面磨制光滑的玉石条集中随葬，还有少数一起随葬形状不规则的玉片，其放置位置以尸身上肢或胸部多见，少见下肢。随葬玉石条多呈平行四棱体或三棱体，其边缘遗留明显玉器加工时的片切割痕迹或中间有平行线状凹槽，玉石条断茬处有明显毛茬。玉石条表面颜色整体多呈灰白色，有的表面沁斑呈黄色、淡绿色、褐色等，硬度普遍较低，很容易碎断，其材质以蛇纹石软玉为主。目前已发表的有阳光地带二期、蜀风花园城、万博等地点的材料。发掘者之一的周志清先生研究认为这类墓葬的主人为当时的玉匠[①]。但是金沙遗址已做了大面积发掘，并未发现相关作坊遗迹。处理残、废品的区域周围还有较大范围未发掘，目前不排除在这一区域的可能性。

三、历时变迁及相关问题

从地层单位分期表可以看出，第一期（商代晚期）地层堆积单位最多，地层堆积最厚，西区第 14～34 层共 21 个堆积层，灰坑和地面掩埋共 46 个单位，中区第 8～29 层共 22 个堆积层，灰坑和地面掩埋共 8 个单位，未发掘到底的东区第 8b～13 层也有 9 个堆积层，9 个地面掩埋单位和 1 个长方形坑（L19）。到第二期（西周）地层堆积单位锐减，西区地层堆积只有第 13 层，其他灰坑和地面掩埋单位有 8 个，中区没有这一时期的堆积单位，东区地层只有第 8a 层，其他只有 2 个地面掩埋单位。第三期（春秋）地层堆积单位比第二期增多，西区地层堆积第 5～12 层共 8 个堆积层，中区只有第 6、7 层，东区第 5～7 层共 3 个堆积层，13 个地面掩埋单位和 1 个长方形坑。从时

---

① 周志清：《古蜀文化玉匠墓管窥》，《江汉考古》2021 年第 6 期。

间跨度看，第二期最长，其次是第三期，最短是第一期。如此看来，商代晚期堆积最快，这类活动最频繁，而西周时期堆积最慢，这类活动大幅度减少，到春秋时期又有所复兴，但仍然远不及商代晚期。

从出土器物类型来看，第一期早段主要是石质品，至第一期早段末期的地层单位开始有少量玉器、铜器，如西区第 19 层层表的 H2311 和第 18a 层。第一期晚段的地层单位开始普遍出现玉器、铜器、金器、骨角器，尤以东区出土数量较多。第二期地层单位虽然不多，但出土器物类型石、玉、铜、金、骨角类均有。第三期地层单位出土遗物数量最多、类型最丰富，石、玉、铜、金、骨角类均有，尤其是东区。东区第 7 层就出土石、玉、铜、金质器物近 700 件，L6、L8 出土 300 余件。规整的长方形坑 K1、L19 均发现于东区。

整体来看，春秋时期是出土仪式用品种类最丰富、数量最多的一个时期。而商代晚期是活动频繁，堆积形成快，堆积单位多，但偏早阶段出土仪式用品种类单一，主要是石质品。西周是一个相对衰落的时期，堆积单位少，出土遗物数量远不及商代晚期和春秋时期。上述现象应该是金沙聚落仪式用品加工活动兴衰状况的反映，仪式用品类型的变化只代表金沙聚落作坊生产仪式用品种类的变化，这或许与聚落性质与地位的变化有关。

笔者曾依据金沙遗址各阶段遗存分析聚落变迁时，发现西周时期是金沙聚落最繁盛的时期，春秋时期聚落已明显衰落，发现的主要是墓葬[1]。聚落的兴衰好像与仪式用品加工活动的兴衰并不同步，这其中原因如何理解。一方面可能是该区域目前尚未全面发掘，目前的信息不能反映其整体状况。另一方面意识形态的控制、仪式象征符号的彰显更可能与社会的和谐安定及政局的稳固与否关系密切。整个成都平原发现商代晚期的遗存特别多，此时人口众多，聚落密集。笔者曾认为三星堆文化向十二桥文化转变的原因是巴人的西迁[2]，与三星堆文化聚落稀少相比，此时聚落骤增[3]。十二桥文化初期的社会人群复杂，新的政权尚不稳固，需要通过仪式活动和对仪式象征符号的彰显来加强对意识形态的控制，将其政权、社会规范、秩序神圣化。成都平原发现的春秋时期遗存不多，反映人口、经济处于低谷时期。推测春秋时期外部环境恶化，社会动荡，统治阶层需要通过对意识形态的强调与控制，依靠仪式活动强化社会内部的团结与稳定。

笔者曾依据金沙遗址不完整的信息，分析认为春秋时期的古蜀社会已发生转型，

---

① 江章华：《金沙遗址的初步分析》，《文物》2010 年第 2 期。

② 江章华：《试论鄂西地区商周时期考古学文化的变迁——兼谈早期巴文化》，《考古》2004 年第 11 期。

③ 江章华：《成都平原先秦聚落变迁分析》，《考古》2015 年第 4 期。

原来神权政治赖以存在的祭祀礼仪随之衰落[①]。现在从金沙遗址梅苑区域的信息来看，古蜀社会从商代晚期以来的那套祭祀礼仪，春秋时期仍然在传承，古蜀社会的观念、价值体系并未发生根本性的改变，可能只是形式与强调的程度有所不同而已。第三期（春秋时期）的地层单位出土的玉戈、玉璋、有领玉璧、青铜戈、青铜璧形器、方孔形器、青铜鸟、各类青铜挂饰等与第一、二期及商代晚期的三星堆一、二号祭祀坑出土的同类器基本相同。L8还见与三星堆一、二号坑出土风格相近的小青铜人头像。L8出土的1件青铜锥形器（L8 ④∶44）上发现与三星堆一号坑出土金杖上相同的鱼、鸟、箭图案[②]。上述现象说明从商代晚期至春秋，古蜀社会的这套仪式象征物品稳定地传承着其既有的风格传统，体现出其仪式象征体系的稳固性与保守性。依据十二桥文化至东周时期考古学文化的传承性，推测古蜀的这套观念、象征体系可能一直延续至战国时期，巴蜀符号很可能是这套观念体系新的表现形式。这不仅反映其政治秩序、观念与价值体系的传承性，也暗示其人群尤其是其统治阶层的稳固性。

金沙遗址梅苑地点大部分区域尚未发掘，仅局部区域发掘到底，我们目前了解到的信息还是非常有限。因此，笔者所做的分析具有很大的局限性，只是希望对学界关心的某些问题的理解有所帮助。关键是下一步梅苑区域的考古工作要有计划、有目的，按照考古学科的规范科学地开展发掘，充分获取相关研究信息。

①　江章华：《金沙遗址的初步分析》，《文物》2010年第2期。

②　四川省文物考古研究所：《三星堆祭祀坑》，文物出版社，1999年。

成都平原先秦聚落变迁分析

有关成都平原先秦时期聚落考古的资料目前还非常有限，一是区域聚落考古调查尚未完全系统开展，二是对各时期典型聚落结构的揭示非常有限，三是对聚落环境与景观方面的信息所知甚少。因此系统探索成都平原先秦聚落变迁的时机并不成熟。但是近年的一些考古发现，从聚落分布、聚落密度与规模、聚落结构等方面呈现出部分有价值的信息。笔者想从这些方面做一点粗浅的分析，目的是提高学界尤其是考古工作者在田野考古工作中对该问题的关注度，更多地关注与获取这方面的信息并促进研究。

一、聚 落 分 布

成都平原为西南至东北伸展的倾斜平原，长约 140、宽 40~50 千米。西北高东南低，由许多河流的冲积扇和平原两侧的山前阶地组成。自北而南依次有绵远河、石亭江、湔江（以下简称沱江水系）、岷江、西河、斜江、南河（以下简称岷江水系）冲积扇，共同组成了微倾斜的复合冲积扇平原。复合冲积扇的顶部即扇顶锥，地面坡度较大，下部冲积扇平原地面广阔平坦。由于差异性断块活动的影响，在平原东西两侧的山前地带各生成了五级阶地[①]。

宝墩文化第三期以前的聚落多分布于平原北部、西部至西南靠近平原边缘地势相对稍高的地带。目前成都平原发现最早的史前聚落什邡桂圆桥遗址[②]，位于成都平原的北部边缘，该遗址第一期遗存年代在茂县营盘山新石器文化与宝墩文化之间。什邡处在龙门山与成都平原的过渡地带，境内分布山地、丘陵和平原，桂圆桥遗址距离龙门山脉约 20 千米。大邑盐店古城属宝墩文化第一、二期，高山古城下层发现介于宝墩

---

① 四川省地方志编纂委员会：《四川省志•地理志》，成都地图出版社，1996 年，上册，第 381~383 页。

② 四川省文物考古研究院、德阳市博物馆、什邡市博物馆：《四川什邡桂圆桥新石器时代遗址发掘简报》，《文物》2013 年第 9 期；万娇、雷雨：《桂圆桥遗址与成都平原新石器文化发展脉络》，《文物》2013 年第 9 期。

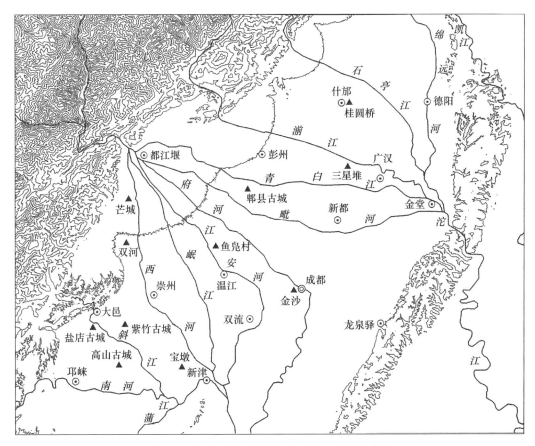

图一　成都平原地貌环境与重要遗址分布示意图

文化与桂圆桥第一期文化之间的遗存，上层文化属宝墩文化第一、二期[①]，两处遗址所在地理位置为成都平原西南边缘地带。大邑县境地貌由西北向东南逐渐降低，依次为高山区、中山区、低山丘陵区和平原区。山地约占全县面积的 2/3，属龙门山系中南段。平原约占全县面积的 1/4，其余为低山丘陵区。盐店古城和高山古城距离丘陵区和龙门山区较近。都江堰芒城遗址地处成都平原西部边缘，西距青城山支脉药王山仅 2.4 千米[②]。宝墩古城所在的新津县处于成都平原西南部边缘[③]，地势由北向南倾斜，境内以平原为主，约占全县总面积的 76.6%，海拔 450～500 米，由岷江及其支流冲积而成；丘陵约占总面积的 23.4%，县境最高点位于南部与彭山交界处的象鼻山，海拔 745 米。

　　成都平原腹心地区的新都、郫县、温江等区域，目前发现的宝墩文化聚落均在宝

　　① 成都文物考古研究所 2012～2013 年调查、试掘，资料现存成都文物考古研究院。

　　② 成都市文物考古工作队、都江堰市文物局：《四川都江堰市芒城遗址调查与试掘》，《考古》1999 年第 7 期。

　　③ 成都市文物考古研究所、四川大学历史系考古教研室、早稻田大学长江流域文化研究所：《宝墩遗址——新津宝墩遗址发掘和研究》，有限会社阿普（ARP），2000 年。

墩文化第三、四期，未发现宝墩文化第一、二期的聚落。

三星堆文化时期，目前除三星堆遗址外，能确认为三星堆文化时期的聚落很少。值得注意的是，在岷江水系冲积扇已发现大量商周时期的聚落，但多为十二桥文化时期，目前没有一处能确认为三星堆文化时期的聚落。这种现象显然不是考古工作的问题，大量商周时期的遗址于基本建设中发现，而各类基本建设犹如抽样调查，对各个时期遗址的发现概率是一样的，长时期没有发现，可以推测岷江水系冲积扇很可能原本就没有三星堆文化的聚落。

十二桥文化（商代晚期至西周时期）的聚落在整个成都平原均有分布。近年在平原最南缘的新津、双流，北边沱江支流冲积扇的什邡、广汉均发现十二桥文化的聚落。四川省文物考古研究院曾在石亭江、绵远河、鸭子河、马牧河流域调查发现 10 余处商周时期遗址，其中很大部分明显属十二桥文化时期[1]。三星堆遗址和什邡桂圆桥遗址的上层也有十二桥文化的遗存。在岷江水系冲积扇上发现的十二桥文化聚落数量尤多（图一）。除成都平原以外，十二桥文化的分布范围已远超出四川盆地。

历年发现的春秋战国时期的遗址很少，主要是墓葬，这些墓葬在整个成都平原均有分布。

二、聚落密度与规模

桂圆桥第一期遗存的聚落目前只发现桂圆桥遗址一处，该遗址面积虽然近 3 万平方米，但包含桂圆桥第一期、宝墩、十二桥等时期的文化遗存，而"第一期文化遗存分布范围却十分有限，仅零星分布于遗址南区。由于受到遗址中古河床摆动和晚期人类活动的严重干扰，揭露的第一期文化聚落中的布局也不甚清晰"[2]。由于报告并未说明南区的面积，因此无法准确判定第一期遗存的分布面积，据发掘者见告，第一期遗存的面积大约只有几百平方米。

与桂圆桥第一期相比，宝墩文化聚落数量剧增，宝墩文化第一、二期的聚落目前发现还比较少，只有主动考古调查发现的新津宝墩、都江堰芒城、大邑盐店和高山古城，加上三星堆遗址共有 5 处，均是大型聚落，中小型聚落发现极少，只有什邡桂圆桥遗址包含宝墩文化第二期左右的遗存。至宝墩文化第三、四期，聚落数量明显激增，除考古调查发现的大型聚落（郫县古城、温江鱼凫城、双河古城等）外，据不完全统计，目前已发表的发现于基本建设中的小型聚落有 35 处，在笔者统计发现于基本建设项目中的 64 处先秦时期遗址中，所占比例为 54.7%。据 2005～2009 年中美合作"成

① 四川省文物考古研究所三星堆工作站、四川省广汉市文管所、什邡县文管所：《四川广汉、什邡商周遗址调查报告》，《南方民族考古》（第五辑），四川科学技术出版社，1993 年。

② 万娇、雷雨：《桂圆桥遗址与成都平原新石器文化发展脉络》，《文物》2013 年第 9 期。

都平原聚落考古调查"项目的抽样调查情况看，在郫县、温江等区域，宝墩文化第三、四期的聚落分布十分密集。

宝墩文化时期的聚落规模明显扩大，出现了大型聚落，最大的宝墩聚落面积达 276 万平方米[1]，最小的都江堰芒城也有 10 万平方米[2]，郫县古城和温江鱼凫城有 30 多万平方米[3]，这些大型聚落多有夯土围墙。也有不带夯土围墙的大型聚落，如新都陈家碾遗址，面积达 60 万平方米，目前被小河道分隔成陈家碾、李子林、上陈家碾、赵家河坝等四处[4]，这些小河道不排除是后期形成的。一般小型聚落多在几千至 1 万多平方米。由于大多遗址是几个时期的聚落叠压在一起，各时期聚落理论上都应小于遗址的面积。基建项目中的考古受诸多限制，大多未能弄清各时期聚落的规模。宝墩时期聚落的规模只能依据那些单纯含有宝墩文化遗存的遗址来判断，目前发表资料的有成都十街坊[5]、"置信金沙园一期"地点[6]、高新西区"格威药业一期"[7]、新都区忠义[8]、高新西区"顺江小区三期"[9]、"中海国际社区"1 号地点[10]、温江新庄村[11]等遗址（表一）。这些遗址的年代跨度多在一期范围内，遗址的规模与聚落的规模相对比较接近。需要说明的是，

① 成都文物考古研究所、新津县文管所：《新津宝墩遗址调查与试掘简报（2009～2010 年）》，《成都考古发现》（2009），科学出版社，2011 年。

② 成都市文物考古工作队、都江堰市文物局：《四川都江堰市芒城遗址调查与试掘》，《考古》1999 年第 7 期。

③ 成都市文物考古工作队、郫县博物馆：《四川省郫县古城遗址调查与试掘》，《文物》1999 年第 1 期；成都市文物考古工作队、四川联合大学历史系考古教研室、温江县文管所：《四川省温江县鱼凫村遗址调查与试掘》，《文物》1998 年第 12 期。

④ 成都文物考古研究所、新都区文物保护管理所：《成都市新都区赵家河坝与上陈家碾遗址试掘简报》，《成都考古发现》（2011），科学出版社，2013 年。

⑤ 成都市文物考古研究所：《成都市南郊十街坊遗址年度发掘纪要》，《成都考古发现》（1999），科学出版社，2001 年。

⑥ 成都市文物考古研究所：《成都金沙遗址"置信金沙园一期"地点发掘简报》，《成都考古发现》（2002），科学出版社，2004 年。

⑦ 成都市文物考古研究所：《成都市高新西区"格威药业一期"新石器遗址发掘简报》，《成都考古发现》（2003），科学出版社，2005 年。

⑧ 成都文物考古研究所、新都区文物管理所：《成都市新都区斑竹园镇忠义遗址发掘收获》，《成都考古发现》（2007），科学出版社，2009 年。

⑨ 成都文物考古研究所：《成都高新西区顺江小区三期新石器遗址发掘简报》，《成都考古发现》（2008），科学出版社，2010 年。

⑩ 成都文物考古研究所：《成都市中海国际社区商周遗址发掘简报》，《成都考古发现》（2005），科学出版社，2007 年。

⑪ 成都文物考古研究所、温江区文物保护管理所：《温江新庄村遗址宝墩文化遗存试掘简报》，《成都考古发现》（2010），科学出版社，2012 年。

遗址规模往往是根据钻探了解到的文化层堆积的范围，这不能完全等同于聚落的规模。人类活动倾倒垃圾会超出居住活动的范围，同时没有文化堆积的地方也有可能埋墓或有其他生活设施。不过文化层堆积的范围大小应与聚落的规模有直接的关系，因此该信息具有参考价值。

表一 宝墩文化小型聚落遗址

遗址	面积（平方米）	年代
十街坊	4000	宝墩文化第四期
"置信金沙园一期"地点	2000	宝墩文化第三期
"格威药业一期"遗址	1500	宝墩文化第三期
忠义遗址	10000	宝墩文化第三期
"顺江小区三期"遗址	2000	宝墩文化第三期
"中海国际社区"1号地点	12600	宝墩文化第三、四期
新庄村	4000	宝墩文化第三期

从以下几处宝墩文化遗址的发掘情况可以略微窥见宝墩文化小型聚落的规模。成都十街坊遗址发掘面积955平方米，揭露出比较完整的一处墓地，共19座墓葬，除1座（M17）为东西向外，其余均为西北—东南向，墓葬成行排列，分北、中、南三排，墓与墓相距较近，无打破关系。从墓葬的分布及数量看，该聚落的人口不多。成都西郊化成村遗址，简报未报道其面积，只介绍该遗址位于一东西向、宽60米的台地上。该遗址发掘面积700平方米，揭露一墓地，共16座墓葬：第4层下有7座，第5层下有9座；房址3座：第4层下有2座，第5层下有1座，其中的F1面积30.68平方米[①]。"置信金沙园一期"地点面积2000平方米，发掘了950平方米，发掘面积约占遗址的一半。揭露出房址3座、灰坑21个、墓葬10座、陶窑1座。其中3座房址在同一区域，有打破关系，因此不是同时并存的3座房址，作为聚落应只有1座。F12面积18.8平方米，F13面积64.8平方米，F14面积85.5平方米。该遗址还有一半的面积未发掘，但考古人员多选择遗址中较好的位置进行发掘，墓地揭露基本完整。综合各方因素及墓葬数量，该聚落的规模与十街坊、化成村差不多。"格威药业一期"遗址面积1500平方米，发掘面积330平方米，揭露出墓葬3座。该遗址的规模略小于"置信金沙园一期"地点，由于发掘面积小，推测墓葬数量应与"置信金沙园一期"地点差不多。

三星堆文化的聚落目前虽然发现很少，但三星堆遗址规模宏大，其城址范围就达3平方千米。据调查，在三星堆附近12平方千米范围内的马牧河、鸭子河两岸的阶地

---

① 成都市文物考古研究所：《成都市西郊化成村遗址1999年度发掘报告》，《成都考古发现》（1999），科学出版社，2001年。

上都发现遗存分布①。三星堆文化统治者能组织大量人力修筑高大城垣、铸造器形硕大而精美的各类青铜器、制作精美的玉器和黄金制品等宗教神器，如果没有一大批中小聚落作支撑，很难想象能达到如此繁荣的程度。推测在石亭江、绵远河等沱江水系冲积扇上应有较多三星堆文化的聚落分布。从三星堆文化东达四川盆地东部，最远可达鄂西地区的分布看，这种可能性很大，也就是说三星堆不可能是一座孤城。目前的主要原因可能还是这个区域考古工作做得太少、注意不够。该区域发现的其他阶段遗址也极少，似乎也能说明问题。三星堆文化的中心聚落比宝墩文化时期明显扩大，其聚落的营建明显更加成熟。

　　十二桥文化时期的聚落相当密集，在基建项目中发现概率较高，时代主要集中在商代晚期至西周中期。据不完全统计，目前已发表的发现于基本建设项目中的小型聚落有51处，在笔者统计的发现于基本建设项目中的64处先秦遗址中，所占比例为79.7%，明显高于宝墩文化时期。宝墩文化与十二桥文化的年代跨度差不多，均在800年左右，宝墩文化聚落多集中在第三、四期，十二桥文化的聚落多集中在金沙遗址第一、二期，由此可以推测十二桥文化时期的聚落数量和密度明显高于宝墩文化时期。据2005～2009年中美合作"成都平原聚落考古调查"项目的抽样调查情况看，郫县、温江等区域十二桥文化的聚落分布十分密集，发现的概率也明显高于宝墩文化。近年在成都市区和郫县之间的高新西区，基本建设中也发现数量较多的十二桥文化遗址，各遗址间的距离以1～2千米居多，近的只有几百米，少数在3千米左右，可见聚落在该区域的密集程度。只含有十二桥文化遗存的遗址有青白江新华村遗址②、新都正因村遗址③、中海国际社区2号地点④、新都褚家村遗址⑤、郫县广福村李家院子遗址⑥、西华大学新校区六号教学楼地点⑦、金堂金海岸二期A区地点⑧、

①　四川省文物考古研究所：《三星堆祭祀坑》，文物出版社，1999年，第9页。

②　成都文物考古研究所、青白江区文物管理所：《成都市青白江区新华村商周遗址发掘报告》，《成都考古发现》（2011），科学出版社，2013年。

③　成都市文物考古研究所、新都区文物管理所：《成都市新都区正因村商周时期遗址发掘收获》，《成都考古发现》（2001），科学出版社，2003年。

④　成都文物考古研究所：《成都中海国际社区2号地点商周遗址发掘报告》，《成都考古发现》（2010），科学出版社，2012年。

⑤　成都文物考古研究所、新都区文物管理所：《成都市新都区褚家村遗址发掘报告》，《成都考古发现》（2008），科学出版社，2010年。

⑥　成都文物考古研究所：《四川郫县广福村李家院子古遗址发掘简报》，《成都考古发现》（2009），科学出版社，2011年。

⑦　成都文物考古研究所、郫县博物馆考古队：《西华大学新校区六号教学楼地点古遗址发掘简报》，《成都考古发现》（2004），科学出版社，2006年。

⑧　成都文物考古研究所：《金堂县金海岸二期A区商代遗址发掘报告》，《成都考古发现》（2007），科学出版社，2009年。

都江堰梳妆台遗址①、彭州米筛泉遗址②、高新西区"大唐电信二期"地点③、高新西区"万安药业包装厂"地点④、彭州梅花泉遗址⑤、电子科技大学行政大楼地点⑥、高新西区富通光缆通信有限公司地点⑦、如阳实业发展有限公司地点⑧、高新西区摩甫生物科技地点⑨、高新西区普天电缆地点⑩、高新西区顺江小区二期地点⑪、西华大学"网络技术学院"地点⑫、郫县"蓝光绿色饮品二期"地点⑬、中海国际社区4号地点⑭、西华大学艺术中心地址⑮、高新西区国腾二期地点⑯等，这些

① 成都文物考古研究所、都江堰市文物局：《四川省都江堰市梳妆台商周遗址发掘简报》，《成都考古发现》（2010），科学出版社，2012年。

② 成都文物考古研究所、彭州文物管理所、新都文物管理所：《四川彭州市米筛泉商周遗址发掘简报》，《成都考古发现》（2009），科学出版社，2011年。

③ 成都市文物考古研究所：《成都市高新西区"大唐电信二期"商周遗址试掘简报》，《成都考古发现》（2003），科学出版社，2005年。

④ 成都市文物考古研究所：《成都市高新西区"万安药业包装厂"商周遗址试掘简报》，《成都考古发现》（2003），科学出版社，2005年。

⑤ 成都文物考古研究所、彭州市文物保护管理所、新都区文物保护管理所：《四川彭州市梅花泉商周遗址发掘简报》，《成都考古发现》（2009），科学出版社，2011年。

⑥ 成都文物考古研究所：《成都电子科技大学清水河校区行政大楼地点商周遗址发掘简报》，《成都考古发现》（2006），科学出版社，2008年。

⑦ 成都文物考古研究所：《成都高新西区富通光缆通信有限公司地点古遗址发掘简报》，《成都考古发现》（2008），科学出版社，2010年。

⑧ 成都文物考古研究所：《四川如阳实业发展有限公司商住楼地点古遗址发掘简报》，《成都考古发现》（2008），科学出版社，2010年。

⑨ 成都文物考古研究所：《成都高新西区摩甫生物科技地点古遗址发掘简报》，《成都考古发现》（2004），科学出版社，2006年。

⑩ 成都文物考古研究所：《成都高新西区普天电缆古遗址发掘简报》，《成都考古发现》（2006），科学出版社，2008年。

⑪ 成都文物考古研究所：《成都市高新西区顺江小区二期商周遗址发掘简报》，《成都考古发现》（2005），科学出版社，2007年。

⑫ 成都文物考古研究所、郫县博物馆：《成都市郫县西华大学网络技术学院商周遗址发掘简报》，《成都考古发现》（2005），科学出版社，2007年。

⑬ 成都文物考古研究所：《成都郫县"蓝光绿色饮品二期"发掘简报》，《成都考古发现》（2008），科学出版社，2010年。

⑭ 成都文物考古研究所：《成都市中海国际社区商周遗址发掘简报》，《成都考古发现》（2005），科学出版社，2007年。

⑮ 成都文物考古研究所、郫县博物馆：《成都郫县西华大学艺术中心古遗址发掘简报》，《成都考古发现》（2008），科学出版社，2010年。

⑯ 成都市文物考古研究所：《成都市高新西区国腾二期商周遗址试掘简报》，《成都考古发现》（2003），科学出版社，2005年。

遗址的规模和年代见表二。

表二　十二桥文化小型聚落遗址

遗址	面积（平方米）	年代（相当于金沙遗址分期）
青白江新华村	22000	第一期
新都正因村	15200	第一、二期
中海国际社区 2 号地点	8890	第一、二期
新都褚家村	6000	第一期
郫县广福村李家院子	5000	第一期
西华大学新校区六号教学楼地点	3440	第一期
金堂金海岸二期 A 区地点	3000	第一期
都江堰梳妆台	3000	第一期
彭州米筛泉	2000	第一期
高新西区"大唐电信二期"地点	2000	第二至四期
高新西区"万安药业包装厂"地点	2000	第一至五期
彭州梅花泉	1500	第一期
电子科技大学行政大楼地点	1500	第五期左右
高新西区富通光缆通信有限公司地点	1400	第一期
如阳实业发展有限公司地点	1400	第一期
高新西区摩甫生物科技地点	1380	第二、三期
高新西区普天电缆地点	1375	第二至四期
高新西区顺江小区二期地点	1200	第三、四期
西华大学网络技术学院地点	1150	第一、二期
郫县"蓝光绿色饮品二期"地点	1000	第一期
中海国际社区 4 号地点	800	第一期
西华大学艺术中心地点	500	第三、四期
高新西区国腾二期地点	500	第一期

　　从表二可以看出，相当于金沙遗址第一、二期[①]（约当商代晚期至西周初年）尤其是第一期的遗址数量较多，而三期（约当西周早期）以后的遗址大幅度减少。

　　十二桥文化的一般聚落规模不大，与宝墩文化时期相比，并没有明显的变化。表二中超过 10000 平方米的遗址只有 2 处，5000 平方米以上（含 5000 平方米）的遗址也只有 3 处，5000 平方米以下、超过 3000 平方米的遗址有 3 处，其余遗址均在 2000 平方米及以下。

---

① 江章华:《金沙遗址的初步分析》,《文物》2010 年第 2 期。

十二桥文化的中心聚落规模较大，2001年发现的成都金沙遗址目前确认的遗址面积达5平方千米。该遗址年代跨度长，从商代晚期至春秋时期，但其聚落规模没有这么大。据笔者分析，商代晚期聚落规模较小，春秋时期聚落已衰落，规模也不大。聚落最繁盛的时期在西周时期，这个时期聚落的规模根据目前发表资料分析当在2平方千米左右，具体情况有待发掘报告的出版。

目前发现的春秋、战国时期遗址很少，能确认含有春秋时期遗存的遗址只有成都新一村、金沙、郫县清江村、高新西区万安药业包装厂、电子科技大学新校区行政大楼等几处。战国时期的遗址更少，目前已知的仅有彭州太清乡龙泉村、成都市青羊宫、汪家拐等。其他还有少量遗址发现零星战国时期文化遗存，如中海国际社区1号地点、新都区忠义遗址等。春秋、战国时期的中心聚落尚未发现。

三、聚落结构

有关聚落结构方面的信息目前还很少，从大型中心聚落来看，宝墩文化、三星堆文化、十二桥文化都有发现。宝墩文化时期表现出多中心并存的局面，目前发现属第一、二期有夯筑城墙的大型聚落有新津宝墩、都江堰芒城、大邑盐店和高山，属第三、四期的有郫县古城、温江鱼凫城、崇州双河和新都陈家碾等，不排除其他尚未被发现的大型聚落存在。三星堆文化阶段的大型中心聚落目前只发现三星堆古城一处，此时可能已非宝墩那种多中心并存的局面。十二桥文化阶段目前只发现了金沙遗址一处大型聚落，但是金沙遗址不像三星堆那样有城垣环绕。笔者曾分析认为金沙遗址作为中心都邑尚有一些疑问：一是金沙遗址所在地位于十二桥文化聚落密集分布区的东南边缘，而不是中心位置，这似乎不利于政治控制；二是金沙遗址已发现2000余座墓葬，却没有发现一座较大型墓葬，这些墓葬没有明显的地位悬殊，而且多位于居住区附近，甚至与居住区重叠；三是金沙遗址发现的大型建筑群更像是宗庙性质的建筑。种种迹象表明，金沙遗址与其说是政治中心，不如说更像是宗教中心。

宝墩文化时期大型聚落的内部结构目前还不清楚，从近年宝墩遗址的勘探发掘情况看，聚落内似乎分成好几处居住区，而墓葬位于居住区附近。这些居住区的结构似乎与一般小型聚落很相似，推测这种大型聚落有可能是若干小型聚落组成的聚落群。这些大型聚落是否修筑夯土围墙或其他设施，完全取决于聚落所在的环境地貌，从目前情况看，宝墩文化时期的夯土围墙可能是起防洪作用。宝墩人营建聚落完全是因地制宜。三星堆遗址的发掘面积有限，发表资料很少，无法了解其聚落结构。但可以大胆推测，其聚落当有一定的规划，与宝墩文化时期应有明显的区别。十二桥文化时期的金沙遗址，可以看出聚落内有明显的功能分区，比如祭祀区、大型礼仪建筑区、墓葬区、居住区等。

　　宝墩至十二桥文化的大型聚落内都发现有特殊形式的大型建筑。2010 年在宝墩遗址内城的中心发现一组大型建筑基址（F1），其结构以长方形主体房屋为中心，南北两侧为附属建筑，整体布局主次分明，相互对称。F1 现保留柱坑和局部垫土。主体房屋南北长约 20、东西宽约 10.5 米，面积约 210 平方米。保留柱坑 28 个，其中东、西侧各 8 个，南、北侧各 5 个，房屋内部 2 个。北侧附属建筑南北长约 10.5、东西宽约 7.5 米，保留 9 个柱坑，呈三纵三横；南侧附属建筑南北长约 9、东西宽约 8 米，保留 5 个柱坑。2011 年又在 F1 的南侧发现一座大型建筑基址（F3），南北长约 24、东西宽约 12 米，面积约 300 平方米，保留 28 个柱坑，其中东、西侧各 8 个，南、北侧各 5 个，房屋内部 2 个。初步推测这两个大型建筑是不同时期性质相同的建筑，F3 早于 F1[①]。1997 年在郫县古城的中心区揭露出一座大型建筑基址（F5），与城的方向基本一致，长 51.5、宽 10.7 米，面积约 551 平方米，房址内未发现隔墙，房内横列 5 个由卵石垒砌的台子，发现时台基尚存[②]。宝墩文化发现的这些大型建筑基址与一般的小型房址的建筑形式明显不同，一般小型建筑均为竹骨泥墙形式，有墙基槽，而这些大型建筑多有大型柱洞，郫县古城 F5 还用卵石作墙基。与宝墩文化相比，三星堆文化、十二桥文化的建筑形式并没有大的改变，小型建筑也基本是挖墙基槽、作竹（木）骨泥墙的形式，大型建筑多有大型柱子。2012 年四川省文物考古研究院在三星堆古城西北部二级台地的青关山发现一大型建筑基址群，位于三星堆遗址内，北濒鸭子河，南临马牧河，台地顶部高出周围地面 3 米以上，是三星堆遗址的最高处。根据 2012 年的勘探结果，建筑基址群均系人工夯筑而成，现存面积约 16000 平方米。其中的单体建筑基址（F1）是一座大型红烧土建筑基址，平面大致呈长方形，呈西北—东南走向，与三星堆城址方向一致，长逾 55、宽近 16 米，面积近 900 平方米，东西两侧似乎有门道，由多间正室和相对应的楼梯间组成，分为两排，沿中间廊道对称分布[③]。金沙遗址三合花园地点揭露出一组有 5 座房址的大型建筑基址，总面积达 1000 余平方米，布局很有规律。其中最大的一座单体建筑宽近 8 米，揭露长度在 54.8 米以上还未到头，至少有 5 个开间，面积在 430 平方米以上。从目前揭露的部分已能看出这组建筑的基本格局，与 1976 年发掘的陕西岐山凤雏村西周建筑基址的格局非常接近[④]。

　　从宝墩文化至十二桥文化，目前还没有一个完整揭露的小型聚落，从长时期的田

---

　　①　资料现存成都文物考古研究院。

　　②　成都市文物考古研究所、郫县博物馆：《四川省郫县古城遗址 1997 年发掘简报》，《文物》2001 年第 3 期。

　　③　雷雨：《四川广汉三星堆遗址 2012～2013 年考古新收获》，《2013 中国重要考古发现》，文物出版社，2014 年。

　　④　成都市文物考古研究所：《成都市黄忠村遗址 1999 年度发掘的主要收获》，《成都考古发现》（1999），科学出版社，2001 年；江章华：《金沙遗址的初步分析》，《文物》2010 年第 2 期。

野考古实践来看，成都平原的聚落大多保存状况不佳。不过通过发掘的众多遗址还是可以看出一些规律性的现象。宝墩文化的小型聚落一般有竹骨泥墙的地面式、方形或长方形单间房址，墓葬比较集中，方向也比较一致，多位于居住区附近（十街坊、化成村），少数遗址（置信金沙园一期、电子科技大学清水河校区实验楼）还发现陶窑。十二桥文化遗址发现最多的遗迹是灰坑，其次是陶窑，少数遗址发现零星墓葬，房址很少，这应与遗址发掘面积有关。十二桥文化的一般居住房屋仍然为竹骨泥墙形式，与宝墩文化基本相同，居住区附近也有墓葬、陶窑。可以看出十二桥文化小型聚落的基本格局似乎与宝墩文化时期区别并不明显。

四、聚落变迁的原因分析

目前有关成都平原先秦聚落变迁的信息相当有限，不过某些现象还是值得引起注意。比如从宝墩文化到十二桥文化聚落空间分布的变化，这一变化可以结合环境、生业、考古学文化的源流等的分析做初步解读。

笔者曾分析认为宝墩文化当源于岷江上游以营盘山新石器文化为代表的一类文化，但中间有缺环[①]。2009 年四川省文物考古研究院发掘的什邡桂圆桥遗址第一期遗存早于宝墩文化，与营盘山新石器文化十分相近，只是没有发现彩陶。桂圆桥第一期遗存是介于营盘山新石器文化与宝墩文化之间的一类遗存，与宝墩文化面貌相近似。从生业形态来看，营盘山新石器文化阶段的农作物主要是粟和黍[②]。桂圆桥第一期 H43 浮选的粮食作物中，黍的数量占了绝对优势，另有少量的苋科和粟，未发现水稻。水稻的出现大约在桂圆桥第一、二期之交，到第二期偏晚阶段，水稻占了绝对优势，仅有零星的黍、粟伴出[③]。宝墩遗址 2009 年的浮选分析显示，在所有的炭化植物种子中，稻谷种子的数量为 196 粒，占 19.6%，并且几乎在所有时期的地层和遗迹单位中都有发现；粟的数量为 23 粒，占 2.3%，集中出现在宝墩第一期的地层和遗迹中[④]。由此推测：成都平原的古代人群是从岷江上游逐步迁徙而来的，最初只会种小米，这是他们的传统农业。最初进入成都平原时主要活动在平原北部、西部至西南靠近山地相对较高的边缘地带，人口少、聚落小。而平原腹心地区多河流、沼泽，不适宜种植小米。到了距今 4500 年前后的宝墩文化初期，长江中游的水稻种植技术传入成都平原，这时他们改土造田，开始小规模种植水稻。随着对成都平原多水环境的不断适应，人群逐步向平

---

①　江章华：《岷江上游新石器时代遗存新发现的几点思考》，《四川文物》2004 年第 3 期。

②　赵志军、陈剑：《四川茂县营盘山遗址浮选结果及分析》，《南方文物》2011 年第 3 期。

③　万娇、雷雨：《桂圆桥遗址与成都平原新石器文化发展脉络》，《文物》2013 年第 9 期。

④　成都文物考古研究所：《新津宝墩遗址 2009 年度考古试掘浮选结果分析简报》，《成都考古发现》（2009），科学出版社，2011 年。

原腹心地区移动，到了宝墩文化中晚期，成都平原的腹心地区出现了大量密集的聚落。由于水稻的种植，食物有了保障，带来了人口的增长，聚落不断增多，规模逐渐扩大，同时也促使社会向更复杂化方向演进，聚落逐渐出现分化。

岷江水系冲积扇未发现三星堆文化聚落是一个很奇怪的现象，要解释这个现象可能主要还需考虑环境因素，以成都平原当时的环境来看，最大可能是与洪水有关。成都平原是一个冲洪积平原，河流众多，并经常改道，危及古代人群生存的主要是洪水，因此古蜀传说中就有鳖灵治水，后来又有李冰治水。多年来我们在成都平原调查时早已注意到，成都平原的先秦遗址均分布在古河道旁的阶地上。从种种情况推测三星堆文化时期岷江水系冲积扇可能洪水频繁，不宜居住。但是有一个现象值得注意，笔者对 35 处宝墩文化小型遗址的地层堆积情况进行了梳理，发现其中超过 60% 的遗址中的宝墩遗存被十二桥文化堆积直接叠压，20% 左右被汉代地层直接叠压，少数被战国地层叠压。目前只发现 4 处遗址的宝墩文化堆积之上叠压报告认为的洪水冲积形成的间歇层，而其中的高新西区顺江小区三期、金沙遗址黄忠干道 B 线 [1] 遗址间歇层出土碎陶片，报告作者判断地层形成年代在商周时期。另外 2 处遗址是郫县曹家祠 [2] 和温江天乡路 [3]。郫县曹家祠遗址的间歇层为第 6 层，厚 15 厘米，为浅灰褐色砂土，而其下的第 7 层和其上的第 5 层均为宝墩文化第四期，因此洪水发生在宝墩文化第四期。温江天乡路遗址间歇层第 6 层，青灰色砂土，厚约 10 厘米，其下叠压宝墩文化第三期地层，其上的第 5 层为十二桥文化堆积。从上述情况看，就算是洪水频发，但并未危及聚落，也就是说洪水基本未淹没至聚落所在的阶地上。那么洪水最有可能危及的是农田，从宝墩文化直至十二桥文化，生业均以稻作为主，稻田必须要位于便于灌溉的位置。从大量先秦遗址的发掘情况看，在较高的阶地上均没有发现过稻田的遗迹，推测稻田当位于较低的便于灌溉的河道旁如河漫滩。从成都平原历年的考古发掘情况看，大规模的农田水利建设是在秦汉时期，许多遗址中都发现大量秦汉时期大小不同的水渠遗迹。很明显成都平原成熟的灌溉农业当是在李冰治水后，是经过秦汉时期大规模农田水利建设之后的事。可以推测从宝墩文化直至战国时期，成都平原的稻作主要还是以小区划的稻田为主。仅靠这些小规模的稻田种植尚不能完全获得食物保障，更不能抵抗灾年，因此还需种植旱地作物粟作为食物补充，宝墩遗址和金沙遗址的浮选中都发现

---

① 成都市文物考古研究所：《成都金沙遗址 2001 年黄忠村干道规划道路 B 线地点试掘简报》，《成都考古发现》（2002），科学出版社，2004 年。

② 成都文物考古研究所、郫县望丛祠博物馆：《郫县曹家祠遗址先秦文化遗存试掘简报》，《成都考古发现》（2010），科学出版社，2012 年。

③ 成都文物考古研究所、温江区文物保护管理所：《温江天乡路遗址先秦文化遗存试掘简报》，《成都考古发现》（2010），科学出版社，2012 年。

粟[①]。这些小区划稻田位置太高不便于灌溉，太靠近河流较低的位置又不利于防洪，故当多位于既便于灌溉又不易被洪水淹没的地方。这样的稻作体系难以抵御频发的洪灾，一旦出现较大洪水，首先淹没的便是稻田。岷江水系冲积扇没有三星堆文化聚落，目前能想到的最大可能性便是洪水频发，稻田常常被淹、无法耕种。当然也不排除存在其他可能，如三星堆文化并非宝墩文化自身发展的结果。笔者曾认为三星堆文化的形成很可能是外来人群进入，其中能观察到的最主要的人群是中原二里头文化人群[②]。这些新进入的人群拥有比宝墩文化人群更为先进的技术与实力，三星堆文化取代宝墩文化不排除这一过程是一种战争征服。如果这样的话，或许会引起宝墩人群的大量迁徙，离开成都平原，从而造成三星堆文化时期成都平原人口锐减，聚落稀少并主要集中在沱江冲积扇。

十二桥文化阶段，岷江水系冲积扇又开始出现大量聚落，一方面可能是此时洪水不再频发，另一方面原因是治水能力增强。据笔者研究，三星堆文化向十二桥文化转变的根本原因是鄂西地区巴人的西迁，一部分巴人迁入成都平原与三星堆人群融合[③]。巴人本是习于水性的民族，他们有比三星堆人群更强的治水能力，传说中治水的鳖灵便是所谓的"荆人"，有可能就是巴人。此时人们可能通过一系列治水措施，岷江水系冲积扇又成为宜居的区域。

从聚落规模来看，宝墩文化至十二桥文化时期，小型聚落的规模普遍很小，且早晚几乎没有什么变化，并不是想象的那样越晚规模越大，似乎与其他区域很不一样。这可能与成都平原的地貌环境有直接的关系。成都平原为扇状冲洪积平原，河流较多，呈放射状，在平原内形成一些相对较低的洼地及平行河流的垄岗状台地，使平原具有大平小不平的特点[④]。先秦时期的人们多选择这种垄岗状台地营建聚落，而这些台地一般面积都不大。近年的考古调查和发掘发现先秦时期的遗址周围都有古河道，遗址均位于古河道旁的台地上，遗址区高出周围，台地面积都不大。受地貌限制，很难形成规模较大的聚落。只有一些特殊的中心聚落才花大量人力物力营建，而这些聚落内多有古河道和垄岗状台地，宝墩古城和三星堆古城都是如此。这些聚落因防洪需要大多要修建夯筑围墙，一般性聚落无此必要。也有些相对集中的聚落群，条件允许也无须修筑夯土围墙，像新都陈家碾宝墩第三、四期聚落，成都高新西区十二桥文化聚落群。

---

① 姜铭、赵德云、黄伟等：《四川成都城乡一体化工程金牛区 5 号 C 地点考古出土植物遗存分析报告》，《南方文物》2011 年第 3 期。

② 江章华、李明斌：《古国寻踪——三星堆文化的兴起及其影响》，巴蜀书社，2002 年，第 86～90 页。

③ 江章华：《试论鄂西地区商周时期考古学文化的变迁——兼谈早期巴文化》，《考古》2004 年第 11 期；江章华：《渝东地区商周时期考古学文化研究》，《考古学报》2007 年第 4 期。

④ 成都市地方志编纂委员会：《成都市志·地理志》，成都出版社，1993 年，第 66、67 页。

　　目前知道的聚落数量与密度变化能初步反映成都平原人口消长的基本情况。发现的聚落数量最多、密度最大的时期是十二桥文化偏早阶段即商代晚期至西周早期左右，其次是宝墩文化偏晚阶段即第三、四期，三星堆文化及春秋战国时期的聚落最少，说明十二桥文化偏早阶段成都平原环境优良，人口较多，国力强盛。而此时文化对外扩张也最广，向南可达大渡河中游的汉源地区，北边可达陕南地区，四川盆地东部属巴人的势力范围，与成都平原属同一性质的考古学文化。春秋、战国时期遗址发现较少，推测可能与秦汉时期大规模农田水利建设对遗址造成的破坏有关。

　　从目前所知的聚落结构分析，从宝墩文化到十二桥文化，小型聚落变化不大，人口不多，发现的遗存最常见的就是房址、墓葬、陶窑等。推测这里可能只是一个小家族甚至一个家庭的居所，一个大的家族可能采取聚落群的形式。宝墩文化时期拥有仪式活动中心的大型中心聚落可能代表了一个群体的精神信仰中心。宝墩文化时期有2处遗址发现陶窑，十二桥文化发现陶窑的遗址较多。陶窑的形制相近，均比较小，宝墩时期的2座窑室面积只有0.2、0.67平方米左右（太小，很像是灶），十二桥文化的陶窑规模有所扩大，窑室面积多在1～2平方米。陶器烧造量不大，似乎陶器制作是由家族分散烧造，专业化程度不高。宝墩时期的墓葬多位于居住区附近，为狭窄竖穴土坑墓，不见葬具，一般没有随葬品，十街坊发现几座墓墓主身上佩戴骨片饰物。这反映了宝墩文化时期还是一个比较平等的社会，财富观念不强。但三星堆仁胜村发现的宝墩文化偏晚的29座墓葬中，有2座随葬陶器，有几座随葬玉器[1]，显示出这时聚落可能已出现分化，人群也出现了分层现象。十二桥文化的一般墓葬虽然随葬品也不十分丰富，但有随葬品的墓葬明显增多，尤其是西周晚期以后。从宝墩文化到十二桥文化都反映出聚落两级分化的现象，但聚落分层并不十分复杂。宝墩文化时期是一个多中心并存的局面，聚落明显两级分化，是一个比较松散而简单的社会。三星堆文化从多中心发展成单一中心，这时的社会管理趋向集中，但其社会管理层级并不复杂。从三星堆文化到十二桥文化都是神权政治特征比较突出，以原始宗教作为维系社会的精神纽带和行使政治权力的主要手段。但十二桥文化时期似乎与三星堆文化相比略有所变化，如果说金沙遗址如笔者所推测的那样，不是十二桥文化的政治中心而可能只是宗教中心，那么其政治中心就在其他地方[2]。十二桥文化阶段就已不再是三星堆那样政教高度合一的社会，这个时期可能已出现王权与神权的分化。到了西周晚期，战争逐渐频繁，为了应对新的政治环境，古蜀社会进行了自我调适，开始出现转型，三星堆文

---

　　①　四川省文物考古研究所三星堆遗址工作站：《四川广汉市三星堆遗址仁胜村土坑墓》，《考古》2004年第10期。

　　②　江章华：《金沙遗址的初步分析》，《文物》2010年第2期。

化和十二桥文化时期的神权政治已经衰落，代之的是至高无上的世俗军政王权①。

　　有关成都平原先秦聚落考古方面的信息目前还相当有限，笔者只是就现有材料作一点初步的归纳分析，大多只能是推测，尤其是聚落变迁原因。如果笔者的粗浅分析能引起考古人员对聚落考古的关注，重视相关信息的提取，则志愿足矣。

（原载《考古》2015 年第 4 期）

<hr>

① 江章华：《战国时期古蜀社会的变迁——从墓葬分析入手》，《四川文物》2008 年第 2 期。

四川盆地史前文化的变迁、整合与复杂社会的出现

一、地理环境[①]与文化谱系

四川盆地是长江上游古代文明发展的中心，其文化出现较早，也是长江上游复杂社会出现最早的区域，在中原与西南地区的文化联系及社会、政治整合过程中起到了桥梁与纽带的作用。四川盆地历年的考古发现主要集中在成都平原和渝东峡江地区。要厘清四川盆地古代文化与文明化进程，除四川盆地外，川西高原也必须纳入讨论。

川西高原目前发现的史前文化遗址主要集中在岷江上游和大渡河上游的阿坝藏族羌族自治州。该区域地处青藏高原东南缘与四川盆地西部边缘山地峡谷的交替接触地带。地势高耸，地形复杂。境内西北部为川西北高原，东南部为高山峡谷，各约占总面积的50%。高原地形包括丘状高原和山原两种：在热尔郎山以南，斑佑之西，查针梁子以北，包括若尔盖、红原、阿坝三县的大部分地区，是丘状高原，高原面海拔3500～4000米，地表丘状起伏，丘谷相间，丘顶浑圆，丘陵平缓，谷地宽展，平川沃野，水草丰茂，丘谷间的相对高差50～100米。白河与黑河流域谷宽1～2千米，最宽处可达20千米，河流蜿蜒，地势平坦，低洼处潴水成湖，沼泽、草甸极为发育。岷江以西、金川、马尔康、黑水以北的丘状高原边围地区属山原地带，河谷较深，谷坡陡峻，从谷底仰视若高山峡谷，但山顶面仍是宽谷平坡，起伏和缓，保留高原面特征。东南部的山地峡谷，山峦起伏，峡谷幽深，山岭海拔都高于4000米，谷底与山顶相对高差1500～2500米。岷江、金川江及其支流沿岸有狭窄的冲积平坝，山腰地势平缓，展布着层层台地。岷山纵贯北部，主峰雪宝顶海拔5588米。龙门山斜贯东南部，最高峰九顶山海拔5190米。邛崃山、夹金山及盘踞南部邛崃山北端的鹧鸪山、中段的虹桥山等海拔都超过4300米。中部山原隆起，成为黄河、长江水系分水岭。黄河流经阿坝、若尔盖交界边境，境内流长126千米，其支流白河、黑河由南而北蜿蜒注

---

① 主要参考四川省地方志编纂委员会：《四川省志·地理志》，成都地图出版社，1996年；重庆市教育科学研究院：《重庆地理》，西南师范大学出版社，2003年；四川省测绘局、中国科学院成都地理研究所、西南师范学院：《四川省地图集》（内部用图），四川省测绘局出版，1981年。

入黄河。因地势平坦，河曲发育，牛轭湖星罗棋布，河流水势平缓，部分河段可通航。岷江源于弓杠岭，向南流经松潘、茂县、汶川，州内全长341千米，支流黑水河、杂谷脑河发源于中部山原，向东流入岷江。嘉陵江支流白水江源于九寨沟县西部，向东斜贯九寨沟县境，境内流长170千米。大渡河上游大金川由青海南流经西部阿坝、马尔康、金川，境内流长310千米。梭磨河由红原南流，经马尔康至热足桥与大金川会合，境内流长158千米。杜柯河流经壤塘，于可尔因注入大金川，境内流长236千米。小金川横贯小金县境，在丹巴注入大渡河。各河流流量丰沛，河床落差不大，水流湍急。上述区域地形复杂，气候多样。丘状高原属大陆性高原气候，几乎常年无夏，冬季严寒而漫长，降水量少，春季大风多，夏凉而湿润，昼夜温差大，年降水量650～730毫米，5～10月为雨季，11～4月为旱季，无绝对无霜期。山原为温凉半湿润气候，夏秋温凉，冬长严寒，一月均温 −5.2℃～−1℃，七月均温13.4～17.6℃，年降水量700～830毫米，干湿季明显，常有阵性大风，山岭气候呈垂直变化，高山潮湿寒冷，河谷干燥温凉。历年的考古工作主要集中在该区域东南部的高山峡谷地区，遗址主要发现于岷江上游、大渡河上游及其支流的河谷台地，西北部高原区域的红原、若尔盖也有少量新石器遗址的线索。目前发现的这些遗址性质明确的，其年代比较集中，文化面貌基本一致，属甘青地区的马家窑文化（马家窑类型）体系。其年代大约距今5300～4700年。

　　四川盆地是一个独立的地貌单元，其轮廓像菱形，大致为广元—雅安—叙永—奉节四点的连线所构成。盆地内广泛分布着紫红色砂页岩层，岩层时代属于侏罗—白垩纪，有"红色盆地"之称。境内地貌外营力以流水侵蚀作用为主。盆地周缘都是连绵的山地，西北缘是东北—西南走向的龙门山山脉，紧接龙门山西南是邛崃山，大致作南北向，米仓山和大巴山位于盆地的北缘和东北缘，是川陕和川鄂的界山，东缘巫山呈东北—西南向矗立于川鄂边境之间。四川盆地属湿润亚热带东南季风气候，冬暖、春早、夏热。年均温以长江谷地为最高，为18℃以上，自此向四周递减，周围山地只有15℃。冬季冷气流不易侵入，比较温暖，一月均温3～8℃，比同纬度的长江中下游为高。除周围山地外，霜雪少见，无霜期超过280天，南部为330天以上。二月上旬后，各地气温先后稳定在10～11℃以上，所以春回大地比长江中下游提早一个月。夏季有4～5个月，七月均温25～29℃。另一特点是雨量充沛，多夜雨和秋雨，年降水量1000～1200毫米，盆地中部略少，以地处西部边缘山地东麓的雅安、都江堰一带最多，为1300～1800毫米，整个盆地降水的强度、集中度和年变率都较大，是全国旱涝较大的区域。本区气候的又一特点是湿重、雾多、日照少。四川盆地这种相对封闭的地理环境，使得其古代文化从新石器时代至战国时期约2000多年都保持了自身的特色，虽然中间有来自中原、长江中下游等文化的影响，甚至有外来人群的迁入，其独特的文化传统均未被完全冲断，自秦灭巴、蜀后到西汉早期才逐渐融入汉文化之中。正是这种连续不断的发展特征，才孕育了自身悠久的历史传说体系。

四川盆地又分为盆西的成都平原、盆中丘陵和盆东岭谷。

成都平原介于龙泉山与龙门山之间，面积约9500平方千米，为冲积、洪积平原。地势西北高、东南低，为岷江、湔江、石亭江、绵远河等河流出山口冲积的扇形地连接而成。海拔400～750米，扇形地坡度大，从郫都区至都江堰高差达200米。平原上的古河道和扇缘地下水溢出带排水不良，多"漕田"。平原地区河网结构呈辐散状，从扇顶向周围辐散成许多分支，至金堂、新津又辐合汇入沱江和岷江。成都平原是四川盆地文化最为发达的中心区，历年所做的考古工作最多，考古学文化序列已基本完善。目前这一区域发现最早的新石器文化是什邡桂圆桥第一期遗存，年代大约距今5000～4800年，文化面貌与岷江上游以茂县营盘山为代表的新石器文化十分相近，只是没有彩陶。比桂圆桥第一期稍晚的就是近年发现的大邑高山古城的下层遗存，该遗存特征既有桂圆桥第一期遗存的特征，又有宝墩文化的一些特征，是介于桂圆第一期与宝墩文化之间的一类遗存，年代推测当在距今4800～4500年左右。宝墩遗址近年发掘在下层也发现少量类似的遗存。接下来的宝墩文化年代大约在距今4500～3700年，已发现8座有夯筑土垣的大型聚落址和几十处小型聚落址。在宝墩文化的基础上形成的三星堆文明，距今约3700～3200年，其中心在成都平原。

盆地中部龙泉山与华蓥山之间为盆中丘陵。其中部内江—遂宁—南充一带支离破碎、大小不等的台状方山和坮岗状浅丘海拔300～500米，浅丘起伏和缓，丘顶浑圆，丘间洼地坦缓。从丘陵中部向四周逐渐过渡到深丘和低山，多为床状、长梁状和一些单面山，海拔大部分在500～750米，地面切割强烈，沟谷多而密，坡度较陡，山脊走向不明显，顶部平缓。丘陵区河流呈树枝状水网结构，主支流锐角相交，水网密而弯曲。流经盆中丘陵区域比较大的江河有沱江、涪江、嘉陵江等，均呈西北—东南向注入长江。该区域考古发现的先秦遗址比较少，也没做过系统性的考古工作，目前已发现的新石器时代遗址主要有绵阳边堆山[1]、广元张家坡[2]、巴中月亮岩[3]、通江擂鼓寨[4]、宣汉罗家坝[5]等数处。这些遗址发掘不多，出土遗物也不十分丰富，其文化面貌总体与渝

[1] 中国社会科学院考古研究所四川工作队：《四川绵阳市边堆山新石器时代遗址调查简报》，《考古》1990年第4期；何志国：《绵阳边堆山文化初论》，《四川文物》1993年第6期。

[2] 王仁湘、叶茂林：《四川盆地北缘新石器时代考古新收获》，《三星堆与巴蜀文化》，巴蜀书社，1993年。

[3] 雷雨、陈德安：《巴中月亮岩和通江擂鼓寨遗址调查简报》，《四川文物》1991年第6期。

[4] 四川省文物考古研究所、通江县文物管理所：《通江县擂鼓寨遗址试掘简报》，《四川考古报告集》，文物出版社，1998年。

[5] 四川省考古研究院、达州市文物管理所、宣汉县文物管理所：《宣汉罗家坝》，文物出版社，2015年。

东峡江地区的哨棚嘴文化和川西高原的新石器文化比较近似。近年重庆市文物考古研究院在嘉陵江流域调查发现的合川沙梁子、牛黄坝、老菜园、河嘴屋基、猴清庙以及重庆北碚大土[①]等新石器遗址的文化性质均为哨棚嘴文化。

盆东岭谷位于盆地东部华蓥山以东至盆地东缘，是一系列呈平行排列、狭窄的条形山岭和谷地组成，走向为东北—西南向，在云阳—奉节一带为东西向，在合川—重庆以南山岭以帚状散开。山脊海拔一般在 600～1000 米，最高是华蓥山主峰海拔 1704 米。这些山岭两侧对称规则，两翼陡峭，顶部平缓。平行岭谷的河流为格子状水网结构，主支流呈直角相交。紧靠四川盆地南缘由西向东流经盆地的长江大部分流经盆东岭谷的东南部，即渝东峡江地区。长江是四川河流的总干，宜宾以上称金沙江，宜宾至宜昌段全长 1044 千米，过去称为川江，沿岸接纳了岷江、沱江、嘉陵江、乌江等大支流后，滔滔东去。江津以下切过川东平行岭谷，形成猫儿、铜罗、明月、黄草、剪刀等峡谷，在奉节至宜昌间辟开巫山山脉，形成举世著名的长江三峡，故又称峡江。涪陵至奉节白帝城段，长 338 千米，江流漫流于较典型的向斜谷中，谷地宽阔，谷坡平缓，两岸丘陵起伏，沟谷稠密。江面最宽处在忠县复兴场，约 1500 米，涪陵的珍溪场可达 2000 米，江面最窄处在涪陵与韩家沱间的群猪滩，仅 100～200 米。忠县以上河床多碛坝和石质河漫滩，石质河漫滩多出现于丰都附近。忠县以下多小型暗礁。三峡之中的瞿塘峡，长 8 千米，以雄伟险峻著称，两岸崖壁耸立，江面最窄处只有 100 余米。巫峡西起巫山，东至巴东，绵延 46 千米，巫峡是江流切穿巫山背斜层而成，以幽深、秀丽闻名，江岸最窄处只有 100 余米，两岸山峰壁立。西陵峡全在湖北境内。三峡中有阶地发育，多可达 10 级，古人多选择这些阶地居住。川江流域属亚热带湿润季风气候，其特点是冬暖而短，夏热而长，降水丰沛，霜雪少见。年降水量在 1000 毫米以上，集中在 6～9 月。盛夏常出现连晴高温天气，长江谷地极端最高温超过 40℃，是我国高温中心之一。冬季多雾。渝东峡江地区目前发现最早的新石器文化是丰都玉溪遗址下层的玉溪下层文化，年代距今约 7600～6300 年，之后有一个较长时期的缺环，再出现的就是距今约 5000～3700 年的哨棚嘴文化，哨棚嘴文化之后该区域与成都平原均成为三星堆文化的分布区。

二、川西高原的史前文化与社会

（一）岷江上游

该区域虽然早在 20 世纪二三十年代以来就曾先后做过多次考古调查，也有学者对岷江上游的新石器时代文化研究做过有益的探索[②]，但囿于调查材料，有些认识并不是很准

---

① 白九江：《重庆地区的新石器文化——以三峡地区为中心》，巴蜀书社，2010 年。

② 徐学书：《岷江上游新石器时代文化的初步研究》，《考古》1995 年第 5 期。

确。2000 年以来，成都文物考古研究所会同阿坝藏族羌族自治州文物管理所、茂县博物馆等文博单位，在岷江上游地区开展了全面、详细的考古调查。共发现新石器时代文化遗址和遗物采集点达 82 处①。之后，随着汶川姜维城②，茂县营盘山③、波西④、沙乌都⑤、白水寨⑥、理县箭山寨⑦等遗址的调查和科学发掘，岷江上游新石器时代文化研究才取得重大突破。依据目前的考古材料，岷江上游新石器文化大约包含波西下层遗存、马家窑文化（马家窑类型）遗存和沙乌都遗存。其中属马家窑文化的遗址较多，性质明确。波西下层遗存和沙乌都遗存只发现一个点，出土遗物很少，性质还不是很明确（图一）。

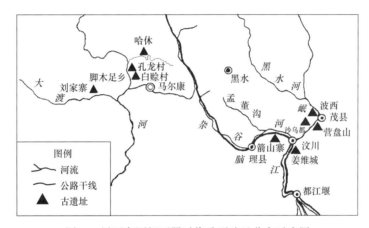

图一　川西高原新石器时代重要遗址分布示意图

①　蒋成、陈剑：《岷江上游考古新发现述析》，《中华文化论坛》2001 年第 3 期。

②　四川省文物考古研究所、阿坝州文物管理所、汶川县文化体育局：《四川汶川县姜维城新石器时代遗址发掘简报》，《考古》2006 年第 11 期；四川省文物考古研究所、阿坝州文物管理所、汶川县文物管理所：《四川汶川县姜维城新石器时代遗址发掘报告》，《四川文物》2004 年增刊。

③　成都市文物考古研究所、阿坝藏族羌族自治州文管所、茂县博物馆：《四川茂县营盘山遗址试掘报告》，《成都考古发现》（2000），科学出版社，2002 年。

④　成都文物考古研究所、阿坝藏族羌族自治州文物保管所、茂县羌族博物馆：《四川茂县波西遗址 2002 年的试掘》，《成都考古发现》（2004），科学出版社，2006 年；成都文物考古研究所、阿坝藏族羌族自治州文物管理所、茂县羌族博物馆：《四川茂县波西遗址 2008 年的调查》，《成都考古发现》（2008），科学出版社，2010 年。

⑤　成都文物考古研究所、阿坝藏族羌族自治州文物保管所、茂县羌族博物馆：《四川茂县沙乌都遗址调查简报》，《成都考古发现》（2004），科学出版社，2006 年；成都文物考古研究所、阿坝藏族羌族自治州文物管理所、茂县羌族博物馆：《四川茂县白水寨和沙乌都遗址 2006 年调查简报》，《成都考古发现》（2006），科学出版社，2008 年。

⑥　成都文物考古研究所、阿坝藏族羌族自治州文物管理所、茂县羌族博物馆：《四川茂县白水寨及下关子遗址调查简报》，《成都考古发现》（2005），科学出版社，2007 年。

⑦　成都文物考古研究所、阿坝藏族羌族自治州文物管理所、理县文物管理所：《四川理县箭山寨遗址 2000 年的调查》，《成都考古发现》（2005），科学出版社，2007 年。

1. 波西下层遗存

该类遗存目前仅发现于茂县波西遗址，遗址位于四川省阿坝藏族羌族自治州茂县凤仪镇平头村波西组，地处岷江西岸二级台地之上，高出岷江河床约 100 米。西南距沙乌都遗址约 500 米，东南与营盘山遗址相距约 1500 米，东与县城隔江相望。遗址表面为不规则形，地势略呈西高东低状，东西宽约 100、南北长约 300 米，总面积近30000 平方米，中部一条东西流向的自然冲沟将遗址分为南北两部分（调查时分别命名为波西槽南和波西槽北遗址）。2002～2008 年，成都文物考古研究所等单位对遗址前后进行了三次调查和试掘。在 2002 年的试掘中，发掘区的第 4 层下的 G1 出土泥质陶的双唇式小口瓶、敛口钵、敞口碗、长颈罐等，还有一些陶片，少量陶片似可早至庙底沟类型晚期至石岭下类型（仰韶晚期遗存早段）。第 4 层为典型的马家窑文化遗存，与姜维城、营盘山遗址的史前文化遗存相同。由于类似 G1 的遗存目前在岷江上游仅此一个地层单位，出土陶片数量很少，还不排除遗址本身时代在马家窑文化时期，只是少数陶器具有早期特征，这在本区域也是常见现象。

2. 马家窑文化

发现该文化遗存的遗址最多，遗址规模相对也较大，出土遗物特别丰富。目前大部分遗址只是调查，遗物均为采集。经科学发掘的遗址有汶川姜维城、茂县营盘山。

姜维城遗址位于四川省汶川县威州镇北姜维山的缓坡地上，当地人称"古城坪"，遗址所在地属黑松林山的余脉。古代文化遗存分布在东西长约 1000、南北宽约 500 米的范围内，正对杂谷脑河汇入岷江处。遗址附近均属高山地貌，植被不多，仅生长着一些杂草和灌木。2000 年和 2003 年四川省文物考古研究所先后两次对遗址进行了全面考古调查和发掘。两次发掘的器类基本相同，包括陶器、石器、骨器等三大类，以陶器为主。陶器以泥质灰陶、灰褐陶为主，其次是红褐陶，另有少量黑褐陶、褐陶；夹砂陶占一定的比例，基本都是夹粗砂。纹饰主要有绳纹、附加堆纹、弦纹、戳印纹和复合纹饰，另有少量彩陶。彩陶基本都是红衣黑彩，有少量褐衣褐彩，纹饰有弧边三角纹、圆点弧线纹、网格纹、水波纹、草叶纹、垂帐纹、平行条带纹、变体鸟纹等，器形主要有罐、瓶、盆等。泥质陶以素面磨光为主，器形主要有侈口罐、缸、小口瓶、高领壶、高领罐、盆、钵、碗、镯、纺轮、圈足器和器盖等。夹砂陶器的种类则主要包括侈口深腹罐、矮领罐、小罐等。石器有刀、斧、锛、凿、杵、环、镯、切割器、石球、细石器等，骨角器有锥、镞、簪及鹿角器等。有学者曾将姜维城史前文化遗存分为二期 4 段[①]。

就姜维城遗址史前遗存的文化因素组成来看，大致包含马家窑文化因素、仰韶晚期遗存文化因素和本土文化因素。彩陶基本属马家窑文化的典型器物，如罐均为敛口

---

① 何锟宇、郑漫丽：《试论姜维城遗址史前文化遗存的分期、年代及文化属性》，《南方民族考古》（第十辑），科学出版社，2014 年。

鼓腹罐，分卷沿和折沿两种。瓶多为直口或侈口，多颈部饰平行条带黑彩。盆则多饰网格纹、弧边三角纹和草绘纹，均为马家窑文化常见器类，其风格与兰州雁儿湾较接近[①]。彩陶纹饰也属马家窑文化彩陶中的常见纹饰。另外，泥质陶中的侈口罐目前仅见于大李家坪遗址第三期，槽状带嘴锅、夹砂陶薄胎小罐、细石器、骨梗刀一类则主要出现在马家窑类型文化中。泥质陶小口尖底瓶、缸、各种型式的盆、钵、碗、杯，夹砂侈口罐，石器中的刀、斧、锛、环、镯、珠、砺石，骨器中的锥、镞、簪和杵等，它们承庙底沟类型而来，延续时间较长，多见于仰韶晚期遗存和马家窑文化中。仰韶晚期遗存独特的文化因素主要包括带鸟喙双鋬的泥质陶敛口瓮，折腹钵、泥质陶缸及夹砂圈足器也多见于仰韶晚期遗存中。本土文化因素主要包括夹砂直腹罐、薄胎小罐、磨光黑皮陶盆、钵及瓦棱纹装饰。夹砂陶直腹罐主要见于以营盘山、姜维城遗址为代表的岷江上游地区和以哈休遗址为代表的大渡河上游区，当为川西高原的本土文化因素，其他区域则少见。就姜维城遗址史前遗存各段出土器物的种类和数量来看，从始至终均以马家窑文化因素为主，本土文化因素次之，仰韶晚期遗存最少。因此，综合各类文化因素所占比重来考察，姜维城遗址新石器文化的性质当归属包含一定仰韶晚期遗存和本土文化因素的马家窑文化类型。

营盘山遗址位于四川省阿坝藏族羌族自治州茂汶羌族自治县凤仪镇附近，地处岷江东南岸二级台地上，平面呈长方形，东西宽约 100、南北长约 1000 米，总面积近 10 万平方米。遗址的东北面、北面、西面均为岷江所环绕，海拔约 1600 米，高出岷江河谷约 120 米，表面地势略呈缓坡状。2000 年始，成都文物考古研究所等单位联合对遗址进行多次调查和发掘，从出土器物来看，营盘山遗址与姜维城遗址文化面貌并无多大差异，文化因素构成也基本一致，同属于马家窑文化，年代也大体相当。2000 年试掘时曾采集木炭标本送北京大学考古文博学院加速器质谱实验室进行测试，结合甘肃东乡林家遗址的 [14]C 测年数据，以及与相关遗址的比较分析，我们将营盘山遗址的年代推定在距今约 5300～4700 年。

营盘山遗址上层由于分布着密集的石棺葬，对下层的新石器文化遗存破坏较厉害，揭露出的新石器时代聚落遗迹均不完整。从发现的史前残房基，可以看出多为方形或长方形的小型地面式房址，均采用木骨泥墙的建筑结构，有些房址中间似有隔墙。其中 2002 年营盘山新发现的新石器时代遗迹包括房屋基址 6 座、墓葬及殉人坑 5 座、灰坑 47 个、灰沟 3 条，还有窑址及灶坑等。还在遗址的中部西侧发现一处面积大且较为平整的硬土面遗迹，推测可能为当时的大型广场之类的活动场所[②]。2003、2004、2006 年发现的遗迹种类都没有超出 2002 年发现的范围，而且这些遗迹的空间布局均显示营

① 严文明、张万仓：《雁儿湾与西坡岖》，《考古学文化论集》（三），文物出版社，1993 年。
② 蒋成、陈剑：《2002 年岷江上游考古的收获与探索》，《中华文化论坛》2003 年第 4 期。

盘山先民对聚落有所规划。例如，殉人坑多叠压于硬土面遗迹之下，有可能为奠基性质的特殊遗存。房址、窑址、灶坑的分布都各自相对集中，说明聚落内部空间功能有所区分。有些灰坑特别规整，坑壁也有加工痕迹，发现少量涂朱石块，或与原始宗教信仰相关。发现少量精美的石器却不见使用痕迹，或为"仪式用器"性质。总的看来，营盘山遗址环境好，面积大，延续时间较长，当为岷江上游一处新石器时代晚期的大型聚落遗址。由于没有发现比较完整的聚落布局结构，也未发现墓地，对其聚落形态与社会复杂程度难以做出分析与判断。

营盘山遗址出土的动物遗存保存状况较差，发掘者全面收集了出土动物骨骼并进行了抽样浮选。共获样本3551件，其中哺乳纲动物骨骼3489件、鸟纲43件、鱼纲3件、爬行纲6件、腹足纲1件和半鳃纲9件。哺乳动物的种类有兔子、竹鼠、斑羚、黄牛、水鹿、斑鹿、麂、家猪、黑熊、狗、猪獾、藏酋猴等12种。鸟的种类有石鸡、环颈雉和大鵟，腹足纲的种类有货贝。遗址发现的动物群以家养动物为主，野生动物数量较少，按最小个体数统计家养动物占总数的64.49%（含黄牛），野生动物占35.51%。家养动物的种类有猪、狗，可能还有黄牛，猪占主导地位，猪的可鉴定标本数占总数的64.27%，最小个体数占总数的54.08%，这些都与农业定居社会驯养动物的特征相似。另外，从骨骼状况来看，营盘山遗址的骨骼分布相对密集，破碎程度也高，骨骼上保留了不少的砍切痕迹，而且还发现了很多的骨坯和制作骨器剩余的废料，这些特征都说明营盘山遗址是一个定居的村落[①]。猪死亡年龄以 M3 未萌出的青少年猪为主，占85.71%。5～9月龄猪的死亡年龄占50.79%。黄蕴平认为这一死亡年龄结构应该不是家猪屠宰的正常年龄，这可能与遗址所在的气候环境有关。5～9月龄死亡的小猪应该是当年生的猪崽，死亡时间大约在冬季，很可能是在冬季缺乏精细的照料和食物补充而导致猪的死亡[②]。当然，关于营盘山遗址家猪的死亡年龄结构问题还可以做更多的工作，除了气候因素，饲养技术、人口压力、疾病等突发事件也是应当考虑的。营盘山遗址出土的动物种类比较丰富，说明当时遗址周围植被浓郁，水域宽广，动物资源丰富，为先民提供了良好的生境。通过对可鉴定标本数、最小个体数、家畜年龄结构的统计分析，猪是人们饲养的稳定的肉食来源，年龄都相对较小，反映当时人们食用猪肉的状况。狗的数量少，应该不是以食肉为畜养目的。黄牛数量很少，判断家养或野生有一定的困难。野生动物以哺乳动物为主，哺乳动物有偶蹄目、食肉目、灵长目、兔形目和啮齿目，其中偶蹄目占绝大多数，它们是当时先民的重要肉食来源，另外少量爬行动物和淡水鱼类也是食物结构的重要组成部分。从骨、角质工具来看，

---

① 何锟宇、蒋成、陈剑等：《营盘山遗址出土动物骨骼研究》，《成都文物》2014年第2期。

② 黄蕴平：《动物骨骼数量分析和家畜驯化发展初探》，《动物考古》（第1辑），文物出版社，2010年，第1～31页。

主要是以骨锥为主，另有箭镞、骨梗刀、骨匕、骨针等生产和狩猎工具。骨簪、骨镯等装饰品制作精细，表现较高的审美情趣，总体看来骨、角器工艺比较发达。

营盘山遗址浮选出土的农作物包括粟和黍，反映的农业应该属于典型的北方旱作农业生产特点，当源自甘青地区仰韶文化晚期和马家窑文化的分布区域[①]。

遗址出土的动、植物遗存说明营盘山先民在旱作农耕的同时，以畜养家猪作为稳定的肉食来源，同时采集、狩猎和捕鱼也是获取食物的重要方式。但家猪的死亡年龄结构也表明营盘山先民的旱作农业、家畜饲养技术或并不十分发达。这种生业方式的形成也当是受所处的地质、地貌环境影响而形成的，营盘山遗址所处的茂县凤仪镇是岷江上游地区面积最大的一处河谷冲积扇平原，又称"茂县盆地"，属于从青藏高原东麓向川西平原过渡地带，遗址地处岷江东南岸二级台地上，三面环水，面积约 10 万平方米，适合发展旱作农业，也适合定居聚落的发展扩张。波西遗址出土少量动物骨骼，主要种类有水鹿、斑鹿、麂、猪、狗，与营盘山遗址的相近[②]，姜维城遗址出土的动物种类也相差不远。

3. 沙乌都遗存

目前仅发现于茂县沙乌都，准确说只是一个遗物采集点。位于茂县凤仪镇水西村，地处岷江北岸三级阶地以上的大山中部向外延伸的山脊地带，高出岷江河床约 300 米，与营盘山遗址隔江相望，二者间的直线距离不足 800 米。2002 年调查时发现，2006 年复查。陶片采集点位于山脊上，未发现地层，陶片出自灰坑，调查者介绍"遗址南部地带有不连续的早期堆积"[③]。沙乌都出土陶器不见营盘山遗址的彩陶和细泥红褐陶等，但如侈口罐、喇叭口壶形器与营盘山的相近，瓦棱纹、绳纹和锯齿状花边装饰等陶器装饰风格也属营盘山新石器文化的因素。仅从采集陶片看，推测可能比营盘山遗址晚。但由于发现遗物太少，目前又只发现一个地点，这类遗存的年代、性质还不好作准确判断，岷江上游是否存在这样一个文化阶段也不好说。从沙乌都所在地貌环境分析，处于山脊之上，文化堆积零星不连续，与隔江相望的营盘山区别明显，不像是永久性定居村落，更像是一个季节性或临时性的营地。

通过近年的考古调查，我们注意到，岷江上游的新石器时代遗址的分布、规模、性质与自然地貌有很大的关系。从波西下层至马家窑文化时期，遗址均处于岷江上游干流的二级阶地之上，分别高出河床约 100 米和 120 米，遗址的面积也在 10 万平方米

① 赵志军、陈剑：《四川茂县营盘山遗址浮选结果及分析》，《南方文物》2011 年第 3 期。

② 成都文物考古研究所、阿坝藏族羌族自治州文物保管所、茂县羌族博物馆：《四川茂县波西遗址 2002 年的试掘》，《成都考古发现》(2004)，科学出版社，2006 年。动物遗存现存于成都文物考古研究院。

③ 成都文物考古研究所、阿坝藏族羌族自治州文物保管所、茂县羌族博物馆：《四川茂县沙乌都遗址调查简报》，《成都考古发现》(2004)，科学出版社，2006 年。

以上。姜维城遗址正对杂谷脑河汇入岷江处，地处岷江东岸的平缓台地。营盘山遗址
同样位于岷江东南岸的缓坡台地上，两处遗存的海拔在 1500 米左右，高出岷江河面约
100 米，因此两遗址的地理环境十分近似[①]。而理县箭山寨遗址地处岷江支流杂谷脑河
南岸四级以上缓坡地带，高出河谷约 800 米（海拔 2450 米）[②]。从遗址的地貌来看，分
布于干流二级台地的遗址高出河面一般在 100～120 米，而分布于岷江支流河岸的史前
遗址一般都在三级、四级台地上，高出河面有相当的高度，而且遗址多背倚山脊，面
积较小，延续时间短。波西、营盘山、姜维城明显为典型的定居村落，面积大，延续
时间较长。而箭山寨这类面积较小、延续时间短的遗址，有季节性或临时营地的可能。
尤其是像沙乌都这样的遗址，地处岷江北岸三级以上的大山中部向外延伸的山脊地带，
高处岷江河床约 300 米，这类远远高于河床的遗址可能多为季节性或临时营地。

（二）大渡河上游

　　近年，大渡河上游发现了不少马家窑文化的遗址，比较重要的有马尔康哈休遗
址[③]、孔龙村遗址[④]、白赊村遗址[⑤]，金川县刘家寨遗址[⑥]、沙尔尼和大伊里遗址[⑦]，为研究大
渡河上游的史前文化提供了宝贵材料。经正式发掘的有哈休遗址和刘家寨遗址。

　　哈休遗址地处阿坝藏族羌族自治州马尔康沙尔宗乡西北约 1500 米的哈休村一组，
位于大渡河正源脚木足河一级支流茶堡河北岸一级台地上，海拔 2840 米，台地高出茶
堡河约 80 米。2003、2005 年四川省有关文物部门先后对该遗址进行了调查[⑧]，2006 年
对其进行发掘。哈休遗址出土的器物由陶器、石器、骨角、牙、蚌器几类构成。陶器

---

①　黄家祥：《汶川姜维城发掘的初步收获》，《四川文物》2004 年第 3 期。

②　成都文物考古研究所、阿坝藏族羌族自治州文物管理所、理县文物管理所：《四川理县箭山
寨遗址 2000 年的调查》，《成都考古发现》（2005），科学出版社，2007 年。

③　阿坝藏族羌族自治州文物管理所、四川省文物考古研究院、成都文物考古研究所等：《四川
马尔康县哈休遗址 2003、2005 年调查简报》，《成都考古发现》（2006），科学出版社，2008 年；阿坝
藏族羌族自治州文物管理所、成都文物考古研究所、马尔康县文化体育局：《四川马尔康哈休遗址
2006 年的试掘》，《南方民族考古》（第六辑），科学出版社，2010 年。

④　成都文物考古研究所、阿坝藏族羌族自治州文物管理所、马尔康县文化体育局：《四川马尔
康县孔龙村遗址调查简报》，《成都考古发现》（2005），科学出版社，2007 年。

⑤　四川省文物考古研究院、阿坝藏族羌族自治州文物管理所、成都文物考古研究所等：《四川
马尔康白赊村遗址调查简报》，《成都考古发现》（2005），科学出版社，2007 年。

⑥　四川省文物考古研究院、阿坝藏族羌族自治州文物管理所、金川县文化体育局等：《四川金
川县刘家寨遗址调查简报》，《四川文物》2012 年第 5 期；四川省文物考古研究院、阿坝州文物管理
所、金川县文物管理所：《四川金川刘家寨遗址》，《中国文物报》2012 年 9 月 14 日第 5 版。

⑦　陈剑、陈学志：《大渡河上游史前文化寻踪》，《中华文化论坛》2006 年第 3 期。

⑧　阿坝藏族羌族自治州文物管理所、四川省文物考古研究院、成都文物考古研究所等：《四川
马尔康县哈休遗址 2003、2005 年调查简报》，《成都考古发现》（2006），科学出版社，2008 年。

以泥质陶为主,包括灰陶、红陶、褐陶、黑皮陶,含少量彩陶;夹砂陶占一定的比例,主要为灰陶和褐陶。纹饰主要有绳纹、附加堆纹、弦纹、戳印纹和复合纹饰。彩陶基本都是红衣黑彩,图案题材包括弧边三角纹、圆点纹、网格纹、水波纹、粗细线条纹、草叶纹等,器形主要有罐、瓶、盆、钵四类。泥质陶以素面磨光为主,器形主要有小口尖底瓶、小口壶、鼓腹罐、缸、瓮、盆、钵、碗、杯等;夹砂陶器的种类则主要为侈口深腹罐、小罐、钵等。遗址早晚出土的陶器泥质陶、夹砂陶所占比例变化不大,纹饰方面也没有明显的差异,陶器种类略有增减,同一器类型式或有变化,整体文化面貌一脉相承,属于同一文化的不同阶段。综合分析,遗址的文化性质当属马家窑文化,与岷江上游同时期文化相近。

　　哈休遗址在发掘的过程中很细致地收集了出土的动物骨骼,虽然发掘面积较小,但共收集到动物骨骼 2769 件(含采集的),其中哺乳纲 2755 件、鸟纲 14 件。由于在埋藏过程中各种因素的影响,骨骼很破碎,有 68 件标本有烧痕,哺乳动物可鉴定标本仅407 件,代表最小个体数 59,属种包括藏酋猴、狗、黑熊、猪獾、豹猫、野猪、小鹿、水鹿、斑鹿、狍属、黄牛、斑羚、豪猪等[①]。哈休遗址出土的动物骨骼主要出自灰坑,这些骨骼应该为先民肉食消耗所弃。从可鉴定标本数(NISP)来看,鹿科四种动物骨骼占可鉴定标本数的 90.42%,目前能确定为家畜的只有狗一种,仅占 1.72%;再从最小个体数(MNI)来看,鹿科四种动物一样是最多的,占 78.22%,狗占 1.69%。从狩猎获得的野生动物属种构成来看,鹿科四种动物占绝大多数,体现出鹿科动物是先民狩猎的优先选择。这一方面说明遗址周围鹿科动物分布密集,资源丰富,另一方面也可能因为鹿性情温顺,虽然警觉但防御性差,先民狩猎捕杀的危险性小。在哈休遗址出土的动物中,只有狗是家养的,其他都应该是先民狩猎获得的,在日常的经济生活中,狩猎无疑是获取肉食的主要方式。遗址除发现大量的陶器外,还有骨器,包含少量细石器和骨梗刀,这些是常用的与狩猎有关的工具。虽然家养动物的种类仅有狗,但从收集的骨骼状况来看,哈休遗址的骨骼分布很密集,破碎程度也高,骨骼上保留不少的砍切痕迹,而且还发现了很多的骨坯和制作骨器剩余的废料,这些都是定居聚落动物骨骼的遗留的特征。另外,对哈休遗址灰坑填土进行了浮选,收集的植物标本经过初步鉴定,可以确认发现了粟等作物[②],说明哈休先民也栽培旱作谷物。

　　哈休遗址先民的这种生业方式与其所处区域的地质、地貌环境关系十分密切。从地理位置看,哈休遗址位于青藏高原东麓大渡河正源(大渡河为岷江水系的最大支流)脚木足河一级支流茶堡河北岸一级台地上,该区域地处邛崃山脉的北端,也是北东走

　　① 成都文物考古研究所:《马尔康哈休遗址出土动物骨骼鉴定报告》,《成都考古发现》(2006),科学出版社,2008 年。

　　② 陈剑、陈学志:《大渡河上游史前文化寻踪》,《中华文化论坛》2006 年第 3 期。

向的龙门山、北西走向的鲜水河断裂带及松潘地块交汇地区，属高原峡谷区，山岭连绵，沟谷陡峻，具有典型的高山峡谷和高原高山地貌特征。由于这种地貌特征，区内为典型的高原大陆季风气候，干湿季明显，四季不大分明，气候垂直分异显著，植被垂直变化也十分明显，从河谷到山顶分别为干旱河谷灌丛、山地阔叶林、亚高山针叶林和高山灌丛草甸与流石滩植被。因此，哈休先民在栽培旱作谷物的同时，又以狩猎作为获取肉食资源的主要手段，同时遗址周围植被浓郁，采集也应该是经济生活中不可或缺的补充形式，这种生业方式是先民对本土环境高度适应开拓食物资源的生存策略。同时，在哈休先民的经济结构中，狩猎经济所占的比例很高，经济结构单一性也突出。这一方面意味着有众多的野生动物资源，而且相对稳定，足以提供丰富的食物资源；另一方面，先民通过狩猎采集活动，对他赖以生存的动植物群施加影响，同时又受动物繁衍和迁移、植物的季节性生长等的规律所限制，且狩猎采集技术进步一般比较缓慢，人口增长严重受食物资源制约。哈休先民这一生业方式也说明遗址地处川西北高山峡谷之地，人口密度相对较小，食物资源压力也相对要小，人口压力和食物资源这一矛盾体没有造成人地关系的紧张，平时狩猎就可以满足日常肉食需要。

另外，马尔康境内的孔龙、白赊、蒲志、迭哥寨、丹不落、南木足、英戈洛、石广东、加达、热足等新石器时代遗址或地点多分布在河流的一、二级阶地上，海拔2300~2600米，高出河面15~50米，面积一般较小，不超过2000平方米[①]。基本可以判定孔龙、白赊遗址与哈休遗址基本同时。

刘家寨遗址位于阿坝藏族羌族自治州金川县二嘎里乡二嘎里村刘家寨，地处绰斯甲河北岸的一级台地之上，高出河床50~60米，海拔2642米。遗址分布在东西长250、南北宽150米面积37500平方米的台地上。调查报告认为其与哈休遗址属于同一考古学文化无疑是正确的[②]。2011、2012年，四川省文物考古研究院等单位两次对该遗址进行了考古发掘，发掘面积共计3500平方米。两次发掘共清理新石器时代各类遗迹350处，其中灰坑298座、灰沟1条、房址16座、陶窑26座、灶7座、墓葬2座。早期层位只见方形木骨泥墙房址和圆形柱洞式房址，基槽宽15~20厘米，柱洞径小，建筑面积仅有数平方米。晚期层位出现方形石墙建筑，这类房屋基槽较深，墙体一般厚达50厘米，多开间，甚者有二进深，建筑面积数十平方米。部分房址内堆积含大量草木灰。遗址南部区域堆积较厚，保存4处活动面。其中可辨识的3处为建筑遗迹内活动面。遗址内清理的2座墓葬均位于房址附近，依墓主骨骼特征初步判断为十岁多的

①　四川省文物考古研究院、阿坝州文物管理所：《大渡河双江口水电站地下文物遗存调查》，《四川文物》2005年第6期。

②　四川省文物考古研究院、阿坝藏族羌族自治州文物管理所、金川县文化体育局等：《四川金川县刘家寨遗址调查简报》，《四川文物》2012年第5期。

儿童，均不见随葬品。M1 为竖穴土坑墓，仰身直肢葬。M2 埋葬于圆形灰坑底部一侧，俯身直肢葬 [1]。这是川西地区首次发现马家窑类型时期的墓葬，同时继营盘山遗址后再次出现人祭坑（灰坑葬）。从现有公布的资料对刘家寨遗址的聚落布局可管窥一二。聚落以房址为中心，房屋室内的活动面经过整饬加工，墓葬位于房址附近，陶窑、灶分布在特定的区域，这一聚落格局与茂县营盘山遗址基本一致。结合遗址地貌来考察，刘家寨遗址的生业方式当与哈休遗址差距不大。

从大渡河发现的新石器遗址的分布、规模、生计模式，推测这些聚落大多属定居村落，均以种植旱地作物为主，狩猎采集经济占有重要的地位，其社会基本处在原始的平等阶段。

川西高原距今 5000 年前后，河谷地带分布着大量以种植旱作农业为主的定居村落。这个时期各遗址的文化面貌非常一致，中间没有发生大的文化变化，说明这个时期整个环境、生业、人群没有发生大的变化。但是有一个值得注意的现象，该文化之后这个区域出现了很大的文化断层，好像在该文化末期，这个区域发生了重大的灾情事件，迫使马家窑文化人群迁出了该区域。之后在这个区域再出现的文化就是石棺葬文化，最早估计到西周，这中间大概就有约 2000 年的断层。推测可能与发生在该时期的气候变化有关，大约在距今 7500～4500 年，是第四世纪全新世大西洋期，为第四世末次冰期结束以来全球性最温暖湿润的阶段，川西高原史前聚落繁荣的时期正处在这一阶段的末期。在距今约 4500 年前，温湿气候逐渐结束，灾变性气候开始，地质历史也进入了全新世亚北方期，全球无一例外受此气候的影响。地处中纬度的我国受影响最深，其中特别是处于大陆腹心的西部高原，由于这些地区远离海洋，并接近世界屋脊——青藏高原，所以此处的气候演变较其他各地有过之而无不及 [2]。由于气候环境的变化，以种植黍和粟为主的川西高原史前人群无法适应这一变化。黍和粟的生长需要一定的温热条件，黍的发芽温度在 10～45℃，最佳发芽温度需达 40℃，粟的发芽温度在 10～43℃，最佳发芽温度在 35℃左右 [3]。因此，可能因气温的下降，该区域无法从事原有旱地作物的种植，人群被迫向适宜生存的四川盆地和更南地区迁徙。这正是成都平原桂圆桥第一期和峡江地区哨棚嘴文化出现的背景。根据考古资料显示，气候的变化当发生在距今 5000 年左右。

---

① 四川省文物考古研究院、阿坝州文物管理所、金川县文物管理所：《四川金川刘家寨遗址》，《中国文物报》2012 年 9 月 14 日第 5 版；四川省文物考古研究院、阿坝藏族羌族自治州文物管理所、金川县文物管理所：《四川金川县刘家寨遗址 2011 年发掘简报》，《考古》2021 年第 3 期。

② 刘兴诗、罗建群、杨永富等：《柏灌迁移路线及其影响研究》，《成都理工大学学报》（社会科学版）2007 年第 4 期。

③ 四川省文物考古研究院：《四川什邡市桂圆桥遗址浮选结果与分析》，《四川文物》2015 年第 5 期。

三、四川盆地的史前文化与社会

（一）渝东峡江地区

1. 玉溪下层文化

目前在渝东峡江地区只发现于丰都玉溪遗址。该遗址位于丰都县高家镇金刚村二社，遗址北面紧邻玉溪河及隔岸的玉溪坪遗址，南面与金刚背遗址隔一条冲沟相接，西面为南北流向的长河。系一临江的台地遗址，为二级阶地的一部分。遗址所在地可以分为两部分，临江一带地势平坦，海拔在 152～155 米。靠内侧部分海拔较高，在 171～175 米。临江的台地部分土层深厚。遗址面积 80000 平方米，但包含新石器至唐、宋等时期的遗存。重庆市文物考古研究所从 1999～2006 年对该遗址进行了六次考古发掘，弄清了新石器文化遗存呈条带状分布于台地嘴上，南北长约 30、东西宽约 15 米，面积约 450 平方米。文化层堆积较厚，平均厚 3 米，最厚可达 5 米，地层最多有 30 多层[①]。根据上下地层的文化特征，可以划分为上、下两种性质不同的考古学文化，下层即为玉溪下层文化，上层当属哨棚嘴文化。玉溪下层文化遗存的堆积最厚可达 3.5 米，堆积总体由东南向西北江边形成坡状堆积，靠内侧的堆积较薄，部分地方文化层缺失，江边堆积最厚，堆积层次较多。玉溪下层文化的特征比较突出：陶器均为夹砂陶，多选用未经淘洗的侏罗纪紫红泥岩风化土制陶，分为夹较粗泥岩颗粒和石英细砂两种。制法多以泥片贴塑，陶器口部与腹部多套接，釜类器造型多不规整，圈足多由圜底加泥条形成。烧成火候较低，陶色以红褐为主，颜色不均，陶质疏松易碎。装饰多绳纹，基本不见其他纹饰。器类以圜底器为主，次为圈足器、平底器，代表性的器物有釜、罐、碗、盆、钵、杯、器盖等。发现石器较多，以斧、锛为主，还有刮削器、砍砸器。主要以打制石器为主，少量局部磨制，主要磨制刃口部分。玉溪下层文化与城背溪文化[②]有许多相似特征，比如石器的制法，陶器的质地、制法、陶色、纹饰，器类中的圜底釜、圜底钵风格都比较近似。但是目前玉溪下层未发现城背溪文化中的支座、圈足盘、釜形双耳罐、敛口折腹双耳罐等。相比之下，玉溪下层文化更接近于巴东楠木园文化[③]遗存，但楠木园仍然发现有支座和双耳罐。总体来看，玉溪下层文化当属于长江中游城背溪、楠木园文化体系，目前体现出的部分差异，不排除遗存发现少、器物群不完整的可能性。

---

① 白九江：《重庆地区的新石器文化——以三峡地区为中心》，巴蜀书社，2010 年。

② 湖北省文物考古研究所：《宜都城背溪》，文物出版社，2001 年。

③ 国务院三峡工程建设委员会办公室、国家文物局：《巴东楠木园》，科学出版社，2006 年。

推测相当于城背溪文化阶段，渝东峡江地区的古代文化当属城背溪、楠木园文化体系，但此时人口少，聚落少而小，由于该区域特殊的自然环境，不断发生的泥石流、滑坡等，将遗址深埋地下难以发现或被破坏殆尽。从玉溪遗址看，当时人们主要以渔猎、采集经济为主，遗址堆积基本上为骨渣层与洪淤河相层，玉溪下层文化的骨渣层就有 30 余层，包含大量动物骨骼，种类以野生动物为主，少量家养动物（猪）。野生哺乳动物、鸟类均是狩猎对象，其中尤以水鹿、黄麂的数量较多，还有大量的鱼类、螺蚌贝类。目前没有发现农业生产的证据[①]。玉溪下层文化时期的渝东峡江地区，由于特殊的自然环境，不适宜大规模的人群在此生存，地貌被大小不同的河流、冲沟分割得支离破碎，也无法形成大型聚落。尽管因三峡工程已做了系统性的考古工作，也只发现一处遗址，可以推测此时聚落很少，分布稀疏。像这样人口少、聚落分散、生计模式简单稳定的地区，其社会自然不需要复杂的管理，也就没有向复杂化方向演进的动力。

2. 哨棚嘴文化

哨棚嘴文化的特征是：陶器以夹砂褐陶为主，少量泥质陶。纹饰较发达，以绳压菱格纹数量最多，偏早多小菱格，偏晚多大菱格，次为绳纹，偏早多细绳纹，偏晚多粗绳纹，再次为箍带纹和弦纹，还有少量的线纹、水波纹、折线纹、瓦纹等。代表性陶器有高领瓮、卷沿深腹罐、卷沿罐、折沿深腹罐、盘口深腹罐、敞口深腹罐、肩饰瓦棱纹的卷沿深腹罐、盆、钵等，末期出现贴边罐、尖底缸。笔者曾将该文化分为七期[②]。该文化与长江中游的大溪文化、屈家岭文化区别太大，明显不属于同一文化系统。尽管丰都玉溪遗址发现可早到城背溪文化时期的遗存，但哨棚嘴文化却与之没有多大关系。根据该文化的特征分析，当是源于甘青地区和川西高原的马家窑文化。将哨棚嘴文化与属马家窑文化的茂县营盘山新石器文化相比较，二者有许多共同特征，如夹砂陶器纹饰盛行绳纹、绳压菱格纹、器口作花边、附加堆纹和箍带纹，泥质陶中的磨光黑陶和瓦棱纹等。器形当中的折沿深腹罐、敞口深腹罐、卷沿鼓腹罐、双唇口高领瓮、平口高领瓮、敛口钵、折沿盆、折腹盆等，都表现出非常相近的特征，只是哨棚嘴文化中不见彩陶。现今情况是玉溪下层文化与哨棚嘴文化之间有较大的时间缺环，笔者大胆推测，大溪文化应该是进入了渝东峡江地区，只是遗址太少，后因泥石流、滑坡等将其深埋不易发现或被破坏殆尽，就像玉溪下层文化一样，也仅发现一处遗址，堆积范围也不是很大，发现也很偶然。由于城背溪文化、大溪文化属长江中游稻作农

---

　　①　白九江：《重庆地区的新石器文化——以三峡地区为中心》，巴蜀书社，2010 年。

　　②　江章华：《关于哨棚嘴文化的几个问题》，《中国考古学会第十三次年会论文集》，文物出版社，2011 年。

业体系，渝东峡江地区的自然环境不太适宜种植水稻，因此不能容纳太多稻作农业人口，进入该区域的人群极少。而距今 5000 年左右来自中国西北以种植旱地作物的人群进入该区域，对该区域环境比较适应，更强势，所以很快将先前的居民同化或挤了出去。哨棚嘴文化以旱作农业为主就是最好的证据[1]。

哨棚嘴文化的聚落与玉溪下层文化相比，应该说是数量剧增。目前在峡江地区发现的遗址有几十处，保存比较好有原生地层的有 10 余处，包括有忠县哨棚嘴[2]、中坝[3]、杜家院子[4]、瓦渣地[5]、丰都玉溪、玉溪坪[6]，涪陵蔺市[7]、万州苏和坪[8]、涪溪口[9]、黄柏溪[10]、

①　孙智彬：《中坝遗址的性质与环境关系研究》，《科学通报》2008 年第 53 卷增刊Ⅰ。

②　北京大学考古文博院三峡考古队、重庆市三峡库区田野考古培训班、忠县文物管理所：《忠县瞢井沟遗址群哨棚嘴遗址发掘简报》，《重庆库区考古报告集》（1997 卷），科学出版社，2001 年；北京大学考古学研究中心、北京大学考古文博学院三峡考古队、重庆市忠县文物管理所：《忠县哨棚嘴遗址发掘报告》，《重庆库区考古报告集》（1999 卷），科学出版社，2006 年。

③　四川省文物考古研究所、重庆市文物局三峡办、忠县文物保护管理所：《忠县中坝遗址Ⅱ区发掘简报》，《重庆库区考古报告集》（1998 卷），科学出版社，2003 年；四川省文物考古研究所、北京大学考古文博学院、美国 UCLA 大学等：《忠县中坝遗址 1999 年度发掘简报》，《重庆库区考古报告集》（2000 卷），科学出版社，2007 年。

④　成都文物考古研究所、重庆市文物局、忠县文物管理所：《忠县杜家院子遗址发掘简报》，《重庆库区考古报告集》（2001 卷），科学出版社，2007 年。

⑤　北京大学考古学系三峡考古队、忠县文物保护管理所：《忠县瓦渣地遗址发掘简报》，《重庆库区考古报告集》（1998 卷），科学出版社，2003 年。

⑥　邹后曦、袁东山：《重庆峡江地区的新石器文化》，《重庆·2001 三峡文物保护学术研讨会论文集》，科学出版社，2003 年；重庆市文化遗产研究院、丰都县文物管理所：《重庆市丰都县玉溪坪遗址 2002 年度发掘简报》，《南方民族考古》（第十一辑），科学出版社，2015 年。

⑦　重庆市文物考古所、重庆市涪陵区博物馆：《涪陵蔺市遗址发掘简报》，《重庆库区考古报告集》（1999 卷），科学出版社，2006 年。

⑧　重庆市博物馆、万州区文管所：《万州苏和坪遗址发掘报告》，《重庆库区考古报告集》（1999 卷），科学出版社，2006 年；重庆市文物考古所、重庆市文物局、重庆市万州区博物馆：《万州苏和坪遗址第二次发掘报告》，《重庆库区考古报告集》（2000 卷），科学出版社，2007 年。

⑨　福建省考古队、重庆万州区文物保管所：《万州涪溪口遗址发掘报告》，《重庆库区考古报告集》（1998 卷），科学出版社，2003 年；福建省博物馆考古队、万州区文物管理所：《万州涪溪口遗址发掘报告》，《重庆库区考古报告集》（1997 卷），科学出版社，2001 年；福建省考古队、重庆万州区文保所：《万州涪溪口遗址第三期发掘报告》，《重庆库区考古报告集》（1999 卷），科学出版社，2006 年。

⑩　重庆市博物馆、益阳市文物管理处、重庆万州区文物管理所：《万州黄柏溪遗址发掘报告》，《重庆库区考古报告集》（1998 卷），科学出版社，2003 年；重庆市文化局、重庆市博物馆、益阳市文物考古队等：《万州黄柏溪遗址发掘报告》，《重庆库区考古报告集》（1999 卷），科学出版社，2006 年。

中坝子①、关木溪②、云阳丝栗包③，奉节老关庙④，巫山大溪⑤等。有些遗址在晚期地层中出土哨棚嘴文化的陶片，但未发现原生地层，应是晚期破坏所致。比如万州中坝子遗址，1998年发掘的遗址东南部Ⅱ区第4、5层为十二桥文化早期（商代晚期）的地层，这两层与第4层下的H28均出土哨棚嘴文化陶器，主要有敞口深腹罐、尖底缸等，第5层出土的敞口深腹罐，绳纹稀疏，属第六期的风格，H28见第七期的尖底缸。因此第5层为第六期，H28、第4层为第七期。2000年发掘的遗址东南Ⅱ区的属十二桥文化早期的地层单位，第7b层、第5层下的H140、第5层和第4a层下的W7出土少量哨棚嘴文化陶器，其中W7所见的平唇口高领瓮属第二期的特征，十二桥文化堆积之下的地层单位出土深腹罐也可归入哨棚嘴文化第二期；涪陵蔺市遗址，2000年第二次发掘的Ⅰ区T0703、T0802、T0803第5～8层属十二桥文化早期（商代晚期）地层出土哨棚嘴文化陶器，其中多数属第六期的特征，有盘口罐、敞口深腹罐、圈足盘等，个别陶器如Ⅰ T0703第7层出土的1件折沿深腹罐（Ⅰ T0703 ⑦：18）属第三期的特征，因此推测该遗址可能原本还有更早的哨棚嘴文化遗存；其他的像云阳伍家湾⑥、万州巴豆林⑦遗址，哨棚嘴文化遗物均出在十二桥文化的地层单位之中。

　　遗址主要分布在长江干流两岸的台地上，其分布规律与峡江地区的地貌环境十分密切，由于三峡是长江横切齐曜山、巫山等山脉而形成，这些山脉有一系列西南—东北走向的大背斜构造带，在这些大背斜构造带中又包含着相同排列的次一级背斜和向斜构造。长江在切过这个构造带中的背斜处即形成"V"形峡谷，在切过向斜处形成"U"形宽谷，"U"形宽谷地带阶地发育，土层较厚，遗址多分布在这些阶地上。而

①　西北大学考古队、万州区文物管理所：《万州中坝子遗址发掘报告》，《重庆库区考古报告集》（1997卷），科学出版社，2001年；西北大学考古队：《万州中坝子遗址第三次发掘简报》，《重庆库区考古报告集》（1999卷），科学出版社，2006年。

②　重庆市文物考古所、重庆市文物局、万州区博物馆：《万州关木溪遗址发掘简报》，《重庆库区考古报告集》（2001卷），科学出版社，2007年。

③　四川大学历史文化学院考古系、重庆市文物局、云阳县文物管理所：《重庆云阳丝栗包新石器时代遗址》，《考古学报》2016年第2期。

④　赵宾福、王鲁茂：《老关庙下层文化初论》，《四川考古论文集》，文物出版社，1996年；吉林大学考古学系、四川省文物考古研究所：《奉节县老关庙遗址第三次发掘》，《四川考古报告集》，文物出版社，1998年。

⑤　重庆市文物考古所、重庆市文物局、巫山县文物管理所：《巫山大溪遗址勘探发掘简报》，《重庆库区考古报告集》（2000卷），科学出版社，2007年。

⑥　内蒙古文物考古研究所、包头市文物管理处、重庆市文物局：《云阳伍家湾遗址2001年度发掘报告》，《重庆库区考古报告集》（2001卷），科学出版社，2007年。

⑦　重庆市文物考古所、重庆市文物局、重庆市万州区博物馆：《万州巴豆林遗址发掘报告》，《重庆库区考古报告集》（2001卷），科学出版社，2007年。

"V"形峡谷内地势狭窄，台地不发育甚至没有，水流湍急，不适宜人居住，一般没有遗址[1]。从目前发现的遗址看，多分布在巫山、奉节、云阳、万州、忠县、丰都、涪陵等县城附近的宽谷地带，这些区域台地较多，发育较好，是峡江地区最适宜于人栖居之地，从古至今均如此。聚落的选址多位于江河与其支流的交汇处，或河流的大转弯处，或江河边较大的台地，或附近有特殊的资源[2]。

受地理环境的制约，几千年前的峡江地区不能承载太多的人口，因此聚落普遍较小。规模比较大的像哨棚嘴遗址面积约 8000 平方米，遗址上层还有商周时期的文化遗存。中坝遗址面积约 5 万平方米，但该遗址堆积达 12 米，新石器文化遗存之上还有商周、汉、六朝、唐宋、明清等时期的遗存，推测哨棚嘴文化时期的聚落应远小于遗址的规模。玉溪坪遗址现存面积 36000 平方米，该遗址历年发掘区域均发现哨棚嘴文化遗存，聚落的规模比较大，应与遗址现存规模相差不大。瓦渣地遗址有 1500 平方米，但该遗址主体遗存属商周时期，新石器遗存较少。杜家院子遗址面积仅 2800 平方米左右。苏和坪遗址面积约 5000 平方米。涪溪口遗址面积约 4400 平方米，哨棚嘴文化遗存主要发现于中区、北区，聚落规模当小于遗址规模。

表一 哨棚嘴文化典型遗址分期统计表

	第一期	第二期	第三期	第四期	第五期	第六期	第七期
哨棚嘴	√	√	√	√		√	
中坝						√	√
瓦渣地					√	√	
杜家院子		√		√			
大溪	√	√					√
玉溪坪		√			√	√	
玉溪	√	√					
苏和坪			√				
巴豆林			√	√			
涪溪口			√	√			
黄柏溪			√				
关木溪						√	
中坝子		√				√	√
蔺市			√			√	
丝栗包			√				
伍家湾		√	√				
老关庙							√

---

① 马继贤：《关于长江三峡地区古文化遗址分布的几个特点》，《江汉考古》1988 年第 4 期。

② 白九江：《重庆地区的新石器文化——以三峡地区为中心》，巴蜀书社，2010 年。

　　哨棚嘴文化遗址多集中在几处宽谷地带，因此呈现出成群分布的特征。比较大的两个遗址群属眢井沟遗址群和玉溪坪遗址群，均有 4 个遗址。眢井沟遗址群包括有哨棚嘴、瓦渣地、杜家院子、中坝，前 3 处相距较近，只有中坝遗址沿眢井河上溯距哨棚嘴遗址约 5 千米。玉溪坪遗址群由北向南包括玉溪坪、玉溪、金刚背、秦家院子（后 2 处未见材料）。其他还有两个遗址一群的，如万州黄柏溪与关木溪，万州苏和坪与巴豆林，云阳丝栗包与伍家湾等。根据文化分期，我们将这些遗址做成表一，从表一中可以发现，这些遗址并非完全同期。哨棚嘴遗址群中以哨棚嘴遗址延续时间最长，从第一期至第六期，瓦渣地和中坝遗址连续占有两期，杜家院子间断性占有三期。从共时性来看，第一期只有哨棚嘴 1 处聚落，第二期、第四期有哨棚嘴与杜家院子 2 处聚落，第三期又只有哨棚嘴 1 处聚落，第五期有哨棚嘴与瓦渣地 2 处聚落，第六期最多，4 处遗址均有，第七期就只剩下中坝 1 处聚落。玉溪坪聚落群由于有 2 处遗址情况不明，不好分析，就玉溪和玉溪坪遗址来看，两遗址也并非完全为同时期的聚落，只有在哨棚嘴第二期文化的时候同期过，第一期的时候也只有玉溪聚落，第二期以后的第四～六期只有玉溪坪聚落连续使用，第二、四期中间有过间断。黄柏溪与关木溪时间相距较远。丝栗包与伍家湾曾经同期。苏和坪和巴豆林属同期聚落。目前已知的列入表中的 17 处遗址中，第一期有 3 处、第二期有 7 处、第三期有 8 处、第四期有 6 处、第五期有 3 处、第六期有 8 处、第七期有 4 处，也就说第一期聚落很少，第二至四期聚落增多，且比较稳定，第五期又减少，第六期又恢复到第二至四期的状态，第七期又减少，这符合一个文化发展的正常过程。如果再考虑到同期遗址的聚落也并不一定同时，毕竟一期文化年代跨度将近 200 年，不排除同一遗址群中不同时期的聚落为同一人群于不同时期占有。那么实际上同时存在的聚落并不多，当然考虑到峡江地区遗址容易遭到滑坡等自然力的破坏，实际的聚落应该比我们知道的多，但一定也不会超出太多。综合聚落规模和聚落数量分析，峡江地区哨棚嘴文化时期总人口不是很多，这在当时与该区域的特殊环境与生计模式有关，这也决定了其社会发展状况。

　　哨棚嘴文化诸遗址做过植物考古的材料不多，只有中坝遗址 1 处。中坝遗址曾做过一次浮选，所得炭化植物遗存中植物种子有 1235 粒，经鉴定，绝大多数属于栽培作物，包括黍、粟和稻谷，合计 1161 粒，占所出植物种子总数的 94%。其中黍占谷物总数的 53.9%，出土概率为 65.1%；粟占谷物总数的 43.7%，出土概率为 59.3%；稻谷极少，只占谷物总数的 2.4%，出土概率为 16.3%。"属于年代最早的第一期（约公元前 2500～1750 年）的 25 份浮选样本中，黍的出土概率为 72.0%（18 份样品），粟的出土概率为 44.0%（11 份样品），基本符合整体样品的统计结果。"中坝遗址的农业特点与北方旱作农业基本相同[①]。田晓四等在中坝遗址进行了用碳同位素重建古食物的研究，

---

① 赵志军、傅罗文：《中坝遗址浮选结果报告》，《中国盐业考古》（第三集），科学出版社，2013 年。

他们分析了中坝遗址 7 个新石器时代的人骨牙釉质，研究结果发现中坝遗址新石器时代居民的食物以粟等 C4 作物为主[①]，与浮选结果相吻合。证明哨棚嘴文化时期，峡江地区居民的农业种植是以旱作农业为主。动物考古的证据显示哨棚嘴文化时期，虽然已有了家畜饲养，主要有猪、牛、狗，但渔猎经济仍十分发达。2000 年北京大学考古文博学院在瓦渣地遗址选取了一个探方，采用干筛的方法对泥土进行了筛选，筛选出了大量动物骨骸和植物遗存。其中哨棚嘴文化的地层单位中筛选出的动物遗骸包括：鱼类有草鱼、白鲢、花鲢、鲤鱼、鲇鱼；爬行类有龟；哺乳类有狗、仓鼠、豪猪、牛、麂、猪。除猪、牛、狗为家养外，其余均为野生动物，且野生动物数量大于家养动物[②]，反映出狩猎和捕捞是肉食的主要来源。中坝遗址也对一个探方（99ZZDT0202）进行了筛选，获得大量动物遗骸，鉴定结果表明，哨棚嘴文化时期以鱼类、哺乳类动物最多，鸟类较少，大部分属于野生动物。研究者发现中坝遗址新石器时代居民获取肉食资源的方式，与三峡地区如庙坪、楠木园、柳林溪等众多遗址情况大致相同，即注重捕鱼是三峡地区居民获取肉食资源的一个显著特征。另外，当时的狩猎活动也比较兴盛，狩猎对象主要以鹿科动物为主，而饲养家猪在三峡地区新石器时代居民获取肉食资源的活动中仅占极其次要的地位[③]。

由于遗址中发现的房址和墓葬较少，无法分析聚落内部结构。发现的几座房址均比较残，玉溪坪遗址发现 2 座，其中 F13 南北长 12、东西宽 7 米，由 13 个柱洞围成。处在一东高西低的斜坡上，高低相差 1.5 米，推测应为干栏式建筑。中有分间，房内发现 18 个柱洞，部分应为分间柱。F13 周围发现 3 座灶，灶周围发现大量陶片、骨渣、石块、石器、螺壳等，屋内发现较多陶片，还有石斧 3 件、石锛 1 件、石刮削器 1 件、石凿 1 件、陶深腹罐 1 件、陶纺轮 3 件。该房子完全是一个完整独立的生产、生活单位，房屋面积较大，还有分间，可能是一个扩大式家庭的居所。F15 残存一些柱洞，平面为长方形，长 9.5、宽 6 米，推测亦为干栏式，可能分两间，房址周围亦有较多陶片，还有少量石块，房屋性质应与 F13 类似。F15 的前面 3～4 米处有一条含红烧土颗粒的堆积带，厚约 3 厘米，随地形起伏，推测可能为道路，该路面与 F13 连接。说明两座房址属同时的建筑。2000 年苏和坪遗址发现 2 座房址，其中 F2 保存较好，平面呈椭圆形，面积约 7 平方米，为单间地面式建筑，现存居住面、门道、灶。居住面用火焙烧成红烧土面，面存 6 个柱洞，分别位于门侧、房后及房侧，柱洞较小，直径约 4.56 厘米。门向朝南，门道用黄土铺垫，踩踏痕明显。灶位于房外门前，呈凸字形，

① 田晓四、朱诚、许信旺等：《牙釉质碳和氧同位素在重建中坝遗址哺乳类过去生存模式中的应用》，《科学通报》2008 年第 53 卷增刊 I。

② 黄蕴平、朱萍：《忠县瓦渣地遗址 T363 动物遗骸初步观察》，《重庆·2001 三峡文物保护学术研讨会论文集》，科学出版社，2003 年。

③ 傅罗文、袁靖：《重庆忠县中坝遗址动物遗存的研究》，《考古》2006 年第 1 期。

有火塘、火道,灶壁竖直,用较方正的砂石块围砌一周,底面平整、坚硬,灶内有较多炭屑。出土遗物有陶罐3件,还有石斧、石锛、小石球等。该房子比玉溪坪的长方形房子小,但仍然是一个独立的生产、生活单位,可能是一个核心家庭的居所。

墓葬发现很少,且比较零星,没有发现完整的墓地。目前见诸材料多为哨棚嘴文化第三期以后的,包括第四期1座,1997年哨棚嘴遗址发现的M1;第五期1座,1999年哨棚嘴遗址发现的M4;第六期3座,2002年玉溪坪遗址发现的ⅡM18、ⅡM24和1997年中坝遗址发现的M1;第七期12座,1999年中坝遗址发现8座,报道的有M77、M78、M83、M84,老关庙先后发现4座,分别是95M1、96M2、96M3、97M4[①]。这些墓葬均为竖穴土坑墓,平面多呈长方形,只有中坝遗址1999年发掘发现过呈"刀"形的。墓坑比较狭窄,基本上仅能容身,坑口一般长150～220、宽45～70厘米。基本不见葬具,多仰身直肢葬,少数侧身屈肢,或下肢弯曲。第四～六期的墓葬基本无随葬品,只有哨棚嘴M4头骨顶端有1件骨质发簪,属随身的私人物品,还有中坝遗址的M1头上方有一堆乳白色的小卵石,卵石周围有小陶片,报告推测可能是盛装卵石的陶罐,应该具有特殊的意义。第七期的部分墓葬开始有随葬品,中坝遗址发掘的M77随葬陶罐和石锛各1件。老关庙发现的4座当中有2座有随葬品,95M1有2件,其中石铲1件位于头骨西侧,陶豆1件置于墓主足部。96M2随葬陶罐、陶豆、陶碗、石铲各1件。另外,97M4于墓主两腿间放置1件陶罐的底部残片。随葬品均为生产、生活用器,没有其他特殊物品。

综合上述情况可以看出,哨棚嘴文化时期,农业以旱地作物黍和粟的种植为主,渔猎经济占有相当大的比重,是主要的肉食来源,家养动物较少。人们选择峡江地区宽谷台地营建聚落,聚落规模小而少,当时人口稀少。从各遗址陶器风格看,虽然均具有同一文化的普遍共性特征,但各遗址陶器均具有一些自身特点,就是同时期同一类型的陶器也不完全相同,仔细比较很难发现两件完全相同的陶器。陶器生产的标准化程度不高,说明当时还不存在陶器的专业化生产与聚落之间的贸易。从当时的生计模式、人口规模来分析,可以推测,哨棚嘴文化各聚落基本上属自给自足的地方群体。聚落间没有什么竞争,聚落内部也没有因贫富分化而出现分层的现象。群体内部也不需要复杂的管理手段,属于平等简单的社会。所以第七期以前的墓葬除了少数装饰类私人物品外基本无其他随葬品,证明当时财富占有观念不强,因此反映在普遍的埋葬死去亲人的观念上。但到了该文化的末期这一情况发生了变化,部分墓葬出现随葬品,反映出此时群体内部开始出现贫富分化,也可能出现了因贫富不均出现的分层现象。但随葬品主要是生产、生活用品,未见观念性象征物或其他显赫物品,说明凌驾于群体之上的特殊阶层尚未产生。

---

① 赵宾福、邹后曦、雷庭军:《重庆奉节县老关庙新石器时代遗址土坑墓的发掘》,《考古》2006年第8期。

（二）成都平原

成都平原发现最早的史前遗存是 2009 年四川省文物考古研究院在什邡桂圆桥遗址下层发现的距今约 4900 年的新石器文化遗存，暂称"桂圆桥第一期遗存"。该遗址位于成都平原西北边缘，靠近龙门山地带。考古发掘出了房址、灰坑，出土了陶器、石器。陶器主要是夹粗砂、夹石英的厚胎红陶、红褐陶和黄陶。火候较低，手制特征明显。主要装饰粗绳纹、附加泥条箍带纹，器物口、底流行饰绳纹。器类有大口深腹缸（罐）、敛口平底钵、带錾器、矮圈足器、纺轮，还有细石器[①]。该文化的特征与岷江上游以茂县营盘山为代表的新石器文化十分相近。

近年大邑高山古城遗址下层和宝墩遗址下层发现少量早于宝墩文化、晚于桂圆桥第一期的一类遗存[②]。目前出土的遗物以陶片为主，较为残碎，多数器形不可辨识。陶器器形相对单一，主要是窄沿侈口罐、矮领罐、盆、钵等，以罐类多见。夹砂陶纹饰以绳纹的数量最多，其中又以交错呈菱格状的为多。附加条带状堆（箍带）纹较多，具有代表性。泥质陶普遍盛行装饰细线纹。上述特征与宝墩文化第一期陶器的装饰风格略有不同。罐类器多作窄仰折沿、斜弧腹，与宝墩文化罐类器多宽沿、鼓腹情况也有所区别。这类遗存的特征既与桂圆桥第一期具有一些相似特征，也与宝墩文化具有一些相似特征，明显属桂圆桥第一期与宝墩文化之间的过渡性遗存。

宝墩文化是成都平原新石器时代发现遗址最多、文化认识也较为清晰的阶段。1995 年以来，成都文物考古研究所等单位先后在成都平原上发现了新津宝墩、温江鱼凫村、郫县古城、都江堰芒城、崇州双河和紫竹古城、大邑盐店、大邑高山等 8 座史前时代的古城址，并发现了一大批同时代的古遗址。这些遗址具有相同的文化特征，其中以宝墩古城遗址发掘最早、遗址面积最大、最具有典型性[③]。该文化集中分布在成都平原，它与川东、川北、川西北的同时期文化有一定联系，在富饶的四川盆地中心地带形成一个相对独立的文化区。

宝墩文化的主要特征：陶器分泥质陶和夹砂陶。夹砂陶多掺入白色石英砂，陶色分灰、褐、外褐内灰等。泥质陶分灰白、灰黄、褐灰等，以灰白陶为特色，还有一定数量的黑皮陶。陶器纹饰丰富，夹砂陶的纹饰以绳纹为主，以斜线或网状饰于器壁，其特别之处是在器口上和口内壁也常饰以密集的绳纹。泥质陶的纹饰种类繁多，以划

---

① 四川省文物考古研究院、德阳市博物馆、什邡市博物馆：《四川什邡桂圆桥新石器时代遗址发掘简报》，《文物》2013 年第 9 期；万娇、雷雨：《桂圆桥遗址与成都平原新石器文化发展脉络》，《文物》2013 年第 9 期。

② 资料现存成都文物考古研究院。

③ 江章华、王毅、张擎：《成都平原早期城址及其考古学文化初论》，《苏秉琦与当代中国考古学》，科学出版社，2001 年，第 699～721 页。

纹、戳印纹、弦纹、附加堆纹为主，以划纹中的水波纹和平行线纹为特色，常饰于陶器颈部。器形特征是口部多呈现宽沿、大翻口、花边口风格；主要是平底和圈足器，不见三足器和圜底器。代表性器物有绳纹花边口罐、敞口圈足罐、盘口圈足尊、敞口圈足尊、喇叭口高领罐、壶、宽沿平底尊、宽沿盆、钵、浅盘豆等。宝墩文化的生产工具主要是石器，以斧、锛和凿为主，有少量刀、铲、镞、矛，均为通体磨光，形体呈小型化特征，其中石凿磨制更为精细而规整。该文化可以分为四期。宝墩时期的人们主要以种植水稻为主，也种植少量的黍和粟，可能也食用一些野生的豆类，如野豌豆、野赤豆[①]。渔猎采集活动作为食物的补充，家畜比例低，目前仅见少量家猪骨骼。

宝墩文化与营盘山新石器文化和什邡桂圆桥遗存有许多相似的特征。例如，陶器制作均主要为泥条盘筑和手制，高领器的颈、肩、腹黏接，在器内留明显的黏接痕，夹砂陶器的器底为地包天二次套接；夹砂陶器绳纹中的交错菱格风格；夹砂陶器的器底多有绳纹装饰，口沿多绳压花边装饰和波浪口，这些都是二者的共同特征。宝墩文化中偏早阶段所见的泥质陶罐腹部先拍绳纹然后再慢轮弦抹出数道弦纹的做法在营盘山很常见。宝墩文化偏早阶段所见的带瓦棱纹的黑皮陶在营盘山遗址中也有发现；都盛行小平底器，还有圈足器；宝墩文化中的高领罐与营盘山的高领罐应该有关系；宝墩文化的夹砂陶花边口沿罐与营盘山的花边口沿罐也应有关系；宝墩文化偏早阶段的圈足风格与营盘山遗址出土的圈足非常接近[②]。

从聚落的分布来看，宝墩文化第三期以前的聚落多分布于平原北部、西部至西南靠近平原边缘地势相对稍高的地带。目前成都平原发现最早的史前聚落什邡桂圆桥遗址位于成都平原的北部边缘。大邑盐店古城属宝墩文化第一、二期，高山古城下层发现介于宝墩文化与桂圆桥第一期文化之间的遗存，上层文化属宝墩文化第一、二期[③]，两处遗址所在地理位置为成都平原西南边缘地带。都江堰芒城遗址[④]地处成都平原西部边缘，西距青城山支脉药王山仅 2.4 千米。宝墩古城[⑤]所在的新津处在成都平原的西南

① 姜铭、玘玉、何锟宇等：《新津宝墩遗址 2009 年度考古试掘浮选结果分析简报》，《成都考古发现》（2009），科学出版社，2011 年，第 68~82 页；北京大学考古文博学院、成都文物考古研究所：《新津县宝墩遗址 2010~2011 年出土植物遗存分析报告》，《成都考古发现》（2013），科学出版社，2015 年；成都文物考古研究所：《新津县宝墩遗址 2013~2014 年出土植物遗存分析报告》，《成都考古发现》（2013），科学出版社，2015 年。

② 江章华：《岷江上游新石器时代遗存新发现的几点思考》，《四川文物》2004 年第 3 期。

③ 成都文物考古研究所 2012~2013 年调查、试掘，资料待发表。

④ 成都市文物考古工作队、都江堰市文物局：《四川都江堰市芒城遗址调查与试掘》，《考古》1999 年第 7 期。

⑤ 成都市文物考古研究所、四川大学历史系考古教研室、早稻田大学长江流域文化研究所：《宝墩遗址——新津宝墩遗址发掘和研究》，有限会社阿普（ARP），2000 年。

部边缘。成都平原腹心地区的新都、郫都、温江等区域，目前发现的宝墩文化聚落均在宝墩文化第三、四期，还未发现一处宝墩文化第一、二期的聚落（图二）。

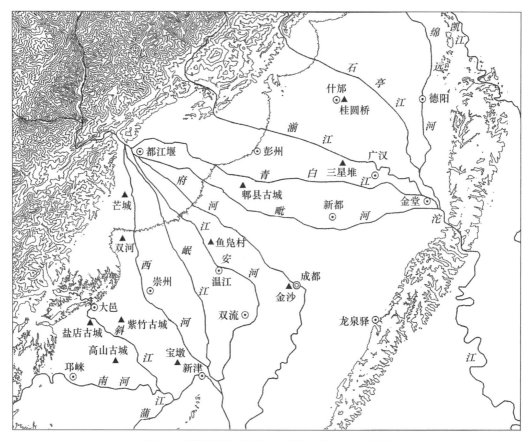

图二 成都平原地貌环境与重要遗址分布示意图

宝墩文化聚落与桂圆桥第一期相比数量剧增，宝墩文化第一、二期的聚落目前发现还比较少，只有主动考古调查发现的新津宝墩、都江堰芒城、崇州紫竹古城、大邑盐店和高山古城，如果算上三星堆遗址有 6 处，均是较大型的聚落，中小型聚落发现极少，只有什邡桂圆桥遗址包含宝墩文化第二期左右的遗存。至宝墩文化第三、四期，聚落数量明显激增，除考古调查发现的大型聚落（郫县古城、温江鱼凫城、崇州双河古城等）外，据不完全统计，目前已发表的发现于基本建设中的小型聚落有 35 处。据2005～2009 年中美合作"成都平原聚落考古调查"项目的抽样调查情况看，在郫县、温江等区域宝墩文化第三、四期的聚落分布十分密集。按照考古工作做得比较全面的成都高新西区的宝墩文化第三、四期的遗址密度计算，成都平原腹心区域大约每 7 平方千米就有一处宝墩文化的遗址。

从目前的考古材料分析，宝墩文化当源于岷江上游以营盘山新石器文化为代表的一类文化①。从生业形态来看，营盘山新石器文化阶段农作物主要是粟和黍②，桂圆桥第一期 H43 浮选的粮食作物中，黍的数量占据了绝对优势，另有少量的苋科和粟，未发现水稻。水稻的出现大约在遗址的第一、二期（宝墩文化）之交，到第二期偏晚阶段，水稻占据了绝对优势，仅有零星的黍、粟伴出③。宝墩遗址 2009 年的浮选分析显示，在所有的炭化植物种子中，稻谷种子的数量为 196 粒，占 19.6%，并且几乎在所有时期的地层和遗迹单位中都有发现；粟的数量为 23 粒，占 2.3%，且集中出现在宝墩第一期的地层和遗迹单位中④。综合分析推测，成都平原的古代人群是从岷江上游逐步迁徙下来的，他们最初只会种小米，这是岷江上游人群的传统农业。最初进入成都平原时，他们主要活动在平原北部、西部至西南靠近山地相对较高的边缘地带，人口少，聚落小。而平原腹心地区多河流、沼泽，不适宜种植小米。到了距今 4500 年前后的宝墩文化初期，长江中游的水稻种植技术传入成都平原，这时他们开始在适宜于种植水稻的环境小规模种植水稻。随着对成都平原多水环境的适应，人口逐渐增多，需要不断拓展新的生存空间，于是人群逐步向平原腹心地区移动。到了宝墩文化的中晚期，成都平原的腹心地区出现了大量密集的聚落。由于水稻的种植，食物的保障，带来了人口的增长。聚落密度的增大，必然带来群体间的相互竞争，结果会促进群体间的结盟与整合，使社会向更复杂的方向演进⑤。

桂圆桥第一期遗存的聚落目前只发现桂圆桥遗址 1 处，该遗址分布面积虽然近 3 万平方米，但包含桂圆桥第一期、宝墩、十二桥等文化遗存，而"第一期文化遗存分布范围却十分有限，仅零星分布于遗址南区。由于受到遗址中古河床摆动和晚期人类活动的严重干扰，揭露的第一期文化聚落中的布局也不甚清晰"⑥。由于报告并未说明南区的面积，因此无法准确判定第一期遗存的分布面积，据发掘者见告，第一期遗存只有几百平方米。宝墩文化时期的聚落规模明显扩大，出现了大型聚落，最大的宝墩聚落面积达 276 万平方米⑦，最小的都江堰芒城也有 10 万平方米⑧，郫县古城和温江鱼凫城

①　江章华：《岷江上游新石器时代遗存新发现的几点思考》，《四川文物》2004 年第 3 期。

②　赵志军、陈剑：《四川茂县营盘山遗址浮选结果及分析》，《南方文物》2011 年第 3 期。

③　万娇、雷雨：《桂圆桥遗址与成都平原新石器文化发展脉络》，《文物》2013 年第 9 期。

④　姜铭、玭玉、张倩等：《新津宝墩遗址 2009 年度考古试掘浮选结果分析简报》，《成都考古发现》（2009），科学出版社，2011 年，第 68～82 页。

⑤　江章华：《成都平原先秦聚落变迁分析》，《考古》2015 年第 4 期。

⑥　万娇、雷雨：《桂圆桥遗址与成都平原新石器文化发展脉络》，《文物》2013 年第 9 期。

⑦　成都文物考古研究所、新津县文管所：《新津宝墩遗址调查与试掘简报（2009～2010 年）》，《成都考古发现》（2009），科学出版社，2011 年，第 1～67 页。

⑧　成都市文物考古工作队、都江堰市文物局：《四川省都江堰市芒城遗址调查与试掘》，《考古》1999 年第 7 期。

有 30 多万平方米 [①]，这些大型聚落多有夯土围墙。也有不带夯土围墙的大型聚落，如新都陈家碾遗址，面积达 60 万平方米，目前被小河道分隔成四片（陈家碾、李子林、上陈家碾、赵家河坝）[②]，这些小河道不排除后期形成的可能性。一般小型聚落多在几千至 1 万多平方米。大型聚落的城墙现在保存最高的地方在 5 米左右，宽的有 20 多米。其夯筑的方法为长江流域同时期城墙所共同采用的一种方法，即边堆土边夯筑、拍打的堆筑方法。修筑城墙都是按地势，一般筑在台地的边缘，这样墙虽不高，而在城外却显得城墙高耸。部分遗址如都江堰芒城、崇州双河遗址等还筑双圈墙，内外墙之间便形成了一条很深的城壕。由于就地势筑墙，所形成的城与台地和附近的河流方向一致，为西北—东南向。这成了之后成都平原建城的基本方式，三星堆古城和后来的成都城也是西北—东南向，非正南北向，就是因地势筑城的缘故。宝墩文化时期表现出同一时期有多处大型聚落并存的局面。目前发现夯筑城墙的大型聚落有 8 处，其中属第一、二期的有新津宝墩、都江堰芒城、大邑盐店、大邑高山和崇州紫竹古城，属第三、四期的就有郫县古城、温江鱼凫城、崇州双河等。三星堆遗址的宝墩文化遗存年代跨度长，聚落规模大，推测应该也有城墙，目前还不能排除其他尚未被发现的大型聚落存在。还有一些没有城墙的大型聚落，如属第三、四期的新都陈家碾遗址，面积达 60 万平方米，温江红桥村遗址面积 19 万多平方米。

宝墩文化时期的大型聚落的内部结构目前还不十分清楚。2009 年以来，成都文物考古研究所以聚落考古为目的，对宝墩遗址开展了持续的考古调查和发掘。调查发现了外城，从平面形状看，外城大致呈不甚规整的圆角长方形，方向与内城一致，约北偏东 45°。城墙周长近 6.2 千米，以壕沟外侧边为界，遗址面积约 276 万平方米。从解剖情况看，新发现的城墙其夯筑方法均为斜坡堆筑的形式，与原宝墩内城的城墙夯筑方式完全一致。解剖发掘可以确认新发现的外城墙的修筑年代当为宝墩文化第二期初，上限或可至第一期 2 段末，使用年代在宝墩文化第二期，外城墙的修筑时间当晚于内城墙，但内外城墙曾同时使用过 [③]。也就是说在宝墩文化第一期修筑了 60 万平方米的内城，到宝墩文化第二期时候，由于人口规模的扩大，又增筑了外城（图三）。

① 成都市文物考古工作队、郫县博物馆：《四川省郫县古城遗址调查与试掘》，《文物》1999 年第 1 期；成都市文物考古工作、四川联合大学历史系考古教研室、温江县文管所：《四川省温江县鱼凫村遗址调查与试掘》，《文物》1998 年第 12 期。

② 成都文物考古研究所、新都区文物保护管理所：《成都市新都区赵家河坝与上陈家碾遗址试掘简报》，《成都考古发现》（2011），科学出版社，2013 年，第 1～13 页。

③ 成都文物考古研究所、新津县文管所：《新津宝墩遗址调查与试掘简报（2009～2010 年）》，《成都考古发现》（2009），科学出版社，2011 年。

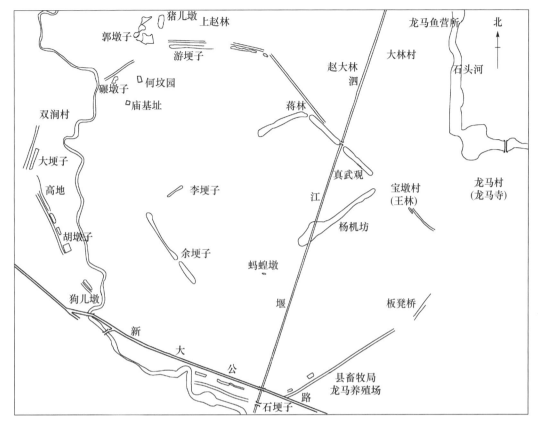

图三　宝墩遗址平面图

　　钻探资料显示，宝墩遗址区内被古河道和洼地分割成大小不一的台地，居住区均位于台地之上。内、外城内均分布着若干个居住区，如果这些居住区属于相对独立的聚落，那么外城内有 9 个以上的聚落，其间存在很大的空白地带，性质不明，内城则有 8 个左右的聚落。近年重点对内城中部田角林东南聚落进行了解剖发掘，目前已揭露出比较明确的有 3 个居址区、1 座大房子、1 座长房、42 座墓葬和数量较多的灰坑，还有少量散乱的基槽难以确认[①]。根据该区域面积推算，有 5 个左右的居址区。已揭露的居址区随地势由东北往西南、再往西北呈一弧线状分布，大房子位于居址区东北边缘，长房位于居址区西部边缘。每个居址区往往有多座房址相互叠压打破，乃是房屋反复重建的结果。房子基本为竹骨泥墙地面式，均为长方形，呈西北—东南向。房基槽保存多不完整，有些甚至只剩下残房基，很难理出一座完整的房子，但仍可看出房子的大小规模不一。位于西边的居址区（F36、F37、F39、F41、F43、F44、F53），分

_____

　　① 　四川大学历史文化学院考古学系、成都文物考古研究院、新津县文物管理所：《成都市新津县宝墩遗址田角林地点 2013 年的发掘》，《考古》2018 年第 3 期。未发表的资料现存成都文物考古研究院。

为没有叠压打破关系的两组房址，由于均发现于生土面上，很难厘清两组时代关系，各组内相互重叠打破的均非同时使用，两组房址有可能也属不同时候重建，也有可能同时存在 2 座房子。该居址区房基槽保存相对完整一些，房子面积小的约 25 平方米，大的有 70 余平方米。南部的居址区被晚期破坏较甚，能看出有 4 座房址（F57～F60），比较残，相互没有打破关系，均发现在生土面上，根据宝墩文化其他聚落分析，也不排出属不同时候重建的性质。东北居址区均为残房基（F22）。一座房子应该是一个家庭的居所，房子的大小应该与家庭的人口多少有关。同一家户不同时期的房子大小还不一样，说明家庭人口有变化，有可能这也是房子反复重建的其中一个原因。那么推测该聚落区有 5 个左右的家庭，代表的应该是一个家族的聚居区。在该聚落区的东北边缘揭露出 1 座大房子（F23），呈西北—东南向，长 18、宽 12.5 米，面积 225 平方米，为方形柱洞式的地面建筑。在该建筑的西北和东南两端有 2 座附属建筑，西北端（F24）的保存较差，残存 35.75 平方米，东南端（F25）的面积 76.6 平方米。该组建筑应该是存放家族公共物品和举行公共活动的场所。在聚落区西部边缘的长房子，呈东北—西南向，揭露长度约 23、宽约 4.4 米。该处地势呈北高南低的倾斜状，其房屋形式、方向与其他房子区别较大，也不像其他房子周围有墓葬，推测可能是牲畜圈栏或其他性质的棚屋一类建筑。似乎公共建筑均位于聚落的边缘。在西边居址区南部有 1 座圆形柱洞式的特殊建筑（F46），面积约 11.4 平方米，推测可能为仓储性质。发现的 42 座墓葬，位于房址周围。均为墓坑狭小仅能容身的竖穴土坑墓，小孩墓葬长多在 1 米左右，绝大多数长 2.2～2.6、宽 0.4～0.6 米。墓葬方向不太一致，应该主要是就地势与环境。骨骼多保存较差，基本为仰身直肢葬，不见葬具。除 M66 随葬 1 件陶盘口圈足尊外，其余均不见随葬品。房子周围的墓葬应该就是该家族的家族墓地。宝墩遗址内的其他聚落应该也是家族的聚居区，在田角林中部、北边鼓墩子和内城北部也发现类似于该聚落区的大型公共性质的建筑[①]，似乎也证明这一点，也就是每个家族都有 1 座自己的大型公共建筑。这样看来整个宝墩聚落是一个聚落群，从宝墩文化第一期的 8 个左右的聚落发展到宝墩文化第二期的近 20 个左右的聚落。从整个聚落没有氏族公共墓地分析，聚落群内各家族之间并不一定都具有血缘关系。墓葬基本无随葬品，显示个体几乎没什么私人物品，看不出家族内有贫富分化现象，家族间也没有高低贵贱之分。整个聚落群内很可能是一种平等性质的联盟（图四）。

---

① 成都文物考古研究所、新津县文物管理所：《新津县宝墩遗址鼓墩子 2010 年发掘报告》，《成都考古发现》（2012），科学出版社，2014 年；成都文物考古研究所、新津县文物管理所：《成都市新津县宝墩遗址治龙桥地点的发掘》，《考古》2018 年第 1 期。

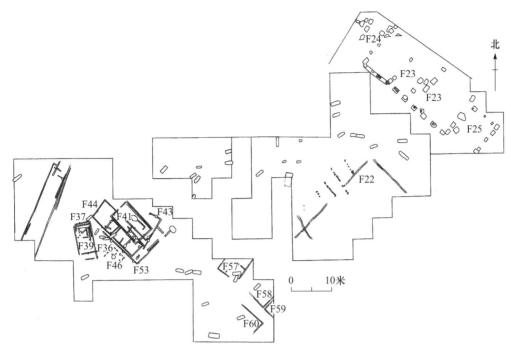

图四 宝墩遗址田角林东南区域房址、墓葬分布图

郫县古城遗址 1998、1999 年发掘揭露出一个居址区，为一组 3 座有打破关系的长方形单间房址（F10～F12）[①]，同时只存在 1 座，也是以家庭为单位，反复重建，与宝墩遗址居址区结构相同。1997 年在郫县古城的中心区揭露出一座大型公共建筑基址（F5），与城的方向基本一致，长 51.5、宽 10.7 米，面积约 551 平方米。房址内未发现隔墙，房内横列 5 个由卵石垒砌的台子，发现时台基尚存[②]。

大邑高山古城平面形状呈长方形，东西平均长 632、南北平均长 544.5 米，面积约 34.4 万平方米。2015 年 11 月～2016 年 3 月，成都文物考古研究所对该遗址进行了第一次正式发掘，发掘面积 800 平方米。此次发掘发现了大量遗迹，计有新石器时代墓葬 89 座、灰坑 86 座、灰沟 12 条，同时出土了丰富的遗物。其中 89 座墓葬属宝墩文化第一期，墓葬均为竖穴土坑墓，墓圹平面形状大部分呈圆角窄条形，墓主多为未成年人，少量为长方形，墓主多为成年人。少数墓葬墓室较大，有 10 平方米以上。墓室普遍开挖较深，墓室窄小，四壁较为规整。头向以西北—东南向多见，其次为西南—东北向，东西和南北向非常少见。墓室中人骨保存良好，但扭曲变形严重，未见葬具

① 成都市文物考古研究所、郫县博物馆：《四川省郫县古城遗址 1998～1999 年度发掘收获》，《成都考古发现》（1999），科学出版社，2001 年。

② 成都市文物考古研究所、郫县博物馆：《四川郫县古城遗址 1997 年发掘简报》，《文物》2001 年第 3 期。

痕迹。葬式以仰身直肢为多，另有少量屈肢葬和俯身葬。根据现场体质类学观察，墓主以未成年人居多，成年人较少，反映出当时孩子夭折率较高。而许多人骨上牙齿发育不全状况的出现，可能是营养不良导致的。这批墓葬人骨反映出一种特殊的习俗，就是成年个体上发现拔除上颌侧门齿的现象，如 M51、M66、M67 等。墓室内几乎不见随葬品，只有少数墓葬随葬有少量随身私人物品，M13 随葬象牙手镯（钏）一对，M60、M63、M88 各随葬胡桃楸果实一枚[①]。该区域存在大量灰坑、灰沟和丰富的文化堆积层，参照其他宝墩文化遗址分析，应该有房址存在。目前没有发现，可能是遭破坏，或在发掘区以外的附近。其墓葬形式与其他宝墩遗址的情况基本相同。

温江红桥村遗址是一处以宝墩文化第三期遗存为主的较大型聚落，位于江安河北岸的二级台地之上，台地呈不规则形，高出周围地表 0.5～2 米。整个台地均属遗址的分布范围，总面积 19 余万平方米。2011～2016 年，成都文物考古研究所连续多年对其展开了系统性的考古调查与发掘。清理了大量的灰坑、灰沟、房址及水渠等遗迹，全面揭露了遗址的墓地及由人工堤坝和河道构成的水利设施。灰坑共计 400 余个，除了大量一般意义的灰坑外，有两种灰坑较特别，一种平面呈长方形坑，直壁，平底，较浅，坑壁经火烧，坑底布满卵石。另一种平面呈圆形或圆角方形，直壁，平底，较深，经过精细加工，坑壁亦经火烧，坑底有一层灰烬，多数坑内有卵石。目前性质不明，有可能是窖穴或烘烤坑。清理的房址有 10 余座，从建筑形式上可分为两种，一种为圆形的干栏式建筑，规模较大，直径约 15 米。另一种为长方形的木（竹）骨泥墙建筑，长短不一，长者近 20 米，短者不足 10 米，宽一般为 6 米左右，一般长者多分隔为两间。另外，还发现大量的基槽和柱洞，无规律可循，可能为房屋的频繁重建或被晚期破坏所致。人工水渠 1 条，长 200 余米，上口宽约 1.5 米，深约 1 米，应与给排水有关。墓地位于遗址的中部和北部，共发现墓葬 400 余座，成组分布。同组内的墓葬数量从几座到十几座不等。墓葬形制均为长方形竖穴土坑墓，墓坑较深，人骨保存极差，葬式多为仰身直肢葬，个别为俯身葬。几乎未见随葬品，只有一座墓葬体侧随葬 1 件骨杖。水利设施由 4 道人工坝体和 3 条河道构成，坝体上窄下宽，分层夯筑，临水一侧修卵石护坡[②]。红桥村双间房子的出现，说明有了将生活区与休息区的不同功能区分开的习俗。1998 年芒城遗址就发现一座保存较好的双开间房子（F5），呈长方形，近南北向，北部被宋代沟打破，南北长 8.8、东西宽 5.6 米，面积约 50 平方米，北间为外间，南北宽 5 米，门朝西，宽 0.83 米，南间为内间，宽 3.8 米，内外间门道位于隔墙

---

① 成都文物考古研究所：《成都平原史前聚落考古的新收获》，《中国文物报》2016 年 6 月 3 日第 5 版；成都文物考古研究所：《成都市大邑县高山古城 2014 年发掘简报》，《考古》2017 年第 4 期。

② 成都文物考古研究所：《成都平原史前聚落考古的新收获》，《中国文物报》2016 年 6 月 3 日第 5 版。

靠东位置，宽 0.8 米，外间普遍有一层垫土，厚 5～20 厘米，东北部垫土较高，灶址位于其上，内间设有明显的垫土，房址墙基槽内竹骨保存完整[①]。该房子明显外间为生活区，内间为休息区。内间约 21 平方米，可供一个家庭居住（图五）。干栏式建筑当为仓储一类的特殊功能的建筑，在郫县古城遗址也发现方形的干栏式建筑，而这类建筑数量很少，很可能聚落是统一储藏粮食的。红桥村遗址被后期破坏较甚，墓葬发现相对较多，而房址发现相对较少。主要原因是房屋基槽较浅，容易被破坏掉，而墓坑较深，容易保留住，未发现房址的区域，许多墓葬墓坑已很浅充分证明了这一点。据笔者现场观察，墓组多呈团状分布，墓组中间位置往往有一空白地带，推测可能就是房屋的位置。也就是说墓葬还是成组分布于房屋的周围，从单组墓葬的数量与分布格局看，与宝墩及其他遗址的情况基本一致。

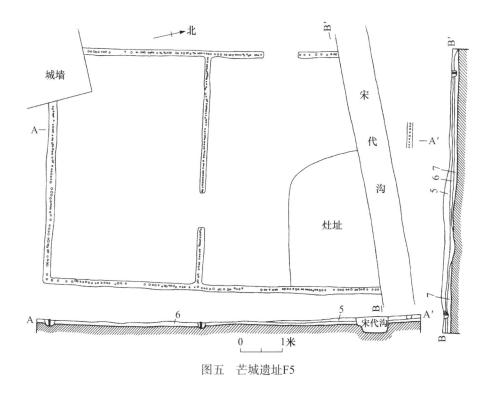

图五　芒城遗址F5

宝墩文化的小型聚落一般也是有竹骨泥墙式的地面方形或长方形房子，多单间式。墓葬比较集中，多位于居住区附近。这与宝墩等大型聚落的情况基本一致。

属宝墩文化第三期的置信金沙园一期地点，遗址面积 2000 平方米，发掘了 950 平方米，发掘面积约占遗址的一半。揭露出房址 3 座、灰坑 21 个、墓葬 10 座、陶窑 1 座。墓葬均是狭窄土坑，无随葬品。其中 3 座房址位于发掘区的南部，有打破关系，

---

①　中日联合考古调查队：《都江堰市芒城遗址 1998 年度发掘工作简报》，《成都考古发现》（1999），科学出版社，2001 年。

因此不是同时并存的 3 座房址，作为聚落则只能算 1 座。年代最早的 F14 面积 64.8 平方米，其次是 F13 面积 85.5 平方米，最晚的 F12 面积 18.8 平方米，反映该家庭的人口也有波动。有 7 座墓位于发掘区南部房址附近，另有 3 座位于发掘区的北部，与南部房址距离较远，推测北部墓葬附近当有另一处居址 [①]（图六）。

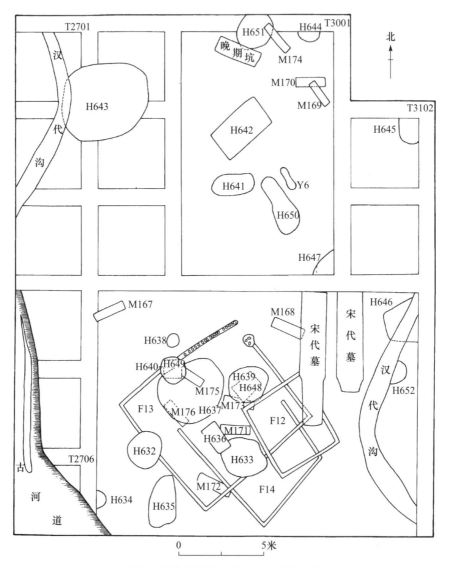

图六　置信金沙园一期地点遗迹分布图

属宝墩文化第四期的成都十街坊遗址，发掘了 955 平方米，比较完整地揭露出一处墓地，共 19 座，除 1 座（M17）为东西向外，其余均为西北—东南向，墓葬成行排

①　成都市文物考古研究所：《成都金沙遗址"置信金沙园一期"地点发掘简报》，《成都考古发现》（2002），科学出版社，2004 年，第 1～41 页。

列，共分北、中、南三排，墓与墓相距较近，无打破关系。墓坑均为坑穴狭窄仅能容身的竖穴土坑，除部分发现骨片项链等随身装饰品外，没有其他随葬品[①]。可能是晚期破坏的原因，没有发现房子。从墓葬的分布现象及数量来看，该聚落的人口不多，应该代表的是1个家庭。从墓葬的分布形态看，与第四期之前的略有所不同，就是墓葬不是在房子的周围，而是单独集中在一个区域，成排分布（图七）。

图七　十街坊遗址墓地

　　属宝墩文化第四期的成都西郊化成村遗址为小型聚落址，简报未报道其遗址面积，只是介绍到该遗址位于一东西向宽60米的台地上。该遗址发掘700平方米，揭露出一个家户的房子及其墓地，共16座墓葬，第4层下7座，第5层下9座。揭露出房址3座，第4层下2座，其中F1打破F2，第5层下1座F3（图八）。3座房子并不同时共存，同时使用的只有1座房子。报告只介绍了其中1座F1，为地面式竹骨泥墙式建筑，东西长5.64、南北宽5.44米，面积约30.68平方米[②]（图九）。在房内南部靠墙处有一火塘，平面呈椭圆形，火塘边壁经火烧后形成烧结硬面，火塘内有大量红烧土块。该房子明显属一个独立的生活单位——家庭。报告未发表遗迹平面图，从发表的现场照片看，墓地位于房子的旁边，集中分布。墓葬均为墓坑狭小的竖穴土坑墓，个别有生土二层台，不见葬具，多仰身直肢葬，少量侧身屈肢葬。M10腰部随葬1件石凿，其他多无随葬品。墓葬的整体布局与十街坊相似。

　　①　成都市文物考古研究所：《成都市南郊十街坊遗址年度发掘纪要》，《成都考古发现》（1999），科学出版社，2001年，第1~28页。
　　②　成都市文物考古研究所：《成都市西郊化成村遗址1999年度发掘报告》，《成都考古发现》（1999），科学出版社，2001年。

图八　化成村遗址房址与墓地

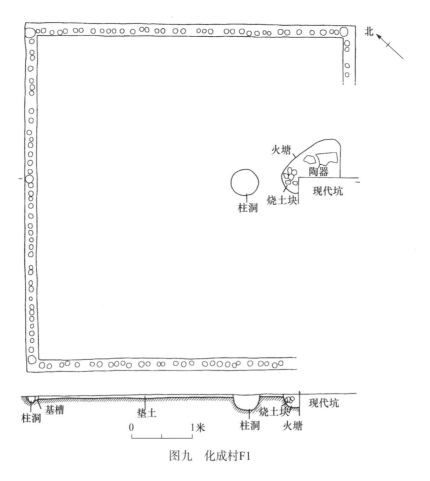

图九　化成村F1

　　1997 年发掘的三星堆仁胜村墓地，位于三星堆城址西城墙以西约 550 米处，该墓地时代集中在宝墩文化第四期左右。共清理竖穴土坑墓 29 座，墓地北部明显被砖厂取土破坏，此次清理的 M4、M6 基本被破坏殆尽，墓地规模原本应该较大。墓葬分布很有规律，方向除 M5 近正南北外，其余基本为东北—西南向，墓葬多为两三座成组分布。墓坑分为长方形和狭长形，报告举例介绍了 5 座长方形墓，墓口长 2.7～3.5、宽 1.3～1.8 米。狭长坑墓有平直墓道或阶梯状墓道，举例的 2 座狭长坑墓，M23 长 3.3、宽 0.71 米，M18 长 1.52、宽 0.59～0.61 米。坑壁均斜直而深，人骨均保存较差。报告称"M12、M22、M24、M26～M28 无任何遗迹现象和随葬品。而其余 21 座墓葬，根据其形制和结构特点，可分为长形土坑墓和狭长形土坑墓两类"[①]。但是报告中却介绍了 M22 出土了 1 件尊形器和 2 件豆形器，而 21 座墓中的 4 座狭长形墓，"无随葬器物，仅 1 座墓中发现有人骨和一段象牙"。也就说 21 座墓中也只是部分墓有随葬品，从报告报道的器物来看，共有 8 座墓的随葬器物。其中只随葬陶器的仅有 M22 一座，既有陶器，又有玉器和黑色石珠（报告称黑曜石珠）的只有 M10 一座，其余 6 座随葬玉器，有 2 座还有黑色石珠。随葬品最丰富的是 M5，随葬玉锥形器 3 件、玉泡形器 3 件、玉斧形器 1 件、黑色石珠 3 颗、石弹丸 2 颗。M21 出土蜗旋状玉器 4 件、玉矛 1 件。随葬器物最少的 M7、M14 各随葬玉泡形器和玉蜗旋状器各 1 件。该墓地与其他宝墩聚落的墓地，包括同期的墓地区别较为明显，首先是墓地规模、墓地布局不同，大量出现随葬器物，而且随葬非生产、生活用的特殊物品。玉器明显属于具有身份象征意义的显赫物品，尤其是 M5 出土的玉锥形器与良渚文化的玉锥形器几乎完全一样，很可能是贸易来的威望品。而 M5 的墓葬方向不同于其他墓葬，似乎也显示出其特殊的身份。仁胜村墓地所代表的聚落，其群体内部明显出现分化，已出现拥有一定权力的特殊阶层（图一〇）。

　　综上所述，目前对宝墩文化的社会有这样一些初步认识：宝墩文化时期成都平原河流沼泽环境众多，气候温暖湿润。宝墩人的生计模式农业以水稻种植为主，少量小米，家畜、采集、渔猎作为食物的补充。人们选择台地营建聚落，聚落的基本结构是以家户为基本单元，由家户组成聚落，再由聚落组成聚落群。聚落群或聚落的规模大小取决于群体人口的数量，有单个家户的聚落，也有多个家户（家族）的聚落，以及多聚落组成的聚落群。聚落或聚落群的空间布局形式与所在区域的环境地貌有关，因地制宜。第四期与第四期之前区别明显。第四期之前，大型聚落群与小型聚落的基本结构并无根本性的区别。除聚落大小规模有别外，大型聚落与一般聚落相比，也没有什么特殊的显赫物品，尚无明显的分级、分层证据。从墓葬看，社会成员没有明显的

① 四川省文物考古研究所三星堆遗址工作站：《四川广汉市三星堆遗址仁胜村土坑墓》，《考古》2004 年第 10 期。

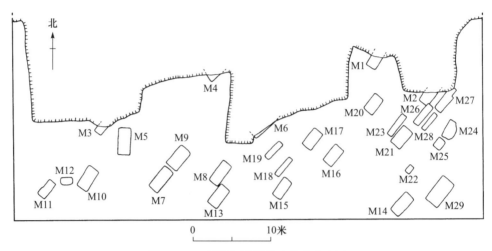

图一〇　三星堆仁胜村墓地墓葬分布图

分化现象。目前还没有证据显示宝墩文化第四期之前已出现拥有权力的特殊阶层，尽管存在工程浩大的城墙建设，但简单社会，出于某种共同的利益，群体也能组织起来营建较为大型的公共设施。综合目前已知信息，宝墩文化第四期之前，社会整体来看似乎还是比较简单。到第四期阶段明显发生了变化，重要证据是从墓葬反映出来的，首先属小型聚落的十街坊、化成村等，个别墓葬开始随葬有骨饰品或石工具。尤其是代表大型聚落的三星堆仁胜村墓地，部分墓葬随葬有代表特殊身份的威望物品。可以推测在宝墩文化的第四期阶段，群体内部出现了分化，开始出现拥有一定权力的特殊阶层。重要的是聚落之间也出现了分化，三星堆聚落可能掌控了一些特殊资源，或某些特殊物品的贸易渠道，逐步强大起来，成为众多聚落中的强势聚落，其他弱势聚落自愿或被迫依附于三星堆聚落。伴随着群体间的整合，社会成员趋于复杂，管理也趋于复杂，特殊阶层的权力逐渐强化，于是逐步向复杂社会迈进。不过在宝墩文化的末期，外来人群的强势侵入，冲断了成都平原社会复杂化的自然演进进程，其考古学文化也发生了突变，这就是三星堆文化的形成。

三、器物、符号

三星堆系青铜容器产地问题

    三星堆两座器物坑[①]出土的青铜器，除青铜人像、神树、神坛等独具特征外，其中的青铜尊、罍以其显示的商文化青铜器的时代特征和自身的个性特征，尤其是三星堆尊、罍与湖南华容[②]、岳阳[③]，湖北江陵[④]、沙市[⑤]、枣阳[⑥]，安徽六安[⑦]，陕西城固[⑧]，重庆巫山大昌[⑨] 等地出土的尊、罍从形态到纹饰都有着惊人的相似之处，引起了学界普遍的关注。本文所要探讨的三星堆系青铜容器便是特指上述地区出土的具有三星堆风格的青铜兽面纹尊、罍。

    关于三星堆系青铜容器已有不少学者做了研究，这些研究主要集中在通过三星堆青铜尊、罍与长江中下游和城固地区同类器物形制与纹饰的比较，探讨三星堆青铜容器的渊源、与中原商文化的关系，以及商文化的入川路线。综观学者的研究，主要有两种观点：第一种观点认为"以中原为中心的商文化先向南推进，经淮至江，越过洞庭湖，又溯江穿入蜀地。这很可能是商文化通往成都平原的一条主要途径"。"三星堆两座器物坑中与中原所出近似的青铜礼器，是当地文化接受中原影响的证据。不过，这种影响不是直接传入当地的，其媒介应该是今湖北、湖南地区当时的文化"[⑩]。"南方商代大口尊的流传应是从安徽阜南向西到两湖，再向西到重庆大昌和四川广汉三星堆，

---

① 四川省文物考古研究所编：《三星堆祭祀坑》，文物出版社，1999 年。

② 湖南省博物馆陈建明主编：《湖南商周青铜器陈列》，内部印刷，第 8 页。

③ 岳阳市文物管理所：《岳阳市新出土的商周青铜器》，《湖南考古辑刊》（第二集），岳麓书社，1984 年；熊传新：《湖南新发现的青铜器》，《文物资料丛刊》（5），文物出版社，1981 年。

④ 荆州地区博物馆：《记江陵岑河庙兴八姑台出土商代铜尊》，《文物》1993 年第 8 期。

⑤ 彭锦华：《沙市近郊出土的商代大型铜尊》，《江汉考古》1987 年第 4 期。

⑥ 徐正国：《湖北枣阳发现一件商代铜尊》，《文物》1990 年第 6 期。

⑦ 安徽省皖西博物馆：《安徽六安出土一件大型商代铜尊》，《文物》2000 年第 12 期。

⑧ 唐金裕、王寿芝、郭长江：《陕西省城固县出土殷商青铜器整理简报》，《考古》1980 年第 3 期。

⑨ 四川省文物管理委员会、四川省文物考古研究所、巫山县文化馆：《巫山境内长江、大宁河流域古遗址调查简报》，《四川考古报告集》，文物出版社，1998 年。

⑩ 李学勤：《商文化是怎样传入四川》，《中国文物报》1989 年 7 月 21 日第 3 版；李学勤：《三星堆饕餮纹的分析》，《三星堆与巴蜀文化》，巴蜀书社，1993 年。

最后又折向东北到陕西城固一带。这种交流并不只限于大口尊，在三星堆与两湖地区的罍上亦同样可以体现"[①]。第二种观点认为"由关中平原经过周南下，越秦岭经汉中、城固到川西平原，可能仍是当时一条商文化入川的重要路线。"而湖北、湖南出土与三星堆相似因素的青铜器，表明"当时江南和西南各地一种共同的有别于中原地区的礼仪信仰，而且表明至少在商代晚期，川西平原和湘、鄂地区的联系加强。商代蜀文化除继续通过汉中、秦岭一线和商文化交流外，还顺江而下，穿过三峡，越过洞庭湖与湘、鄂地区的商方国文化互为交流"[②]。

尽管过去已有上述学者的研究，但笔者觉得有关三星堆系青铜容器仍有进一步研究与深入阐释的余地：首先这批青铜器所透露的信息不仅对揭示商文化入川的路线很重要，同时有关这批青铜器铸造地的问题也是值得深入观察与分析的。有着如此相近风格的青铜器是不同区域各自铸造的，还是同一批工匠在同一地点铸造的？三星堆出土的这种青铜容器是直接模仿，甚至是从某地直接传入，还是三星堆社会在商式铜器的基础上自行设计铸造的？这对理解三星堆文化及三星堆文化与这些区域间的关系至关重要。笔者在参观湖南省博物馆时，特别注意华容出土的青铜尊和岳阳鲂鱼山出土的青铜罍，它们的器形和纹饰风格、表面锈蚀的颜色等与三星堆出土的青铜尊与罍有着惊人的相似，相反与湖南出土的其他商代铜器完全不相类。当时就感觉到这些青铜器与三星堆的青铜器很可能是在同一种观念支配下设计出来，由同一批工匠用同一种技术铸造的作品，而铸造这些青铜器的必然是青铜文化较发达的某个区域文明中心才有这个能力。

三星堆青铜容器确实与商式铜器有密不可分的联系，因为它们都具有商文化同时期青铜器的基本特征：尊均为大口，高领，口径略大于肩径，折肩，圈足较高，为殷墟第二期前后青铜尊的特征。纹饰以雷纹衬地，兽面纹有连体和分解兽面纹，身多曲折，多扉棱装饰，也是殷墟第二期前后青铜器的纹饰特征。但三星堆系青铜容器不是一成不变地完全模仿商文化青铜器，而是按照自己信仰与需要进行重新设计铸造。例如，三星堆系青铜容器中的尊颈部全饰凸弦纹，而同时期商式铜尊颈部多饰蕉叶纹。三星堆系青铜容器肩部多扁身立鸟饰，而商式青铜器中没有。其兽面纹的口有横贯式，如 K2∶79 号尊的腹部兽面纹（图一），K2∶70、K2∶88 号圆罍腹部的兽面纹，K2∶205 号方罍腹部兽面纹，K2∶146 号尊圈足上的兽面纹等。这种横贯口的兽面纹在商式青铜器中不见，这应是三星堆的独特设计。三星堆二号坑出土的青铜兽面具，其横贯口的风格与青铜容器上横贯口兽面纹颇为近似。三星堆系青铜容器的圈足较商文化中的同类器要高，尤其是圆尊，许多足壁外鼓。从纹饰的整体风格来看，商文化

① 施劲松：《论我国南方出土的商代青铜大口尊》，《文物》1998 年第 10 期。
② 张玉石：《川西平原的蜀文化与商文化入川路线》，《华夏考古》1995 年第 1 期。

的同类青铜器明显要细致规范得多，而三星堆系青铜容器的纹饰总的来说显粗犷。

三星堆青铜容器中属完全模仿的器物只有一号坑出土的龙虎尊（图二）。该尊是按照安徽阜南月儿河出土的那类龙虎尊[①]的样式铸造的，这是许多专家早已注意到了的。三星堆一号坑的龙虎尊与月儿河龙虎尊的区别是十分明显的，月儿河龙虎尊的腹较三星堆龙虎尊的腹稍深，圈足上也没有三星堆龙虎尊那样的扉棱装饰，还带二里冈时期的某些风格，三星堆龙虎尊明显晚于月儿河龙虎尊。月儿河出土的龙虎尊铸造精美，其上的纹饰精细，线条流畅自然生动，龙虎栩栩如生。而相比之下，三星堆出土的龙虎尊明显质地显粗糙，纹饰线条僵直，转折生硬，纹饰略显简化呆板，纹饰布局也有不合理之处。月儿河龙虎尊肩部龙身为半浮雕状，而三星堆的为阴线。月儿河龙虎尊腹部的虎身胖瘦得中，线条流畅，尾部转折圆润，而三星堆的龙虎尊腹部的虎身干瘦，线条僵直，尾部转折生硬。月儿河的虎足生动有力，虎只占去腹部的一半，其下的兽面也清楚，兽面的角作卷云状，身尾端上内卷，线条清晰流畅，而三星堆龙虎尊腹部的虎尾已垂至纹饰带的下缘，其下已再无更多的空间，其下的兽面纹模糊不清。在当时没有像我们今天这样方便的图像资料的情况下，三星堆人能模仿这样的青铜器，要么是有铸造过同类青铜器的工匠，要么是拥有这类青铜器的样品。笔者觉得后一种可能性更大，三星堆当时应该拥有阜南那样的龙虎尊样品。

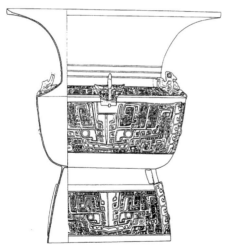
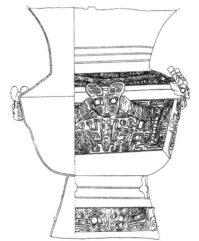

图一　三星堆二号坑出土青铜尊（K2：79）　　图二　三星堆一号坑出土青铜龙虎尊（K1：158）

如果三星堆模仿铸造了龙虎尊，那么三星堆出土数量较多的兽面纹尊也完全有可能是三星堆自己铸造的。二号坑出土的一件 K2：112 号兽面纹尊值得注意（图三），该尊的器形风格、纹饰特征及表面锈蚀特征均与其他尊有明显的区别。与其他三星堆青铜尊相比，该尊显低矮，不像其他尊那么瘦高。其领部和圈足都没有其他尊高，肩部

---

①　葛介屏：《安徽阜南发现殷商时代的青铜器》，《文物》1959 年第 1 期。

没有立鸟，扉棱装饰为一条细小的凸棱，不像其他尊多作卷云或立羽状。该尊的兽面纹与其他尊也有明显区别，其兽面纹线条精细而规整，腹部兽面纹双角竖立而内卷，臣字目，直鼻，阔嘴，身体曲折，尾下卷，与陈公柔、张长寿在《殷周青铜容器上兽面纹的断代研究》一文①中分的Ⅲ型7式兽面纹有较多相似之处，为殷墟第一期的风格。依据该尊所显示的特征，我们有理由认为该件青铜兽面纹尊不是三星堆人所铸造，而是一件流传至三星堆的商式铜器，其年代明显早于三星堆出土的其他青铜容器，三星堆拥有的类似商式铜器应该不止这一件。该件青铜兽面纹尊至少证明有商式铜器传入三星堆，那么有没有可能三星堆出土的兽面纹尊是三星堆人以商式铜器为样本，按照自身的信仰与器物的功用重新加以设计铸造的呢？三星堆另两件特殊的器物可以给我们很好的启发。第一件是二号坑出土的顶尊跪坐人像，该人像跪在一喇叭状圈足座上，头顶一圆尊，双手上举捧着尊，尊口上覆一喇叭状座，上部残断，似为一树座，该人像反映的信息应是三星堆社会特有的某种祭祀行为。第二件是二号坑出土的神坛，该神坛带翼神兽之上有站立的四人头顶一件器物，器物上部未复原，孙华先生对神坛做了复原研究②，比较明显地看出，站立人所顶的当是一件尊或罍，在尊（罍）的肩部有扁身立鸟和鸟身人面像，这与三星堆出土的尊、罍颇为类似，该神坛反映的信息应是三星堆社会非常重要的宗教内容。上述两件器物至少给我们提供了两个方面的重要信息：一是三星堆的尊、罍是非常重要的宗教祭器，非一般的生活用器。二是尊、罍肩部的立鸟装饰有其特定的宗教象征意义，不仅仅是起简单的装饰效果。在三星堆社会的宗教信仰当中，鸟崇拜是非常突出的内容，大量鸟造型的文物出土便是明证，如陶器中的鸟头勺柄、各种青铜鸟、神树和神坛上的鸟身人面像，还有人身鸟足像等。如果我们说三星堆出土的青铜容器是三星堆人在商式铜器的基础之上，按照三星堆社会独有的宗教信仰及其在宗教活动中发挥的重要功能进行设计铸造的，应该是没有多大问题的。三星堆人既然能铸造青铜人像、神树、神坛那样复杂的器形，自然也能铸造青铜容器。那么出土在其他与三星堆社会信仰完全不相同的区域的三星堆系青铜容器会不会也是三星堆铸造的呢？

我们来看湖南出土的三星堆系青铜容器。华容出土的那件圆尊，喇叭口高领，腹较浅，高圈足，足壁外鼓，整体器形与三星堆二号坑出土的K2：151（图四）、K2：146号等尊非常一致，只是肩部的牺首为竖立附着在肩外侧，这种形式与三星堆二号坑出土的K2：70和K2：159号罍的牺首是相同的，华容这件尊的牺首双角下卷，角尖外折如羊角状，臣字目，整体风格与三星堆二号坑出土的K2：159号罍肩部的牺首非常一致。华容圆尊腹部兽面纹为分解式兽面纹，双角向下内卷呈卷云纹状，身体

① 陈公柔、张长寿：《殷周青铜容器上兽面纹的断代研究》，《考古学报》1990年第2期。

② 孙华、苏荣誉：《神秘的王国——对三星堆文明的初步理解和解释》，巴蜀书社，2003年。

曲折如"S"形，尾向下内卷，身体下衬一简体夔纹，与三星堆二号坑出土的 K2∶146 号尊腹部的兽面纹完全一致。华容尊圈足上的兽面纹为连体兽面纹，其双角竖长呈几字形，身体曲折，尾向下内卷，身体下衬一简体夔纹，这种风格的兽面纹是三星堆青铜尊圈足上的常见纹饰，与三星堆二号坑出土的 K2∶79、K2∶129、K2∶151 号尊圈足上的兽面纹完全一致。岳阳鲂鱼山出土的罍整体风格与三星堆二号坑出土的 K2∶159 号罍相近，其肩部的牺首却与二号坑出土的 K2∶70 号罍肩部的牺首一致，其腹部兽面纹的嘴是横贯的，为三星堆特有的形式，与三星堆 K2∶70 号罍腹部的兽面纹相近，兽面纹上有一周涡纹装饰，又与 K2∶159 号罍相似。湖南华容出土的尊和岳阳鲂鱼山出土的罍的器物形态和纹饰，甚至表面的锈蚀色泽都与三星堆青铜容器非常一致，尤其是肩部的立鸟装饰，说它们是在三星堆社会特有的宗教信仰支配下设计铸造的，在器物风格特征上没有矛盾之处。

 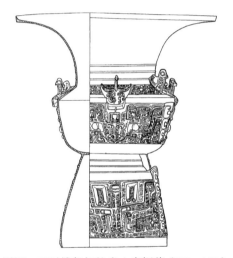

图三　三星堆二号坑出土青铜尊（K2∶112）　　　图四　三星堆祭祀坑出土青铜尊（K2∶151）

下面我们再将其放在湖南地区出土的商代青铜器当中去作整体考察。根据湖南学者的研究，可以将湖南出土的商代青铜器分为"中原型""混合型""地方型"[①]，或者将"混合型"归入"地方型"中[②]。所谓中原型，就是器物的造型、纹饰风格都与中原地区商式青铜器完全一致，器类包括鼎、瓿、鬲、觚、爵、方尊、觯、簋、卣、戈、矛、刀、镞等，此类铜器不仅在中原地区能找到相同器形，纹饰风格也完全一致，而且不少铜器上还有铭文和族徽，从铭文的字体风格、铸造部位及族徽的考释等能证明

① 熊传薪：《湖南商周青铜器的发现与研究》，《湖南省博物馆开馆三十周年暨马王堆汉墓发掘十五周年纪念文集》，内部印刷，1986 年。

② 高至喜：《论中国南方出土的商代青铜器》，《中国考古学会第七次年会论文集》，文物出版社，1992 年。

它们来源于中原地区的商文化。将华容出土的圆尊（图五，1），岳阳鲂鱼山出土的罍（图五，2），宁乡出土的虎食人卣、四羊方尊，长沙、湘潭、醴陵、衡阳等地出土的各种动物形尊等划归为混合型。将铜铙归为地方型。中原型青铜器在湖南的分布是沿洞庭湖东岸进入湘江下游地区，再沿湘江支流——涟水进入资水上游（夫夷水）直达广西。资水上游乃至涟水流域出土的商代铜器均属中原型，不见混合型和地方型青铜器。向桃初认为，湖南资水上游及广西兴安、武鸣等地出土的商式铜器及湘江下游出土的部分商式铜器是因为商贸，为商王朝使者沿途过关卡所行礼节、馈赠给当地酋首的礼物。而宁乡黄材及周围地区出土的中原型、混合型和地方型铜器为商人所有，其中中原型铜器为商人在中原铸造，混合型和地方型铜器为商人在包括湖南的南方铸造。其历史背景是商末周初，中原商王朝已为周人所灭，周人继续南下，追击残余商人，原停留在江汉平原东部及鄂东南、赣北等地的商人溯江进入湖南湘江流域，再沿湘江流域西部边缘到达湘江支流沩水流域。沿途留下了从原居地带来的大量青铜器，包括华容、岳阳出土的兽面纹尊和罍，浏阳出土的提梁卣、瓢及望城、长沙出土的大批青铜器。而且还有一部分继续溯江而上，进入四川盆地（三星堆出土的与华容、岳阳相似的青铜容器可能就是这样带入的）[①]。言下之意，华容、岳阳出土的尊和罍是商人在江汉平原东部及鄂东南、赣北的某地铸造的。最近向桃初又在《湘江流域商周青铜文明研究的重要突破》一文中，进一步强调以大口尊、折肩罍为代表的青铜器原产于江汉平

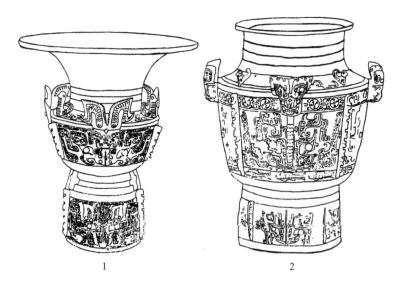

1　　　　　　　　　　　2

图五　湖南出土的三星堆系青铜容器

1. 湖南华容出土尊　2. 岳阳鲂鱼山出土罍

①　向桃初：《湖南商代铜器新探》，《四川大学考古专业创建三十五周年纪念文集》，四川大学出版社，1998年。

原地区，它们是跟随殷遗民南下的江汉平原地方势力带来的。并认为湖南出土的动物类铜器同样不是本地铸造，也是随殷遗民南迁进入湖南，当然不一定铸造于中原，也有可能铸造于江汉平原或鄂东南地区。向先生认为："如果商代晚期两湖地区只有一个青铜文明中心的话，可以肯定其必在江汉平原。"[①] 从湖南出土青铜器的整体面貌考察，给我们提供了几点信息是值得注意的：①湖南出土的中原型青铜器的器类很丰富，但其中不见圆尊和罍。②华容和岳阳出土的圆尊和罍与湖南出土的其他青铜器完全不相类，尽管湖南有学者将其分在混合型或地方型当中，但实际上与其他混合型和地方型青铜器区别太大，如果除了华容与岳阳出土的尊与罍，混合型或地方型青铜器中根本不见这两类器形。③三星堆风格的尊、罍集中出土在湖南北部一个较小的范围内，均是单独出土，不与其他中原型、混合型和地方型青铜器共出。④有学者认为华容、岳阳出土的尊、罍非湖南本地铸造。那么从湖南出土的中原型、混合型和地方型青铜器中均不见圆尊和罍的情况看，这两类器物在湖南地区并不像三星堆社会那么被看重。值得注意的是，在其东边的江西新干大墓出土的大量青铜器中，除一件青铜罍外也不见青铜圆尊[②]。湖南青铜器当中，也没有像三星堆青铜容器重鸟形装饰的习惯，如混合型或地方型青铜器中有各类动物造型，其中没有鸟，更没有像三星堆青铜容器那样的扁身立鸟饰做法，新干商墓出土的青铜器中也不见这类风格的器物。因此，湖南出土的三星堆系青铜容器与其他类型青铜器完全不相类同，应非同一铸造地。如果说华容、岳阳出土的三星堆系青铜容器是江汉平原铸造的，随殷遗民南迁的江汉平原地方势力带来的，这类尊和罍应该有与其他中原型或动物类造型的青铜器共出的现象，尤其是在江汉平原一带应有较多的发现才对，而恰恰相反，在江汉平原、鄂东南等地很少有这类青铜尊、罍和动物类青铜器的发现，在湖南也不与其他中原型和动物类青铜器共出。商代晚期江汉平原存在一个能铸造青铜器的区域文明中心的说法，目前还找不到确切的考古证据，仅仅是一种推测而已。因此，这类青铜器是江汉平原铸造的说法缺乏可靠的证据。

湖北枣阳新店村出土的1件尊、江陵八姑台出土的2件尊、沙市郊区东岳村出土的1件罍（图六），从整体器形和纹饰风格来看都与三星堆出土的青铜容器一致（这里不再作细致的比较），将其纳入三星堆系青铜容器当没有什么问题。不过湖北出土的这几件与三星堆和湖南出土的三星堆系青铜器容器相比，略显粗糙，纹饰也略显粗疏，包括巫山大昌的那件尊（图七）。有学者将沙市和江陵出土的青铜器归入周梁玉桥文

---

① 向桃初：《湘江流域商周青铜文明研究的重要突破》，《南方文物》2006 年第 2 期。

② 江西省文物考古研究所、江西省博物馆、新干县博物馆：《新干商代大墓》，文物出版社，1997 年。

化，并认为这些青铜器可能是本地铸造①。其实从这些青铜器的出土情况看，很难将其归入某个文化，江陵八姑台2件尊是埋在一个椭圆形的土坑内，周围未发现任何遗迹、遗物。沙市东岳村铜罍出土的位置，地势低洼，临近古河道，附近未发现其他遗迹和遗物。这些青铜器没有与周梁玉桥文化遗物共存的依据，也没有发现其他与周梁玉桥文化有共存关系的相似青铜器，因此将其归入周梁玉桥文化就显得毫无根据，更不用说是周梁玉桥文化本地铸造的了。目前的资料显示，殷商时期湖北似乎没有自成体系的青铜冶铸业，二里冈时期的湖北黄陂盘龙城青铜器均属中原商式铜器②，1977年随县出土的一批二里冈时期的青铜器，有瓿、爵、斝等，属商式铜器③。湖北枝城1979年征集到的1件二里冈时期风格的瓿也基本上属商式风格的青铜器④。1987年在湖北安陆出土的1件瓿、1件瓿也是商式铜器⑤。从发表资料看，包括江汉平原在内的湖北地区出土的殷墟时期的青铜器很少，如果排除沙市、江陵、枣阳出土的青铜尊、罍外，明显属本地铸造的具有地方特征的青铜器几乎没有。而湖北地区也没有像三星堆文化那样有重尊、罍的礼制传统，更重要的是，盘龙城之后，在湖北地区到目前为止尚未找到像三星堆那样青铜文化比较发达，能够称得上区域文明的中心遗址。如果说这些青铜器是在湖北本地铸造的，目前还找不到文化的归属。

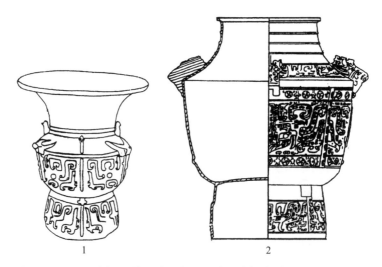

图六　湖北出土的三星堆系青铜容器
1. 江陵八姑台出土尊　2. 沙市东岳村出土罍

① 王宏：《论周梁玉桥文化》，《江汉考古》1996年第3期。
② 湖北省文物考古研究所：《盘龙城——一九六三年——一九九四年考古发掘报告》，文物出版社，2001年。
③ 随州市博物馆：《湖北随县发现商代青铜器》，《文物》1981年第8期。
④ 黎泽高、赵平：《枝城市博物馆藏青铜器》，《考古》1989年第9期。
⑤ 余从新：《湖北安陆发现商代青铜器》，《考古》1994年第1期。

安徽六安出土的那件尊（图八），根据其伴出陶器，埋藏年代早不过西周。由于该区域出土该类青铜器数量较少，难以确认其为本地铸造。

城固出土三星堆系青铜容器（图九）并不奇怪，城固铜器群本身就与蜀文化有较为密切的联系，甚至有可能就属于蜀文化[1]。有学者还提出了城固、洋县铜器群主人是三星堆王国解体后，北上陕南的三星堆王国的氏族，他们在汉中盆地的中心营建了自己的邑聚[2]。

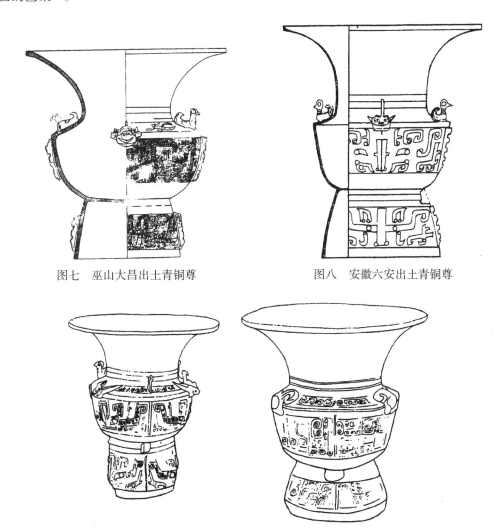

图七　巫山大昌出土青铜尊　　　　　图八　安徽六安出土青铜尊

图九　城固苏村出土青铜尊

①　李伯谦：《城固铜器群与早期蜀文化》，《考古与文物》1983 年第 2 期。

②　孙华、苏荣誉：《神秘的王国——对三星堆文明的初步理解和解释》，巴蜀书社，2003 年。

上面我们通过围绕三星堆系青铜容器产地的分析，可以得出如下三点认识。

（1）过去倾向于商文化入川路线是从长江中游，主要依据就是湖南、湖北出土的三星堆系青铜容器。但是值得深入思考的是三星堆青铜容器是直接模仿湖南、湖北的同类青铜容器，还是传入的是商式铜器，而三星堆是在商式铜器的基础上自行设计铸造了具有自身特点的青铜容器，这两种情况是需要仔细分析的。如果是直接模仿，那三星堆青铜容器很可能比原物显粗糙或某些细部会有所差异，像龙虎尊就属直接模仿的效果，而三星堆出土的兽面纹青铜容器却显示不出有这种模仿的迹象，其水平并不比湖北、湖南的差。

（2）有资料证明三星堆拥有商式铜器，如果说三星堆是在商式铜器的基础上自行设计铸造了具有自身特点的青铜容器，而长江中游地区盘龙城之后几乎没有发现商式风格的兽面纹尊，而陕西城固却有。从考古学文化来看，就是在商文化向南发展最强大的二里冈时期，也主要在汉东地区，并未向西推进，鄂西地区就很少有商文化的遗物[①]，而城固地区却出土大量商式铜器。那么三星堆的商式铜器从陕西城固一带传入的可能性更大。

（3）就目前的资料显示，在三星堆系青铜容器分布的范围内，能与设计这种风格青铜器的观念相符的、具有比较发达的青铜冶铸业的、能够称得上区域青铜文明中心的只有三星堆。如果说三星堆出土的青铜容器是三星堆社会在商式铜器的基础上，按照自己的观念与需要进行重新设计铸造的，能找到比较充分的依据。而长江中游的湖南、湖北地区没有像三星堆那样的观念传统，该区域出土的三星堆风格的青铜容器目前还找不到文化归属，还无法确认其可靠的铸造地。江汉平原商代晚期有一个文明中心，该中心铸造了三星堆风格的青铜器的推测目前没有任何考古证据。如果说江汉平原是铸造这类青铜器的中心，从这类青铜器出土情况看，铸造的中心区基本不见这类青铜器，而处于中心区以外甚至更远的三星堆却有大量出土的现象，在考古上是很难解释的。尤其是三星堆系青铜容器与湖北、湖南出土的其他类青铜器完全不相类同，很可能非同一铸造地。因此目前还无法排除长江中游地区出土的三星堆风格的青铜容器是三星堆铸造的可能性。

（原载《四川文物》2006年第6期）

---

① 江章华：《试论鄂西地区商周时期考古学文化的变迁——兼谈早期巴文化》，《考古》2004年第11期。

牙璋传播的东西两线说

本文所讨论的"牙璋"是指主要发现于龙山至商周时期，首端为斜凹弧形或斜"V"字形，侧阑有扉牙装饰的玉（石）质端刃器。"牙璋"一名见于《周礼·考工记·玉人》："牙璋、中璋七寸，射二寸，厚寸。以起军旅，以治兵守。"《周礼·春官·典瑞》："牙璋以起军旅，以治兵守。"而最初将这类侧阑有扉牙装饰的玉端刃器与《周礼》中的牙璋联系起来的是清人吴大澂，他在《古玉图考》中考证这种"有旁出之牙"的器物就是《周礼》中的"牙璋"。日本学者林巳奈夫也曾考证此类玉器确为古文献中的"牙璋"，并认为其器形当源自农具中的"骨铲"[①]。后来夏鼐先生主张在其古名和用途尚不清楚的情况下还是暂称其为"刀形端刃器"[②]。王永波先生曾考证文献中的"牙璋"乃是考古报告中常称为"柄形器"的一种玉器，而这类源自骨耜（铲）的长条形端刃器应是文献中的"瑞圭"[③]。后来王先生又因"此类器物的总体形态特别是早期标本的形态更接近于林氏所称之骨铲，亦即农作工具耒耜"，故兼用夏、林二氏之长，将其称为"耜形端刃器"[④]。由于"牙璋"一名已约定俗成，为学界所普遍采用，因此笔者在讨论该类器物时仍然沿用"牙璋"一名，不是指《周礼》所讲的"牙璋"。

现已知的牙璋出土地点有中国山东、陕西、河南、山西、湖北、湖南、四川、广东、福建、香港及越南等地。各地出土牙璋的时代和特征不尽相同，根据这些牙璋侧阑的总体特征，可以将其分为区别明显的甲、乙两群。

（1）甲群：主要是单阑牙璋，有三型。

A 型　阑为凸起的独齿。

B 型　阑为两端上翘如月牙状，上有细齿，或形如兽首，阑前本部多有细齿。

C 型　阑为较浅的细齿，不明显。

出土甲群牙璋的地点有以下几处。

1977 年冬季，山东临沂大范庄农民在平整土地时发现 2 件，原定为大汶口文化或

---

①　林巳奈夫：《中国古代的石刀形玉器和骨铲形玉器》，《东方学报》第五十四册，1982 年。

②　夏鼐：《商代玉器的分类、定名和用途》，《考古》1983 年第 5 期。

③　王永波：《牙璋新解》，《考古与文物》1988 年第 1 期。

④　王永波：《耜形端刃器的分类与分期》，《考古学报》1996 年第 1 期。

龙山文化晚期①。这两件璋的首端为斜凹弧形，其中 1 件为低矮的细齿状，有四齿，为C 型。另 1 件为单阑，其阑呈凸起的独牙，为 A 型。1979 年 12 月，山东海阳司马台在农田改土中发现 1 件②，1986 年，山东五莲上万家沟北岭开山造田中发现 1 件，均被定为龙山文化时期③，王永波先生在《耜形端刃器的分类与分期》一文中将其定在龙山文化的晚期④。上述两件璋与大范庄出土的那件独齿单阑的璋相近，时代应大体同时。

陕西出土牙璋的地点集中在神木石峁，20 世纪初已有出土，相当部分流到国外。20世纪 70 年代后期，当地文物部门从群众手中征集了部分历年采集来的玉器，其中有牙璋28 件、玉圭 2 件、玉刃 1 件⑤。戴应新先生在 1977 年发表的简报中推测"玉器多出于石板墓内，和出土陶器的土坑墓形制不同，因此，它不是新石器时代遗物，而属殷文化"。戴先生在后来发表的文章中又将时代改定为龙山文化时期，即客省庄第二期文化时期⑥。后来西安半坡博物馆对神木石峁遗址进行了试掘，从试掘情况推测"玉器应出自大口二期文化的石棺墓中"（内蒙古大口第二期文化相对年代早于二里头文化，晚于客省庄第二期文化）⑦。石峁牙璋首端形态除 2 件为斜"V"字形首外，其余基本为斜凹弧首形。其侧阑形态以 A 型为主，其次是 B 型。王永波先生将 A 型年代定在龙山文化时期，B 型定在夏代至商代早期⑧。可以看出神木石峁出土的 A 型牙璋与山东的同类璋比较接近。

湖北荆州博物馆在荆州观音垱汪家屋场遗址征集到 2 件石璋。一件为斜"V"字形首，独齿单阑，为 A 型，与陕西神木石峁出土的同类型牙璋比较接近。另一件首端可能残，阑为两端上翘的月牙形，上无细齿，本部亦无齿，总的特征还是属 B 型璋，与石峁的同类型璋较为接近。报告作者依据汪家屋场遗址采集的陶器分析，将遗址的年代推定为石家河文化的晚期⑨。

1980 年，湖南石门楱岗一座残墓出土 1 件牙璋，伴出的还有 3 件玉钺，原定为商代早期⑩。牙璋器身宽短，斜凹弧首，独牙状单阑，为 A 型，与山东和陕西神木石峁出土的同类型璋相近，但与山东和石峁的那种瘦长带穿的牙璋相比，显得宽短一些。王

①　王永波：《关于刀形端刃器的几个问题》，《故宫文物月刊》第一二卷三期，台北，1994 年。

②　王洪明：《山东海阳县史前遗址调查》，《考古》1985 年第 12 期。

③　王永波：《关于刀形端刃器的几个问题》，《故宫文物月刊》第一二卷三期，台北，1994 年。

④　王永波：《耜形端刃器的分类与分期》，《考古学报》1996 年第 1 期。

⑤　戴应新：《陕西神木县石峁龙山文化遗址调查》，《考古》1977 年第 3 期。

⑥　戴应新：《神木石峁龙山文化玉器》，《考古与文物》1988 年第 5、6 期。

⑦　西安半坡博物馆：《陕西神木石峁遗址调查试掘简报》，《史前研究》1983 年第 2 期。

⑧　王永波：《耜形端刃器的分类与分期》，《考古学报》1996 年第 1 期。

⑨　荆州博物馆：《湖北荆州观音垱汪家屋场遗址的调查》，《文物》1999 年第 1 期。

⑩　王文建、龙西斌：《石门县商时期遗存调查——宝塔遗址与楱岗墓葬》，《湖南考古辑刊》（第四集），岳麓书社，1987 年。

永波先生将其定在龙山文化晚期[①]。

2001年，福建漳州市虎林山商代遗址出土2件石璋，其中报道的M13出土的1件，长身扁平体，前宽后窄，刃端已残，阑处两侧有三组小牙，最后一组之间有两道凹弦纹相连。此种形制的璋应是从山东大范庄出土的那件C型璋发展而来。报告将出石璋的M13年代定在商代晚期[②]。

广东省发现的还有20世纪80年代在曲江樟市拱桥岭采集的1件[③]，较残，侧阑不规整，有三个高低不一致的齿，接近于C型。1988年乐昌圆岭采集的1件[④]，阑为两端上翘呈月牙状的单阑，上有细齿，可归入B型。东莞村头发掘出土的2件[⑤]，均为石质，制作粗率，其侧阑也不规范，扉牙散乱无序，其中一件后端齿牙高起，可能从B型发展而来。上述几件石璋与我们上面分的典型侧阑有所区别，又为石质，显系退化形式，此时恐已失去原有的重要功能，时代不会太早。

香港发现了2件牙璋。一件是陈公哲先生于1938年于烂头岛东湾掘出[⑥]，该器器身瘦长，圆弧状首，牙状单阑，阑与湖南石门桅岗的那件相近。香港出土的另一件牙璋是1990年中山大学和香港中文大学联合发掘大湾遗址时，在一座战国至秦汉时期的墓中出土[⑦]。该牙璋为斜凹弧首，单阑高凸，上有细齿，阑前有细齿，为B型特征，但不够典型，其一侧的后阑高凸，不对称，制作也较粗率，其齿牙轮廓浑圆，不像黄河流域牙璋那么棱角分明，其制作工艺应有所不同，可能已属退化形式，年代不会太早。王永波先生将烂头岛的那件定在夏代至商代前期，大湾的那件定在商代晚期至西周初年。很明显香港出土的牙璋与湖南和福建出土的较为接近。

越南发现了4件，其实严格地说典型的应该是3件，冯原的1件（85∶2）有可能是戈。佳唐村雄仁遗址1981年采集到2件[⑧]，其中一件（81∶1）为斜凹弧首，牙状单

①　王永波：《耜形端刃器的分类与分期》，《考古学报》1996年第1期。

②　福建博物院、漳州市文管办、漳州市博物馆：《福建漳州市虎林山商代遗址发掘简报》，《考古》2003年第12期。

③　杨式挺：《浅说粤港"牙璋"及相关器物——夏商周文化南传迹象探微》，《南中国及邻近地区古文化研究》，中文大学出版社，1994年。

④　杨式挺：《浅说粤港"牙璋"及相关器物——夏商周文化南传迹象探微》，《南中国及邻近地区古文化研究》，中文大学出版社，1994年。

⑤　杨式挺：《浅说粤港"牙璋"及相关器物——夏商周文化南传迹象探微》，《南中国及邻近地区古文化研究》，中文大学出版社，1994年。

⑥　陈公哲：《香港考古发掘》，《考古学报》1957年第4期。

⑦　区家发、冯永驱、李果等：《香港南Y岛大湾遗址发掘简报》，《南中国及邻近地区古文化研究》，中文大学出版社，1994年。

⑧　Ha van Yan：Yazhang in Viet Nam（何文瑨：《越南之牙璋》），《南中国及邻近地区古文化研究》，中文大学出版社，1994年，彩版5和图D：1、6、10、11。

阑，与山东和石峁的 A 型牙璋十分相近，因此王永波先生将其年代定在夏代至商代前期[①]。冯原遗址和雄仁遗址均属冯原文化，两处遗址的具体年代，何文瑨先生认为相当于冯原文化中期，约当公元前 17～前 14 世纪[②]，即相当于夏代晚期至商代早期。

（2）乙群：主要是双阑牙璋，主要特征是双阑高凸，两阑间低下，另有少量宽平阑。因此我们将其分成二型。

A 型　双阑牙璋，依据其阑的特征，分为四亚型。

A I 型　牙状双阑型，即有上下两个扉牙状阑，阑间有低于阑的齿饰。

A II 型　前牙后兽双阑型，即上阑呈牙状，下阑呈兽首状。

A III 型　双兽阑型，即上下阑呈昂首的兽形，一般上阑小于下阑，阑间有低于阑的齿饰。

A IV 型　卷云双阑型，即上下阑呈内卷的云雷纹状，阑间有齿饰。

B 型　宽平阑型，依据其阑部有无齿饰分为二亚型。

B I 型　宽平阑无齿型，阑部凸起，无扉牙齿饰。

B II 型　细齿宽阑型，即在宽平阑上刻出细密整齐的齿饰。

出土乙群牙璋的地点有以下几处。

河南省先后发现了 7 件牙璋。1958 年，郑州二里冈杨庄村采集到 1 件，斜凹弧首，为 A I 牙状双阑型，报告据埋藏情况推测应出自二里冈文化的墓葬[③]。二里头遗址先后发现了 4 件牙璋，1975 年采集的 1 件，斜凹弧首，A II 前牙后兽双阑型，简报认为当出自一墓葬，年代定在二里头文化第四期[④]。1980 年二里头遗址的墓葬中出土 3 件，其中 VM3 出土 2 件，III M6 出土 1 件[⑤]。VM3 出土的 2 件为斜凹弧首，为 A II 前牙后兽双阑型，与 1975 年采集的那件形态十分相近；III M6 出土的为斜凹弧首，为 A I 牙状双阑型，其阑牙稍高，有 2 齿。1986 年，许昌大路陈村农民于取土时发现一座带腰坑的商代墓，出土 1 件牙璋，伴出的还有铜器，时代定在二里冈文化时期[⑥]。该璋首斜直，为 A II 前牙后兽双阑型，阑间齿饰间有阴线刻菱形纹。新郑望京楼也曾采集到 1 件，为 A II 前牙后兽双阑型，报告作者因其与二里头 1975 年采集的那件形态相近，认为年代相当，在二里头文化第四期[⑦]。王永波先生将河南出土的上述牙璋的年代均定

①　王永波：《耜形端刃器的分类与分期》，《考古学报》1996 年第 1 期。

②　Ha van Yan：Yazhang in Viet Nam（何文瑨：《越南之牙璋》），《南中国及邻近地区古文化研究》，中文大学出版社，1994 年。

③　赵新来：《郑州二里岗发现的商代玉璋》，《文物》1966 年第 1 期。

④　偃师县文化馆：《二里头遗址新出土的铜器和玉器》，《考古》1978 年第 4 期。

⑤　中国科学院考古研究所二里头工作队：《偃师二里头遗址新发现的铜器和玉器》，《考古》1976 年第 4 期。

⑥　河南省文物研究所：《许昌大路陈村发现的商代墓》，《华夏考古》1988 年第 1 期。

⑦　赵炳焕、白秉乾：《河南省新郑县发现的商代铜器和玉器》，《中原文物》1992 年第 1 期。

在夏代至商代早期，基本沿用原定的年代。

1958 年，文物调查于福建漳浦眉力的一座残墓中出土 1 件石璋，原定为商代遗物[①]。该璋为圆弧首，器体瘦长，侧阑为 A I 牙状双阑型。

广东增城红花林 1959 年采集到 1 件石璋[②]，斜凹弧首，为 A I 牙状双阑型，年代当在商代到西周初年。

1986 年发掘的三星堆埋藏坑共出土 18 件[③]，即报告中的 B、C 型璋。冯汉骥、童恩正先生在《记广汉出土的玉石器》一文中介绍了 3 件中兴乡出土的牙璋[④]。另高大伦、邢进原先生介绍的四川大学博物馆藏品，有 2 件（即报告中的 2 式璋）应为三星堆出土，另 2 件（1 式璋）显系赝品[⑤]。A I 型三星堆出土 3 件，其中一号坑 1 件，为斜凹弧首，二号坑 2 件，一件为斜凹弧首，另一件为斜 "V" 字形首。A II 型在三星堆二号坑中出土 1 件，为斜 "V" 字形首。冯汉骥、童恩正先生介绍的 3 件和高大伦、邢进原先生介绍的四川大学博物馆藏的 2 件属该型，为斜凹弧首。A III 型三星堆有 2 件，一号坑 1 件，为斜凹弧首，二号坑 1 件，为斜 "V" 字形首。A IV 型璋均自二号坑，共 6 件，为斜 "V" 字形首。B I 型璋只在一号坑出土 1 件，为斜凹弧首。B II 型璋于一号坑出土 2 件，二号坑出土 3 件，均为斜 "V" 字形首。三星堆埋藏坑的年代在商代晚期。

四川在继三星堆遗址之后，2001 年以来，成都金沙遗址发现大量与祭祀有关的遗迹，出土大量金器、青铜器、玉器等，其中玉器数量最多，初步统计，玉璋已出土 101 件[⑥]。其形态与三星堆的牙璋大体相类，首端以斜凹弧首为主，少量斜 "V" 字形首，个别平首者乃是残断二次打磨所致。金沙牙璋的侧阑主要包括 A I、A II、A IV、B II 型，还新出现一种山字形阑，以 A I、A II、B II 型为主。金沙各型牙璋与三星堆牙璋相比，其阑要稍显简化，如 A I 型中的 C:71，双阑呈 2 个较宽不规整的齿牙，阑间无齿饰，这种在三星堆不见，C:123、C:71 和 C:461 的齿饰与三星堆同类型璋相比略显整齐而呆板，兰苑 M33 出土 1 件牙璋（M33:7）[⑦]，制作简单而粗率。金沙还出土形体极小、制作简单的牙璋，如 C:479 和 C:162，长度分别为 5.3、5.2 厘米，牙状双阑制

① 曾凡：《福建漳浦新石器时代遗址调查》，《考古》1959 年第 6 期。

② 杨式挺：《浅说粤港"牙璋"及相关器物——夏商周文化南传迹象探微》，《南中国及邻近地区古文化研究》，中文大学出版社，1994 年。

③ 四川省文物考古研究所编：《三星堆祭祀坑》，文物出版社，1999 年。

④ 冯汉骥、童恩正：《记广汉出土的玉石器》，《文物》1979 年第 2 期；陈德安：《试论三星堆玉璋的种类、渊源及其宗教意义》，《南中国及邻近地区古文化研究》，中文大学出版社，1994 年。

⑤ 高大伦、邢进原：《四川大学博物馆收藏的汉以前部分玉器》，《文物》1995 年第 4 期。

⑥ 成都市文物考古研究所：《成都金沙遗址 I 区"梅苑"东北部地点发掘一期简报》，《成都考古发现》（2002），科学出版社，2004 年。

⑦ 成都市文物考古研究所：《成都金沙遗址 I 区"梅苑"东北部地点发掘一期简报》，《成都考古发现》（2002），科学出版社，2004 年。

作简单，仅有 1 齿或 2 齿，阑间无齿饰，这完全是一种退化形式。金沙牙璋齿牙间多有整齐的横线相连，而三星堆相对少一些。金沙出土的 AII 型前牙后兽双阑型的璋与三星堆的同类型璋相比，其齿牙也是略显整齐而呆板，齿牙间多有横线相连，而三星堆这种情况较少。金沙出土的相当于三星堆的 BII 型阑牙璋较少，从 C：122 看，为宽平阑上刻出细浅的槽，没三星堆同类牙璋那么深。金沙出土的 AIV 型卷云状双阑牙璋数量很少，目前仅见到 1 件残器 [①]，不如三星堆数量那么多。金沙见 1 件 C：956，首端和柄端均残断后磨，其阑为山字形，于阑处向下磨，中间留出一凸起的齿，凹处有 2 组 4 个细齿，这种形制的牙璋还是第一次发现，三星堆也不见。根据金沙遗址所出陶器判断，该遗址主体遗存的文化属性为十二桥文化，遗址年代上限与三星堆相衔接，下限可到春秋，其主体遗存的年代在商代晚期至西周，玉璋基本上出在商代晚期至西周时期的地层单位中。可以看出金沙的牙璋是从三星堆直接继承而来，有所变化，三星堆的某些类型如双兽阑型和卷云双阑型，金沙已基本不见或少见，同类型的牙璋，其制作已开始趋于简化。三星堆二号坑出土的大量首端呈斜 "V" 字形的牙璋，到金沙遗址也明显减少，而且三星堆两歧锋较长的牙璋，金沙目前还没有发现。

越南佳唐村雄仁遗址 1981 年采集到 2 件，其中 1 件（81：2）为 AII 前牙后兽双阑型，首端为斜凹弧首。冯原遗址 1985 年采集 1 件（85：1）[②]，前后都残断，阑仅存前阑，当为 AI 或 AII 型。越南出土的此类牙璋，扉牙间均有阴刻线，与金沙遗址出土的牙璋风格相近。

从上述甲、乙两群牙璋的出土地点看，有很明显的规律，甲群牙璋基本分布在中国山东、陕西、湖北、湖南、福建、广东、香港及越南。而乙群牙璋主要分布在中国河南、四川及越南等地，福建和广东只有少量发现。可以看出，牙璋的起源应在黄河流域，尽管山东和陕西神木石峁的牙璋非科学发掘出土，从其形态特征与后来的牙璋区别明显来看，其为早期形态应该是没有问题的。二里头的牙璋多为二里头第三、四期的，包括河南其他地点出土的牙璋也基本在二里头文化晚期至二里冈早期，因此与山东和石峁的牙璋还有一定的时间缺环，但可以看出二里头文化的牙璋应是从石峁牙璋继承发展来的。二里头的穿孔刀与石峁的穿孔刀相近也证明二里头与石峁之间有关系。中国南方的牙璋明显晚于黄河流域，应是从黄河流域传过来的，从各型牙璋的分布状况看，可能有两条主要的传播路线。一条是东线，即从中国山东、陕西、河南、湖北、湖南、福建、广东到中国香港、越南。从东线出土的主要是与山东、石峁早期形态相近的牙璋分析，东线南传发生的时间可能比较早，从龙山晚期左右就开始了，东线地区在比较长的时期内保留了早期牙璋的形态（图一）。另一条是西线，即从长江中游进入四川盆地，再到越南。从黄河流域到四川盆地发生的时间在二里头文化第三期

---

① 资料现存成都文物考古研究院。

② Ha van Yan：Yazhang in Viet Nam（何文瑨：《越南之牙璋》），《南中国及邻近地区古文化研究》，中文大学出版社，1994 年，图 D：1、6、10、11。

左右，二里头文化从鄂西沿江西进入四川盆地，已有许多考古证据，这方面研究者已很多，此不赘述（图二）。三星堆文化的形成与二里头文化的进入有直接的关系，因此三

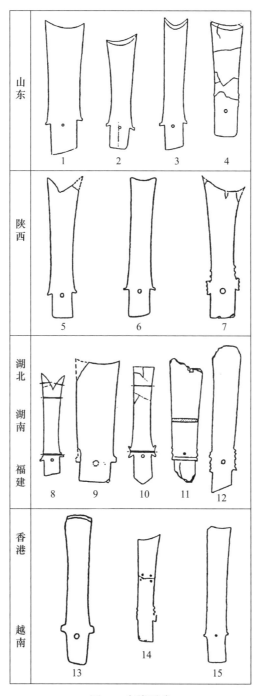

图一　东线牙璋

1、4. 大范庄　2. 司马台　3. 上万家沟　5～7. 神木石峁　8、10. 观音垱汪家屋场　9. 石门桅岗

11. 漳州虎林山　12. 漳浦眉力　13. 香港东湾　14. 香港大湾　15. 越南雄仁

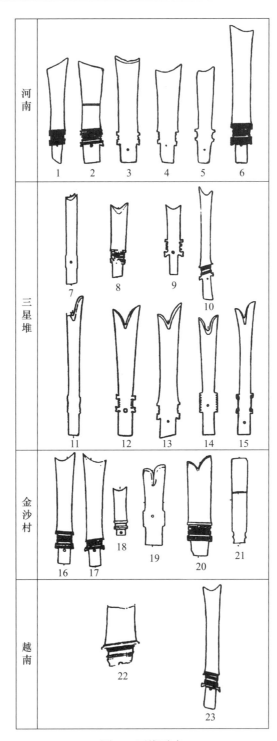

图二　西线牙璋

1. 杨庄村　2. 许昌大路　3. 二里头Ⅴ M3：5　4. 二里头Ⅴ M3：4　5. 二里头Ⅲ M6：8　6. 二里头 75 年采集

7～9. 一号坑　10. 中兴乡　11～15. 二号坑　16. C：6　17. C：955　18. C：479　19. C：122

20. C：461　21. C：956　22. 冯原　23. 雄仁

星堆文化有许多二里头文化因素，典型的如陶盉、铜牌饰等，三星堆埋藏坑出土的玉边璋与二里头出土的穿孔刀也有些近似。金沙遗址仍然出土了一定数量的穿孔刀，三星堆出土的牙璋最接近的也是二里头文化的牙璋，三星堆文化的牙璋当直接源于二里头文化的牙璋。越南出土的牙璋3件当中就有2件与金沙遗址的接近，这2件与东线的福建、广东、香港的牙璋相差较大，因此，可以推测，越南的这种牙璋是从四川盆地去的，发生的时间很可能是在十二桥文化时期，即商代晚期至西周时期。三星堆文化发展方向主要向东，向南发展不明显，而十二桥文化向南扩张比较明显，目前已在青衣江流域的雅安、大渡河流域的汉源均发现十二桥文化遗存，而未发现三星堆文化遗存，可作为四川盆地牙璋向南传播时间的佐证。值得注意的是，越南雄仁还有1件独牙状单阑的东线牙璋，这是西线没有的形态，而与东线的同类牙璋相近，因此，越南除受到西线的影响外，可能还受到东线的影响。正是由于东线发生时间早，所以保存着早期形态的牙璋，而西线发生时间晚，所以没有龙山时期那种早期形态的牙璋。虽然东线发生时间早，但并未得到弘扬与发展，出土数量相当稀少，推测在这些区域的礼制系统中并未占十分重要的地位。相反西线的四川盆地却得到进一步弘扬与发展，成为古蜀文化礼制系统中非常重要的礼仪用器，并在此保留其传统达相当长的时间，从金沙遗址看，至少到西周时期都还很发达。三星堆和金沙遗址出土的细齿宽阑型和卷云双阑型牙璋在其他地区没有发现过，为古蜀文化特有的牙璋形式，尤以三星堆最为发达。而黄河流域从商代早期以后，牙璋就开始慢慢绝迹，到西周一代，典型的牙璋就基本没有发现。

〔原载张忠培、徐光冀主编：《玉魂国魄——中国古代玉器与传统文化学术
讨论会文集（三）》，北京燕山出版社，2008年，第85～91页〕

巴蜀柳叶形剑研究

　　柳叶形铜剑是巴蜀文化中最具代表性的器物之一，同时也散见于其他地区的古文化中，目前考古发现见诸报道的据不完全统计大约有 185 件。其中，成都十二桥遗址 2 件①、广汉三星堆一号坑 1 件（玉质）②、宝鸡強国墓地 11 件③、岐山贺家村 2 件④、甘肃灵台白草坡 4 件⑤、长安张家坡 1 件⑥、北京房山琉璃河 2 件⑦、成都百花潭中学十号墓 1 件⑧、成都西郊战国墓 3 件⑨、新都马家公社木椁墓 5 件⑩、四川涪陵小田溪土坑墓 10 件⑪、四川郫县红光公社 2 件⑫、成都无线电机械工业学校 5 件⑬、四川绵竹西汉木板墓 1 件⑭、郫县战国船棺葬 1 件⑮、四川芦山县出土 4 件⑯、1977 年发掘的四

---

　　①　四川省文物考古研究院、成都文物考古研究所：《成都十二桥》，文物出版社，2009 年。

　　②　四川省文物管理委员会、四川省文物考古研究所、四川省广汉县文化局：《广汉三星堆遗址一号祭祀坑发掘简报》，《文物》1987 年第 10 期。

　　③　卢连成、胡智生：《宝鸡強国墓地》，文物出版社，1988 年。

　　④　陕西省博物馆、陕西省文物管理委员会：《陕西岐山贺家村西周墓葬》，《考古》1976 年第 1 期。

　　⑤　甘肃省博物馆文物队：《甘肃灵台白草坡西周墓》，《考古学报》1977 年第 2 期。

　　⑥　中国科学院考古研究所：《沣西发掘报告——1955—1957 年陕西长安县沣西乡考古发掘资料》，文物出版社，1962 年。

　　⑦　中国科学院考古研究所、北京市文物管理处、房山县文教局琉璃河考古工作队：《北京附近发现的西周奴隶殉葬墓》，《考古》1974 年第 5 期。

　　⑧　四川省博物馆：《成都百花潭中学十号墓发掘记》，《文物》1976 年第 3 期。

　　⑨　四川省博物馆：《成都西郊战国墓》，《考古》1983 年第 7 期。

　　⑩　四川省博物馆、新都县文物管理所：《四川新都战国木椁墓》，《文物》1981 年第 6 期。

　　⑪　四川省博物馆、重庆市博物馆、涪陵县文化馆：《四川涪陵地区小田溪战国土坑墓清理简报》，《文物》1974 年第 5 期。

　　⑫　李复华：《四川郫县红光公社出土战国铜器》，《文物》1976 年第 10 期。

　　⑬　四川省文物管理委员会：《成都战国土坑墓发掘简报》，《文物》1982 年第 1 期。

　　⑭　四川省博物馆、绵竹县文化馆：《四川绵竹县西汉木板墓发掘简报》，《考古》1983 年第 4 期。

　　⑮　郫县文化馆：《四川郫县发现战国船棺葬》，《考古》1980 年第 6 期。

　　⑯　钟坚：《芦山出土青铜鞘短剑》，《四川文物》1990 年第 1 期。

川犍为巴蜀土坑墓 2 件 ①、1980 年发掘的四川犍为巴蜀墓 3 件 ②、1984 年发掘的四川犍为巴蜀墓 4 件 ③、1982～1983 年发掘的四川大邑五龙土坑墓 6 件 ④、1984 年发掘的大邑五龙土坑墓 4 件 ⑤、成都枣子巷 11 件 ⑥、成都金牛区战国墓 2 件 ⑦、成都三洞桥 5 件 ⑧、荥经同心村巴蜀墓 5 件 ⑨、四川绵竹船棺葬 17 件 ⑩、成都中医学院战国土坑墓 3 件 ⑪、成都京川饭店战国墓 1 件 ⑫、巴县冬笋坝和昭化宝轮院据所发表的报告表中所记统计有 39 件 ⑬、大渡河南岸 7 件 ⑭、四川简阳 2 件 ⑮、陕西凤翔高庄秦墓 1 件 ⑯ 及湖北宜昌、秭归、巴东、枝江、松滋、荆门、襄阳、江陵等地先后出土 18 件 ⑰。本文在对上述材料综合研究的基础上，对柳叶形剑的渊源、年代分期及其形制演变轨迹等问题略作分析，以就教于学界。

一、柳叶形剑的型式与年代分期

目前所见的柳叶形剑略可分为六型。

A 型　铜质较差，器形短小，体扁薄，中脊呈一根凸棱，茎上无穿。此型目前所见有 2 件，均出自成都十二桥遗址的第 12 层中。其中一件出在 I 区，茎末稍残，残长 20.2 厘米。另一件出于十二桥遗址范围内的新一村，长 20.9 厘米。

---

① 四川省博物馆：《四川犍为县巴蜀土坑墓》，《考古》1983 年第 9 期。

② 四川省文物管理委员会：《四川犍为县巴蜀墓发掘简报》，《考古与文物》1984 年第 3 期。

③ 四川省文物管理委员会：《四川犍为金井乡巴蜀土坑墓清理简报》，《文物》1990 年第 5 期。

④ 四川省文管会、大邑县文化馆：《四川大邑五龙战国巴蜀墓葬》，《文物》1985 年第 5 期。

⑤ 四川省文管会、大邑县文化馆：《四川大邑县五龙乡土坑墓清理简报》，《考古》1987 年第 7 期。

⑥ 四川省文物管理委员会：《成都市出土的一批战国铜兵器》，《文物》1982 年第 8 期。

⑦ 成都市文物管理处：《成都市金牛区发现两座战国墓葬》，《文物》1985 年第 5 期。

⑧ 成都市文物管理处：《成都三洞桥青羊小区战国墓》，《文物》1989 年第 5 期。

⑨ 四川省文物管理委员会、荥经严道古城遗址博物馆：《四川荥经同心村巴蜀墓发掘简报》，《考古》1988 年第 1 期。

⑩ 四川省博物馆：《四川绵竹县船棺墓》，《文物》1987 年第 10 期。

⑪ 成都市博物馆考古队：《成都中医学院战国土坑墓》，《文物》1992 年第 1 期。

⑫ 成都市博物馆考古队：《成都京川饭店战国墓》，《文物》1989 年第 2 期。

⑬ 四川省博物馆：《四川船棺葬发掘报告》，文物出版社，1960 年。

⑭ 宋治民：《大渡河南岸发现蜀式青铜剑》，《考古与文物》1985 年第 6 期。

⑮ 四川省博物馆、简阳县文化馆：《四川简阳出土的战国青铜器》，《文物资料丛刊》(3)，文物出版社，1980 年。

⑯ 吴镇烽、尚志儒：《陕西凤翔高庄秦墓地发掘简报》，《考古与文物》1981 年第 1 期。

⑰ 王晓宁：《湖北出土的巴式青铜器及相关问题》，《四川文物》1991 年第 6 期。

B 型　又可分二式。

I式：1 件。出于广汉三星堆一号坑。此剑为玉质，锋残。剑身一面外鼓，另一面内凹，断面呈月牙形，扁茎，茎末有一圆穿。残长 28.2 厘米。

II式：体较 I 式厚重，中脊隆起，本较宽，两从平斜，茎末有一穿。竹园沟 BZM8：13，茎上有两木板夹合痕，木板上缠绕细麻绳，剑身有麻布痕，长 23.5 厘米。B2M19：59，长 22.8 厘米。

C 型　剑身较短，本较宽，体厚重，中脊隆起，茎上见两穿。可分四式。

I式：茎上两穿居于正中，剑身断面与 B 型 II 式同。竹园沟 BZM4：55，长 25.5 厘米。BZM20：35，长 27.8 厘米。成都中医学院所出 1 件，残长 19.9 厘米。成都西郊战国墓发现 2 件，长均为 30.1 厘米。

II式：剑身断面呈菱形，器形与 C 型 I 式接近。成都无线电机械工业学校所出一件长 25 厘米。成都京川饭店所出一件长 24.2 厘米。茂县牟托一号石棺墓及陪葬坑出土 6 件，其中最短的 1 件长 23.4 厘米，最长的 2 件长 28.1 厘米，其余 3 件均在 25 厘米左右。成都枣子巷出土 2 件，长均为 24.6 厘米。芦山县出土的 4 件，长均为 28.5 厘米。成都三洞桥出土 2 件，分别长 28.4、27.8 厘米。

III式：茎上两穿，接近本的一穿偏向一侧，断面呈菱形。成都无线电机械工业学校所出 1 件，长 27.5 厘米。

IV式：此式见于成都枣子巷，共出 9 件。剑身扁平，脊呈三根凸棱，茎很短，本特宽，茎末见一穿，器身长 14.4 厘米。此式较为特殊，仅一个地点出土。

D 型　该型的主要特征是剑身窄长，器体厚重，两从平斜或带血槽。可分三式。

I式：茎较宽，茎上两穿居于正中，剑身两从平斜。此式主要见于宝鸡竹园沟、茹家庄和长安张家坡等地点。竹园沟 BZM11：11，长 28.1 厘米。竹园沟 BZM7：147，长 28.4 厘米。竹园沟 BZM18：38，长 25.4 厘米。茹家庄 M1 出土 2 件，长分别为 26.8、30 厘米。

II式：剑身更为窄长，茎部也较 I 式窄，茎上有两穿，茎端一穿在正中，靠近本的一穿则偏向一侧，两从多有血槽。成都百花潭中学十号墓出土 1 件，长 33 厘米。1973 年发掘的成都西郊战国墓见 1 件，残长 33.8 厘米。大邑五龙所出 2 件，一件长 30.2 厘米，另一件长 24 厘米。绵竹船棺葬发现 17 件，其中 M1：61，长 43 厘米，M1：62 长 46 厘米。大渡河南岸出土 7 件，构成一组，长短有序，最长者 32 厘米，最短者 28.4 厘米。荥经同心村采集的 1 件长 31.8 厘米。犍为金井发现 3 件，分别长 32、31、14 厘米。成都中医学院土坑墓出土 2 件，分别长 32.4（残长）、26.2 厘米。简阳所出 2 件，分别长 31.5、34.1 厘米。绵竹西汉木板墓则见 1 件，长 35.4 厘米。此外，陕西凤翔高庄也出土 1 件，长 32 厘米。

Ⅲ式：剑身细长，断面呈菱形，本弧内收，茎细长。此式荥经同心村出土 1 件，M5∶17，长 36.2 厘米。

E 型　剑身宽薄，弧形刃，两从有明显的血槽，茎收分较甚，茎上两穿，末端一穿居于正中，靠近本的一穿偏向一侧。剑身多饰虎斑纹，本则多饰巴蜀符号。新都马家公社木椁墓出土 5 件，长短有序，但具体长度报告中未加说明。成都三洞桥所出 3 件，均残，残长分别为 38、30、18 厘米。大邑五龙巴蜀墓先后出土 4 件，分别长 28.8、22.8（残）、37.2、48 厘米。荥经同心村有 2 件，分别长 40.3、36.4 厘米。犍为巴蜀墓先后出土 5 件，其中 4 件分别长 24.5（残）、55、37、39 厘米，还有一件长度不明。犍为金井见 3 件，分别长 30.7、46.6、42.4 厘米。四川涪陵小田溪 M1 发现 8 件，最长的为 66.5 厘米，最短的为 39.5 厘米；M2 发现 1 件，残长 43.3 厘米；M3 发现 1 件，长 50 厘米。此外，郫县红光公社出土 2 件，郫县晨光公社战国船棺葬也出土 1 件。在巴县冬笋坝和昭化宝轮院的船棺葬中，狭长坑墓及方坑墓出土的大多属此型剑。

F 型　属改装型，可分六式。

Ⅰ式：剑身与茎分界明显，茎上有一穿。在成都金牛区出土 1 件，长 26.3 厘米。

Ⅱ式：成都金牛区巴蜀墓中出土 1 件，剑身与 C 型较为接近，但其茎部特长，茎上有一穿。长 29.2 厘米。

Ⅲ式：大邑五龙出土 1 件，编号 M19∶6。茎上见两穿，有格，中脊有凹槽，并饰少量半圆形纹，剑身两面均饰一虎，呈回首咆哮之势。长 34.5 厘米。

Ⅳ式：昭化宝轮院 M15∶3，属在 D 型基础上改装的。剑身狭长，剑身与茎分界明显，呈直角，茎上有一穿。

Ⅴ式：冬笋坝 M49∶9，属在 D 型基础上改装的。有格，并加一标首。

Ⅵ式：冬笋坝 M56∶9，亦属在 D 型基础上改装的。有格，茎上一穿。

关于各型柳叶形剑的年代，我们主要依据其所出的墓葬和遗址年代。宝鸡竹园沟和茹家庄及长安张家坡墓葬，其时代在西周早期，这无多大异议。对成都百花潭中学十号墓，宋治民先生有专文论述，认为其时代在战国早期[①]，这也没有多大问题。成都西郊战国墓所出的铜壶、鍪、戈、尖底盒等均与百花潭中学十号墓所出同类器相同或接近，故它们的时代应基本接近，也在战国早期。成都京川饭店和成都中医学院土坑墓所出铜鍪均属早期形态，与百花潭中学十号墓出土的铜鍪很接近，所出铜钺也同于百花潭中学十号墓，所出铜戈三处地点都非常接近，故其时代应大致相当，属战国早

---

① 宋治民：《略论四川战国秦墓葬的分期》，《中国考古学会第一次年会论文集》，文物出版社，1980 年。

期。成都无线电机械工业学校出土的铜戈及尖底盏的形制时代都较早，不见晚于战国中期的遗物，其时代大致在战国早、中期之际。新都马家公社木椁墓，由于出土了大量的楚文化遗物，为其时代的判定提供了较为可靠的依据，一般认为应在战国中期。有学者更具体地推断其时代应晚于擂鼓墩 M1，属战国中期晚段，比望山 M1 早，当在秦灭巴蜀以前①，此说较为恰当。1982～1983 年发掘的大邑五龙墓葬，所出 6 件柳叶形剑见于 M1、M2。这两座墓是该地最晚的，M2 所出的铜釜、甑上下分铸，是四川战国晚期墓葬中流行的形制；此外出土铜弩机，这在四川早期战国墓中也不见，因此该墓的时代当在战国晚期。荥经同心村出土的铜鍪、釜常见于四川战国中晚期的墓葬中，而铜泡和扣饰在战国晚期石棺葬中常见，故其时代在战国晚期较为合适。绵竹船棺葬中柳叶形铜剑均出自 M1，该墓出土上下分铸的铜釜、甑、单耳鍪、蟠兽纹方壶及楚式器尊缶、鼎等具有晚期特征的器物。其中铜鼎足高且直，是楚文化中战国晚期流行的形制，标本 M1∶12 与寿县楚王墓出土的接近②；蟠兽纹方壶与羊子山M172 出土的钫接近；尊缶则与涪陵小田溪 M1 出土的尊缶形制相同。因此该墓的年代晚于新都马家公社木椁墓，应在战国晚期。至于其他如郫县红光公社土坑墓出土秦半两，其时代上限当不会超出秦灭巴蜀以后。犍为巴蜀土坑墓，属秦灭巴蜀后蜀人南迁的墓葬，时代也较为明确。而 1972 年发掘的涪陵小田溪 3 座土坑墓的年代，宋治民先生认为属秦或秦汉之际也是正确的③。1984 年发掘的大邑五龙墓葬时代为秦。巴县冬笋坝和昭化宝轮院的船棺葬中，狭长坑墓和方坑墓中均有柳叶形剑出土，原报告认为早期的船棺葬时代在秦灭巴蜀前后，而晚期船棺葬时代在秦灭巴蜀以后—汉初；宋治民先生则认为早期船棺葬时代在战国晚期，晚期船棺葬时代在秦④。笔者从后说。

　　根据上述墓葬的时代可知，B 型柳叶形剑仅见于商末至西周早期，宝鸡強国墓地出土的 2 件时代明确，应在西周早期。三星堆一号坑出土的玉剑属此型，其同时也应有相应的青铜剑，时代与強国墓地大致相当，但強国墓地已开始出现 C 型剑，并结合一号坑所出铜器不晚于殷墟第二期，因此后者的年代可能还稍早于強国墓地。目前有人

①　郭德维：《蜀楚关系新探——从考古发现看楚文化与巴蜀文化》，《考古与文物》1991 年第 1 期。

②　高崇文：《东周楚式鼎形态分析》，《江汉考古》1983 年第 1 期。

③　宋治民：《略论四川战国秦墓葬的分期》，《中国考古学会第一次年会论文集》，文物出版社，1980 年。

④　宋治民：《略论四川战国秦墓葬的分期》，《中国考古学会第一次年会论文集》，文物出版社，1980 年。

认为三星堆器物坑时代很晚，可晚至春秋战国，但假使果真如此，其柳叶形剑的形制当不会如此原始。A 型柳叶形剑从形制看，体较扁薄，器身短小，质地差，茎上无穿，明显较 B 型剑原始，应属柳叶形剑的最原始型，其时代应早于 B 型剑。A 型剑出土于十二桥遗址的第 12 层，该层所出的尖底盏和器座与三星堆一号坑出土的同类器接近，将其时代断在商代晚期应无多大问题。C 型I式柳叶形剑最早出现在西周早期，下限到战国早期；C 型II式最早出现也在西周早期，下限到战国早、中期之际；C 型III式剑目前仅见于战国早、中期之际；C 型IV式形制特殊，仅见于成都枣子巷，同时伴出的还有 C 型II式剑和三角形铜戈（戢），其时代应在战国早期。D 型柳叶形剑出现也较早，使用时间较 C 型剑长。具体来说，D 型I式目前主要出于西周早期；D 型II式出现在战国早期，一直沿用到战国晚期，西汉早期目前仅见一例；D 型III式数量较少，目前仅见于荥经同心村，时代属战国晚期。E 型柳叶形剑最早出现在新都马家公社木椁墓，属战国中期，之后的巴蜀墓葬一直流行此型。尤其是战国晚期，以 E 型剑出土数量最多，D 型剑数量明显减少，而 C 型剑从战国中期以后几乎绝迹。E 型剑的时代下限要到秦。F 型剑出现较晚，属秦灭巴蜀以后受中原式剑影响才出现的，时代在战国晚期到秦。

综上所述，我们可以将柳叶形剑大致分成四个大的时期（图一）。

第一期：商代晚期。该期是柳叶形剑的初始期，这一时期主要有 A 型剑，并开始出现 B 型I式剑。

第二期：西周早期—战国早期。该期是柳叶形剑的发展期，主要流行 C 型剑和 D 型I式剑，还有少量的 B 型II式剑。

第三期：战国中期—战国晚期。该期是柳叶形剑的成熟期，主要流行 E 型剑，其次是 D 型II式、D 型III式剑，并开始出现 F 型剑。

第四期：秦—西汉早期。该期是柳叶形剑的衰落期，仍存在少量 D 型、E 型剑，大量出现 F 型剑，总的来说柳叶形剑的数量较以前大大减少，并逐渐走向消亡。

以上分期还只是粗略的，有待新资料的出土作进一步的补充和修订，尤其是西周早期到春秋及战国中期的资料还比较薄弱，但总的线索还是比较清楚的。

以前有一种观点，认为 C、D 型柳叶形剑属蜀式剑，而 E 型剑属巴式剑，但据目前资料看，无论哪种型式的柳叶形剑其最早出现都在蜀地，而在巴人活动的范围内，目前所见资料都较晚，因此上述说法欠妥。

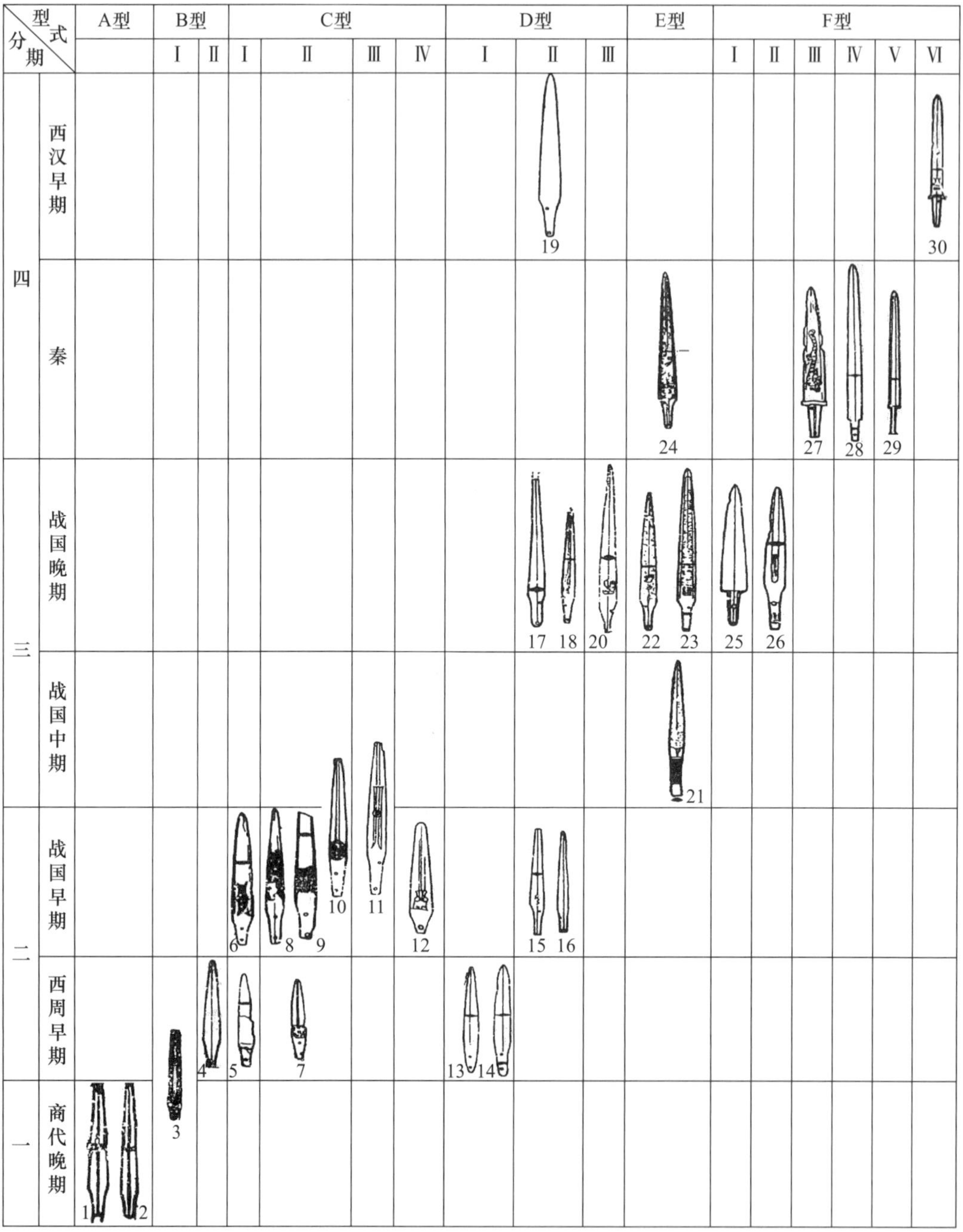

图一　柳叶形剑分期图

1、2. 成都十二桥遗址　3. 三星堆一号坑　4. 竹园沟 BZM8：13　5. 竹园沟 BZM21：24　6. 成都西郊战国墓
7. 竹园沟 BZM4：55　8. 成都京川饭店战国墓　9. 成都中医学院战国墓　10、11. 成都无线电机械工业学校
12. 成都枣子巷　13. 竹园沟 BZM18：38　14. 长安张家坡　15. 成都西郊战国墓　16. 成都百花潭中学十号墓
17. 荥经同心村　18. 绵竹船棺葬　19. 绵竹西汉木板墓　20. 荥经同心村　21. 新都战国木椁墓　22. 大邑五龙
23. 昭化宝轮院　24. 巴县冬笋坝 M50：11　25、26. 成都金牛区战国墓　27. 大邑五龙秦代墓　28. 昭化宝轮院
M15：3　29. 巴县冬笋坝 M49：9　30. 巴县冬笋坝 M56：9

二、柳叶形剑的渊源及其演变

从上述对柳叶形剑的年代分期中可以看出，A 型剑年代最早，其形制也最为原始，是柳叶形剑最原始的形态，目前又只发现于蜀地，并在以后发展成为巴蜀地区唯一流行的青铜剑。故此可以肯定这种剑最早应起源于蜀地，并且得到了独立的发展，其他地区仅是受其影响。宝鸡弓国墓地、陕西岐山贺家村、长安张家坡所出的柳叶形剑时代均在西周早期，其形制属 B、C 两型，形态为茎末一穿或茎上两穿，形态已较 A 型进步。同时上述地区这类剑仅出现在西周早期，在其后并未得到流行。所以柳叶形剑起源于这些地区的可能性不大。中原地区流行剑的时间是东周时期，其流行的主要形制有三种。第一种是圆茎中空或半空，窄格，无箍，有首剑。第二种是实圆茎，茎上有二或三道凸箍，宽格，有首剑。第三种剑身似柳叶，扁茎，剑身与茎分界明显，且多呈直角，无格，无首，无箍，有的茎上有圆孔。第三种剑在中原出现的时间比典型的柳叶形剑晚，可能是在柳叶形剑基础上发展而来的，并且此种剑在中原地区时间越早数量越多，所占比例也越大，往后则逐渐减少，几乎被前两种剑所取代[①]。从上述分析可看出中原地区曾受到过柳叶形剑的影响。

从当时蜀地的自然环境及作战条件考察。商周时期川西平原河流、沼泽众多，气候温暖湿润，植物茂盛。近几年的考古发掘及对遗址的孢粉分析证实了这一点，成都十二桥遗址的孢粉分析结果表明，第 11~13 层的植物类型反映出当时的气候温暖湿润，大量的水生植物及藻类植物存在，表明当时环境多浅水沼泽[②]。成都指挥街遗址第 5、6 层的孢粉组合反映当时的植被面貌是以阔叶树为主的阔叶林，也代表着温暖湿润的气候环境，并存在着湖沼凹地[③]。与此同时，在川西平原以外又多是山地丘陵。上述地理环境不利于车战，《六韬》说："凡车之死地有十，……陷之险阻而难出者，车之绝地也；圮下渐泽，黑土粘植者，车之劳地也；……殷草横亩，犯历深泽者，车之拂地也；……日夜霖雨，旬日不止，道路溃陷，前不能进，后不能解者，车之陷地也。此十者，车之死地也。"[④]商周时期四川的自然环境正属于这种所谓车之死地，不适于车战；由于巴蜀地区不适宜于车战，到目前为止，巴蜀地区尚未发现商周时期的车马器便是绝好的证明。所以当时战争主要靠步兵，短兵相接时剑是一种绝好的武器，故而

---

① 李伯谦：《中原地区东周铜剑渊源试探》，《文物》1982 年第 1 期。

② 四川省文物考古研究院、成都文物考古研究所：《成都十二桥》，文物出版社，2009 年。

③ 四川大学博物馆、成都市博物馆：《成都指挥街周代遗址发掘报告》附录，《南方民族考古》（第一辑），四川大学出版社，1987 年。

④ 中国兵书集成编委会：《中国兵书集成》第一册《六韬》卷六《战车》，解放军出版社、辽沈书社，1987 年，第 505、506 页。

在这里较早地使用青铜剑是很自然的事。

柳叶形剑不仅在蜀地最早起源，并在其后得到了独立的发展，其演变轨迹相当清楚。从最原始的形态即体扁薄、短小、质差，往后变得厚重，剑身变长，质地愈晚愈精良。A 型柳叶形剑长仅 20.9 厘米，到西周早期的 B 型I式增加到 28.2 厘米，同时流行的 B 型II式、C 型I式、C 型II式长度也多在 25 厘米左右，最短者也有 22.8 厘米。西周早期的 D 型I式长多在 25～30 厘米，以 28 厘米左右者居多。到战国早期的 C 型III式长度也在 27.5 厘米，D 型II式则增加到 33 厘米以上，战国晚期的荥经同心村及犍为巴蜀墓出土的 D 型II式长度都在 31 厘米左右，而绵竹船棺葬出土的 D 型II式剑长度达 46 厘米。E 型剑一般都较长，新都马家公社木椁墓出土的未作报道，其他如荥经同心村出土的 2 件，一件长 36.4 厘米，另一件长 40.3 厘米；犍为巴蜀墓出土的 E 型剑大多在 37 厘米以上，最长者达 55 厘米；而涪陵小田溪土坑墓出土的 E 型剑长度更长，最长者可达 66.5 厘米。其次是茎部的变化也尤为明显，考古发现证实，这种扁茎剑茎部是用木板夹合，然后再在木柄上缠绕细绳，甚至还在其上髹漆。例如，茹家庄 M1 出土的 2 件柄部木板夹合痕十分清楚，木柄上还见到缠绕麻绳。新都马家公社战国墓出土的柳叶形剑亦是用两片柄形木板将茎部夹紧，并插入铜套内，套外再用细绳缠绕，并髹黑漆。这种装柄方式，如用于 A 型剑上，因茎部无穿，就易脱落或受力后向两侧偏移，不易牢固。以后发展到在茎上有穿，木片夹合后，用钉子于穿中钉合，再缠以细绳，较为牢固。但 B 型剑仅于茎末见一穿，牢固性还不很强，虽然脱落已可避免，但仍易受力后向两侧偏移。因此很快又出现了两穿的形制，这样上述弊病就可解决了，但两穿居于正中，处在同一线上，则木板就容易钉破。为了解决这一问题，后来又将靠近本部的一穿偏向一侧，并将这种形式固定下来，所以后来的柳叶形剑基本上全是采用这种形制。上述柳叶形剑递嬗演变的脉络相当清楚，弄清了这一点，对巴蜀文化的分期断代研究无疑是有参考价值的。另外，商代晚期至战国早期的柳叶形剑几乎不见巴蜀符号；最早出现巴蜀符号的是成都西郊战国墓出土的 D 型II式剑，有虎纹、手纹；到战国中期以后巴蜀符号开始流行，尤其是战国晚期相当普遍，E 型剑上大多都有，常见的有虎纹、手纹、花蒂纹、草木纹、蛙纹、船纹及许多符号似的纹样（图二）。

图二　柳叶形剑上的巴蜀符号

三、柳叶形剑的剑鞘

柳叶形剑的剑鞘最早见于西周早期的竹园沟墓地，共出土 3 件，其形制都比较接近，鞘身呈三角形，木质，外裹铜套，套上有装饰花纹，两侧有提系。茹家庄 M1 和竹园沟 M14 的剑鞘提系呈半环形，而竹园沟 M19 的剑鞘提系呈一卷体夔凤状，这一时期均为单剑剑鞘。而四川地区战国时期所出的铜质剑鞘多为双剑剑鞘，形制与𢀖国墓地出土的近似，应有承袭关系。成都西郊战国墓出土的 1 件为袋形，侧附双耳，中以凹槽将其分为两个剑室以纳双剑，面饰卷云纹。刘瑛在《巴蜀兵器及其纹饰符号》中亦著录 1 件类似的剑鞘[①]。1974 年芦山县出土 2 件纳双剑的剑鞘和成都三洞桥所出 1 件双剑剑鞘，形制也基本相同。绵竹船棺葬亦出土 1 件剑鞘，仅存半片，呈舌状，上饰四组错金饕餮纹，没有附耳，形体瘦长，似为单剑剑鞘。

值得注意的是，上述双剑剑鞘所装纳的柳叶形剑均为 C 型剑，并且 2 件铜剑规格、形制、纹饰均完全一样，一般都装饰较特殊的纹饰，其剑鞘纹饰也较精细，推测这种剑除了实用功能，可能还具有特殊的意义。

E 型剑基本不见上述青铜剑鞘，新都马家公社木椁墓出土的 E 型剑剑鞘为薄皮缝合，外髹黑漆，仅存残片，该型剑的剑鞘可能多为有机物，且大多已腐朽不存。在成都地区战国墓中出土的许多剑常发现剑身上有丝织物残痕和漆皮，可能即为剑鞘残痕。

四、余　论

柳叶形剑曾一度传入中原，但典型的柳叶形剑主要只是在宝鸡古𢀖国范围内一度使用，时间都较短。战国时期在关中秦墓中偶有发现，凤翔高庄 M18 出土 1 件，属 D 型 II 式，时代在战国早期，湖北出土的柳叶形剑主要集中在鄂西地区，这些都与巴人的活动有关。柳叶形剑一方面对周围文化未产生过大的影响，甚至与巴蜀文化关系密切的石棺葬文化也很少有发现。唯一出土较多的是茂县牟托一号石棺墓[②]，所出器形属较早的形制，即 C 型 II 式，该墓所出的双剑剑鞘与柳叶形剑的双剑剑鞘同出一系。根据该墓共存遗物看，大多器物与柳叶形剑一样显得较早，而墓葬的年代据发掘者的观点却大大晚于这些器物。考虑到所出铜戈、铜鸟等在𢀖国墓地也能找到相同的器形，因此这种影响是否直接来源于蜀还值得考虑。另外，柳叶形剑基本上未受到外来文化的

① 刘瑛：《巴蜀兵器及其纹饰符号》，《文物资料丛刊》(7)，文物出版社，1983 年。

② 茂县羌族博物馆、阿坝藏族羌族自治州文物管理所：《四川茂县牟托一号石棺墓及陪葬坑清理简报》，《文物》1994 年第 3 期。

冲击。尽管巴蜀文化在不同时期都不同程度地受到外来文化的影响，尤其是中原文化和楚文化的影响，但柳叶形剑一直顽固地保留了它最基本的形制，直到秦灭巴蜀以后才逐渐接受了中原式剑的影响，出现了改装式，秦统一后直到汉初柳叶形剑才逐渐被淘汰。

（原载《考古》1996 年第 9 期）

成都商业街船棺出土漆器及相关问题探讨

　　2000 年，成都市文物考古研究所在成都市商业街发掘了一座大型土坑竖穴多棺合葬墓，报告依据墓葬所出陶器的特征将该墓的年代推定在战国早期偏晚，其葬具以大型的船棺为主，也有少量独木棺①，该墓发现的船棺是迄今发现的船棺当中规模最大的，而且墓葬有宏伟的地面建筑，种种迹象表明，墓主的身份较高，很有可能是当时蜀王家族的合葬墓。因此该墓为研究蜀国上层统治者的文化及丧葬习俗提供了十分珍贵的资料。由于该墓早年遭到比较严重的盗掘，大量珍贵的文物被盗一空，发掘出土的主要是陶器和数量较多的漆、木器和竹编器。尤以漆器最引人注目，而漆器从设计到制作需要一整套复杂的工艺，在当时属于上层统治阶层使用的奢侈品，给我们提供的文化信息量最大，从一个方面反映了蜀上层统治者的文化、习俗和审美取向。因此对这批漆器的研究有助于对当时蜀文化的深刻理解与认识。

　　商业街船棺出土的漆器数量较多，主要器物有几、案、俎、豆、盒、簋、梳、篦等生活用器，鼓、竽、编钟架等乐器类器物。这在巴蜀墓葬中还是首次出土如此多漆器，过去曾在新都马家公社木椁墓中出土过漆耳杯，时代在战国中期②，为楚漆器风格。在蜀地大量出土是在战国晚期到秦可能属移民的墓葬中，如青川郝家坪③、荥经古城坪④等墓葬，以及秦到西汉早期的一些墓葬当中。器类有耳杯、盒、盘、奁、双耳长盒、扁壶、卮、梳、篦等，主要为容器类生活用器。漆器的风格也主要是楚和秦漆器的风格，与其他区域同时期漆器的风格基本一致。而商业街船棺出土的漆器以家具类生活用器和乐器类为主，其风格有自身的特点。就全国同一时期而言，以楚地出土漆器数量最多，如果将商业街船棺出土的漆器与同时期的楚漆器比较，有相似之处，也有相异的地方。从器类来看，战国早期前后，楚漆器主要有耳杯、豆、酒具盒、食具盒、鸳鸯盒、杯、勺、几、案、俎、禁、梳、篦等生活用器，还常见镇墓兽、虎座飞鸟、

　　① 成都市文物考古研究所：《成都市商业街船棺、独木棺墓葬发掘报告》，《成都考古发现》（2000），科学出版社，2002 年。

　　② 四川省博物馆、新都县文物管理所：《四川新都战国木椁墓》，《文物》1981 年第 6 期。

　　③ 四川省博物馆、青川县文化馆：《青川县出土秦更修田律木牍——四川青川县战国墓发掘简报》，《文物》1982 年第 1 期。

　　④ 荥经古墓发掘小组：《四川荥经古城坪秦汉墓葬》，《文物资料丛刊》（4），文物出版社，1981 年。

虎座凤鸟悬鼓等明器①，如江陵雨台山第三期墓②、当阳赵家湖第四期墓③。除了几、案、俎、豆、梳、箅与商业街船棺相类外，其他均不见于商业街船棺墓。从形制看，商业街船棺出土的几、案、俎也与楚漆器略有差异，主要表现在足的形式上，楚漆器中的豆多为带柄高圈足式，而商业街船棺的豆为喇叭状无柄圈足。商业街船棺出土的分格式盒和篅也不见于楚漆器。

楚漆器在装饰上丰富多彩，纹样种类较多，有龙纹、凤纹、鸟纹、羽毛纹、绚纹、涡纹、云雷纹、蟠螭纹、窃曲纹、三角雷纹等④，而且显得流畅，富于变化。而商业街船棺出土的漆器纹饰单一，主要是龙纹和蟠螭纹，少量窃曲纹，显得刻板而无生气，完全是模仿青铜器上的纹饰风格。这种风格在楚漆器中主要见于偏早阶段，即战国早期以前，战国早期的曾侯乙墓虽然也见大量模仿青铜器上的纹饰，如龙纹、凤纹、鸟纹、涡纹、云雷纹、绚纹等⑤，但比青铜器要流畅，变化更多。商业街船棺出土的漆器基本上以模仿同一时期青铜器上的蟠螭纹风格，或配以回首状龙纹，没有大的变化。

蟠螭纹是春秋中期以后青铜器上比较常见的一种纹饰，商业街船棺漆器装饰以蟠螭纹为主（图一，1；图二，1），尤以单线勾填的形式较多，这完全是模仿青铜器上的纹饰。其风格与春秋晚期至战国早期的蟠螭纹最为接近，随便将这一时期青铜器上的蟠螭纹与之放在一起就可以清楚地发现这一点，如寿县蔡侯墓出土的鼎腹部的蟠螭纹⑥（图一,2）。还有一种形式是单线勾勒未填涂，类似风格的蟠螭纹见于战国早期曾侯乙墓中的青铜器和漆器上，如青铜钩形器（C.191）（图二，2）、陪葬棺（W.C.3）（图二，3）、漆豆圈足上纹饰（E.118）等。另外Ⅳ号马胸颈甲上也装饰类似的蟠螭纹。

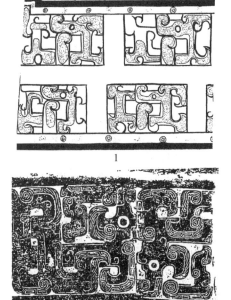

图一　商业街船棺漆案蟠螭纹与寿县蔡侯墓鼎腹部蟠螭纹比较

1. 商业街船棺漆案足上的蟠螭纹（8号棺：25）　2. 寿县蔡侯墓鼎腹部蟠螭纹

① 陈振裕：《试论湖北战国秦汉漆器的年代分期》，《江汉考古》1980年第2期。

② 湖北省荆州地区博物馆：《江陵雨台山楚墓》，文物出版社，1984年。

③ 湖北省宜昌地区博物馆、北京大学考古系：《当阳赵家湖楚墓》，文物出版社，1992年。

④ 陈振裕：《试论湖北战国秦汉漆器的年代分期》，《江汉考古》1980年第2期。

⑤ 湖北省博物馆编：《曾侯乙墓》，文物出版社，1989年。

⑥ 安徽省文物管理委员会、安徽省博物馆：《寿县蔡侯墓出土遗物》，科学出版社，1956年。

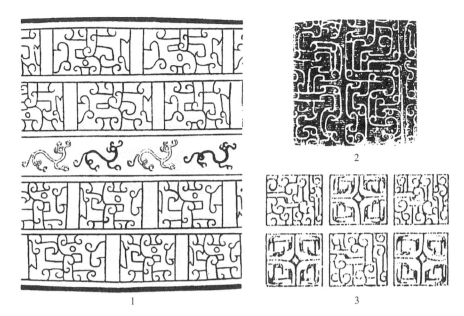

图二 商业街船棺漆器蟠螭纹与曾侯乙墓蟠螭纹比较

1. 商业街船棺漆案（2号棺：39）上的蟠螭纹　2. 曾侯乙墓青铜钩形器（C.191）上的蟠螭纹
3. 曾侯乙墓陪葬棺（W.C.3）上的纹饰

商业街船棺出土漆器上所见的龙纹也是模仿青铜器上的纹饰（图三，1），这种龙纹主要见于春秋晚期至战国早期的三晋、燕、中山、楚国等地镶嵌红铜工艺的青铜器上。最早发现是 1936 年在河南辉县甲乙墓出土的铜扁壶上，该壶平底、平盖、直口，体扁圆，两侧及下腹共有四环纽，腹部镶嵌红铜龙纹三层，盖上也镶嵌龙纹，皆作回首状[①]，与商业街漆器上的龙纹很相近，关于辉县甲乙墓的年代，郭宝钧在《商周铜器群综合研究》中认为约当春秋战国之交。故宫博物院藏有一件铜扁壶与辉县出土的基本相同[②]（图三，3）。1980 年河北新乐中同村战国初年墓出土 1 件铜豆，有盖，上有三环纽，半球状盘，喇叭形圈足，肩部有两环纽，盖、盘上有红铜镶嵌的回首状龙纹[③]（图三，4）。淅川下寺春秋晚期的 M2 出土的 1 件缶（M2：51），有盖，直口，低领，广肩，鼓腹，平底，矮圈足。盖上有 4 个环纽，肩部两侧有对称的链环耳 2 个，器表饰红铜镶嵌的纹饰，其中盖顶、盖腹、器肩、器腹为龙纹，龙纹形态为头朝前和回首状相间（图三，2），其回首状龙纹与前述铜器龙纹相同。该墓还出土 1 件铏，其盖面和器腹也镶嵌相同的龙纹[④]。美国旧金山亚洲艺术博物馆藏 1 件镶嵌龙纹壶，《中国青铜

① 中国科学院考古研究所：《辉县发掘报告》，科学出版社，1956 年；郭宝钧：《商周铜器群综合研究》，文物出版社，1981 年。

② 故宫博物院编：《故宫青铜器》，紫禁城出版社，1999 年。

③ 河北省文物研究所：《河北新乐中同村发现战国墓》，《文物》1985 年第 6 期。

④ 河南省文物研究所、河南省丹江库区考古发掘队、淅川县博物馆：《淅川下寺春秋楚墓》，文物出版社，1991 年。

器全集》（第 7 册，第 147 页）收录了该器，将其年代定在战国早期，其颈、腹有四层纹饰，每层中凹腹拱背爬行的龙纹两两相对，与商业街船棺漆器上的龙纹也相近，唯头朝前，非作回首状。1978 年河南固始侯古堆出土的 1 件春秋晚期的镶嵌龙纹方豆，该器为覆斗状盖，盖顶四隅各有一环纽，两侧有环耳，盘作斗状，八棱形柄，覆盆形圈足，腹两侧有环耳，盖、豆盘及圈足均饰红铜镶嵌的龙纹，豆盘腹部两层，其下层的龙纹为回首状，盖有三层，最上层的作回首状，其余头朝前①。从上述青铜器可以清楚地看出，商业街漆器上的龙纹完全是模仿镶嵌红铜工艺青铜器上龙纹的风格，这种风格的青铜器年代多在春秋晚期至战国早期，目前发现的镶嵌红铜工艺的青铜器绝大多数属于这个时期，战国中、晚期的镶嵌红铜器物虽然仍有发现，但在质量上远不如以前，而且往往和别的工艺同用，较多地采用勾连云纹图案②。由此也可以判断将商业街船棺的年代推定在战国早期是正确的。装饰这种风格龙纹的漆器过去很少发现有，据笔者所知，只有曾侯乙墓出土的一件漆杯形器（E.159），该器似一大口圆杯，深腹，小平底，器身外以红漆为地，用金色、深红色勾绘彩色图案，上腹与下腹各有一周龙纹，每周四组，每组两龙反首相对（图三，5）。

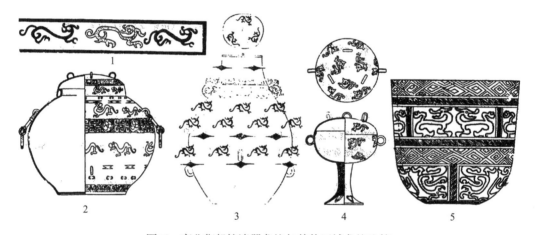

图三　商业街船棺漆器龙纹与其他区域龙纹比较

1. 商业街船棺出土漆器龙纹　2. 淅川下寺春秋楚墓出土铜缶　3. 故宫博物院藏铜壶
4. 河北新乐中同村战国墓出土铜豆　5. 曾侯乙墓出土漆杯形器（E.159）

从商业街漆器纹饰均仿自中原青铜器纹饰风格的情况推知，此时的蜀文化当深受中原文化的影响无疑，由此也可以想见，此时的蜀文化中当有许多中原风格的青铜器，实际上过去已发现不少中原式青铜器，如百花潭中学十号墓出土的铜鼎、壶均是

---

① 中国青铜器全集编辑委员会编：《中国青铜器全集》第 10 册《东周 4》，文物出版社，1998 年，第 31 页。

② 叶小燕：《我国古代青铜器上的装饰工艺》，《考古与文物》1983 年第 4 期。

中原风格的器物①，其中的铜鼎与洛阳中州路出土的铜鼎属同一类型，水陆攻战纹铜壶的形制与洛阳中州路 M2717、汲县山彪镇 M1 等战国早期墓所出铜壶极为相似，水陆攻战纹与山彪镇 M1 出土的水陆攻战纹铜鉴的纹饰一致②。1987 年在成都市白果林小区出土的狩猎纹铜壶③，也是中原地区战国早期铜壶的形制，其狩猎图案大量发现在河南等地战国时期的铜器上，相似的狩猎纹铜壶在河南辉县琉璃阁 M56、M58、M59、M75、M76④，洛阳西工 M131⑤ 等都有出土。1986 年成都京川饭店战国早期墓⑥ 出土的 1 件兽纹铜镜与山西长治分水岭 M53 所出的 1 件兽纹铜镜（M53∶8）⑦，在形制、大小、纹饰风格上均相同。镶嵌龙纹的青铜器见于 1976 年绵竹船棺墓出土的 1 件青铜豆（M1∶2），该豆带盖，盖上有一对竖环耳和三个呈等边三角形分布的蹲状兽形纽，豆盘深腹，圜底，高柄，喇叭形圈足，肩部有一对环耳，盖和器腹饰镶嵌龙纹，龙纹两两相对，头朝前⑧，与商业街漆器上的龙纹很相似，只是非作回首状。由于这批青铜器非科学发掘出土，为农民挖沼气池挖出，不敢肯定出于同一墓中，因为从这批青铜器的风格特征看，有些器物明显偏早，为战国早期的特征，部分青铜器又是战国中期和战国晚期的特征。该豆应是战国早期的遗物，这种形制的豆主要出在中原地区，该豆与河北新乐中同村出土的铜豆（M2∶7）有些相近⑨。绵竹船棺出土的龙纹铜豆证明蜀地确实存在与中原地区相同的镶嵌龙纹青铜器，将来一定还会有类似的青铜器发现，正是这些青铜器的存在，当时的漆器才会模仿这些青铜器上的纹饰。

商业街船棺出土漆器纹饰透露出战国早期前后蜀与中原文化的紧密联系这一信息是值得我们注意的，充分反映出蜀上层统治阶层仰慕中原文化的心理。同时又提出了另一些问题，这些中原风格的青铜器是本地铸造还是输入的，通过什么样的路线发生的，都是值得进一步思考和研究的问题。

（与颜劲松合作，原载《四川文物》2003 年第 6 期）

---

①　四川省博物馆：《成都百花潭中学十号墓发掘记》，《文物》1976 年第 3 期。

②　宋治民：《略论四川战国秦墓葬的分期》，《中国考古学会第　次年会论文集》，文物出版社，1980 年。

③　罗开玉、周尔太：《成都白果林小区四号船棺》，《成都文物》1990 年第 3 期。

④　郭宝钧：《山彪镇与琉璃阁》，科学出版社，1959 年。

⑤　蔡运章、梁晓景、张长森：《洛阳西工 131 号战国墓》，《文物》1994 年第 7 期。

⑥　成都市博物馆考古队：《成都京川饭店战国墓》，《文物》1989 年第 2 期。

⑦　山西省文物管理委员会、山西省考古研究所：《山西长治分水岭战国墓第二次发掘》，《考古》1964 年第 3 期。

⑧　四川省博物馆：《四川绵竹船棺墓》，《文物》1987 年第 10 期。

⑨　河北省文物研究所：《河北新乐中同村发现战国墓》，《文物》1985 年第 6 期。

巴蜀符号的变迁及其性质分析

  巴蜀符号主要发现在东周时期巴蜀青铜兵器、青铜工具和青铜印章上面，其他器物上出现较少。过去已有学者对其象征意义、性质与功能做过研究，有学者认为是当时人们表达语意的特殊符号——图像的语言，因此称为"巴蜀图语"[①]。也有学者认为巴蜀符号既不是纹饰也不是文字，而是一种带有原始巫术色彩的吉祥符号，还有一小部分是族徽，在玺印中表现比较突出，在兵器、乐器和其他器物上也有[②]。应该说有些认识还是颇有道理的。仔细梳理已有材料，不难发现，巴蜀符号的使用具有相当的规律性，不同功能性质的器物，其符号的使用类别与形式明显不同，表明其性质与功能当有所差异。因此笔者想就此问题做一点新的分析。需要说明的是，由于部分青铜器在出土时锈蚀严重，符号不清晰，报告发表的线图可能有误，像这类标本，本文将不予考虑，分析时主要依据符号清晰的器物。

一、巴蜀符号的分类

  依据符号形式、组合规律及载体差异，分为三类。

  A类 具象纹类。这类是描绘物像整体造型，一看便能识别所属，出现频率较高的有蝉纹、虎纹、鸟纹等，少量龙纹和人物造型。蝉纹均以俯身表现，描绘背部特征。虎、鸟均以侧身表现。龙多在矛的骹部作缠绕状，或少量卧伏于整个剑身作回首状。

  B类 半抽象符类。这类是取物像局部以象征，出现频率较高的有手掌纹、花蒂纹（看似花蒂，推测乃是取某物像之局部）等，一般都是组合出现。还有少量人头像。

  C类 抽象符类。这类属纯抽象类符号。依据出现在不同载体上的规律，可分为三亚类。

  CⅠ类 出现频率较高的有树形（或带框）、水波形、亚字形、对称线等。该类抽象符号多以亚字形、水波、树形符或亚字形、水波、树形、对称线组合出现（可称抽象符号组合）。这一类符号主要出现在兵器上。

---

  ① 李复华、王家祐：《关于"巴蜀图语"的几点看法》，《巴蜀考古论文集》，文物出版社，1987年，第101—112页。

  ② 孙华：《巴蜀符号初论》，《四川文物》1984年第1期。

C Ⅱ类　出现频率较高的有并蒂、山形、王字形、菱形勾云、帚形、星形、如意云头、对称线等，少量鸟、树状（与 C Ⅰ类的形式有别）、铜罍、铜钟（或铎）及其他特殊符号。这一类符号主要出现在印章上。

C Ⅲ类　没有一定规律的简单刻划符号，主要出现在青铜工具、陶器等器物上面。

上述三类使用的一般规律是：①独立使用；②二者组合使用；③三者组合使用。

二、载体、特征及其演变

巴蜀符号主要出现在青铜兵器和印章上面，少数青铜工具中如钺和斤等上也存在。不同性质、功能的器物所使用的符号有所区别，必须分别观察与分析才能看出其规律。

（一）青铜兵器

1. 青铜矛

符号均范铸于矛的骹部。目前材料显示，巴蜀符号普遍出现在青铜矛上的时间是在战国早期，此时仍然有数量较多的青铜矛没有巴蜀符号，如成都百花潭中学十号墓[①]、什邡城关 M25 等[②]所出。具象类在战国早期至战国中期偏早以蝉纹（图一，2～6）、虎纹（图一，7）为主，少量鸟纹（图一，1）和龙纹（图一，9），至战国中期偏晚虎纹明显增多（图一，13～15、17），蝉纹明显减少，少数已没有具象图案，只装饰半抽象和抽象符号，如什邡城关 M1：16（图一，16）。战国晚期至秦具象类图案明显减少，几乎不见蝉纹，什邡城关墓葬群战国晚期至秦的墓葬中不见蝉纹，战国晚期至秦的荥经同心村墓群只见少量变体蝉纹（图一，19）[③]，这一时期只装饰半抽象与抽象符号的矛明显增多（图一，26～28）。鸟纹和龙纹一直到战国晚期都存在，但数量始终都比较少。战国早期已出现半抽象类符号的手掌纹和花蒂纹，如什邡城关 M69：7（图一，3），战国中期开始比较普遍，一直延至秦。抽象类符号在战国早期至战国中期偏早还比较少见，种类也不多，目前见的主要是亚形符。战国中期偏晚开始出现树形、水波、对称折线符（图一，15），还有个别王字形符，这些符号从此基本稳定地延续至秦。从组合方式看，手掌符多与花蒂组合，也有与亚字形符组合。抽象类符号标准组合多见树形（或带方框）、水波、亚字形符组合（图一，14），也有对称折线、水波、树形、亚字形符组合（图一，21）。具象类中的长喙鸟、龙纹多单独使用，也有少量与

---

①　四川省博物馆：《成都百花潭中学十号墓发掘记》，《文物》1976 年第 3 期。

②　四川省文物考古研究院、德阳市文物考古研究所、什邡市博物馆：《什邡城关战国秦汉墓地》，文物出版社，2006 年，第 259 页。

③　四川省文物考古研究所、荥经严道古城遗址博物馆：《荥经同心村巴蜀船棺葬发掘报告》，《四川考古报告集》，文物出版社，1998 年，第 212～280 页。

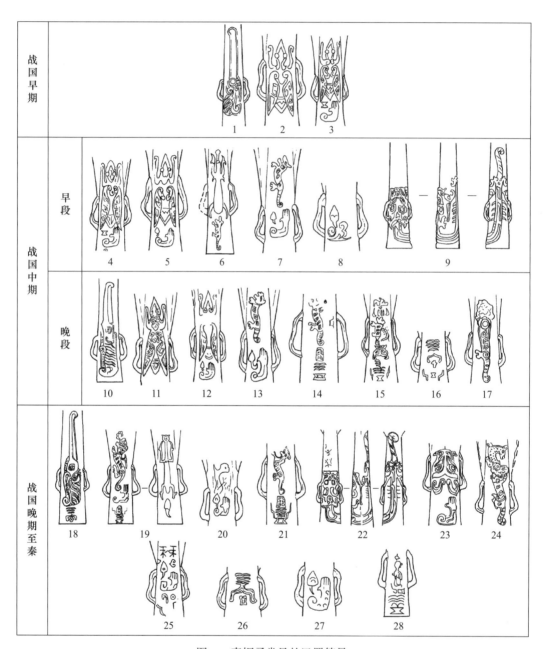

图一　青铜矛常见的巴蜀符号

1. 什邡城关 M72：6　2. 什邡城关 M70：2　3. 什邡城关 M69：7　4. 什邡城关 M90-1：30　5. 什邡城关 M90-1：3
6. 什邡城关 M90-2：2　7. 什邡城关 M90-2：1　8. 什邡城关 M90-1：5　9. 什邡城关 M90-1：6　10. 什邡城关 M2：1
11. 什邡城关 M14：1　12. 什邡城关 M91：2　13. 什邡城关 M91：1　14. 什邡城关 M1：25　15. 什邡城关 M23：9
16. 什邡城关 M1：16　17. 什邡城关 M23：7　18. 荥经同心村 M24：19　19. 荥经同心村 M24：18
20. 什邡城关 M38：6　21. 荥经同心村 M1：2　22. 荥经同心村 M1：5　23. 什邡城关 M38：17
24. 什邡城关 M39：4　25. 什邡城关 M38：3　26. 什邡城关 M38：2　27. 什邡城关 M95：1
28. 什邡城关 M61：5

抽象符号组合，其他蝉、虎多与半抽象或抽象符号组合使用，一般情况是具象图像与半抽象符号组合，或者与抽象符号组合，三者组合使用的情况很少。除上述一般情况外，也存在少数例外的特殊类型，如什邡城关 M68 出土的 1 件矛（M68∶1）龙头下的鸟纹和王字符风格较为特殊。什邡城关 M38 出土的 1 件矛（M38∶22）虎纹尾部有一由对称折线包围的四瓣花，属很少见的符号。

2. 青铜剑

巴蜀符号均范铸于剑身靠近茎部的位置。目前材料显示，战国早期青铜剑上开始出现巴蜀符号，如什邡城关 M25、M69（图二，1、3）。春秋时期主要是带鞘的双剑上装饰特殊纹样，纹样多呈中心一圆形图案，上下为对称的叉首状图案，如成都金沙遗址星河路西延线地点 M2725 出土的青铜剑①。这种形制的剑一直到战国晚期都存在，几乎没什么大的变化，可能有其特殊的身份象征意义，其上的装饰纹样与其他巴蜀符号不同。青铜剑上的巴蜀符号与青铜矛最大的区别，就是青铜剑上几乎不见青铜矛上多见的蝉纹，数量极少的鸟纹（图二，9、15）与龙纹也与青铜矛上的造型风格区别较大。青铜剑上出现频率最高的具象纹是虎纹和半抽象的手掌纹和花蒂纹，与青铜矛的造型基本一致。战国早期有巴蜀符号的青铜剑数量相对比较少，大量青铜剑还没有巴蜀符号，到战国中、晚期有巴蜀符号的青铜剑比较普遍。以手掌、花蒂纹的数量最多（图二，4、5、10），其次是手掌、花蒂纹与虎纹的组合（图二，2、3、6、11），再次是虎纹与抽象符亚字形、水波、带框树形组合（图二，12、13）。而虎纹与手掌、花蒂、抽象符号组合（图二，7）及抽象符号组合单独使用（图二，16）的情况很少。抽象符号组合与青铜矛上的上、下次序是颠倒的（图二，16）。

3. 青铜戈

范铸于援的本部与内部。有许多兽面纹铜戈不属巴蜀符号，本文不涉及。战国早期不是很普遍，战国中期开始比较普遍。以具象类的虎纹居多，虎纹分四种情况：一是虎头位于援本部，头朝锋端，口大张，穿正好位于虎口中，虎身位于内部（图三，3、9、11）。这种风格的虎纹从战国早期开始出现，一直延至战国晚期，是数量最多的一类。二是整个虎身位于援本部至胡部，头上尾下（图三，1、10）。这种风格的虎纹也是战国早期就出现，自到战国晚期都有发现，但战国早期以后数量很少。三是整个虎身位于援本部，头上昂，尾上翘，背下弧，穿正好位于背部凹弧处（图三，2）。这种风格的虎纹目前主要见于战国早期，之后基本不见。前面三种虎纹与青铜矛和剑上虎纹区别较大，而第四种风格的虎纹与青铜矛、剑上的常见虎纹相同，虎纹较小，位

---

① 成都文物考古研究所：《金沙遗址星河路西延线地点发掘简报》，《成都考古发现》（2008），科学出版社，2010 年，第 75～140 页。

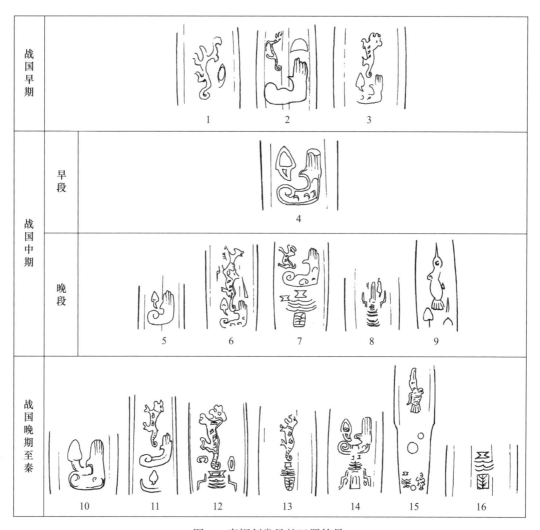

图二 青铜剑常见的巴蜀符号

1. 什邡城关 M25：28　2. 什邡城关 M69：11　3. 什邡城关 M69：12　4. 什邡城关 M22：3　5. 什邡城关 M101：6
6. 什邡城关 M7：2　7. 什邡城关 M45：4　8. 什邡城关 M14：7　9. 什邡城关 M92-1：2　10. 什邡城关 M54：21
11. 什邡城关 M16：8　12. 什邡城关 M16：7　13. 什邡城关 M38：30　14. 荥经同心村 M21-A：38
15. 荥经同心村 M21-A：32　16. 什邡城关 M50：20

于援本部。这种虎纹基本与半抽象的手掌、花蒂组合或与抽象符号组合使用（图三，6～8）。战国中期开始出现，战国早期尚不见这种风格的虎纹。蝉纹和鸟纹主要出现在三角援铜戈上面（图三，4、5），数量很少，时代主要在战国中期偏早以前。战国中期开始在援的本部或内部出现抽象符号，战国晚期至秦数量明显增多，多见于内部（图三，8、12、14～16）。除青铜矛、剑上常见的抽象符号组合外，还见王字形、船形等不常见于青铜矛、剑上的抽象符号。

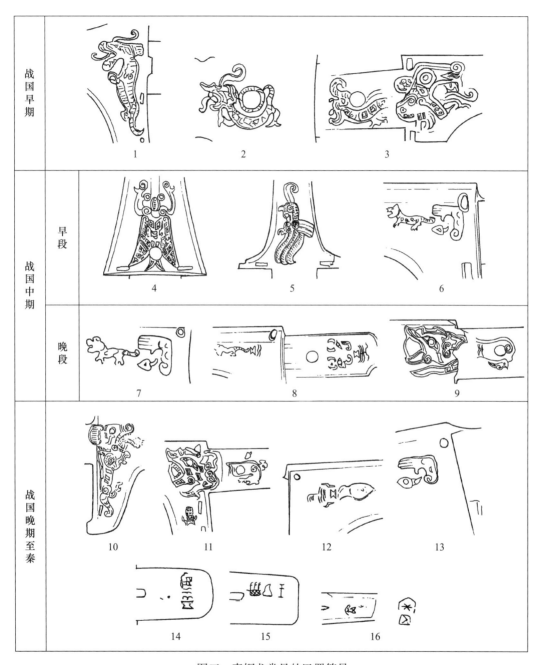

图三　青铜戈常见的巴蜀符号

1、2. 成都中医学院　3. 成都百花潭中学十号墓　4. 什邡城关 M76：1　5. 什邡城关 M30：2
6. 什邡城关 M90-2：6　7. 什邡城关 M1：14　8. 什邡城关 M100：3　9. 罗家坝 M44：19
10. 荥经同心村 M21-A：28　11. 荥经同心村 M21-A：29　12. 荥经同心村 M21-A：30
13. 什邡城关 M52：1　14. 冬笋坝 M3：11　15. 冬笋坝 M50：3　16. 宝轮院 M13：9

（二）青铜工具

发现有巴蜀符号的青铜工具数量比较少，主要见于青铜钺和斤，其他工具罕见。战国早期少见，战国中晚期增多。从符号类型来看，偶见虎纹和手掌纹等，此外，基本上属抽象类符号，这些抽象类符号与青铜兵器上的抽象符号区别十分明显。多是比较简单的符号，没有一定的模式和规律，各墓均不相同，而同一墓葬多相同。例如，新都马家公社木椁墓几乎所有的兵器、工具都有同一符号（图四，10）[①]，绵竹船棺墓出土的钺和斤也有同样的符号（图四，1、2）[②]。青铜工具上的符号多为后刻或锤印上去的，如什邡城关 M17、M93、M49 铜钺上的符号及 M10 铜斤上的手掌纹及抽象符号是阴刻的（图四，11、6～8）[③]，彭州船棺墓出土的钺[④]和成都新一村土坑墓出土的斤[⑤]上的符号均为后刻，刘瑛在《巴蜀兵器及其纹饰符号》一文中介绍的铜钺上的符号也是后刻的[⑥]。新都马家公社木椁墓铜器上的符号应该是用印模锤印上去的。这与青铜兵器上的符号为范铸的情况明显不同。从上述情况可以明显发现青铜工具上的符号功能与性质应该与青铜兵器上的符号不同。

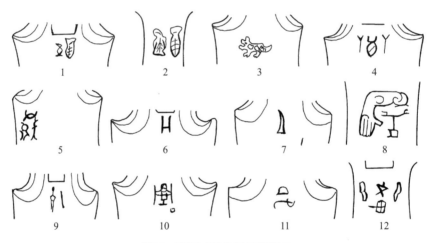

图四　青铜工具常见巴蜀符号

1～3. 绵竹船棺　4. 彭州船棺　5. 罗家坝 M65-1：7　6. 什邡城关 M93：4　7. 什邡城关 M49：26

8. 什邡城关 M10：17　9. 成都金沙巷　10. 新都马家公社　11. 什邡城关 M17：3　12. 成都新一村

① 四川省博物馆、新都县文管所：《四川新都战国木椁墓》，《文物》1981 年第 6 期。

② 四川省博物馆：《四川绵竹县船棺墓》，《文物》1987 年第 10 期。

③ 四川省文物考古研究院、德阳市文物考古研究所、什邡市博物馆：《什邡城关战国秦汉墓地》，文物出版社，2006 年，第 152、165、185、245 页。

④ 四川省文管会：《四川彭县发现船棺葬》，《文物》1985 年第 5 期。

⑤ 成都市文物考古研究所：《成都十二桥遗址新一村发掘简报》，《成都考古发现》（2002），科学出版社，2004 年，第 172～208 页。

⑥ 刘瑛：《巴蜀兵器及其纹饰符号》，《文物资料丛刊》（7），文物出版社，1983 年，第 13～23 页。

（三）印章

　　基本为青铜质，只在荥经南罗坝 M5 出过 1 枚骨质[1] 和大邑五龙 M4 出过 1 枚石质印章[2]。目前所见出土最早的巴蜀印章是战国早期偏晚的成都商业街船棺，共出土 4 枚，其中 1 号棺 3 枚，12 号棺 1 枚。均为对称构图的几何纹、折线纹、网格纹等图案[3]，与后来的巴蜀符号印区别明显，推测战国中期以前的印章多为这类形式。巴蜀符号印章最早出在战国中期墓葬中，成都平原地区最早见于战国中期的新都马家公社木椁墓中，共 2 枚。什邡城关战国墓群最早出巴蜀符号印章的墓有 2 座（M33、M10），各 2 枚，时代属战国中期晚段。荥经最早出巴蜀符号印章的墓葬是 1988 年发掘的南罗坝村 M9 和 M5，各 1 枚，时代可早至战国中期。而川东北的罗家坝墓葬从战国晚期开始出巴蜀符号印章[4]。巴蜀印章最流行的时间还是在战国晚期，荥经地区出巴蜀印章的墓葬除南罗坝的 2 座可早至战国中期外，其余均在战国晚期至秦[5]。刘豫川在《巴蜀符号印章的初步研究》一文中[6]，将时代定在战国早期的 2 枚分别出自大邑五龙 M4[7] 和荥经曾家沟 M16[8]，其实这两座墓的年代均在战国晚期。巴蜀印章最流行的区域是川西南地区，目前材料较多的是荥经和犍为[9]，在 1985 年发掘的荥经同心村战国晚期至秦的 25 座墓葬中就有 16 座出土巴蜀印章，占墓葬总数的 64%。其次是川东北地区，罗家坝墓群战国晚期的 16 座墓葬中有 6 座出土巴蜀印章，占战国晚期墓葬总数的 37.5%，在战国末至秦的 7 座墓中有 1 座出土巴蜀印章，占此时墓葬总数的 14.3%。成都地区相对较为少见，什邡城关墓群战国晚期至战国末期的 43 座墓中只有 4 座出巴蜀印章，占此时墓葬总数的 9%。单个墓葬出土巴蜀印章数量最多的也是在川西南地区，荥经同心村 M18 和 M20 分别出土 5 枚，荥经烈太 M1 就出土 6 枚[10]，出土 3 枚左右的也比较多

　　① 荥经严道古城遗址博物馆：《四川荥经南罗坝村战国墓》，《考古学报》1994 年第 3 期。

　　② 四川省文管会、大邑县文化馆：《四川大邑五龙战国巴蜀墓葬》，《文物》1985 年第 5 期。

　　③ 成都文物考古研究所：《成都商业街船棺葬》，文物出版社，2009 年。

　　④ 四川省文物考古研究院、达州市文物管理所、宣汉县文物管理所：《宣汉罗家坝》，文物出版社，2015 年。

　　⑤ 四川省文物考古研究所、荥经严道古城遗址博物馆：《荥经同心村巴蜀船棺葬发掘报告》，《四川考古报告集》，文物出版社，1998 年，第 212～280 页。

　　⑥ 刘豫川：《巴蜀符号印章的初步研究》，《文物》1987 年第 10 期。

　　⑦ 四川省文管会、大邑县文化馆：《四川大邑五龙战国巴蜀墓葬》，《文物》1985 年第 5 期。

　　⑧ 四川省文管会、雅安地区文化馆：《四川荥经曾家沟战国墓群第一、二次发掘》，《考古》1984 年第 12 期。

　　⑨ 王有鹏：《四川犍为县发现巴蜀墓》，《文物资料丛刊》(7)，文物出版社，1983 年，第 169～171 页；王有鹏：《四川犍为县巴蜀墓发掘简报》，《考古与文物》1984 年第 3 期；四川省文物管理委员会：《四川犍为金井乡巴蜀土坑墓葬清理简报》，《文物》1990 年第 5 期。

　　⑩ 李晓鸥、刘继名：《四川荥经县烈太战国土坑墓清理简报》，《考古》1984 年第 7 期。

见。而成都地区与川东北地区单个墓葬多出土一两枚。

印章中的巴蜀符号基本不同于兵器和工具，C Ⅱ类符号多用于印章。根据符号类型及出现频率可以将其分为三类。

A 类　该类是出土数量最多、最常见的类型。常见 C Ⅱ类符号，以菱形勾云、双蒂、王字、山形、帚形符号出现频率最高，少量的星形、如意云头、折线符号等。基本上都是在上述符号中变换组合与构图形式，一般比较大的圆形印章多以四五种符号组合，小的圆形印章以两三种符号组合为主，单符的较少。稍大的方形、长方形印章以三四种符号组合为主，较小的方形、长方形印章以两三种符号组合为主，单符较少（图五）。

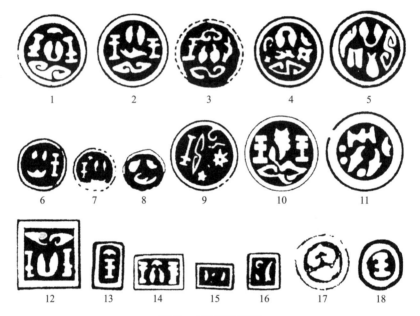

图五　A类符号印章

1. 荥经同心村 M18：17　2. 荥经同心村 M21-B：17　3. 荥经同心村 M11：5　4. 荥经同心村 M25：22

5. 荥经同心村 M21-A：46　6. 荥经同心村 M1：9　7. 荥经同心村 M20：16　8. 荥经同心村 M18：16

9. 荥经同心村 M24：24　10. 罗家坝 M51：3　11. 罗家坝 M21：1　12. 荥经同心村 M7：22

13. 荥经同心村 M6：21-1　14. 荥经同心村 M18：18　15. 荥经同心村 M17：22

16. 荥经同心村 M18：28　17. 1995 年宝轮院 M21：3　18. 罗家坝 M10：4

B 类　该类印章符号比较特殊，数量较少，也没有像 A 类那么有规律的符号组合。这类印章的符号中也存在 A 类常见的双蒂、菱形勾云、山形、星形等，但其中有鸟、树状等其他不见于 A 类的特殊符号，如罗家坝 M25：11 和 1980 年发掘的犍为金井乡墓葬出土的印章，这类符号出现频率很低。这类印面除圆形、方形、长方形外，还有山形，如荥经同心村 M19：33 和绵竹清道西汉木板墓出土的印章（图六）[①]。

---

①　四川省博物馆、绵竹县文化馆：《四川绵竹县西汉木板墓发掘简报》，《考古》1983 年第 4 期。

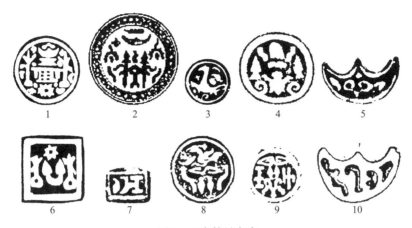

图六　B类符号印章

1. 罗家坝 M25：11　2. 1980 年犍为金井乡　3. 1984 年犍为金井乡 M6：39　4. 什邡城关 M10：6

5. 荥经同心村 M19：33　6. 罗家坝 M24：7　7. 什邡城关 M95：5　8. 1977 年犍为金井乡 M5：6

9. 1977 年犍为金井乡 M5：2　10. 绵竹清道

C 类　是出土数量最少，更为特殊的一类，印面基本为方形。目前发现在新都马家公社木椁墓、1981 年发掘的蒲江船棺[①]、什邡城关 M33 和荥经南罗坝 M5。这类印章共同之处就是都有铜罍、铜钟（或铎）符号，新都马家公社木椁墓印章上还有两人物及该墓的特殊符号。蒲江船棺印章除铜罍、铜钟（或铎）符号外，还见该墓独有的四蒂、匕形、圆圈符号。什邡城关 M33 出土印章也见该墓独特的符号（图七）。

图七　C类符号印章

1. 什邡城关 M33：4　2. 荥经南罗坝 M5：22　3. 新都马家公社　4. 成都蒲江战国船棺

① 四川省文物管理委员会、蒲江县文物管理所：《蒲江县战国土坑墓》，《文物》1985 年第 5 期。

三、性质与功能推测

关于巴蜀符号的性质与功能过去多是笼统来看，通过上面的分析，我们知道其实不同功能的器物上的巴蜀符号类型差异明显，当时的人们在使用这些符号的时候是有明确区分的，说明它们的性质、功能应该有所区别。

青铜兵器上的符号使用理念基本一致，均是具象类、半抽象和抽象符号组合使用，戈、矛、剑的区别可能主要是装饰空间的不同而出现的形式上的差异。从其形式上看，这些符号的主要功能当不只是起装饰的作用，应该与某种神秘的精神信仰有关。像具象类中的虎、龙、鸟等在三星堆文化时期的宗教象征物中就大量存在，手掌在三星堆神树上就有，其他抽象类符号可能也是宗教象征物的抽象化使用，只是我们今天无法知晓其真正来源。这些神秘的宗教象征符号与古蜀的古老传说和信仰密切相关，虽然战国时期已不像三星堆时期那样铸造大批宗教圣物用于仪式活动，但古老的传说与信仰仍然清晰地留存在人们的记忆之中。这类符号装饰在青铜兵器上的主要功能，应该是当时的人们相信其具有神秘的力量，能够增强兵器的神奇威力，护佑战士，增强战士的作战信心。

至于印章符号，有些现象很重要：一是符号多重复出现，尤其是 A 类，只是变换不同组合与位置，B、C 类也有部分符号重复出现。二是同一墓地不同墓葬出土印章很少有完全一样的。三是同一墓葬出土多枚不一样的印章。四是不同地区不同墓地却偶见符号和组合形式相同的，如荥经南罗坝 M9 出土的 1 枚圆形印（M9：25）与荥经烈太 M1 出土的 1 枚（M1：25）和荥经同心村 M21-B 出土的 1 枚（M21-B：24）圆形印，1984 年发掘的犍为金井乡 M6 出土的 1 枚方形印（M6：4）与荥经同心村 M7 出土的 1 枚方形印（M7：22），1984 年发掘的犍为金井乡 M6 出土的 1 枚圆形印（M6：38）与荥经同心村 M18 出土的 1 枚圆形印（M18：17）等。从以上现象可以判断巴蜀印章非姓氏私印性质。值得注意的是，印章上的花蒂、王字、亚字形、折线符号在兵器上也有出现，另外，汉字印出现后，基本为吉祥语或警语类，如"富贵""万岁""可行""中人""敬事"等，有些巴蜀符号印开始模仿汉字印的日字格和田字格形式，但仍然使用巴蜀符号，如荥经同心村 M16：23、冬笋坝 M50：39。从这些现象分析，印章上的符号当具有吉祥的寓意，如果活人佩戴有护身符的性质，随葬于墓中有护佑死者的作用。当汉字传入后，开始用汉字替代原有的巴蜀符号。而 C 类印章只出于个别墓葬中，又有其特殊符号，尤其是罍和钟是重要的礼仪用器，推测出这类印章的墓主人具有不同于一般人的特殊身份。

青铜工具上的符号与兵器和印章区别太大，一是各墓出土的均不相同，没有一定的规律。二是基本上为后刻或印模锤印上去的。三是同一墓青铜工具上有同一符号，如新都马家公社木椁墓。很显然青铜工具上的符号最大可能是代表所有者或生产者的标识性徽记，除了少数出现的与兵器上相同的手掌等符号例外。这样看来，青铜钺就应该不属于兵器，而是斧一类的生产工具。商业街船棺墓葬出土的部分陶器上也有简单的刻划符号，其形式与青铜工具上所见的符号相类似，其性质推测也应该相同。

1972 年发掘的涪陵小田溪 M2 出土的 1 件铜钲，钲身有一组合符号，为两王形、菱形勾云和帚形组合，属印章中常见的符号①，也应当是吉祥的象征。四川大学博物馆收藏的 1 虎纽錞于，面上有一圈巴蜀符号，其中就有兵器上常见的手掌、花蒂和虎纹，还有一些不见于其他铜器的特殊的符号。兵器上的常见符号出现于乐器上，其性质可能与铜兵器的大致相同。商业街船棺墓的 8～12 号棺木上见刻划符号，其基本形式就是十字形的变化，主要以十字头呈三叉状为主，还有外加圈的星形、磬形等，这些符号与青铜器上的符号区别明显。从种种情况分析，巴蜀社会很可能有一整套程式化的符号体系，不同的场合使用一套各自不同的符号。

1972 年郫县红光公社出土的 1 件铜戈装饰有铜戈上常见的虎纹，一面胡上铸一椎髻跪地人像，另一面胡上铸兵器上常见的抽象符号组合，在戈的两面援脊下方有 4 个水滴状纹，其中一面援脊上方有 10 余个符号（图八）②。这 10 余个符号形式抽象、结构复杂，没有重复者，与其他巴蜀符号完全不相类。结合该戈胡上已有兵器中常见的抽象符号分析，这 10 余个符号性质当与其他巴蜀符号不同。从其结构复杂、抽象的形式看，文字的可能性极大。

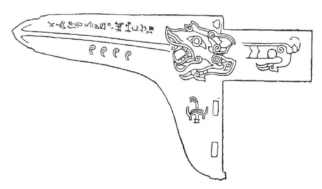

图八 郫县红光公社出土铜戈

（原载《四川文物》2020 年第 1 期）

① 四川省博物馆、重庆市博物馆、涪陵县文化馆：《四川涪陵地区小田溪战国土坑墓清理简报》，《文物》1974 年第 5 期。

② 李复华：《四川郫县红光公社出土战国青铜器》，《文物》1976 年第 10 期。

www.sciencep.com

(K-3763.01)

ISBN 978-7-03-074093-9

定 价: 298.00 元